2006

中国第三产业统计年鉴

CHINA STATISTICAL YEARBOOK OF THE TERTIARY INDUSTRY

中 华 人 民 共 和 国 国 家 统 计 局 编
Compiled by National Bureau of Statistics of China

中国统计出版社
China Statistics Press

(京)新登字 041 号

图书在版编目（CIP）数据

中国第三产业统计年鉴.2006/国家统计局编
-北京：中国统计出版社，2007.4
ISBN 978-7-5037-5066-3

Ⅰ.中…
Ⅱ.国…
Ⅲ.第三产业-经济统计-统计资料-中国-年鉴
Ⅳ.F719-54

中国版本图书馆 CIP 数据核字（2007）第 031096 号

中国第三产业统计年鉴-2006

作　　者/中华人民共和国国家统计局
责任编辑/佘竞雄
封面设计/艺编广告
出版发行/中国统计出版社
网　　址/www.stats.gov.cn/tjshujia
通信地址/北京市西城区月坛南街 57 号　　邮政编码/100826
办公地址/北京市丰台区西三环南路甲 6 号
电　　话/邮购（010）63376907　书店（010）68783172
印　　刷/ 河北天普润印刷厂
经　　销/新华书店
开　　本/880×1230 毫米　1/16
字　　数/128 千字
印　　张/40.5
版　　别/2007 年 5 月第 1 版
版　　次/2007 年 5 月第 1 次印刷
书　　号/ISBN 978-7-5037-5066-3/F・2089
定　　价/320.00 元

《中国第三产业统计年鉴——2006》

编委会和编辑出版人员

编者说明

一、《中国第三产业统计年鉴——2006》收录了全国和各省、自治区、直辖市2005年第三产业方面的统计数据以及部分历史数据，是第一部全面反映全国第三产业发展情况的资料性年刊。

二、本年鉴正文内容分为5个篇章：（一）第三产业单位数和人员数；(二)第三产业增加值；(三)第三产业资产和投资；(四)第三产业主要业务指标；（五）港澳台第三产业情况。附录4个篇章：（一）世界及主要国家第三产业主要统计资料；（二）三次产业划分规定；（三）国民经济行业分类（第三产业部分）；（四）2005年中国百家第三产业大企业集团名单。各篇章前设有《简要说明》，对本篇章的主要内容、资料来源、统计范围、统计方法以及历史变动情况予以简要概述，篇末附有《主要统计指标解释》。

三、本年鉴所涉及的全国性统计数据均未包括香港、澳门特别行政区和台湾省数据。

四、香港、澳门特别行政区的统计是构成国家统计总体的一部分。但根据中华人民共和国《香港特别行政区基本法》和《澳门特别行政区基本法》的有关原则，香港、澳门与内地是相对独立的统计区域，根据各自不同的统计制度和法律规定，独立进行统计工作。本年鉴中香港、澳门特别行政区统计资料分别由香港特别行政区政府统计处、澳门特别行政区政府统计暨普查局提供，国家统计局国际统计信息中心负责整理、编辑。

五、台湾省数据来自台湾省行政院主计处统计资料，国家统计局国际统计信息中心负责整理、编辑。

六、本年鉴中凡未注明年份的数据，均指2005年的数据。

七、本年鉴所使用的度量衡单位，均采用国际统一标准计量单位。

八、符号使用说明：年鉴各表中的“空格”表示该项统计指标数据不足本表最小单位数、数据不详或无该项数据；“#”表示其中的主要项。

目 录

第一部分

第三产业单位数和人员数

简要说明

一、资料的主要内容

本篇单位数统计资料通过对一定时期第三产业法人单位数量上的描述，反映报告期内第三产业法人单位的数量变化。

就业基本情况主要包括经济活动人口、就业人员、职工人数、私营企业和个体就业人数等。

二、资料的统计范围与统计口径

第三产业基本单位统计范围包括：我国境内从事社会经济第三产业活动的法人单位，未包括香港、澳门特别行政区和台湾省。

《劳动统计报表制度》的调查范围为法人企业、事业、行政单位（不包括乡镇企业、私营企业和个体工商户）；《人口变动情况抽样调查方案》的调查范围为全国人口，本篇资料的统计范围为16岁及以上人口；《乡村社会经济调查方案》的调查范围为全国乡镇以下农村地区；《培训、就业统计报表制度》的调查范围为全国的城镇人口；私营企业及个体工商户统计范围为全社会。1990年至2000年的经济活动人口、就业人员数据，是根据第五次全国人口普查资料调整的，2001年及以后数据根据人口变动抽样调查资料推算，因此，与相应年份的分地区、分类型、分行业的资料相加不等于总计。1998年及以后城镇单位就业人员、职工人数等指标中不再包括离开本单位仍保留劳动关系的职工。

三、资料来源

1.第三产业基本单位统计来源于：当年的基本单位年度统计资料。

2.就业基本情况资料，是国家统计局人口和就业统计司根据《劳动统计报表制度》、《人口变动情况抽样调查方案》、《劳动力调查制度》及《乡村社会经济调查方案》搜集资料，加工整理。

3.私营企业及个体工商业就业人员，由国家工商行政管理总局提供。

1-1　第三产业法人单位数及所占比重

单位：个

年　份	全部法人单位数	第一产业	第二产业	第三产业	比重(%)
1997	4344278	65307	1492302	2786669	64.1
1998	4417508	59692	1567816	2790000	63.2
1999	4221995	57177	1442405	2722413	64.5
2000	4366141	57542	1500106	2808493	64.3
2001	5107015	59104	1467937	3579974	70.1
2002	5170852	59522	1492241	3619089	70.0
2003	5214144	156033	1537037	3521074	67.5
2004	5168302	1835	1579340	3587127	69.4
2005	5647489	68800	1733605	3845084	68.1

注：1. 2004年第一产业单位数为第二、三产业法人兼营的产业活动单位。
2.《中国经济普查年鉴-2004》中的全部法人单位数为5168303个，后查出有1个单位重复报送了，现予以剔除，故1-1表中2004年的单位数为5168302个。

1-2 按第三产业行业分法人单位数

单位：个

行业	2004	2005
第三产业总计	**3587127**	**3845084**
交通运输、仓储和邮政业	**80374**	**91231**
道路运输业	36027	41340
城市公共交通业	5906	6253
水上运输业	5247	5853
航空运输业	479	627
管道运输业	39	53
装卸搬运和其他运输服务业	19930	22757
仓储业	10828	11799
邮政业	1918	2549
信息传输、计算机服务和软件业	**72913**	**85499**
电信和其他信息传输服务业	12816	15651
计算机服务业	38971	43813
软件业	21126	26035
批发和零售业	**883653**	**994953**
批发业	530820	599766
零售业	352833	395187
住宿和餐饮业	**92869**	**101853**
住宿业	39295	41951
餐饮业	53574	59902
金融业	**23793**	**26828**
银行业	16458	17156
证券业	865	1270
保险业	3713	4573
其他金融活动	2757	3829
房地产业	**129197**	**148059**
房地产业	129197	148059
租赁和商务服务业	**249192**	**291498**
租赁业	9057	10890
商务服务业	240135	280608

1-2续表　　单位：个

行　业	2004	2005
科学研究、技术服务和地质勘查业	**136555**	**153076**
研究与试验发展	14598	16668
专业技术服务业	69403	75294
科技交流和推广服务业	50139	58487
地质勘查业	2415	2627
水利、环境和公共设施管理业	**44352**	**46847**
水利管理业	18661	18922
环境管理业	9801	10523
公共设施管理业	15890	17402
居民服务和其他服务业	**83606**	**93947**
居民服务业	41715	46149
其他服务业	41891	47798
教育	**299418**	**305446**
卫生、社会保障和社会福利业	**181877**	**183760**
卫生	155773	156998
社会保障业	8892	9135
社会福利业	17212	17627
文化、体育和娱乐业	**64741**	**69490**
新闻出版业	5015	5291
广播、电视、电影和音像业	14002	14539
文化艺术业	27770	29742
体育	5531	6022
娱乐业	12423	13896
公共管理和社会组织	**1244587**	**1252597**
中国共产党机关	39719	40137
国家机构	330798	334091
人民政协和民主党派	5659	5684
群众团体、社会团体和宗教组织	140940	149582
基层群众自治组织	727471	723103
国际组织		

注：2004年和2005年均不包括国际组织法人单位数。

1-3 各地区第三产业法人单位数及所占比重

单位：个

地 区	全部法人单位数	第一产业	第二产业	第三产业	
					比重(%)
全 国	**5647489**	**68800**	**1733605**	**3845084**	**68.1**
北 京	296665	3456	47371	245838	82.9
天 津	95631	709	34505	60417	63.2
河 北	226869	1539	76074	149256	65.8
山 西	144942	3217	35074	106651	73.6
内蒙古	79456	1367	15607	62482	78.6
辽 宁	229971	1484	75761	152726	66.4
吉 林	85145	1158	19915	64072	75.3
黑龙江	110272	1376	26204	82692	75.0
上 海	343268	776	80381	262111	76.4
江 苏	479051	1777	237155	240119	50.1
浙 江	440919	4961	214555	221403	50.2
安 徽	183986	5788	52302	125896	68.4
福 建	182292	2614	62506	117172	64.3
江 西	130382	208	42455	87719	67.3
山 东	414301	3888	152470	257943	62.3
河 南	286368	8256	97476	180636	63.1
湖 北	165614	266	35743	129605	78.3
湖 南	189516	6391	49978	133147	70.3
广 东	479139	3710	172022	303407	63.3
广 西	130197	3536	22293	104368	80.2
海 南	25005	282	3437	21286	85.1
重 庆	94426	1580	26660	66186	70.1
四 川	275951	3666	57715	214570	77.8
贵 州	83923	811	14208	68904	82.1
云 南	99129	3253	19045	76831	77.5
西 藏	13223	1	605	12617	95.4
陕 西	155716	129	30350	125237	80.4
甘 肃	87018	384	14301	72333	83.1
青 海	21685	323	2884	18478	85.2
宁 夏	27683	445	5840	21398	77.3
新 疆	69746	1449	8713	59584	85.4

1-4 各地区第三产业法人单位数

单位：个

地　区	1997	1998	1999	2000	2001	2002	2003	2004	2005
全　国	**2786669**	**2790000**	**2722413**	**2808493**	**3579974**	**3619089**	**3521074**	**3587127**	**3845084**
北　京	71298	63909	69807	72207	202002	207162	151226	183341	245838
天　津	42529	36550	39699	42081	60395	61104	66880	59572	60417
河　北	112917	114927	114936	114873	156140	156153	154289	140677	149256
山　西	89129	87378	80244	79904	91855	92336	89922	99308	106651
内蒙古	59776	55811	63235	61310	59696	59054	58417	57366	62482
辽　宁	119137	117418	119332	119629	147232	149862	144846	141320	152726
吉　林	58117	57893	46961	57686	68262	68323	66481	61382	64072
黑龙江	80848	80598	74148	72264	83485	83489	81502	77696	82692
上　海	143842	188537	201688	233730	180807	203108	204896	266151	262111
江　苏	177444	178470	148367	150665	220727	222771	217095	216427	240119
浙　江	143568	136122	139531	133962	195252	198958	205903	206293	221403
安　徽	114755	114553	108607	110434	131746	131778	131360	114895	125896
福　建	69562	70349	69876	72870	97503	98031	95263	108696	117172
江　西	72392	73298	72266	72368	105370	104045	97917	80230	87719
山　东	184037	181944	177243	194980	232950	231842	228752	237059	257943
河　南	128214	130161	128263	129906	174134	174131	171382	176990	180636
湖　北	102731	106812	99300	95940	126512	126131	118558	123571	129605
湖　南	108433	107571	107564	107456	130696	130527	127247	131917	133147
广　东	185444	178332	163968	194386	247502	250094	261554	278952	303407
广　西	71778	72243	72826	72750	102736	102550	97838	99776	104368
海　南	14567	13817	14138	14556	25326	27692	27653	20255	21286
重　庆	65783	57182	65176	57432	68270	68551	64708	61425	66186
四　川	162630	161359	161133	161031	207371	208938	213585	204425	214570
贵　州	60910	61949	63725	63545	73571	73318	67566	65068	68904
云　南	58822	62353	62526	61866	78991	78908	74674	74838	76831
西　藏	13400	8146	450	435	15033	15062	14505	12621	12617
陕　西	142287	142287	143375	147952	131470	130627	125781	123263	125237
甘　肃	59482	60175	43907	42012	69803	69729	68249	71315	72333
青　海	16013	16797	16963	16861	17939	17803	17247	17910	18478
宁　夏	12834	8883	8786	8964	20118	20133	19299	18800	21398
新　疆	43990	44176	44373	44438	57080	56879	56479	55588	59584

1-5 按企业登记注册类型分第三产业企业单位数(2004年)

单位：个

行业	企业单位数	内资企业	港、澳、台商投资企业	外商投资企业
第三产业总计	**1669184**	**1632739**	**14837**	**21608**
交通运输、仓储和邮政业	**73951**	**71618**	**1093**	**1240**
道路运输业	30945	30316	331	298
公路旅客运输	5261	5202	36	23
道路货物运输	21800	21435	198	167
道路运输辅助活动	3884	3679	97	108
城市公共交通业	5855	5712	81	62
公共电汽车客运	1407	1352	40	15
轨道交通	74	60	6	8
出租车客运	4102	4030	33	39
城市轮渡	54	52	2	
其他城市公共交通	218	218		
水上运输业	4790	4569	109	112
水上旅客运输	632	608	12	12
水上货物运输	2835	2781	27	27
水上运输辅助活动	1323	1180	70	73
航空运输业	462	436	7	19
航空客货运输	122	110	2	10
通用航空服务	102	99	1	2
航空运输辅助活动	238	227	4	7
管道运输业	39	32	2	5
装卸搬运和其他运输服务业	19791	19117	300	374
装卸搬运	4588	4542	21	25
运输代理服务	15203	14575	279	349
仓储业	10157	9550	257	350
谷物、棉花等农产品仓储	2952	2929	10	13
其他仓储	7205	6621	247	337
邮政业	1912	1886	6	20
国家邮政	477	477		
其他寄递服务	1435	1409	6	20

1-5　续表1　　　　　　　　　　　　　　　　　　　　　　　　　　　　　　　　单位：个

行　业	企业单位数	内资企业	港、澳、台商投资企业	外商投资企业
信息传输、计算机服务和软件业	**67380**	**63595**	**1114**	**2671**
电信和其他信息传输服务业	9351	8759	272	320
电信	2698	2217	235	246
互联网信息服务	5471	5377	32	62
广播电视传输服务	1050	1040	1	9
卫星传输服务	132	125	4	3
计算机服务业	37041	36341	203	497
计算机系统服务	7468	7118	108	242
数据处理	585	524	11	50
计算机维修	1552	1521	8	23
其他计算机服务	27436	27178	76	182
软件业	20988	18495	639	1854
公共软件服务	16201	14227	508	1466
其他软件服务	4787	4268	131	388
批发和零售业	**883625**	**873829**	**3168**	**6628**
批发业	530807	522681	2493	5633
农畜产品批发	29382	29205	50	127
食品、饮料及烟草制品批发	44399	43812	181	406
纺织、服装及日用品批发	53771	52602	363	806
文化、体育用品及器材批发	19666	19320	121	225
医药及医疗器材批发	15482	15259	62	161
矿产品、建材及化工产品批发	174836	173246	483	1107
机械设备、五金交电及电子产品批发	150456	147520	890	2046
贸易经纪与代理	7864	7341	153	370
其他批发	34951	34376	190	385
零售业	352818	351148	675	995
综合零售	46378	46134	88	156
食品、饮料及烟草制品专门零售	32936	32778	56	102
纺织、服装及日用品专门零售	36821	36513	151	157
文化、体育用品及器材专门零售	27417	27303	48	66
医药及医疗器材专门零售	23913	23851	23	39

1-5 续表2 单位：个

行 业	企业单位数	内资企业	港、澳、台商投资企业	外商投资企业
汽车、摩托车、燃料及零配件专门零售	47862	47733	44	85
家用电器及电子产品专门零售	55895	55622	110	163
五金、家具及室内装修材料专门零售	48943	48782	67	94
无店铺及其他零售	32653	32432	88	133
住宿和餐饮业	**91798**	**88372**	**1493**	**1933**
住宿业	38667	37360	697	610
旅游饭店	12076	11107	522	447
一般旅馆	23702	23411	152	139
其他住宿服务	2889	2842	23	24
餐饮业	53131	51012	796	1323
正餐服务	42759	41147	649	963
快餐服务	3432	3152	69	211
饮料及冷饮服务	2813	2711	34	68
其他餐饮服务	4127	4002	44	81
金融业	**22831**	**22506**	**62**	**263**
银行业	15691	15499	40	152
中央银行	24	24		
商业银行	15005	14815	39	151
其他银行	662	660	1	1
证券业	833	810	4	19
证券市场管理	35	35		
证券经纪与交易	643	623	4	16
证券投资	71	69		2
证券分析与咨询	84	83		1
保险业	3683	3605	9	69
人寿保险	1351	1308	3	40
非人寿保险	1381	1359	3	19
保险辅助服务	951	938	3	10
其他金融活动	2624	2592	9	23
金融信托与管理	234	233		1
金融租赁	27	20	1	6

1-5 续表3　　单位：个

行　业	企业单位数	内资企业	港、澳、台商投资企业	外商投资企业
财务公司	103	96	2	5
邮政储蓄	6	6		
典当	1155	1155		
其他未列明的金融活动	1099	1082	6	11
房地产业	**125086**	**117719**	**4567**	**2800**
房地产开发经营	59182	53431	3641	2110
物业管理	30959	29999	560	400
房地产中介服务	19666	19344	173	149
其他房地产活动	15279	14945	193	141
租赁和商务服务业	**201365**	**196891**	**1499**	**2975**
租赁业	8833	8742	37	54
机械设备租赁	8153	8074	30	49
文化及日用品出租	680	668	7	5
商务服务业	192532	188149	1462	2921
企业管理服务	31926	31107	267	552
法律服务	4786	4753	22	11
咨询与调查	56069	53515	797	1757
广告业	37210	36981	91	138
知识产权服务	2171	2143	8	20
职业中介服务	7334	7290	11	33
市场管理	10472	10405	36	31
旅行社	12631	12538	41	52
其他商务服务	29933	29417	189	327
科学研究、技术服务和地质勘查业	**70562**	**68359**	**638**	**1565**
研究与试验发展	7865	7373	148	344
自然科学研究与试验发展	671	624	9	38
工程和技术研究与试验发展	4280	4010	95	175
农业科学研究与试验发展	1010	981	8	21
医学研究与试验发展	1715	1572	36	107
社会人文科学研究与试验发展	189	186		3
专业技术服务业	42807	41611	350	846

1-5 续表4

单位：个

行　业	企业单位数	内资企业	港、澳、台商投资企业	外商投资企业
气象服务	374	373		1
地震服务	49	48		1
海洋服务	73	63	2	8
测绘服务	1122	1119	1	2
技术检测	3256	3133	25	98
环境监测	433	425	2	6
工程技术与规划管理	21172	20718	128	326
其他专业技术服务	16328	15732	192	404
科技交流和推广服务业	18850	18370	137	343
技术推广服务	10808	10520	82	206
科技中介服务	3566	3472	23	71
其他科技服务	4476	4378	32	66
地质勘查业	1040	1005	3	32
矿产地质勘查	350	323	1	26
基础地质勘查	210	208	1	1
地质勘查技术服务	480	474	1	5
水利、环境和公共设施管理业	**12287**	**12005**	**119**	**163**
水利管理业	1065	1054	4	7
防洪管理	59	59		
水资源管理	676	668	2	6
其他水利管理	330	327	2	1
环境管理业	2416	2334	32	50
自然保护	186	173	5	8
环境治理	2230	2161	27	42
公共设施管理业	8806	8617	83	106
市政公共设施管理	1069	1041	8	20
城市绿化管理	4750	4714	13	23
游览景区管理	2987	2862	62	63
居民服务和其他服务业	**72869**	**71654**	**526**	**689**
居民服务业	33610	32972	298	340
家庭服务	1737	1732	2	3
托儿所	125	122	2	1
洗染服务	1523	1462	21	40

1-5　续表5　　单位：个

行　业	企业单位数	内资企业	港、澳、台商投资企业	外商投资企业
理发及美容保健服务	10159	9971	76	112
洗浴服务	6388	6239	73	76
婚姻服务	1101	1091	2	8
殡葬服务	895	862	21	12
摄影扩印服务	4562	4417	89	56
其他居民服务	7120	7076	12	32
其他服务业	39259	38682	228	349
修理与维护	18646	18422	98	126
清洁服务	5135	5064	28	43
其他未列明的服务	15478	15196	102	180
教育	**9916**	**9734**	**70**	**112**
学前教育	1848	1809	24	15
初等教育	397	391	4	2
中等教育	621	615	2	4
高等教育	110	107	2	1
其他教育	6940	6812	38	90
卫生、社会保障和社会福利业	**14875**	**14765**	**32**	**78**
卫生	14214	14108	31	75
医院	2390	2339	14	37
卫生院及社区医疗活动	1585	1578	4	3
门诊部医疗活动	9530	9499	10	21
计划生育技术服务活动	55	55		
妇幼保健活动	38	36	1	1
专科疾病防治活动	159	156		3
疾病预防控制及防疫活动	102	101		1
其他卫生活动	355	344	2	9
社会保障业	132	132		
社会福利业	529	525	1	3
提供住宿的社会福利	329	325	1	3
不提供住宿的社会福利	200	200		

1-5 续表6 单位：个

行 业	企业单位数	内资企业	港、澳、台商投资企业	外商投资企业
文化、体育和娱乐业	**22639**	**21692**	**456**	**491**
新闻出版业	1661	1653	3	5
新闻业	48	48		
出版业	1613	1605	3	5
广播、电视、电影和音像业	4566	4505	36	25
广播	145	142	1	2
电视	961	946	8	7
电影	2739	2709	23	7
音像制作	721	708	4	9
文化艺术业	4399	4353	22	24
文艺创作与表演	781	774	6	1
艺术表演场馆	194	189	3	2
图书馆与档案馆	42	42		
文物及文化保护	78	76		2
博物馆	107	104	1	2
烈士陵园、纪念馆	17	16	1	
群众文化活动	485	485		
文化艺术经纪代理	945	935	3	7
其他文化艺术	1750	1732	8	10
体育	1278	1220	22	36
体育组织	320	310	3	7
体育场馆	564	538	11	15
其他体育	394	372	8	14
娱乐业	10735	9961	373	401
室内娱乐活动	6745	6429	171	145
游乐园	398	348	22	28
休闲健身娱乐活动	2542	2194	149	199
其他娱乐活动	1050	990	31	29

1-6　按第三产业行业分内资企业单位数(2004年)

单位：个

行　业	国有企业	集体企业	股份合作企业	国有联营企业	集体联营企业	国有与集体联营企业	国有独资公司	其他企业
第三产业总计	**141296**	**175160**	**52735**	**8875**	**221038**	**38608**	**967642**	**27385**
交通运输、仓储和邮政业	**9726**	**9791**	**2588**	**679**	**11338**	**2190**	**34299**	**1007**
道路运输业	3137	4105	1111	264	5042	1105	15121	431
公路旅客运输	1000	587	228	67	1231	354	1686	49
道路货物运输	1248	2748	720	141	3091	599	12553	335
道路运输辅助活动	889	770	163	56	720	152	882	47
城市公共交通业	739	567	261	54	1356	388	2274	73
公共电汽车客运	372	100	48	15	325	85	393	14
轨道交通	14	2	1	3	20	5	15	
出租车客运	314	401	198	36	966	278	1783	54
城市轮渡	13	18	1		7		11	2
其他城市公共交通	26	46	13		38	20	72	3
水上运输业	534	1073	159	49	821	166	1714	53
水上旅客运输	46	178	26	7	100	31	212	8
水上货物运输	256	702	98	24	514	91	1066	30
水上运输辅助活动	232	193	35	18	207	44	436	15
航空运输业	132	18	5	7	132	38	101	3
航空客货运输	43		1	2	34	15	14	1
通用航空服务	16	8		1	30	9	34	1
航空运输辅助活动	73	10	4	4	68	14	53	1
管道运输业	7	2	2		11	7	3	
装卸搬运和其他运输服务业	1345	2832	801	178	2763	316	10599	283
装卸搬运	265	2045	224	45	377	64	1433	89
运输代理服务	1080	787	577	133	2386	252	9166	194
仓储业	3342	1174	203	120	1074	148	3341	148
谷物、棉花等农产品仓储	2292	126	21	10	120	17	318	25
其他仓储	1050	1048	182	110	954	131	3023	123
邮政业	490	20	46	7	139	22	1146	16

1-6 续表1 单位：个

行业	国有企业	集体企业	股份合作企业	国有联营企业	集体联营企业	国有与集体联营企业	国有独资公司	其他企业
国家邮政	461	1	2	1	11		1	
其他寄递服务	29	19	44	6	128	22	1145	16
信息传输、计算机服务和软件业	**1666**	**617**	**970**	**144**	**7896**	**1038**	**49969**	**1295**
电信和其他信息传输服务业	1102	191	140	37	1631	324	5127	207
电信	725	52	34	14	593	143	632	24
互联网信息服务	65	42	79	12	721	83	4220	155
广播电视传输服务	290	96	23	10	271	90	233	27
卫星传输服务	22	1	4	1	46	8	42	1
计算机服务业	348	303	555	61	2730	331	31039	974
计算机系统服务	135	89	101	18	1130	122	5475	48
数据处理	15	12	9		100	14	371	3
计算机维修	32	24	56	7	169	27	1191	15
其他计算机服务	166	178	389	36	1331	168	24002	908
软件业	216	123	275	46	3535	383	13803	114
公共软件服务	164	94	186	36	2723	297	10648	79
其他软件服务	52	29	89	10	812	86	3155	35
批发和零售业	**69559**	**85479**	**26152**	**4383**	**103864**	**16477**	**557154**	**10761**
批发业	44355	39641	10808	2350	64619	9092	347034	4782
农畜产品批发	12653	3699	506	147	2345	488	8967	400
食品、饮料及烟草制品批发	10409	2937	965	188	5180	772	22883	478
纺织、服装及日用品批发	1731	2240	838	168	5169	641	41533	282
文化、体育用品及器材批发	1119	902	506	63	2120	220	14264	126
医药及医疗器材批发	1516	436	346	70	3264	559	8927	141
矿产品、建材及化工产品批发	9079	18740	3659	848	22062	3209	113859	1790

1-6　续表2　　　　单位：个

行　业	国有企业	集体企业	股份合作企业	国有联营企业	集体联营企业	国有与集体联营企业	国有独资公司	其他企业
机械设备、五金交电及电子产品批发	5152	6517	3089	638	18963	2435	109760	966
贸易经纪与代理	692	209	100	73	1360	172	4658	77
其他批发	2004	3961	799	155	4156	596	22183	522
零售业	25204	45838	15344	2033	39245	7385	210120	5979
综合零售	3901	18076	1759	246	4011	965	16429	747
食品、饮料及烟草制品专门零售	8378	4578	1685	194	2771	536	13993	643
纺织、服装及日用品专门零售	1375	4295	1592	159	3516	566	24400	610
文化、体育用品及器材专门零售	3125	2636	1908	124	3038	489	15630	353
医药及医疗器材专门零售	2071	1777	1350	188	3116	677	14144	528
汽车、摩托车、燃料及零配件专门零售	1846	4322	1674	566	6575	1447	30448	855
家用电器及电子产品专门零售	937	1707	1875	160	7662	1176	41423	682
五金、家具及室内装修材料专门零售	1650	4790	2168	184	5127	889	33192	782
无店铺及其他零售	1921	3657	1333	212	3429	640	20461	779
住宿和餐饮业	**12858**	**12757**	**3890**	**686**	**7900**	**1682**	**46552**	**2047**
住宿业	10190	7581	1366	406	3664	821	12681	651
旅游饭店	3863	1146	276	152	1830	403	3316	121
一般旅馆	5636	5683	980	216	1632	343	8471	450
其他住宿服务	691	752	110	38	202	75	894	80
餐饮业	2668	5176	2524	280	4236	861	33871	1396
正餐服务	2311	4160	1815	222	3515	736	27252	1136
快餐服务	109	300	223	17	236	35	2133	99
饮料及冷饮服务	40	137	186	11	182	28	2079	48
其他餐饮服务	208	579	300	30	303	62	2407	113
金融业	**2956**	**11235**	**894**	**56**	**2068**	**3740**	**1441**	**116**
银行业	2387	11126	728	28	67	1123	5	35

1-6 续表3 单位：个

行　业	国有企业	集体企业	股份合作企业	国有联营企业	集体联营企业	国有与集体联营企业	国有独资公司	其他企业
中央银行	19	3			1	1		
商业银行	1995	10880	716	28	61	1096	4	35
其他银行	373	243	12		5	26	1	
证券业	106	4	21	7	436	167	58	11
证券市场管理	7	1			15	11	1	
证券经纪与交易	87	1	19	6	343	142	15	10
证券投资	11	2	1		36	11	8	
证券分析与咨询	1		1	1	42	3	34	1
保险业	236	9	80	1	438	2298	514	29
人寿保险	65	3	37		54	1138	2	9
非人寿保险	155	2	32		57	1099	10	4
保险辅助服务	16	4	11	1	327	61	502	16
其他金融活动	227	96	65	20	1127	152	864	41
金融信托与管理	68	13	1	1	104	10	34	2
金融租赁	4				9	5	1	1
财务公司	15	10		2	54	3	9	3
邮政储蓄	5	1						
典当	45	37	44	8	506	79	414	22
其他未列明的金融活动	90	35	20	9	454	55	406	13
房地产业	**11088**	**10420**	**2547**	**767**	**33973**	**5230**	**52650**	**1044**
房地产开发经营	4705	2386	767	346	18651	3129	23332	115
物业管理	2665	2267	600	249	10508	1329	11947	434
房地产中介服务	633	511	407	52	2878	415	14270	178
其他房地产活动	3085	5256	773	120	1936	357	3101	317
租赁和商务服务业	**13716**	**21456**	**6046**	**907**	**30035**	**3945**	**116658**	**4128**
租赁业	461	716	323	48	1291	257	5483	163
机械设备租赁	418	620	281	43	1229	237	5115	131
文化及日用品出租	43	96	42	5	62	20	368	32
商务服务业	13255	20740	5723	859	28744	3688	111175	3965
企业管理服务	4748	9930	530	202	6472	694	7522	1009

1-6　续表4　　　　　　　　　　　　　　　　　　　　　　　　单位：个

行　业	国有企业	集体企业	股份合作企业	国有联营企业	集体联营企业	国有与集体联营企业	国有独资公司	其他企业
法律服务	217	278	200	29	178	27	2958	866
咨询与调查	1559	1807	1878	127	7217	724	39639	564
广告业	999	813	595	86	5469	705	27979	335
知识产权服务	77	49	61	5	308	39	1581	23
职业中介服务	618	1205	252	47	1034	154	3802	178
市场管理	1028	3340	399	161	1592	224	3353	308
旅行社	1993	789	461	78	2898	620	5546	153
其他商务服务	2016	2529	1347	124	3576	501	18795	529
科学研究、技术服务和地质勘查业	**9207**	**5166**	**2636**	**345**	**11589**	**1721**	**36886**	**809**
研究与试验发展	881	431	507	45	1182	197	4009	121
自然科学研究与试验发展	93	31	31	4	87	18	345	15
工程和技术研究与试验发展	547	246	197	20	616	98	2242	44
农业科学研究与试验发展	164	97	52	8	149	39	445	27
医学研究与试验发展	64	50	172	13	311	39	901	22
社会人文科学研究与试验发展	13	7	55		19	3	76	13
专业技术服务业	5705	2521	1299	207	7569	1191	22723	396
气象服务	147	70	14	4	85	14	30	9
地震服务	17	7	1		6	3	13	1
海洋服务	15	6	4		10	2	26	
测绘服务	275	116	31	4	173	56	456	8
技术检测	750	452	149	41	583	87	1044	27
环境监测	63	27	15	6	79	6	220	9
工程技术与规划管理	3505	1043	525	100	4633	788	9932	192
其他专业技术服务	933	800	560	52	2000	235	11002	150
科技交流和推广服务业	2178	2150	805	87	2656	309	9904	281
技术推广服务	1241	1419	474	51	1534	179	5467	155

1-6 续表5

单位：个

行　业	国有企业	集体企业	股份合作企业	国有联营企业	集体联营企业	国有与集体联营企业	国有独资公司	其他企业
科技中介服务	493	418	153	18	508	58	1762	62
其他科技服务	444	313	178	18	614	72	2675	64
地质勘查业	443	64	25	6	182	24	250	11
矿产地质勘查	141	19	6	1	72	7	70	7
基础地质勘查	126	12	1		28	6	34	1
地质勘查技术服务	176	33	18	5	82	11	146	3
水利、环境和公共设施管理业	**1701**	**1389**	**297**	**92**	**2329**	**410**	**5552**	**235**
水利管理业	408	239	21	9	141	20	186	30
防洪管理	22	10			17	2	7	1
水资源管理	273	180	10	4	82	8	90	21
其他水利管理	113	49	11	5	42	10	89	8
环境管理业	295	270	61	21	487	72	1075	53
自然保护	40	6	5	2	32	9	72	7
环境治理	255	264	56	19	455	63	1003	46
公共设施管理业	998	880	215	62	1701	318	4291	152
市政公共设施管理	234	187	24	5	263	23	282	23
城市绿化管理	346	294	79	21	877	125	2916	56
游览景区管理	418	399	112	36	561	170	1093	73
居民服务和其他服务业	**3153**	**8126**	**4382**	**418**	**6635**	**1481**	**45608**	**1851**
居民服务业	1244	3540	2396	213	2479	850	21238	1012
家庭服务	32	148	112	4	186	25	1164	61
托儿所	5	20			6		75	16
洗染服务	43	129	112	10	137	26	976	29
理发及美容保健服务	94	483	987	34	446	116	7591	220
洗浴服务	211	590	366	42	434	99	4313	184
婚姻服务	48	112	83	7	70	14	717	40
殡葬服务	127	284	30	42	117	36	199	27
摄影扩印服务	260	477	363	21	370	83	2749	94
其他居民服务	424	1297	343	53	713	451	3454	341

1-6　续表6

单位：个

行　业	国有企业	集体企业	股份合作企业	国有联营企业	集体联营企业	国有与集体联营企业	国有独资公司	其他企业
其他服务业	1909	4586	1986	205	4156	631	24370	839
修理与维护	783	2402	1154	121	1593	324	11642	403
清洁服务	129	353	180	12	572	72	3679	67
其他未列明的服务	997	1831	652	72	1991	235	9049	369
教育	**1019**	**875**	**651**	**97**	**715**	**169**	**5117**	**1091**
学前教育	110	184	40	18	29	7	1059	362
初等教育	88	14	7	9	9	2	210	52
中等教育	127	41	38	4	24	9	262	110
高等教育	17	2	7	2	15	5	43	16
其他教育	677	634	559	64	638	146	3543	551
卫生、社会保障和社会福利业	**975**	**5705**	**500**	**145**	**330**	**104**	**4510**	**2496**
卫生	830	5481	487	138	287	95	4368	2422
医院	401	187	195	27	149	56	1203	121
卫生院及社区医疗活动	156	587	29	20	14	9	507	256
门诊部医疗活动	186	4576	221	82	70	23	2337	2004
计划生育技术服务活动	26	20		1	1		4	3
妇幼保健活动	7	7	3		4		15	
专科疾病防治活动	8	22	15	1	3	2	97	8
疾病预防控制及防疫活动	20	32	1		13		27	8
其他卫生活动	26	50	23	7	33	5	178	22
社会保障业	29	41	1	2	22	5	23	9
社会福利业	116	183	12	5	21	4	119	65
提供住宿的社会福利	37	113	9	4	15	2	99	46
不提供住宿的社会福利	79	70	3	1	6	2	20	19
文化、体育和娱乐业	**3672**	**2144**	**1182**	**156**	**2366**	**421**	**11246**	**505**
新闻出版业	1019	111	47	18	181	14	233	30
新闻业	23	2	1	1	6	1	12	2
出版业	996	109	46	17	175	13	221	28
广播、电视、电影和音像业	1732	616	131	34	570	119	1253	50

1-6 续表7

单位：个

行业	国有企业	集体企业	股份合作企业	国有联营企业	集体联营企业	国有与集体联营企业	国有独资公司	其他企业
广播	39	9	3	1	30	10	50	
电视	155	76	43	3	196	63	402	8
电影	1475	498	52	25	231	25	366	37
音像制作	63	33	33	5	113	21	435	5
文化艺术业	392	251	435	16	533	86	2578	62
文艺创作与表演	63	48	45	1	103	18	479	17
艺术表演场馆	72	29	9	1	16	5	56	1
图书馆与档案馆	16	18			1		7	
文物及文化保护	18	16	5	2	9	2	23	1
博物馆	21	12	4	2	15	3	45	2
烈士陵园、纪念馆	5	4		2	2		3	
群众文化活动	110	66	55	1	35	5	195	18
文化艺术经纪代理	47	22	80	4	140	14	624	4
其他文化艺术	40	36	237	3	212	39	1146	19
体育	105	79	96	7	167	31	697	38
体育组织	31	8	37	2	56	14	153	9
体育场馆	50	50	23	4	55	9	331	16
其他体育	24	21	36	1	56	8	213	13
娱乐业	424	1087	473	81	915	171	6485	325
室内娱乐活动	240	789	291	58	468	88	4291	204
游乐园	36	57	11	5	52	15	163	9
休闲健身娱乐活动	87	153	145	12	293	50	1390	64
其他娱乐活动	61	88	26	6	102	18	641	48

1-7　各地区按第三产业行业门类分法人单位数

单位：个

地　区	总　计	交通运输、仓储和邮政业	信息传输、计算机服务和软件业	批发和零售业	住宿和餐饮业	金融业	房地产业	租赁和商务服务业
全　国	**3845084**	**91231**	**85499**	**994953**	**101853**	**26828**	**148059**	**291498**
北　京	245838	5091	15116	82557	10798	635	10952	48509
天　津	60417	3718	1295	23966	1709	396	2438	5669
河　北	149256	2790	1660	29354	3047	1344	3207	4753
山　西	106651	1970	1262	24457	2402	494	2438	5569
内蒙古	62482	1325	548	12883	1641	568	1973	2569
辽　宁	152726	5430	2979	48958	4636	1952	6910	12965
吉　林	64072	1138	679	17283	1643	589	1773	3622
黑龙江	82692	1879	1075	21425	2126	621	3058	4240
上　海	262111	7114	8960	136552	7710	1040	12262	38052
江　苏	240119	7894	6649	86024	6120	951	10314	21458
浙　江	221403	7694	6884	64341	5481	1395	9079	21064
安　徽	125896	3342	2118	22577	3079	2932	4844	5312
福　建	117172	3305	2475	28725	2565	898	5556	8613
江　西	87719	2098	703	12534	2458	538	5065	3781
山　东	257943	5530	3952	68200	7023	1079	7042	13209
河　南	180636	2424	1712	28729	4549	1682	3611	6487
湖　北	129605	2605	1645	22575	2789	805	3943	6497
湖　南	133147	1589	1854	13268	2757	483	3848	4759
广　东	303407	9122	7867	106079	9045	1303	22253	34713
广　西	104368	2056	2721	16291	2056	1191	3644	5406
海　南	21286	446	435	5472	880	152	1745	1739
重　庆	66186	2016	1271	14166	1658	675	3884	4490
四　川	214570	3716	5573	31065	4545	1823	6423	11278
贵　州	68904	857	749	8959	1081	349	2656	2291
云　南	76831	1392	1358	13870	2354	547	2597	4106
西　藏	12617	106	38	415	260	27	48	80
陕　西	125237	1606	1428	19442	3754	443	1967	3275
甘　肃	72333	1049	457	11867	1706	854	1448	2166
青　海	18478	333	306	2436	467	385	560	683
宁　夏	21398	384	460	6429	476	244	709	1055
新　疆	59584	1212	1270	14054	1038	433	1812	3088

1-7 续表 单位：个

地 区	科学研究、技术服务和地质勘查业	水利、环境和公共设施管理业	居民服务和其他服务业	教 育	卫生、社会保障和社会福利业	文化、体育和娱乐业	公共管理和社会组织
全 国	**153076**	**46847**	**93947**	**305446**	**183760**	**69490**	**1252597**
北 京	22483	1932	16948	6654	2433	8244	13486
天 津	3759	793	4086	2525	995	821	8247
河 北	2860	1058	1606	17620	6770	1670	71517
山 西	3124	1388	1855	8009	4250	1961	47472
内蒙古	2075	1036	1057	4673	2929	1339	27866
辽 宁	7167	2179	3646	9449	8450	2850	35155
吉 林	2704	871	1469	4643	3194	1265	23199
黑龙江	3205	1292	1582	6512	3790	1408	30479
上 海	12428	2161	13631	5213	2028	3805	11155
江 苏	9384	3650	6972	12474	9611	4439	54179
浙 江	9076	2813	3885	12224	6804	3980	66683
安 徽	3248	1486	1994	21155	4865	1862	47082
福 建	4716	1681	2460	10591	6201	2472	36914
江 西	2965	1249	1054	8429	6069	1695	39081
山 东	5174	1946	5291	14761	9476	2772	112488
河 南	4199	1947	1912	16696	29745	2597	74346
湖 北	5590	2310	2337	15277	5920	2580	54732
湖 南	4443	2289	1153	10860	6032	2301	77511
广 东	11711	3603	9441	28268	6876	4904	48222
广 西	5083	1582	1124	17477	6204	2559	36974
海 南	724	258	313	2434	659	436	5593
重 庆	2490	933	1407	6473	3020	942	22761
四 川	10571	2607	2938	16510	12730	4621	100170
贵 州	1767	843	801	8747	3406	1138	35260
云 南	3560	1576	1008	6275	3758	1944	32486
西 藏	149	25	38	484	236	129	10582
陕 西	2869	1488	1798	15587	20853	1814	48913
甘 肃	2269	781	672	8767	2907	1249	36141
青 海	643	213	197	950	689	342	10274
宁 夏	614	195	333	1088	703	321	8387
新 疆	2026	662	939	4621	2157	1030	25242

1-8　第三产业就业人员数及比重

单位：万人

年份	经济活动人口	就业人员合计	第一产业	第二产业	第三产业	比重(%)
1952	21106	20729	17317	1531	1881	9.1
1957	23971	23771	19309	2142	2320	9.8
1962		25910	21276	2059	2575	9.9
1965		28670	23396	2408	2866	10.0
1970		34432	27811	3518	3103	9.0
1975		38168	29456	5152	3560	9.3
1978	40682	40152	28318	6945	4890	12.2
1979	41592	41024	28634	7214	5177	12.6
1980	42903	42361	29122	7707	5532	13.1
1981	44165	43725	29777	8003	5945	13.6
1982	45674	45295	30859	8346	6090	13.5
1983	46707	46436	31151	8679	6606	14.2
1984	48433	48197	30868	9590	7739	16.1
1985	50112	49873	31130	10384	8359	16.8
1986	51546	51282	31254	11216	8811	17.2
1987	53060	52783	31663	11726	9395	17.8
1988	54630	54334	32249	12152	9933	18.3
1989	55707	55329	33225	11976	10129	18.3
1990	65323	64749	38914	13856	11979	18.5
1991	66091	65491	39098	14015	12378	18.9
1992	66782	66152	38699	14355	13098	19.8
1993	67468	66808	37680	14965	14163	21.2
1994	68135	67455	36628	15312	15515	23.0
1995	68855	68065	35530	15655	16880	24.8
1996	69765	68950	34820	16203	17927	26.0
1997	70800	69820	34840	16547	18432	26.4
1998	72087	70637	35177	16600	18860	26.7
1999	72791	71394	35768	16421	19205	26.9
2000	73992	72085	36043	16219	19823	27.5
2001	74432	73025	36513	16284	20228	27.7
2002	75360	73740	36870	15780	21090	28.6
2003	76075	74432	36546	16077	21809	29.3
2004	76823	75200	35269	16920	23011	30.6
2005	77877	75825	33970	18084	23771	31.4

1-9 各地区第三产业就业人员数及比重(2005年底)

单位: 万人

地区	就业人员合计	第一产业	第二产业	第三产业	
					比重(%)
全国	**75825.0**	**33970.0**	**18084.0**	**23771.0**	**31.4**
北京	920.4	62.2	226.4	631.8	68.6
天津	426.9	80.5	173.3	173.1	40.5
河北	3467.3	1562.3	1048.4	856.6	24.7
山西	1476.4	641.8	385.8	448.7	30.4
内蒙古	1041.1	560.5	162.8	317.9	30.5
辽宁	1978.6	718.9	504.4	755.2	38.2
吉林	1099.4	523.9	201.8	373.8	34.0
黑龙江	1625.8	787.7	339.7	498.4	30.7
上海	855.9	61.1	331.3	463.5	54.2
江苏	3877.7	1076.7	1493.4	1307.6	33.7
浙江	3202.9	791.1	1339.9	1071.8	33.5
安徽	3484.7	1778.2	762.7	943.7	27.1
福建	1868.5	702.5	582.3	583.7	31.2
江西	2107.5	967.4	464.3	675.8	32.1
山东	5110.8	2056.5	1558.6	1495.6	29.3
河南	5662.4	3138.8	1251.7	1271.9	22.5
湖北	2676.3	1133.9	521.8	1020.5	38.1
湖南	3658.3	1962.0	639.4	1056.9	28.9
广东	4702.1	1548.7	1443.1	1710.3	36.4
广西	2703.1	1518.7	302.1	882.2	32.6
海南	377.7	215.1	40.1	122.5	32.4
重庆	1720.8	779.5	370.6	570.7	33.2
四川	4603.5	2329.9	845.8	1427.8	31.0
贵州	2215.8	1272.0	228.5	715.3	32.3
云南	2461.3	1709.2	245.1	507.0	20.6
西藏	140.4	86.3	12.9	41.2	29.3
陕西	1882.9	956.4	348.3	578.2	30.7
甘肃	1347.6	770.5	184.8	392.3	29.1
青海	267.6	131.6	46.5	89.6	33.5
宁夏	299.6	145.1	66.7	87.8	29.3
新疆	764.3	407.1	101.7	255.4	33.4

1-10　各地区按第三产业行业门类分城镇单位就业人员数(2005年底)

单位：万人

地　区	交通运输、仓储和邮政业	信息传输、计算机服务和软件业	批发和零售业	住宿和餐饮业	金融业	房地产业	租赁和商务服务业
全　国	**613.9**	**130.1**	**544.0**	**181.2**	**359.3**	**146.5**	**218.5**
北　京	37.1	19.4	38.8	24.6	15.8	23.3	46.7
天　津	11.8	2.4	11.7	3.0	5.1	2.3	6.6
河　北	25.6	4.7	27.0	5.1	18.1	2.9	4.7
山　西	20.0	4.1	21.0	4.0	12.1	1.3	4.8
内蒙古	15.9	2.5	7.4	2.6	8.1	1.4	2.7
辽　宁	33.0	5.1	16.9	6.1	18.2	6.2	9.5
吉　林	17.9	3.1	9.6	3.1	9.3	2.8	3.2
黑龙江	27.9	4.1	21.6	3.8	11.5	4.3	4.6
上　海	32.8	4.2	24.4	7.8	15.8	8.2	14.9
江　苏	33.0	6.5	28.9	8.6	22.2	5.8	9.1
浙　江	19.3	4.9	19.2	9.8	19.1	6.2	14.2
安　徽	16.1	3.2	17.5	2.7	11.2	3.2	4.3
福　建	15.0	3.5	11.0	4.9	9.9	5.1	4.9
江　西	16.1	2.9	10.2	2.4	8.7	2.4	2.5
山　东	29.5	5.8	39.8	11.8	24.6	8.5	10.8
河　南	32.9	4.8	48.2	11.0	20.9	5.5	10.3
湖　北	29.3	4.5	27.6	6.6	13.1	5.9	6.4
湖　南	22.4	4.2	13.9	7.0	13.7	5.6	4.5
广　东	47.3	14.0	40.6	22.2	29.9	20.9	23.5
广　西	17.4	3.6	13.7	4.8	7.9	3.1	5.9
海　南	4.2	0.9	2.9	3.1	1.8	1.4	1.4
重　庆	13.9	2.4	9.2	3.1	7.2	3.1	1.8
四　川	22.8	5.1	19.1	5.2	17.2	4.3	6.0
贵　州	8.7	1.6	12.1	2.7	4.9	3.8	2.4
云　南	13.1	2.9	11.4	3.9	7.1	2.0	2.5
西　藏	0.7	0.3	0.6	0.4	0.6		0.1
陕　西	20.4	3.5	20.0	4.8	9.9	2.4	2.8
甘　肃	11.7	2.2	8.5	2.5	5.9	1.1	2.1
青　海	3.4	0.8	1.7	0.4	1.4	0.2	0.6
宁　夏	3.1	0.5	2.1	0.7	2.4	0.7	0.7
新　疆	11.6	2.2	7.6	2.8	5.8	2.3	4.0

1-10 续表　　　　单位：万人

地区	科学研究、技术服务和地质勘查业	水利、环境和公共设施管理业	居民服务和其他服务业	教育	卫生、社会保障和社会福利业	文化、体育和娱乐业	公共管理和社会组织
全国	**227.7**	**180.4**	**53.9**	**1483.2**	**508.9**	**122.5**	**1240.8**
北京	31.6	7.0	10.3	36.8	16.2	14.1	29.7
天津	5.3	3.6	4.3	17.0	7.7	1.7	13.2
河北	7.6	8.6	2.1	84.0	22.8	4.9	69.8
山西	5.9	5.0	1.3	46.4	13.9	4.3	43.6
内蒙古	4.1	5.9	0.8	33.0	10.5	3.1	31.2
辽宁	9.1	10.8	2.1	51.3	21.9	5.2	46.7
吉林	5.8	6.9	1.0	36.8	14.3	3.7	28.7
黑龙江	9.4	7.9	5.0	42.5	17.0	3.6	39.2
上海	13.2	5.1	4.0	25.7	15.5	4.5	18.3
江苏	9.2	10.0	1.2	81.8	29.9	5.0	54.7
浙江	7.4	5.9	1.0	51.5	23.9	4.6	44.3
安徽	5.3	5.7	0.5	57.5	17.7	4.2	43.2
福建	3.9	3.8	1.2	42.3	12.2	3.2	28.5
江西	5.5	4.3	0.6	45.7	14.1	3.3	37.4
山东	8.1	11.4	3.1	104.5	35.4	5.7	98.7
河南	11.1	10.6	1.5	107.2	33.1	6.0	97.1
湖北	9.5	9.4	1.4	64.8	25.8	5.5	55.0
湖南	5.9	6.6	0.7	66.2	23.5	4.0	64.0
广东	12.3	11.9	4.2	98.4	38.2	8.2	80.7
广西	5.3	5.2	0.7	54.9	17.0	3.3	34.7
海南	1.5	2.1	0.1	8.9	3.0	1.2	8.4
重庆	5.1	2.7	0.6	31.2	8.8	1.8	19.8
四川	11.2	7.2	2.0	79.3	26.4	4.9	62.4
贵州	3.6	2.5	0.8	38.0	8.9	2.0	32.5
云南	5.6	4.0	0.5	47.0	12.6	3.4	38.8
西藏	0.5	0.2		3.2	1.3	0.6	6.8
陕西	12.5	5.3	2.0	51.1	14.0	3.9	41.8
甘肃	4.8	3.9	0.6	30.8	7.6	2.7	27.3
青海	1.8	0.8	0.2	6.2	2.4	0.6	6.9
宁夏	1.1	1.8		7.3	2.7	0.9	7.4
新疆	4.4	4.3	0.3	32.0	10.8	2.5	30.2

注：城镇单位就业人员数不含私营企业和个体。

1-11 按第三产业行业门类分城镇单位就业人员数

单位：万人

行业门类	2003	2004	2005
交通运输、仓储和邮政业	636.5	631.8	613.9
信息传输、计算机服务和软件业	116.8	123.7	130.1
批发和零售业	628.1	586.7	544.0
住宿和餐饮业	172.1	177.1	181.2
金融业	353.3	356.0	359.3
房地产业	120.2	133.4	146.5
租赁和商务服务业	183.5	194.4	218.5
科学研究、技术服务和地质勘查业	221.9	222.1	227.7
水利、环境和公共设施管理业	172.5	176.1	180.4
居民服务和其他服务业	52.8	54.2	53.9
教育	1442.8	1466.8	1483.2
卫生、社会保障和社会福利业	485.8	494.7	508.9
文化、体育和娱乐业	127.8	123.4	122.5
公共管理和社会组织	1171.0	1199.0	1240.8

1-12 按登记注册类型分第三产业职工人数(2005年底)

单位：万人

行　业	合　计	国有单位	城镇集体单位	其他单位
交通运输、仓储和邮政业	**579.2**	**421.8**	**29.1**	**128.2**
铁路运输业	166.6	156.3	3.7	6.5
道路运输业	154.9	103.5	10.5	41.0
城市公共交通业	89.6	48.3	2.7	38.5
水上运输业	49.8	28.6	4.2	17.0
航空运输业	21.0	10.9	0.2	9.9
管道运输业	1.8	1.2	0.1	0.5
装卸搬运和其他运输服务业	25.2	10.6	6.2	8.4
仓储业	24.8	18.7	1.3	4.9
邮政业	45.4	43.7	0.2	1.6
信息传输、计算机服务和软件业	**116.8**	**59.3**	**1.3**	**56.2**
电信和其他信息传输服务业	89.6	56.5	0.9	32.3
计算机服务业	9.7	2.0	0.2	7.5
软件业	17.4	0.8	0.2	16.4
批发和零售业	**508.3**	**204.4**	**85.1**	**218.9**
批发业	270.3	137.9	39.0	93.3
零售业	238.0	66.4	46.0	125.6
住宿和餐饮业	**166.5**	**63.3**	**13.1**	**90.1**
住宿业	109.8	51.7	8.2	49.9
餐饮业	56.7	11.6	4.8	40.2
金融业	**295.0**	**154.9**	**61.6**	**78.6**
银行业	240.5	138.2	60.9	41.4
证券业	6.2	1.5		4.7
保险业	44.1	13.8		30.3
其他金融活动	4.2	1.4	0.6	2.2
房地产业	**132.7**	**43.9**	**7.6**	**81.1**
租赁和商务服务业	**198.8**	**104.8**	**33.2**	**60.8**
租赁业	3.5	0.9	0.7	1.9
商务服务业	195.3	103.8	32.6	58.9

1-12　续表　　单位：万人

行　业	合　计	国有单位	城镇集体单位	其他单位
科学研究、技术服务和地质勘查业	**212.7**	**179.7**	**3.0**	**29.9**
研究与试验发展	60.7	56.6	0.2	3.8
专业技术服务业	94.6	72.6	2.1	19.9
科技交流和推广服务业	27.1	20.9	0.6	5.6
地质勘查业	30.4	29.6	0.1	0.7
水利、环境和公共设施管理业	**170.3**	**152.5**	**8.8**	**9.0**
水利管理业	46.2	44.8	0.9	0.5
环境管理业	72.1	63.0	6.5	2.6
公共设施管理业	52.0	44.7	1.4	5.9
居民服务和其他服务业	**47.2**	**21.0**	**9.5**	**16.6**
居民服务业	23.3	12.0	3.6	7.7
其他服务业	23.9	9.1	5.9	8.9
教育	**1444.7**	**1390.8**	**39.0**	**14.9**
卫生、社会保障和社会福利业	**491.4**	**437.8**	**46.2**	**7.4**
卫生	467.4	416.3	45.0	6.1
社会保障业	12.2	10.8	0.4	1.0
社会福利业	11.8	10.7	0.8	0.3
文化、体育和娱乐业	**117.0**	**106.2**	**2.4**	**8.5**
新闻出版业	23.4	22.4	0.2	0.8
广播、电视、电影和音像业	40.2	38.2	0.5	1.6
文化艺术业	37.9	35.8	1.3	0.7
体育	8.2	7.6		0.5
娱乐业	7.4	2.2	0.3	4.9
公共管理和社会组织	**1213.5**	**1208.3**	**2.9**	**2.2**
中国共产党机关	49.7	49.7		
国家机构	1123.4	1121.6	1.7	
人民政协和民主党派	8.4	8.4		
群众团体、社会团体和宗教组织	20.2	18.6	0.5	1.1
基层群众自治组织				

1-13 各地区按第三产业行业门类分职工人数(2005年底)

单位：万人

地 区	交通运输、仓储和邮政业	信息传输、计算机服务和软件业	批发和零售业	住宿和餐饮业	金融业	房地产业	租赁和商务服务业
全 国	**579.2**	**116.8**	**508.3**	**166.5**	**295.0**	**132.7**	**198.8**
北 京	33.0	17.5	34.3	20.4	10.8	19.6	42.3
天 津	10.4	2.2	8.8	2.2	3.5	1.7	4.5
河 北	25.2	4.2	26.6	5.0	15.0	2.8	4.6
山 西	19.6	3.6	20.6	3.9	9.6	1.3	4.7
内蒙古	15.5	2.5	7.3	2.6	7.1	1.4	2.6
辽 宁	31.8	4.9	16.1	5.9	13.8	5.8	6.9
吉 林	17.6	3.0	9.3	3.1	8.5	2.8	3.2
黑龙江	27.3	3.9	20.6	3.5	9.8	4.1	3.9
上 海	26.0	3.5	15.7	4.6	13.5	4.4	11.1
江 苏	31.3	5.5	27.3	7.8	16.8	5.4	8.6
浙 江	18.4	4.4	18.3	9.3	15.8	5.7	13.8
安 徽	15.3	2.7	16.5	2.5	8.7	2.9	3.8
福 建	13.7	2.9	10.5	4.7	8.3	4.8	4.7
江 西	15.2	2.6	9.9	2.3	7.2	2.3	2.2
山 东	29.1	5.1	38.1	11.2	18.5	8.3	10.6
河 南	32.0	4.1	46.9	10.7	17.6	5.4	9.9
湖 北	27.1	4.1	23.6	5.4	11.0	4.9	5.6
湖 南	20.3	3.7	13.3	6.7	10.6	5.3	4.3
广 东	45.8	13.4	39.4	21.6	27.2	20.5	23.1
广 西	16.5	2.6	12.9	4.7	7.3	3.0	5.1
海 南	4.1	0.9	2.7	3.1	1.7	1.4	1.3
重 庆	13.4	2.3	9.1	3.0	5.2	3.0	1.7
四 川	22.0	4.4	18.6	5.0	13.4	4.0	5.8
贵 州	8.2	1.5	11.7	2.6	4.5	3.6	2.4
云 南	12.1	2.6	10.8	3.7	6.7	1.9	2.3
西 藏	0.6	0.3	0.6	0.4	0.6		0.1
陕 西	19.1	3.2	19.5	4.5	8.8	2.2	2.8
甘 肃	11.6	2.0	8.2	2.4	5.6	1.0	2.0
青 海	3.3	0.7	1.5	0.4	1.2	0.2	0.5
宁 夏	3.0	0.5	2.0	0.7	1.8	0.7	0.5
新 疆	10.7	2.0	7.5	2.6	4.8	2.2	3.9

1-13　续表　　单位：万人

地　区	科学研究、技术服务和地质勘查业	水利、环境和公共设施管理业	居民服务和其他服务业	教　育	卫生、社会保障和社会福利业	文化、体育和娱乐业	公共管理和社会组织
全　国	**212.7**	**170.3**	**47.2**	**1444.7**	**491.4**	**117.0**	**1213.5**
北　京	26.0	6.6	8.9	32.8	15.2	12.6	27.2
天　津	4.7	3.1	2.2	16.2	6.8	1.5	11.9
河　北	7.4	8.5	2.1	83.2	22.6	4.8	69.4
山　西	5.6	5.0	1.2	45.2	13.7	4.2	43.1
内蒙古	4.0	5.8	0.8	32.7	10.4	3.1	30.8
辽　宁	8.8	10.4	2.0	50.2	21.2	5.1	45.8
吉　林	5.7	6.9	1.0	36.6	14.1	3.7	28.5
黑龙江	8.9	7.3	4.8	42.0	16.6	3.5	38.6
上　海	11.7	3.8	2.8	22.9	13.5	3.5	16.2
江　苏	8.6	9.3	1.0	80.2	28.5	4.8	53.3
浙　江	6.8	5.5	0.9	49.7	23.1	4.3	42.8
安　徽	5.1	5.3	0.4	56.3	16.9	4.0	41.4
福　建	3.7	3.5	1.2	41.4	11.5	3.0	28.0
江　西	5.4	4.0	0.6	44.8	13.6	3.2	36.5
山　东	7.8	10.9	2.9	103.3	34.6	5.6	97.9
河　南	10.8	10.4	1.4	106.3	32.6	5.8	96.1
湖　北	8.9	8.5	1.2	62.0	24.9	5.3	53.0
湖　南	5.6	6.2	0.6	64.7	22.8	3.8	62.8
广　东	11.9	11.8	4.1	95.5	37.3	8.0	80.1
广　西	5.1	4.8	0.7	51.9	16.5	3.2	33.8
海　南	1.4	2.0	0.1	8.7	2.9	1.2	8.2
重　庆	4.9	2.6	0.6	30.8	8.6	1.7	19.6
四　川	10.7	6.7	1.5	77.5	25.3	4.8	61.0
贵　州	3.5	2.2	0.8	36.8	8.6	2.0	31.8
云　南	5.0	3.7	0.5	45.7	12.1	3.3	37.6
西　藏	0.5	0.2		2.9	1.0	0.5	6.1
陕　西	12.2	5.1	2.0	49.5	13.6	3.7	41.3
甘　肃	4.6	3.8	0.3	29.7	7.5	2.6	26.9
青　海	1.8	0.6	0.2	6.1	2.4	0.6	6.7
宁　夏	1.1	1.8		7.2	2.6	0.8	7.2
新　疆	4.3	4.2	0.3	31.8	10.7	2.4	30.0

1-14 按第三产业行业门类分职工人数

单位：万人

行业门类	2003	2004	2005
交通运输、仓储和邮政业	609.7	598.4	579.2
信息传输、计算机服务和软件业	104.0	110.6	116.8
批发和零售业	592.0	550.9	508.3
住宿和餐饮业	159.4	162.6	166.5
金融业	286.2	286.9	295.0
房地产业	108.3	120.2	132.7
租赁和商务服务业	167.6	176.3	198.8
科学研究、技术服务和地质勘查业	206.3	207.6	212.7
水利、环境和公共设施管理业	163.9	164.6	170.3
居民服务和其他服务业	47.5	47.5	47.2
教育	1401.7	1424.5	1444.7
卫生、社会保障和社会福利业	471.7	476.8	491.4
文化、体育和娱乐业	122.0	117.7	117.0
公共管理和社会组织	1146.3	1170.2	1213.5

1-15　各地区按第三产业行业门类分国有单位职工人数(2005年底)

单位: 万人

地　区	交通运输、仓储和邮政业	信息传输、计算机服务和软件业	批发和零售业	住宿和餐饮业	金融业	房地产业	租赁和商务服务业
全　国	**421.8**	**59.3**	**204.4**	**63.3**	**154.9**	**43.9**	**104.8**
北　京	12.7	1.2	6.4	6.0	4.7	3.1	20.8
天　津	7.6	0.4	2.2	0.7	2.1	0.4	3.1
河　北	21.8	2.8	13.8	3.2	8.5	1.8	2.6
山　西	17.2	2.9	12.3	2.6	5.5	0.9	2.9
内蒙古	13.8	2.2	3.9	1.3	4.4	0.9	1.8
辽　宁	26.9	2.1	5.6	1.7	7.3	3.0	4.5
吉　林	13.5	2.1	4.1	1.7	4.6	1.4	1.9
黑龙江	24.3	2.8	9.3	1.9	5.4	2.3	1.9
上　海	9.5	1.4	4.2	2.3	3.8	1.7	4.8
江　苏	18.5	2.4	6.6	2.5	7.5	2.2	4.0
浙　江	10.6	1.4	3.1	2.2	7.0	1.6	4.1
安　徽	10.8	2.0	8.1	1.2	5.2	1.1	1.9
福　建	10.4	1.7	4.7	1.4	4.8	1.3	2.9
江　西	13.6	1.9	6.7	1.4	4.1	1.4	1.6
山　东	19.1	2.1	12.3	5.3	8.0	2.8	4.2
河　南	27.2	2.4	22.3	5.1	8.8	2.4	5.6
湖　北	21.6	3.6	10.9	1.9	7.0	1.9	3.2
湖　南	16.5	1.7	5.2	2.7	4.3	1.6	2.9
广　东	25.2	6.2	13.6	5.1	13.9	4.6	13.0
广　西	11.8	1.5	6.5	2.1	4.4	1.4	3.0
海　南	2.7	0.6	1.4	0.8	1.3	0.5	0.7
重　庆	10.5	1.9	3.5	0.9	2.8	0.9	0.6
四　川	16.1	3.4	8.0	1.5	7.5	1.3	4.4
贵　州	7.1	0.6	6.2	1.0	2.2	0.5	1.3
云　南	9.9	1.7	4.3	1.3	4.2	0.4	1.1
西　藏	0.6	0.3	0.5	0.4	0.6		
陕　西	17.5	2.1	9.9	1.7	5.6	1.1	1.9
甘　肃	10.5	1.7	4.5	1.5	3.8	0.6	1.3
青　海	2.7	0.6	0.9	0.3	0.9	0.1	0.3
宁　夏	2.8	0.4	1.1	0.3	1.2	0.1	0.3
新　疆	8.9	1.1	2.3	1.4	3.2	0.7	1.9

1-15 续表 单位：万人

地区	科学研究、技术服务和地质勘查业	水利、环境和公共设施管理业	居民服务和其他服务业	教育	卫生、社会保障和社会福利业	文化、体育和娱乐业	公共管理和社会组织
全国	**179.7**	**152.5**	**21.0**	**1390.8**	**437.8**	**106.2**	**1208.3**
北京	15.4	4.8	2.0	29.4	13.3	9.8	26.8
天津	3.6	2.9	0.9	16.0	6.5	1.4	11.8
河北	7.1	7.8	1.6	83.2	21.0	4.4	69.3
山西	5.5	4.8	0.5	44.9	11.4	3.9	43.1
内蒙古	3.8	5.4	0.5	32.3	9.0	3.1	30.8
辽宁	7.6	9.9	1.1	50.0	19.6	4.8	45.7
吉林	5.2	6.1	0.7	36.3	12.9	3.5	28.4
黑龙江	8.3	6.8	3.0	41.7	15.7	3.4	38.5
上海	10.0	3.0	1.1	22.1	10.8	3.1	16.0
江苏	6.8	7.5	0.5	78.9	20.8	4.2	53.2
浙江	5.2	3.9	0.5	47.9	19.5	4.0	42.2
安徽	4.9	5.0	0.4	56.2	12.7	3.8	41.3
福建	3.2	3.1	0.7	41.0	9.4	2.7	27.9
江西	5.2	3.4	0.4	44.4	12.8	3.2	36.4
山东	6.7	10.1	0.6	99.7	29.5	5.2	97.4
河南	9.9	10.1	0.8	74.0	30.3	5.5	95.5
湖北	8.3	7.8	0.5	60.4	23.7	5.1	51.8
湖南	5.2	5.5	0.4	63.6	20.5	3.4	62.7
广东	8.5	9.2	1.4	93.4	35.6	6.3	79.9
广西	4.8	4.6	0.2	51.4	16.1	2.9	33.6
海南	1.3	1.8		8.4	2.5	0.9	8.2
重庆	2.4	2.4	0.4	30.5	7.2	1.7	19.6
四川	10.4	6.0	1.0	76.9	20.6	4.6	61.0
贵州	3.0	2.1	0.2	36.2	8.4	1.8	31.7
云南	4.4	3.3	0.2	45.5	12.0	3.0	37.5
西藏	0.5	0.2		2.9	1.0	0.5	6.1
陕西	11.4	5.0	0.9	48.9	12.3	3.5	41.2
甘肃	4.5	3.8	0.3	29.7	7.2	2.6	26.9
青海	1.8	0.6	0.2	6.1	2.3	0.6	6.7
宁夏	1.0	1.7		7.1	2.6	0.8	7.2
新疆	3.9	4.0	0.2	31.6	10.5	2.4	30.0

1-16　按第三产业行业门类分国有单位职工人数

单位：万人

行业门类	2003	2004	2005
交通运输、仓储和邮政业	474.4	452.1	421.8
信息传输、计算机服务和软件业	63.9	66.2	59.3
批发和零售业	286.3	246.3	204.4
住宿和餐饮业	69.2	66.0	63.3
金融业	176.3	166.2	154.9
房地产业	48.8	46.8	43.9
租赁和商务服务业	98.7	99.7	104.8
科学研究、技术服务和地质勘查业	176.7	179.8	179.7
水利、环境和公共设施管理业	147.9	148.0	152.5
居民服务和其他服务业	19.9	20.5	21.0
教育	1340.1	1371.6	1390.8
卫生、社会保障和社会福利业	419.1	423.0	437.8
文化、体育和娱乐业	112.4	107.3	106.2
公共管理和社会组织	1141.1	1163.9	1208.3

1-17 各地区按第三产业行业门类分城镇集体单位职工人数(2005年底)

单位: 万人

地 区	交通运输、仓储和邮政业	信息传输、计算机服务和软件业	批发和零售业	住宿和餐饮业	金融业	房地产业	租赁和商务服务业
全 国	**29.1**	**1.3**	**85.1**	**13.1**	**61.6**	**7.6**	**33.2**
北 京	0.7	0.1	2.1	1.2		0.8	2.4
天 津	0.6	0.2	1.6	0.2	0.5		0.3
河 北	1.0		5.8	0.4	4.4	0.1	1.4
山 西	0.6		4.9	0.4	2.8	0.1	1.5
内蒙古	0.4		0.7	0.2	1.9		0.5
辽 宁	1.4	0.2	2.1	0.4	2.8	0.2	1.5
吉 林	1.4		1.0	0.2	2.6		0.5
黑龙江	1.3		3.2	0.4	1.9	0.4	1.1
上 海	0.6		1.8	0.2		0.2	2.6
江 苏	1.8	0.1	4.8	0.4	2.5	0.3	1.4
浙 江	0.9		1.4	0.7	2.9	0.2	1.5
安 徽	1.9		3.9	0.1	2.3	0.3	1.4
福 建	0.8	0.1	1.8	0.3	1.5	0.2	0.6
江 西	0.8		1.4	0.1	1.7	0.1	0.4
山 东	1.3	0.2	6.4	1.0	4.0	0.8	3.2
河 南	2.1		13.6	1.8	5.5	0.2	3.3
湖 北	2.2		3.2	0.3	2.3	0.4	0.5
湖 南	1.6		1.5	0.4	2.9	0.2	0.3
广 东	2.0	0.1	5.2	1.3	5.4	2.0	4.7
广 西	1.3		2.6	0.4	1.8	0.1	1.0
海 南	0.1		0.7	0.2	0.3	0.1	0.1
重 庆	0.8		0.9	0.1	0.7	0.1	0.1
四 川	1.6		2.5	0.6	3.9	0.2	0.6
贵 州	0.4		1.4	0.1	1.1	0.2	0.3
云 南	0.2		2.1	0.3	1.7		0.5
西 藏			0.1				
陕 西	0.5		4.7	0.4	1.8	0.1	0.4
甘 肃	0.6		1.5	0.4	1.2	0.1	0.4
青 海	0.1		0.2		0.3		0.2
宁 夏			0.2	0.1	0.3		
新 疆	0.1		1.6	0.1	0.9	0.1	0.4

1-17　续表　　单位：万人

地　区	科学研究、技术服务和地质勘查业	水利、环境和公共设施管理业	居民服务和其他服务业	教　育	卫生、社会保障和社会福利业	文化、体育和娱乐业	公共管理和社会组织
全　国	**3.0**	**8.8**	**9.5**	**39.0**	**46.2**	**2.4**	**2.9**
北　京	0.5	0.1	1.3	0.7	1.1	0.1	
天　津	0.1		0.7	0.1	0.2		0.1
河　北		0.2	0.4	0.1	1.5	0.2	0.1
山　西		0.2	0.6	0.2	2.2	0.3	0.1
内蒙古		0.2	0.2		1.3		
辽　宁	0.2	0.3	0.5	0.2	1.3		0.1
吉　林	0.1	0.6	0.2		1.1	0.1	0.1
黑龙江	0.2	0.2	1.6	0.1	0.6		0.1
上　海	0.1	0.3	0.4	0.1	1.8	0.1	0.2
江　苏	0.2	1.3	0.2	0.6	6.5	0.3	0.1
浙　江	0.2	1.1	0.2	0.9	3.3	0.1	0.1
安　徽	0.1	0.1		0.1	4.0	0.2	0.1
福　建	0.1	0.1	0.2		2.0		
江　西		0.4	0.1		0.6		0.1
山　东	0.2	0.3	0.3	2.6	4.4	0.1	0.2
河　南	0.2	0.1	0.2	30.8	1.7	0.1	0.4
湖　北	0.1	0.4	0.2	0.9	0.9		0.6
湖　南		0.3	0.1	0.4	2.2	0.1	
广　东	0.4	1.3	0.6	0.8	1.2	0.2	0.1
广　西	0.1	0.1	0.3	0.2	0.2		
海　南					0.4		
重　庆		0.1			1.4		0.1
四　川		0.4	0.3	0.1	4.5	0.1	
贵　州		0.1	0.1		0.1		
云　南		0.2	0.1		0.1		0.1
西　藏							
陕　西		0.1	0.4	0.1	1.2	0.1	0.1
甘　肃					0.2		
青　海					0.1		
宁　夏							
新　疆		0.1	0.1		0.1		

1-18 按第三产业行业门类分城镇集体单位职工人数

单位: 万人

行业门类	2003	2004	2005
交通运输、仓储和邮政业	36.6	32.6	29.1
信息传输、计算机服务和软件业	1.7	1.2	1.3
批发和零售业	122.4	103.1	85.1
住宿和餐饮业	15.2	14.2	13.1
金融业	63.7	63.5	61.6
房地产业	6.8	7.1	7.6
租赁和商务服务业	28.4	28.7	33.2
科学研究、技术服务和地质勘查业	3.4	3.2	3.0
水利、环境和公共设施管理业	9.8	9.2	8.8
居民服务和其他服务业	14.0	12.6	9.5
教育	55.6	41.8	39.0
卫生、社会保障和社会福利业	49.3	47.7	46.2
文化、体育和娱乐业	3.0	2.6	2.4
公共管理和社会组织	4.5	4.3	2.9

1-19　各地区按第三产业行业门类分其他单位职工人数(2005年底)

单位: 万人

地　区	交通运输、仓储和邮政业	信息传输、计算机服务和软件业	批发和零售业	住宿和餐饮业	金融业	房地产业	租赁和商务服务业
全　国	**128.2**	**56.2**	**218.9**	**90.1**	**78.6**	**81.1**	**60.8**
北　京	19.6	16.3	25.8	13.3	6.1	15.7	19.1
天　津	2.2	1.6	5.0	1.3	0.9	1.3	1.0
河　北	2.3	1.3	7.0	1.4	2.1	1.0	0.6
山　西	1.8	0.6	3.4	1.0	1.3	0.3	0.2
内蒙古	1.3	0.3	2.7	1.0	0.7	0.5	0.3
辽　宁	3.5	2.6	8.3	3.7	3.7	2.5	0.9
吉　林	2.7	0.9	4.1	1.1	1.3	1.3	0.8
黑龙江	1.6	1.1	8.1	1.2	2.5	1.5	0.9
上　海	16.0	2.0	9.8	2.0	9.7	2.6	3.7
江　苏	10.9	2.9	15.9	4.8	6.8	2.9	3.2
浙　江	6.9	3.0	13.8	6.4	6.0	3.8	8.2
安　徽	2.7	0.7	4.5	1.2	1.3	1.5	0.5
福　建	2.6	1.1	4.0	3.0	2.0	3.3	1.2
江　西	0.9	0.7	1.7	0.7	1.3	0.8	0.1
山　东	8.7	2.9	19.4	4.9	6.6	4.8	3.2
河　南	2.6	1.7	11.0	3.8	3.2	2.7	1.0
湖　北	3.2	0.5	9.5	3.2	1.7	2.6	1.9
湖　南	2.2	2.0	6.5	3.7	3.3	3.5	1.0
广　东	18.6	7.1	20.6	15.2	7.9	14.0	5.5
广　西	3.4	1.1	3.8	2.1	1.1	1.5	1.1
海　南	1.3	0.2	0.7	2.1	0.1	0.8	0.4
重　庆	2.2	0.3	4.7	2.0	1.7	2.0	1.0
四　川	4.3	1.0	8.1	3.0	1.9	2.6	0.8
贵　州	0.7	0.9	4.1	1.5	1.2	2.8	0.8
云　南	2.0	0.8	4.4	2.0	0.8	1.5	0.8
西　藏			0.1				
陕　西	1.1	1.2	4.8	2.4	1.5	1.0	0.5
甘　肃	0.5	0.2	2.2	0.5	0.6	0.3	0.3
青　海	0.5	0.1	0.4	0.1		0.1	
宁　夏	0.2	0.1	0.8	0.4	0.3	0.5	0.1
新　疆	1.7	0.9	3.6	1.0	0.8	1.4	1.6

1-19 续表 单位：万人

地区	科学研究、技术服务和地质勘查业	水利、环境和公共设施管理业	居民服务和其他服务业	教育	卫生、社会保障和社会福利业	文化、体育和娱乐业	公共管理和社会组织
全国	**29.9**	**9.0**	**16.6**	**14.9**	**7.4**	**8.5**	**2.2**
北京	10.1	1.7	5.5	2.8	0.8	2.7	0.3
天津	1.0	0.2	0.6			0.1	
河北	0.4	0.5	0.1			0.2	
山西	0.1		0.1	0.1	0.1		
内蒙古	0.2	0.2	0.1	0.3	0.1		
辽宁	0.9	0.2	0.5	0.1	0.2	0.3	
吉林	0.4	0.1	0.1	0.2	0.1	0.1	
黑龙江	0.5	0.3	0.2	0.1	0.3	0.1	
上海	1.6	0.5	1.4	0.6	0.9	0.3	
江苏	1.6	0.5	0.3	0.7	1.3	0.2	
浙江	1.4	0.5	0.3	0.9	0.2	0.2	0.5
安徽	0.2	0.2			0.1	0.1	
福建	0.4	0.3	0.3	0.4	0.1	0.3	
江西	0.1	0.2		0.4	0.2		
山东	0.9	0.5	2.0	1.0	0.7	0.3	0.2
河南	0.7	0.2	0.3	1.4	0.6	0.2	0.2
湖北	0.5	0.3	0.5	0.7	0.2	0.2	0.6
湖南	0.4	0.3	0.1	0.7	0.1	0.3	0.1
广东	3.0	1.3	2.0	1.3	0.4	1.5	
广西	0.3	0.1	0.2	0.3	0.2	0.3	0.2
海南	0.2	0.2		0.3		0.2	
重庆	2.4	0.1	0.1	0.2		0.1	
四川	0.3	0.3	0.2	0.5	0.2	0.1	
贵州	0.5		0.5	0.5	0.1	0.2	0.1
云南	0.6	0.2	0.2	0.2		0.2	
西藏							
陕西	0.8		0.7	0.6	0.1	0.1	
甘肃	0.1		0.1				
青海	0.1						
宁夏	0.1						
新疆	0.3	0.1	0.1	0.2		0.1	

1-20　按第三产业行业门类分其他单位职工人数

单位：万人

行业门类	2003	2004	2005
交通运输、仓储和邮政业	98.7	113.7	128.2
信息传输、计算机服务和软件业	38.4	43.2	56.2
批发和零售业	183.3	201.6	218.9
住宿和餐饮业	75.0	82.4	90.1
金融业	46.2	57.2	78.6
房地产业	52.6	66.3	81.1
租赁和商务服务业	40.6	47.9	60.8
科学研究、技术服务和地质勘查业	26.2	24.6	29.9
水利、环境和公共设施管理业	6.1	7.3	9.0
居民服务和其他服务业	13.6	14.4	16.6
教育	6.1	11.2	14.9
卫生、社会保障和社会福利业	3.3	6.1	7.4
文化、体育和娱乐业	6.6	7.8	8.5
公共管理和社会组织	0.7	2.1	2.2

1-21 各地区按第三产业行业门类分城镇单位专业技术人员数(2005年底)

单位：万人

地 区	交通运输、仓储和邮政业	信息传输、计算机服务和软件业	批发和零售业	住宿和餐饮业	金融业	房地产业	租赁和商务服务业
全 国	**81.9**	**46.8**	**86.0**	**19.3**	**156.2**	**33.5**	**38.3**
北 京	3.8	10.0	8.2	2.7	7.1	5.1	9.0
天 津	2.0	1.0	1.6	0.3	2.7	0.4	0.5
河 北	3.7	1.4	4.1	0.8	7.8	0.8	0.9
山 西	2.3	1.1	2.9	0.5	4.4	0.4	1.0
内蒙古	1.8	0.9	1.1	0.3	3.5	0.3	0.6
辽 宁	4.6	2.2	3.3	0.8	8.9	1.6	1.5
吉 林	2.3	1.1	1.7	0.2	4.7	0.7	1.0
黑龙江	3.1	1.4	2.6	0.3	5.2	0.8	0.9
上 海	3.7	1.4	2.4	0.4	5.6	0.9	1.4
江 苏	5.1	2.1	4.4	1.1	9.8	1.8	1.9
浙 江	2.9	1.8	4.5	1.2	9.0	1.9	2.8
安 徽	2.0	0.9	2.1	0.2	4.1	0.7	0.5
福 建	2.0	1.2	2.0	0.5	4.8	1.1	1.2
江 西	2.2	0.9	1.6	0.3	3.8	0.5	0.4
山 东	5.5	1.7	6.8	1.4	9.5	2.5	2.1
河 南	3.0	1.3	6.3	1.2	7.7	1.2	1.4
湖 北	4.6	1.8	3.8	0.7	6.5	1.5	1.2
湖 南	2.3	1.4	2.4	1.0	4.9	1.4	0.9
广 东	6.9	5.1	7.9	1.7	14.1	3.9	3.9
广 西	2.5	0.9	2.3	0.5	4.2	0.9	1.0
海 南	0.9	0.4	0.4	0.3	0.9	0.3	0.3
重 庆	1.7	0.4	1.3	0.3	2.3	0.9	0.3
四 川	3.2	1.6	2.8	0.5	6.8	1.0	1.0
贵 州	1.0	0.5	1.7	0.2	2.5	1.0	0.5
云 南	1.9	1.1	2.1	0.4	4.3	0.4	0.6
西 藏	0.1	0.1			0.4		
陕 西	2.7	1.2	2.6	0.5	4.3	0.5	0.6
甘 肃	1.5	0.7	0.9	0.2	2.1	0.2	0.3
青 海	0.5	0.3	0.3	0.1	0.8		0.1
宁 夏	0.4	0.3	0.4	0.1	1.2	0.2	0.1
新 疆	1.7	0.8	1.7	0.4	2.4	0.5	0.8

1-21　续表　　　　　　　　　　　　　　　　　　　　　　　　单位：万人

地　区	科学研究、技术服务和地质勘查业	水利、环境和公共设施管理业	居民服务和其他服务业	教　育	卫生、社会保障和社会福利业	文化、体育和娱乐业	公共管理和社会组织
全　国	**113.5**	**27.7**	**6.5**	**1200.9**	**364.1**	**54.4**	**140.3**
北　京	16.2	1.0	1.7	23.6	11.5	6.4	3.9
天　津	2.8	0.6	0.3	13.5	5.5	0.8	0.7
河　北	3.6	1.5	0.6	74.6	17.0	2.2	9.1
山　西	3.1	0.8	0.1	36.9	10.0	2.0	1.3
内蒙古	2.2	1.1	0.1	28.0	7.8	1.7	3.6
辽　宁	5.2	1.6	0.3	42.8	15.9	2.7	4.4
吉　林	3.5	1.1	0.1	31.1	10.4	1.8	3.9
黑龙江	3.2	1.2	0.2	35.1	11.8	1.9	4.3
上　海	4.4	0.5	0.1	17.1	9.8	1.2	0.9
江　苏	5.1	1.6	0.2	66.2	21.7	2.3	7.4
浙　江	4.5	0.9	0.1	41.7	17.3	2.3	1.8
安　徽	2.7	0.8	0.1	45.9	12.6	2.6	4.7
福　建	2.3	0.5	0.2	37.0	8.3	1.2	3.2
江　西	2.4	0.6	0.1	38.7	10.1	1.5	4.0
山　东	4.4	2.3	0.2	86.7	27.0	2.8	20.0
河　南	4.8	1.2	0.2	86.1	21.7	2.1	12.6
湖　北	4.8	1.6	0.2	52.9	19.7	2.6	8.3
湖　南	2.9	0.9	0.2	53.8	17.1	1.4	9.0
广　东	6.8	1.4	0.5	77.9	27.1	2.7	2.9
广　西	2.9	0.8	0.1	43.1	11.8	1.5	4.8
海　南	0.5	0.1		7.3	2.1	0.5	0.4
重　庆	1.9	0.2	0.1	25.0	6.3	0.7	1.6
四　川	6.1	0.8	0.2	65.6	18.5	2.2	6.7
贵　州	2.0	0.3	0.1	31.7	6.4	0.9	4.4
云　南	3.1	0.8	0.1	38.5	9.3	1.6	3.2
西　藏	0.2			1.7	0.5	0.2	0.3
陕　西	5.3	1.2	0.3	37.7	9.5	1.4	4.4
甘　肃	2.3	0.7		23.8	5.3	1.0	2.7
青　海	0.9	0.2	0.1	5.2	1.7	0.4	0.5
宁　夏	0.6	0.3		6.2	2.0	0.5	1.0
新　疆	2.7	1.0	0.1	25.5	8.3	1.4	4.4

1-22 按第三产业行业门类分城镇单位专业技术人员数

单位：万人

行业门类	2003	2004	2005
交通运输、仓储和邮政业	90.0	89.8	81.9
信息传输、计算机服务和软件业	41.1	44.4	46.8
批发和零售业	101.0	95.0	86.0
住宿和餐饮业	17.5	18.7	19.3
金融业	159.5	157.2	156.2
房地产业	29.3	31.8	33.5
租赁和商务服务业	36.4	36.1	38.3
科学研究、技术服务和地质勘查业	112.8	112.9	113.5
水利、环境和公共设施管理业	26.3	27.6	27.7
居民服务和其他服务业	7.1	6.8	6.5
教育	1154.2	1182.6	1200.9
卫生、社会保障和社会福利业	349.3	355.0	364.1
文化、体育和娱乐业	60.1	56.0	54.4
公共管理和社会组织	122.8	128.8	140.3

1-23　各地区按第三产业行业门类分私营企业和个体就业人数(2005年底)

单位：万人

地　区	第三产业合计	交通运输、仓储和邮政业	信息传输、计算机服务和软件业	批发和零售业	住宿和餐饮业	房地产业
全　国	**7032.5**	**398.9**	**138.1**	**4065.8**	**720.3**	**157.4**
北　京	304.4	8.2	5.4	106.2	21.5	11.5
天　津	71.3	4.5	0.9	37.4	3.7	2.3
河　北	306.5	27.0	4.7	197.2	36.0	5.6
山　西	115.4	5.2	1.8	72.9	14.0	1.1
内蒙古	111.7	8.5	1.5	60.8	16.6	1.9
辽　宁	368.0	50.5	9.2	192.4	37.9	12.4
吉　林	130.9	9.6	1.7	82.5	13.5	3.3
黑龙江	188.2	17.0	3.4	102.8	29.6	1.9
上　海	353.8	12.5	9.6	199.2	14.6	11.4
江　苏	501.6	21.2	6.7	308.0	32.6	13.4
浙　江	392.0	23.5	9.9	230.6	35.2	7.7
安　徽	306.0	23.9	5.5	178.9	38.1	5.6
福　建	142.4	3.2	4.1	89.0	11.7	3.6
江　西	197.3	12.7	3.5	120.4	23.0	4.8
山　东	472.3	25.1	9.4	294.2	49.0	10.0
河　南	300.5	22.2	4.2	179.7	41.8	2.9
湖　北	253.5	18.2	3.8	150.9	29.8	3.0
湖　南	300.0	13.0	6.4	158.2	21.5	4.9
广　东	721.3	14.2	13.5	427.1	57.7	13.7
广　西	187.9	15.6	3.6	114.1	19.9	5.4
海　南	45.4	3.4	1.8	23.1	4.2	2.0
重　庆	136.9	6.0	3.9	80.5	12.8	5.2
四　川	357.4	18.7	11.7	197.0	48.0	5.6
贵　州	83.4	4.6	1.6	44.5	8.5	2.2
云　南	168.8	10.0	2.4	99.9	27.8	3.8
西　藏	13.3	0.7	0.1	6.1	2.7	0.2
陕　西	239.7	7.3	3.4	165.6	25.3	2.5
甘　肃	79.0	1.9	1.8	47.9	13.1	1.4
青　海	40.5	1.5	0.5	22.1	7.1	2.9
宁　夏	30.4	1.0	0.6	18.2	3.8	0.5
新　疆	112.8	7.9	1.4	58.2	19.5	4.7

1-23 续表　　单位：万人

地　区	租赁和商务服务业	居民服务和其他服务业	卫生、社会保障和社会福利业	文化、体育和娱乐业	其　他
全　国	**385.9**	**649.6**	**22.2**	**79.7**	**414.5**
北　京	42.6	17.0	0.5	13.7	77.8
天　津	5.7	4.4	0.2	0.6	11.7
河　北	4.5	23.0	1.1	1.9	5.6
山　西	2.8	10.8	0.4	0.8	5.6
内蒙古	2.9	13.4	0.5	1.1	4.4
辽　宁	14.5	29.9	1.4	3.5	16.2
吉　林	4.5	9.6	0.7	1.1	4.5
黑龙江	4.7	18.6	0.3	2.8	7.0
上　海	55.5	18.3	0.6	2.3	29.8
江　苏	24.3	69.8	1.4	4.7	19.4
浙　江	18.9	42.1	0.9	4.4	19.0
安　徽	7.4	32.9	0.7	2.8	10.1
福　建	9.3	16.7	0.5	1.4	2.9
江　西	4.6	20.4	0.6	2.4	4.9
山　东	22.7	48.1	1.0	2.1	10.7
河　南	5.1	33.3	0.5	1.4	9.4
湖　北	9.4	26.5	0.7	3.0	8.2
湖　南	66.5	19.1	0.8	3.9	5.6
广　东	25.6	58.2	0.3	4.9	106.2
广　西	6.7	15.8	0.7	2.8	3.3
海　南	2.8	3.8	0.2	0.8	3.3
重　庆	8.0	13.2	0.8	1.8	4.6
四　川	16.5	36.9	2.3	6.5	14.3
贵　州	1.9	7.2	0.6	1.0	11.3
云　南	4.6	13.9	1.1	2.0	3.3
西　藏	0.2	2.1	0.1	0.7	0.5
陕　西	5.9	19.7	1.4	2.4	6.1
甘　肃	2.3	7.7	0.8	0.6	1.4
青　海	0.3	2.9	0.1	0.6	2.5
宁　夏	1.3	4.1	0.1	0.4	0.4
新　疆	4.0	10.3	0.8	1.4	4.5

1-24　各地区按第三产业行业门类分城镇私营企业和个体就业人数(2005年底)

单位：万人

地　区	第三产业合计	交通运输、仓储和邮政业	信息传输、计算机服务和软件业	批发和零售业	住宿和餐饮业	房地产业
全　国	**4568.7**	**226.5**	**103.9**	**2534.8**	**465.6**	**122.5**
北　京	206.0	5.0	4.2	66.7	15.8	6.6
天　津	40.5	2.8	0.6	20.1	1.7	1.5
河　北	109.7	8.0	2.1	66.9	13.7	3.1
山　西	67.5	1.7	1.2	44.1	7.9	0.7
内蒙古	84.9	6.4	1.3	45.8	12.6	1.5
辽　宁	269.0	30.0	8.5	143.9	26.8	11.2
吉　林	115.6	8.1	1.6	73.8	11.0	2.8
黑龙江	147.9	13.1	3.0	81.7	20.9	1.7
上　海	213.1	8.3	5.1	111.7	12.3	8.7
江　苏	312.5	12.4	5.0	174.8	25.7	7.9
浙　江	229.0	8.7	7.7	135.7	19.1	5.2
安　徽	160.3	12.5	2.9	91.0	19.2	4.5
福　建	109.9	2.5	3.6	66.6	8.7	3.2
江　西	139.9	7.4	2.9	84.8	16.5	4.3
山　东	279.7	11.3	6.8	177.8	28.5	7.4
河　南	168.0	10.0	3.1	98.1	24.1	2.2
湖　北	176.2	10.8	3.1	102.8	20.1	2.6
湖　南	223.5	7.6	5.0	106.2	14.9	4.2
广　东	548.6	10.3	10.2	309.2	40.0	10.7
广　西	115.3	9.0	2.1	65.5	13.1	4.5
海　南	37.0	2.2	1.5	19.2	3.0	1.8
重　庆	103.8	4.4	3.6	59.1	9.2	4.7
四　川	232.0	11.7	9.2	127.3	28.0	4.6
贵　州	56.7	3.0	1.3	27.0	5.5	2.0
云　南	113.5	6.6	2.1	63.1	19.1	3.6
西　藏	10.9	0.6	0.1	4.8	2.2	0.1
陕　西	93.4	2.8	2.2	53.2	13.4	2.0
甘　肃	56.3	1.5	1.5	34.2	9.1	1.2
青　海	30.1	0.6	0.4	16.4	5.1	2.8
宁　夏	22.5	0.6	0.5	14.0	2.8	0.4
新　疆	95.5	6.7	1.3	49.4	15.5	4.6

1-24 续表 单位：万人

地区	租赁和商务服务业	居民服务和其他服务业	卫生、社会保障和社会福利业	文化、体育和娱乐业	其他
全国	**302.6**	**427.8**	**15.6**	**58.4**	**310.9**
北京	30.2	12.5	0.4	9.9	54.8
天津	3.7	2.4	0.1	0.3	7.4
河北	2.3	10.4	0.5	0.8	2.0
山西	1.8	6.1	0.2	0.5	3.2
内蒙古	2.3	10.0	0.4	0.9	3.6
辽宁	13.1	20.8	1.1	2.7	10.8
吉林	4.3	8.2	0.6	0.9	4.1
黑龙江	4.3	14.8	0.3	2.3	5.7
上海	33.7	12.3	0.6	1.8	18.8
江苏	17.1	54.5	1.1	3.7	10.4
浙江	13.6	25.6	0.5	2.8	10.2
安徽	5.2	16.4	0.4	1.7	6.4
福建	8.7	12.5	0.4	1.1	2.5
江西	4.0	14.2	0.4	1.8	3.6
山东	15.0	24.0	0.7	1.4	6.9
河南	3.7	20.2	0.3	0.9	5.2
湖北	8.7	18.2	0.4	2.5	7.2
湖南	64.1	13.6	0.6	3.1	4.2
广东	20.5	43.1	0.2	3.5	100.9
广西	5.4	10.8	0.6	2.1	2.1
海南	2.6	2.8	0.1	0.7	2.9
重庆	7.2	9.7	0.8	1.4	3.7
四川	13.0	21.5	1.6	4.6	10.3
贵州	1.6	4.9	0.4	0.6	10.4
云南	4.2	9.8	0.9	1.5	2.7
西藏	0.2	1.8	0.1	0.6	0.4
陕西	5.0	8.8	0.7	1.5	3.7
甘肃	1.9	5.1	0.5	0.4	1.0
青海	0.3	2.2	0.1	0.5	1.6
宁夏	1.1	2.5	0.1	0.3	0.2
新疆	3.8	8.3	0.6	1.2	3.9

【主要统计指标解释】

法人单位 指具备以下条件的单位：（1）依法成立，有自己的名称、组织机构和场所，能够独立承担民事责任；（2）独立拥有和使用资产，承担负债，有权与其他单位签订合同；（3）会计上独立核算，能够编制资产负债表。

经济活动人口 指在16周岁及以上，有劳动能力，参加或要求参加社会经济活动的人口。包括就业人员和失业人员。

就业人员 指在16周岁及以上，从事一定社会劳动并取得劳动报酬或经营收入的人员。这一指标反映了一定时期内全部劳动力资源的实际利用情况，是研究我国基本国情国力的重要指标。

各单位的就业人员 指在各级国家机关、政党机关、社会团体及企业、事业单位中工作，取得工资或其他形式的劳动报酬的全部人员。包括在岗职工、再就业的离退休人员、民办教师以及在各单位中工作的外方人员和港澳台方人员、兼职人员、借用的外单位人员和第二职业者。不包括离开本单位仍保留劳动关系的职工。各单位的就业人员反映了各单位实际参加生产或工作的全部劳动力。

城镇私营和个体就业人员 城镇私营就业人员指在工商管理部门注册登记，其经营地址设在县城关镇(含县城关镇)以上的私营企业就业人员，包括私营企业投资者和雇工。城镇个体就业人员指在工商管理部门注册登记，并持有城镇户口或在城镇长期居住，经批准从事个体工商经营的就业人员，包括个体经营者和在个体工商户劳动的家庭帮工和雇工。

职工 指在国有、城镇集体、联营、股份制、外商和港、澳、台投资、其他单位及其附属机构工作，并由其支付工资的各类人员。不包括下列人员：(1)乡镇企业就业人员；(2)私营企业就业人员；(3)城镇个体劳动者；(4)离休、退休、退职人员；(5)再就业的离、退休人员；(6)民办教师；(7)在城镇单位中工作的外方及港、澳、台人员；(8)其他按有关规定不列入职工统计范围的人员。(1998年及以后的数据均为在岗职工数据)。

在岗职工 指在本单位工作并由单位支付工资的人员，以及有工作岗位，但由于学习、病伤、产假等原因暂未工作，仍由单位支付工资的人员。

国有单位 指资产归国家所有的经济组织。包括按《中华人民共和国企业法人登记管理条例》规定登记注册的非公司制的经济组织，以及中央、地方各级国家机关、事业单位和社会团体。

集体单位 指生产资料归集体所有，并按《中华人民共和国企业法人登记管理条例》规定登记注册的经济组织。

其他单位 包括股份合作单位、联营单位、有限责任公司、股份有限公司、港澳台商投资单位以及外商投资单位等其他登记注册类型单位。

专业技术人员 指从事专业技术工作的人员以及从事专业技术管理工作且已在1983年以前评定了专业技术职称或在1984年以后聘任了专业技术职务的人员。

专业技术人员具体指工程技术人员，农业技术人员，科研人员(自然科学研究、社会科学研究及实验技术人员)，卫生技术人员，教学人员(含高等院校、中等专业学校、技工学校、中学、小学)，民用航空飞行技术人员，船舶技术人员，经济人员，会计人员，统计人员，翻译人员，图书资料、档案、文博人员，新闻、出版人员，律师、公证人员，广播电视播音人员，工艺美术人员，体育人员，艺术人员及政工人员。

第二部分

第三产业增加值

简要说明

国内生产总值数据是由国家统计局国民经济核算司根据不同产业部门、不同支出构成的特点和资料来源情况计算的。

本年鉴公布的国内生产总值以及与之有关的指标数据，如果遇到普查，在能够获得更详细基础资料的情况下，国内生产总值的历史数据会发生变动。2005年，根据第一次经济普查资料，按照《经济普查年度GDP核算方案》的要求，重新计算了经济普查年度（即2004年）国内生产总值数据，并利用趋势离差法（即先根据经济普查数据计算出历史数据的趋势值，然后，利用原有历史数据实际值和趋势值的比率，修订根据经济普查数据计算的历史数据趋势值，得到新的历史数据修订值），修订了国内生产总值历史数据。本年鉴中的数据是修订以后的数据，2005年数据是在修订后的2004年数据基础上计算出来的。

本年鉴所列分地区的数据来自各省、自治区、直辖市统计局的国民经济核算资料。由于采取分级核算，国家数据和地区数据采用的行业分类标准不同，所以各地区数据相加不等于全国总计。

2-1　第三产业增加值及所占比重

单位：亿元

年　份	国内生产总值	第一产业	第二产业	第三产业	
					比重(%)
1978	3645.2	1027.5	1745.2	872.5	23.9
1979	4062.6	1270.2	1913.5	878.9	21.6
1980	4545.6	1371.6	2192.0	982.0	21.6
1981	4891.6	1559.5	2255.5	1076.6	22.0
1982	5323.4	1777.4	2383.0	1163.0	21.8
1983	5962.7	1978.4	2646.2	1338.1	22.4
1984	7208.1	2316.1	3105.7	1786.3	24.8
1985	9016.0	2564.4	3866.6	2585.0	28.7
1986	10275.2	2788.7	4492.7	2993.8	29.1
1987	12058.6	3233.0	5251.6	3574.0	29.6
1988	15042.8	3865.4	6587.2	4590.3	30.5
1989	16992.3	4265.9	7278.0	5448.4	32.0
1990	18667.8	5062.0	7717.4	5888.4	31.6
1991	21781.5	5342.2	9102.2	7337.1	33.7
1992	26923.5	5866.6	11699.5	9357.4	34.8
1993	35333.9	6963.8	16454.4	11915.7	33.7
1994	48197.9	9572.7	22445.4	16179.8	33.6
1995	60793.7	12135.8	28679.5	19978.5	32.9
1996	71176.6	14015.4	33835.0	23326.2	32.8
1997	78973.0	14441.9	37543.0	26988.1	34.2
1998	84402.3	14817.6	39004.2	30580.5	36.2
1999	89677.1	14770.0	41033.6	33873.4	37.7
2000	99214.6	14944.7	45555.9	38714.0	39.0
2001	109655.2	15781.3	49512.3	44361.6	40.5
2002	120332.7	16537.0	53896.8	49898.9	41.5
2003	135822.8	17381.7	62436.3	56004.7	41.2
2004	159878.3	21412.7	73904.3	64561.3	40.4
2005	183867.9	23070.4	87364.6	73432.9	40.0

注：本表按当年价格计算。

2-2 第三产业增加值发展速度

上年=100 单位：%

年 份	第三产业	交通运输、仓储和邮政业	批发和零售业
1978	113.8	108.9	123.1
1979	107.9	108.3	108.7
1980	106.0	104.3	98.1
1981	110.4	101.9	129.5
1982	113.0	111.4	99.3
1983	115.2	109.5	121.2
1984	119.3	114.9	124.7
1985	118.2	113.8	133.5
1986	112.0	113.9	109.4
1987	114.4	109.6	114.7
1988	113.2	112.5	111.8
1989	105.4	104.2	89.3
1990	102.3	108.3	94.7
1991	108.9	110.6	105.2
1992	112.4	110.1	110.5
1993	112.2	112.5	108.6
1994	111.1	108.5	108.2
1995	109.8	111.0	108.2
1996	109.4	111.0	107.6
1997	110.7	109.2	108.8
1998	108.4	110.6	106.5
1999	109.3	112.2	108.7
2000	109.7	108.6	109.4
2001	110.3	108.8	109.1
2002	110.4	107.1	108.8
2003	109.5	106.1	109.9
2004	110.1	114.5	106.6
2005	110.5	111.3	107.8

注：本表按不变价格计算。

2-3　第三产业增加值指数

(1978年=100)

年　份	第三产业	交通运输、仓储和邮政业	批发和零售业
1978	100.0	100.0	100.0
1979	107.9	108.3	108.7
1980	114.3	112.9	106.7
1981	126.2	115.0	138.2
1982	142.6	128.1	137.2
1983	164.3	140.2	166.3
1984	196.0	161.1	207.4
1985	231.7	183.3	277.0
1986	259.6	208.8	303.2
1987	296.8	228.9	347.8
1988	335.9	257.5	388.7
1989	353.9	268.3	347.1
1990	362.1	290.7	328.8
1991	394.3	321.4	345.8
1992	443.3	353.7	382.2
1993	497.4	398.1	414.9
1994	552.5	432.0	448.9
1995	606.9	479.4	485.9
1996	664.1	532.4	523.0
1997	735.3	581.3	568.8
1998	796.8	642.9	605.9
1999	871.2	721.2	658.6
2000	956.1	783.0	720.7
2001	1054.2	852.0	786.2
2002	1164.2	912.7	855.5
2003	1274.9	968.6	940.5
2004	1403.1	1108.9	1002.2
2005	1550.4	1233.7	1080.6

注：本表按不变价格计算。

2-4 第三产业分行业增加值及占GDP的比重(2004年)

行业门类	增加值(亿元)	占GDP的比重(%)
第三产业总计	**64561.3**	**40.4**
交通运输、仓储和邮政业	9304.4	5.8
信息传输、计算机服务和软件业	4236.3	2.6
批发和零售业	12453.8	7.8
住宿和餐饮业	3664.8	2.3
金融业	5393.0	3.4
房地产业	7174.1	4.5
租赁和商务服务业	2627.5	1.6
科学研究、技术服务和地质勘查业	1759.5	1.1
水利、环境和公共设施管理业	768.6	0.5
居民服务和其他服务业	2481.5	1.6
教育	4892.6	3.1
卫生、社会保障和社会福利业	2620.7	1.6
文化、体育和娱乐业	1043.2	0.7
公共管理和社会组织	6141.4	3.8

注：本表按当年价格计算。

2-5　第三产业分行业增加值发展速度

上年＝100　　单位：%

年　份	交通运输、仓储和邮政业	批发和零售业	住宿和餐饮业	金融业	房地产业	其　他
1978	108.9	123.1	118.1	109.8	105.7	111.0
1979	108.3	108.7	111.1	97.2	104.1	110.1
1980	104.3	98.1	103.9	106.6	107.9	115.1
1981	101.9	129.5	117.5	104.3	96.5	107.6
1982	111.4	99.3	131.6	144.6	109.1	113.6
1983	109.5	121.2	119.4	127.0	105.2	112.0
1984	114.9	124.7	108.1	131.1	127.7	115.5
1985	113.8	133.5	106.3	116.9	125.0	111.7
1986	113.9	109.4	115.6	131.6	125.9	103.0
1987	109.6	114.7	109.7	123.3	129.3	110.4
1988	112.5	111.8	125.1	119.5	112.7	109.4
1989	104.2	89.3	109.9	125.9	115.9	104.9
1990	108.3	94.7	103.5	101.9	106.2	103.7
1991	110.6	105.2	108.2	102.3	112.0	115.7
1992	110.1	110.5	127.0	108.0	134.7	111.5
1993	112.5	108.6	108.2	110.9	110.8	116.9
1994	108.5	108.2	127.1	109.4	112.0	112.7
1995	111.0	108.2	110.2	108.5	112.4	110.3
1996	111.0	107.6	106.8	107.5	104.0	112.7
1997	109.2	108.8	110.9	108.5	104.1	115.9
1998	110.6	106.5	111.1	104.9	107.7	109.7
1999	112.2	108.7	107.7	104.8	105.9	111.4
2000	108.6	109.4	109.3	106.5	107.1	113.0
2001	108.8	109.1	107.6	106.4	111.0	112.9
2002	107.1	108.8	112.1	106.9	109.9	113.6
2003	106.1	109.9	112.4	107.0	109.8	110.8
2004	114.5	106.6	112.3	103.7	105.9	112.6
2005	111.3	107.8	112.3	114.1	108.7	111.0

注：本表按不变价格计算。

2-6 三次产业贡献率

单位：%

年 份	国内生产总值	第一产业	第二产业	第三产业
1990	100.0	41.6	41.0	17.3
1991	100.0	7.1	62.8	30.1
1992	100.0	8.4	64.5	27.1
1993	100.0	7.9	65.5	26.6
1994	100.0	6.6	67.9	25.5
1995	100.0	9.1	64.3	26.6
1996	100.0	9.6	62.9	27.5
1997	100.0	6.8	59.7	33.5
1998	100.0	7.6	60.9	31.5
1999	100.0	6.0	57.8	36.2
2000	100.0	4.4	60.8	34.8
2001	100.0	5.1	46.7	48.2
2002	100.0	4.6	49.7	45.7
2003	100.0	3.4	58.5	38.1
2004	100.0	7.8	52.2	40.0
2005	100.0	6.1	53.6	40.3

注：1.产业贡献率指各产业增加值增量与GDP增量之比。
2.本表按不变价格计算。

2-7　三次产业对国内生产总值增长的拉动

单位：百分点

年　份	国内生产总值	第一产业	第二产业	第三产业
1990	3.8	1.6	1.6	0.6
1991	9.2	0.6	5.8	2.8
1992	14.2	1.2	9.2	3.8
1993	14.0	1.1	9.1	3.7
1994	13.1	0.9	8.9	3.3
1995	10.9	1.0	7.0	2.9
1996	10.0	1.0	6.3	2.7
1997	9.3	0.6	5.6	3.1
1998	7.8	0.6	4.8	2.4
1999	7.6	0.4	4.4	2.8
2000	8.4	0.4	5.1	2.9
2001	8.3	0.4	3.9	4.0
2002	9.1	0.4	4.5	4.2
2003	10.0	0.3	5.9	3.8
2004	10.1	0.8	5.3	4.0
2005	10.4	0.6	5.6	4.2

注：1.产业拉动指GDP增长速度与各产业贡献率之乘积。
2.本表按不变价格计算。

2-8 各地区交通运输、仓储及邮电通信业增加值

单位:亿元

地 区	1993	1994	1995	1996	1997	1998
北 京	40.46	71.40	103.32	145.86	182.77	217.97
天 津	48.00	67.10	86.85	99.72	114.55	134.23
河 北	115.34	126.94	179.41	225.65	276.61	313.40
山 西	58.58	76.60	99.56	120.25	136.79	158.54
内蒙古	44.21	53.93	69.36	89.13	114.08	126.06
辽 宁	127.40	160.20	176.90	194.60	248.50	272.00
吉 林	41.18	58.04	77.08	97.96	129.29	132.34
黑龙江	56.90	70.70	86.40	104.10	143.20	160.10
上 海	122.24	156.09	183.05	225.91	258.37	284.17
江 苏	144.11	187.19	253.52	314.91	369.54	435.77
浙 江	108.09	141.24	192.36	216.35	260.71	284.42
安 徽	57.90	86.84	108.44	131.84	164.84	185.00
福 建	99.48	134.95	189.55	235.07	283.44	326.63
江 西	39.43	55.93	78.32	101.64	115.41	145.40
山 东	141.09	213.58	296.08	362.05	420.49	437.37
河 南	103.37	112.09	161.92	212.42	262.52	291.96
湖 北	69.73	89.71	119.37	145.61	178.65	204.30
湖 南	72.71	100.30	133.71	171.14	198.66	220.86
广 东	233.15	336.95	433.10	505.91	642.37	705.98
广 西	61.16	69.52	93.02	111.95	120.06	124.42
海 南	16.61	21.93	26.35	29.91	34.57	43.76
重 庆	34.17	41.26	64.68	84.51	106.59	117.42
四 川	82.18	105.71	143.01	179.83	209.08	234.91
贵 州	25.45	18.02	22.77	26.79	23.51	29.14
云 南	30.52	39.01	49.93	67.97	77.37	90.76
西 藏	1.98	1.85	2.81	3.59	4.15	5.15
陕 西	59.59	77.31	90.60	99.56	111.71	115.32
甘 肃	15.03	21.40	28.72	33.66	43.74	52.20
青 海	6.58	7.25	9.42	11.26	13.16	15.06
宁 夏	5.47	6.83	9.84	14.46	18.69	22.17
新 疆	32.58	44.40	59.63	73.74	85.70	106.87

2-8　续表　　　　　　　　　　　　　　　　　　　　　　　　　　　　　　　　　单位:亿元

地　区	1999	2000	2001	2002	2003	2004
北　京	249.74	298.67	360.89	408.41	463.39	543.23
天　津	157.06	177.89	202.77	229.36	242.71	283.29
河　北	359.85	415.79	498.03	553.17	609.09	711.76
山　西	183.73	203.07	227.83	268.23	320.71	386.70
内蒙古	145.98	175.46	204.42	244.28	296.80	360.39
辽　宁	314.50	350.50	394.50	425.41	495.67	698.93
吉　林	135.97	168.87	171.78	190.87	215.97	192.26
黑龙江	170.00	213.30	262.80	302.40	330.50	377.10
上　海	324.25	385.61	426.32	479.13	547.81	662.05
江　苏	484.86	557.37	644.87	717.76	821.48	849.26
浙　江	316.01	363.37	418.62	490.16	559.07	652.46
安　徽	203.86	215.61	239.50	275.27	326.34	411.56
福　建	366.27	410.66	428.87	445.06	478.84	537.41
江　西	167.74	194.98	217.94	248.61	266.11	320.50
山　东	484.65	545.13	657.57	655.64	710.18	969.13
河　南	323.55	378.56	425.20	470.77	535.11	648.04
湖　北	235.88	284.36	316.58	347.84	384.65	460.90
湖　南	246.08	288.16	303.88	333.51	373.27	446.50
广　东	766.84	938.74	1114.18	1206.20	1263.39	1419.78
广　西	143.86	158.12	183.95	220.24	240.89	262.94
海　南	46.94	52.45	57.13	61.97	66.54	77.00
重　庆	130.83	146.99	172.30	200.51	224.19	256.99
四　川	250.25	281.39	313.78	348.78	425.46	470.92
贵　州	59.17	75.86	88.47	102.48	119.26	134.90
云　南	110.48	123.23	142.34	154.71	176.38	219.90
西　藏	7.47	2.15	4.86	11.08	19.48	28.00
陕　西	127.03	151.75	182.96	203.15	217.50	267.10
甘　肃	60.26	78.38	89.00	107.01	124.99	160.35
青　海	18.15	21.84	26.72	32.35	38.91	44.50
宁　夏	26.16	29.55	37.04	43.54	49.97	56.83
新　疆	129.60	148.63	148.38	168.58	159.43	186.70

注：本表按当年价格计算。

2-9 各地区交通运输、仓储及邮电通信业增加值构成

第三产业增加值=100　　　　单位：%

地区	1993	1994	1995	1996	1997	1998
北京	9.8	12.7	13.1	14.6	15.0	14.9
天津	24.6	24.7	24.6	22.4	22.1	22.3
河北	21.3	18.6	20.0	20.8	22.0	22.7
山西	23.6	25.0	24.1	24.4	23.7	24.7
内蒙古	24.0	23.2	24.1	25.8	27.9	27.3
辽宁	17.9	18.1	17.5	17.0	18.2	18.2
吉林	19.5	20.6	21.5	22.6	24.4	23.6
黑龙江	16.2	15.7	15.1	15.9	18.5	18.6
上海	21.1	19.6	17.9	17.5	16.2	15.3
江苏	15.8	15.8	16.1	16.2	16.6	17.3
浙江	17.3	16.6	16.7	15.9	17.2	17.0
安徽	18.9	19.8	19.1	19.3	21.1	21.1
福建	24.6	24.1	25.3	25.5	26.3	26.9
江西	18.3	18.9	20.0	20.8	19.8	22.0
山东	17.2	18.1	18.7	19.1	19.2	18.2
河南	21.3	18.3	19.5	20.8	22.4	22.5
湖北	15.8	16.6	16.8	16.9	17.6	18.0
湖南	18.6	19.0	19.8	20.7	20.9	20.6
广东	19.3	20.1	20.0	19.5	20.8	20.3
广西	20.1	17.4	18.2	19.3	19.2	18.6
海南	14.1	15.4	16.9	17.9	19.3	22.5
重庆	18.8	17.0	19.0	19.9	20.8	20.2
四川	18.0	17.0	17.9	19.0	19.1	19.0
贵州	19.7	12.3	12.9	12.5	9.6	10.6
云南	11.5	12.2	13.0	13.9	14.2	14.9
西藏	14.5	10.9	14.5	13.6	13.3	12.9
陕西	25.6	25.5	24.0	22.1	20.7	19.8
甘肃	12.0	14.2	15.1	15.1	16.5	16.8
青海	16.7	15.0	14.8	15.3	15.6	16.3
宁夏	14.4	13.6	15.1	18.3	20.5	21.8
新疆	19.9	19.7	20.6	21.8	22.9	25.4

2-9　续表

第三产业增加值=100　　单位：%

地　区	1999	2000	2001	2002	2003	2004
北　京	14.7	14.6	14.5	13.6	13.4	13.2
天　津	23.4	23.3	23.0	23.0	21.1	21.4
河　北	23.7	24.4	26.1	25.7	25.0	25.0
山　西	25.5	25.1	25.2	27.0	27.3	28.1
内蒙古	27.8	29.0	29.2	30.1	29.7	28.4
辽　宁	19.1	19.2	19.3	18.8	19.9	24.9
吉　林	22.9	21.5	20.0	19.9	20.1	15.7
黑龙江	18.2	20.6	22.2	22.9	22.5	22.6
上　海	15.2	15.5	15.6	15.8	16.1	16.2
江　苏	17.7	18.2	18.7	18.4	18.3	16.3
浙　江	17.0	16.2	15.7	15.2	14.4	14.2
安　徽	20.6	19.5	19.5	19.7	19.9	21.0
福　建	27.1	27.5	26.5	25.2	24.6	24.4
江　西	22.7	23.9	24.7	25.6	25.5	26.1
山　东	18.4	18.8	20.1	17.7	17.3	20.3
河　南	22.9	23.7	23.8	23.8	22.7	23.8
湖　北	18.7	19.7	19.6	19.4	19.2	20.1
湖　南	19.8	19.6	19.1	18.7	18.7	19.5
广　东	19.8	19.7	20.1	19.0	17.6	17.0
广　西	19.6	19.6	19.5	20.4	20.3	19.2
海　南	22.6	22.7	23.0	22.9	22.6	23.0
重　庆	20.7	21.2	22.0	22.5	22.1	22.3
四　川	18.2	18.2	18.0	17.9	19.4	18.8
贵　州	18.5	20.6	20.8	21.3	21.4	20.4
云　南	16.2	16.5	17.2	16.9	17.4	18.2
西　藏	15.6	3.9	7.0	12.4	20.1	22.7
陕　西	19.3	19.9	21.1	21.1	20.4	21.4
甘　肃	17.0	17.9	19.4	20.8	21.2	23.2
青　海	17.6	19.0	20.5	21.7	22.9	23.0
宁　夏	23.2	23.2	24.4	25.4	25.6	25.0
新　疆	27.3	27.6	23.6	23.9	21.1	22.0

注：本表按当年价格计算。

2–10 各地区交通运输、仓储及邮电通信业增加值发展速度

上年=100　　单位：%

地区	1993	1994	1995	1996	1997	1998
北京	110.0	127.8	127.5	120.0	113.2	110.4
天津	124.0	124.5	120.6	113.2	112.9	116.2
河北	114.2	105.8	118.4	115.1	118.3	112.3
山西	117.5	122.8	115.9	116.3	108.4	118.4
内蒙古	119.2	121.6	118.8	114.3	119.0	116.8
辽宁	113.3	112.7	106.8	108.1	111.0	102.2
吉林	117.2	119.5	115.3	111.5	120.8	106.2
黑龙江	110.6	107.9	108.8	117.5	121.6	117.6
上海	108.9	108.8	109.5	114.0	109.8	109.9
江苏	129.3	123.3	115.3	118.7	115.1	115.6
浙江	119.6	126.3	120.1	113.4	112.0	110.6
安徽	116.1	133.3	124.1	122.5	116.6	117.4
福建	116.8	118.9	117.3	116.1	116.0	109.6
江西	109.0	118.6	121.5	110.3	117.3	122.9
山东	114.7	122.1	118.9	112.4	113.1	108.3
河南	110.2	108.5	117.6	118.3	118.0	107.6
湖北	117.9	118.6	119.8	113.1	118.3	114.9
湖南	125.2	110.6	116.3	117.8	115.0	113.4
广东	124.9	127.6	117.3	109.4	109.1	106.7
广西	108.4	111.7	116.0	113.5	106.6	101.9
海南	121.0	113.1	105.8	110.0	113.7	113.6
重庆	101.4	107.9	118.2	115.7	113.6	105.9
四川	110.6	105.5	110.6	110.1	109.0	111.1
贵州	115.1	111.9	107.8	111.1	112.5	117.5
云南	118.1	121.1	116.8	121.6	119.1	108.8
西藏	92.6	92.1	152.1	111.3	116.2	116.4
陕西	117.2	115.2	110.4	109.5	112.5	111.2
甘肃	109.6	121.1	122.9	121.8	124.6	119.0
青海	105.8	105.5	108.2	110.7	113.3	112.3
宁夏	111.7	109.4	115.5	122.6	118.4	115.4
新疆	118.3	109.7	119.5	113.0	119.6	117.5

2-10　续表

上年=100　　　　单位：%

地　区	1999	2000	2001	2002	2003	2004
北　京	109.0	111.1	107.1	105.2	107.4	110.6
天　津	114.6	110.7	111.3	111.8	112.4	115.2
河　北	111.1	111.3	116.8	108.8	108.4	116.5
山　西	109.9	113.0	115.0	115.2	115.4	117.0
内蒙古	113.5	117.4	116.1	120.2	120.3	122.1
辽　宁	110.0	108.5	111.0	108.6	116.9	121.8
吉　林	111.7	111.1	109.0	105.3	110.3	115.8
黑龙江	109.3	116.9	109.2	110.0	109.4	109.4
上　海	112.7	116.1	109.4	112.1	110.6	112.7
江　苏	110.2	112.4	113.8	109.2	109.6	111.9
浙　江	111.6	112.1	109.8	112.7	114.0	115.2
安　徽	117.3	112.7	112.1	113.8	115.0	118.3
福　建	110.5	109.1	107.2	104.7	108.3	111.3
江　西	117.8	117.4	110.5	110.6	108.3	112.5
山　东	111.2	111.3	120.0	100.9	111.6	133.2
河　南	107.8	110.8	110.4	110.2	112.0	118.0
湖　北	117.1	115.6	109.8	110.7	110.7	117.3
湖　南	108.0	114.5	110.2	109.9	110.3	114.0
广　东	105.7	117.3	114.0	106.3	106.1	112.1
广　西	113.9	112.1	107.2	110.6	112.5	116.8
海　南	109.8	111.2	110.6	109.2	109.0	115.3
重　庆	104.8	109.2	109.0	107.0	108.0	112.9
四　川	108.9	108.5	109.1	109.8	119.8	109.7
贵　州	114.5	117.5	112.0	105.4	110.9	116.0
云　南	116.6	107.5	119.2	108.4	111.3	120.9
西　藏	148.6	48.6	111.2	105.6	167.6	112.5
陕　西	111.6	112.5	114.9	113.9	110.6	110.4
甘　肃	116.6	119.8	114.4	121.8	121.8	122.9
青　海	115.2	120.9	119.3	115.5	114.1	119.5
宁　夏	118.7	115.1	111.2	113.2	109.9	107.0
新　疆	114.7	114.4	109.5	114.3	115.1	115.1

注：本表按不变价格计算。

2-11 各地区批发和零售贸易、餐饮业增加值

单位:亿元

地区	1993	1994	1995	1996	1997	1998
北京	123.12	171.87	221.91	257.78	299.74	331.84
天津	54.26	72.63	91.08	119.47	137.25	170.47
河北	161.88	205.75	261.69	307.23	355.80	386.96
山西	54.38	71.29	94.62	120.49	137.69	152.49
内蒙古	47.44	63.14	83.03	103.70	126.82	144.96
辽宁	237.40	287.60	339.60	391.30	490.20	533.20
吉林	52.81	72.61	93.15	113.71	129.92	130.80
黑龙江	113.60	144.80	174.60	197.30	231.10	246.60
上海	160.73	211.42	279.31	331.60	404.18	442.61
江苏	314.51	406.41	551.39	678.26	764.88	817.85
浙江	238.36	332.19	466.15	556.36	602.12	645.71
安徽	92.86	128.41	162.29	205.17	242.04	264.84
福建	115.99	146.90	203.09	257.03	306.22	341.19
江西	44.68	57.76	82.39	108.31	124.66	143.54
山东	239.98	346.88	471.95	574.97	664.92	735.63
河南	102.63	138.80	188.16	245.56	300.23	335.85
湖北	150.24	175.93	240.41	303.27	352.62	376.94
湖南	123.52	167.24	210.40	244.45	268.06	289.06
广东	340.49	486.46	647.77	798.55	944.61	1073.36
广西	101.66	130.96	168.97	200.72	223.52	247.04
海南	39.13	48.36	52.47	55.23	58.93	61.90
重庆	56.67	73.89	99.97	128.14	154.85	166.95
四川	139.30	193.87	251.68	305.82	334.42	364.51
贵州	32.88	40.32	48.49	58.32	68.81	76.37
云南	95.84	114.70	134.91	161.27	169.34	183.14
西藏	4.33	5.18	7.64	7.92	9.32	11.27
陕西	48.30	59.90	86.71	111.91	130.64	138.05
甘肃	43.11	50.17	66.99	78.86	89.54	98.34
青海	10.47	12.92	15.39	17.28	19.04	20.49
宁夏	9.68	12.30	15.36	18.77	20.87	22.72
新疆	43.46	57.67	73.78	87.25	94.23	98.06

2-11　续表　　　　　　　　　　　　　　　　　　　　　　　　单位:亿元

地　区	1999	2000	2001	2002	2003	2004
北　京	364.46	406.38	459.11	509.68	567.09	660.20
天　津	200.04	229.16	269.76	311.20	358.23	420.89
河　北	411.54	459.00	488.61	521.81	557.34	621.14
山　西	160.21	180.16	201.68	226.21	258.15	309.60
内蒙古	168.59	195.39	226.46	266.54	312.12	382.66
辽　宁	575.80	631.60	696.51	760.26	803.21	819.49
吉　林	139.13	237.55	267.37	287.78	327.67	383.97
黑龙江	255.70	317.40	344.80	377.10	412.30	462.90
上　海	484.59	533.89	603.92	660.49	731.30	815.39
江　苏	886.83	958.50	1094.24	1246.05	1434.33	1725.31
浙　江	687.40	794.64	868.00	983.72	1095.92	1256.02
安　徽	290.69	300.75	323.51	343.87	380.49	427.10
福　建	364.97	399.11	429.56	465.91	520.56	595.35
江　西	161.63	181.96	192.06	214.19	243.06	285.10
山　东	787.90	856.94	972.33	1142.54	1283.70	1431.58
河　南	362.98	411.47	460.77	514.03	643.70	750.74
湖　北	408.59	449.00	480.79	519.46	569.27	633.98
湖　南	311.68	342.30	377.18	416.15	458.07	518.39
广　东	1174.76	1371.49	1543.83	1761.27	2009.33	2321.59
广　西	267.96	290.02	312.68	342.28	375.96	416.50
海　南	64.88	70.30	74.08	78.65	85.64	96.50
重　庆	177.61	191.08	208.51	229.10	253.49	292.24
四　川	387.84	426.63	474.79	519.46	540.91	620.64
贵　州	80.61	83.72	89.67	100.61	116.05	136.90
云　南	194.42	216.33	221.24	239.25	244.87	278.68
西　藏	12.87	14.33	16.80	21.02	20.66	25.89
陕　西	152.28	175.62	202.17	228.35	256.16	311.00
甘　肃	107.15	112.81	121.28	129.91	140.18	155.89
青　海	21.66	23.98	26.25	29.29	33.30	38.00
宁　夏	24.33	26.24	29.18	32.25	36.53	44.53
新　疆	102.26	110.10	118.45	123.88	141.32	160.30

注：本表按当年价格计算。

2-12 各地区批发和零售贸易、餐饮业增加值构成

第三产业增加值=100　　　　单位：%

地 区	1993	1994	1995	1996	1997	1998
北 京	29.8	30.6	28.1	25.7	24.6	22.7
天 津	27.8	26.8	25.8	26.8	26.4	28.3
河 北	29.9	30.1	29.2	28.3	28.3	28.0
山 西	21.9	23.3	22.9	24.4	23.9	23.7
内蒙古	25.7	27.2	28.8	30.0	31.0	31.4
辽 宁	33.4	32.5	33.6	34.1	35.9	35.7
吉 林	25.0	25.8	26.0	26.2	24.5	23.3
黑龙江	32.4	32.2	30.5	30.1	29.8	28.6
上 海	27.8	26.6	27.4	25.7	25.4	23.9
江 苏	34.6	34.2	35.0	34.9	34.3	32.5
浙 江	38.1	39.0	40.4	40.9	39.8	38.5
安 徽	30.3	29.2	28.7	30.0	30.9	30.2
福 建	28.7	26.2	27.2	27.9	28.4	28.1
江 西	20.8	19.5	21.1	22.2	21.4	21.7
山 东	29.3	29.4	29.7	30.3	30.3	30.7
河 南	21.1	22.7	22.7	24.1	25.6	25.9
湖 北	34.0	32.5	33.9	35.3	34.7	33.2
湖 南	31.6	31.7	31.1	29.6	28.2	26.9
广 东	28.2	29.1	29.9	30.8	30.6	30.9
广 西	33.3	32.9	33.0	34.7	35.8	36.9
海 南	33.3	33.9	33.7	33.1	32.8	31.8
重 庆	31.2	30.4	29.4	30.1	30.2	28.7
四 川	30.5	31.2	31.5	32.3	30.5	29.4
贵 州	25.4	27.6	27.5	27.3	28.1	27.9
云 南	36.0	36.0	35.1	33.0	31.1	30.0
西 藏	31.8	30.5	39.4	29.9	30.0	28.2
陕 西	20.8	19.8	22.9	24.8	24.2	23.7
甘 肃	34.5	33.2	35.2	35.5	33.7	31.6
青 海	26.6	26.8	24.2	23.4	22.6	22.1
宁 夏	25.4	24.4	23.6	23.7	22.9	22.4
新 疆	26.6	25.6	25.4	25.8	25.1	23.3

2-12　续表

第三产业增加值=100　　　　单位：%

地　区	1999	2000	2001	2002	2003	2004
北　京	21.5	19.8	18.4	17.0	16.4	16.1
天　津	29.8	30.0	30.6	31.2	31.1	31.8
河　北	27.1	26.9	25.6	24.3	22.8	21.9
山　西	22.2	22.3	22.3	22.8	21.9	22.5
内蒙古	32.1	32.3	32.4	32.8	31.2	30.1
辽　宁	34.9	34.7	34.0	33.7	32.3	29.1
吉　林	23.4	30.3	31.1	30.0	30.5	31.4
黑龙江	27.4	30.6	29.2	28.6	28.1	27.7
上　海	22.8	21.5	22.1	21.7	21.5	19.9
江　苏	32.4	31.2	31.7	32.0	31.9	33.2
浙　江	36.9	35.5	32.6	30.5	28.2	27.3
安　徽	29.3	27.3	26.3	24.6	23.2	21.7
福　建	27.0	26.7	26.5	26.4	26.7	27.0
江　西	21.8	22.3	21.7	22.0	23.3	23.3
山　东	30.0	29.5	29.6	30.9	31.2	30.1
河　南	25.7	25.8	25.8	26.0	27.3	27.6
湖　北	32.4	31.1	29.8	28.9	28.4	27.7
湖　南	25.1	23.2	23.7	23.4	23.0	22.6
广　东	30.3	28.8	27.8	27.8	28.0	27.8
广　西	36.5	35.9	33.1	31.7	31.7	30.4
海　南	31.2	30.5	29.8	29.0	29.1	28.8
重　庆	28.2	27.5	26.7	25.7	25.0	25.4
四　川	28.2	27.5	27.3	26.7	24.7	24.7
贵　州	25.2	22.8	21.1	20.9	20.8	20.7
云　南	28.5	29.0	26.8	26.2	24.2	23.1
西　藏	26.9	26.4	24.1	23.5	21.4	21.0
陕　西	23.2	23.0	23.3	23.7	24.1	24.9
甘　肃	30.2	25.8	26.4	25.2	23.8	22.5
青　海	21.0	20.9	20.1	19.7	19.6	19.6
宁　夏	21.6	20.6	19.2	18.8	18.7	19.6
新　疆	21.6	20.5	18.8	17.6	18.7	18.9

注：本表按当年价格计算。

2-13 各地区批发和零售贸易、餐饮业增加值发展速度

上年=100　　　　单位：%

地 区	1993	1994	1995	1996	1997	1998
北 京	117.3	114.5	112.1	107.0	106.5	106.4
天 津	109.2	111.9	111.1	112.9	108.9	122.0
河 北	124.9	109.0	111.4	110.1	113.5	111.3
山 西	116.3	117.1	113.5	115.8	112.4	112.2
内蒙古	120.9	118.6	116.4	114.3	117.8	115.9
辽 宁	114.1	110.8	112.7	110.7	113.8	111.4
吉 林	112.7	121.0	112.3	110.3	112.4	108.3
黑龙江	108.8	104.6	105.5	108.4	109.7	108.4
上 海	113.9	111.3	115.6	112.4	120.0	111.0
江 苏	133.0	105.5	115.2	111.8	110.7	108.4
浙 江	115.9	115.9	123.5	112.2	108.5	109.4
安 徽	122.5	117.1	116.9	114.0	117.9	108.4
福 建	121.7	108.4	120.8	118.6	117.9	114.8
江 西	100.8	108.7	115.6	122.0	113.5	116.5
山 东	114.0	116.6	117.7	114.1	115.3	113.2
河 南	109.7	112.6	109.2	118.8	119.6	113.0
湖 北	120.1	110.8	110.9	110.3	114.1	105.0
湖 南	110.8	109.0	109.1	109.0	109.5	110.3
广 东	122.0	119.4	115.9	114.2	113.6	115.0
广 西	116.9	104.2	111.2	113.3	111.3	117.8
海 南	108.7	112.2	103.8	107.0	107.9	108.6
重 庆	133.0	104.0	112.2	114.9	113.5	113.9
四 川	111.2	113.5	111.5	112.6	106.0	110.1
贵 州	119.6	108.3	103.1	110.8	114.4	110.4
云 南	112.3	114.3	109.3	111.3	104.7	109.4
西 藏	119.5	119.6	147.5	103.6	123.2	116.4
陕 西	115.9	99.5	107.0	107.6	117.1	110.1
甘 肃	116.7	115.2	116.2	115.4	109.3	109.6
青 海	108.7	98.1	101.5	102.0	105.5	106.5
宁 夏	112.6	104.2	105.8	111.8	107.3	109.0
新 疆	121.3	105.6	108.9	109.6	105.8	104.9

2-13　续表

上年=100　　　　单位：%

地　区	1999	2000	2001	2002	2003	2004
北　京	105.7	110.3	111.5	110.9	111.1	114.3
天　津	112.9	112.5	112.8	112.7	110.9	111.2
河　北	108.7	111.6	109.5	109.8	109.4	110.7
山　西	109.8	112.1	112.8	115.2	113.8	116.3
内蒙古	116.3	117.0	115.9	117.3	116.2	119.3
辽　宁	111.1	111.5	110.6	111.7	111.9	109.5
吉　林	110.0	112.8	111.6	110.7	111.3	108.6
黑龙江	108.0	109.7	109.0	112.0	110.4	109.9
上　海	111.7	111.7	115.5	110.4	108.2	109.2
江　苏	109.2	110.9	112.1	112.7	114.4	114.5
浙　江	108.2	110.5	110.3	111.2	109.9	112.0
安　徽	109.7	109.4	109.0	107.4	108.9	109.6
福　建	111.1	110.5	109.8	109.3	111.5	111.4
江　西	112.8	114.6	107.3	110.6	113.1	112.5
山　东	112.6	111.6	113.9	113.6	110.8	107.5
河　南	111.3	112.8	111.1	111.4	109.7	109.3
湖　北	112.9	111.3	109.9	109.4	108.4	107.0
湖　南	110.5	111.4	111.3	111.5	109.6	108.9
广　东	110.4	109.4	111.6	113.3	111.6	109.8
广　西	109.6	108.6	109.7	110.1	109.0	105.6
海　南	107.2	108.5	108.1	108.2	108.3	108.8
重　庆	106.3	110.9	108.6	110.0	109.4	111.7
四　川	106.4	110.7	109.6	109.6	105.2	110.6
贵　州	106.4	108.8	114.3	108.0	110.6	109.3
云　南	107.9	114.8	103.1	110.6	102.4	109.2
西　藏	105.1	116.5	117.0	121.2	109.7	109.0
陕　西	110.8	113.4	113.6	111.4	112.0	112.1
甘　肃	111.3	108.2	108.5	108.7	108.1	108.9
青　海	105.8	110.2	108.0	110.8	111.1	116.2
宁　夏	107.1	108.1	108.6	109.4	111.0	110.5
新　疆	107.9	109.6	105.0	110.3	110.9	112.6

注：本表按不变价格计算。

2-14 各地区金融、保险业增加值

单位:亿元

地 区	1993	1994	1995	1996	1997	1998
北 京	83.85	111.50	152.92	194.71	268.14	307.38
天 津	27.31	34.53	49.16	62.74	68.40	63.48
河 北	90.96	128.22	166.51	197.95	202.98	204.22
山 西	60.02	50.37	86.96	94.76	115.81	113.32
内蒙古	14.56	17.65	20.16	23.50	27.40	30.75
辽 宁	131.79	149.27	162.79	175.95	124.21	123.78
吉 林	38.08	48.41	51.87	53.33	55.53	64.44
黑龙江	65.90	77.80	104.30	118.20	109.20	115.30
上 海	138.29	208.01	233.98	326.34	424.39	465.45
江 苏	140.04	187.37	244.65	291.71	318.08	322.33
浙 江	79.11	102.46	142.76	163.32	163.76	179.83
安 徽	43.23	70.29	98.03	98.42	75.66	73.83
福 建	53.76	90.76	93.76	105.58	109.07	114.01
江 西	48.44	61.71	71.84	86.32	97.40	100.50
山 东	147.33	213.57	233.25	263.60	298.45	304.22
河 南	89.07	104.03	148.97	140.82	145.12	155.78
湖 北	52.22	56.83	60.86	65.37	69.68	74.14
湖 南	47.53	54.07	64.96	74.32	82.66	85.44
广 东	149.29	199.84	229.27	264.86	302.87	306.39
广 西	15.38	12.78	17.10	12.58	17.42	13.02
海 南	7.58	8.05	8.25	8.35	8.58	8.78
重 庆	28.87	40.59	52.61	55.49	61.84	66.75
四 川	51.13	65.01	71.31	82.13	93.19	108.45
贵 州	21.45	24.58	29.91	36.51	44.22	40.08
云 南	52.66	63.34	74.89	83.59	99.98	102.50
西 藏	0.86	0.25	-0.29	0.06	0.19	0.28
陕 西	18.10	20.95	24.24	28.04	32.45	37.55
甘 肃	19.97	23.13	28.49	29.04	35.78	41.82
青 海	8.27	10.82	14.62	17.29	18.92	19.23
宁 夏	10.59	14.54	19.32	20.76	21.96	21.18
新 疆	25.74	39.37	54.46	54.31	48.90	49.89

2-14 续表 单位:亿元

地区	1999	2000	2001	2002	2003	2004
北京	356.85	425.19	487.54	561.91	635.56	713.79
天津	58.64	58.44	66.52	76.86	112.79	136.97
河北	199.40	183.77	167.29	179.60	199.87	209.10
山西	115.07	127.74	139.24	124.10	118.48	110.30
内蒙古	33.20	36.26	39.92	43.99	48.39	55.89
辽宁	125.12	127.91	131.32	137.18	145.38	188.04
吉林	67.73	72.33	79.50	75.45	73.15	77.17
黑龙江	117.80	30.90	31.30	31.60	32.20	32.20
上海	516.53	602.95	529.26	485.25	517.97	612.45
江苏	330.25	349.49	353.41	368.86	392.11	440.50
浙江	200.83	221.73	260.36	347.53	451.53	523.49
安徽	75.39	76.54	78.83	81.85	87.45	94.10
福建	113.40	118.85	124.84	138.28	150.09	171.00
江西	101.15	92.97	82.02	76.51	64.31	65.10
山东	308.43	314.25	318.34	310.07	329.71	343.37
河南	159.27	144.81	150.78	158.77	165.11	170.82
湖北	78.81	81.49	88.48	96.95	107.31	118.86
湖南	86.57	88.88	91.71	92.43	99.35	104.09
广东	331.10	443.69	450.81	454.65	534.28	602.68
广西	17.27	21.39	27.40	35.86	61.59	74.00
海南	8.98	9.27	9.75	10.08	10.68	11.56
重庆	62.90	61.61	64.99	68.96	74.86	82.10
四川	118.32	153.05	168.86	183.13	206.24	236.50
贵州	33.30	36.07	37.24	41.45	48.01	60.30
云南	79.73	79.05	86.25	102.38	105.47	118.40
西藏	0.34	2.18	2.55	3.42	4.35	5.80
陕西	43.44	50.27	58.16	67.30	77.87	90.10
甘肃	43.07	42.84	42.47	42.08	42.31	42.99
青海	18.70	16.98	16.10	16.75	17.98	19.00
宁夏	20.47	21.57	21.37	21.45	24.80	27.92
新疆	48.20	41.94	48.53	52.18	64.92	70.30

注：本表按当年价格计算。

2-15 各地区金融、保险业增加值构成

第三产业增加值=100　　单位：%

地区	1993	1994	1995	1996	1997	1998
北京	20.3	19.9	19.4	19.4	22.0	21.0
天津	14.0	12.7	13.9	14.1	13.2	10.5
河北	16.8	18.8	18.6	18.2	16.1	14.8
山西	24.2	16.4	21.1	19.2	20.1	17.6
内蒙古	7.9	7.6	7.0	6.8	6.7	6.7
辽宁	18.5	16.9	16.1	15.4	9.1	8.3
吉林	18.0	17.2	14.5	12.3	10.5	11.5
黑龙江	18.8	17.3	18.2	18.0	14.1	13.4
上海	23.9	26.2	22.9	25.3	26.6	25.1
江苏	15.4	15.8	15.5	15.0	14.2	12.8
浙江	12.6	12.0	12.4	12.0	10.8	10.7
安徽	14.1	16.0	17.3	14.4	9.7	8.4
福建	13.3	16.2	12.5	11.5	10.1	9.4
江西	22.5	20.9	18.4	17.7	16.7	15.2
山东	18.0	18.1	14.7	13.9	13.6	12.7
河南	18.3	17.0	17.9	13.8	12.4	12.0
湖北	11.8	10.5	8.6	7.6	6.9	6.5
湖南	12.2	10.3	9.6	9.0	8.7	8.0
广东	12.4	11.9	10.6	10.2	9.8	8.8
广西	5.0	3.2	3.3	2.2	2.8	1.9
海南	6.5	5.6	5.3	5.0	4.8	4.5
重庆	15.9	16.7	15.5	13.0	12.1	11.5
四川	11.2	10.5	8.9	8.7	8.5	8.8
贵州	16.6	16.8	16.9	17.1	18.1	14.6
云南	19.8	19.9	19.5	17.1	18.3	16.8
西藏	6.3	1.5	1.5	0.2	0.6	0.7
陕西	7.8	6.9	6.4	6.2	6.0	6.4
甘肃	16.0	15.3	15.0	13.1	13.5	13.4
青海	21.0	22.4	23.0	23.4	22.4	20.8
宁夏	27.8	28.9	29.7	26.2	24.1	20.9
新疆	15.8	17.5	18.8	16.1	13.0	11.9

2-15　续表

第三产业增加值=100　　　　单位：%

地区	1999	2000	2001	2002	2003	2004
北　京	21.1	20.7	19.6	18.8	18.4	17.3
天　津	8.7	7.6	7.5	7.7	9.8	10.4
河　北	13.1	10.8	8.8	8.4	8.2	7.4
山　西	15.9	15.8	15.4	12.5	10.1	8.0
内蒙古	6.3	6.0	5.7	5.4	4.8	4.4
辽　宁	7.6	7.0	6.4	6.1	5.8	6.7
吉　林	11.4	9.2	9.3	7.9	6.8	6.3
黑龙江	12.6	3.0	2.6	2.4	2.2	1.9
上　海	24.3	24.2	19.4	16.0	15.2	14.9
江　苏	12.1	11.4	10.2	9.5	8.7	8.5
浙　江	10.8	9.9	9.8	10.8	11.6	11.4
安　徽	7.6	6.9	6.4	5.9	5.3	4.8
福　建	8.4	7.9	7.7	7.8	7.7	7.8
江　西	13.7	11.4	9.3	7.9	6.2	5.3
山　东	11.7	10.8	9.7	8.4	8.0	7.2
河　南	11.3	9.1	8.4	8.0	7.0	6.3
湖　北	6.3	5.6	5.5	5.4	5.4	5.2
湖　南	7.0	6.0	5.8	5.2	5.0	4.5
广　东	8.5	9.3	8.1	7.2	7.4	7.2
广　西	2.4	2.6	2.9	3.3	5.2	5.4
海　南	4.3	4.0	3.9	3.7	3.6	3.4
重　庆	10.0	8.9	8.3	7.7	7.4	7.1
四　川	8.6	9.9	9.7	9.4	9.4	9.4
贵　州	10.4	9.8	8.8	8.6	8.6	9.1
云　南	11.7	10.6	10.4	11.2	10.4	9.8
西　藏	0.7	4.0	3.7	3.8	4.5	4.7
陕　西	6.6	6.6	6.7	7.0	7.3	7.2
甘　肃	12.2	9.8	9.2	8.2	7.2	6.2
青　海	18.1	14.8	12.4	11.3	10.6	9.8
宁　夏	18.2	16.9	14.1	12.5	12.7	12.3
新　疆	10.2	7.8	7.7	7.4	8.6	8.3

注：本表按当年价格计算。

2-16 各地区金融、保险业增加值发展速度

上年=100 单位：%

地 区	1993	1994	1995	1996	1997	1998
北 京	110.4	114.7	116.2	116.8	129.2	109.4
天 津	107.2	112.7	125.2	125.9	112.7	95.9
河 北	128.2	105.0	124.8	112.0	100.0	102.9
山 西	119.6	88.2	116.7	104.6	120.6	93.4
内蒙古	119.0	119.2	112.7	111.7	108.6	114.1
辽 宁	118.0	105.0	105.3	105.3	95.9	100.2
吉 林	94.2	109.2	96.5	102.5	100.4	104.8
黑龙江	109.8	106.0	113.0	107.8	96.8	107.3
上 海	117.0	128.5	104.4	128.6	125.2	110.9
江 苏	113.3	111.9	118.1	115.4	113.5	103.9
浙 江	107.2	105.7	121.9	107.3	113.5	111.5
安 徽	116.3	126.7	115.0	102.9	87.2	94.5
福 建	99.1	122.8	99.9	104.5	104.6	102.4
江 西	119.0	111.6	105.8	105.6	108.1	102.2
山 东	129.4	124.7	105.5	113.2	112.8	106.6
河 南	118.0	112.5	113.0	91.6	100.5	106.8
湖 北		107.7	107.3	107.3	103.4	107.0
湖 南	121.3	105.7	106.0	110.6	110.3	105.2
广 东	324.9	107.4	101.8	107.5	109.6	103.1
广 西	98.7	69.2	117.5	74.4	134.9	70.8
海 南	124.2	108.2	108.1	104.2	102.8	105.6
重 庆	120.6	129.9	133.6	118.5	123.6	105.5
四 川	112.0	109.0	103.6	105.3	109.7	113.2
贵 州	121.6	113.6	107.2	112.3	117.2	90.3
云 南	131.6	108.0	124.0	119.8	116.9	102.1
西 藏	119.5	1.2			113.2	131.3
陕 西	103.4	97.1	105.2	106.3	110.2	115.8
甘 肃	109.4	106.9	111.5	110.5	115.5	111.2
青 海	125.7	122.6	116.8	113.0	107.0	102.2
宁 夏	108.6	108.6	110.6	96.8	99.8	95.1
新 疆	124.2	121.7	118.3	92.3	89.7	100.6

2-16　续表

上年=100　　单位：%

地区	1999	2000	2001	2002	2003	2004
北京	113.0	117.2	113.1	112.4	110.6	107.1
天津	95.1	103.6	104.9	112.4	125.5	115.6
河北	98.3	100.2	102.4	108.2	108.9	107.0
山西	101.9	107.9	108.0	91.3	93.0	102.7
内蒙古	110.1	110.4	109.3	108.9	107.4	111.1
辽宁	101.9	102.1	102.6	105.0	103.9	105.6
吉林	104.6	104.0	108.5	95.0	93.0	101.3
黑龙江	104.0	106.0	104.8	105.0	104.4	99.9
上海	113.0	115.4	90.9	99.0	107.5	113.5
江苏	104.8	109.8	102.8	105.9	106.8	107.5
浙江	97.8	105.0	111.0	119.4	124.0	111.4
安徽	95.1	105.0	103.7	104.8	108.4	104.3
福建	97.8	106.0	106.5	110.8	107.8	109.8
江西	102.1	91.5	94.6	89.2	88.9	82.6
山东	101.5	103.5	101.6	101.1	107.4	102.0
河南	103.2	89.9	101.7	103.8	100.1	94.8
湖北	103.7	105.6	107.4	108.4	110.1	106.3
湖南	105.1	106.0	103.5	103.2	105.4	102.1
广东	110.8	122.7	101.7	100.6	110.6	106.9
广西	149.0	124.8	116.5	127.0	182.3	113.2
海南	106.2	106.6	104.2	104.1	106.8	103.1
重庆	106.6	107.7	106.4	109.5	110.1	117.5
四川	106.1	129.5	108.3	108.4	110.5	109.2
贵州	83.6	110.0	111.3	102.5	109.3	114.9
云南	75.8	102.5	106.5	119.2	100.8	109.3
西藏	127.0	107.1	109.3	130.5	119.3	116.3
陕西	116.4	114.1	113.8	115.6	113.8	110.2
甘肃	103.0	99.3	99.9	98.8	99.6	98.2
青海	97.3	89.8	92.9	100.7	104.7	104.4
宁夏	95.0	99.7	93.5	96.3	108.0	103.6
新疆	100.5	80.0	112.1	107.8	122.2	104.5

注：本表按不变价格计算。

2-17 各地区房地产业增加值

单位:亿元

地区	1993	1994	1995	1996	1997	1998
北京	7.10	11.81	22.45	34.63	48.21	75.32
天津	8.91	11.05	15.19	23.48	30.30	37.87
河北	35.21	41.23	46.07	54.90	68.31	77.11
山西	6.47	8.25	10.01	13.81	17.35	30.88
内蒙古	6.79	8.69	11.31	13.22	16.30	20.22
辽宁	36.40	51.21	56.37	64.85	70.87	82.60
吉林	12.98	15.63	21.30	26.29	27.68	34.88
黑龙江	17.20	21.70	32.80	36.40	45.60	53.00
上海	26.53	39.53	92.85	127.10	151.74	191.80
江苏	73.03	95.23	134.95	178.79	211.22	253.14
浙江	49.13	63.02	89.31	105.10	113.63	144.70
安徽	23.15	35.81	45.07	61.25	73.75	85.48
福建	33.66	52.70	71.37	83.47	93.27	105.50
江西	12.77	22.89	29.78	37.23	53.11	60.56
山东	71.87	107.14	153.69	182.05	222.56	240.34
河南	50.19	64.63	84.31	102.91	122.39	132.57
湖北	25.63	37.85	42.07	62.23	69.65	81.78
湖南	26.45	34.13	44.43	64.06	75.47	89.28
广东	126.25	171.11	230.75	283.92	342.54	419.76
广西	17.70	22.22	25.14	28.08	31.31	37.77
海南	20.43	17.20	13.69	11.28	11.30	12.91
重庆	9.12	11.03	17.43	25.22	32.60	45.00
四川	30.34	68.91	80.41	95.63	124.13	148.09
贵州	6.34	6.13	7.83	8.86	12.78	16.16
云南	10.96	12.41	15.01	25.82	26.90	30.42
西藏	0.15	0.01	0.16	0.39	0.68	1.71
陕西	11.30	16.87	19.06	22.56	33.62	41.36
甘肃	6.43	8.12	10.50	12.55	15.86	22.39
青海	0.76	1.10	1.58	2.55	3.35	4.25
宁夏	1.01	1.39	2.15	2.82	3.94	5.15
新疆	3.33	6.54	8.84	9.00	12.19	15.18

2-17 续表 单位:亿元

地区	1999	2000	2001	2002	2003	2004
北京	105.55	144.01	203.55	298.02	341.88	436.11
天津	41.00	53.57	65.07	73.04	92.31	106.14
河北	85.71	99.53	118.13	140.89	185.19	231.08
山西	41.82	50.45	56.94	65.83	78.73	95.10
内蒙古	26.10	33.85	43.77	51.48	61.05	73.81
辽宁	89.62	103.56	114.96	130.94	188.49	203.10
吉林	47.32	63.78	69.03	76.11	91.99	97.93
黑龙江	57.60	105.50	109.90	118.70	127.20	137.70
上海	219.03	263.35	328.59	384.86	487.82	666.30
江苏	272.34	298.15	326.74	371.09	447.47	534.17
浙江	165.12	213.62	274.79	360.63	473.16	587.83
安徽	98.44	112.27	123.93	139.18	162.63	188.30
福建	126.22	147.60	165.31	188.09	215.84	248.44
江西	76.31	89.76	114.84	125.27	138.02	167.20
山东	255.85	275.90	330.04	371.13	418.21	473.27
河南	144.13	163.79	183.08	199.31	217.58	236.44
湖北	85.01	99.40	122.49	145.17	176.80	204.83
湖南	105.50	131.58	138.41	165.29	186.49	215.17
广东	505.74	626.10	696.41	808.16	955.66	1103.75
广西	45.76	51.27	70.05	82.83	100.93	122.52
海南	14.62	16.62	18.81	21.45	25.14	30.64
重庆	50.69	65.45	76.38	90.48	113.69	129.12
四川	165.17	180.05	198.60	210.82	231.72	264.30
贵州	24.11	37.05	45.32	53.49	59.86	68.30
云南	60.51	83.20	88.58	95.68	103.79	116.54
西藏	2.15	2.48	3.26	2.81	4.74	5.40
陕西	47.18	59.42	68.11	77.68	83.90	95.90
甘肃	26.73	32.29	36.73	41.52	48.09	56.84
青海	5.39	6.53	7.40	9.74	11.41	13.00
宁夏	7.01	8.86	13.19	13.46	16.85	20.78
新疆	17.83	26.86	35.29	43.04	47.84	53.60

注：本表按当年价格计算。

2-18 各地区房地产业增加值构成

第三产业增加值=100　　单位：%

地区	1993	1994	1995	1996	1997	1998
北京	1.7	2.1	2.8	3.5	4.0	5.2
天津	4.6	4.1	4.3	5.3	5.8	6.3
河北	6.5	6.0	5.1	5.0	5.4	5.6
山西	2.6	2.7	2.4	2.8	3.0	4.8
内蒙古	3.7	3.7	3.7	3.8	4.0	4.4
辽宁	5.1	5.8	5.6	5.7	5.2	5.5
吉林	6.1	5.6	5.9	6.1	5.2	6.2
黑龙江	4.9	4.8	5.7	5.6	5.9	6.1
上海	4.6	5.0	9.1	9.8	9.5	10.3
江苏	8.0	8.0	8.6	9.2	9.5	10.1
浙江	7.8	7.4	7.7	7.7	7.5	8.6
安徽	7.6	8.2	8.0	9.0	9.4	9.7
福建	8.3	9.4	9.5	9.1	8.6	8.7
江西	5.9	7.7	7.6	7.6	9.1	9.2
山东	8.8	9.1	9.7	9.6	10.1	10.0
河南	10.3	10.6	10.2	10.1	10.4	10.2
湖北	5.8	7.0	5.9	7.2	6.9	7.2
湖南	6.8	6.5	6.6	7.8	7.9	8.3
广东	10.5	10.2	10.6	11.0	11.1	12.1
广西	5.8	5.6	4.9	4.8	5.0	5.6
海南	17.4	12.1	8.8	6.8	6.3	6.6
重庆	5.0	4.5	5.1	5.9	6.4	7.7
四川	6.6	11.1	10.1	10.1	11.3	12.0
贵州	4.9	4.2	4.4	4.1	5.2	5.9
云南	4.1	3.9	3.9	5.3	4.9	5.0
西藏	1.1	0.1	0.8	1.5	2.2	4.3
陕西	4.9	5.6	5.0	5.0	6.2	7.1
甘肃	5.2	5.4	5.5	5.6	6.0	7.2
青海	2.0	2.3	2.5	3.5	4.0	4.6
宁夏	2.7	2.8	3.3	3.6	4.3	5.1
新疆	2.0	2.9	3.0	2.7	3.3	3.6

2-18　续表

第三产业增加值=100　　　　单位：%

地　区	1999	2000	2001	2002	2003	2004
北　京	6.2	7.0	8.2	9.9	9.9	10.6
天　津	6.1	7.0	7.4	7.3	8.0	8.0
河　北	5.6	5.8	6.2	6.6	7.6	8.1
山　西	5.8	6.2	6.3	6.6	6.7	6.9
内蒙古	5.0	5.6	6.3	6.3	6.1	5.8
辽　宁	5.4	5.7	5.6	5.8	7.6	7.2
吉　林	8.0	8.1	8.0	7.9	8.6	8.0
黑龙江	6.2	10.2	9.3	9.0	8.7	8.2
上　海	10.3	10.6	12.1	12.7	14.3	16.3
江　苏	9.9	9.7	9.5	9.5	10.0	10.3
浙　江	8.9	9.6	10.3	11.2	12.2	12.8
安　徽	9.9	10.2	10.1	9.9	9.9	9.6
福　建	9.3	9.9	10.2	10.7	11.1	11.3
江　西	10.3	11.0	13.0	12.9	13.2	13.6
山　东	9.7	9.5	10.1	10.0	10.2	9.9
河　南	10.2	10.3	10.2	10.1	9.2	8.7
湖　北	6.7	6.9	7.6	8.1	8.8	8.9
湖　南	8.5	8.9	8.7	9.3	9.3	9.4
广　东	13.0	13.2	12.6	12.7	13.3	13.2
广　西	6.2	6.3	7.4	7.7	8.5	8.9
海　南	7.0	7.2	7.6	7.9	8.6	9.1
重　庆	8.0	9.4	9.8	10.2	11.2	11.2
四　川	12.0	11.6	11.4	10.8	10.6	10.5
贵　州	7.5	10.1	10.7	11.1	10.7	10.3
云　南	8.9	11.2	10.7	10.5	10.2	9.7
西　藏	4.5	4.6	4.7	3.1	4.9	4.4
陕　西	7.2	7.8	7.8	8.1	7.9	7.7
甘　肃	7.5	7.4	8.0	8.1	8.2	8.2
青　海	5.2	5.7	5.7	6.5	6.7	6.7
宁　夏	6.2	6.9	8.7	7.9	8.6	9.1
新　疆	3.8	5.0	5.6	6.1	6.3	6.3

注：本表按当年价格计算。

2-19 各地区房地产业增加值发展速度

上年=100　　　　单位：%

地区	1993	1994	1995	1996	1997	1998
北京	108.2	126.6	147.4	126.0	122.2	140.3
天津	108.3	108.2	129.0	134.0	124.3	121.7
河北	113.4	125.9	113.2	112.2	119.0	112.2
山西	112.4	124.2	114.4	116.1	120.7	134.7
内蒙古	121.7	119.3	115.0	112.5	115.6	126.0
辽宁	125.5	123.8	97.7	98.2	112.0	110.7
吉林	111.6	113.6	114.8	111.6	98.5	119.4
黑龙江	104.0	106.8	109.1	105.7	107.9	118.1
上海	112.4	124.9	271.4	124.5	115.6	123.8
江苏	149.8	108.1	125.0	123.7	121.5	123.8
浙江	121.3	117.1	128.3	110.7	109.2	123.6
安徽	115.0	120.9	118.1	124.6	119.6	113.9
福建	164.5	115.3	117.2	108.7	109.1	103.7
江西	119.2	125.4	111.3	117.2	125.5	111.7
山东	148.0	130.2	128.3	106.3	114.3	108.3
河南	116.2	119.4	122.8	116.9	114.7	107.8
湖北		127.3	121.0	116.5	110.3	117.9
湖南	124.0	112.0	114.7	117.1	110.2	113.3
广东	129.0	127.4	122.2	115.8	111.6	110.6
广西	129.5	112.4	98.2	107.5	109.6	122.7
海南	123.0	82.6	88.4	90.5	100.8	113.1
重庆	105.2	111.6	112.8	101.8	106.4	110.8
四川	129.1	169.1	110.0	120.0	125.5	116.7
贵州	119.7	79.8	121.9	104.2	94.8	112.3
云南	131.8	135.9	111.3	109.1	107.7	108.8
西藏	118.8	166.7	64.0	37.5	200.0	130.0
陕西	115.6	113.4	110.3	111.2	112.6	118.1
甘肃	111.3	118.8	121.7	121.6	119.7	121.7
青海	127.1	126.2	120.8	135.5	120.6	120.4
宁夏	115.7	117.0	123.8	105.8	130.0	121.7
新疆	125.7	167.2	113.2	104.7	104.7	123.6

2-19　续表

上年=100　　单位：%

地 区	1999	2000	2001	2002	2003	2004
北 京	122.7	111.6	131.1	130.4	110.8	119.2
天 津	110.4	129.9	121.8	113.3	117.6	106.1
河 北	110.2	112.1	103.5	105.5	117.2	104.5
山 西	124.4	115.1	111.5	112.5	117.3	113.8
内蒙古	128.4	128.0	128.2	116.4	114.1	115.2
辽 宁	109.6	115.0	110.1	115.0	140.6	103.6
吉 林	110.4	120.5	107.0	110.4	109.0	101.7
黑龙江	110.0	114.0	102.9	106.7	105.7	104.0
上 海	115.3	115.8	120.4	114.1	115.4	121.6
江 苏	111.2	107.5	109.7	112.6	112.0	109.5
浙 江	112.5	111.4	113.0	114.9	115.2	110.1
安 徽	112.2	115.5	108.9	109.9	117.3	107.8
福 建	116.4	116.8	113.1	112.4	112.5	108.7
江 西	112.7	111.0	123.3	108.0	109.0	113.0
山 东	106.4	108.8	115.9	111.2	110.3	105.4
河 南	110.1	107.5	110.5	108.0	107.7	103.0
湖 北	106.1	116.8	122.1	114.5	119.0	114.4
湖 南	117.3	109.2	109.3	111.2	109.0	105.8
广 东	119.3	115.4	108.7	111.9	115.3	108.2
广 西	119.4	112.3	112.5	111.9	116.7	111.7
海 南	104.6	109.5	107.2	107.8	108.5	108.1
重 庆	87.7	100.7	101.0	107.2	107.2	104.8
四 川	113.4	105.5	108.6	105.1	108.2	109.6
贵 州	146.7	135.3	121.1	112.9	102.3	101.1
云 南	202.2	130.1	111.0	106.8	104.8	101.0
西 藏	115.4	396.0	108.7	143.9	123.8	132.0
陕 西	113.9	116.6	114.2	114.0	107.1	102.0
甘 肃	119.4	117.3	116.0	114.3	113.5	111.2
青 海	119.7	113.7	106.2	122.7	109.3	131.8
宁 夏	130.0	116.8	135.3	94.2	115.5	109.5
新 疆	116.3	141.9	127.4	106.9	108.7	107.4

注：本表按不变价格计算。

2-20 各地区其他服务业增加值

单位:亿元

地区	1993	1994	1995	1996	1997	1998
北京	158.98	194.39	289.12	368.21	420.94	528.02
天津	56.66	86.08	110.34	139.75	168.60	196.42
河北	137.85	180.32	241.73	301.69	353.94	399.39
山西	68.66	99.73	121.73	144.31	168.94	187.35
内蒙古	71.40	88.60	104.25	115.95	123.98	140.07
辽宁	177.81	235.52	275.54	319.20	430.42	483.52
吉林	66.45	86.73	114.62	142.44	186.79	199.44
黑龙江	96.64	134.30	173.50	199.80	245.30	288.00
上海	131.24	179.75	231.01	281.16	354.06	471.33
江苏	237.83	310.44	389.23	477.24	568.96	683.60
浙江	151.31	213.60	262.50	320.29	372.42	421.71
安徽	89.03	117.88	152.61	186.11	225.91	269.23
福建	101.16	135.21	189.97	239.08	287.46	327.49
江西	69.68	97.29	129.02	154.94	191.17	211.21
山东	217.75	296.87	432.47	516.88	588.28	679.92
河南	140.27	191.71	247.04	317.72	341.00	382.86
湖北	144.03	181.53	246.72	283.28	346.09	399.55
湖南	120.77	171.67	222.66	272.12	326.88	389.50
广东	356.52	479.15	627.45	738.98	859.42	963.72
广西	109.10	163.04	207.83	225.69	231.73	247.51
海南	33.75	46.99	55.11	62.24	66.13	67.31
重庆	52.70	76.50	105.09	132.24	157.07	184.68
四川	153.37	187.77	253.43	282.21	335.05	381.88
贵州	43.13	57.05	67.56	83.08	95.52	112.20
云南	76.27	89.39	109.94	149.50	171.74	202.82
西藏	6.31	9.68	9.07	14.50	16.79	21.58
陕西	95.18	127.79	157.30	188.92	232.51	251.38
甘肃	40.31	48.26	55.58	68.31	80.65	96.73
青海	13.26	16.13	22.59	25.37	29.89	33.51
宁夏	11.29	15.25	18.44	22.28	25.59	30.37
新疆	58.22	77.54	93.46	113.62	133.73	150.15

2-20　续表　　　　　　　　　　　　　　　　　　　　　　　单位:亿元

地　区	1999	2000	2001	2002	2003	2004
北　京	618.59	776.88	978.49	1220.26	1441.15	1759.93
天　津	214.56	245.30	277.18	307.01	344.77	375.11
河　北	463.13	546.36	634.25	754.27	888.20	1069.25
山　西	220.85	246.07	276.73	308.32	400.58	473.97
内蒙古	152.06	164.77	184.67	205.18	282.43	397.24
辽　宁	544.36	607.63	710.80	804.38	855.10	902.39
吉　林	204.81	241.36	271.06	328.67	366.71	472.31
黑龙江	331.30	369.45	432.35	489.60	565.70	660.40
上　海	585.20	701.06	840.85	1029.17	1119.29	1341.07
江　苏	766.02	905.95	1035.64	1188.16	1397.91	1648.79
浙　江	493.51	642.77	843.90	1045.95	1311.10	1574.92
安　徽	322.93	398.36	465.29	558.85	681.50	842.86
福　建	380.17	419.30	469.66	528.46	584.58	653.82
江　西	233.60	257.50	276.70	308.15	331.58	387.90
山　东	791.69	912.23	1001.25	1221.13	1370.62	1547.35
河　南	423.80	498.63	568.39	635.49	797.36	916.36
湖　北	452.57	531.46	605.63	686.51	765.06	873.98
湖　南	493.47	622.47	682.17	773.41	878.60	1010.45
广　东	1104.22	1375.40	1739.13	2113.66	2416.28	2916.25
广　西	259.74	287.78	351.56	399.95	405.38	493.64
海　南	72.62	82.20	88.78	98.82	105.85	119.60
重　庆	208.82	229.33	260.20	302.12	346.43	391.51
四　川	451.88	508.39	583.77	681.49	785.35	917.94
贵　州	122.15	134.82	164.64	182.34	215.10	261.40
云　南	235.91	244.33	287.42	322.48	383.25	473.17
西　藏	25.02	33.23	42.18	51.23	47.52	58.21
陕　西	286.71	326.14	356.77	387.14	428.46	486.10
甘　肃	117.19	170.82	169.86	194.31	234.34	276.03
青　海	39.42	45.41	53.82	60.70	68.22	79.20
宁　夏	34.70	41.34	51.11	60.44	67.30	77.67
新　疆	176.29	210.27	278.92	316.82	340.40	377.51

注：本表按当年价格计算。

2-21 各地区其他服务业增加值构成

第三产业增加值=100　　单位：%

地 区	1993	1994	1995	1996	1997	1998
北 京	38.4	34.7	36.6	36.8	34.5	36.2
天 津	29.0	31.7	31.3	31.4	32.5	32.6
河 北	25.5	26.4	27.0	27.7	28.1	28.9
山 西	27.7	32.6	29.5	29.2	29.3	29.2
内蒙古	38.7	38.2	36.2	33.6	30.3	30.3
辽 宁	25.0	26.6	27.2	27.9	31.6	32.3
吉 林	31.4	30.8	32.0	32.8	35.3	35.5
黑龙江	27.6	29.9	30.4	30.5	31.7	33.4
上 海	22.7	22.6	22.6	21.8	22.2	25.4
江 苏	26.1	26.2	24.7	24.6	25.5	27.2
浙 江	24.2	25.1	22.8	23.5	24.6	25.2
安 徽	29.1	26.8	26.9	27.3	28.9	30.7
福 建	25.0	24.1	25.4	26.0	26.6	27.0
江 西	32.4	32.9	33.0	31.7	32.9	31.9
山 东	26.6	25.2	27.2	27.2	26.8	28.4
河 南	28.9	31.4	29.7	31.2	29.1	29.5
湖 北	32.6	33.5	34.8	32.9	34.0	35.1
湖 南	30.9	32.5	32.9	32.9	34.3	36.3
广 东	29.6	28.6	28.9	28.5	27.8	27.8
广 西	35.8	40.9	40.6	39.0	37.1	37.0
海 南	28.7	33.0	35.4	37.3	36.8	34.6
重 庆	29.0	31.4	30.9	31.1	30.6	31.8
四 川	33.6	30.2	31.7	29.8	30.6	30.9
贵 州	33.4	39.0	38.3	38.9	39.0	41.0
云 南	28.6	28.0	28.6	30.6	31.5	33.3
西 藏	46.3	57.0	46.8	54.8	53.9	53.9
陕 西	40.9	42.2	41.6	41.9	43.0	43.1
甘 肃	32.3	31.9	29.2	30.7	30.4	31.1
青 海	33.7	33.5	35.5	34.4	35.4	36.2
宁 夏	29.7	30.3	28.3	28.2	28.1	29.9
新 疆	35.6	34.4	32.2	33.6	35.7	35.7

2-21　续表

第三产业增加值=100　　单位：%

地　区	1999	2000	2001	2002	2003	2004
北　京	36.5	37.9	39.3	40.7	41.8	42.8
天　津	32.0	32.1	31.5	30.8	30.0	28.4
河　北	30.5	32.1	33.3	35.1	36.4	37.6
山　西	30.6	30.5	30.7	31.1	34.0	34.5
内蒙古	28.9	27.2	26.4	25.3	28.2	31.3
辽　宁	33.0	33.4	34.7	35.6	34.4	32.1
吉　林	34.4	30.8	31.6	34.3	34.1	38.6
黑龙江	35.5	35.6	36.6	37.1	38.5	39.5
上　海	27.5	28.2	30.8	33.9	32.9	32.7
江　苏	28.0	29.5	30.0	30.5	31.1	31.7
浙　江	26.5	28.7	31.7	32.4	33.7	34.3
安　徽	32.6	36.1	37.8	39.9	41.6	42.9
福　建	28.1	28.0	29.0	29.9	30.0	29.6
江　西	31.5	31.5	31.3	31.7	31.8	31.6
山　东	30.1	31.4	30.5	33.0	33.3	32.5
河　南	30.0	31.2	31.8	32.1	33.8	33.7
湖　北	35.9	36.8	37.5	38.2	38.2	38.1
湖　南	39.7	42.2	42.8	43.4	44.0	44.0
广　东	28.4	28.9	31.4	33.3	33.7	34.9
广　西	35.4	35.6	37.2	37.0	34.2	36.0
海　南	34.9	35.6	35.7	36.5	36.0	35.7
重　庆	33.1	33.0	33.3	33.9	34.2	34.0
四　川	32.9	32.8	33.6	35.1	35.9	36.6
贵　州	38.3	36.7	38.7	38.0	38.5	39.5
云　南	34.6	32.7	34.8	35.3	37.8	39.2
西　藏	52.3	61.1	60.5	57.2	49.1	47.2
陕　西	43.7	42.7	41.1	40.2	40.3	38.9
甘　肃	33.1	39.1	37.0	37.7	39.7	39.9
青　海	38.2	39.6	41.3	40.8	40.2	40.9
宁　夏	30.8	32.4	33.6	35.3	34.4	34.1
新　疆	37.2	39.1	44.3	45.0	45.2	44.5

注：本表按当年价格计算。

2-22 各地区其他服务业增加值发展速度

上年=100　　　　　　　　单位：%

地区	1993	1994	1995	1996	1997	1998
北京	113.1	110.9	125.8	112.5	106.7	110.2
天津	104.1	110.3	111.8	104.3	117.2	116.0
河北				115.4	114.1	112.7
山西	103.2	114.5	105.8	109.9	113.7	110.5
内蒙古	107.1	107.6	108.8	108.8	109.6	109.6
辽宁		112.7	106.9	109.9	111.0	129.9
吉林	117.0	113.6	115.1	118.3	128.8	108.5
黑龙江	104.0	115.6	110.5	107.2	120.7	111.6
上海	115.1	113.1	110.8	112.4	113.3	128.3
江苏	114.8	112.5	108.5	110.2	115.4	119.0
浙江	116.8	112.3	103.2	109.0	111.8	112.8
安徽	109.6	116.4	110.2	111.2	112.2	113.1
福建	117.2	106.6	111.4	116.2	115.5	113.0
江西		117.0	114.1	113.8	113.3	109.7
山东	116.9	118.2	119.0	112.9	115.6	114.9
河南	109.4	114.7	110.3	114.1	105.9	109.4
湖北		111.0	111.3	111.8	114.9	116.6
湖南	111.7	114.8	109.1	112.8	112.0	112.7
广东	109.3	112.0	113.2	109.8	108.7	110.6
广西	110.8	110.9	110.4	102.5	114.3	115.1
海南	112.0	112.5	108.9	107.8	105.8	104.7
重庆	112.0	133.4	106.6	113.3	109.6	125.6
四川	115.1	100.2	125.9	122.2	117.4	112.5
贵州	107.4	113.6	114.3	106.4	101.9	117.7
云南	112.5	114.3	117.2	114.6	115.7	117.8
西藏	149.1	153.5	93.7	159.7	113.0	114.5
陕西	107.1	107.1	107.1	109.2	116.3	108.7
甘肃		112.5	113.3	112.5	113.7	112.6
青海	107.9	115.5	115.8	110.3	113.0	112.1
宁夏	105.2	114.6	108.0	111.2	113.5	114.4
新疆	111.4	120.0	102.5	112.6	114.8	108.5

2-22 续表

上年=100 单位：%

地 区	1999	2000	2001	2002	2003	2004
北 京	111.2	112.0	112.8	114.2	111.8	115.0
天 津	107.8	108.4	110.3	109.1	107.8	110.4
河 北	113.0	112.9	112.1	113.2	110.9	114.1
山 西	112.5	106.2	113.1	113.8	125.6	118.5
内蒙古	106.7	107.7	113.0	108.8	106.7	129.8
辽 宁	107.7	110.1	114.7	112.9	107.9	107.7
吉 林	109.7	116.2	110.2	117.1	107.8	114.4
黑龙江	114.8	112.8	109.7	109.6	111.4	110.3
上 海	115.7	109.5	116.7	117.4	107.1	115.6
江 苏	113.8	113.1	113.2	113.6	113.8	116.1
浙 江	117.3	117.5	114.3	115.0	116.1	117.7
安 徽	117.7	113.0	117.6	118.8	117.5	117.8
福 建	110.5	109.5	110.0	111.8	108.9	110.7
江 西	108.5	108.6	106.2	106.9	107.1	110.5
山 东	110.3	113.0	105.5	118.3	113.3	109.9
河 南	110.9	113.0	112.1	110.8	112.1	111.2
湖 北	109.4	110.1	110.4	113.1	111.0	109.8
湖 南	114.3	110.3	111.7	111.0	110.2	111.6
广 东	113.3	110.4	116.0	119.5	112.8	116.6
广 西	113.4	119.1	116.2	113.4	102.3	111.9
海 南	106.2	108.3	108.7	108.9	106.5	109.4
重 庆	114.6	110.4	112.6	110.5	111.0	107.7
四 川	109.3	115.7	111.4	116.9	112.7	112.7
贵 州	109.6	112.9	112.5	113.2	111.9	113.7
云 南	116.3	106.6	117.6	112.9	117.1	115.6
西 藏	111.6	122.7	118.2	110.6	99.9	117.9
陕 西	116.1	110.2	107.2	107.9	108.0	109.4
甘 肃	120.8	118.1	112.9	110.1	111.5	112.9
青 海	115.7	117.9	115.2	109.4	108.6	100.6
宁 夏	115.2	115.3	113.6	115.0	110.2	112.8
新 疆	116.7	118.7	115.8	108.9	109.7	110.3

注：本表按不变价格计算。

【主要统计指标解释】

国内生产总值（GDP） 指一个国家所有常住单位在一定时期内生产活动的最终成果。国内生产总值有三种表现形态，即价值形态、收入形态和产品形态。从价值形态看，它是所有常住单位在一定时期内生产的全部货物和服务价值超过同期投入的全部非固定资产货物和服务价值的差额，即所有常住单位的增加值之和；从收入形态看，它是所有常住单位在一定时期内创造并分配给常住单位和非常住单位的初次分配收入之和；从产品形态看，它是所有常住单位在一定时期内最终使用的货物和服务价值与货物和服务净出口价值之和。在实际核算中，国内生产总值有三种计算方法，即生产法、收入法和支出法。三种方法分别从不同的方面反映国内生产总值及其构成。

对地区而言，该指标称为“地区生产总值”。

第三部分

第三产业资产和投资

简要说明

一、本篇资料的主要内容

本篇资产部分资料通过对一定时期第三产业资产总额的描述，反映报告期内第三产业法人单位的规模大小。

本篇投资部分资料通过对一定时期第三产业建造和购置固定资产活动的数量方面的描述，反映报告期内第三产业固定资产投资的规模和速度、结构和比例关系、资金来源及投资效果等。

二、本篇资料的统计范围

第三产业企业资产统计范围包括：我国境内从事社会经济第三产业活动的法人单位，未包括香港、澳门特别行政区和台湾省。

第三产业固定资产投资统计的范围包括：城乡建设项目投资，房地产开发投资，城镇和工矿区私人建房投资及国防、人防建设项目投资。

三、本篇资料的来源

第三产业企业资产统计来源于：当年的基本单位年度统计资料。

投资统计中，跨省、自治区、直辖市项目资料来自国务院各部门；农村集体和农村个人固定资产投资资料来自国家统计局农村社会经济调查司的乡村社会经济调查；除此以外的固定资产投资统计资料均来自国家统计局固定资产投资统计司统计调查。

四、本篇资料的统计调查方法

除农村集体和农村个人固定资产投资统计采用抽样调查方法外，其他均为全面统计报表。

五、本篇资料的统计口径变化

自1997年起，除房地产开发投资、农村集体投资、个人投资及城镇和工矿区私人建房投资外，固定资产投资的统计起点由5万元提高到50万元。

3-1　按企业登记注册类型分第三产业企业资产总额(2004年)

单位：亿元

行　业	资产总额	#内资企业	港、澳、台商投资企业	外商投资企业
第三产业总计	**742355.36**	**698850.54**	**19182.02**	**24322.80**
交通运输、仓储和邮政业	**26364.53**	**23038.01**	**1365.23**	**1961.29**
道路运输业	9736.75	8784.23	499.92	452.60
公路旅客运输	1163.46	1144.22	9.60	9.64
道路货物运输	1553.78	1467.51	46.92	39.34
道路运输辅助活动	7019.52	6172.51	443.39	403.61
城市公共交通业	1873.04	1736.21	53.52	83.30
公共电汽车客运	694.76	648.27	34.23	12.26
轨道交通	563.61	555.47	5.13	3.00
出租车客运	583.70	503.33	12.33	68.04
城市轮渡	11.88	10.06	1.82	
其他城市公共交通	19.08	19.08		
水上运输业	4754.28	3987.38	471.24	295.66
水上旅客运输	118.30	90.88	13.62	13.81
水上货物运输	2036.79	1805.91	141.13	89.75
水上运输辅助活动	2599.19	2090.59	316.49	192.11
航空运输业	3820.88	2955.23	137.61	728.03
航空客货运输	2601.91	1872.20	37.54	692.17
通用航空服务	44.35	38.43	0.04	5.88
航空运输辅助活动	1174.62	1044.61	100.04	29.98
管道运输业	662.39	622.60	9.88	29.91
装卸搬运和其他运输服务业	1771.71	1491.93	103.05	176.72
装卸搬运	280.18	227.43	17.65	35.10
运输代理服务	1491.53	1264.50	85.41	141.62
仓储业	2604.33	2342.77	89.89	171.66
谷物、棉花等农产品仓储	1436.23	1433.51	0.57	2.15
其他仓储	1168.10	909.26	89.32	169.51
邮政业	1141.16	1117.65	0.12	23.39
国家邮政	1084.87	1084.87		
其他寄递服务	56.29	32.78	0.12	23.39
信息传输、计算机服务和软件业	**29016.85**	**20059.28**	**5023.78**	**3933.79**
电信和其他信息传输服务业	25664.97	17374.66	4812.64	3477.67
电信	24778.85	16531.60	4789.13	3458.12
互联网信息服务	336.72	304.10	20.35	12.27
广播电视传输服务	413.05	405.09	0.99	6.97
卫星传输服务	136.35	133.88	2.16	0.31
计算机服务业	1427.67	1202.66	46.56	178.46
计算机系统服务	727.71	592.79	30.49	104.43
数据处理	54.97	39.27	4.14	11.56
计算机维修	36.41	32.51	1.32	2.58
其他计算机服务	608.58	538.08	10.60	59.89

3-1 续表1 单位：亿元

行业	资产总额	#内资企业	港、澳、台商投资企业	外商投资企业
软件业	1924.20	1481.96	164.58	277.67
公共软件服务	1343.24	998.00	123.91	221.33
其他软件服务	580.97	483.96	40.67	56.34
批发和零售业	**62198.44**	**58410.20**	**841.13**	**2947.12**
批发业	48719.09	45708.72	546.53	2463.83
农畜产品批发	5419.00	5375.19	10.75	33.07
食品、饮料及烟草制品批发	5786.71	5586.63	15.92	184.16
纺织、服装及日用品批发	3810.03	3529.98	76.22	203.83
文化、体育用品及器材批发	1076.37	948.76	24.61	103.00
医药及医疗器材批发	1909.61	1792.36	33.48	83.78
矿产品、建材及化工产品批发	17219.02	16769.02	96.03	353.97
机械设备、五金交电及电子产品批发	9782.48	8225.65	239.16	1317.67
贸易经纪与代理	1587.09	1528.59	8.78	49.72
其他批发	2128.78	1952.55	41.59	134.64
零售业	13479.35	12701.47	294.60	483.28
综合零售	4533.96	4035.54	167.47	330.95
食品、饮料及烟草制品专门零售	905.61	897.78	1.40	6.43
纺织、服装及日用品专门零售	791.53	743.86	21.02	26.65
文化、体育用品及器材专门零售	730.84	719.82	2.01	9.01
医药及医疗器材专门零售	648.37	606.54	36.23	5.60
汽车、摩托车、燃料及零配件专门零售	2948.57	2932.80	6.94	8.83
家用电器及电子产品专门零售	1393.00	1298.87	52.71	41.41
五金、家具及室内装修材料专门零售	833.35	794.04	2.41	36.90
无店铺及其他零售	694.13	672.21	4.42	17.49
住宿和餐饮业	**7032.45**	**5455.30**	**859.22**	**717.93**
住宿业	5293.24	4034.92	716.51	541.81
旅游饭店	4245.52	3095.95	658.07	491.49
一般旅馆	934.07	832.37	54.80	46.89
其他住宿服务	113.64	106.59	3.63	3.42
餐饮业	1739.21	1420.37	142.71	176.12
正餐服务	1509.18	1304.17	121.82	83.19
快餐服务	133.33	35.63	14.30	83.40
饮料及冷饮服务	24.30	19.30	0.92	4.08
其他餐饮服务	72.41	61.28	5.68	5.45
金融业	**443225.98**	**436725.42**	**1067.32**	**5433.25**
银行业	390051.42	384210.44	905.44	4935.53
中央银行	34355.53	34355.53		
商业银行	324556.54	318732.31	903.45	4920.78
其他银行	31139.35	31122.61	1.99	14.75

3-1　续表2　　　　　　　　　　　　　　　　　　　单位：亿元

行　业	资产总额	#内资企业	港、澳、台商投资企业	外商投资企业
证券业	7538.91	7373.01	107.90	58.00
证券市场管理	209.75	209.75		
证券经纪与交易	6807.96	6674.58	107.90	25.48
证券投资	479.66	475.81		3.85
证券分析与咨询	41.55	12.87		28.67
保险业	19602.30	19297.55	47.78	256.98
人寿保险	14341.01	14099.56	39.09	202.37
非人寿保险	4029.10	3968.28	7.99	52.82
保险辅助服务	1232.19	1229.70	0.70	1.79
其他金融活动	26033.35	25844.41	6.20	182.74
金融信托与管理	15743.80	15743.78		0.02
金融租赁	333.67	278.08		55.59
财务公司	4920.03	4820.89	5.28	93.86
邮政储蓄	6.33	6.33		
典当	118.95	118.95		
其他未列明的金融活动	4910.57	4876.39	0.91	33.27
房地产业	**70058.44**	**56749.86**	**7939.90**	**5368.68**
房地产开发经营	62008.45	49704.59	7396.24	4907.62
物业管理	2808.99	2272.00	248.58	288.41
房地产中介服务	728.53	635.17	50.66	42.70
其他房地产活动	4512.48	4138.11	244.42	129.95
租赁和商务服务业	**73714.31**	**69438.50**	**1300.54**	**2975.28**
租赁业	591.74	521.47	23.08	47.18
机械设备租赁	571.24	507.52	22.10	41.62
文化及日用品出租	20.50	13.95	0.99	5.56
商务服务业	73122.58	68917.02	1277.46	2928.10
企业管理服务	65201.15	61629.22	1062.17	2509.75
法律服务	164.51	163.61	0.48	0.42
咨询与调查	3084.86	2822.17	72.55	190.15
广告业	753.12	629.55	52.39	71.18
知识产权服务	66.83	62.94	1.51	2.38
职业中介服务	181.95	179.72	0.63	1.59
市场管理	1273.55	1222.19	17.29	34.07
旅行社	578.97	547.08	22.31	9.57
其他商务服务	1817.63	1660.54	48.11	108.98
科学研究、技术服务和地质勘查业	**8755.43**	**8216.59**	**121.76**	**417.09**
研究与试验发展	1860.01	1751.99	29.95	78.07
自然科学研究与试验发展	276.29	259.34	0.46	16.49
工程和技术研究与试验发展	1210.22	1155.45	19.41	35.35
农业科学研究与试验发展	179.14	175.25	0.38	3.51

3-1 续表3 单位：亿元

行　业	资产总额	#内资企业	港、澳、台商投资企业	外商投资企业
医学研究与试验发展	161.01	129.14	9.70	22.17
社会人文科学研究与试验发展	33.36	32.82		0.54
专业技术服务业	4851.14	4552.89	64.83	233.41
气象服务	36.46	36.45		0.01
地震服务	5.87	5.83		0.04
海洋服务	16.51	16.23	0.06	0.22
测绘服务	54.19	53.19	0.05	0.95
技术检测	217.76	188.12	15.73	13.92
环境监测	25.15	19.93	0.02	5.20
工程技术与规划管理	3287.75	3185.47	15.85	86.43
其他专业技术服务	1207.44	1047.67	33.12	126.65
科技交流和推广服务业	1490.80	1361.32	26.79	102.69
技术推广服务	848.11	792.16	21.93	34.02
科技中介服务	305.04	245.41	1.93	57.69
其他科技服务	337.66	323.75	2.93	10.98
地质勘查业	553.49	550.39	0.18	2.92
矿产地质勘查	319.83	317.19		2.64
基础地质勘查	54.64	54.47	0.15	0.02
地质勘查技术服务	179.02	178.73	0.03	0.26
水利、环境和公共设施管理业	**4796.62**	**4285.72**	**373.12**	**137.77**
水利管理业	1308.77	1002.58	302.85	3.34
防洪管理	78.02	78.02		
水资源管理	1037.39	731.25	302.84	3.30
其他水利管理	193.36	193.31		0.04
环境管理业	473.16	406.73	22.09	44.34
自然保护	79.22	37.18	13.76	28.28
环境治理	393.94	369.55	8.33	16.06
公共设施管理业	3014.68	2876.41	48.19	90.09
市政公共设施管理	1986.01	1932.30	15.56	38.14
城市绿化管理	286.40	278.70	5.89	1.81
游览景区管理	742.27	665.40	26.74	50.13
居民服务和其他服务业	**2866.37**	**2715.92**	**61.10**	**89.35**
居民服务业	631.42	587.42	21.63	22.37
家庭服务	10.09	9.96	0.09	0.03
托儿所	2.63	2.42	0.20	
洗染服务	39.26	37.54	0.74	0.99
理发及美容保健服务	39.07	34.94	1.95	2.18
洗浴服务	131.27	119.09	7.42	4.75
婚姻服务	2.40	2.25	0.02	0.13
殡葬服务	163.83	152.29	6.34	5.20
摄影扩印服务	48.58	43.55	3.12	1.91
其他居民服务	194.29	185.37	1.75	7.17

3-1　续表4　　　　单位：亿元

行　业	资产总额	#内资企业	港、澳、台商投资企业	外商投资企业
其他服务业	2234.95	2128.50	39.47	66.98
修理与维护	245.53	211.55	19.31	14.67
清洁服务	42.18	39.33	1.46	1.38
其他未列明的服务	1947.24	1877.62	18.70	50.92
教育	**4310.35**	**4251.17**	**20.00**	**39.18**
学前教育	109.43	97.70	2.17	9.56
初等教育	481.45	476.48	3.15	1.82
中等教育	899.50	891.81	3.43	4.25
高等教育	1343.30	1337.80	1.46	4.04
其他教育	1476.67	1447.38	9.79	19.50
卫生、社会保障和社会福利业	**3620.99**	**3580.91**	**9.57**	**30.51**
卫生	3444.93	3405.42	9.50	30.01
医院	2575.87	2544.42	8.71	22.73
卫生院及社区医疗活动	558.64	556.25	0.14	2.25
门诊部医疗活动	148.65	146.29	0.58	1.78
计划生育技术服务活动	5.11	5.11		
妇幼保健活动	66.52	65.60		0.92
专科疾病防治活动	11.90	11.78	0.02	0.11
疾病预防控制及防疫活动	37.83	37.74		0.09
其他卫生活动	40.42	38.23	0.05	2.14
社会保障业	85.41	85.41		
社会福利业	90.64	90.08	0.07	0.50
提供住宿的社会福利	76.73	76.16	0.07	0.50
不提供住宿的社会福利	13.92	13.92		
文化、体育和娱乐业	**3391.38**	**2920.49**	**199.34**	**271.56**
新闻出版业	1217.67	1213.85	1.01	2.81
新闻业	81.45	81.45		
出版业	1136.22	1132.40	1.01	2.81
广播、电视、电影和音像业	836.01	820.00	8.67	7.34
广播	123.36	123.33	0.01	0.02
电视	444.31	439.06	1.90	3.35
电影	240.72	230.76	6.54	3.42
音像制作	27.64	26.85	0.23	0.55
文化艺术业	297.42	288.23	7.78	1.41
文艺创作与表演	42.25	37.95	4.29	0.01
艺术表演场馆	21.38	20.37	0.86	0.15
图书馆与档案馆	34.76	34.76		
文物及文化保护	20.09	20.09		
博物馆	56.87	56.42	0.20	0.25
烈士陵园、纪念馆	5.44	5.38	0.06	

3-1 续表5 单位：亿元

行业	资产总额	#内资企业	港、澳、台商投资企业	外商投资企业
群众文化活动	33.09	33.09		
文化艺术经纪代理	24.39	23.48	0.34	0.57
其他文化艺术	59.15	56.70	2.03	0.42
体育	232.19	206.13	5.70	20.35
体育组织	76.49	71.47	2.52	2.50
体育场馆	119.93	109.42	1.46	9.05
其他体育	35.76	25.24	1.72	8.80
娱乐业	808.10	392.28	176.18	239.65
室内娱乐活动	156.49	110.34	29.47	16.67
游乐园	146.37	108.37	19.19	18.81
休闲健身娱乐活动	415.65	100.56	117.42	197.67
其他娱乐活动	89.60	73.00	10.10	6.50
公共管理和社会组织	**3003.20**	**3003.18**	**0.01**	
中国共产党机关	7.21	7.21		
国家机构	2172.36	2172.36		
国家权力机构	6.18	6.18		
国家行政机构	2107.37	2107.37		
人民法院和人民检察院	22.01	22.01		
其他国家机构	36.80	36.80		
人民政协和民主党派	3.03	3.03		
人民政协	2.44	2.44		
民主党派	0.59	0.59		
群众团体、社会团体和宗教组织	98.31	98.30	0.01	
群众团体	7.96	7.96		
社会团体	71.54	71.53	0.01	
宗教组织	18.81	18.81	0.01	
基层群众自治组织	722.29	722.29		
社区自治组织	183.49	183.49		
村民自治组织	538.80	538.80		

3-2　按第三产业行业分内资企业资产总额(表一)(2004年)

单位：亿元

行　业	国有企业	集体企业	股份合作企业	国有联营企业
第三产业总计	**292406.86**	**42659.21**	**15317.89**	**3526.88**
交通运输、仓储和邮政业	**9177.18**	**467.36**	**187.56**	**192.00**
道路运输业	3038.56	192.58	124.09	52.55
公路旅客运输	350.07	44.59	35.57	27.48
道路货物运输	201.00	116.04	33.46	9.46
道路运输辅助活动	2487.49	31.95	55.06	15.61
城市公共交通业	682.61	40.35	19.12	4.85
公共电汽车客运	363.16	11.64	5.02	1.33
轨道交通	248.30	0.23	0.19	0.24
出租车客运	57.27	26.25	13.77	3.27
城市轮渡	5.04	0.66	0.04	0.01
其他城市公共交通	8.84	1.56	0.11	
水上运输业	1658.93	75.49	12.96	13.24
水上旅客运输	18.53	5.01	1.84	1.51
水上货物运输	890.99	61.46	9.21	9.10
水上运输辅助活动	749.40	9.02	1.91	2.63
航空运输业	597.01	0.57	0.03	56.02
航空客货运输	324.67		0.01	53.58
通用航空服务	25.43	0.17		0.01
航空运输辅助活动	246.91	0.41	0.02	2.43
管道运输业	39.55	0.05	0.08	
装卸搬运和其他运输服务业	483.08	56.31	13.77	47.42
装卸搬运	45.88	27.25	3.95	23.99
运输代理服务	437.20	29.07	9.82	23.42
仓储业	1587.42	101.85	17.37	17.17
谷物、棉花等农产品仓储	1282.62	8.70	2.38	0.72
其他仓储	304.80	93.15	14.99	16.45
邮政业	1090.02	0.15	0.13	0.76
国家邮政	1080.98	0.03	0.05	0.07
其他寄递服务	9.04	0.13	0.08	0.69
信息传输、计算机服务和软件业	**8190.11**	**24.46**	**59.44**	**25.62**
电信和其他信息传输服务业	7979.18	10.97	23.73	15.60
电信	7760.70	5.75	17.17	8.16
互联网信息服务	34.58	0.46	2.73	2.66
广播电视传输服务	104.79	4.75	3.71	4.77
卫星传输服务	79.10	0.01	0.12	0.01
计算机服务业	127.91	6.95	5.44	2.55
计算机系统服务	60.52	1.62	2.79	2.07
数据处理	18.67	0.39	0.02	

3-2 续表1 单位：亿元

行业	国有企业	集体企业	股份合作企业	国有联营企业
计算机维修	1.30	0.05	0.22	0.05
其他计算机服务	47.42	4.59	2.41	0.44
软件业	83.02	6.54	30.27	7.46
公共软件服务	59.11	5.53	28.61	7.13
其他软件服务	23.91	1.01	1.66	0.33
批发和零售业	**15781.78**	**3215.88**	**692.14**	**449.35**
批发业	13929.21	2246.70	446.64	325.80
农畜产品批发	3238.47	605.07	26.57	21.00
食品、饮料及烟草制品批发	3488.40	114.11	36.86	22.91
纺织、服装及日用品批发	594.10	135.01	20.03	39.71
文化、体育用品及器材批发	321.43	18.73	8.51	7.70
医药及医疗器材批发	298.32	17.05	24.18	7.58
矿产品、建材及化工产品批发	3484.67	955.69	189.33	100.89
机械设备、五金交电及电子产品批发	1278.72	256.38	102.22	100.10
贸易经纪与代理	446.51	19.04	6.21	13.71
其他批发	778.59	125.63	32.72	12.21
零售业	1852.57	969.18	245.50	123.55
综合零售	467.41	502.89	65.82	24.66
食品、饮料及烟草制品专门零售	434.07	92.38	20.66	7.59
纺织、服装及日用品专门零售	82.51	84.59	18.72	7.14
文化、体育用品及器材专门零售	309.35	28.13	14.44	3.33
医药及医疗器材专门零售	108.05	12.54	16.26	4.16
汽车、摩托车、燃料及零配件专门零售	211.85	76.59	67.33	29.65
家用电器及电子产品专门零售	56.96	38.83	16.72	31.36
五金、家具及室内装修材料专门零售	79.87	67.24	14.86	6.47
无店铺及其他零售	102.51	65.99	10.69	9.19
住宿和餐饮业	**1780.15**	**382.18**	**120.67**	**69.19**
住宿业	1592.92	298.99	80.48	60.01
旅游饭店	1259.82	186.24	55.45	50.47
一般旅馆	304.96	99.32	21.69	6.44
其他住宿服务	28.14	13.44	3.35	3.10
餐饮业	187.23	83.19	40.20	9.18
正餐服务	175.45	77.30	34.91	7.47
快餐服务	2.24	1.72	1.46	0.09
饮料及冷饮服务	0.70	0.76	0.71	0.04
其他餐饮服务	8.84	3.41	3.11	1.58
金融业	**207546.88**	**31444.67**	**12633.41**	**1882.44**
银行业	202293.72	31396.58	12570.26	1859.22
中央银行	34263.06	2.85		

3-2　续表2　　　　单位：亿元

行　业	国有企业	集体企业	股份合作企业	国有联营企业
商业银行	138451.08	30946.05	12323.68	1859.22
其他银行	29579.58	447.68	246.58	
证券业	1826.62	21.37	30.09	10.39
证券市场管理	160.78			
证券经纪与交易	1529.85	21.37	30.00	10.28
证券投资	135.99		0.09	
证券分析与咨询	0.01			0.11
保险业	1034.26	0.16	21.65	0.01
人寿保险	220.49	0.02	18.10	
非人寿保险	799.24	0.10	3.36	
保险辅助服务	14.53	0.04	0.19	0.01
其他金融活动	2392.29	26.55	11.42	12.82
金融信托与管理	1735.35	5.72	0.01	
金融租赁	56.34			
财务公司	367.31	5.37		10.59
邮政储蓄	4.33	2.00		
典当	5.39	3.36	3.08	1.24
其他未列明的金融活动	223.57	10.11	8.34	0.99
房地产业	**9315.68**	**2084.67**	**794.64**	**418.58**
房地产开发经营	7153.94	1203.06	449.71	326.72
物业管理	521.36	207.56	76.60	45.74
房地产中介服务	99.01	28.99	8.33	8.68
其他房地产活动	1541.36	645.06	259.99	37.44
租赁和商务服务业	**23314.86**	**3842.33**	**565.91**	**374.06**
租赁业	76.15	33.45	26.71	16.99
机械设备租赁	73.02	31.87	26.41	16.98
文化及日用品出租	3.12	1.58	0.30	
商务服务业	23238.71	3808.87	539.20	357.07
企业管理服务	21532.46	3196.79	414.15	300.84
法律服务	22.90	8.92	2.75	0.19
咨询与调查	782.43	196.59	22.66	24.03
广告业	41.87	20.52	6.91	4.42
知识产权服务	31.46	0.71	0.68	0.19
职业中介服务	60.81	22.92	1.67	1.40
市场管理	174.46	205.95	39.83	18.49
旅行社	188.55	32.60	6.31	2.83
其他商务服务	403.78	123.86	44.24	4.70

3-2 续表3 单位：亿元

行 业	国有企业	集体企业	股份合作企业	国有联营企业
科学研究、技术服务和地质勘查业	**4294.46**	**162.45**	**99.20**	**39.40**
研究与试验发展	1260.77	15.33	18.28	4.33
自然科学研究与试验发展	221.14	0.61	4.56	1.74
工程和技术研究与试验发展	893.15	11.15	7.57	0.76
农业科学研究与试验发展	83.09	1.67	0.86	1.41
医学研究与试验发展	34.34	1.85	5.11	0.41
社会人文科学研究与试验发展	29.05	0.04	0.19	0.00
专业技术服务业	2136.36	96.80	50.75	29.39
气象服务	31.42	0.30	0.06	0.05
地震服务	3.97	0.03	0.01	
海洋服务	11.80	0.11	0.31	
测绘服务	18.76	2.59	0.20	0.09
技术检测	108.78	14.26	4.04	2.36
环境监测	12.91	0.50	0.15	0.49
工程技术与规划管理	1555.31	47.42	40.24	22.62
其他专业技术服务	393.42	31.59	5.73	3.78
科技交流和推广服务业	383.96	48.24	29.72	5.32
技术推广服务	200.17	34.52	22.16	2.10
科技中介服务	71.92	7.53	1.19	2.09
其他科技服务	111.87	6.19	6.37	1.13
地质勘查业	513.38	2.08	0.45	0.35
矿产地质勘查	296.17	0.84	0.16	0.25
基础地质勘查	51.46	0.08	0.02	
地质勘查技术服务	165.75	1.17	0.27	0.10
水利、环境和公共设施管理业	**1887.39**	**122.31**	**16.74**	**18.91**
水利管理业	667.62	19.18	0.85	1.42
防洪管理	47.74	6.45		
水资源管理	493.40	8.50	0.70	0.77
其他水利管理	126.49	4.23	0.15	0.65
环境管理业	125.54	6.92	2.57	4.42
自然保护	14.76	0.99	1.71	1.30
环境治理	110.78	5.93	0.86	3.12
公共设施管理业	1094.23	96.21	13.32	13.07
市政公共设施管理	868.85	38.64	0.45	0.59
城市绿化管理	53.77	10.22	1.43	1.10
游览景区管理	171.60	47.35	11.44	11.38
居民服务和其他服务业	**1160.74**	**276.69**	**42.51**	**20.92**
居民服务业	133.17	87.00	21.47	12.97
家庭服务	1.90	1.66	0.14	0.02
托儿所	0.06	1.31	0.01	0.01

3-2　续表4　　单位：亿元

行　业	国有企业	集体企业	股份合作企业	国有联营企业
洗染服务	2.58	21.29	0.66	0.49
理发及美容保健服务	1.36	1.23	1.97	0.12
洗浴服务	9.87	6.05	4.73	0.85
婚姻服务	0.16	0.39	0.07	0.04
殡葬服务	49.51	25.68	8.74	10.56
摄影扩印服务	13.06	2.45	2.09	0.16
其他居民服务	54.68	26.96	3.05	0.73
其他服务业	1027.56	189.69	21.04	7.95
修理与维护	20.20	22.94	6.35	3.50
清洁服务	5.09	4.91	0.57	0.05
其他未列明的服务	1002.27	161.84	14.13	4.40
教育	**3253.63**	**123.95**	**46.66**	**20.81**
学前教育	15.53	12.34	1.85	1.28
初等教育	298.14	59.05	2.79	2.05
中等教育	567.43	25.48	19.27	3.89
高等教育	1145.40	4.20	13.67	9.15
其他教育	1227.12	22.88	9.08	4.44
卫生、社会保障和社会福利业	**2956.13**	**311.41**	**31.71**	**3.68**
卫生	2841.96	279.74	30.97	3.19
医院	2291.43	50.15	23.41	2.18
卫生院及社区医疗活动	377.72	159.58	4.20	0.30
门诊部医疗活动	40.05	61.18	2.42	0.54
计划生育技术服务活动	2.81	2.11		0.01
妇幼保健活动	64.41	0.28	0.10	
专科疾病防治活动	8.46	0.42	0.35	0.01
疾病预防控制及防疫活动	32.20	4.70	0.01	
其他卫生活动	24.89	1.31	0.48	0.15
社会保障业	82.99	0.44		0.21
社会福利业	31.18	31.23	0.74	0.28
提供住宿的社会福利	22.04	30.33	0.65	0.27
不提供住宿的社会福利	9.13	0.90	0.09	0.01
文化、体育和娱乐业	**1994.31**	**79.28**	**26.13**	**10.93**
新闻出版业	1134.32	2.85	0.67	1.11
新闻业	79.30	0.90		0.02
出版业	1055.02	1.95	0.67	1.09
广播、电视、电影和音像业	508.45	43.46	11.11	1.80
广播	53.51	0.79	0.24	0.04
电视	302.46	34.04	7.96	0.82

3-2 续表5 单位：亿元

行业	国有企业	集体企业	股份合作企业	国有联营企业
电影	149.14	7.97	2.80	0.70
音像制作	3.33	0.66	0.11	0.24
文化艺术业	171.94	6.04	2.16	0.38
文艺创作与表演	26.56	0.83	0.19	0.03
艺术表演场馆	10.25	0.30	0.02	0.03
图书馆与档案馆	32.13	0.16		
文物及文化保护	9.78	1.10	0.09	0.01
博物馆	37.96	1.15	0.10	0.07
烈士陵园、纪念馆	4.43	0.30		0.06
群众文化活动	21.08	1.70	0.60	0.01
文化艺术经纪代理	3.50	0.27	0.33	0.01
其他文化艺术	26.25	0.22	0.84	0.17
体育	107.75	2.86	3.45	2.52
体育组织	29.68	0.94	1.94	1.94
体育场馆	70.78	1.36	1.24	0.57
其他体育	7.29	0.56	0.27	0.02
娱乐业	71.85	24.08	8.73	5.11
室内娱乐活动	10.34	6.57	2.58	0.96
游乐园	23.44	6.22	0.49	2.03
休闲健身娱乐活动	10.57	4.99	3.50	1.50
其他娱乐活动	27.50	6.30	2.16	0.63
公共管理和社会组织	**1753.55**	**121.57**	**1.17**	**0.98**
中国共产党机关	7.20			
国家机构	1680.12	112.09	0.01	0.34
国家权力机构	6.18			
国家行政机构	1632.50	112.07	0.01	0.31
人民法院和人民检察院	22.01			
其他国家机构	19.43	0.03		0.03
人民政协和民主党派	2.93			
人民政协	2.44			
民主党派	0.49			
群众团体、社会团体和宗教组织	59.97	9.48	1.16	0.64
群众团体	5.23	0.63		0.01
社会团体	54.42	6.20	1.16	0.63
宗教组织	0.31	2.64		
基层群众自治组织	3.33			
社区自治组织	3.33			
村民自治组织				

3-3　按第三产业行业分内资企业资产总额(表二)(2004年)

单位：亿元

行　业	集体联营企业	国有与集体联营企业	国有独资公司	其他企业
第三产业总计	**122261.03**	**174577.80**	**44422.92**	**3677.96**
交通运输、仓储和邮政业	**7577.30**	**3974.40**	**1412.29**	**49.92**
道路运输业	3560.34	1111.40	680.25	24.47
公路旅客运输	456.17	93.73	132.80	3.81
道路货物运输	520.27	118.82	454.53	13.93
道路运输辅助活动	2583.90	898.85	92.92	6.73
城市公共交通业	683.39	152.85	147.34	5.71
公共电汽车客运	182.52	56.05	28.08	0.46
轨道交通	298.09	7.61	0.81	
出租车客运	194.96	86.91	116.12	4.78
城市轮渡	4.12		0.17	0.02
其他城市公共交通	3.69	2.28	2.16	0.45
水上运输业	1429.22	607.34	184.89	5.31
水上旅客运输	35.06	22.97	5.93	0.03
水上货物运输	325.54	353.73	152.23	3.64
水上运输辅助活动	1068.63	230.64	26.72	1.64
航空运输业	841.19	1453.95	4.05	2.41
航空客货运输	281.11	1211.75	0.10	0.99
通用航空服务	5.18	5.13	2.50	
航空运输辅助活动	554.90	237.07	1.45	1.42
管道运输业	154.71	427.89	0.31	
装卸搬运和其他运输服务业	500.72	158.30	227.34	5.00
装卸搬运	88.39	13.64	22.96	1.37
运输代理服务	412.32	144.67	204.38	3.63
仓储业	392.48	62.09	157.41	6.97
谷物、棉花等农产品仓储	119.44	6.30	11.94	1.41
其他仓储	273.05	55.79	145.48	5.56
邮政业	15.25	0.59	10.71	0.04
国家邮政	3.53		0.22	
其他寄递服务	11.72	0.59	10.49	0.04
信息传输、计算机服务和软件业	**9157.62**	**1617.86**	**958.60**	**25.57**
电信和其他信息传输服务业	7920.37	1275.99	134.55	14.27
电信	7528.40	1149.58	54.48	7.36
互联网信息服务	168.25	19.93	69.70	5.79
广播电视传输服务	172.13	104.63	9.18	1.13
卫星传输服务	51.60	1.85	1.18	
计算机服务业	498.42	164.76	392.64	3.98
计算机系统服务	255.67	105.45	163.84	0.83
数据处理	11.02	2.16	6.73	0.28

3-3 续表1 单位：亿元

行业	集体联营企业	国有与集体联营企业	国有独资公司	其他企业
计算机维修	6.04	7.21	17.24	0.11
其他计算机服务	225.69	49.94	204.83	2.77
软件业	738.83	177.11	431.41	7.31
公共软件服务	402.52	148.65	340.77	5.69
其他软件服务	336.31	28.46	90.64	1.63
批发和零售业	**15603.88**	**6016.42**	**16453.20**	**197.54**
批发业	12120.20	4181.98	12334.06	124.13
农畜产品批发	1086.84	102.35	282.64	12.26
食品、饮料及烟草制品批发	1128.93	175.26	610.22	9.94
纺织、服装及日用品批发	1133.60	391.07	1211.95	4.51
文化、体育用品及器材批发	267.16	20.12	302.93	2.17
医药及医疗器材批发	755.71	252.56	430.78	6.17
矿产品、建材及化工产品批发	4097.71	2338.85	5543.79	58.09
机械设备、五金交电及电子产品批发	2807.90	431.04	3228.76	20.54
贸易经纪与代理	432.65	400.73	207.14	2.60
其他批发	409.69	70.02	515.85	7.85
零售业	3483.68	1834.44	4119.14	73.41
综合零售	1203.30	1165.95	587.99	17.52
食品、饮料及烟草制品专门零售	166.00	36.01	136.42	4.66
纺织、服装及日用品专门零售	192.84	30.89	319.29	7.89
文化、体育用品及器材专门零售	153.33	25.25	184.31	1.68
医药及医疗器材专门零售	185.66	104.62	171.78	3.47
汽车、摩托车、燃料及零配件专门零售	851.93	361.46	1318.47	15.51
家用电器及电子产品专门零售	370.96	61.61	715.41	7.03
五金、家具及室内装修材料专门零售	181.47	27.67	405.93	10.52
无店铺及其他零售	178.19	20.97	279.53	5.15
住宿和餐饮业	**1253.54**	**292.23**	**1515.38**	**41.94**
住宿业	949.19	228.78	799.50	25.06
旅游饭店	804.85	193.49	528.87	16.77
一般旅馆	123.86	26.53	242.54	7.04
其他住宿服务	20.47	8.75	28.09	1.26
餐饮业	304.35	63.45	715.88	16.88
正餐服务	277.74	59.38	656.39	15.51
快餐服务	10.69	0.50	18.49	0.44
饮料及冷饮服务	2.56	0.15	14.08	0.29
其他餐饮服务	13.36	3.42	26.92	0.64
金融业	**31270.69**	**150964.13**	**565.35**	**417.84**
银行业	2626.09	133064.84	176.43	223.30
中央银行	7.96	81.65		

3-3　续表2　　　　单位：亿元

行　业	集体联营企业	国有与集体联营企业	国有独资公司	其他企业
商业银行	2576.95	132175.80	176.23	223.29
其他银行	41.18	807.39	0.20	0.01
证券业	3623.23	1713.76	11.02	136.53
证券市场管理	26.63	6.67		15.66
证券经纪与交易	3287.94	1668.41	5.90	120.84
证券投资	299.34	37.76	2.63	
证券分析与咨询	9.32	0.92	2.49	0.03
保险业	2301.43	15842.13	92.34	5.58
人寿保险	2047.00	11812.98	0.02	0.96
非人寿保险	161.54	3001.16	0.52	2.37
保险辅助服务	92.90	1027.99	91.79	2.25
其他金融活动	22719.94	343.41	285.56	52.43
金融信托与管理	13885.69	85.86	14.26	16.89
金融租赁	68.28	102.72	50.35	0.39
财务公司	4328.22	108.74	0.54	0.12
邮政储蓄				
典当	66.81	5.73	31.05	2.30
其他未列明的金融活动	4370.94	40.36	189.35	32.73
房地产业	**23732.93**	**4214.24**	**15997.94**	**191.18**
房地产开发经营	21747.67	3872.27	14892.85	58.36
物业管理	839.44	113.98	448.51	18.81
房地产中介服务	188.58	23.22	273.49	4.86
其他房地产活动	957.24	204.77	383.09	109.15
租赁和商务服务业	**28409.00**	**6704.33**	**5002.07**	**1225.95**
租赁业	158.42	31.44	174.10	4.21
机械设备租赁	156.71	30.75	167.74	4.04
文化及日用品出租	1.72	0.69	6.36	0.17
商务服务业	28250.58	6672.89	4827.97	1221.74
企业管理服务	25979.22	6382.58	2685.17	1138.00
法律服务	46.08	0.13	73.03	9.61
咨询与调查	902.83	59.28	806.22	28.12
广告业	183.53	33.45	335.29	3.57
知识产权服务	16.91	0.56	12.21	0.22
职业中介服务	63.85	5.93	22.30	0.84
市场管理	374.58	44.40	347.90	16.59
旅行社	160.65	73.73	79.87	2.54
其他商务服务	522.92	72.82	465.96	22.26

3-3 续表3 单位：亿元

行　业	集体联营企业	国有与集体联营企业	国有独资公司	其他企业
科学研究、技术服务和地质勘查业	**2281.47**	**456.15**	**840.00**	**43.45**
研究与试验发展	229.79	72.23	140.91	10.36
自然科学研究与试验发展	13.38	8.03	7.52	2.36
工程和技术研究与试验发展	118.65	36.93	83.29	3.95
农业科学研究与试验发展	57.83	17.93	10.81	1.64
医学研究与试验发展	38.55	9.30	38.01	1.57
社会人文科学研究与试验发展	1.39	0.04	1.27	0.83
专业技术服务业	1505.96	275.55	441.52	16.56
气象服务	3.79	0.07	0.68	0.08
地震服务	0.12	0.02	0.24	1.45
海洋服务	0.94	0.36	2.71	
测绘服务	23.64	0.54	7.27	0.11
技术检测	34.91	2.82	19.75	1.20
环境监测	2.12	0.13	3.04	0.59
工程技术与规划管理	1095.30	200.35	215.10	9.15
其他专业技术服务	345.16	71.27	192.74	3.99
科技交流和推广服务业	517.06	107.24	253.53	16.26
技术推广服务	285.16	69.66	165.44	12.96
科技中介服务	122.11	1.75	37.05	1.76
其他科技服务	109.80	35.83	51.04	1.53
地质勘查业	28.66	1.13	4.05	0.28
矿产地质勘查	17.65	0.82	1.19	0.10
基础地质勘查	2.38	0.05	0.37	0.10
地质勘查技术服务	8.63	0.26	2.49	0.07
水利、环境和公共设施管理业	**1720.66**	**100.86**	**389.40**	**29.45**
水利管理业	269.37	16.26	23.80	4.09
防洪管理	22.61	0.90	0.08	0.25
水资源管理	206.97	14.87	3.25	2.80
其他水利管理	39.79	0.48	20.47	1.04
环境管理业	129.43	7.29	126.24	4.32
自然保护	9.06	1.49	6.58	1.28
环境治理	120.38	5.80	119.65	3.04
公共设施管理业	1321.86	77.31	239.36	21.04
市政公共设施管理	983.13	2.79	27.06	10.79
城市绿化管理	108.54	8.37	93.04	2.23
游览景区管理	230.19	66.16	119.26	8.01
居民服务和其他服务业	**527.49**	**80.18**	**554.54**	**52.85**
居民服务业	96.39	27.13	181.34	27.95
家庭服务	2.56	0.06	3.44	0.17
托儿所	0.05		0.66	0.32

3-3　续表4　　　　单位：亿元

行　业	集体联营企业	国有与集体联营企业	国有独资公司	其他企业
洗染服务	3.99	1.55	6.81	0.17
理发及美容保健服务	3.86	0.34	25.27	0.80
洗浴服务	17.51	4.61	72.92	2.55
婚姻服务	0.18	0.06	1.24	0.11
殡葬服务	25.27	5.47	22.21	4.84
摄影扩印服务	5.43	1.71	18.21	0.44
其他居民服务	37.53	13.32	30.57	18.54
其他服务业	431.10	53.05	373.20	24.89
修理与维护	35.23	5.35	109.73	8.24
清洁服务	7.50	0.41	20.45	0.35
其他未列明的服务	388.37	47.29	243.02	16.30
教育	**72.59**	**19.73**	**362.29**	**351.50**
学前教育	0.65	0.19	42.90	22.96
初等教育	3.52	1.62	51.57	57.73
中等教育	16.82	3.91	126.04	128.98
高等教育	9.11	1.99	59.08	95.20
其他教育	42.50	12.02	82.70	46.63
卫生、社会保障和社会福利业	**40.51**	**13.52**	**146.04**	**77.91**
卫生	36.63	12.74	138.05	62.14
医院	27.21	11.65	100.48	37.90
卫生院及社区医疗活动	0.49	0.53	7.85	5.59
门诊部医疗活动	3.53	0.44	22.60	15.53
计划生育技术服务活动			0.01	0.17
妇幼保健活动	0.22		0.18	0.40
专科疾病防治活动	0.23	0.01	1.51	0.79
疾病预防控制及防疫活动	0.39		0.25	0.18
其他卫生活动	4.57	0.11	5.16	1.57
社会保障业	0.66	0.49	0.23	0.39
社会福利业	3.22	0.29	7.76	15.39
提供住宿的社会福利	2.42	0.24	6.36	13.83
不提供住宿的社会福利	0.80	0.05	1.39	1.56
文化、体育和娱乐业	**436.72**	**123.74**	**223.17**	**26.21**
新闻出版业	65.12	2.75	3.88	3.15
新闻业	0.34		0.09	0.80
出版业	64.78	2.75	3.79	2.35
广播、电视、电影和音像业	150.58	71.75	30.75	2.10
广播	28.32	38.83	0.67	0.93
电视	67.33	13.71	12.28	0.47

3-3 续表5 单位：亿元

行 业	集体联营企业	国有与集体联营企业	国有独资公司	其他企业
电影	49.21	8.50	11.77	0.65
音像制作	5.72	10.71	6.03	0.06
文化艺术业	51.87	13.85	28.75	13.23
文艺创作与表演	4.23	0.56	5.15	0.40
艺术表演场馆	8.73	0.10	0.85	0.08
图书馆与档案馆	1.70		0.02	0.74
文物及文化保护	0.66	2.13	1.77	4.56
博物馆	7.93	0.62	2.93	5.66
烈士陵园、纪念馆	0.23	0.03	0.10	0.24
群众文化活动	0.46	7.22	1.47	0.55
文化艺术经纪代理	11.32	0.78	7.24	0.03
其他文化艺术	16.61	2.41	9.22	0.97
体育	50.12	22.18	16.10	1.15
体育组织	13.61	14.43	8.53	0.39
体育场馆	26.77	3.30	5.03	0.38
其他体育	9.74	4.45	2.55	0.37
娱乐业	119.03	13.21	143.69	6.58
室内娱乐活动	26.29	4.41	57.25	1.94
游乐园	37.84	3.08	34.64	0.63
休闲健身娱乐活动	36.21	5.10	37.65	1.04
其他娱乐活动	18.68	0.62	14.15	2.97
公共管理和社会组织	**176.62**	**0.01**	**2.64**	**946.64**
中国共产党机关				0.01
国家机构	176.28	0.01	0.01	203.49
国家权力机构				
国家行政机构	161.54	0.01	0.01	200.92
人民法院和人民检察院				
其他国家机构	14.75			2.57
人民政协和民主党派				0.10
人民政协				
民主党派				0.10
群众团体、社会团体和宗教组织	0.34		2.63	24.09
群众团体			0.41	1.68
社会团体	0.34		2.21	6.57
宗教组织			0.01	15.84
基层群众自治组织				718.96
社区自治组织				180.16
村民自治组织				538.80

3-4　各地区按第三产业行业门类分企业资产总额（2004年）

单位：亿元

地区	资产总额	交通运输、仓储和邮政业	信息传输、计算机服务和软件业	批发和零售业	住宿和餐饮业
全国	**742355.36**	**26364.53**	**29016.85**	**62198.44**	**7032.45**
北京	197637.25	2071.13	8734.77	8102.98	777.94
天津	19504.30	1405.45	248.31	1844.00	124.46
河北	20045.77	1134.56	849.37	1612.84	194.23
山西	10585.78	377.29	445.13	1333.23	114.47
内蒙古	5262.82	145.30	202.91	567.16	68.18
辽宁	23609.30	1188.56	531.30	2560.04	373.45
吉林	10771.16	258.50	480.75	1295.60	108.15
黑龙江	4564.95	359.93	719.62	1223.03	117.49
上海	79316.21	3260.78	1052.63	8505.76	530.38
江苏	40129.48	1923.18	1571.53	4214.67	436.59
浙江	43856.84	1296.37	1540.80	4373.80	530.73
安徽	12770.39	467.47	588.89	1140.35	126.68
福建	16379.52	777.86	564.02	1690.04	172.01
江西	8497.25	347.95	503.76	595.15	94.30
山东	32016.52	1284.41	1432.29	3140.75	377.20
河南	18659.77	754.70	543.19	1822.26	200.70
湖北	17020.31	834.92	699.36	1765.35	180.85
湖南	12821.31	705.45	734.48	1070.72	232.95
广东	87403.27	4069.66	3847.76	7265.71	891.18
广西	8927.11	353.52	529.05	767.14	122.97
海南	3565.94	449.29	104.11	320.95	148.62
重庆	11283.87	570.42	328.03	753.53	114.47
四川	17107.13	1206.18	959.08	1589.38	316.02
贵州	5174.34	108.75	304.71	471.69	57.17
云南	12766.45	284.43	313.46	1242.15	205.59
西藏	461.92	19.53	45.33	43.53	28.83
陕西	3776.54	284.03	553.80	927.35	176.73
甘肃	8340.49	144.46	190.89	566.73	71.43
青海	1209.76	33.32	75.48	99.59	21.98
宁夏	1684.60	47.44	84.40	183.89	25.95
新疆	7176.99	176.84	237.63	1108.43	90.75

3-4 续表1 单位：亿元

地区	金融业	房地产业	租赁和商务服务业	科学研究、技术服务和地质勘查业	水利、环境和公共设施管理业
全 国	**443225.98**	**70058.44**	**73714.31**	**8755.43**	**4796.62**
北 京	141269.92	10016.36	19440.65	2932.32	799.93
天 津	9452.46	1830.82	1772.37	386.63	433.14
河 北	12849.48	849.00	582.16	295.36	104.24
山 西	7000.58	457.05	674.58	63.37	42.36
内蒙古	3316.58	223.53	574.86	39.06	37.05
辽 宁	13966.48	2551.86	1466.15	201.81	119.01
吉 林	7178.16	553.32	638.45	47.60	35.16
黑龙江	214.75	782.23	501.14	110.08	39.86
上 海	37733.55	13103.74	13164.57	903.63	316.69
江 苏	22783.68	5000.68	3313.71	289.78	248.96
浙 江	22785.62	5879.86	6202.71	598.89	422.64
安 徽	7082.74	1071.79	1063.90	257.84	68.86
福 建	8804.96	2248.00	1348.82	279.97	80.96
江 西	5712.79	728.80	301.08	37.32	34.37
山 东	19990.31	2431.87	1997.06	135.68	108.79
河 南	13491.19	909.69	605.78	124.05	55.51
湖 北	10025.42	1566.80	885.65	222.46	147.34
湖 南	7087.11	1241.39	1080.97	149.16	74.64
广 东	45612.73	10613.74	12119.40	676.07	660.72
广 西	5356.45	894.69	650.22	92.85	33.08
海 南	1473.98	645.67	285.55	19.50	66.84
重 庆	6245.99	1626.90	1018.67	87.77	92.33
四 川	8823.44	1824.75	1316.13	270.56	307.80
贵 州	3101.23	471.64	255.73	30.47	266.63
云 南	8853.87	647.76	907.02	98.05	82.11
西 藏	295.87	18.24	2.25	1.91	0.57
陕 西	202.82	788.92	447.43	158.68	24.80
甘 肃	6634.28	298.88	216.91	74.25	35.73
青 海	658.39	146.89	141.97	17.63	4.89
宁 夏	1049.69	181.94	84.96	8.84	7.78
新 疆	4170.82	451.49	650.43	143.84	43.83

3-4　续表2　　单位：亿元

地　区	居民服务和其他服务业	教　育	卫生、社会保障和社会福利业	文化、体育和娱乐业	公共管理和社会组织
全　国	**2866.37**	**4310.35**	**3620.99**	**3391.38**	**3003.20**
北　京	822.71	1120.79	464.58	1083.17	
天　津	612.63	22.70	755.13	74.91	541.29
河　北	15.16	566.56	828.42	63.02	101.35
山　西	31.04	7.46	5.29	33.92	
内蒙古	27.44	15.68	16.44	15.52	13.12
辽　宁	48.54	49.96	93.19	86.32	372.64
吉　林	25.77	36.64	29.53	38.98	44.55
黑龙江	21.77	114.95	90.21	32.34	237.55
上　海	295.59	67.30	32.54	325.45	23.60
江　苏	150.01	36.22	46.98	113.48	
浙　江	34.62	47.99	33.05	109.77	
安　徽	38.36	673.52	83.67	75.49	30.82
福　建	65.17	150.65	46.47	75.73	74.87
江　西	13.63	34.27	18.45	30.42	44.97
山　东	95.12	388.01	134.40	116.91	383.70
河　南	28.55	51.52	23.51	49.11	
湖　北	65.45	131.19	237.81	126.83	130.87
湖　南	70.16	152.38	62.13	109.05	50.70
广　东	211.17	328.68	234.78	444.38	427.30
广　西	10.11	14.36	21.51	61.22	19.95
海　南	3.89	7.57	3.33	28.78	7.85
重　庆	34.92	29.89	23.18	55.21	302.54
四　川	43.11	91.51	221.53	86.38	51.26
贵　州	9.96	11.10	12.21	14.80	58.25
云　南	19.58	23.18	23.12	46.42	19.71
西　藏	0.77	1.45	0.38	0.16	3.11
陕　西	39.21	86.45	30.48	42.37	13.47
甘　肃	14.64	22.96	21.50	22.41	25.40
青　海	2.33	1.01	1.53	3.28	1.48
宁　夏	2.31	0.95	1.75	4.61	0.10
新　疆	12.11	23.39	23.89	20.83	22.72

3-5 按第三产业行业门类分全社会固定资产投资

单位：亿元

行业门类	2003	2004	2005
交通运输、仓储和邮政业	6289.4	7646.2	9614.0
信息传输、计算机服务和软件业	1660.7	1657.7	1581.8
批发和零售业	922.7	1273.0	1716.4
住宿和餐饮业	423.0	560.8	808.8
金融业	90.2	136.0	109.5
房地产业	13143.4	16678.9	19505.3
租赁和商务服务业	375.5	420.8	549.6
科学研究、技术服务和地质勘查业	285.8	333.1	435.1
水利、环境和公共设施管理业	4365.8	5071.7	6274.3
居民服务和其他服务业	241.6	313.7	363.5
教育	1671.1	2024.8	2209.2
卫生、社会保障和社会福利业	405.8	516.7	661.8
文化、体育和娱乐业	531.5	773.4	857.0
公共管理和社会组织	2153.7	2437.4	2926.8
国际组织	2.5	2.0	0.2

3-6　各地区按第三产业行业门类分全社会固定资产投资

单位：亿元

地区	交通运输、仓储和邮政业	信息传输、计算机服务和软件业	批发和零售业	住宿和餐饮业	金融业	房地产业	租赁和商务服务业
北京	240.9	80.6	27.7	24.8	1.6	1549.8	34.8
天津	151.7	26.5	27.4	5.8	0.6	370.1	6.0
河北	420.5	68.5	159.0	32.3	4.6	618.4	31.9
山西	217.6	31.2	26.4	9.3	1.7	233.7	1.1
内蒙古	362.2	16.8	60.7	32.8	1.9	191.9	6.2
辽宁	301.6	41.4	124.1	45.0	17.4	977.6	39.1
吉林	175.1	24.4	46.7	10.6	4.6	230.9	14.5
黑龙江	182.7	86.4	36.5	4.1	0.2	315.4	9.5
上海	416.2	64.9	34.3	35.2	3.1	1384.3	15.6
江苏	585.5	80.9	125.2	54.3	2.3	1808.3	56.5
浙江	723.7	96.4	59.0	36.9	5.0	1719.9	71.3
安徽	246.5	33.9	41.6	39.6	1.9	628.5	20.9
福建	270.9	68.1	23.7	18.3	6.5	591.4	14.4
江西	310.3	66.5	35.8	32.3	3.1	391.2	9.8
山东	405.7	30.0	245.1	65.2	5.4	1467.1	58.6
河南	541.4	67.5	114.2	43.6	4.5	817.0	26.8
湖北	292.7	49.6	63.6	33.3	2.7	568.9	12.5
湖南	216.6	53.1	116.0	39.7	4.6	643.9	18.7
广东	635.0	227.9	77.2	65.4	9.3	1794.6	29.5
广西	195.7	35.6	25.0	29.1	2.3	387.7	7.3
海南	32.5	14.0	4.2	26.2	2.3	74.8	1.4
重庆	228.3	40.4	26.2	10.3	3.2	613.5	14.9
四川	278.0	73.0	43.1	25.1	1.9	839.8	16.2
贵州	144.7	29.8	13.3	11.6	1.8	200.1	4.0
云南	337.5	48.1	29.3	26.3	2.8	351.2	3.7
西藏	62.8	12.5	4.8	2.5	1.7	10.2	0.5
陕西	241.3	47.7	68.2	23.6	5.3	329.7	11.1
甘肃	137.4	16.3	25.4	9.1	1.7	124.1	7.6
青海	58.8	1.7	5.0	1.8	0.5	36.0	1.0
宁夏	44.0	7.6	7.9	3.0	0.4	86.9	0.2
新疆	211.6	40.4	19.9	11.6	4.6	148.4	4.1
不分地区	944.6						

3-6 续表 单位：亿元

地 区	科学研究、技术服务和地质勘查业	水利、环境和公共设施管理业	居民服务和其他服务业	教 育	卫生、社会保障和社会福利业	文化、体育和娱乐业	公共管理和社会组织	国际组织
北 京	32.6	169.0	1.7	63.3	17.3	65.1	93.8	
天 津	4.6	179.8	6.0	40.5	9.6	14.7	22.8	
河 北	47.6	171.2	19.5	115.2	43.6	28.5	182.7	
山 西	5.3	63.6	3.3	36.4	9.8	9.0	25.6	
内蒙古	13.7	205.3	3.9	33.6	12.3	25.0	87.8	
辽 宁	26.9	265.1	14.0	92.8	22.7	33.5	103.4	
吉 林	12.3	127.3	3.7	43.1	15.3	14.0	72.6	
黑龙江	5.6	89.8	5.5	48.3	16.8	16.7	67.3	
上 海	16.9	298.7	5.2	69.1	18.3	63.4	29.3	
江 苏	16.0	579.7	32.1	152.6	45.2	74.5	214.0	
浙 江	10.4	510.6	37.8	113.5	50.7	37.8	91.4	
安 徽	12.0	225.9	5.4	58.5	14.9	101.6	63.6	
福 建	4.6	140.2	6.1	66.6	17.2	18.7	80.5	
江 西	4.0	233.9	2.6	81.8	25.5	20.8	79.2	
山 东	40.0	354.5	28.3	207.3	49.7	54.0	569.9	
河 南	24.8	237.9	58.2	108.8	32.9	39.4	57.6	
湖 北	16.2	200.6	4.0	88.0	19.8	25.5	64.4	
湖 南	14.7	186.9	9.0	75.8	33.1	23.9	150.3	
广 东	26.2	487.0	9.1	208.1	53.9	68.9	133.9	
广 西	4.8	188.9	7.4	48.5	19.1	10.5	49.1	
海 南	1.4	22.0	0.8	13.0	4.7	6.0	10.3	
重 庆	1.5	219.8	0.6	68.3	19.6	18.2	54.2	
四 川	19.0	460.2	45.9	104.9	35.5	24.1	63.3	
贵 州	4.1	62.6	1.9	29.7	9.0	8.5	36.3	
云 南	2.8	130.3	4.4	41.0	14.2	13.8	55.4	
西 藏	0.8	8.6	0.4	11.3	2.0	3.0	24.1	
陕 西	31.9	207.3	34.9	98.3	16.0	18.8	85.5	0.2
甘 肃	6.5	33.7	3.9	40.6	11.9	6.9	53.1	
青 海	1.2	12.9	0.5	7.1	1.8	1.7	16.2	
宁 夏	1.6	41.1	0.3	12.6	3.0	1.0	8.2	
新 疆	20.0	97.2	7.1	30.5	16.3	9.2	49.4	
不分地区	5.2	62.6					231.4	

3-7　按第三产业行业分城镇固定资产投资和建设总规模

单位：亿元

行　业	建设总规模	在建总规模	投资额	#新　建
交通运输、仓储和邮政业	**36606.8**	**30531.7**	**8860.4**	**5193.1**
铁路运输业	6357.5	5495.0	1267.7	518.9
道路运输业	20333.2	16644.9	5581.4	3556.6
城市公共交通业	4246.2	3789.4	531.1	380.6
水上运输业	3113.1	2758.1	779.3	384.6
航空运输业	1344.5	872.4	302.4	84.4
管道运输业	155.6	98.6	79.6	34.2
装卸搬运和其他运输服务业	123.1	92.1	43.5	18.7
仓储业	882.3	748.4	258.5	207.5
邮政业	51.3	32.8	16.9	7.6
信息传输、计算机服务和软件业	**2824.9**	**1956.7**	**1561.6**	**427.8**
电信和其他信息传输服务业	2604.5	1770.9	1490.2	377.1
计算机服务业	45.5	38.2	18.5	12.4
软件业	174.9	147.5	52.9	38.4
批发和零售业	**3151.4**	**2155.2**	**1532.1**	**1095.2**
批发业	1447.6	1003.8	672.2	493.4
零售业	1703.9	1151.4	859.9	601.8
住宿和餐饮业	**1713.1**	**1318.3**	**675.9**	**443.4**
住宿业	1359.9	1121.2	456.2	314.4
餐饮业	353.2	197.1	219.8	129.0
金融业	**212.6**	**140.6**	**105.6**	**53.4**
银行业	151.3	89.5	77.1	34.7
证券业	32.9	31.4	11.3	10.4
保险业	10.9	4.1	7.9	2.8
其他金融活动	17.5	15.6	9.2	5.5
房地产业	**68209.9**	**59799.2**	**17098.2**	**891.9**
租赁和商务服务业	**1503.2**	**1255.9**	**486.2**	**355.5**
租赁业	20.2	4.0	14.2	4.5
商务服务业	1483.0	1251.9	471.9	351.0
科学研究、技术服务和地质勘查业	**1286.2**	**1096.6**	**424.5**	**264.2**
研究与试验发展	545.4	480.4	177.0	107.6
专业技术服务业	347.8	275.4	116.0	82.8
科技交流和推广服务业	228.6	196.8	70.0	53.9
地质勘查业	164.4	144.0	61.5	20.0
水利、环境和公共设施管理业	**22783.4**	**19775.9**	**6097.9**	**3953.1**
水利管理业	6026.1	5538.7	837.6	523.0
环境管理业	1172.8	982.5	318.7	208.3
公共设施管理业	15584.6	13254.7	4941.7	3221.8
居民服务和其他服务业	**375.1**	**304.3**	**135.5**	**72.4**
居民服务业	304.9	255.9	97.6	47.6
其他服务业	70.2	48.4	37.9	24.7
教育	**5454.9**	**4355.5**	**1966.9**	**1106.4**
卫生、社会保障和社会福利业	**1370.0**	**1023.3**	**591.8**	**278.0**
卫生	1296.5	982.8	550.2	247.6
社会保障业	19.5	8.8	11.2	9.0
社会福利业	54.0	31.7	30.4	21.3
文化、体育和娱乐业	**2367.0**	**1965.5**	**685.8**	**527.1**
新闻出版业	52.1	45.8	16.9	9.7
广播、电视、电影和音像业	371.9	278.9	91.1	50.5
文化艺术业	678.9	580.6	216.8	176.8
体育	582.5	521.8	159.2	126.7
娱乐业	681.7	538.3	201.9	163.3
公共管理和社会组织	**5461.6**	**4158.4**	**2438.1**	**1582.2**
中国共产党机关	58.1	41.0	25.4	10.7
国家机构	4746.9	3639.4	2080.3	1338.9
人民政协和民主党派	16.5	13.1	6.1	3.7
群众团体、社会团体和宗教组织	140.0	123.9	41.1	25.7
基层群众自治组织	500.0	341.0	285.3	203.3
国际组织				

3-7 续表

单位：亿元

行业	#扩建	#改建	建筑安装工程投资	设备工器具购置	其他费用
交通运输、仓储和邮政业	**1488.5**	**1384.8**	**6502.9**	**1163.7**	**1193.9**
铁路运输业	206.8	267.6	715.0	359.3	193.4
道路运输业	810.1	1008.6	4686.4	244.3	650.8
城市公共交通业	21.2	14.3	206.4	173.8	150.9
水上运输业	278.3	42.2	475.9	199.8	103.6
航空运输业	76.7	25.9	127.1	131.9	43.4
管道运输业	44.2	0.7	65.4	9.7	4.5
装卸搬运和其他运输服务业	12.5	10.8	31.6	8.4	3.6
仓储业	34.1	12.9	185.2	31.7	41.6
邮政业	4.7	1.8	9.9	4.9	2.1
信息传输、计算机服务和软件业	**775.6**	**332.3**	**638.3**	**839.0**	**84.3**
电信和其他信息传输服务业	763.6	326.0	599.2	823.9	67.1
计算机服务业	3.1	2.5	10.8	4.6	3.2
软件业	8.8	3.9	28.4	10.5	14.0
批发和零售业	**239.3**	**137.1**	**1119.8**	**187.2**	**225.1**
批发业	94.3	48.9	481.2	94.0	97.0
零售业	145.0	88.2	638.6	93.2	128.1
住宿和餐饮业	**120.3**	**92.2**	**496.2**	**77.1**	**102.6**
住宿业	80.6	53.7	342.1	39.9	74.1
餐饮业	39.7	38.5	154.2	37.2	28.4
金融业	**16.0**	**7.6**	**65.2**	**30.1**	**10.4**
银行业	13.6	4.8	43.7	26.4	7.1
证券业	0.3	0.3	10.5	0.6	0.2
保险业	1.5	1.5	4.4	2.4	1.1
其他金融活动	0.7	0.9	6.6	0.7	2.0
房地产业	**83.1**	**57.5**	**11905.1**	**258.5**	**4934.5**
租赁和商务服务业	**65.1**	**32.0**	**329.5**	**45.2**	**111.5**
租赁业	1.3	0.9	2.4	11.2	0.7
商务服务业	63.9	31.1	327.1	34.0	110.8
科学研究、技术服务和地质勘查业	**90.1**	**43.8**	**273.1**	**75.7**	**75.7**
研究与试验发展	39.9	15.8	117.5	33.8	25.7
专业技术服务业	13.5	12.6	67.6	17.6	30.9
科技交流和推广服务业	11.7	2.5	50.3	5.1	14.6
地质勘查业	25.1	12.9	37.7	19.3	4.5
水利、环境和公共设施管理业	**1341.4**	**717.6**	**4455.8**	**155.1**	**1487.0**
水利管理业	189.4	112.8	658.6	31.4	147.6
环境管理业	57.9	41.9	219.2	39.9	59.6
公共设施管理业	1094.1	562.9	3578.1	83.8	1279.8
居民服务和其他服务业	**28.3**	**22.0**	**93.6**	**20.3**	**21.6**
居民服务业	25.2	18.0	71.9	9.8	15.9
其他服务业	3.1	4.0	21.7	10.5	5.7
教育	**558.9**	**117.8**	**1614.4**	**138.7**	**213.8**
卫生、社会保障和社会福利业	**173.1**	**49.6**	**405.3**	**135.0**	**51.5**
卫生	166.4	47.4	370.8	131.8	47.6
社会保障业	1.6	0.3	8.7	1.8	0.7
社会福利业	5.1	1.9	25.8	1.4	3.2
文化、体育和娱乐业	**88.0**	**44.3**	**456.4**	**79.2**	**150.2**
新闻出版业	3.7	0.7	12.5	1.4	3.0
广播、电视、电影和音像业	20.4	13.8	54.7	21.8	14.6
文化艺术业	21.5	13.4	128.3	16.3	72.2
体育	21.9	3.2	114.9	11.5	32.8
娱乐业	20.4	13.2	145.9	28.2	27.7
公共管理和社会组织	**362.7**	**154.5**	**1837.1**	**303.4**	**297.6**
中国共产党机关	9.8	1.5	20.9	2.1	2.4
国家机构	322.9	134.6	1542.7	282.0	255.6
人民政协和民主党派	0.6	1.5	3.4	0.2	2.5
群众团体、社会团体和宗教组织	9.3	2.9	28.1	4.7	8.3
基层群众自治组织	20.1	13.8	242.1	14.5	28.7
国际组织					

3-8 按第三产业行业门类分城镇固定资产投资

单位：亿元

行业门类	2003	2004	2005
交通运输、仓储和邮政业	5669.0	7091.5	8860.4
信息传输、计算机服务和软件业	1645.7	1638.0	1561.6
批发和零售业	791.4	1117.2	1532.1
住宿和餐饮业	321.3	438.1	675.9
金融业	86.2	97.6	105.6
房地产业	11105.3	14547.0	17098.2
租赁和商务服务业	309.8	361.7	486.2
科学研究、技术服务和地质勘查业	281.7	311.8	424.5
水利、环境和公共设施管理业	4220.2	4890.8	6097.9
居民服务和其他服务业	65.6	107.6	135.5
教育	1474.1	1803.0	1966.9
卫生、社会保障和社会福利业	357.7	446.9	591.8
文化、体育和娱乐业	479.6	531.2	685.8
公共管理和社会组织	1841.2	2165.6	2438.1
国际组织	0.3	0.3	

3-9 按第三产业行业分城镇固定资产投资

单位：亿元

行业	投资额			
		内资	港澳台商投资	外商投资
交通运输、仓储和邮政业	**8860.4**	**8644.0**	**104.7**	**111.7**
铁路运输业	1267.7	1267.2		0.4
道路运输业	5581.4	5505.8	49.8	25.8
城市公共交通业	531.1	523.0	4.9	3.2
水上运输业	779.3	706.2	29.5	43.6
航空运输业	302.4	301.8	0.4	0.2
管道运输业	79.6	78.3	1.0	0.2
装卸搬运和其他运输服务业	43.5	41.2	2.0	0.3
仓储业	258.5	204.0	16.6	38.0
邮政业	16.9	16.5	0.4	
信息传输、计算机服务和软件业	**1561.6**	**1152.8**	**219.9**	**188.9**
电信和其他信息传输服务业	1490.2	1093.7	216.4	180.1
计算机服务业	18.5	17.0	1.4	0.1
软件业	52.9	42.2	2.1	8.7
批发和零售业	**1532.1**	**1464.1**	**27.6**	**40.4**
批发业	672.2	660.6	6.6	5.0
零售业	859.9	803.4	21.0	35.4
住宿和餐饮业	**675.9**	**586.7**	**43.9**	**45.3**
住宿业	456.2	385.9	34.7	35.6
餐饮业	219.8	200.8	9.2	9.7
金融业	**105.6**	**103.3**	**1.4**	**0.9**
银行业	77.1	75.8	1.3	0.1
证券业	11.3	11.3		
保险业	7.9	7.9	0.1	
其他金融活动	9.2	8.3	0.1	0.8
房地产业	**17098.2**	**15126.8**	**1213.9**	**757.5**
租赁和商务服务业	**486.2**	**460.6**	**15.4**	**10.2**
租赁业	14.2	12.5		1.8
商务服务业	471.9	448.1	15.4	8.4
科学研究、技术服务和地质勘查业	**424.5**	**411.5**	**4.1**	**8.9**
研究与试验发展	177.0	172.9	0.5	3.6
专业技术服务业	116.0	112.6		3.4
科技交流和推广服务业	70.0	64.6	3.5	1.9
地质勘查业	61.5	61.4		
水利、环境和公共设施管理业	**6097.9**	**6037.2**	**34.2**	**26.5**
水利管理业	837.6	830.0	0.6	7.0
环境管理业	318.7	302.7	5.8	10.1
公共设施管理业	4941.7	4904.5	27.8	9.4
居民服务和其他服务业	**135.5**	**132.2**	**1.0**	**2.3**
居民服务业	97.6	95.6	0.6	1.3
其他服务业	37.9	36.6	0.4	1.0
教育	**1966.9**	**1952.2**	**5.6**	**9.1**
卫生、社会保障和社会福利业	**591.8**	**579.7**	**2.8**	**9.3**
卫生	550.2	538.2	2.8	9.2
社会保障业	11.2	11.2		
社会福利业	30.4	30.3		0.1
文化、体育和娱乐业	**685.8**	**637.7**	**19.8**	**28.3**
新闻出版业	16.9	16.9		
广播、电视、电影和音像业	91.1	90.4	0.5	0.2
文化艺术业	216.8	215.2	0.8	0.9
体育	159.2	140.0	9.1	10.0
娱乐业	201.9	175.2	9.5	17.2
公共管理和社会组织	**2438.1**	**2428.5**	**8.1**	**1.5**
中国共产党机关	25.4	25.4		
国家机构	2080.3	2071.3	8.0	1.0
人民政协和民主党派	6.1	6.1		
群众团体、社会团体和宗教组织	41.1	40.6		0.5
基层群众自治组织	285.3	285.2	0.1	
国际组织				

3-9 续表 单位：亿元

行 业	国有及国有控股	集体	私营个体
交通运输、仓储和邮政业	**8082.5**	**83.2**	**113.5**
铁路运输业	1244.5	9.9	0.5
道路运输业	5203.1	42.1	42.2
城市公共交通业	490.0	4.5	4.4
水上运输业	644.2	4.7	27.1
航空运输业	282.8	13.0	
管道运输业	75.5		0.1
装卸搬运和其他运输服务业	26.8	1.2	3.8
仓储业	99.7	7.8	35.4
邮政业	16.0	0.1	
信息传输、计算机服务和软件业	**1192.6**	**4.8**	**10.1**
电信和其他信息传输服务业	1168.6	3.2	2.0
计算机服务业	7.6	0.2	3.8
软件业	16.4	1.4	4.2
批发和零售业	**329.0**	**138.3**	**294.3**
批发业	166.6	49.5	124.9
零售业	162.4	88.8	169.4
住宿和餐饮业	**125.2**	**33.3**	**181.7**
住宿业	108.2	17.9	92.4
餐饮业	17.0	15.4	89.3
金融业	**73.8**	**9.2**	**0.4**
银行业	52.4	8.6	
证券业	10.5		
保险业	5.7	0.1	
其他金融活动	5.2	0.5	0.3
房地产业	**3122.0**	**610.3**	**4845.5**
租赁和商务服务业	**217.3**	**39.4**	**39.6**
租赁业	4.7	0.8	5.0
商务服务业	212.5	38.5	34.6
科学研究、技术服务和地质勘查业	**356.7**	**3.8**	**10.2**
研究与试验发展	158.9	0.5	1.6
专业技术服务业	98.0	1.0	3.9
科技交流和推广服务业	43.5	2.2	2.5
地质勘查业	56.4	0.1	2.2
水利、环境和公共设施管理业	**5557.5**	**101.5**	**65.7**
水利管理业	808.0	9.5	2.6
环境管理业	258.3	5.2	8.7
公共设施管理业	4491.2	86.8	54.4
居民服务和其他服务业	**60.4**	**11.8**	**31.6**
居民服务业	49.5	9.6	18.9
其他服务业	10.9	2.2	12.7
教育	**1699.8**	**54.0**	**86.4**
卫生、社会保障和社会福利业	**502.2**	**13.7**	**30.0**
卫生	468.4	11.3	26.7
社会保障业	10.2		0.1
社会福利业	23.6	2.3	3.2
文化、体育和娱乐业	**495.4**	**24.4**	**38.4**
新闻出版业	16.0	0.1	
广播、电视、电影和音像业	84.4	1.3	1.4
文化艺术业	196.1	4.6	3.8
体育	136.9	0.3	0.2
娱乐业	62.0	18.0	32.9
公共管理和社会组织	**2066.7**	**194.6**	**20.2**
中国共产党机关	24.9	0.4	0.1
国家机构	1980.2	36.3	11.2
人民政协和民主党派	6.0		
群众团体、社会团体和宗教组织	26.3	1.2	0.9
基层群众自治组织	29.3	156.8	7.9
国际组织			

3-10 城镇按第三产业行业分投资资金来源和新增固定资产

单位：亿元

行业	本年资金来源合计	国家预算内资金	国内贷款	利用外资
交通运输、仓储和邮政业	**8427.9**	**1069.5**	**2759.5**	**212.1**
铁路运输业	1288.4	446.2	333.7	30.3
道路运输业	5099.7	514.3	1864.4	63.8
城市公共交通业	511.3	29.2	178.9	12.6
水上运输业	770.3	13.9	226.4	42.4
航空运输业	345.5	38.8	98.5	49.6
管道运输业	81.3	8.1	5.2	0.2
装卸搬运和其他运输服务业	46.8	5.2	7.1	0.3
仓储业	267.2	13.4	44.9	13.0
邮政业	17.3	0.5	0.4	
信息传输、计算机服务和软件业	**1559.3**	**17.9**	**103.4**	**21.2**
电信和其他信息传输服务业	1487.1	16.7	97.5	18.4
计算机服务业	19.9	0.7	0.3	0.3
软件业	52.3	0.5	5.6	2.6
批发和零售业	**1568.2**	**4.9**	**96.5**	**30.9**
批发业	696.6	3.3	40.8	12.3
零售业	871.6	1.6	55.7	18.6
住宿和餐饮业	**691.3**	**5.8**	**55.8**	**48.0**
住宿业	468.5	5.6	45.9	34.8
餐饮业	222.8	0.2	9.9	13.2
金融业	**106.2**	**3.8**	**0.4**	**0.8**
银行业	77.9	3.5	0.2	
证券业	10.2			
保险业	7.9		0.2	
其他金融活动	10.2	0.3		0.8
房地产业	**22617.9**	**44.8**	**4010.9**	**274.9**
租赁和商务服务业	**511.7**	**7.7**	**67.1**	**8.0**
租赁业	14.7		0.2	
商务服务业	496.9	7.7	66.8	8.0
科学研究、技术服务和地质勘查业	**424.8**	**87.0**	**27.3**	**10.5**
研究与试验发展	180.7	42.3	10.4	3.8
专业技术服务业	113.4	22.2	7.5	1.8
科技交流和推广服务业	66.9	4.5	7.8	4.2
地质勘查业	63.8	17.9	1.6	0.7
水利、环境和公共设施管理业	**6043.1**	**773.7**	**1411.9**	**68.0**
水利管理业	864.3	295.1	150.8	14.1
环境管理业	314.2	68.7	42.1	8.0
公共设施管理业	4864.6	409.9	1219.0	45.9
居民服务和其他服务业	**142.2**	**16.2**	**5.8**	**1.2**
居民服务业	102.7	16.1	3.8	1.0
其他服务业	39.5	0.1	2.0	0.2
教育	**2013.1**	**183.5**	**381.2**	**15.5**
卫生、社会保障和社会福利业	**594.4**	**70.1**	**71.9**	**8.0**
卫生	553.4	63.1	70.0	7.0
社会保障业	11.3	2.6	0.3	1.0
社会福利业	29.7	4.4	1.6	
文化、体育和娱乐业	**708.9**	**79.4**	**85.5**	**15.7**
新闻出版业	23.3	0.9	2.1	
广播、电视、电影和音像业	91.7	5.6	10.3	0.7
文化艺术业	212.6	37.5	19.8	0.8
体育	171.7	30.7	25.6	3.0
娱乐业	209.6	4.7	27.8	11.2
公共管理和社会组织	**2406.1**	**574.3**	**86.8**	**13.3**
中国共产党机关	25.4	10.1	0.3	
国家机构	2034.3	555.9	73.9	11.1
人民政协和民主党派	6.1	1.0		
群众团体、社会团体和宗教组织	45.7	2.0	6.3	0.8
基层群众自治组织	294.6	5.3	6.4	1.4
国际组织				

3-10　续表　　　　　　　　　　　　　　　　　　　　　　　　　　　　单位：亿元

行　业			投资额	新增固定资产
	自筹资金	其他资金		
交通运输、仓储和邮政业	**3872.2**	**514.5**	**8860.4**	**5235.8**
铁路运输业	388.4	89.8	1267.7	626.1
道路运输业	2359.2	298.0	5581.4	3515.3
城市公共交通业	262.3	28.3	531.1	306.3
水上运输业	441.1	46.6	779.3	269.3
航空运输业	152.8	5.8	302.4	309.4
管道运输业	38.1	29.7	79.6	41.4
装卸搬运和其他运输服务业	32.6	1.6	43.5	19.7
仓储业	182.4	13.5	258.5	130.3
邮政业	15.2	1.1	16.9	18.0
信息传输、计算机服务和软件业	**1379.0**	**37.8**	**1561.6**	**958.2**
电信和其他信息传输服务业	1319.2	35.3	1490.2	928.2
计算机服务业	17.6	1.0	18.5	8.3
软件业	42.3	1.4	52.9	21.6
批发和零售业	**1275.8**	**160.1**	**1532.1**	**1019.4**
批发业	578.3	61.8	672.2	432.7
零售业	697.4	98.3	859.9	586.7
住宿和餐饮业	**531.2**	**50.5**	**675.9**	**431.7**
住宿业	346.0	36.2	456.2	271.8
餐饮业	185.2	14.4	219.8	160.0
金融业	**91.1**	**10.1**	**105.6**	**81.5**
银行业	66.3	8.0	77.1	65.5
证券业	10.1	0.1	11.3	3.8
保险业	7.2	0.5	7.9	7.1
其他金融活动	7.5	1.5	9.2	5.1
房地产业	**7821.1**	**10466.2**	**17098.2**	**10419.3**
租赁和商务服务业	**391.3**	**37.6**	**486.2**	**268.5**
租赁业	13.8	0.7	14.2	11.2
商务服务业	377.5	36.9	471.9	257.3
科学研究、技术服务和地质勘查业	**255.4**	**44.6**	**424.5**	**196.2**
研究与试验发展	105.5	18.7	177.0	81.6
专业技术服务业	65.0	16.9	116.0	61.1
科技交流和推广服务业	45.6	4.7	70.0	32.2
地质勘查业	39.3	4.3	61.5	21.3
水利、环境和公共设施管理业	**3298.6**	**490.8**	**6097.9**	**3068.2**
水利管理业	347.3	57.0	837.6	480.8
环境管理业	168.8	26.6	318.7	182.2
公共设施管理业	2782.4	407.3	4941.7	2405.2
居民服务和其他服务业	**106.0**	**12.9**	**135.5**	**75.4**
居民服务业	72.1	9.7	97.6	52.5
其他服务业	34.0	3.2	37.9	22.9
教育	**1253.4**	**179.4**	**1966.9**	**1430.4**
卫生、社会保障和社会福利业	**406.3**	**38.1**	**591.8**	**391.6**
卫生	381.1	32.1	550.2	359.7
社会保障业	6.3	1.0	11.2	10.1
社会福利业	18.9	5.0	30.4	21.7
文化、体育和娱乐业	**455.5**	**72.8**	**685.8**	**374.7**
新闻出版业	16.6	3.7	16.9	5.5
广播、电视、电影和音像业	69.1	6.0	91.1	58.0
文化艺术业	135.5	19.0	216.8	132.0
体育	85.3	27.2	159.2	62.9
娱乐业	149.1	16.8	201.9	116.3
公共管理和社会组织	**1393.5**	**338.2**	**2438.1**	**1550.5**
中国共产党机关	11.6	3.3	25.4	18.3
国家机构	1136.4	257.1	2080.3	1338.2
人民政协和民主党派	5.0	0.2	6.1	3.8
群众团体、社会团体和宗教组织	22.7	13.9	41.1	25.0
基层群众自治组织	217.9	63.6	285.3	165.2
国际组织				

3-11 各地区按第三产业行业门类分城镇固定资产投资

单位：亿元

地区	交通运输、仓储和邮政业	信息传输、计算机服务和软件业	批发和零售业	住宿和餐饮业	金融业	房地产业	租赁和商务服务业
北京	226.2	80.3	14.0	15.8	1.6	1535.0	27.8
天津	147.2	26.5	23.4	4.8	0.6	339.5	4.9
河北	351.9	66.4	124.9	29.3	4.2	478.1	30.0
山西	193.2	31.1	25.9	9.0	1.6	187.0	1.1
内蒙古	359.4	15.3	60.4	31.4	1.9	170.3	6.2
辽宁	280.6	41.1	119.0	38.0	17.4	916.9	37.0
吉林	156.5	24.3	46.6	10.6	4.6	201.2	13.1
黑龙江	175.3	86.4	35.8	3.7	0.2	281.6	9.4
上海	402.3	64.8	25.4	32.0	2.9	1369.9	12.3
江苏	535.3	80.7	111.8	49.5	1.4	1627.7	54.2
浙江	655.8	96.2	37.9	33.5	4.8	1516.0	49.3
安徽	217.7	33.6	38.4	23.9	1.9	498.2	14.7
福建	228.7	66.8	16.5	14.5	6.4	547.7	11.4
江西	255.0	66.4	35.7	32.2	3.1	322.5	9.8
山东	326.8	29.4	214.9	54.6	5.4	1184.9	49.1
河南	468.4	65.0	103.5	36.8	4.4	544.2	26.4
湖北	287.0	49.6	62.4	33.2	2.7	478.9	12.5
湖南	181.1	52.8	108.1	38.7	4.3	495.2	18.6
广东	628.6	227.0	67.6	54.2	9.1	1643.1	28.3
广西	186.2	35.6	24.5	19.0	2.3	293.2	7.3
海南	31.3	14.0	4.1	18.2	2.2	72.5	1.1
重庆	221.0	40.1	24.5	9.7	3.0	560.6	14.7
四川	227.6	70.0	38.6	22.0	1.4	747.2	16.2
贵州	127.8	29.8	13.0	6.6	1.8	160.1	4.0
云南	335.2	48.0	28.6	10.9	2.8	266.4	3.1
西藏	62.8	12.5	4.8	2.5	1.7	10.2	0.5
陕西	224.8	44.3	67.7	19.2	5.3	305.2	11.0
甘肃	131.2	16.0	24.2	8.1	1.6	96.7	7.0
青海	54.8	1.7	4.8	1.7	0.5	30.8	1.0
宁夏	38.5	7.6	6.1	3.0	0.4	77.4	0.2
新疆	197.8	38.4	18.9	9.2	4.2	140.0	4.0
不分地区	911.6						

3-11　续表　　　　　　　　　　　　　　　　　　　　　　　　　　单位：亿元

地　区	科学研究、技术服务和地质勘查业	水利、环境和公共设施管理业	居民服务和其他服务业	教　育	卫生、社会保障和社会福利业	文化、体育和娱乐业	公共管理和社会组织	国际组织
北　京	31.8	146.1		53.4	14.9	58.6	78.9	
天　津	4.6	178.6	1.8	39.5	9.2	14.2	22.1	
河　北	47.6	160.4	6.2	94.3	33.1	22.0	158.6	
山　西	5.3	63.6	0.9	30.8	8.8	7.9	18.9	
内蒙古	13.7	205.2	2.7	32.1	11.8	24.7	87.2	
辽　宁	26.8	259.1	11.1	85.2	21.4	33.1	40.2	
吉　林	12.3	127.0	3.6	41.7	14.7	13.9	72.1	
黑龙江	5.5	89.4	5.5	47.4	16.3	16.6	66.8	
上　海	15.1	296.0	1.4	63.0	17.3	61.1	12.7	
江　苏	16.0	575.2	9.7	133.5	40.4	60.0	98.9	
浙　江	9.5	475.9	28.8	101.3	35.1	24.5	72.1	
安　徽	12.0	222.9	2.7	54.3	13.8	20.2	59.1	
福　建	3.9	129.7	1.6	54.2	15.7	13.5	72.1	
江　西	4.0	232.5	2.2	78.1	24.5	20.2	68.2	
山　东	40.0	327.0	16.4	186.1	44.3	51.8	461.7	
河　南	19.0	230.9	7.7	105.5	30.2	29.2	57.6	
湖　北	16.2	194.6	3.5	87.4	19.4	25.4	64.0	
湖　南	14.7	183.9	5.3	64.0	28.2	18.9	140.7	
广　东	26.2	485.6	6.1	181.1	53.1	62.0	109.7	
广　西	4.8	188.5	2.2	40.6	18.2	9.7	42.4	
海　南	1.4	19.3	0.3	12.4	4.6	5.5	9.7	
重　庆	1.4	215.8	0.5	63.4	18.6	17.4	50.6	
四　川	18.9	444.2	3.7	83.1	29.3	17.5	45.2	
贵　州	4.1	62.5	1.8	28.0	8.5	8.3	29.7	
云　南	2.8	127.5	2.6	35.2	13.8	13.6	45.2	
西　藏	0.8	8.6	0.4	11.3	2.0	3.0	24.1	
陕　西	31.9	206.1	3.7	92.2	14.9	16.4	83.1	
甘　肃	6.4	31.7	1.1	28.9	10.2	5.9	51.0	
青　海	1.2	11.3	0.2	5.4	1.7	1.7	15.6	
宁　夏	1.6	41.0	0.3	9.1	2.9	0.6	7.2	
新　疆	19.9	95.1	1.5	24.3	14.7	8.4	41.3	
不分地区		62.6					231.4	

【主要统计指标解释】

资产总额 指法人单位拥有或控制的能以货币计量的经济资源，包括各种财产、债权和其他权利。

全社会固定资产投资 以货币形式表现的在一定时期内全社会建造和购置固定资产的工作量以及与此有关的费用的总称。该指标是反映固定资产投资规模、结构和发展速度的综合性指标，又是观察工程进度和考核投资效果的重要依据。全社会固定资产投资按登记注册类型可分为国有、集体、个体、联营、股份制、外商、港澳台商、其他等。

城镇固定资产投资 指城镇各种登记注册类型的企业、事业、行政单位及个体户进行的计划总投资(或实际需要总投资)50万元及以上的建设项目投资、房地产开发投资、城镇和工矿区私人建房投资。县城及以上区域内发生的投资，县及县以上各级政府及主管部门直接领导、管理的建设项目和企业事业单位的投资均为城镇固定资产投资。

建设总规模 指在报告期内所有施工项目的计划总投资。这个指标和施工项目相对应。

在建总规模 指在报告期末所有在建项目的计划总投资。

固定资产投资的资金来源 根据固定资产投资的资金来源不同，分为国家预算内资金、国内贷款、利用外资、自筹资金和其他资金。

(1)国家预算内资金：分为财政拨款和财政安排的贷款两部分。包括中央财政的基本建设基金(分经营性基金和非经营性基金两部分)、专项支出(如煤代油专项等)、收回再贷、贴息资金，财政安排的挖潜改造和新产品试制支出、城建支出、商业部门简易建筑支出、不发达地区发展基金等资金中用于固定资产投资的资金；地方财政中由国家统筹安排的资金等。

(2)国内贷款：指报告期固定资产投资单位向银行及非银行金融机构借入的用于固定资产投资的各种国内借款，包括银行利用自有资金及吸收的存款发放的贷款、上级主管部门拨入的国内贷款、国家专项贷款(包括煤代油贷款、劳改煤矿专项贷款等)、地方财政专项资金安排的贷款、国内储备贷款、周转贷款等。

(3)利用外资：指报告期收到的用于固定资产建造和购置的国外资金(包括设备、材料、技术在内)。包括对外借款(外国政府、国际金融组织贷款、出口信贷、外国银行商业贷款、对外发行债券和股票)、外商直接投资及外商其他投资。不包括我国自有外汇资金(国家外汇、地方外汇、留成外汇、调剂外汇和中国银行自有资金发行的外汇贷款等)。计算利用外资时，需要折算成人民币，折算中所使用的外汇汇率按现汇计算，即按使用外汇时的汇率计算。

(4)自筹资金：指固定资产投资单位报告期收到的，由各地区、各部门及企、事业单位筹集用于固定资产投资的预算外资金，包括中央各部门、各级地方和企、事业单位的自筹资金。

(5)其他资金：指在报告期收到的除以上各种资金之外其他用于固定资产投资的资金，包括企业或金融机构通过发行各种债券筹集到的资金、群众集资、个人资金、无偿捐赠的资金及其他单位拨入的资金等。

固定资产投资按国民经济行业分 根据建设项目建成投产后的主要产品或主要用途及社会经济活动性质来确定国民经济行业。一般情况下，一个建设项目或一个企业、事业单位只能属于一种国民经济行业。

新增固定资产 指报告期内已经完成建造和购置过程，并已交付生产或使用单位的固定资产价值。该指标是表示固定资产投资成果的价值指标，也是反映建设进度，计算固定资产投资效果的重要指标。

第四部分

第三产业
主要业务指标

1.交通运输、仓储和邮政业

简要说明

一、本篇资料的主要内容

1.交通运输业资料主要包括：五种运输方式的线路里程、运输设备拥有量、技术质量情况，各种运输方式完成的货物运输量和旅客运输量，铁路运输的固定资产构成及财务主要情况，主要港口码头长度及泊位情况，沿海主要港口货物吞吐量。

2.邮政业资料主要包括：邮政主要业务量、全国邮政局（所）及邮路情况、邮政通信服务水平等。

二、各部分资料的调查范围及统计单位

1.铁路资料：包括国家铁路、地方铁路和合资铁路运营情况，不含军用铁路及由厂矿企事业单位自建的铁路专用线和专用铁道。国家铁路和合资铁路运营资料来源于各铁路局及所属运输企业(公司)。地方铁路运营概况资料来源于各省地方铁路管理部门。

2.公路、水运、港口资料：(1)公路和水路线路里程为年末通车和通航里程数，不含在建和未正式投入使用的公路和航道里程；(2)民用汽车拥有量及机动车和汽车驾驶员人数，根据公安部交通管理局所属各省（自治区、直辖市）车管部门登记注册的车辆资料和驾驶员资料整理，不含军用车辆；(3)公路运输汽车拥有量，根据交通部门所属各省（自治区、直辖市）道路运输管理部门登记注册的从事公路运输的营业性和非营业性运输车辆资料整理，属于民用汽车的一部分；(4)民用运输船舶拥有量，根据交通部所属各省（自治区、直辖市）水上航运管理部门登记注册的船舶资料整理，不含渔船、水上施工作业船和军用船舶；(5)公路、水路运输全行业统计以全面调查和非全面调查两种方式进行，统计范围包括在我国注册从事公路、水路客、货运输的全部企事业单位和私人(包括个体联户)；(6)沿海、内河主要港口的生产能力及吞吐量，根据各地港务管理部门注册的港口企业和从事港口生产活动单位的资料整理。

3.管道运输资料：包括输原油、输成品油、输天然气、输其他气体的管线长度、输送能力及完成的运输量。具体包括：油气田企业直接通向炼油厂、化工厂、电站等用户及装车站、油码头的管道，炼油厂通向用户(包括商业石油公司油库)的成品油气管道，独立核算的管道运输企业通向用户及装车(站)栈桥、油码头的管道。管道运输统计数据主要来源于中国石油天然气集团公司和中国石油化工集团公司所属的管道运输企业，由两家集团公司分别负责收集审核本部门统计数据。

4.民航运输资料：统计对象为在我国境内注册从事民用航空运输飞行和通用飞行的航空运输企业和民用航空机场，不包括在我国境内运输飞行的外国航空公司。统计范围为各航空公司从事国内运输、港澳台运输、国际运输的定期航班航线条数及里程、运输量及飞机构成和运营情况、通用飞行完成情况、民用航空机场航班起降架次和客货吞吐量等。

5.邮政业资料：包括全社会邮政运营企业为社会公众提供的各类邮政服务。业务范围分为国内业务量和国际及港澳业务量（对台业务量统计在港澳中）。

三、本篇的资料来源

本篇资料由国家统计局服务业调查中心负责整理、编辑。有关交通运输资料分别来源于铁道部、交通部、民航总局、建设部、中国石油天然气集团公司、中国石油化工集团公司和各省、自治区、直辖市统计局。有关邮政业资料来源于国家邮政局。

4-1-1　交通运输业基本情况

指　　标	1998	1999	2000	2001	2002	2003	2004	2005
运输线路长度(万公里)								
铁路营业里程	6.64	6.74	6.87	7.01	7.19	7.30	7.44	7.54
国家铁路	5.76	5.79	5.87	5.91	5.95	6.04	6.10	6.22
地方铁路	0.49	0.48	0.48	0.48	0.47	0.48	0.49	0.48
合资铁路	0.39	0.47	0.52	0.62	0.77	0.77	0.85	0.85
公路	127.85	135.17	140.27	169.80	176.52	180.98	187.07	193.05
#高速公路	0.87	1.16	1.63	1.94	2.51	2.97	3.43	4.10
内河	11.03	11.65	11.93	12.15	12.16	12.40	12.33	12.33
#等级航道		6.02	6.14	6.37	6.36	6.09	6.08	6.10
民航	150.58	152.22	150.29	155.36	163.77	174.95	204.94	199.85
国际航线	50.44	52.33	50.84	51.69	57.45	71.53	89.42	85.59
国内航线	99.41	99.89	99.45	103.67	106.32	103.43	115.52	114.26
管道里程	2.31	2.49	2.47	2.76	2.98	3.26	3.82	4.40
输油管	1.13	1.25	1.24	1.33	1.50	1.57	1.71	2.10
输气管	1.18	1.24	1.23	1.43	1.48	1.69	2.11	2.30
客运量总计(万人)	**1378717**	**1394413**	**1478573**	**1534122**	**1608150**	**1587497**	**1767453**	**1847018**
铁路	95085	100164	105073	105155	105606	97260	111764	115583
公路	1257332	1269004	1347392	1402798	1475257	1464335	1624526	1697381
水运	20545	19151	19386	18645	18693	17142	19040	20227
民航	5755	6094	6722	7524	8594	8759	12123	13827
旅客周转量总计(亿人公里)	**10636.7**	**11299.7**	**12261.0**	**13155.1**	**14125.6**	**13810.5**	**16309.1**	**17466.7**
铁路	3773.4	4135.9	4532.6	4766.8	4969.4	4788.6	5712.2	6062.0
公路	5942.8	6199.2	6657.4	7207.1	7805.8	7695.6	8748.4	9292.1
水运	120.3	107.3	100.5	89.9	81.8	63.1	66.3	67.8
民航	800.2	857.3	970.5	1091.4	1268.7	1263.2	1782.3	2044.9
货运量总计(万吨)	**1267427**	**1293008**	**1358682**	**1401786**	**1483446**	**1561422**	**1706412**	**1862066**
铁路	164309	167554	178581	193189	204955	221178	249017	269296
公路	976004	990444	1038813	1056312	1116324	1159957	1244990	1341778
水运	109555	114608	122391	132675	141832	158070	187394	219648
民航	140.1	170.0	196.7	171.0	202.1	219.0	276.7	306.7
管道	17419	20232	18700	19439	20133	21997	24734	31037

4-1-1 续表

指　标	1998	1999	2000	2001	2002	2003	2004	2005
货物周转量总计(亿吨公里)	**38089**	**40568**	**44321**	**47710**	**50686**	**53859**	**69445**	**80258**
铁路	12560	12910	13771	14694	15658	17247	19289	20726
公路	5483	5724	6129	6330	6782	7100	7841	8693
水运	19406	21263	23734	25989	27511	28716	41429	49672
民航	33.5	42.3	50.3	43.7	51.6	57.9	71.8	78.9
管道	606	628	636	653	683	739	815	1088
主要港口货物吞吐量(万吨)	**131054**	**145019**	**170055**	**191636**	**223329**	**267350**	**332488**	**394195**
沿海主要港口	92237	105162	125603	142634	166628	201126	246074	292777
#外贸	34137	38837	52343	59978	71087	87714	104706	124166
内河主要港口	38817	39857	44452	49002	56701	66224	86414	101418
#外贸	2899	3755	4397	5086	5953	7265	8458	10063
民用汽车拥有量(万辆)	**1319.30**	**1452.94**	**1608.91**	**1802.04**	**2053.17**	**2382.93**	**2693.71**	**3159.66**
#载货汽车	627.89	676.95	716.32	765.24	812.22	853.51	893.00	955.55
载客汽车	654.83	740.23	853.73	993.96	1202.37	1478.81	1735.91	2132.46
#私人汽车拥有量	423.65	533.88	625.33	770.78	968.98	1219.23	1481.66	1848.07
#载货汽车	192.03	228.68	259.09	298.95	341.29	367.35	402.82	452.11
载客汽车	230.65	304.09	365.09	469.85	623.76	845.87	1069.69	1383.93
民用运输船舶拥有量(艘)	**260208**	**242043**	**229676**	**210786**	**202977**	**204270**	**210700**	**207294**
机动船	212093	194590	185018	169329	165936	163813	166854	165900
驳船	48115	47453	44658	41457	37041	40457	43846	41394
#私人运输船舶拥有量	134420	120621	142117	121721	115108	114297	115503	95838
机动船	127130	113359	128654	111633	105697	97837	91188	83380
驳船	7290	7262	13463	10088	9411	16460	24315	12458
民用飞机(架)	**1004**	**949**	**982**	**1031**	**1112**	**1160**	**1245**	**1386**
#运输用飞机	523	510	527	566	602	664	754	863
通用航空飞机	278	285	301	296	335	343	365	383
主要港口码头泊位(个)	**10183**	**9594**	**8078**	**8842**	**8467**	**8449**	**9787**	**10652**
沿海主要港口	1608	1686	1772	1772	1790	2562	2849	3641
#万吨级	468	490	518	527	547	650	687	769
内河主要港口	8575	7908	6306	7070	6677	5887	6938	7011
#万吨级	47	52	55	57	62	121	150	186

4-1-2　各地区交通运输业职工人数(2005年底)

单位：人

地　区	铁路运输业	道路运输业	城市公共交通业	水上运输业	航空运输业	管道运输业
全　国	**1665588**	**1549025**	**896132**	**498182**	**209868**	**17900**
北　京	59276	28671	160137	85	29824	121
天　津	19568	14320	16214	27313	2156	91
河　北	77699	91657	21400	22620	760	1054
山　西	102135	43942	16880	61	3496	
内蒙古	87248	32480	10663	154	2729	
辽　宁	125566	64804	43536	25223	10483	3285
吉　林	78373	35491	16642	370	3892	1371
黑龙江	118890	69662	13610	3605	3725	477
上　海	24468	17807	105758	53416	22269	
江　苏	61843	81612	37414	70271	6151	7066
浙　江	25349	63864	31507	22319	7244	
安　徽	28536	54204	25892	16728	2146	
福　建	30951	31307	19478	13605	9142	
江　西	58042	45783	12521	7038	2358	14
山　东	60219	83018	41674	46244	7628	1389
河　南	110594	123332	34700	3533	1691	
湖　北	73836	81500	35040	32995	4566	577
湖　南	73671	61637	21985	8924	4003	
广　东	54457	124259	91116	78696	28920	136
广　西	46222	53587	15427	19323	3509	
海　南	3305	12437	2056	8895	9749	
重　庆	26302	37175	22371	27115	2806	126
四　川	44203	86302	32585	7234	13785	810
贵　州	30843	25044	9537	1747	2564	110
云　南	38642	47248	10651	344	5964	3
西　藏		3261	197	25	641	
陕　西	91232	54996	9415	202	7409	552
甘　肃	50693	27871	15712	77	3007	147
青　海	14509	9755	4700	20	669	
宁　夏	13255	10095	1914		596	
新　疆	35661	31904	15400		5986	571

4-1-3 运输线路长度

单位:万公里

年 份	铁路营业里程	#国家铁路电气化里程	公 路	#高速公路	内 河	民 航	#国际航线	管 道
1978	5.17	0.10	89.02		13.60	14.89	5.53	0.83
1980	5.33	0.17	88.33		10.85	19.53	8.12	0.87
1981	5.39	0.17	89.75		10.87	21.83	8.28	0.97
1982	5.29	0.18	90.70		10.86	23.27	9.99	1.04
1983	5.41	0.23	91.51		10.89	22.91	9.99	1.08
1984	5.45	0.30	92.67		10.93	26.02	10.74	1.10
1985	5.50	0.42	94.24		10.91	27.72	10.60	1.17
1986	5.57	0.44	96.28		10.94	32.43	10.76	1.30
1987	5.58	0.46	98.22		10.98	38.91	14.89	1.38
1988	5.61	0.57	99.96	0.01	10.94	37.38	12.83	1.43
1989	5.69	0.64	101.43	0.03	10.90	47.19	16.64	1.51
1990	5.78	0.69	102.83	0.05	10.92	50.68	16.64	1.59
1991	5.78	0.78	104.11	0.06	10.97	55.91	17.74	1.62
1992	5.81	0.84	105.67	0.07	10.97	83.66	30.30	1.59
1993	5.86	0.89	108.35	0.11	11.02	96.08	27.87	1.64
1994	5.90	0.90	111.78	0.16	10.27	104.56	35.19	1.68
1995	5.97	0.97	115.70	0.21	11.06	112.90	34.82	1.72
1996	6.49	1.01	118.58	0.34	11.08	116.65	38.63	1.93
1997	6.60	1.20	122.64	0.48	10.98	142.50	50.44	2.04
1998	6.64	1.30	127.85	0.87	11.03	150.58	50.44	2.31
1999	6.74	1.40	135.17	1.16	11.65	152.22	52.33	2.49
2000	6.87	1.49	140.27	1.63	11.93	150.29	50.84	2.47
2001	7.01	1.69	169.80	1.94	12.15	155.36	51.69	2.76
2002	7.19	1.74	176.52	2.51	12.16	163.77	57.45	2.98
2003	7.30	1.81	180.98	2.97	12.40	174.95	71.53	3.26
2004	7.44	1.86	187.07	3.43	12.33	204.94	89.42	3.82
2005	7.54	1.94	193.05	4.10	12.33	199.85	85.59	4.40

4-1-4 客运量

单位：万人

年份	总计	铁路				公路	水运	民航
			国家	地方	合资			
1952	24518	16352	16352			4559	3605	2
1957	63821	31262	31262			23772	8780	7
1962	122154	75003	74067	936		30737	16397	17
1965	96334	41245	40708	537		43693	11369	27
1970	130056	52455	51646	809		61812	15767	22
1975	192969	70465	69648	817		101350	21015	139
1978	253993	81491	80729	762		149229	23042	231
1980	341785	92204	91246	958		222799	26439	343
1985	620206	112110	110913	1197		476486	30863	747
1986	688212	108579	107358	1221		544259	34377	997
1987	746422	112479	111414	1065		593682	38951	1310
1988	809592	122645	121595	1050		650473	35032	1442
1989	791376	113807	112798	1009		644508	31778	1283
1990	772682	95712	94888	824		648085	27225	1660
1991	806048	95080	94208	872		682681	26109	2178
1992	860855	99693	98788	905		731774	26502	2886
1993	996634	105458	104580	878		860719	27074	3383
1994	1092883	108738	108009	729		953940	26165	4038
1995	1172596	102745	102081	664		1040810	23924	5117
1996	1245356	94796	93550	612	634	1122110	22895	5555
1997	1326094	93308	91919	659	730	1204583	22573	5630
1998	1378717	95085	92991	629	1465	1257332	20545	5755
1999	1394413	100164	97725	528	1911	1269004	19151	6094
2000	1478573	105073	101847	519	2707	1347392	19386	6722
2001	1534122	105155	101680	558	2917	1402798	18645	7524
2002	1608150	105606	101741	516	3349	1475257	18693	8594
2003	1587497	97260	93634	412	3214	1464335	17142	8759
2004	1767453	111764	107346	378	4040	1624526	19040	12123
2005	1847018	115583	110651	319	4613	1697381	20227	13827

4-1-5 客运量构成

单位：%

年 份	总计	铁路	国家	地方	合资	公路	水运	民航
1952	100.0	66.7	66.7			18.6	14.7	
1957	100.0	49.0	49.0			37.2	13.8	
1962	100.0	61.4	60.6	0.8		25.2	13.4	
1965	100.0	42.8	42.3	0.6		45.4	11.8	
1970	100.0	40.3	39.7	0.6		47.5	12.1	
1975	100.0	36.5	36.1	0.4		52.5	10.9	0.1
1978	100.0	32.1	31.8	0.3		58.8	9.1	0.1
1980	100.0	27.0	26.7	0.3		65.2	7.7	0.1
1985	100.0	18.1	17.9	0.2		76.8	5.0	0.1
1986	100.0	15.8	15.6	0.2		79.1	5.0	0.1
1987	100.0	15.1	14.9	0.1		79.5	5.2	0.2
1988	100.0	15.1	15.0	0.1		80.3	4.3	0.2
1989	100.0	14.4	14.3	0.1		81.4	4.0	0.2
1990	100.0	12.4	12.3	0.1		83.9	3.5	0.2
1991	100.0	11.8	11.7	0.1		84.7	3.2	0.3
1992	100.0	11.6	11.5	0.1		85.0	3.1	0.3
1993	100.0	10.6	10.5	0.1		86.4	2.7	0.3
1994	100.0	9.9	9.9	0.1		87.3	2.4	0.4
1995	100.0	8.8	8.7	0.1		88.8	2.0	0.4
1996	100.0	7.6	7.5		0.1	90.1	1.8	0.4
1997	100.0	7.0	6.9		0.1	90.8	1.7	0.4
1998	100.0	6.9	6.7		0.1	91.2	1.5	0.4
1999	100.0	7.1	7.0		0.1	91.0	1.4	0.4
2000	100.0	7.1	6.9		0.2	91.1	1.3	0.5
2001	100.0	6.8	6.6		0.2	91.4	1.2	0.5
2002	100.0	6.6	6.3		0.2	91.7	1.2	0.5
2003	100.0	6.1	5.9		0.2	92.2	1.1	0.6
2004	100.0	6.3	6.1		0.2	91.9	1.1	0.7
2005	100.0	6.3	6.0		0.2	91.9	1.1	0.7

4-1-6　各地区客运量

单位：万人

地　区	总计	铁路				公路	水运
			国家	地方	合资		
全　国	**1847018**	**115583**	**110651**	**319**	**4613**	**1697381**	**20227**
北　京	8040	5779	5779			2261	
天　津	4514	1550	1550			2961	3
河　北	80894	5492	5492			75402	
山　西	39975	3411	3411			36456	108
内蒙古	31776	3172	3117		55	28604	
辽　宁	60100	9533	9514	19		49917	650
吉　林	27601	4618	4618			22870	113
黑龙江	55408	8359	8276	83		46809	240
上　海	7985	4313	4313			2468	1204
江　苏	145121	6797	6552		245	138287	37
浙　江	161115	6383	4966		1417	152222	2510
安　徽	72657	3486	3307		179	68927	244
福　建	55121	1684	1454		229	52452	985
江　西	41586	3906	3906			37253	427
山　东	98506	3973	3853	120	1	93178	1355
河　南	97896	5879	5832	47		91920	97
湖　北	70497	3713	3682		31	66183	601
湖　南	116091	5661	5484	13	164	109728	702
广　东	149896	8900	7682	4	1214	139158	1838
广　西	51396	1773	1732	9	32	48740	883
海　南	26785	24			24	25705	1056
重　庆	63308	1332	1262		70	60588	1388
四　川	168505	5212	4693		520	159450	3843
贵　州	64450	2191	2142		49	61414	845
云　南	40792	1782	1567	24	190	38509	501
西　藏	385					385	
陕　西	38725	3601	3410		191	34780	344
甘　肃	17804	1316	1316			16247	241
青　海	4886	349	349			4525	12
宁　夏	7066	309	309			6757	
新　疆	24309	1084	1084			23225	
不分地区	13827						

注：不分地区数据为民航完成运量。

4-1-7 旅客周转量

单位：亿人公里

年 份	总计	铁路	国家	地方	合资	公路	水运	民航
1952	248.02	200.64	200.64			22.64	24.50	0.24
1957	496.55	361.30	361.30			88.07	46.38	0.80
1962	1085.56	859.01	857.26	1.75		141.46	83.92	1.17
1965	697.04	478.99	477.81	1.18		168.20	47.37	2.48
1970	1031.05	718.19	715.94	2.25		240.06	71.01	1.79
1975	1434.55	954.09	952.59	1.50		374.48	90.59	15.39
1978	1743.06	1093.22	1090.81	2.41		521.30	100.63	27.91
1980	2281.34	1383.16	1380.37	2.79		729.50	129.12	39.56
1985	4436.39	2416.14	2412.51	3.63		1724.88	178.65	116.72
1986	4896.82	2586.71	2583.11	3.60		1981.74	182.06	146.31
1987	5411.46	2843.06	2840.00	3.06		2190.43	195.92	182.05
1988	6209.43	3260.32	3257.31	3.01		2528.24	203.92	216.95
1989	6074.59	3037.42	3034.38	3.04		2662.11	188.27	186.79
1990	5628.64	2612.63	2610.10	2.53		2620.62	164.91	230.48
1991	6178.32	2828.05	2824.84	3.21		2871.74	177.21	301.32
1992	6949.38	3152.24	3148.29	3.95		3192.64	198.38	406.12
1993	7858.00	3483.30	3479.38	3.92		3700.70	196.40	477.60
1994	8591.42	3636.04	3632.81	3.23		4220.30	183.50	551.58
1995	9001.90	3545.70	3542.61	3.09		4603.10	171.8	681.30
1996	9164.79	3347.59	3322.01	3.36	22.22	4908.79	160.57	747.84
1997	10055.48	3584.86	3543.53	4.72	36.61	5541.40	155.70	773.52
1998	10636.74	3773.42	3690.97	5.01	77.44	5942.81	120.27	800.24
1999	11299.67	4135.93	4046.26	4.40	85.27	6199.20	107.30	857.30
2000	12261.00	4532.60	4414.70	4.60	113.30	6657.40	100.50	970.50
2001	13155.13	4766.82	4636.55	5.20	125.07	7207.08	89.88	1091.35
2002	14125.63	4969.38	4803.05	5.26	161.07	7805.77	81.78	1268.70
2003	13810.50	4788.61	4622.79	3.99	161.83	7695.60	63.10	1263.19
2004	16309.08	5712.17	5511.96	3.98	196.23	8748.38	66.25	1782.28
2005	17466.74	6061.96	5833.20	3.53	225.23	9292.08	67.77	2044.93

4-1-8　旅客周转量构成

单位:%

年　份	总计	铁路	国家	地方	合资	公路	水运	民航
1952	100.00	80.90	80.90			9.13	9.88	0.10
1957	100.00	72.76	72.76			17.74	9.34	0.16
1962	100.00	79.13	78.97	0.16		13.03	7.73	0.11
1965	100.00	68.72	68.55	0.17		24.13	6.80	0.36
1970	100.00	69.66	69.44	0.22		23.28	6.89	0.17
1975	100.00	66.51	66.40	0.10		26.10	6.31	1.07
1978	100.00	62.72	62.58	0.14		29.91	5.77	1.60
1980	100.00	60.63	60.51	0.12		31.98	5.66	1.73
1985	100.00	54.46	54.38	0.08		38.88	4.03	2.63
1986	100.00	52.82	52.75	0.07		40.47	3.72	2.99
1987	100.00	52.54	52.48	0.06		40.48	3.62	3.36
1988	100.00	52.51	52.46	0.05		40.72	3.28	3.49
1989	100.00	50.00	49.95	0.05		43.82	3.10	3.07
1990	100.00	46.42	46.37	0.04		46.56	2.93	4.09
1991	100.00	45.77	45.72	0.05		46.48	2.87	4.88
1992	100.00	45.36	45.30	0.06		45.94	2.85	5.84
1993	100.00	44.33	44.28	0.05		47.09	2.50	6.08
1994	100.00	42.32	42.28	0.04		49.12	2.14	6.42
1995	100.00	39.39	39.35	0.03		51.13	1.91	7.57
1996	100.00	36.53	36.25	0.04	0.24	53.56	1.75	8.16
1997	100.00	35.65	35.24	0.05	0.36	55.11	1.55	7.69
1998	100.00	35.48	34.70	0.05	0.73	55.87	1.13	7.52
1999	100.00	36.60	35.81	0.04	0.75	54.86	0.95	7.59
2000	100.00	36.97	36.01	0.04	0.92	54.30	0.82	7.92
2001	100.00	36.24	35.25	0.04	0.95	54.79	0.68	8.30
2002	100.00	35.18	34.00	0.04	1.14	55.26	0.58	8.98
2003	100.00	34.67	33.47	0.03	1.17	55.72	0.46	9.15
2004	100.00	35.02	33.80	0.02	1.20	53.64	0.41	10.93
2005	100.00	34.71	33.40	0.02	1.29	53.20	0.39	11.71

4-1-9 各地区旅客周转量

单位：亿人公里

地 区	总计	铁路				公路	水运
			国家	地方	合资		
全 国	**17466.7**	**6062.0**	**5833.2**	**3.5**	**225.2**	**9292.1**	**67.8**
北 京	137.1	77.6	77.6			59.5	
天 津	117.5	90.7	90.7			26.5	0.4
河 北	989.8	504.4	504.4			485.3	
山 西	289.4	108.5	108.5			180.9	
内蒙古	287.3	109.7	105.0		4.7	177.7	
辽 宁	599.9	381.4	381.4	0.1		210.1	8.4
吉 林	244.7	151.8	151.8			92.8	0.1
黑龙江	432.2	177.6	176.2	1.4		254.3	0.3
上 海	128.4	48.9	48.9			75.1	4.5
江 苏	1193.6	245.4	239.4		6.0	948.1	0.1
浙 江	848.5	222.9	186.2		36.8	617.9	7.7
安 徽	782.4	300.9	290.9		10.0	481.2	0.3
福 建	397.1	85.7	76.6		9.1	310.0	1.4
江 西	592.4	388.0	385.9		2.1	203.7	0.7
山 东	827.8	282.7	280.9	1.5	0.4	539.1	6.0
河 南	998.3	559.9	559.5	0.4		437.8	0.5
湖 北	663.0	300.8	298.2		2.6	358.0	4.2
湖 南	1011.5	529.0	506.6		22.4	480.6	1.9
广 东	1448.4	327.9	237.7		90.2	1111.6	8.9
广 西	557.7	116.4	115.8		0.6	438.8	2.6
海 南	89.5	1.1			1.1	86.9	1.6
重 庆	280.0	41.1	40.4		0.7	227.2	11.7
四 川	682.3	181.8	161.6		20.2	497.8	2.8
贵 州	312.4	145.7	143.8		1.9	164.9	1.8
云 南	291.0	56.8	50.6	0.1	6.2	233.1	1.1
西 藏	18.4					18.4	
陕 西	486.2	279.1	268.7		10.4	206.5	0.6
甘 肃	302.9	197.8	197.8			104.9	0.2
青 海	43.3	18.7	18.7			24.7	
宁 夏	62.4	22.2	22.2			40.3	
新 疆	306.2	107.7	107.7			198.5	
不分地区	2044.9						

注:不分地区运量为民航完成数。

4-1-10　旅客运输平均运距

单位：公里

年　份	总计	铁路				公路	水运	民航
			国家	地方	合资			
1952	101.16	122.70	122.70			49.66	67.96	1200.00
1957	77.80	115.57	115.57			37.05	52.82	1142.86
1962	88.87	114.53	115.74	18.70		46.02	51.18	688.24
1965	72.36	116.13	117.37	21.97		38.50	41.67	918.52
1970	79.28	136.92	138.62	27.81		38.84	45.04	813.64
1975	74.34	135.40	136.77	18.36		36.95	43.11	1107.19
1978	68.63	134.15	135.12	31.63		34.93	43.67	1208.23
1980	66.75	150.01	151.28	29.12		32.74	48.84	1153.35
1985	71.53	215.52	217.51	30.33		36.20	57.88	1562.52
1986	71.15	238.23	240.61	29.48		36.41	52.96	1467.50
1987	72.50	252.76	254.91	28.73		36.90	50.30	1389.69
1988	76.70	265.83	267.88	28.67		38.87	58.21	1504.51
1989	76.76	266.89	269.01	30.14		41.30	59.24	1455.88
1990	72.85	272.97	275.07	30.70		40.44	60.57	1388.43
1991	76.65	297.44	299.85	36.80		42.07	67.87	1383.47
1992	80.73	316.19	318.69	43.65		43.63	74.85	1407.21
1993	78.85	330.30	332.70	44.42		43.00	72.54	1411.76
1994	78.61	334.39	336.34	44.31		44.24	70.13	1365.64
1995	76.77	345.10	347.04	46.54		44.23	71.81	1331.44
1996	73.59	353.14	355.11	54.90	350.47	43.75	70.13	1346.25
1997	75.83	384.20	385.51	71.62	501.51	46.00	68.98	1374.00
1998	77.15	396.85	396.92	79.65	528.60	47.27	58.54	1390.51
1999	81.04	412.92	414.05	83.33	446.21	48.85	56.03	1406.79
2000	82.92	431.38	433.46	88.63	418.54	49.41	51.84	1443.77
2001	85.75	453.31	455.99	93.19	428.76	51.38	48.21	1450.49
2002	87.84	470.56	472.09	101.94	480.95	52.91	43.75	1476.26
2003	87.00	492.35	493.71	96.84	503.52	52.55	36.81	1442.16
2004	92.27	511.09	513.48	105.29	485.72	53.85	34.80	1470.16
2005	94.57	524.47	527.17	110.66	488.25	54.74	33.50	1478.94

4-1-11 货运量

单位：万吨

年 份	总计	铁路				公路	水运	民航	管道
			国家	地方	合资				
1952	31516	13217	13217			13158	5141	0.2	
1957	80365	27421	27421			37505	15438	0.8	
1962	85521	35261	34598	663		32794	17464	1.8	
1965	121083	49100	48358	742		48987	22993	2.7	
1970	150359	68132	66552	1580		56779	25444	3.7	
1975	202478	88955	86746	2209		72499	34987	4.7	6032
1978	248946	110119	107492	2627		85182	43292	6.4	10347
1980	546537	111279	108584	2695		382048	42676	8.9	10525
1985	745763	130709	127516	3193		538062	63322	19.5	13650
1986	853557	135635	132219	3416		620113	82962	22.4	14825
1987	948229	140653	136949	3704		711424	80979	29.9	15143
1988	982195	144948	140553	4395		732315	89281	32.8	15618
1989	988435	151489	146804	4685		733781	87493	31.0	15641
1990	970602	150681	146209	4472		724040	80094	37.0	15750
1991	985793	152893	147898	4995		733907	83370	45.2	15578
1992	1045899	157627	152317	5310		780941	92490	57.5	14783
1993	1115902	162794	156791	6003		840256	97938	69.4	14845
1994	1180396	163216	157278	5938		894914	107091	82.9	15092
1995	1234937	165982	159473	6509		940387	113194	101.1	15274
1996	1298421	171024	161787	7125	2112	983860	127430	115.0	15992
1997	1278218	172149	162010	7854	2285	976536	113406	124.7	16002
1998	1267427	164309	153435	8035	2839	976004	109555	140.1	17419
1999	1293008	167554	157239	7296	3019	990444	114608	170.0	20232
2000	1358682	178581	166056	8369	4156	1038813	122391	196.7	18700
2001	1401786	193189	179201	9542	4446	1056312	132675	171.0	19439
2002	1483446	204955	187578	11241	6136	1116324	141832	202.1	20133
2003	1561422	221178	199814	13064	8300	1159957	158070	219.0	21998
2004	1706412	249017	217816	14924	16277	1244990	187394	276.7	24734
2005	1862066	269296	231839	17802	19655	1341778	219648	306.7	31037

注：1.从1979年起，公路运输包括社会车辆完成数量；从1984年起，还包括私营运输完成的数量(后相同)。
2.1993年及以后年份，铁路货物运输指标口径有调整，增加了行包运量(后相同)。

4-1-12　货运量构成

单位：%

年　份	总计	铁路				公路	水运	民航	管道
			国家	地方	合资				
1952	100.0	41.9	41.9			41.7	16.3		
1957	100.0	34.1	34.1			46.7	19.2		
1962	100.0	41.3	40.5	0.8		38.3	20.4		
1965	100.0	40.5	39.9	0.6		40.5	19.0		
1970	100.0	45.4	44.3	1.1		37.8	16.9		
1975	100.0	43.9	42.8	1.1		35.8	17.3		3.0
1978	100.0	44.3	43.2	1.1		34.2	17.4		4.2
1980	100.0	20.4	19.9	0.5		69.9	7.8		1.9
1985	100.0	17.5	17.1	0.4		72.1	8.5		1.6
1986	100.0	15.9	15.5	0.4		72.7	9.7		1.7
1987	100.0	14.8	14.4	0.4		75.0	8.5		1.6
1988	100.0	14.7	14.3	0.4		74.6	9.1		1.6
1989	100.0	15.4	14.9	0.5		74.2	8.9		1.6
1990	100.0	15.6	15.1	0.5		74.6	8.3		1.6
1991	100.0	15.5	15.0	0.5		74.4	8.5		1.6
1992	100.0	15.1	14.6	0.5		74.7	8.8		1.4
1993	100.0	14.6	14.1	0.5		75.3	8.8	0.01	1.3
1994	100.0	13.8	13.3	0.5		75.8	9.1	0.01	1.3
1995	100.0	13.4	12.9	0.5		76.1	9.2	0.01	1.2
1996	100.0	13.2	12.5	0.5	0.2	75.8	9.8	0.01	1.2
1997	100.0	13.5	12.7	0.6	0.2	76.4	8.9	0.01	1.3
1998	100.0	13.0	12.1	0.6	0.2	77.0	8.6	0.01	1.4
1999	100.0	13.0	12.2	0.6	0.2	76.6	8.9	0.01	1.6
2000	100.0	13.1	12.2	0.6	0.3	76.5	9.0	0.01	1.4
2001	100.0	13.8	12.8	0.7	0.3	75.4	9.5	0.01	1.4
2002	100.0	13.8	12.6	0.8	0.4	75.3	9.6	0.01	1.4
2003	100.0	14.2	12.8	0.8	0.5	74.3	10.1	0.01	1.4
2004	100.0	14.6	12.8	0.9	1.0	73.0	11.0	0.02	1.4
2005	100.0	14.5	12.4	1.0	1.1	72.1	11.8	0.02	1.7

4-1-13 各地区货运量

单位：万吨

地区	总计	铁路				公路	水运
			国家	地方	合资		
全国	**1862066**	**269296**	**231839**	**17802**	**19655**	**1341778**	**219648**
北京	32113	2063	1976	87		30050	
天津	39219	6810	3344	3466		19850	12559
河北	88342	17151	13360	2439	1352	68652	2539
山西	133662	57366	47697	412	9257	76201	95
内蒙古	69187	18167	16796	992	378	51020	
辽宁	95558	15029	14271	758		74799	5730
吉林	34162	6634	6474	160		27441	87
黑龙江	61800	16123	15616	507		44376	1301
上海	68636	1278	1278			32684	34674
江苏	111233	5655	5082	538	34	76301	29277
浙江	126903	3687	2838	59	790	81448	41768
安徽	67125	10386	8638	1462	286	49614	7125
福建	41200	4411	3491		919	27579	9210
江西	33996	5532	4804	728		25025	3439
山东	144701	15040	13564	1455	21	120455	9206
河南	78699	14708	12789	1919		62684	1307
湖北	46766	5341	4898	339	104	33481	7944
湖南	77534	5879	5252	352	275	67040	4615
广东	119287	8004	6010	606	1388	84861	26422
广西	38226	5723	3998	525	1200	27861	4642
海南	10182	491			491	6615	3076
重庆	39329	2055	1921	110	24	33378	3896
四川	67351	7771	7391	239	141	56594	2986
贵州	21770	6168	5524		645	15082	520
云南	62015	5077	4709	218	149	56702	236
西藏	356					356	
陕西	41551	8155	5985		2170	33282	114
甘肃	26653	4085	4085			22520	48
青海	6816	1325	1325			5491	
宁夏	8529	2881	2449	432		5648	
新疆	30041	5353	5353			24688	
不分地区	39123	947	919		28		6832

注：不分地区总计中，包括民航、管道、铁路行包运量及中国远洋运输集团总公司海外公司完成数。

4-1-14　货物周转量

单位：亿吨公里

年　份	总计	铁路	国家	地方	合资	公路	水运	民航	管道
1952	761.8	601.6	601.6			14.5	145.8		
1957	1809.5	1345.9	1345.9			48.0	415.6	0.08	
1962	2236.0	1721.1	1719.1	2.0		62.1	452.6	0.15	
1965	3464.3	2698.7	2696.4	2.3		95.1	670.2	0.25	
1970	4565.7	3496.0	3491.4	4.6		138.1	931.3	0.35	
1975	7295.6	4255.6	4246.1	9.5		202.7	2574.7	0.60	262
1978	9829.4	5345.2	5333.5	11.7		274.1	3779.2	0.97	430
1980	12026.0	5716.9	5707.3	9.6		764.0	5052.8	1.41	491
1985	18365.3	8125.7	8111.6	14.1		1903.2	7729.3	4.15	603
1986	20147.5	8764.8	8750.1	14.7		2118.0	8647.9	4.81	612
1987	22228.4	9471.5	9455.7	15.8		2660.4	9465.1	6.50	625
1988	23825.7	9877.8	9860.4	17.4		3220.4	10070.4	7.30	650
1989	25591.7	10394.2	10373.0	21.2		3374.8	11186.8	6.90	629
1990	26207.6	10622.4	10601.2	21.2		3358.1	11591.9	8.18	627
1991	27986.6	10972.0	10948.1	23.9		3428.0	12955.5	10.10	621
1992	29217.5	11575.5	11548.5	27.0		3755.4	13256.2	13.40	617
1993	30524.9	11968.9	11937.7	31.2		4070.5	13860.8	16.61	608
1994	33274.8	12471.4	12440.0	31.4		4486.3	15686.6	18.58	612
1995	35908.9	13049.5	13015.3	34.2		4694.9	17552.2	22.30	590
1996	36589.8	13106.2	12935.0	48.6	122.5	5011.2	17862.5	24.93	585
1997	38384.7	13269.9	13063.0	50.7	156.2	5271.5	19235.0	29.10	579
1998	38088.7	12560.1	12304.5	50.7	204.8	5483.4	19405.8	33.45	606
1999	40567.8	12910.3	12649.8	37.6	222.9	5724.3	21263.0	42.30	628
2000	44320.5	13770.5	13444.0	43.6	282.9	6129.4	23734.2	50.27	636
2001	47709.9	14694.1	14368.8	55.4	270.0	6330.4	25988.9	43.72	653
2002	50685.9	15658.4	15219.1	62.8	376.5	6782.5	27510.6	51.55	683
2003	53859.2	17246.7	16475.6	69.0	702.1	7099.5	28715.8	57.90	739
2004	69445.0	19288.8	18285.5	89.1	914.2	7840.9	41428.7	71.80	815
2005	80258.1	20726.0	19533.4	99.2	1093.5	8693.2	49672.3	78.90	1088

4-1-15 货物周转量构成

单位：%

年 份	总计	铁路	国家	地方	合资	公路	水运	民航	管道
1952	100.0	79.0	79.0			1.9	19.1		
1957	100.0	74.4	74.4			2.7	23.0		
1962	100.0	77.0	76.9	0.1		2.8	20.2		
1965	100.0	77.9	77.8	0.1		2.7	19.3		
1970	100.0	76.6	76.5	0.1		3.0	20.4		
1975	100.0	58.3	58.2	0.1		2.8	35.3		3.6
1978	100.0	54.4	54.3	0.1		2.8	38.4		4.4
1980	100.0	47.6	47.5	0.1		6.4	42.0		4.1
1985	100.0	44.9	44.8	0.1		9.3	42.5		3.3
1986	100.0	43.5	43.4	0.1		10.5	42.9		3.0
1987	100.0	42.6	42.5	0.1		12.0	42.6		2.8
1988	100.0	41.5	41.4	0.1		13.5	42.3		2.7
1989	100.0	40.6	40.5	0.1		13.2	43.7		2.5
1990	100.0	40.6	40.5	0.1		12.8	44.2		2.4
1991	100.0	39.2	39.1	0.1		12.2	46.3		2.2
1992	100.0	39.6	39.5	0.1		12.9	45.4		2.1
1993	100.0	39.2	39.1	0.1		13.3	45.4	0.1	2.0
1994	100.0	37.5	37.4	0.1		13.5	47.1	0.1	1.8
1995	100.0	36.3	36.2	0.1		13.1	48.9	0.1	1.6
1996	100.0	35.8	35.4	0.1	0.3	13.7	48.8	0.1	1.6
1997	100.0	34.6	34.0	0.1	0.4	13.7	50.1	0.1	1.5
1998	100.0	33.0	32.3	0.1	0.5	14.4	50.9	0.1	1.6
1999	100.0	31.8	31.2	0.1	0.5	14.1	52.4	0.1	1.5
2000	100.0	31.1	30.3	0.1	0.6	13.8	53.6	0.1	1.4
2001	100.0	30.8	30.1	0.1	0.6	13.3	54.5	0.1	1.4
2002	100.0	30.9	30.0	0.1	0.7	13.4	54.3	0.1	1.3
2003	100.0	32.0	30.6	0.1	1.3	13.2	53.3	0.1	1.4
2004	100.0	27.8	26.3	0.1	1.3	11.3	59.7	0.1	1.2
2005	100.0	25.8	24.3	0.1	1.4	10.8	61.9	0.1	1.4

4-1-16　各地区货物周转量

单位：亿吨公里

地　区	总计	铁路				公路	水运
			国家	地方	合资		
全　国	**80258.1**	**20726.0**	**19533.4**	**99.2**	**1093.5**	**8693.2**	**49672.3**
北　京	582.1	496.6	496.5	0.1		85.5	
天　津	12593.0	410.6	391.2	15.2	4.1	74.0	12108.4
河　北	5068.1	2468.6	2100.7	15.2	352.6	691.5	1908.1
山　西	1690.9	1298.1	1113.1	1.2	183.8	392.8	0.1
内蒙古	1437.1	1114.8	983.5	6.6	124.7	322.3	
辽　宁	3350.5	1196.8	1194.8	2.0		415.5	1738.2
吉　林	605.9	506.7	506.2	0.5		98.8	0.4
黑龙江	1167.4	919.7	913.6	6.1		227.6	20.0
上　海	12128.1	46.6	46.6			73.4	12008.1
江　苏	2993.2	477.2	450.4	0.6	26.2	459.2	2056.9
浙　江	3417.0	282.9	238.7	0.1	44.2	372.7	2761.4
安　徽	1566.1	883.8	857.7	8.1	17.9	422.7	259.7
福　建	1573.1	200.2	163.8		36.3	238.3	1134.6
江　西	885.2	613.7	609.9	1.6	2.1	186.5	85.1
山　东	5551.0	1187.2	1141.1	7.7	38.4	711.8	3652.0
河　南	2352.5	1832.0	1811.0	20.9		467.0	53.5
湖　北	1415.7	721.2	715.1	1.4	4.7	251.2	443.2
湖　南	1628.6	899.7	869.1	0.9	29.7	538.6	190.3
广　东	3860.3	325.6	210.2	3.1	112.4	646.5	2888.2
广　西	1098.3	667.1	630.6	2.7	33.8	258.4	172.7
海　南	448.8	3.2			3.2	55.9	389.7
重　庆	625.5	76.0	75.0	0.4	0.6	149.1	400.5
四　川	916.6	620.9	612.3	0.7	7.9	263.7	31.9
贵　州	646.5	544.3	536.8		7.5	94.2	8.1
云　南	680.6	295.7	288.0	1.0	6.7	382.0	2.9
西　藏	40.7					40.7	
陕　西	1028.8	820.6	767.0		53.7	207.8	0.3
甘　肃	983.2	845.9	845.9			137.3	0.1
青　海	147.1	98.8	98.8			48.3	
宁　夏	255.2	187.4	184.4	3.0		67.8	
新　疆	806.6	494.2	494.2			312.4	
不分地区	8714.5	190.2	187.2		2.9		7357.8

注：不分地区总计中，包括民航、管道、铁路行包运量及中国远洋运输集团总公司海外公司完成数。

4-1-17 货物运输平均运距

单位：公里

年 份	总计	铁路	国家	地方	合资	公路	水运	民航	管道
1952	242	455	455			11	284		
1957	225	491	491			13	269	1000	
1962	261	488	497	30		19	259	833	
1965	286	550	558	32		19	291	926	
1970	304	513	525	29		24	366	946	
1975	360	478	489	43		28	736	1277	434
1978	395	485	496	45		32	873	1516	416
1980	220	514	526	35		20	1184	1584	467
1985	246	622	636	44		35	1221	2127	442
1986	236	646	662	43		34	1042	2144	413
1987	234	673	690	43		37	1169	2175	413
1988	243	681	702	40		44	1128	2225	416
1989	259	686	707	45		46	1279	2228	402
1990	270	705	725	47		46	1447	2213	398
1991	284	718	740	48		47	1554	2235	399
1992	279	734	758	51		48	1433	2330	417
1993	274	735	761	52		48	1415	2393	409
1994	282	764	791	53		50	1465	2241	406
1995	291	786	816	53		50	1551	2206	386
1996	282	766	800	68	580	51	1402	2168	366
1997	300	771	806	65	684	54	1696	2334	362
1998	301	764	802	63	721	56	1771	2388	348
1999	314	771	804	52	738	58	1855	2482	310
2000	326	771	810	52	681	59	1939	2556	340
2001	340	761	802	58	607	60	1959	2557	336
2002	342	764	811	56	614	61	1940	2551	339
2003	345	780	825	53	846	61	1817	2644	336
2004	407	775	839	60	562	63	2211	2595	329
2005	431	770	843	56	556	65	2261	2572	350

4-1-18　全国铁路基本情况

指　标	2001	2002	2003	2004	2005
运输线路里程　（公里）					
营业里程	**70057.2**	**71897.5**	**73002.0**	**74407.7**	**75437.6**
国家铁路	59078.6	59530.0	60446.2	61014.6	62200.0
合资铁路	6162.0	7651.0	7738.0	8524.2	8462.3
地方铁路	4816.6	4716.5	4817.8	4868.9	4775.3
复线里程	**23288.3**	**23950.7**	**24650.4**	**24908.3**	**25566.0**
国家铁路	22640.3	23057.9	23701.8	23840.7	24497.2
合资铁路	648.0	873.9	929.7	1054.0	1055.2
地方铁路		18.9	18.9	13.6	13.6
电气化铁路里程	**17497.7**	**18115.1**	**18757.8**	**19303.2**	**20150.6**
国家铁路	16867.6	17409.2	18059.7	18561.8	19408.2
合资铁路	630.1	705.9	698.1	741.4	742.4
正线延展里程	**95044.5**	**97548.4**	**99437.0**	**101066.8**	**102924.5**
国家铁路	83419.6	84274.4	85903.4	86731.7	88561.2
合资铁路	6808.3	8538.6	8667.7	9591.7	9535.2
地方铁路	4816.6	4735.4	4865.9	4743.4	4828.1
运输设备					
机车拥有量　（台）	**15756**	**16026**	**16320**	**17022**	**17473**
国家铁路	14955	15159	15456	16066	16547
合资铁路	453	510	505	604	578
地方铁路	348	357	359	352	348
客车拥有量　（辆）	**38780**	**39438**	**40487**	**41353**	**41974**
国家铁路	37214	37942	38972	39766	40328
合资铁路	1396	1343	1353	1452	1518
地方铁路	170	153	162	135	128
货车拥有量　（辆）	**453620**	**459017**	**510327**	**526894**	**548368**
国家铁路	449921	446707	503868	520101	541824
合资铁路	1125	9894	4065	4546	4521
地方铁路	2574	2416	2394	2247	2023
铁路运输					
客运量　（万人）	**105155**	**105606**	**97260**	**111764**	**115583**
国家铁路	101680	101741	93634	107346	110651
合资铁路	2917	3349	3214	4040	4613
地方铁路	558	516	412	378	319
客运周转量（亿人公里）	**4766.82**	**4969.38**	**4788.61**	**5712.17**	**6061.96**
国家铁路	4636.55	4803.05	4622.79	5511.96	5833.20
合资铁路	125.07	161.07	161.83	196.23	225.23
地方铁路	5.20	5.26	3.99	3.98	3.53
货运量　（万吨）	**193189**	**204955**	**221178**	**249017**	**269296**
国家铁路	179201	187578	199814	217816	231839
合资铁路	4446	6136	8300	16277	19655
地方铁路	9542	11241	13064	14924	17802
货物周转量（亿吨公里）	**14694.14**	**15658.42**	**17246.65**	**19288.77**	**20726.03**
国家铁路	14368.81	15219.11	16475.58	18285.48	19533.36
合资铁路	269.95	376.51	702.08	914.24	1093.47
地方铁路	55.38	62.80	68.99	89.05	99.20

4-1-19 国家铁路基本情况

指　标	1985	1990	1995	2000	2001	2002	2003	2004	2005
营业里程　（公里）	**52119**	**53378**	**54616**	**58656**	**59079**	**59530**	**60446**	**61015**	**62200**
正式营业	49433	50310	50866	51262	54012	54422	56238	56822	57589
临时营业	2686	3068	3750	7394	5066	5108	4208	4193	4611
正式营业里程比重　(%)	94.8	94.3	93.1	87.4	91.4	91.4	93.0	93.1	92.6
复线里程　（公里）	**9989**	**13024**	**16909**	**21408**	**22640**	**23058**	**23702**	**23841**	**24497**
占营业里程比重　(%)	19.2	24.4	31.0	36.5	38.3	38.7	39.2	39.1	39.4
电气化线路里程　（公里）	**4151**	**6941**	**9703**	**14864**	**16868**	**17409**	**18060**	**18562**	**19408**
占营业里程比重　(%)	8.0	13.0	17.8	25.3	28.6	29.2	29.9	30.4	31.2
内燃机牵引线路里程（公里）	**10822**	**16097**	**24749**	**39497**	**40466**	**42121**	**42387**	**42453**	**42792**
占营业里程比重　(%)	20.8	30.2	45.3	67.3	68.5	70.8	70.1	69.6	68.8
调度集中里程　（公里）	**1307**	**1169**	**1226**	**1200**	**1163**	**1401**	**1842**	**1842**	**1828**
占营业里程比重　(%)	2.5	2.2	2.2	2.0	2.0	2.4	3.1	3.0	2.9
自动闭塞里程　（公里）	**6921**	**10370**	**12910**	**18318**	**18845**	**20682**	**21920**	**22724**	**24149**
占营业里程比重　(%)	13.3	19.4	23.6	31.2	31.9	34.7	36.3	37.2	38.8
半自动闭塞里程　（公里）	**42625**	**38832**	**40859**	**41695**	**41336**	**39990**	**39522**	**39335**	**39390**
占营业里程比重　(%)	81.8	72.7	74.8	71.1	70.0	67.2	65.4	64.5	63.3
无缝线路里程　（公里）	**10439**	**14644**	**21854**	**29975**	**32502**	**35967**	**39497**	**43198**	**47965**
占正线里程比重　(%)	16.7	21.7	40.0	51.1	39.0	42.7	46.0	70.8	54.2
有电气集中的车站　（个）	**2320**	**3535**	**4587**	**5232**	**5288**	**5278**	**5204**	**5340**	**5213**
占营业车站比重　(%)	46.9	62.9	73.9	90.4	91.6	91.8	92.9	95.1	93.7

4-1-20　各地区铁路线路年末里程

单位：公里

地区	营业里程	国家铁路		地方铁路				合资铁路		
	合计	正线延展里程	营业里程	延展里程	正线里程	#准轨	营业里程	营业里程	复线里程	电气化里程
全国	**75437.6**	**88561.2**	**62200.0**	**6324.4**	**4828.1**	**4009.8**	**4775.3**	**8462.3**	**1055.2**	**742.4**
北京	1125.4	1757.1	1109.2	19.0	16.2	16.2	16.2			
天津	664.6	988.2	540.5	182.8	131.3	131.3	99.1	25.0		
河北	4652.0	6158.6	3675.9	660.5	452.5	452.5	452.5	523.6	421.8	399.9
山西	3153.9	3945.1	2512.6	184.5	156.8	156.8	156.8	484.5	188.2	188.1
内蒙古	6246.2	6325.3	5011.3	117.3	82.7	82.7	79.8	1155.1		
辽宁	4171.2	5843.7	3936.3	287.3	234.9	234.9	234.9			
吉林	3561.8	4062.7	3474.6	121.3	87.2	79.9	87.2			
黑龙江	5654.9	6569.3	4893.7	813.7	721.9	721.9	721.9	39.3		
上海	269.1	406.2	269.1							
江苏	1615.6	1481.1	791.0	16.9	12.5	12.5	12.5	812.1		
浙江	1292.3	1440.6	836.9	19.0	13.5	13.5	13.5	441.9	144.1	
安徽	2353.2	3174.0	1984.0	122.0	88.0	88.0	88.0	281.2		
福建	1613.1	1044.9	1034.4					578.7		
江西	2423.9	3684.6	2309.0	109.9	71.1	30.1	71.1	43.8	8.8	
山东	3319.3	4813.0	2701.1	589.8	473.6	473.6	472.1	146.1		
河南	4098.7	5099.0	2846.2	1608.1	1211.5	441.5	1211.5	41.0		
湖北	2525.4	3314.9	2172.5	181.4	133.8	133.8	133.8	219.1		
湖南	2902.0	3862.3	2598.1	71.0	45.1	45.1	45.1	258.8		
广东	2225.2	1322.9	692.5	386.0	283.3	283.3	283.3	1249.4	292.3	
广西	2728.8	2536.3	2051.8	412.7	284.7	284.7	268.8	408.2		
海南	221.7							221.7		
重庆	1269.2	1149.4	1149.4	47.6	34.6	34.6	34.6	85.2		
四川	2960.4	2784.0	2393.7	180.8	148.0	148.0	148.0	418.7		
贵州	1985.7	2406.9	1831.3					154.4		154.4
云南	2328.1	2163.3	2048.7	95.4	74.5	74.5	74.2	205.2		
西藏										
陕西	3131.2	3015.3	2461.9					669.3		
甘肃	2300.0	3795.3	2300.0							
青海	1091.8	1097.2	1091.8							
宁夏	791.9	811.9	721.5	97.4	70.4	70.4	70.4			
新疆	2761.0	3508.1	2761.0							

4-1-21 铁路机、客、货车拥有量

车类名称	1993	2000	2001	2002	2003	2004	2005
机车　　（台）		**15253**	**15756**	**16026**	**16320**	**17022**	**17473**
蒸汽机车		**911**	**699**	**374**	**343**	**263**	**193**
国家铁路	4347	601	381	109	94	82	94
地方铁路	279	159	167	141	131	89	59
合资铁路		151	151	124	118	92	40
内燃机车		**10826**	**11081**	**11312**	**11355**	**11872**	**12114**
国家铁路	8282	10355	10598	10752	10778	11135	11331
地方铁路	129	168	181	216	228	263	289
合资铁路		303	302	344	349	474	494
电力机车		**3516**	**3976**	**4340**	**4622**	**4887**	**5166**
国家铁路	2517	3516	3976	4298	4584	4849	5122
合资铁路				42	38	38	44
客车　　（辆）		**37249**	**38780**	**39438**	**40487**	**41353**	**41974**
国家铁路	32404	35989	37214	37942	38972	39766	40328
地方铁路	259	203	170	153	162	135	128
合资铁路		1057	1396	1343	1353	1452	1518
货车　　（辆）		**443902**	**453620**	**459017**	**510327**	**526894**	**548368**
国家铁路	432731	439943	449921	446707	503868	520101	541824
地方铁路	3683	3022	2574	2416	2394	2247	2023
合资铁路		937	1125	9894	4065	4546	4521

4-1-22　铁路主要干线客货运输量

线路名称	货运量（万吨）	货物周转量（百万吨公里）	线路名称	客运量（万人）	旅客周转量（百万人公里）
京沈线	1728	85731	京沪线	10892	68439
哈大线	3711	79387	新石线	453	1784
津沪线	5406	94987	沪杭、浙赣线	6118	40934
沪杭线	217	4175	鹰厦线	696	6583
京广线	6789	140466	京九线	4661	40328
南北同蒲线	16481	38468	京广线	12634	92643
太焦柳线	8637	72132	石太线	577	1939
京九线	3747	89399	石德线	571	2512
兰新线	4231	91687	焦柳线	1492	9023
滨洲线	4685	31451	京包线	1635	7550
滨绥线	1646	20275	包兰线	559	3418
京包线	3119	55923	北同蒲线	563	1452
石太线	5120	23790	南同蒲线	1264	4481
石德线	602	16090	陇海线	6122	46054
浙赣线	3211	51919	宝中线	89	1630
陇海线	7212	116595	兰新线	1185	19108
胶济线	1819	19101	兰青、青藏线	355	2149
京秦线	416	10204	湘黔线	1579	17506
新石线	3760	42464	宝成、成渝线	2449	13356
宝成线	1224	26989	襄渝线	1871	12017
成昆线	2369	31789	贵昆线	1115	4887
大秦线	881	107370	南昆线	301	891
湘黔线	2294	47555	成昆线	1446	5815
贵昆线	2169	21090	京秦线	1176	8036
包兰线	5010	34110	大秦线		
青藏线	834	7535	京哈线	8465	36926

4-1-23 铁路主要车站旅客发送量

单位：万人

车站名称	1997	1998	1999	2000	2001	2002	2003	2004	2005
哈尔滨	1301	1346	1371	1252	1342	1345	1249	1448	1569
沈阳	1280	1217	1168	1168	1303	1235	1077	1176	1182
长春	932	925	973	1062	1085	1069	793	1147	1222
鞍山	682	293	300	295	309	306	288	327	312
本溪	682	599	569	574	685	617	585	684	724
锦州	401	416	436	421	429	424	371	415	411
吉林	400	396	438	397	443	417	373	438	449
北京	1656	1691	1868	1997	2115	2163	1795	2278	2478
北京南	443	403	366	382	438	436	374	379	337
北京西					1652	2102	1896	2429	2622
天津	876	925	1006	1004	1019	1005	855	1040	1099
石家庄	722	732	817	864	927	956	877	1098	1178
太原	684	642	661	679	767	798	719	879	936
郑州	1095	1170	1291	1333	1440	1548	1475	1797	1924
武昌	747	748	772	821	864	883	826	973	1062
洛阳	303	318	339	353	397	375	335	418	440
西安	1023	1031	1096	1063	1211	1245	1196	1517	1669
济南	597	645	658	702	728	707	673	787	802
徐州	619	653	674	632	680	647	611	696	714
南京	776	787	918	897	932	995	940	1069	969
蚌埠	351	358	406	412	442	433	406	460	444
镇江	310	309	333	327	342	352	323	365	379
常州	460	465	516	4524	560	581	558	659	694
无锡	662	633	702	704	768	802	785	956	1026
苏州	636	625	685	703	776	843	859	1018	1142
上海	2516	2430	2536	2595	2860	3118	3031	3648	3866
杭州	395	1008	1074	1061	1025	1192	1129	1406	1462
南昌	666	747	807	795	943	1013	968	1148	1218
广州	1469	1576	1728	1776	1838	2001	2005	2336	2508
深圳	644	718	817	758	902	966	940	1189	1250
柳州	386	366	360	335	323	271	246	257	290
成都	803	845	960	1042	1141	1282	1107	1344	1416
重庆	560	581	695	651	776	754	708	779	801
贵阳	557	571	627	598	610	614	553	605	694
兰州	387	408	439	444	515	523	477	552	560
乌鲁木齐	352	403	411	399	398	410	359	407	450

4-1-24　铁路主要车站货物发送量

单位：万吨

车站名称	1997	1998	1999	2000	2001	2002	2003	2004	2005
七台河	1289	1273	1317	1338	1333	1314	1304	1477	1474
恒　山	481	386	374	371	441	519	614	579	660
竣　德	584	404	526	418	478	538	572	742	733
鹤　岗	821	656	725	822	787	803	843	952	1019
双鸭山	669	621	722	751	831	832	1011	1103	1181
大官屯	653	643	689	657	683	670	662	748	755
灵　山	910	909	957	999	956	935	907	1086	1136
甘井子	488	502	470	464	389	270	327	338	333
本　溪	384	377	356	405	391	518	483	508	589
阜　新	686	602	503	531	571	573	529	575	578
白云鄂博	969	860	808	739	794	850	918	1027	1111
石景山南	517	564	522	602	572	537	517	343	427
古　冶	970	837	847	866	849	873	843	813	798
唐山南	429	418	394	404	381	357	351	314	338
沙河驿镇	895	920	826	877	887	829	827	738	753
秦皇岛南	331	406	381	398	489	473	515	524	574
白羊墅	1029	856	959	986	1082	1090	1052	1192	978
云　岗	557	436	438	458	517	603	618	581	556
云岗西	1087	839	752	846	919	1020	1158	1147	1173
新高山	1040	905	868	942	1076	1160	1225	1423	1589
介　休	504	522	488	574	634	587	653	709	837
鹤壁北	289	261	316	331	407	408	409	418	398
晋城北	1100	1168	1265	1293	1471	1381	1279	1285	1235
长治北	947	939	947	952	1032	1038	1155	1201	1249
新　密	452	370	342	345	368	394	446	504	455
平顶山东	2119	2013	1953	1984	2146	2309	2453	2453	2595
武昌东	553	532	454	429	463	428	469	505	631
邹　县	525	650	704	691	983	1139	1155	991	738
青龙山	386	380	455	502	532	533	516	516	511
茂　名	461	433	388	544	525	579	684	841	710

4-1-25 按货类分国家铁路货物运输量

货类名称	2004			2005		
	货运量（万吨）	货物周转量（百万吨公里）	平均运距（公里）	货运量（万吨）	货物周转量（百万吨公里）	平均运距（公里）
总计	**216961**	**1810994**	**835**	**230920**	**1934612**	**838**
煤	99210	571298	576	107082	637383	595
石油	11944	109964	921	12667	118495	935
焦碳	7189	66151	920	7918	73831	932
金属矿石	19319	119602	619	22187	138578	625
钢铁	16083	178964	1113	17536	198931	1134
非金属矿石	8039	53570	666	8240	54442	661
磷矿石	1481	14536	981	1642	16586	1010
矿建材料	7785	40976	526	7820	36294	464
水泥	3700	15283	413	3470	13301	383
木材	3237	57387	1773	3501	53606	1531
粮食	10906	163493	1499	11082	165510	1493
棉花	264	8987	3410	283	9875	3486
化肥和农药	6392	83276	1303	7163	100246	1400
盐	1278	9843	770	1287	10382	807
化工原料及制品	4981	67379	1353	4964	68042	1371
金属品	342	6381	1867	289	4492	1553
工业机械	510	9281	1819	455	8324	1831
电子电气机械	132	2994	2261	129	3105	2400
农业机具	9	169	1878	7	122	1868
鲜活易腐货物	563	13402	2382	507	12065	2380
农副土特产品	578	10127	1753	477	8442	1768
饮食	1849	30111	1628	1713	28565	1667
纺织	173	3535	2049	139	3136	2257
文教	690	12245	1775	604	10933	1810
医药	77	1386	1793	79	1420	1790
其他	3659	55713	1522	3670	56439	1538
零担	617	11184	1812	442	8078	1828
集装箱	5952	93755	1575	5565	93987	1689

4-1-26　国家铁路运输主要技术经济指标

指　标		2001	2002	2003	2004	2005
货运机车日产量	(万吨公里)	99.9	102.2	105.8	108.7	110.6
内燃机车		100.7	99.3	101.4	103.4	105.6
电力机车		100.7	106.8	112.8	117.1	118.3
货运机车平均牵引总重	(吨)	2760	2789	2829	2934	3038
内燃机车		2668	2648	2679	2768	2848
电力机车		2985	3028	3071	3198	3335
货运机车日车公里	(公里)	437	445	450	455	458
客运机车日车公里	(公里)	533	557	562	612	650
内燃机车每万吨公里耗油	(公斤)	25.7	25.9	25.4	25.0	24.6
电力机车每万吨公里耗电	(千瓦小时)	113.1	110.8	110.0	111.2	111.8
货物列车出发正点率	(%)	97.2	97.3	96.9	96.5	97.0
货物列车运行正点率	(%)	96.8	96.7	96.5	96.2	96.9
旅客列车出发正点率	(%)	99.8	99.8	99.7	99.8	99.5
旅客列车运行正点率	(%)	96.9	97.6	96.5	95.9	98.4
旅客列车技术速度	(公里/小时)	69.5	71.4	71.7	73.7	74.2
旅客列车旅行速度	(公里/小时)	60.5	62.0	62.2	64.4	65.2
客运密度	(万人公里/公里)	785.0	807.0	765.0	903.0	938.0
货物列车技术速度	(公里/小时)	46.7	47.1	47.1	46.7	46.3
货物列车旅行速度	(公里/小时)	39.5	32.4	32.8	32.2	32.1
货运密度	(万吨公里/公里)	2412	2533	2726	2997	3140
货车周转时间	(天)	5.08	5.10	5.10	4.94	4.90
一次货物作业时间	(小时)	22.0	21.2	20.9	17.2	15.2
货车中转停留时间	(小时)	4.6	4.6	4.5	4.4	4.3
货车静载重(准轨)	(吨)	58.1	58.2	58.3	59.3	60.1
货车载重力利用率	(%)	97.3	96.7	96.5	98.0	98.7
每万换算吨公里单位营业支出	(元)	695	676	673	712	774
每万人公里单位客运支出	(元)	1198	1160	1202	1196	1146
每万吨公里单位货运支出	(元)	531	519	523	604	605

4-1-27 国家铁路运输固定资产

单位：亿元

指 标	2000	2001	2002	2003	2004	2005
固定资产原值	**5268.8**	**6399.6**	**7133.4**	**7872.3**	**8656.1**	**9294.2**
在用	5205.7	6330.7	7053.0	7784.0	8570.6	9212.1
机车车辆	816.8	1487.2	1650.7	1818.3	2009.5	2255.2
线 路	2854.4	3109.0	3355.9	3691.2	4147.2	4428.4
通信线路	0.2					
通信信号设备	153.6					
房屋及建筑物	683.1	717.0	823.1	902.9	938.0	966.2
机械动力设备	143.6	167.6	197.2	221.6	252.4	265.1
传导设备	153.4	180.8	201.0	117.4	253.6	270.2
其他		669.2	825.1	1032.7	970.0	1027.0
未使用	56.3	60.9	70.2	73.8	72.9	71.2
不需用	1.4	1.8	3.5	5.8	5.2	4.6
封存及租出的	5.3	6.1	6.7	8.7	7.5	6.4
固定资产净值	**3830.1**	**4584.0**	**5105.1**	**5658.3**	**6288.0**	**6667.8**
固定资产折旧	**1438.7**	**1815.6**	**2028.3**	**2214.0**	**2368.2**	**2626.5**

4-1-28 国家铁路运输主要财务指标

单位：亿元

指 标	1990	1995	2000	2004	2005
运输总收入	**411.1**	**632.1**	**1097.4**	**1794.4**	**2019.1**
客运收入	110.9	201.5	369.3	592.9	638.1
货运收入	272.1	357.6	566.6	943.7	1105.7
行李包裹收入	8.6	15.8	38.1	47.6	48.8
邮运收入	1.0	1.9	3.5	3.7	3.7
其他收入	18.4	55.2	119.9	206.5	222.9
营运成本	**253.9**	**640.6**	**1005.3**	**1399.4**	**1589.4**
工资	42.8	139.6	214.4	323.4	354.4
材料	32.6	85.5	93.5	163.0	222.9
燃料	38.5	101.1	142.0	193.8	238.8
电力	9.0	32.2	62.9	115.1	135.2
折旧	108.8	73.7	159.8	235.8	261.6
其他	22.3	208.5	332.7	368.3	376.5
营业外收支净额	**24.1**	**33.4**	**47.1**	**69.5**	**105.9**
应缴税金	**21.6**	**32.3**	**37.8**	**72.5**	**93.7**
实现利润	**113.1**	**-64.1**	**33.8**	**48.5**	**85.8**

4-1-29 公路线路年末里程

单位：公里

指标	2001	2002	2003	2004	2005
公路线路里程	**1698012**	**1765222**	**1809828**	**1870661**	**1930543**
按技术等级分					
等级公路	1336044	1382926	1438738	1515826	1591791
高速公路	19437	25130	29745	34288	41005
一级公路	25214	27468	29903	33522	38381
二级公路	182102	197143	211929	231715	246442
三级公路	308626	315141	324788	335347	344671
四级公路	800665	818044	842373	880954	921293
等外公路	361968	382296	371090	354835	338752
按路面类型分					
有铺装路面里程			344271	441680	532697
简易铺装路面里程			443846	455281	461901
未铺装路面里程			1021711	973700	935945
按行政等级分					
国道	121587	125003	127899	129815	132674
省道	213044	216249	223425	227871	233783
县道	463665	471239	472935	479372	494276
乡道	831699	865635	898300	945180	981430
专用公路	86017	87096	87269	88424	88380
公路晴雨通车里程	1495020	1553090	1599195	1654427	1720826
公路养护里程	1598698	1661225	1705788	1788845	1840058
公路绿化里程	938169	939937	958036	993910	1026329

4-1-30 各地区公路线路年末里程

单位：公里

年份 地区	总计	等级公路	高速	一级	二级	三级	四级	等外路
1995	1157009	910754	2141	9580	84910	207282	606841	246255
1996	1185789	948068	3422	11779	96990	216619	619258	237721
1997	1226405	997496	4771	14637	111564	230787	635737	228909
1998	1278474	1069243	8733	15277	125245	257947	662041	209231
1999	1351691	1156736	11605	17716	139957	269078	718380	194955
2000	1402698	1216013	16314	20088	152672	276672	750267	186685
2001	1698012	1336044	19437	25214	182102	308626	800665	361968
2002	1765222	1382926	25130	27468	197143	315141	818044	382296
2003	1809828	1438738	29745	29903	211929	324788	842373	371090
2004	1870661	1515826	34288	33522	231715	335347	880954	354835
2005	1930543	1591791	41005	38381	246442	344671	921293	338752
北京	14696	14481	548	554	2368	3971	7040	215
天津	10836	10791	593	497	1729	1328	6645	44
河北	75894	67229	2135	2645	12547	15493	34410	8665
山西	69563	67785	1686	1011	11586	15998	37503	1779
内蒙古	79029	70880	1001	2139	8359	23342	36039	8149
辽宁	53521	53325	1773	1556	13440	25553	11002	196
吉林	50308	48487	542	1529	7335	12477	26604	1821
黑龙江	67077	61691	958	1118	7140	32806	19669	5386
上海	8110	8110	560	302	2306	2548	2395	
江苏	82739	74958	2886	4214	13998	9498	44361	7781
浙江	48600	46167	1866	2955	6569	7067	27710	2432
安徽	72807	67083	1501	338	9633	12537	43074	5724
福建	58286	47987	1208	358	6262	4518	35640	10298
江西	62300	43523	1559	565	8555	6193	26652	18777
山东	80131	80131	3163	4855	21949	18190	31973	
河南	79506	75003	2678	106	21684	11840	38695	4503
湖北	91131	76075	1649	1093	15225	11229	46880	15055
湖南	88200	45801	1403	530	5563	5856	32448	42399
广东	115337	106476	3140	7301	17147	12461	66428	8861
广西	62003	51046	1411	546	6299	5813	36977	10957
海南	21162	12671	625	180	1255	1405	9205	8491
重庆	38215	30835	748	306	4676	4360	20745	7380
四川	114694	79337	1758	1599	10123	13531	52326	35356
贵州	46893	35447	577	92	2629	8135	24013	11447
云南	167638	111920	1421	248	3325	9918	97007	55718
西藏	43716	10905			807	3909	6189	32812
陕西	54492	49274	1226	359	5858	14658	27173	5219
甘肃	41330	32792	1006	141	4969	14027	12648	8538
青海	29720	26982	171	144	4002	6434	16231	2738
宁夏	13078	13001	670	219	2109	5694	4309	77
新疆	89531	71599	541	883	6993	23879	39303	17932

4-1-31　民用汽车拥有量

年份 地区	民用汽车总计 （万辆）	载客汽车 （万辆）	大型	中型	小型	微型
1978	135.84	25.90				
1980	178.29	35.08				
1985	321.12	79.45				
1989	511.32	146.43				
1990	551.36	162.19				
1991	606.11	185.24				
1992	691.74	226.16				
1993	817.58	285.98				
1994	941.95	349.74				
1995	1040.00	417.90				
1996	1100.08	488.02				
1997	1219.09	580.56				
1998	1319.30	654.83				
1999	1452.94	740.23				
2000	1608.91	853.73				
2001	1802.04	993.96				
2002	2053.17	1202.37	75.48	104.80	789.74	232.34
2003	2382.93	1478.81	75.76	115.96	1017.21	269.88
2004	2693.71	1735.91	78.06	124.54	1248.89	284.42
2005	3159.66	2132.46	82.13	131.65	1618.35	300.32
北京	209.73	188.31	3.64	10.89	152.17	21.60
天津	67.68	54.27	1.41	2.58	39.82	10.46
河北	198.23	119.98	2.92	2.75	84.94	29.36
山西	107.44	67.77	1.70	2.73	49.74	13.61
内蒙古	65.82	38.46	1.23	1.78	28.61	6.83
辽宁	134.87	89.62	4.20	8.54	70.62	6.26
吉林	65.27	46.56	1.93	1.67	36.25	6.71
黑龙江	85.90	57.67	2.97	3.30	43.29	8.11
上海	95.16	76.00	3.57	8.00	60.72	3.71
江苏	192.25	144.63	4.54	9.72	113.79	16.58
浙江	202.92	143.51	3.52	7.28	118.34	14.37
安徽	80.50	43.64	2.87	4.10	29.62	7.05
福建	69.79	44.96	1.56	3.12	36.29	3.99
江西	48.36	27.18	1.49	1.99	20.03	3.66
山东	246.96	166.40	4.83	8.25	120.52	32.81
河南	152.17	98.88	4.62	6.83	67.21	20.21
湖北	86.24	53.40	3.43	4.22	42.89	2.85
湖南	78.34	49.46	2.92	3.17	39.42	3.95
广东	372.96	247.44	9.99	20.47	209.42	7.56
广西	59.14	38.00	2.45	1.81	25.83	7.91
海南	16.40	10.54	0.80	0.60	8.83	0.31
重庆	46.93	26.07	2.03	1.64	19.14	3.27
四川	138.00	97.13	4.42	3.48	56.39	32.85
贵州	46.77	26.25	1.30	1.79	15.72	7.43
云南	103.60	62.49	1.54	2.91	43.36	14.68
西藏	7.07	3.11	0.18	0.42	2.23	0.29
陕西	63.21	42.84	1.76	3.16	30.76	7.16
甘肃	33.74	19.31	1.44	1.40	13.69	2.78
青海	12.18	7.08	0.45	0.60	5.32	0.71
宁夏	15.63	8.04	0.52	0.56	6.09	0.87
新疆	56.42	33.47	1.91	1.89	27.30	2.36

注：1.小轿车包括在载客汽车中（下表同）。
　　2.从2002年起，载客汽车和载货汽车的其中分项、其他汽车统计口径有调整与以前年份不可比（下表同）。

4-1-31 续表

年份 地区	载货汽车 (万辆)	重型	中型	轻型	微型	其他汽车 (万辆)	机动车驾驶员 (万人)	#汽车驾驶员
1978	100.17							192.45
1980	129.90							245.23
1985	223.20							462.44
1989	346.37						1577.99	722.32
1990	368.48						1635.85	790.96
1991	398.62						1791.57	859.44
1992	441.45						2017.83	969.55
1993	501.00						2359.42	1112.97
1994	560.33						2812.12	1269.23
1995	585.43						3501.52	1673.39
1996	575.03						4275.26	2100.74
1997	601.23						5206.79	2619.25
1998	627.89						5944.58	2974.06
1999	676.95						6727.49	3361.12
2000	716.32						7655.56	3746.51
2001	765.24						8455.04	4462.68
2002	812.22	148.28	218.69	360.58	84.66	38.58	9362.03	4827.08
2003	853.51	136.79	243.70	390.79	82.22	50.61	10611.04	5368.07
2004	893.00	153.90	233.94	425.74	79.43	64.80	11769.04	7101.64
2005	955.55	168.07	236.66	484.51	66.31	71.66	13069.52	8017.76
北京	17.73	2.39	3.42	11.71	0.20	3.69	384.00	370.41
天津	11.96	1.89	1.71	7.57	0.79	1.46	164.50	153.14
河北	70.86	20.02	11.87	34.33	4.64	7.39	727.90	458.88
山西	37.96	10.28	8.91	14.82	3.94	1.70	255.03	204.53
内蒙古	24.88	10.65	5.59	7.76	0.89	2.49	364.28	261.71
辽宁	42.39	10.57	6.25	24.09	1.48	2.86	416.87	335.01
吉林	17.91	4.32	3.82	9.26	0.51	0.80	297.69	239.81
黑龙江	26.28	5.66	7.48	10.85	2.29	1.95	260.64	239.42
上海	19.16	2.65	8.29	7.09	1.13		276.29	208.27
江苏	43.35	5.11	18.03	18.48	1.73	4.27	978.79	395.38
浙江	55.90	3.07	10.16	36.75	5.92	3.50	694.55	431.19
安徽	33.21	5.09	12.86	13.74	1.52	3.64	439.73	258.40
福建	23.14	1.64	4.07	14.76	2.67	1.70	442.79	176.70
江西	19.89	7.42	3.95	7.78	0.74	1.29	357.98	108.94
山东	72.89	8.79	13.98	44.76	5.36	7.67	1096.06	619.43
河南	49.17	13.69	10.83	19.94	4.70	4.13	762.52	387.15
湖北	30.96	2.93	11.78	13.59	2.67	1.88	588.39	373.74
湖南	27.97	4.02	10.56	12.61	0.78	0.91	371.52	248.06
广东	118.84	12.11	18.14	84.45	4.14	6.68	1511.21	783.99
广西	19.48	3.89	5.47	7.38	2.74	1.66	524.87	247.83
海南	5.61	1.23	0.91	3.11	0.36	0.25	94.88	46.34
重庆	20.09	2.93	6.70	9.30	1.17	0.76	169.25	127.14
四川	39.39	2.52	15.42	18.12	3.33	1.48	558.55	406.63
贵州	17.56	3.72	3.77	7.21	2.86	2.96	156.94	118.70
云南	40.38	5.89	13.07	17.06	4.36	0.74	375.33	253.51
西藏	3.96	2.17	0.94	0.57	0.28		12.37	10.22
陕西	18.82	2.94	6.97	6.42	2.49	1.55	316.81	208.62
甘肃	13.62	2.70	4.03	6.18	0.72	0.81	174.19	132.18
青海	4.85	0.92	1.52	1.95	0.46	0.26	56.66	32.50
宁夏	6.90	1.23	2.00	3.37	0.29	0.69	62.88	32.45
新疆	20.46	5.61	4.19	9.50	1.16	2.49	176.06	147.49

4-1-32　私人汽车拥有量

单位：万辆

年份 地区	汽车总计	载客汽车	大型	中型	小型	微型
1985	28.49	1.93				
1989	73.12	20.28				
1990	81.62	24.07				
1991	96.04	30.36				
1992	118.20	41.78				
1993	155.77	59.85				
1994	205.42	78.62				
1995	249.96	114.15				
1996	289.67	143.04				
1997	358.36	191.27				
1998	423.65	230.65				
1999	533.88	304.09				
2000	625.33	365.09				
2001	770.78	469.85				
2002	968.98	623.76	9.89	35.87	408.49	169.51
2003	1219.23	845.87	7.36	42.51	586.90	209.10
2004	1481.66	1069.69	7.20	46.95	786.63	228.91
2005	1848.07	1383.93	7.61	50.88	1079.78	245.66
北　京	149.31	140.52	0.18	6.04	113.86	20.45
天　津	45.02	38.62	0.10	1.12	28.07	9.33
河　北	133.36	97.00	0.52	1.31	68.33	26.83
山　西	58.77	43.03	0.19	0.98	31.63	10.24
内蒙古	44.25	27.78	0.27	0.81	20.93	5.78
辽　宁	57.91	47.10	0.33	2.50	40.26	4.00
吉　林	35.88	29.22	0.28	0.59	22.74	5.61
黑龙江	43.88	32.84	0.45	1.28	24.99	6.12
上　海	41.00	40.97	0.02	2.80	35.25	2.90
江　苏	109.43	94.21	0.09	3.13	77.52	13.48
浙　江	135.08	102.67	0.07	2.21	87.89	12.49
安　徽	35.41	22.98	0.44	1.83	15.44	5.27
福　建	42.07	29.29	0.04	0.83	25.07	3.34
江　西	17.55	11.66	0.15	0.35	8.71	2.45
山　东	136.07	97.69	0.46	2.66	68.22	26.35
河　南	83.85	61.42	0.83	2.73	42.27	15.59
湖　北	43.47	29.71	0.33	1.50	25.63	2.25
湖　南	48.19	29.61	0.43	1.33	24.51	3.35
广　东	251.60	183.40	0.75	10.79	164.76	7.10
广　西	29.62	21.07	0.19	0.45	14.94	5.50
海　南	7.67	4.63	0.09	0.17	4.13	0.24
重　庆	23.15	15.33	0.18	0.27	12.30	2.58
四　川	89.32	66.19	0.14	0.98	37.99	27.07
贵　州	30.26	16.27	0.28	0.70	9.70	5.58
云　南	66.84	39.52	0.12	0.74	27.12	11.54
西　藏	4.06	1.49	0.05	0.24	0.99	0.21
陕　西	33.77	25.89	0.17	1.02	19.06	5.63
甘　肃	12.99	7.12	0.26	0.50	4.79	1.57
青　海	5.27	3.17	0.04	0.19	2.44	0.50
宁　夏	8.02	4.65	0.06	0.20	3.67	0.72
新　疆	24.97	18.89	0.10	0.64	16.57	1.59

4-1-32 续表 单位：万辆

年份 地区	载货汽车	重型	中型	轻型	微型	其他汽车
1985	26.48					
1989	52.50					
1990	57.48					
1991	65.61					
1992	76.15					
1993	94.00					
1994	123.29					
1995	131.83					
1996	142.78					
1997	163.19					
1998	192.03					
1999	228.68					
2000	259.09					
2001	298.95					
2002	341.29	48.27	84.40	158.67	49.95	3.94
2003	367.35	44.47	95.20	176.58	51.09	6.00
2004	402.82	53.40	94.69	203.85	50.87	9.15
2005	452.11	62.50	100.34	243.29	45.98	12.04
北京	8.29	1.05	1.42	5.65	0.16	0.49
天津	6.18	0.59	0.72	4.20	0.66	0.21
河北	34.45	7.71	4.91	18.46	3.38	1.91
山西	15.56	2.32	3.70	6.98	2.56	0.18
内蒙古	15.64	8.46	3.81	2.49	0.89	0.83
辽宁	10.68	1.65	1.16	7.05	0.82	0.13
吉林	6.54	1.50	1.27	3.44	0.34	0.12
黑龙江	10.79	2.03	2.76	4.50	1.50	0.25
上海	0.04		0.01	0.02		
江苏	14.61	1.75	5.28	6.57	1.02	0.60
浙江	32.06	1.27	4.22	22.22	4.36	0.35
安徽	12.11	0.95	4.14	6.02	0.99	0.32
福建	12.69	0.50	1.90	8.33	1.96	0.10
江西	5.81	1.64	0.84	2.88	0.45	0.08
山东	37.19	4.02	6.03	23.17	3.97	1.20
河南	21.88	3.43	4.19	10.75	3.51	0.55
湖北	13.54	0.88	4.90	5.88	1.88	0.23
湖南	18.45	2.31	7.34	8.20	0.60	0.13
广东	67.33	5.88	10.40	47.66	3.39	0.88
广西	8.45	1.19	2.36	3.30	1.60	0.10
海南	2.99	0.64	0.60	1.53	0.23	0.04
重庆	7.72	1.19	1.51	4.15	0.88	0.10
四川	22.94	0.93	8.15	11.28	2.58	0.19
贵州	11.61	2.78	2.15	4.61	2.08	2.38
云南	27.19	2.93	8.86	12.37	3.03	0.13
西藏	2.57	1.32	0.72	0.34	0.19	
陕西	7.70	0.65	2.62	2.73	1.70	0.19
甘肃	5.79	1.24	1.93	2.36	0.26	0.09
青海	2.07	0.32	0.71	0.83	0.22	0.02
宁夏	3.26	0.42	0.91	1.72	0.22	0.11
新疆	5.96	0.95	0.85	3.62	0.53	0.13

4-1-33　进口汽车拥有量

单位：辆

年份 地区	汽车总计	载客汽车				
			大型	中型	小型	微型
2002	1361750	1025959	24798	69266	897362	34533
2003	1445408	1155590	21686	75699	1034475	23730
2004	1360832	1129985	19009	66065	1029846	15065
2005	1697266	1454215	18754	79698	1337564	18199
北　京	131486	127027	1408	3299	122042	278
天　津	27674	24356	429	1316	22550	61
河　北	73545	51341	381	636	44559	5765
山　西	23658	19909	168	415	19187	139
内蒙古	27875	23165	238	744	22001	182
辽　宁	101665	88323	1159	4380	82661	123
吉　林	41723	35623	292	527	34750	54
黑龙江	50563	40888	335	1317	39024	212
上　海	41469	38129	1301	2334	34492	2
江　苏	67072	60560	619	5043	54780	118
浙　江	99667	93758	601	2832	89821	504
安　徽	16184	12503	148	1051	11229	75
福　建	61552	52390	632	4759	46901	98
江　西	11379	9435	101	642	8558	134
山　东	94606	73490	652	5507	67021	310
河　南	25624	21745	234	1341	18348	1822
湖　北	28369	25508	267	1755	23448	38
湖　南	26647	24294	194	525	23472	103
广　东	471584	391492	5251	29780	355857	604
广　西	50651	45981	721	2259	40191	2810
海　南	30045	24558	847	1055	22624	32
重　庆	11361	10448	100	346	9937	65
四　川	32029	30017	205	1145	27284	1383
贵　州	11741	9850	131	450	7387	1882
云　南	45672	41925	567	1461	38685	1212
西　藏	6183	5728	202	243	5250	33
陕　西	28195	24038	486	1632	21831	89
甘　肃	13965	11463	354	1011	10045	53
青　海	5534	4727	101	449	4172	5
宁　夏	8133	6322	117	356	5845	4
新　疆	31415	25222	513	1088	23612	9

4-1-33 续表 单位：辆

年份 地区	载货汽车	重型	中型	轻型	微型	其他汽车
2002	314172	87422	48797	165326	12627	21619
2003	264075	73361	31510	150120	9084	25743
2004	207798	49963	22836	129021	5978	23049
2005	213621	48905	22078	139741	2897	29430
北　京	1955	1087	150	717	1	2504
天　津	2391	1287	88	1015	1	927
河　北	20305	5615	4432	9790	468	1899
山　西	3315	993	353	1886	83	434
内蒙古	4370	1681	141	2520	28	340
辽　宁	11785	3687	465	7299	334	1557
吉　林	5796	1248	640	3903	5	304
黑龙江	8814	2548	962	5094	210	861
上　海	3340	1556	660	1080	44	
江　苏	5152	595	762	3788	7	1360
浙　江	4880	169	210	4473	28	1029
安　徽	3381	314	157	2893	17	300
福　建	7634	788	443	6398	5	1528
江　西	1607	272	22	1306	7	337
山　东	19914	928	1017	17915	54	1202
河　南	3479	1437	321	1652	69	400
湖　北	2374	459	412	1248	255	487
湖　南	2107	702	303	1082	20	246
广　东	72117	16879	8071	47052	115	7975
广　西	3921	1163	176	2122	460	749
海　南	5195	675	34	4483	3	292
重　庆	596	165	15	416		317
四　川	1525	253	103	1142	27	487
贵　州	1626	513	256	679	178	265
云　南	3302	1005	208	1700	389	445
西　藏	450	328	84	37	1	5
陕　西	3594	355	962	2230	47	563
甘　肃	2076	260	170	1635	11	426
青　海	740	47	93	581	19	67
宁　夏	1655	165	190	1295	5	156
新　疆	4225	1731	178	2310	6	1968

4-1-34　新注册民用汽车数量

单位：辆

年份 地区	民用汽车总计	载客汽车	大型	中型	小型	微型
2002	3371951	2294649	97200	145062	1491479	560908
2003	4337485	3160859	100284	157523	2421951	481101
2004	4511823	3332297	96462	138357	2841668	255810
2005	5286287	4157504	99489	105314	3712056	240645
北　京	342176	325191	6425	3742	307111	7913
天　津	121316	109269	1900	1171	105227	971
河　北	585438	399056	8565	6741	314168	69582
山　西	178795	144871	1931	2422	126507	14011
内蒙古	112964	78522	1507	885	70253	5877
辽　宁	179705	140576	3662	4418	127558	4938
吉　林	90881	77769	2037	1232	66353	8147
黑龙江	91195	72552	2711	1897	64561	3383
上　海	169715	150646	4745	9773	134182	1946
江　苏	381620	334787	6075	8133	311244	9335
浙　江	402832	334331	4822	7355	316434	5720
安　徽	116023	73960	3105	3308	63737	3810
福　建	132951	99187	2091	2469	92409	2218
江　西	76609	52540	1311	1465	46463	3301
山　东	424576	348305	6457	5736	312805	23307
河　南	252509	189176	5193	8195	152878	22910
湖　北	115940	85269	3361	3355	77736	817
湖　南	86596	66973	2862	4174	58160	1777
广　东	572551	464614	11307	11090	439605	2612
广　西	93461	70835	2580	1423	63485	3347
海　南	21384	16512	518	309	15264	421
重　庆	88429	55757	2303	1647	48432	3375
四　川	203896	156020	4507	2413	132266	16834
贵　州	73421	51103	1524	1719	45852	2008
云　南	149412	103796	1625	2969	90993	8209
西　藏	14420	8864	238	1806	3941	2879
陕　西	68321	54366	1675	2152	43599	6940
甘　肃	40880	26930	1491	993	23630	816
青　海	7341	4913	123	176	4530	84
宁　夏	26736	16261	854	740	13919	748
新　疆	64194	44553	1984	1406	38754	2409

4-1-34 续表 单位：辆

年份 地区	载货汽车	重型	中型	轻型	微型	其他汽车
2002	993761	186498	220969	501985	84309	83541
2003	1075692	168363	259173	576073	72083	100934
2004	1029497	228523	194438	564061	42475	150029
2005	1024034	162859	175576	639557	46042	104749
北京	13354	1673	2523	9158		3631
天津	10334	470	1004	8743	117	1713
河北	170052	42800	24787	92012	10453	16330
山西	32192	5674	4427	20196	1895	1732
内蒙古	27302	12168	2684	5012	7438	7140
辽宁	35499	6468	3414	24724	893	3630
吉林	11886	2147	1598	7452	689	1226
黑龙江	16772	2867	1812	11297	796	1871
上海	19069	1706	6690	10456	217	
江苏	39968	6093	9988	23255	632	6865
浙江	63646	1932	5085	50318	6311	4855
安徽	35542	4916	6776	22900	950	6521
福建	31028	2500	3402	23136	1990	2736
江西	22049	4851	6309	10520	369	2020
山东	67331	7869	6370	51137	1955	8940
河南	56256	12026	12032	29639	2559	7077
湖北	28203	3749	5542	18585	327	2468
湖南	18780	2285	3565	11986	944	843
广东	99308	6003	9308	81083	2914	8629
广西	19895	3062	4131	12236	466	2731
海南	4565	370	459	3611	125	307
重庆	31479	5286	10872	15128	193	1193
四川	45859	3741	13918	27406	794	2017
贵州	20886	2614	4959	12828	485	1432
云南	44325	5563	14568	23655	539	1291
西藏	5556	1646	2778	863	269	
陕西	12416	4088	2125	5780	423	1539
甘肃	12583	2702	1827	7759	295	1367
青海	2106	476	209	1336	85	322
宁夏	9396	1361	835	6834	366	1079
新疆	16397	3753	1579	10512	553	3244

4-1-35 民用汽车报废情况

单位：辆

年份 地区	民用汽车	载客汽车	大型	中型	小型	微型
2002	414543	207420	40064	33951	115589	17816
2003	956797	344453	70860	65980	185410	22203
2004	541539	325243	40059	51522	206479	27183
2005	562025	287529	39498	49851	173472	24708
北京	31243	23704	2164	3240	17276	1024
天津	18051	7271	781	828	3980	1682
河北	15742	5509	896	388	4084	141
山西	3787	1606	166	304	994	142
内蒙古	22799	13809	842	683	11626	658
辽宁	17613	8940	1262	875	6653	150
吉林	3528	1881	199	183	1440	59
黑龙江	10037	7360	379	782	4853	1346
上海	58257	42947	3299	6384	30095	3169
江苏	34332	9832	1549	3364	4360	559
浙江	22821	7804	1220	2186	3384	1014
安徽	8037	5318	1014	897	2292	1115
福建	8996	3258	458	782	1804	214
江西	5721	2429	550	561	1148	170
山东	33694	11927	1312	2226	6693	1696
河南	20462	7613	1257	841	3205	2310
湖北	18127	6724	2277	872	3444	131
湖南	17379	5124	1377	688	2991	68
广东	132791	76913	10601	15120	49357	1835
广西	7836	2439	744	362	1049	284
海南	242	180	72	14	92	2
重庆	8746	4280	1101	1191	981	1007
四川	31332	11685	2561	2139	3477	3508
贵州	4696	2633	682	769	664	518
云南	10238	7003	713	2154	3455	681
西藏	728	346	54	105	171	16
陕西	4007	2512	600	678	1127	107
甘肃	6988	4032	751	858	1486	937
青海	539	378	54	145	97	82
宁夏	819	616	87	92	383	54
新疆	2437	1456	476	140	811	29

4-1-35 续表 单位：辆

年份 地区	载货汽车	重型	中型	轻型	微型	其他汽车
2002	195524	29716	66353	81573	17882	11599
2003	586816	139369	165763	231541	50143	25528
2004	203830	36050	52686	75217	39877	12466
2005	263659	39482	69055	102789	52333	10837
北京	6115	559	1975	3222	359	1424
天津	10457	514	610	974	8359	323
河北	9856	8487	267	1025	77	377
山西	2062	323	307	650	782	119
内蒙古	8907	3823	3185	882	1017	83
辽宁	8391	4197	405	3549	240	282
吉林	1615	632	719	264		32
黑龙江	2592	237	844	1262	249	85
上海	15310	727	1714	9726	3143	
江苏	23903	2001	12782	6700	2420	597
浙江	14283	255	3480	6617	3931	734
安徽	2572	261	861	709	741	147
福建	5491	132	302	895	4162	247
江西	3004	1101	186	1102	615	288
山东	21112	979	3586	12146	4401	655
河南	12664	2141	5139	3209	2175	185
湖北	10779	184	6175	2066	2354	624
湖南	12078	2774	3654	2134	3516	177
广东	53602	5688	10451	35233	2230	2276
广西	5137	1822	209	487	2619	260
海南	34	7	6	20	1	28
重庆	4316	277	1284	1953	802	150
四川	18965	542	8040	4402	5981	682
贵州	1884	571	279	483	551	179
云南	3169	455	548	917	1249	66
西藏	382	217	99	33	33	
陕西	1091	107	382	481	121	404
甘肃	2802	257	1274	1105	166	154
青海	157	6	76	63	12	4
宁夏	157	15	57	75	10	46
新疆	772	191	159	405	17	209

4-1-36　公路运输汽车拥有量

年　份 地　区	汽车总计 (万辆)	载客汽车 辆数 (万辆)	载客汽车 客位 (万客位)	载货汽车 辆数 (万辆)	#普通载货汽车	载货汽车 吨位 (万吨)	#普通载货汽车
1990	31.30	10.76	468.92	20.22	19.82	131.61	127.06
1991	31.67	11.53	497.35	19.83	19.36	132.02	126.54
1992	30.87	12.70	528.87	18.17	17.59	125.91	118.42
1993	28.96	12.85	509.56	16.15	15.53	116.20	108.37
1994	27.97	13.05	493.94	14.87	14.22	109.80	101.21
1995	27.49	13.73	480.61	13.75	13.12	103.13	94.56
1996	28.81	15.41	499.58	13.40	12.74	102.08	91.83
1997	29.89	17.01	519.10	12.88	12.22	95.31	85.09
1998	31.88	19.40	536.43	12.48	11.81	90.02	79.51
1999	501.77	92.14	1409.86	409.62	401.28	1481.02	1406.00
2000	702.82	216.81	2524.45	486.02	475.24	1667.70	1573.73
2001	764.39	255.12	2701.68	509.27	496.65	1733.58	1621.40
2002	826.34	289.55	2972.32	536.78	520.27	1808.45	1674.79
2003	924.64	352.19	3430.64	572.45	553.23	1941.52	1788.86
2004	1067.18	439.09	3872.21	628.09	604.93	2338.61	2119.64
2005	733.22	128.40	1859.28	604.82	580.28	2537.75	2282.15
北　京	12.92	0.53	20.18	12.39	11.60	49.57	42.00
天　津	7.38	0.61	18.78	6.77	5.83	34.16	24.11
河　北	39.85	2.17	47.86	37.68	36.42	237.91	224.34
山　西	20.84	2.13	29.93	18.71	18.44	121.27	118.90
内蒙古	22.80	4.22	39.27	18.59	18.20	141.03	136.90
辽　宁	32.62	1.81	48.66	30.81	29.13	139.91	123.50
吉　林	16.94	4.63	44.38	12.32	11.89	49.90	46.05
黑龙江	20.94	7.90	58.38	13.04	12.67	50.62	47.51
上　海	17.90	1.57	38.85	16.33	14.79	73.88	53.78
江　苏	41.03	8.60	123.70	32.43	30.99	147.99	130.18
浙　江	31.56	7.43	102.88	24.13	22.66	87.98	66.37
安　徽	26.57	4.35	69.14	22.22	21.59	91.71	86.14
福　建	16.09	3.26	47.02	12.83	11.76	43.84	31.17
江　西	13.35	2.34	35.98	11.01	10.80	42.50	40.63
山　东	58.28	10.11	118.15	48.18	45.25	213.90	188.44
河　南	38.28	7.49	146.90	30.79	30.25	151.22	146.99
湖　北	26.54	6.43	83.00	20.10	19.26	72.30	65.58
湖　南	23.21	5.85	93.15	17.36	16.98	58.24	54.60
广　东	86.71	5.95	144.86	80.76	77.82	236.25	192.59
广　西	15.66	3.69	60.05	11.97	11.13	53.03	45.85
海　南	2.98	0.98	18.57	2.00	1.96	6.06	5.59
重　庆	18.48	3.25	47.32	15.23	14.92	42.76	40.96
四　川	36.48	7.80	112.87	28.69	28.35	71.01	68.43
贵　州	12.91	3.83	49.01	9.08	9.01	29.13	28.57
云　南	26.02	5.39	68.97	20.63	20.39	68.87	66.65
西　藏	2.61	0.54	7.12	2.07	2.04	10.99	10.60
陕　西	16.32	5.26	58.52	11.06	10.57	40.74	35.30
甘　肃	12.95	3.73	41.46	9.22	8.69	38.31	35.01
青　海	4.59	1.01	16.80	3.58	3.53	14.32	13.70
宁　夏	7.24	1.47	17.17	5.77	5.64	19.45	18.24
新　疆	23.15	4.08	50.35	19.07	17.73	98.91	93.44

注：1.小轿车包括在载客汽车中。
2.1999年以前数据仅为公路部门营运汽车，1999年为全国营运汽车。2000年起为全国运输汽车(含营运和非营运汽车)。2005年起为全国营运汽车（不含非营运汽车)。

4-1-37 内河航道年末里程

单位：公里

地区	2002	#等级航道	2003	#等级航道	2004	#等级航道	2005	#等级航道
全国	**121557**	**63597**	**123964**	**60865**	**123337**	**60842**	**123263**	**61013**
北京								
天津	443	443	89	89	88	88	88	88
河北	75							
山西	305	155	485	141	467	139	467	139
内蒙古	1188	1188	2403	2380	2403	2380	2403	2380
辽宁	813	813	413	413	413	413	413	413
吉林	1787	1433	1444	1369	1444	1369	1456	1381
黑龙江	5057	4820	5130	4755	5131	4756	5131	4756
上海	2037	1599	2223	803	2223	842	2223	842
江苏	23899	6393	24793	7546	24349	7503	24349	7517
浙江	10408	5768	9892	4753	9893	4756	9652	4756
安徽	5611	4965	5586	4997	5587	4997	5587	4997
福建	3701	1811	3245	1268	3245	1269	3245	1269
江西	5537	2234	5590	2349	5638	2349	5638	2349
山东	2552	1477	1012	919	1012	892	1012	892
河南	1587	1212	1208	1091	1208	1091	1267	1150
湖北	7271	4639	8155	5660	8176	5680	8181	5685
湖南	10041	3000	11551	4134	11495	4126	11495	4126
广东	13687	6123	11843	4305	11844	4306	11844	4306
广西	5582	3437	5413	3331	5413	3331	5413	3331
海南	414	122	343	76	343	76	343	76
重庆	2324	768	4103	1753	4103	1753	4103	1753
四川	7357	3619	10720	3824	10720	3825	10720	3825
贵州	2132	1683	3502	1853	3323	1846	3323	1846
云南	1824	1404	2540	1810	2539	1810	2539	1810
西藏								
陕西	1033	563	1065	557	1066	558	1066	558
甘肃	1306	352	860	347	860	347	860	347
青海	372	372	330	318	329	318	329	318
宁夏	407	397	26	24	26	24	117	105
新疆								
长江干流	2807	2807						

注：2003年起，长江干流通航里程由各省分别统计，不再单列。

4-1-38　民用运输船舶拥有量

年　份	轮驳船总计		机动船		
地　区	艘数(艘)	净载重量(吨)	艘数(艘)	净载重量(吨)	载客量(客位)
1991	385537	39547419	307127	29959203	1169982
1992	373568	40663572	302313	31225749	1177035
1993	372481	43573470	307285	34682035	1124114
1994	353385	48489929	293472	39591864	1065140
1995	357715	50389739	299717	40940087	979985
1996	326007	49089570	269879	39774235	988046
1997	265797	47814180	215814	38749289	1022970
1998	260208	47915993	212093	38896576	983630
1999	242043	47893460	194590	38911462	929138
2000	229676	51281109	185018	42640605	1014013
2001	210786	54495396	169329	45526726	1048915
2002	202977	57055662	165936	48372587	945387
2003	204270	70616313	163813	60745234	971514
2004	210700	86172581	166854	75114059	961562
2005	207294	101786449	165900	90756392	977846
北　京					
天　津	381	5081640	341	4997442	3716
河　北	89	3014431	88	3012379	
山　西	231	8921	231	8921	5450
内蒙古					
辽　宁	760	2994553	735	2981843	27591
吉　林	630	25884	589	10244	11494
黑龙江	1519	272883	1123	46235	15795
上　海	2562	17225879	2016	16939040	82126
江　苏	51241	13571506	34464	8943490	41284
浙　江	29442	10371176	26873	10114637	63940
安　徽	33372	13836326	30439	13025088	14340
福　建	3037	3685158	2890	3661363	25715
江　西	5545	1156095	5418	1123022	17345
山　东	15556	6729218	4020	4063385	19709
河　南	5118	2020619	4687	1908984	6115
湖　北	5362	2856926	4158	1777916	38273
湖　南	9241	906945	8772	842444	74802
广　东	12967	7161965	12885	7093274	68045
广　西	8317	2042787	8307	2036047	89716
海　南	699	382938	695	377490	18754
重　庆	3908	2485955	3274	1937189	115175
四　川	11358	455961	8669	383508	155334
贵　州	2304	83854	2153	61766	26131
云　南	1174	50647	1174	50647	24006
西　藏					
陕　西	1465	12395	980	11312	17043
甘　肃	433	2441	380	2020	8117
青　海	51		51		768
宁　夏	434	2640	390		7062
新　疆					
不分地区	98	5346706	98	5346706	

注：不分地区数据为中国远洋运输集团总公司海外公司数。

4-1-38 续表

年份 地区	机动船		驳船		
	总功率(千瓦)	#拖船功率	艘数(艘)	净载重量(吨)	载客量(客位)
1991		1845705	78410	9588216	61526
1992		1844101	71255	9437823	46337
1993		1734606	65196	8891435	43801
1994		1678066	59913	8898065	26335
1995		1707115	57998	9449652	17722
1996		1616585	56128	9315335	15148
1997	19585843	1468612	49983	9064891	13879
1998	18431582	1584601	48115	9019417	14914
1999	18605574	1494500	47453	8981998	10306
2000	19354496	1439743	44658	8640504	18258
2001	20884813	1370221	41457	8968670	27902
2002	21995838	1433547	37041	8683075	33405
2003	26156815	1269607	40457	9871079	30631
2004	30527287	1197191	43846	11058522	34666
2005	36399287	1480381	41394	11030057	33496
北京					
天津	1347579	331906	40	84198	
河北	414684	465	1	2052	
山西	5917				
内蒙古					
辽宁	866908	18467	25	12710	
吉林	27992	3572	41	15640	
黑龙江	132786	50220	396	226648	150
上海	7442185	97542	546	286839	
江苏	4178587	367871	16777	4628016	1914
浙江	4229435	54597	2569	256539	
安徽	5134613	61696	2933	811238	
福建	1382368	5236	147	23795	
江西	454284	7731	127	33073	
山东	1350006	179032	11536	2665833	
河南	1114271	3068	431	111635	
湖北	760435	114181	1204	1079010	
湖南	430295	14801	469	64501	2335
广东	4015421	40175	82	68691	
广西	674658	966	10	6740	
海南	293375	2309	4	5448	
重庆	834030	101524	634	548766	
四川	263486	20554	2689	72453	19935
贵州	93104	3015	151	22088	
云南	93926	177			
西藏					
陕西	14517	356	485	1083	4959
甘肃	21376		53	421	1628
青海	5273				
宁夏	15371	920	44	2640	2575
新疆					
不分地区	802405				

4-1-39 私人运输船舶拥有量

年份 地区	轮驳船总计		机动船					驳船		
	艘数(艘)	净载重量(吨)	艘数(艘)	净载重量(吨)	载客量(客位)	总功率(千瓦)	#拖船功率	艘数(艘)	净载重量(吨)	载客量(客位)
1991	212030	5037394	200357	4517888	312280		54028	11673	519506	9075
1992	199454	4480601	190262	3976814	326587		60481	9192	503787	11622
1993	200278	6598073	190820	5961873	302898		85806	9458	636200	3103
1994	205620	7618994	198241	7112807	261908		59848	7379	506187	5116
1995	190024	7692074	182060	6942745	276555		78867	7964	749329	180
1996	163903	5478743	157370	4821091	289402		55129	6533	657652	1240
1997	157359	7594334	147415	6714642	347405	3476183	115168	9944	879692	1948
1998	134420	7341713	127130	6547095	328884	3532972	98537	7290	794618	1850
1999	120621	6846515	113359	6070634	343208	3135327	85615	7262	775881	606
2000	142117	9767745	128654	8244485	387405	4329381	168099	13463	1523260	13682
2001	121721	9333086	111633	8190264	443140	4362357	114209	10088	1142822	20293
2002	115108	10091915	105697	8913536	428614	4691411	112152	9411	1178379	21346
2003	114297	14447993	97837	11668873	409915	5843649	187186	16460	2779120	20399
2004	115503	15617740	91188	10986632	402764	5934690	284623	24315	4631108	24030
2005	95838	15243384	83380	12599372	432100	7108688	165830	12458	2644012	25993
北京										
天津										
河北	29	28644	29	28644		14453				
山西	231	8921	231	8921	5450	5917				
内蒙古										
辽宁	293	6127	293	6127		24136				
吉林	554	24637	513	8997	9580	24352	3572	41	15640	
黑龙江	837	42254	748	7594	6954	38201	17741	89	34660	150
上海	155	12955	155	12955		8163				
江苏	20833	3033636	14575	1894407	9499	1079383	72453	6258	1139229	1535
浙江	21309	2638247	20543	2599190	468	1595898	5822	766	39057	
安徽	10010	4444002	9989	4440781	4387	1986442	400	21	3221	
福建	256	10694	256	10694	3110	15201				
江西	3769	525114	3750	519454	12422	216498	1637	19	5660	
山东	3081	1795420	810	561311		197597	25403	2271	1234109	
河南										
湖北	2992	832294	2793	744429	17718	265934	15007	199	87865	
湖南	7601	612362	7543	594825	65061	325343	6587	58	17537	
广东	3078	213677	3078	213677	1182	689310				
广西	3450	352816	3450	352816	56299	141627				
海南	327	9443	327	9443	3802	15099				
重庆	1766	197682	1702	180657	29120	96300	2775	64	17025	
四川	10602	360420	8278	316266	142783	215130	13513	2324	44154	16906
贵州	2015	56474	1994	54454	22921	78926		21	2020	
云南	868	21456	868	21456	13922	39521				
西藏										
陕西	1080	11479	850	10705	15462	12438		230	774	3199
甘肃	367	1990	314	1569	7192	14001		53	421	1628
青海										
宁夏	335	2640	291		4768	8818	920	44	2640	2575
新疆										

4-1-40 沿海主要港口码头泊位数(2005年底)

港口	总计			生产用			非生产用	
	码头长度(米)	泊位个数(个)	#万吨级	码头长度(米)	泊位个数(个)	#万吨级	码头长度(米)	泊位个数(个)
总计	**378678**	**3641**	**769**	**340727**	**3110**	**769**	**37951**	**531**
#大连	30715	223	57	26119	192	57	4596	31
营口	5047	31	15	4758	26	15	289	5
秦皇岛	11446	62	38	10128	41	38	1318	21
天津	20906	116	54	18962	100	54	1944	16
烟台	7357	43	23	6974	40	23	383	3
青岛	13961	59	40	13018	52	40	943	7
日照	7314	35	24	6994	28	24	320	7
连云港	6891	37	27	6421	32	27	470	5
上海	23580	183	78	20069	121	78	3511	62
宁波	28157	334	48	26297	297	48	1860	37
福州	11625	136	23	11406	130	23	219	6
厦门	9391	88	26	9071	83	26	320	5
汕头	8918	88	16	8662	82	16	256	6
深圳	24017	142	52	21705	121	52	2312	21
广州	46553	617	49	36301	455	49	10252	162
湛江	10439	85	29	9011	71	29	1428	14
防城	4120	28	13	3800	24	13	320	4
海口	2662	31	2	2662	31	2		
八所	1412	8	6	1412	8	6		
三亚	602	5		602	5			

注：本表不包括长期借出码头长度及泊位数。

4-1-41 内河主要港口码头泊位数(2005年底)

港口码头	总计			生产用			非生产用	
	码头长度(米)	泊位个数(个)	#万吨级	码头长度(米)	泊位个数(个)	#万吨级	码头长度(米)	泊位个数(个)
总 计	**366387**	**7011**	**186**	**354147**	**6833**	**186**	**12240**	**178**
#重 庆	4060	82		3571	66		489	16
万 州	9655	73		7405	56		2250	17
宜 昌	1140	21		920	16		220	5
枝 城	1205	25		989	20		216	5
武 汉	22495	335		21905	327		590	8
黄 石	3725	74		3378	66		347	8
九 江	1140	14		1010	12		130	2
安 庆	2807	43		2342	33		465	10
池 州	2210	38		2055	36		155	2
铜 陵	921	14		856	13		65	1
芜 湖	2080	30		1835	26		245	4
马鞍山	2007	28		2007	28			
南 京	20120	301	32	18338	269	32	1782	32
镇 江	15831	230	23	15831	230	23		
泰 州	5855	47	8	5831	46	8	24	1
扬 州	2739	50	4	2739	50	4		
江 阴	7842	50	23	7842	50	23		
常 州	6186	105	3	6186	105	3		
南 通	8971	73	24	8724	69	24	247	4
上海(内河)	75717	2138		75717	2138			

注：本表不包括长期借出码头长度及泊位数。

4-1-42 沿海主要港口货物吞吐量

单位：万吨

港口	1985	1990	1995	2000	2001	2002	2003	2004	2005
总计	**31154**	**48321**	**80166**	**125603**	**142634**	**166628**	**201126**	**246074**	**292777**
#大连	4381	4952	6417	9084	10047	10851	12602	14516	17085
营口	98	237	1156	2268	2520	3127	4009	5978	7537
秦皇岛	4419	6945	8382	9743	11302	11167	12562	15037	16900
天津	1856	2063	5787	9566	11369	12906	16182	20619	24069
烟台	689	668	1361	1774	2190	2689	2936	3431	4506
青岛	2611	3034	5103	8636	10398	12213	14090	16265	18678
日照		925	1452	2674	2933	3136	4507	5108	8421
连云港	929	1137	1716	2708	3058	3316	3752	4352	6016
上海	11291	13959	16567	20440	22099	26384	31621	37896	44317
宁波	1040	2554	6853	11547	12852	15398	18543	22586	26881
台州				950	1024	1100	1457	2022	2067
温州			601	859	1314	1676	2338	2630	3097
厦门			1314	1965	2099	2735	3404	4261	4771
汕头	201	279	716	1284	1309	1380	1470	1576	1736
深圳				5697	6643	8767	11220	13537	15351
广州	1772	4163	7299	11128	12823	15324	17187	21520	25036
湛江	1231	1557	1885	2038	2205	2627	2866	3780	4647
北海				265	252	307	433	471	437
海口	170	288	468	808	888	1073	1329	1416	2118
八所	388	431	275	378	342	343	425	548	486
三亚	78	37	42	48	71	49	61	58	49

4-1-43　内河主要港口货物吞吐量

单位：万吨

港　口	1997	1998	1999	2000	2001	2002	2003	2004	2005
总　计	**40141**	**38817**	**39857**	**44452**	**49002**	**56701**	**66224**	**86414**	**101418**
#重　庆	622	393	606	781	701	638	641	820	950
涪　陵	65	134	138	126	136	149	155	233	262
万　州	69	80	127	252	258	290	274	446	490
宜　昌	252	200	184	217	213	182	212	305	226
枝　城	235	174	152	114	112	94	159	202	245
荆　州	131	135	184	164	166	161	184	184	181
洪　湖	117	207	170	241	182	189	215	280	338
武　汉	1650	1368	1552	1738	1653	1773	3124	4281	4939
黄　石	104	78	154	227	439	515	585	675	1003
九　江	638	487	623	623	574	573	614	842	928
安　庆	635	615	659	729	668	846	1043	1479	1835
池　州	127	135	147	155	184	258	422	1073	1752
铜　陵	392	393	375	314	289	312	305	380	352
芜　湖	598	622	677	830	903	1138	1410	1831	1850
马鞍山	625	581	513	626	747	888	1052	1713	2011
南　京	5494	5279	5922	6679	5789	6108	6620	9589	10686
镇　江	1711	1680	1702	2153	2217	2630	3046	4839	5847
泰　州		122	147	187	244	329	806	1285	1581
江　阴	420	469	598	666	1024	1357	2150	2683	4278
南　通	1910	2017	2277	2748	3511	3746	5010	7218	8327

4-1-44 沿海主要港口分货类吞吐量

单位：万吨

货类名称	2003			2004			2005		
	合计	出港	进港	合计	出港	进港	合计	出港	进港
总计	**201126**	**96344**	**104782**	**246074**	**115876**	**130198**	**292777**	**136085**	**156692**
煤炭	46872	30477	16395	57113	36396	20717	63514	40155	23359
石油	30438	12125	18313	35051	12926	22125	37637	13397	24241
#原油	16781	4817	11964	19051	4645	14406	20040	4413	15627
金属矿石	24285	5721	18564	31769	7670	24099	41963	9667	32296
钢铁	8416	3428	4988	10928	5562	5365	12522	6934	5588
矿建材料	14689	5697	8992	18529	6607	11922	24439	9191	15248
水泥	1622	560	1062	2115	649	1466	2230	965	1265
木材	1294	440	855	1365	539	826	1555	650	905
非金属矿石	3198	1997	1201	3335	2023	1313	3962	2246	1716
化肥和农药	1995	748	1247	2223	980	1243	2074	717	1357
盐	686	257	428	685	249	436	822	160	662
粮食	7465	3876	3589	7164	2795	4369	8590	3583	5007
机械、设备、电器	10056	5016	5039	12518	6278	6241	16198	8086	8112
化工原料及制品	3271	1278	1993	3987	1567	2420	5024	1848	3176
有色金属	636	216	419	742	261	481	913	272	641
轻工、医药产品	5016	2855	2161	6624	3855	2768	8345	5037	3309
农林牧渔业产品	2074	851	1223	2380	986	1395	2486	921	1565
其他	39114	20802	18312	49545	26532	23013	60502	32255	28248

4-1-45 内河主要港口分货类吞吐量

单位：万吨

货类名称	2003			2004			2005		
	合 计	出 港	进 港	合 计	出 港	进 港	合 计	出 港	进 港
总计	**66224**	**25544**	**40680**	**86414**	**33763**	**52651**	**101418**	**41090**	**60328**
煤炭	10585	4371	6215	14914	5714	9201	17223	6354	10870
石油	8009	2966	5043	10188	4081	6106	10700	4471	6229
#原油	4541	1865	2676	6580	2388	4192	6117	2305	3811
金属矿石	6331	1542	4789	11331	2850	8480	15489	3979	11510
钢铁	5183	2065	3118	6109	2837	3272	7058	3128	3930
矿建材料	12569	5384	7185	15378	7103	8275	25056	10593	14463
水泥	2490	1706	784	3714	2522	1192	6013	3990	2023
木材	1126	330	796	1093	375	719	1116	354	761
非金属矿石	3375	2098	1277	4121	2471	1650	4659	2400	2260
化肥和农药	864	526	338	866	509	358	801	486	315
盐	219	56	163	288	86	201	402	121	280
粮食	1463	533	930	1786	693	1093	1669	563	1107
机械、设备、电器	524	329	195	577	297	280	568	302	266
化工原料及制品	1876	504	1372	2754	980	1773	3072	1068	2004
有色金属	91	52	38	121	57	64	113	56	57
轻工、医药产品	786	379	407	834	339	495	931	363	568
农林牧渔业产品	424	182	242	398	141	257	368	128	241
其他	10308	2521	7787	11943	2709	9234	6179	2735	3444

4-1-46　民用航空航线及飞机年末数

指　标	2000	2001	2002	2003	2004	2005
民用航空航线条数　（条）	**1165**	**1143**	**1176**	**1155**	**1279**	**1257**
国际航线	133	134	161	194	244	233
国内航线	1032	1009	1015	961	1035	1024
#港澳地区	42	42	44	43	45	43
民用航空航线里程　（公里）	**1502887**	**1553596**	**1637708**	**1749545**	**2049394**	**1998501**
国际航线	508405	516859	574470	715269	894175	855932
国内航线	994482	1036737	1063238	1034276	1155219	1142569
#港澳地区	55759	55759	61626	62874	62484	61056
民用航班使用机场数　（个）	**139**	**143**	**141**	**126**	**133**	**135**
民用飞机期末架数　（架）	**982**	**1031**	**1112**	**1160**	**1245**	**1386**
运输用飞机	527	566	602	664	754	863
大中型飞机	462	486	525	580	675	785
#B747	19	17	20	19	20	22
B737	186	198	234	264	304	358
B757	48	52	54	55	62	64
B767	16	17	18	22	27	27
MD11	6	6	6	5	6	7
MD90	22	22	22	22	22	22
MD82	27	27	26	26	26	15
A300	18	18	19	19	20	21
A310	3	3	3	3	3	3
A320	60	63	65	76	93	115
A340	8	11	11	14	16	16
小型飞机	65	80	77	84	79	78
通用飞机	301	296	335	343	365	383
教学校验用飞机	154	169	175	153	126	140

注：表中数据为民航全行业数据(下表同)。

4-1-47 民用航空运输量及通用飞行时间

指 标	2000	2001	2002	2003	2004	2005
客运量 (万人)	**6722**	**7524**	**8594**	**8759**	**12123**	**13827**
国际航线	690	693	838	682	1077	1225
国内航线	6031	6832	7756	8078	11046	12602
#港澳地区	403	424	438	341	469	509
旅客周转量(万人公里)	**9705437**	**10913539**	**12687022**	**12631853**	**17822791**	**20449288**
国际航线	2328154	2450505	2967177	2483542	3981054	4524063
国内航线	7377283	8463034	9719846	10148311	13841737	15925225
#港澳地区	502405	536808	567557	450344	643597	709205
货(邮)运量 (吨)	**1967123**	**1709814**	**2020620**	**2190416**	**2767001**	**3067168**
国际航线	492356	355795	425321	514163	704835	771551
国内航线	1474767	1354019	1595299	1676253	2062165	2295618
#港澳地区	135442	82796	96836	106906	167640	169247
货邮周转量(万吨公里)	**502683**	**437150**	**515515**	**578976**	**718036**	**788954**
国际航线	291550	241060	283064	335820	418793	452450
国内航线	211133	196090	232451	243156	299243	336504
#港澳地区	19495	12495	14856	16451	26018	26263
总周转量 (万吨公里)	**1225007**	**1411918**	**1649267**	**1707946**	**2309985**	**2612724**
国际航线	465190	460367	548619	557794	774101	855235
国内航线	759818	951550	1100647	1150153	1535884	1757488
#港澳地区	56878	60452	65578	56684	83490	89509
通用飞行时间 (小时)	**48707**	**55937**	**57577**	**63504**	**75277**	**84859**
#农林业航空作业	22922	30754	25266	25486	27765	25428
#航空护林	3927	5300	5795	7115	5962	6508
播种造林	4060	4934	5465	3043	3074	1929
工业航空作业	24116	21752	23685	28525	35806	36514

4-1-48 民用航空主要机型运用情况

机 型	期末飞机架数 (架)	飞行小时 (小时)	飞行里程 (万公里)	平均每可用机年生产飞行小时 (小时/架)	平均每可用机日生产飞行小时 (小时/架/日)	正班载运率 (%)
总计	**1246**	**2733312**	**175909.3**	**2665**	**7.3**	**65.0**
#B747-400	4	13635	1206.9	4485	12.3	57.5
B747-400COM	8	38903	3272.2	5534	15.2	62.7
B747-400F	4	14882	1221.0	5222	14.3	57.8
B747-200F	6	22848	1688.1	4967	13.6	72.0
B737-500	15	59578	3559.0	3694	10.1	67.7
B737-400	10	35242	2233.2	3698	10.1	74.2
B737-300	134	453651	27390.7	3660	10.0	73.2
B767-300	22	81271	5668.4	3978	10.9	64.0
B767-200	5	19302	1359.9	4437	12.2	59.5
B757-200	64	227004	14795.2	3823	10.5	61.2
B777-200A	14	51250	3517.5	3880	10.6	64.1
B777-200B	6	28138	2237.9	4989	13.7	54.3
MD-82	15	76514	4819.5	3257	8.9	66.8
A300-600	19	58976	4128.7	3506	9.6	55.4
A340-300	11	47120	3678.2	4774	13.1	61.4
BAe-146-300	4	1309	74.3	1336	3.7	57.0
运 - 8	5	5687	241.6	1401	3.8	58.3

4-1-49 输油(气)管道长度和运输量(2005年底)

单位名称	输油(气)管道里程 (公里)	输油(气)能力 (万吨)	输油(气)量 (万吨或千万立方米)	输油(气)周转量 (万吨公里或千万立方米公里)
总计	**43981**	**61635.1**	**31037.1**	**10876584.7**
输油管	20984	53825.7	27014.8	7813865.2
输气管	22997	7809.4	4022.3	3062719.5
输原油管道	**15541**	**41507.9**	**23434.1**	**7213138.6**
管道分公司	3476	7500.0	4913.1	2995416.0
大庆油田有限责任公司	298	1547.0	1179.5	45973.0
新疆油田分公司	1154	1330.0	1132.5	212360.0
胜利油田有限公司	347	1725.0	545.6	41988.8
吉林油田分公司	19	612.0	503.2	1363.0
华北油田分公司	417	237.0	252.0	29682.0
大港油田分公司	46	877.0	345.5	2353.0
玉门油田分公司	69	879.0	81.9	1452.0
辽河油田分公司	494	1425.0	875.9	91535.0
青海油田分公司	439	300.0	208.4	91147.0
江汉油田分公司	42	113.9	81.1	2187.6
河南油田分公司	93	380.0	159.7	3654.4
中原油田分公司	1	800.0	176.2	221.6
茂名石油化工公司	170	2000.0	1325.7	99620.4
长庆油田分公司	1146	1405.0	839.9	250775.0
塔里木油田分公司	723	593.0	357.9	46649.0
锦州石化分公司	79	750.0	519.0	13649.0
锦西石化分公司	30	300.0		
长岭炼油化工公司	22	730.0	430.6	4736.9
吉林石化分公司	150	400.0	479.9	79660.0
石化集团管道储运分公司	4650	7165.0	5541.1	2690966.0
石家庄炼化股份有限公司	155	350.0	203.8	31583.8
荆门分公司	285	420.0	277.0	52668.3
金陵分公司	532	2800.0	743.9	264647.8
西北分公司	192	825.0	555.6	28761.8
济南分公司	70	330.0	317.0	22190.0
青岛石油化工厂	60	300.0	198.0	12276.0
巴陵石油化工公司	18	200.0	175.0	3150.0
保定石油化工厂	84	50.0		
湛江东兴石油企业有限公司	10	4204.0	315.1	1198.2
冀东油田分公司	79	240.0	109.1	8567.0
辽河石油勘探局	26	120.0	110.0	2860.0
中国石油天然气管道局	166	600.0	481.0	79846.0

4-1-49　续表1

单位名称	输油(气)管道里程 (公里)	输油(气)能力 (万吨)	输油(气)量 (万吨或千万立方米)	输油(气)周转量 (万吨公里或千万立方米公里)
输成品油管道	**5443**	**12317.8**	**3580.7**	**600726.7**
北京燕山分公司	26	469.0	84.7	640.7
抚顺石化分公司	268	435.0	283.5	70022.0
锦州石化分公司	126	240.0	155.0	6510.0
锦西石化分公司	64	338.0	191.9	5757.0
鞍山炼油厂	52	352.0		
大连石化分公司	11	80.0	0.5	2.0
中国石化长岭分公司	61	52.2	2.8	34.0
大庆石化分公司	52	188.0	37.3	75.0
天津分公司	17	335.0	88.0	264.1
沧州分公司	8	32.9	19.5	82.0
镇海炼化股份有限公司	305	408.9	287.4	27275.0
九江分公司	19	259.5	4.0	18.4
荆门分公司	12	56.0	4.2	7.6
武汉石油化工厂	15	349.0	3.4	12.5
中国石化广州分公司	67	2418.0	390.9	1720.3
茂名石油化工公司	152	650.0	156.1	5933.3
齐鲁分公司	3	60.0	0.5	1.4
管道分公司	1447	800.0	495.6	458011.0
大庆油田有限责任公司	36	98.0		
新疆油田分公司	291	130.0		
吉林油田分公司	11	20.0		
哈尔滨石化分公司	71	50.0	26.8	366.0
高桥分公司	139	250.0	191.5	191.5
巴陵石油化工公司	88	223.0	47.6	761.9
金陵石油化工公司	54	278.0	99.3	999.6
青岛石油化工厂	15	280.0	65.0	975.0
湛江东兴石油企业有限公司	29	1222.0	181.4	4129.8
金陵分公司	47	271.0	253.4	3814.8
安庆分公司	3	135.0	23.4	18.7
茂名分公同	217	837.3	356.2	8418.2
西南管道项目部	1740	1000.0	130.7	4684.2
输天然气管道	**22451**	**7186.9**	**3740.9**	**3058765.5**
管道分公司	3455	850.0	285.2	200379.0
西南油气分公司	6591		1125.5	428262.1
大庆油田有限责任公司	209	196.0	73.4	1708.4
胜利油田有限公司	143	40.0	20.7	2956.1
华北油田分公司	75	27.0	6.7	471.9

4-1-49 续表2

单位名称	输油(气)管道里程(公里)	输油(气)能力(万吨)	输油(气)量(万吨或千万立方米)	输油(气)周转量(万吨公里或千万立方米公里)
辽河油田分公司	788	248.0	41.5	717.2
大港油田分公司	188	91.0	54.1	5312.2
中原油气高新股份有限公司	150	14.6	9.0	1356.0
南方勘探开发分公司	1	60.0	3.4	1.7
江汉油田分公司	56	10.0	1.8	101.6
新疆油田分公司	626	188.0	216.3	28403.5
青海油田分公司	896	147.0	46.0	12099.6
长庆油田分公司	182	253.0	9.5	471.9
塔里木油田分公司	663	1457.0	490.0	70167.6
吉林油田分公司	239	36.0	9.9	853.2
西气东输管道公司	4133		435.7	1481143.8
北京华油天然气有限公司	2011	640.0	403.4	802201.0
中原油田分公司	906	326.0	82.2	10445.7
华北分公司	219	1790.0	78.2	3722.4
西南分公司	661	650.7	337.5	7168.9
西北分公司	144	118.6	10.4	786.5
天然气分公司	117	44.0	0.3	35.1
输其他气体管道	**546**	**622.5**	**281.4**	**3954.0**
大庆油田有限责任公司	9	1.0		
锦西石化分公司	1	10.0		
北京燕山分公司	3	21.0		
沧州分公司	1	0.1	0.5	0.5
金陵分公司	45	8.4	13.5	207.1
镇海炼化股份有限公司	39	63.5	72.4	604.5
武汉石油化工厂	23	16.0		
荆门分公司	3	1.2		
石家庄炼化股份有限公司	37	34.0	4.9	81.6
中国石化广州分公司	10	9.8	9.3	38.2
茂名分公司	36	46.4	45.2	419.6
中国石化长岭分公司	24	30.7		
天津分公司	35	67.0	8.9	117.7
锦州石化分公司	45	32.0	16.0	720.0
南京化学工业公司	1	12.4	7.5	11.0
茂名石油化工公司	110	44.0	71.8	1318.7
巴陵石油化工公司	53	79.0	21.6	333.6
安庆分公司	2	1.0	0.9	1.7
金陵石油化工公司	70	145.0	8.9	99.6

注：1.管道输气量按一千立方米折一吨计算。
2.本表是中国石油天然气集团公司和中国石油化工集团公司数据。

4-1-50　各地区城市公共交通运营线路网长度

单位：公里

地　区	公共汽车、无轨电车	轨道交通
全　国	**158722**	**444**
北　京		114
天　津	1872	
河　北	4854	
山　西	5200	
内蒙古	2366	
辽　宁	5862	73
吉　林	3312	7
黑龙江	5291	
上　海	4778	136
江　苏	18077	22
浙　江	10010	
安　徽	2862	
福　建	4062	
江　西	3037	
山　东	19272	
河　南	5280	
湖　北	6239	21
湖　南	5591	
广　东	26315	57
广　西	3758	
海　南	440	
重　庆	2295	14
四　川	4418	
贵　州	2355	
云　南	2183	
西　藏	208	
陕　西	2600	
甘　肃	2738	
青　海	485	
宁　夏	803	
新　疆	2159	

4-1-51 各地区城市公共交通运营车(船)拥有量

单位：辆

地区	公共汽(电)车					
	轨道运营车辆合计	公共汽车	#小公共汽车	#天然气燃料车CNG	#液化石油气燃料车LPG	无轨电车
全国	**313296**	**308379**	**81301**	**33564**	**17256**	**2553**
北京	21313	19872	598	1364	2734	473
天津	6884	6768	367	62		
河北	10429	10429	4520	417		
山西	4565	4439	1280			126
内蒙古	3594	3594	1251	634		
辽宁	17669	17503	5245		999	45
吉林	8283	8246	4660	893	2316	
黑龙江	10648	10598	4915		1996	50
上海	18680	17509	1351	201		476
江苏	22281	22197	4615	214	349	
浙江	15981	15792	4403		17	189
安徽	8880	8880	1921	413	82	
福建	7929	7929	3709	612		
江西	5818	5729	1250			89
山东	23455	23186	6603	1246	492	269
河南	13213	13022	4483	921	274	191
湖北	17782	17578	6292	1770	24	197
湖南	9611	9611	2250		36	
广东	28979	28410	4956		5992	273
广西	5239	5239	890			
海南	1322	1322	459	257		
重庆	7307	7267	1010	5819		
四川	10578	10578	1937	8051		
贵州	5006	5006	1632			
云南	5547	5547	1466	1587	32	
西藏	1040	1040	943			
陕西	6908	6833	3362	2331		75
甘肃	3515	3415	659	1749	383	100
青海	1839	1839	533	1783		
宁夏	1448	1448	826	93		
新疆	7553	7553	2915	3147	1530	

4-1-51　续表　　　　　　　　　　　　　　　　　　　　　　　　　　　　　　　单位：辆

地区	轨道交通	地铁	轻轨	有轨电车	轮渡运营船数（艘）	出租车
全国	**2364**	**1459**	**774**	**131**	**1169**	**936973**
北京	968	635	333			66000
天津	116		116			31939
河北						44527
山西						29842
内蒙古						32508
辽宁	121		15	106		81020
吉林	37		12	25		49239
黑龙江					164	56952
上海	695	444	251		67	47794
江苏	84	84			22	41476
浙江					50	29993
安徽						34287
福建					30	13809
江西					1	9397
山东					15	56226
河南						52744
湖北	7		7		61	27414
湖南					10	23087
广东	296	296			279	43831
广西						11970
海南					2	3988
重庆	40		40		28	16376
四川					10	24513
贵州						8677
云南						15794
西藏						1351
陕西					430	22475
甘肃						18339
青海						6894
宁夏						11183
新疆						23328

4-1-52 各地区城市公共交通客运量

单位：万人次

地 区	客运总量	公共汽车	#小公共汽车	无轨电车
全 国	**4862705.1**	**4606865.7**	**551989.3**	**65015.4**
北 京	525606.0	447105.0	6785.0	10525.0
天 津	90190.8	89529.4	5025.4	
河 北	99411.6	99411.6	17327.6	
山 西	71204.9	68261.5	7240.0	2943.4
内蒙古	36806.0	36806.0	8907.0	
辽 宁	321555.2	311347.5	40587.2	3046.2
吉 林	105139.0	103729.0	45746.0	
黑龙江	138843.7	138171.7	22716.4	334.0
上 海	350019.0	266924.0	13500.0	11166.0
江 苏	285522.1	283759.7	19813.6	
浙 江	227626.7	220912.0	37778.1	5828.5
安 徽	139660.9	139660.9	21134.9	
福 建	151448.7	149464.7	28156.0	
江 西	83901.1	80255.8	5166.9	3624.5
山 东	248854.6	241641.6	36434.2	6264.0
河 南	153775.0	148701.3	21501.6	5073.7
湖 北	228219.8	219081.6	45205.0	5012.7
湖 南	212593.0	212507.0	9582.4	
广 东	485527.7	447907.8	40206.0	7671.2
广 西	107330.9	107330.9	7912.0	
海 南	25974.5	25971.0	7151.0	
重 庆	112596.2	111324.2	5477.2	
四 川	193207.2	192983.2	11850.9	
贵 州	86310.0	86310.0	20257.0	
云 南	73732.7	73732.7	6883.6	
西 藏	778.0	778.0	460.0	
陕 西	114879.9	113064.7	25199.9	1729.2
甘 肃	48410.5	46613.5	8120.0	1797.0
青 海	37081.3	37081.3	1514.3	
宁 夏	12205.8	12205.8	3554.0	
新 疆	94292.2	94292.2	20796.3	

4-1-52　续表　　　　单位：万人次

地区	轨道交通				轮渡
		地铁	轻轨	有轨电车	
全　国	**165048.7**	**135484.8**	**23026.5**	**6537.4**	**25775.4**
北　京	67976.0	59828.0	8148.0		
天　津	661.4		661.4		
河　北					
山　西					
内蒙古					
辽　宁	7161.5		1304.1	5857.4	
吉　林	1410.0		730.0	680.0	
黑龙江					338.0
上　海	59406.0	48180.0	11226.0		12523.0
江　苏	357.1	357.1			1405.3
浙　江					886.3
安　徽					
福　建					1984.0
江　西					20.8
山　东					949.0
河　南					
湖　北	130.0		130.0		3995.5
湖　南					86.1
广　东	27119.7	27119.7			2828.9
广　西					
海　南					3.5
重　庆	827.0		827.0		445.0
四　川					224.0
贵　州					
云　南					
西　藏					
陕　西					86.0
甘　肃					
青　海					
宁　夏					
新　疆					

4-1-53 省会城市和计划单列市公共交通运营线路网长度

单位：公里

城市	公共汽车、无轨电车	轨道交通
北京		114
天津	1872	
石家庄	416	
太原	562	
呼和浩特	399	
沈阳	1688	
大连	733	73
长春	767	7
哈尔滨	914	
上海	4778	136
南京	2634	22
杭州	1730	
宁波	735	
合肥	495	
福州	415	
厦门	590	
南昌	1018	
济南	2826	
青岛	1159	
郑州	1057	
武汉	787	21
长沙	867	
广州	8157	35
深圳		22
南宁	1723	
海口	245	
重庆	2041	14
成都	1460	
贵阳	1391	
昆明	1036	
拉萨	208	
西安	873	
兰州	1083	
西宁	370	
银川	349	
乌鲁木齐	529	

4-1-54 省会城市和计划单列市公共交通运营车(船)拥有量

单位：辆

城市	公共汽(电)、轨道运营车辆合计	公共汽车	#小公共汽车	#天然气燃料车CNG	#液化石油气燃料车LPG	无轨电车
北京	21313	19872	598	1364	2734	473
天津	6884	6768	367	62		
石家庄	1789	1789	358	209		
太原	1615	1489	436			126
呼和浩特	828	828	124	634		
沈阳	4913	4913	584		934	
大连	4126	3960	866			45
长春	3639	3602	1332	659	1115	
哈尔滨	4293	4243	511		1544	50
上海	18680	17509	1351	201		476
南京	5158	5074	248		312	
杭州	4520	4331	748		17	189
宁波	2437	2437	191			
合肥	2783	2783	94	363		
福州	1775	1775	1775	612		
厦门	2610	2610	160			
南昌	1824	1735	8			89
青岛	3366	3228	28	1243		138
济南	3937	3835	264			102
郑州	3077	2976	247	921		101
武汉	5470	5266	518	1650		197
长沙	2421	2421				
广州	10439	9890			5816	273
深圳	8423	8403	2312		50	
南宁	2110	2110	9			
海口	827	827	10	229		
重庆	6916	6876	869	5663		
成都	4643	4643	497	3361		
贵阳	2860	2860	420			
昆明	3982	3982	882	1546	32	
拉萨	757	757	660			
西安	4762	4687	1904	2092		75
兰州	2252	2152		1734	293	100
西宁	1605	1605	299	1605		
银川	916	916	483	93		
乌鲁木齐	3920	3920	1180	1978	857	

4-1-54 续表 单位：辆

城　市	轨道交通	地铁	轻轨	有轨电车	轮渡运营船数（艘）	出租车
北　京	968	635	333			66000
天　津	116		116			31939
石家庄						6700
太　原						8292
呼和浩特						3950
沈　阳						19104
大　连	121		15	106		9639
长　春	37		12	25		15000
哈尔滨					157	12009
上　海	695	444	251		67	47794
南　京	84	84			9	9055
杭　州					4	8320
宁　波						3750
合　肥						6500
福　州						3843
厦　门					14	3646
南　昌						3569
青　岛						7980
济　南					15	8121
郑　州						10851
武　汉	7		7		30	12137
长　沙						6279
广　州	276	276			29	16025
深　圳	20	20				10305
南　宁						3811
海　口						1931
重　庆	40		40		24	15264
成　都						9029
贵　阳						2881
昆　明						7914
拉　萨						1170
西　安						11236
兰　州						4800
西　宁						5116
银　川						4587
乌鲁木齐						7070

4-1-55　省会城市和计划单列市公共交通客运量

单位：万人次

城市	客运总量	公共汽车	#小公共汽车	无轨电车
北京	525606.0	447105.0	6785.0	10525.0
天津	90190.8	89529.4	5025.4	
石家庄	26583.0	26583.0	4659.0	
太原	32947.4	30004.0	1896.0	2943.4
呼和浩特	16853.0	16853.0	1000.0	
沈阳	83803.0	83803.0	4562.0	
大连	117561.4	107353.7	6822.7	3046.2
长春	58786.0	57376.0	22064.0	
哈尔滨	75564.0	74902.0	4890.0	334.0
上海	350019.0	266924.0	13500.0	11166.0
南京	98263.8	96562.7	776.2	
杭州	74286.5	68449.8	4155.6	5828.5
宁波	36885.0	36885.0	1442.0	
合肥	46895.0	46895.0	1536.0	
福州	37277.7	37277.7	9825.0	
厦门	64627.0	62650.0		
南昌	36285.1	32660.6	7.7	3624.5
青岛	59086.0	55725.0	105.0	3361.0
济南	69725.3	65885.3	1022.0	2891.0
郑州	62163.0	59346.0	2865.0	2817.0
武汉	119159.7	110568.4	11200.0	5012.7
长沙	57407.2	57407.2		
广州	214335.4	184289.2		7071.2
深圳	131250.7	125485.0	23863.0	
南宁	44597.0	44597.0	61.0	
海口	18725.0	18725.0	115.0	
重庆	108060.0	106928.0	2732.0	
成都	79662.9	79662.9	2130.8	
贵阳	50543.0	50543.0	5800.0	
昆明	46172.9	46172.9	55.6	
拉萨	778.0	778.0	460.0	
西安	82715.9	80986.7	15398.9	1729.2
兰州	35977.0	34180.0		1797.0
西宁	36098.0	36098.0	531.0	
银川	8979.0	8979.0	1738.0	
乌鲁木齐	52744.0	52744.0	6710.0	

4-1-55 续表 单位：万人次

城市	轨道交通	地铁	轻轨	有轨电车	轮渡
北京	67976.0	59828.0	8148.0		
天津	661.4		661.4		
石家庄					
太原					
呼和浩特					
沈阳					
大连	7161.5		1304.1	5857.4	
长春	1410.0		730.0	680.0	
哈尔滨					328.0
上海	59406.0	48180.0	11226.0		12523.0
南京	357.1	357.1			1344.0
杭州					8.3
宁波					
合肥					
福州					
厦门					1977.0
南昌					
青岛					
济南					949.0
郑州					
武汉	130.0		130.0		3448.6
长沙					
广州	21354.0	21354.0			1620.9
深圳	5765.7	5765.7			
南宁					
海口					
重庆	827.0		827.0		305.0
成都					
贵阳					
昆明					
拉萨					
西安					
兰州					
西宁					
银川					
乌鲁木齐					

4-1-56 邮政主要业务量

指 标		2001	2002	2003	2004	2005
邮政业务总量(2000年单价)	**(亿元)**	**457.4**	**494.7**	**541.0**	**564.3**	**625.5**
函件	(万件)	869314.9	1060088.9	1038406.2	828109.6	735114.8
国内函件		863332.0	1054864.0	1033911.3	823502.8	731112.5
国际及港澳台函件		5982.8	5224.9	4495.0	4606.8	4002.4
包裹	(万件)	9931.2	10537.9	11029.4	9948.7	9531.8
国内包裹		9834.9	10424.5	10898.6	9799.9	9375.1
国际及港澳台包裹		96.3	113.4	130.8	148.9	156.7
特快专递	(万件)	12652.7	14036.2	17237.8	19771.9	22880.3
国内同城特快专递		1368.1	1941.4	3318.3	4090.1	4780.2
国内异地特快专递		10863.5	11647.6	13445.8	15138.7	17401.4
国际及港澳台特快专递		421.1	447.2	473.7	543.1	698.8
汇票	(万笔)	21399.7	21080.0	20442.0	17895.4	16052.0
国内汇票		21399.4	21079.0	20436.9	17884.8	16034.1
国际汇票		0.3	1.0	5.1	10.6	17.9
订销报纸累计份数	(万份)	1760992.9	1718653.4	1661262.3	1521909.4	1502669.3
订销杂志累计份数	(万份)	115439.3	113490.3	112667.5	106929.8	100314.6
报纸期发份数	(万份)	11829.5	9911.5	9414.4	8218.9	8020.4
杂志期发份数	(万份)	9981.6	7708.5	7180.0	6570.4	6580.9
集邮邮票	(万枚)	344114.0	244158.7	183421.0	149178.0	121213.5
集邮品册数	(万册)	6182.6	4569.4	4081.7	3515.7	2940.8
邮政储蓄平均余额	(亿元)	5252.9	6579.6	8202.6	9917.0	12123.1
邮政储蓄期末余额	(亿元)	5912.3	7376.1	8988.1	10786.8	13599.0

4-1-57 各地区邮政主要业务量

地区	邮政业务总量（亿元）	函件（万件）	包裹（万件）	特快专递（万件）	汇票（万笔）
全国	**625.52**	**735114.8**	**9531.8**	**22880.3**	**16052.0**
北京	33.52	62265.3	810.8	1795.1	839.3
天津	11.30	8384.8	156.8	410.2	215.1
河北	25.07	25742.3	426.0	842.9	396.3
山西	17.65	9293.8	190.2	298.6	318.0
内蒙古	8.94	5103.6	140.9	246.0	179.6
辽宁	23.57	12465.9	309.2	804.4	403.8
吉林	13.31	6344.5	229.4	424.7	197.6
黑龙江	23.73	13010.5	269.7	408.6	293.6
上海	38.49	91420.3	932.4	1685.5	876.7
江苏	52.95	74752.8	618.9	1719.2	1008.0
浙江	31.44	69843.8	587.3	1256.2	1153.4
安徽	19.91	21141.3	253.2	506.4	234.0
福建	25.61	35365.4	278.9	898.4	605.9
江西	17.64	18665.4	182.3	516.6	159.6
山东	44.71	48195.9	466.9	1447.1	618.2
河南	31.81	24470.7	414.8	1162.6	305.9
湖北	23.43	15198.5	320.1	685.4	281.2
湖南	22.28	11338.8	267.0	562.0	316.0
广东	59.82	91267.1	1059.8	3328.3	4985.7
广西	11.72	11973.5	174.2	620.7	260.9
海南	4.09	1998.8	58.9	108.1	85.3
重庆	10.55	12499.7	138.6	348.3	184.0
四川	21.69	20803.2	307.1	1112.8	517.9
贵州	6.88	5727.8	95.1	394.7	179.1
云南	8.60	7957.4	208.9	261.7	360.4
西藏	1.05	343.0	35.6	38.3	79.9
陕西	16.40	15118.5	254.7	396.7	287.1
甘肃	7.02	5070.6	111.1	227.1	179.9
青海	1.76	1883.4	32.0	48.6	89.0
宁夏	2.55	3018.4	35.4	59.3	55.2
新疆	8.05	4449.9	165.5	265.6	385.3

4-1-57　续表

地　区	订销报纸累计份数（万份）	订销杂志累计份数（万份）	报刊期发数（万份）	集邮邮票（万枚）	邮政储蓄期末余额（亿元）
全　国	**1502669.3**	**100314.6**	**14601.3**	**121213.5**	**13599.0**
北　京	101161.5	3695.0	756.2	15681.4	380.3
天　津	16670.0	1178.8	207.6	5000.2	235.1
河　北	60418.5	2904.2	589.7	3395.9	667.4
山　西	40327.6	2296.0	337.8	3686.0	552.2
内蒙古	22808.4	1672.8	193.8	1732.8	213.6
辽　宁	34344.4	2786.4	338.9	4370.5	583.2
吉　林	19417.7	1433.5	189.4	1958.1	320.3
黑龙江	34633.6	2928.2	385.7	3684.3	625.7
上　海	118020.1	5251.5	967.8	4422.3	510.8
江　苏	134596.5	8263.4	1294.4	9668.4	1203.7
浙　江	105607.4	6809.4	955.7	6729.7	534.9
安　徽	51327.9	4389.5	738.2	4010.4	468.4
福　建	49702.6	4000.2	500.7	4375.6	443.5
江　西	43426.3	2621.1	333.3	3328.0	496.6
山　东	100606.4	5923.7	823.1	5197.5	1150.5
河　南	82873.7	5187.0	685.8	8768.7	804.7
湖　北	55453.0	4839.4	635.1	5113.1	636.2
湖　南	52285.7	4569.6	582.9	3072.1	585.3
广　东	105150.5	7858.7	1001.9	7068.3	820.8
广　西	22386.9	2490.2	340.1	1708.0	249.9
海　南	9691.5	474.2	68.7	681.3	94.5
重　庆	20643.1	1726.2	254.9	2059.0	247.7
四　川	72593.2	5752.6	926.5	3838.4	508.2
贵　州	26468.0	1814.5	282.1	881.7	148.4
云　南	30816.6	2839.4	317.6	1766.7	149.7
西　藏	3186.3	195.5	26.6	295.8	15.9
陕　西	36519.7	1887.6	286.1	3575.3	475.4
甘　肃	22770.7	1307.9	175.0	1740.5	186.2
青　海	4720.8	389.7	51.2	489.9	40.1
宁　夏	4107.9	367.0	61.4	841.7	68.0
新　疆	19932.9	2461.3	293.2	2072.0	181.4

4-1-58 邮政邮路

指 标		2001	2002	2003	2004	2005
邮路总条数	(条)	21369	21029	21075	21350	20846
国际及港澳邮路	(条)			105	111	124
全国干线邮路	(条)			1235	1248	1258
省内干线邮路	(条)			1261	1317	1424
航空邮路	(条)	1047	1010	1010	1003	1034
铁路邮路	(条)	177	164	168	164	164
汽车邮路	(条)	13293	13588	13938	14404	14721
水路邮路	(条)	188	167	154	156	137
其他邮路	(条)	6664	6100	5805	5623	4790
总数中:快速邮路	(条)	509	443	626	676	763
城市投递段道	(条)	41035	42610	44408	45415	47841
农村投递路线	(条)					96363
邮路总长度(单程)	(公里)	3102558	3080989	3270209	3336446	3406226
国际及港澳邮路	(公里)			425901	454424	500104
全国干线邮路	(公里)			1673451	1661102	1652859
省内干线邮路	(公里)			260668	278652	303855
航空邮路	(公里)	1636435	1601388	1756337	1762990	1813959
铁路邮路	(公里)	180399	177685	191351	195998	200180
汽车邮路	(公里)	1077250	1112806	1137480	1194578	1229802
水路邮路	(公里)	52341	51858	51456	51404	50394
其他邮路	(公里)	156073	137252	133585	131476	111891
总数中:快速邮路(单程)	(公里)	130508	90925	166916	147702	169969
城市投递段道(单程)	(公里)					941286
农村投递路线(单程)	(公里)	3492761	3511190	3531832	3530508	3565226

4-1-58　续表1

地　区	邮路总条数（条）	#航空邮路	#铁路邮路	#汽车邮路	城市投递段道（条）	农村投递路线（条）
全　国	**20846**	**1034**	**164**	**14721**	**47841**	**96363**
北　京	982	93	15	788	2220	524
天　津	146	1	4	120	765	293
河　北	507		1	440	2176	3204
山　西	577	22	5	264	1228	2380
内蒙古	721	7	14	539	1286	1637
辽　宁	598	58	5	465	2039	2651
吉　林	331	18	8	258	915	2234
黑龙江	634	22	12	509	1588	2953
上　海	738	48	7	424	3704	915
江　苏	1023	27	5	924	2412	5224
浙　江	1226	46	3	647	2060	4427
安　徽	601	15	2	410	1430	3335
福　建	720	69	3	509	1215	3507
江　西	602	23	6	533	1136	3282
山　东	632	66	6	513	3493	5677
河　南	749	23	6	626	3013	4749
湖　北	588	26	7	492	2125	4055
湖　南	711	26	3	630	1706	5667
广　东	1492	135	10	1296	4221	5407
广　西	836	23	4	704	914	3784
海　南	158	27		114	234	498
重　庆	662	35	4	308	1034	4078
四　川	2055	50	7	674	1558	8826
贵　州	694	19	5	444	664	1972
云　南	1057	46	4	854	1088	4268
西　藏	48	1		47	123	2830
陕　西	590	40	7	353	1348	2967
甘　肃	579	21	6	367	780	2701
青　海	75	5	2	42	200	178
宁　夏	86	4	1	76	220	170
新　疆	428	38	2	351	946	1970

4-1-58 续表2

地 区	邮路总长度(单程)(公里)				城市投递段道(单程)(公里)	农村投递路线(单程)(公里)
		#航空邮路	#铁路邮路	#汽车邮路		
全 国	**3406226**	**1813959**	**200180**	**1229802**	**941286**	**3565226**
北 京	392589	318120	27898	45097	48391	18203
天 津	21996	2076	5754	10671	19881	16144
河 北	47300		1431	43946	51779	166054
山 西	75942	29985	6869	24008	16896	105761
内蒙古	60713	7290	6196	43895	29382	109398
辽 宁	144996	106361	4158	34187	31008	94088
吉 林	67942	36105	7696	23385	15758	88419
黑龙江	95569	45720	12339	36606	33336	117588
上 海	211266	109430	14720	39672	48715	26844
江 苏	124619	36455	4790	80530	67602	253889
浙 江	131193	68216	3081	48012	44180	134966
安 徽	70599	14608	1725	51111	27121	134844
福 建	136434	101505	2903	30655	17737	81607
江 西	75355	23431	7078	44063	16570	114673
山 东	173098	98492	10098	62516	106668	243763
河 南	94534	29150	5656	57201	45453	191083
湖 北	80613	28148	6703	43732	42163	190449
湖 南	86906	29213	3033	52584	26189	209864
广 东	369332	259490	13575	94928	122686	206151
广 西	69698	18662	3942	45603	14641	108908
海 南	36498	22012		13923	4272	23172
重 庆	87436	48064	3067	29424	11262	73249
四 川	174475	85517	7380	57556	12739	175427
贵 州	64926	26674	6385	24541	6668	68798
云 南	145971	71609	4666	66382	19503	165455
西 藏	15357	1320		14037	2666	116710
陕 西	98489	52615	10213	29196	24959	125077
甘 肃	74556	34051	5312	30179	11987	104848
青 海	23721	8472	4310	9240	2537	14278
宁 夏	14028	5666	2355	5949	3769	11010
新 疆	140075	95502	6847	36973	14768	74506

4-1-59　邮政局所、服务点

年份 地区	邮政局所、代办点合计（处）	设在农村	邮政局所总数（处）	设在农村	提供邮政全功能服务	电子化支局
2001	76898	59535	57136	41196	34044	16366
2002	76358	58328	56861	40419	35953	17662
2003	63555	45893	56426	39911	36342	18428
2004	66393	48017	55747	38721	37414	20026
2005	65917	46821	55444	37930	38582	24124
北　京	892	178	779	178	612	560
天　津	456	123	454	121	362	394
河　北	2679	1910	1957	1242	1322	1088
山　西	1603	1045	1584	1029	887	446
内蒙古	1773	1144	1744	1143	761	539
辽　宁	1686	978	1684	977	1495	1009
吉　林	1395	875	1391	873	1113	561
黑龙江	2138	1150	2131	1149	1589	1164
上　海	647	254	646	253	512	584
江　苏	3164	2257	2866	2041	2379	2346
浙　江	2374	1735	2297	1680	1432	1414
安　徽	2560	1874	2028	1420	1566	591
福　建	1638	1175	1629	1170	1163	747
江　西	1858	1382	1797	1322	1512	223
山　东	5841	4889	3026	2128	2738	2816
河　南	2739	2015	2709	1990	2222	342
湖　北	2119	1424	1934	1289	1428	635
湖　南	6525	5013	2655	1839	1986	988
广　东	3939	2317	3910	2289	2765	1755
广　西	1672	1291	1614	1272	489	654
海　南	503	352	459	315	413	148
重　庆	2290	1863	2069	1697	1398	220
四　川	6198	5220	5692	4807	2816	2038
贵　州	1908	1448	1331	979	956	418
云　南	1957	1440	1898	1406	1203	656
西　藏	180	67	180	67	106	97
陕　西	1794	1184	1718	1149	1305	587
甘　肃	1386	1018	1281	924	815	265
青　海	219	102	219	102	134	111
宁　夏	340	211	327	198	194	177
新　疆	1444	887	1435	881	909	551

4-1-59 续表

年份 地区	局所总数中: 邮政局(处)	 邮政支局(处)	邮政代办点 (处)	 设在农村	信筒信箱 (个)	邮政储蓄点 (处)
2001	2472	22201			225846	34540
2002	2455	22227	19497	17909	217541	34444
2003	2451	22207	7129	5982	275962	33540
2004	2455	22413	10646	9296	222946	34424
2005	2526	22910	10473	8891	202259	35024
北京	12	171	113		3595	470
天津	9	104	2	2	1728	354
河北	157	1109	722	668	6613	1245
山西	109	410	19	16	3517	1044
内蒙古	98	670	29	1	2805	718
辽宁	59	1099	2	1	7366	1450
吉林	50	1092	4	2	4986	1072
黑龙江	81	1182	7	1	5775	1506
上海	15	229	1	1	4022	429
江苏	69	1903	298	216	10579	2318
浙江	75	726	77	55	15474	1480
安徽	81	821	532	454	6378	1604
福建	68	923	9	5	15349	790
江西	96	298	61	60	6051	1277
山东	131	2654	2815	2761	11924	2730
河南	133	1474	30	25	5259	2070
湖北	82	1172	185	135	17502	1382
湖南	107	915	3870	3174	13776	1950
广东	107	1440	29	28	15258	1691
广西	91	505	58	19	7556	796
海南	20	184	44	37	849	336
重庆	41	447	221	166	3934	1599
四川	195	1020	506	413	9308	2815
贵州	83	583	577	469	2293	548
云南	133	394	59	34	4013	772
西藏	78	10			292	35
陕西	101	507	76	35	5484	1196
甘肃	84	224	105	94	6489	497
青海	47	38			571	108
宁夏	20	35	13	13	849	171
新疆	94	571	9	6	2664	571

4-1-60　邮政通信服务水平

指　标		2001	2002	2003	2004	2005
设有局所的乡(镇)	(个)	33948	32771	32451	31912	30949
已通邮的行政村	(个)	693905	690981	672147	665892	645939
开办邮政储蓄业务的乡(镇)	(个)	22901	22117	21519	20985	20850
按固定班期投递邮件的乡(镇)	(个)	40904	38993	38391	38308	36232
城区每日平均投递次数	(次)	2.0	2.4	2.1	2.2	2.1
农村每周平均投递次数	(次)	4.7	5.1	5.0	5.1	5.0
城区局内信箱(筒)每日开箱次数	(次)	2.3	2.6	2.1	2.2	2.2
城区局外信箱(筒)每日开箱次数	(次)	1.5	1.7	1.4	1.6	1.5
开办185客户服务中心业务的地(市)	(个)	285	276	305	308	298
邮政储蓄计算机网络联网城市中心主机	(台)	310	271	211	134	117
邮政储蓄计算机网络覆盖的县(市)	(个)	2083	2055	2089	2097	2124
邮政储蓄市场占有率	(%)	8.01	8.48	8.7	9.0	9.6
局所、服务网点服务面积	(平方公里)	168.0	125.7	151.1	142.4	145.6
局所、服务网点服务人口	(万人)	2.2	1.7	2.0	1.9	2.0
人均函件量(包括邮送广告)	(件)	6.9	8.3	8.1	6.4	5.6
每百人报刊量	(份)	17.2	13.9	13	11.4	11.2

4-1-61 各地区邮政通信服务水平

地区	设有局所的乡镇		城区每日平均投递次数(次)	农村每周平均投递次数(次)	邮政储蓄市场占有率(%)
	合计 (个)	比例 (%)			
全国	**30949**	**83.8**	**2.1**	**5.0**	**9.6**
北京	164	89.1	3.0	7.0	5.1
天津	99	70.7	2.0	7.0	9.6
河北	1182	60.1	2.0	6.0	9.4
山西	1006	79.3	1.6	4.9	13.4
内蒙古	1074	87.7	2.0	3.0	10.8
辽宁	907	91.3	2.2	4.3	8.4
吉林	667	87.2	2.0	5.0	11.3
黑龙江	838	90.0	2.0	4.0	15.3
上海	117	100.0	3.0	7.0	6.7
江苏	1173	99.8	2.3	6.3	11.2
浙江	1004	78.4	2.3	6.1	6.1
安徽	1324	83.6	2.0	6.0	13.4
福建	923	94.6	1.7	5.3	11.4
江西	1269	88.0	1.7	4.3	18.0
山东	1518	100.0	2.0	6.0	12.6
河南	1928	91.4	1.9	5.8	12.4
湖北	964	100.0	2.0	6.0	14.3
湖南	1832	79.3	1.8	3.0	14.3
广东	1302	93.6	2.0	7.8	4.3
广西	1160	91.3	2.0	4.0	9.8
海南	197	98.0	1.8	5.7	13.6
重庆	997	95.5	2.0	5.0	9.7
四川	3648	75.0	2.0	4.0	9.0
贵州	1154	79.5	2.0	3.0	10.8
云南	1386	90.4	2.0	5.0	6.2
西藏	59	8.6	2.0	1.0	12.9
陕西	1244	77.4	2.0	5.0	13.5
甘肃	913	68.7	2.0	5.0	11.5
青海	145	39.4	2.0	3.0	12.0
宁夏	147	82.6	2.0	5.0	13.3
新疆	608	72.0	2.0	4.0	10.0

【主要统计指标解释】

铁路营业里程 又称营业长度(包括正式营业和临时营业里程)，指办理客货运输业务的铁路正线总长度。凡是全线或部分建成双线及以上的线路，以第一线的实际长度计算；复线、站线、段管线、岔线和特殊用途线以及不计算运费的联络线都不计算营业里程。该指标可以反映铁路运输业基础设施的发展水平，也是计算客货周转量、运输密度和机车车辆运用效率等指标的基础资料。

铁路电气化里程 指在全部铁路营业里程中已安装了供电线路及设备，可以供电力机车牵引列车运行的区段的总里程。

铁路自动、半自动闭塞里程 指装有列车自动或人工完成闭塞状态的铁路设备里程。为保证列车安全运行，在一个区间、同一时间内，一般只允许一列列车运行，这种保证列车在这个区间安全间隔运行的技术方法称为“闭塞”。自动或半自动闭塞里程占铁路营业里程的比重是反映铁路现代化的重要标志之一。

公路里程 指在一定时期内实际达到《公路工程[WTBZ]技术标准JTJ01-88》规定的等级公路，并经公路主管部门正式验收交付使用的公路里程数。包括大中城市的郊区公路以及通过小城镇街道部分的公路里程和桥梁、渡口的长度，不包括大中城市的街道、厂矿、林区生产用道和农业生产用道的里程。两条或多条公路共同经由同一路段，只计算一次，不得重复计算里程长度。该指标可以反映公路建设的发展规模，也是计算运输网密度等指标的基础资料。

内河航道里程 也称内河通航里程，指在一定时期内，能通航运输船舶及排筏的天然河流、湖泊水库、运河及通航渠道的长度。包括全年季节性通航累计三个月以上的航道，不包括仅供零散流放竹、木排的河道。该指标可以反映内河水运网的规模、水平和发展情况。

民用航空航线里程 指民航运输定期班机飞行的航线长度的总和。航线长度按机场之间的距离计算，通常有两种计算方法：一是将每条航线长度相加称为重复计算航线里程；一是将两线或两条以上航线经过同一区段里程，只计算一次航线长度称为不重复计算航线里程。一般常用的是后者，该指标可以确切反映民航运输网的规模，是表明民航事业为国民经济服务和方便人民生活程度的主要指标。

输油(气)管道长度 也称输油(气)里程，指油品(或天然气)的实际输送距离，一般按输油(气)管道的单线长度计算。若包括复线和备用线长度则称为输油(气)管道延展长度，是指管道铺设的实际长度。我们通常使用的是不包括复线的“输油(气)管道里程”，该指标可以反映管道运输的发展规模和水平。

货(客)运量 指在一定时期内，各种运输工具实际运送的货物(旅客)数量。该指标是反映运输业为国民经济和人民生活服务的数量指标，也是制定和检查运输生产计划、研究运输发展规模和速度的重要指标。货运按吨计算，客运按人计算。货物不论运输距离长短、货物类别，均按实际重量统计。旅客不论行程远近或票价多少，均按一人一次客运量统计；半价票、小孩票也按一人统计。

货(客)运密度 指在一定时期内某种运输方式在营运线路的某一区段平均每公里线路通过的货物(旅客)运输周转量。计算公式为：货（客）运密度＝货物（旅客）周转量/营业线路长度。

该指标可以反映交通运输线路上的货物(旅客)运输量运输繁忙程度，是平衡运输线路运输能力和通过能力，规划线路建设及改造、配备技术设备，研究运输网布局的重要依据。

货物(旅客)周转量 指在一定时期内，由各种运输工具运送的货物(旅客)数量与其相应运输距离的乘积之总和。该指标可以反映运输业生产的总成果，也是编制和检查运输生产计划，计算运输效率、劳动生产率以及核算运输单位成本的主要基础资料。计算货物周转量通常按发出站与到达站之间的最短距离，也就是计费距离计算。计算公式为：货物（旅客）周转量 = Σ（货物（旅客）运输量 × 运输距离）。

铁路货车平均静载重 指铁路货车在始发站静止状态下平均每车装载的货物重量，用以分析货车完成装车时车辆载重力的利用情况。计算公式为：货车平均静载量=货物发送吨数/装车数

静载重的多少取决于运送货物的性质、种类、车辆的类型和装载技术的高低。根据货车的平均标记载重与静载重进行对比，可以反映货车载重能力的利用程度。计算公式为：货车载重力利用率（%）= 货车平均静载重/货车平均标记载重 × 100%。

铁路货运机车日产量 指在一定时期内，平均每台货运机车在一昼夜内所完成的总重吨公里数，包括载运货物的重量和车辆本身的自重。该指标从时间和牵引能力两方面反映了机车运用效率。计算公式为：货运机车平均日产量= 货运总重吨公里数/货运机车台日数。

沿海主要港口货物吞吐量 指经水运进出沿海主要港区范围，并经过装卸的货物数量，包括邮件及办理托运手续的行李、包裹以及补给运输船舶的燃、物料和淡水。货物吞吐量按货物流向分为进口、出口吞吐量，按货物交流性质分为外贸货物吞吐量和国内贸易货物吞吐量。货物吞吐量的货类构成及其流向，是衡量港口生产能力大小的重要指标。

民用汽车拥有量 指报告期末，在公安交通管理部门按照《机动车注册登记工作规范》，已注册登记领有民用车辆牌照的全部汽车数量。汽车拥有量统计的主要分类：根据汽车结构分为载客汽车、载货汽车及其他汽车；根据汽车所有者不同分为个人(私人)汽车、单位汽车；根据汽车的使用性质分为营运汽车、非营运汽车；根据汽车大小规格不同载客汽车分为大型、中型、小型和微型，载货汽车分为重型、中型、轻型和微型。

邮政业务总量 指以货币形式表现的邮政企业为社会提供的各类邮政服务的总数量，是用于观察邮政业务发展变化总趋势的综合性总量指标。按专业分类包括函件、包裹、汇票、报刊发行、邮政快件、特快专递、邮政储蓄、集邮等。计算方法为各类产品乘以相应的不变单价之和，加上邮政出租代维及其他业务收入。其计算公式：

邮政业务总量＝Σ（各类邮政业务总量×不变单价）＋邮政出租代维及其他业务收入

邮政局所 指经邮政部门审批许可，有固定的地址，领有上级发给的邮政日戳或邮政戳记，对外营业直接为用户办理邮政业务（至少办理出售邮票和收寄给据函件）的服务机构。邮政局所按经营方式分为自办局所和代办局所；按设置地点分为城市局所和农村局所。

邮路 指各邮政局所、代办所之间及邮政局所、代办所与车站、码头、机场、转运站、报刊社之间，由自编或委代办人员按固定班期规定路线交换邮件、报刊的路线。包括农村地区运邮为主兼投递邮件、报刊的路线。不包括城市、农村地区纯投递（邮件报刊所走的）路线。邮路按级别分为：国际及港澳邮路、一级邮路、二级邮路、市内邮路、农村邮路；按运输工具分为：航空邮路、铁道邮路、汽车邮路、水运邮路、其它邮路。

农村投递路线 指农村邮政支局所自编或委办人员按固定班期、规定路线至农村乡(镇)、行政村等收件单位投递邮件、报刊所走的路线。

邮政局所服务面积 指报告期行政区域平均每一邮政局所服务的面积。计算公式：

$$\text{每一邮政局所服务面积}=\frac{\text{行政区域土地面积（平方公里）}}{\text{局所总数（处）}}$$

邮政局所服务人口 指报告期行政区域平均每一邮政局所服务的人口数。计算公式：

$$\text{每一邮政局所服务人口}=\frac{\text{行政区域总人口数（万人）}}{\text{局所总数（处）}}$$

第四部分

第三产业主要业务指标

2.信息传输、计算机服务和软件业

简要说明

一、本篇资料的主要内容

电信业资料主要包括：电信主要电路及设备拥有量、电信主要业务量、电信主要通信能力、电信通信服务水平等。

二、资料的调查范围

电信业资料：包括全社会电信运营企业为社会公众提供的各类电信服务，不含专用网业务资料。业务范围分为国内业务量和国际及港澳业务量（对台业务量统计在港澳中）。

三、本篇的资料来源

本篇资料由国家统计局服务业调查中心负责整理、编辑。资料来源于信息产业部。

4-2-1　电信主要业务量

指　标		2001	2002	2003	2004	2005
电信业务总量(2000年单价)	(亿元)	4098.9	5201.1	6478.8	9148.0	11403.0
固定电话用户合计	(万户)	18036.8	21422.2	26274.7	31175.6	35044.5
其中:无线市话用户	(万户)			3729.1	6487.4	8530.0
公用电话用户	(万户)	346.2	985.5	1561.4	2215.0	2681.2
城市电话用户	(万户)	11193.7	13579.1	17109.7	21025.1	23975.3
住宅电话用户	(万户)	8535.3	10196.7	12533.9	15246.5	17201.2
农村电话用户	(万户)	6843.1	7843.1	9165.0	10150.5	11069.2
住宅电话用户	(万户)	6197.7	7183.8	8389.7	9240.5	10023.9
移动电话用户	(万户)	14522.2	20600.5	26995.3	33482.4	39340.6
GSM移动电话用户	(万户)		19884.1	25089.5	30651.2	35994.1
CDMA移动电话用户	(万户)		716.4	1905.8	2831.3	3346.5
移动分组数据用户	(万户)				2607.4	7080.5
无线寻呼用户	(万户)	3606.4	1872.1	1057.6	395.2	
分组交换用户	(万户)	11.3	10.1	8.6	6.4	
数字数据网(DDN)用户	(万户)	43.9	46.4	46.2	41.7	37.1
帧中继及ATM用户	(万户)	7.6	10.6	12.2	14.2	14.4
互联网拨号用户	(万户)	3652.7	5246.5	5653.1	5122.3	3559.5
互联网专线用户	(万户)	3.6	4.5	6.9	6.5	6.7
宽带接入用户	(万户)		325.3	1114.7	2487.5	3735.0
其中：xDSL用户	(万户)				1720.3	2654.0
本地网内区间电话通话量	(亿次)	539.1	530.4	597.4	770.3	829.1
本地网内区内电话通话量	(亿次)	5693.7	4955.5	5296.9	5893.7	6222.4
本地网内拨号上网通话量	(亿次)		1369.8	1094.1	561.7	348.3
固定电话长途通话时长合计	(亿分钟)	628.2	539.9	587.5	741.6	894.2
国内长途电话通话时长	(亿分钟)	615.6	528.7	577.4	731.3	882.5
国际电话通话时长	(亿分钟)	4.7	4.5	4.5	5.0	5.5
港澳台电话通话时长	(亿分钟)	7.8	6.6	5.5	5.4	6.1
移动电话通话时长合计	(亿分钟)	2904.5	4184.0	6308.9	9454.7	12507.4
移动电话本地通话时长	(亿分钟)	2592.4	3755.4	5835.5	8845.5	11788.2
移动电话国内长途通话时长	(亿分钟)	307.2	423.2	468.1	603.1	712.6
移动电话国际通话时长	(亿分钟)	2.4	2.8	2.7	3.0	3.3
移动电话港澳台通话时长	(亿分钟)	2.5	2.6	2.7	3.1	3.3
移动短信业务量	(亿条)		583.3	1386.3	2170.5	3046.3
IP电话通话时长合计	(亿分钟)	201.9	591.6	834.2	1149.0	1340.2
IP电话国内长途通话时长	(亿分钟)	193.5	575.7	814.6	1127.7	1314.4
IP电话国际通话时长	(亿分钟)	4.2	6.8	8.5	10.3	14.1
IP电话港澳台通话时长	(亿分钟)	4.2	9.0	11.1	11.0	11.6
卫星移动通信系统用户	(户)	1656	2664	3355	3661	6403
卫星移动电话通话时长	(万分钟)	33.0	38.6	39.0	36.2	149.4

4-2-2 各地区电信主要业务量

地区	电信业务总量（亿元）	固定电话用户（万户）	城市电话用户	#住宅电话	农村电话用户	#住宅电话
全国	11403.0	35044.5	23975.3	17201.2	11069.2	10023.9
北京	372.4	943.7	847.7	625.6	96.0	93.8
天津	163.2	428.9	425.3	347.4	3.6	2.5
河北	498.4	1581.6	901.3	755.5	680.3	651.0
山西	256.8	873.2	602.5	492.9	270.7	249.8
内蒙古	188.2	525.5	417.6	340.3	107.9	99.5
辽宁	420.3	1626.6	1177.0	962.2	449.6	427.9
吉林	246.4	756.0	529.8	429.4	226.2	218.9
黑龙江	314.6	1056.5	784.5	648.0	272.0	259.5
上海	371.2	996.7	987.0	685.0	9.6	
江苏	670.9	3059.1	2089.1	1450.6	970.0	868.1
浙江	798.9	2231.7	1421.5	849.4	810.1	651.6
安徽	258.3	1349.5	680.0	501.8	669.5	642.1
福建	493.8	1398.5	982.1	657.1	416.5	369.8
江西	241.8	829.3	488.1	349.4	341.2	315.7
山东	667.0	2637.9	1364.3	1103.5	1273.6	1200.7
河南	517.6	1796.3	1066.1	830.4	730.2	676.9
湖北	347.3	1236.4	887.6	614.9	348.8	313.6
湖南	344.4	1227.8	718.2	523.4	509.6	479.0
广东	2069.4	3442.5	2614.6	1653.2	827.9	651.9
广西	312.1	869.5	557.2	386.9	312.2	290.2
海南	70.9	230.3	170.0	106.0	60.3	51.8
重庆	199.6	688.9	456.5	326.8	232.4	218.0
四川	436.6	1577.4	1101.5	772.2	475.8	439.5
贵州	165.2	466.5	328.3	232.8	138.2	127.9
云南	253.6	597.8	444.0	294.1	153.8	126.6
西藏	15.3	52.0	49.0	33.1	3.0	1.7
陕西	307.1	859.3	561.8	385.5	297.5	276.3
甘肃	129.4	548.0	395.3	260.3	152.7	135.9
青海	30.3	113.5	92.8	65.7	20.7	18.5
宁夏	44.5	138.9	98.3	67.1	40.6	36.5
新疆	164.3	592.7	459.2	318.9	133.5	115.4
不分地区	33.2	312.2	277.0	132.0	35.2	13.3

4-2-2　续表1　　　　单位：万户

地　区	无线市话用户	移动电话用户	移动分组数据用　户	互联网拨号用户	互联网专线用户	互联网宽带接入用户
全　国	**8530.0**	**39340.6**	**7080.5**	**3559.5**	**6.7**	**3735.0**
北　京	198.9	1459.4	239.9	160.8	0.4	228.9
天　津	110.1	502.6	119.9	152.7		64.3
河　北	288.9	1785.5	319.9	179.2	0.1	125.5
山　西	177.5	906.2	175.6	64.1	0.1	93.9
内蒙古	172.4	712.3	52.4	53.9	0.1	47.1
辽　宁	380.9	1358.2	280.6	148.1	0.5	161.3
吉　林	195.6	915.7	162.0	147.3	0.1	68.9
黑龙江	285.0	1132.3	209.5	165.8	0.1	122.8
上　海	188.4	1444.2	503.6	179.3	0.5	224.4
江　苏	921.5	2550.0	473.7	158.0	0.6	290.8
浙　江	574.3	2686.3	621.6	221.3	0.2	337.6
安　徽	193.5	1046.9	106.8	118.0	0.1	75.3
福　建	482.3	1302.3	277.6	176.1	0.2	144.4
江　西	185.3	798.4	147.6	103.4	0.2	69.0
山　东	547.0	2347.3	658.1	78.6	0.3	218.8
河　南	359.2	1815.0	277.6	135.5	0.1	123.0
湖　北	321.9	1401.3	250.3	51.9	0.3	128.0
湖　南	211.9	1266.2	257.8	129.7	0.1	130.5
广　东	883.7	6406.6	915.7	365.5	1.2	420.1
广　西	216.6	1021.1	136.0	107.3	0.2	78.6
海　南	72.2	203.9	31.0	21.2		21.1
重　庆	178.2	943.4	125.4	64.0	0.1	64.5
四　川	411.8	1689.7	287.7	166.5	0.3	150.1
贵　州	130.1	509.4	46.4	10.3	0.1	33.8
云　南	180.2	898.8	133.2	97.5	0.1	61.2
西　藏	26.8	46.9	3.6	3.2		1.9
陕　西	205.9	938.1	141.6	170.2	0.3	66.4
甘　肃	193.5	408.4	54.6	28.7		35.5
青　海	33.8	131.6	8.9	4.4		6.9
宁　夏	38.7	181.1	20.3	30.7		11.4
新　疆	159.7	531.3	42.6	63.7	0.1	41.8
不分地区	4.2			2.6	0.2	87.3

4-2-2 续表2

地 区	固定电话长途通话时长（亿分钟）	移动电话通话时长（亿分钟）	IP电话通话时长（亿分钟）	无线市话短信业务量（亿条）	移动短信业务量（亿条）
全 国	**894.2**	**12507.4**	**1340.2**	**239.7**	**3046.3**
北 京	39.9	300.3	62.9	11.8	181.7
天 津	12.4	175.6	20.8	3.2	41.8
河 北	27.2	606.0	22.9	6.2	132.3
山 西	16.2	303.4	22.5	3.9	73.9
内蒙古	10.2	236.2	14.2	2.1	37.6
辽 宁	31.2	452.8	35.5	11.4	82.8
吉 林	9.3	323.7	11.8	2.3	63.9
黑龙江	19.1	377.7	23.5	7.9	69.1
上 海	31.3	290.1	58.2	6.3	179.6
江 苏	67.6	570.8	65.0	44.6	312.9
浙 江	93.1	925.2	55.0	23.4	259.9
安 徽	17.7	278.6	20.7	6.5	86.1
福 建	49.4	577.5	38.9	8.6	95.3
江 西	19.7	307.9	15.5	4.4	48.3
山 东	39.7	744.9	58.9	10.4	168.5
河 南	32.1	649.9	20.0	6.8	105.8
湖 北	28.4	407.3	29.2	7.8	82.0
湖 南	23.8	406.3	32.8	5.9	97.1
广 东	152.3	2036.4	471.0	17.8	478.5
广 西	20.9	406.0	26.6	4.2	62.6
海 南	5.2	90.8	6.8	1.3	13.2
重 庆	9.8	223.0	13.0	4.9	48.7
四 川	28.2	445.3	51.2	13.0	111.3
贵 州	8.8	220.9	23.7	3.6	23.0
云 南	15.6	337.4	28.6	4.1	55.9
西 藏	3.5	13.3	2.5	1.0	2.8
陕 西	25.1	395.7	28.9	5.5	67.0
甘 肃	10.2	139.0	13.4	3.4	23.6
青 海	2.7	30.0	5.4	1.3	5.7
宁 夏	3.7	51.5	5.0	1.2	8.6
新 疆	16.6	183.9	32.3	4.7	26.6
不分地区	23.3		23.3		

4-2-3　各地区固定电话用户情况

单位：万户

地区	2001	2002	2003	2004	2005
全　国	**18036.8**	**21422.2**	**26274.7**	**31175.6**	**35044.5**
北　京	525.7	585.6	683.7	847.5	943.7
天　津	276.2	298.3	360.1	407.0	428.9
河　北	906.8	1104.4	1339.0	1554.9	1581.6
山　西	422.0	535.0	674.3	770.9	873.2
内蒙古	262.9	311.2	427.7	492.2	525.5
辽　宁	862.6	1016.5	1278.7	1470.1	1626.6
吉　林	423.2	478.5	594.6	655.6	756.0
黑龙江	574.0	666.0	874.4	1082.6	1056.5
上　海	617.8	672.1	733.9	868.2	996.7
江　苏	1403.8	1659.2	2043.9	2582.4	3059.1
浙　江	1119.6	1381.8	1656.5	1974.8	2231.7
安　徽	640.2	792.0	997.9	1191.6	1349.5
福　建	750.3	937.1	1122.7	1264.7	1398.5
江　西	436.4	512.2	630.3	693.4	829.3
山　东	1487.4	1742.6	2088.8	2464.1	2637.9
河　南	1096.1	1181.3	1362.6	1583.9	1796.3
湖　北	642.8	735.5	889.8	1072.9	1236.4
湖　南	717.6	809.9	941.9	1085.3	1227.8
广　东	1711.1	1996.8	2567.0	2954.9	3442.5
广　西	414.5	516.6	638.5	810.9	869.5
海　南	105.5	137.4	162.8	197.3	230.3
重　庆	337.7	413.5	533.4	642.4	688.9
四　川	682.3	886.4	1128.2	1369.9	1577.4
贵　州	211.3	274.3	332.4	387.6	466.5
云　南	359.9	437.2	483.2	547.4	597.8
西　藏	15.0	19.7	27.4	37.7	52.0
陕　西	425.8	538.9	671.9	791.9	859.3
甘　肃	250.4	322.0	399.8	477.3	548.0
青　海	47.8	57.9	76.4	94.4	113.5
宁　夏	71.1	84.3	100.3	119.6	138.9
新　疆	238.8	317.9	412.0	495.2	592.7
不分地区			40.6	187.2	312.2

4-2-4 各地区移动电话用户情况

单位：万户

地区	2001	2002	2003	2004	2005
全国	**14522.2**	**20600.5**	**26995.3**	**33482.4**	**39340.6**
北京	617.4	919.5	1108.9	1340.7	1459.4
天津	216.5	306.4	383.4	423.6	502.6
河北	543.4	840.8	1253.2	1512.9	1785.5
山西	302.0	414.0	600.9	753.8	906.2
内蒙古	227.6	346.9	479.1	594.6	712.3
辽宁	703.8	900.5	1080.3	1194.4	1358.2
吉林	336.5	461.0	633.2	763.8	915.7
黑龙江	489.4	678.8	856.5	1017.1	1132.3
上海	614.7	913.4	1098.6	1311.3	1444.2
江苏	1026.4	1487.5	1926.3	2232.9	2550.0
浙江	1107.2	1460.6	1955.2	2322.5	2686.3
安徽	419.2	540.9	697.9	873.4	1046.9
福建	620.0	792.0	946.5	1138.1	1302.3
江西	315.4	434.5	532.1	671.3	798.4
山东	817.8	1188.8	1510.2	1909.4	2347.3
河南	494.0	733.1	1072.6	1392.3	1815.0
湖北	428.5	615.7	874.2	1129.8	1401.3
湖南	410.4	630.2	846.2	1036.4	1266.2
广东	2410.7	3214.4	4007.0	5373.9	6406.6
广西	271.0	432.7	649.8	874.5	1021.1
海南	81.2	110.1	136.3	165.0	203.9
重庆	245.8	424.7	619.4	811.6	943.4
四川	599.9	862.0	1195.4	1514.6	1689.7
贵州	169.9	246.9	331.1	440.0	509.4
云南	338.6	502.3	628.4	732.4	898.8
西藏	11.3	21.1	33.1	39.7	46.9
陕西	291.7	467.1	617.6	788.7	938.1
甘肃	143.0	206.9	277.7	358.0	408.4
青海	45.7	77.1	100.0	117.7	131.6
宁夏	42.5	73.7	123.0	158.6	181.1
新疆	180.9	296.8	421.2	489.7	531.3

4-2-5　电信主要通信能力

指　标		2001	2002	2003	2004	2005
长途电路						
固定长途电话业务电路	(2M)				208104	257513
移动长途电话业务电路	(2M)				278829	410276
数据通信网长途电路	(2M)		484694	749051	1327991	1979146
长途传输出租电路	(2M)				117212	178720
长途线路						
长途光缆线路长度	(公里)	399082	487684	594303	695271	723040
长途光缆纤芯长度	(芯公里)	9912500	12222841	14791603	16616685	17565191
本地线路						
本地中继光缆线路长度	(公里)	1032210	1292059	1549727	2064236	2401411
本地中继光缆纤芯长度	(芯公里)	13808869	19274319	27555567	35294683	41906041
接入网光缆线路长度	(公里)	387647	472821	590777	759718	948336
接入网光缆纤芯长度	(芯公里)	5417613	7012580	9122366	14508046	16494639
长途通信						
长途电话交换机容量	(路端)	7035769	7730133	8693998	12629982	13716307
地面通信卫星地球站点	(个)				814	1282
地面通信卫星地球容量	(门)				46423	61697
本地网通信						
局用交换机容量	(万门)	25566.3	28656.8	35082.5	42346.9	47196.1
用户交换机容量	(万门)	1514.5	1370.5	1294.1	1420.0	1413.9
互联网及其他数据通信						
数字数据网节点机端口	(个)	755829	837818	970046	950371	971785
帧中继及ATM端口	(个)	95977	139811	203086	215115	226263
互连网拨号服务器端口	(个)	2226149	3341706	4149217	4412900	4957364
互联网专线接入用户端口	(个)				157065	154844
互联网宽带接入端口	(万个)			1802.3	3578.1	4874.7
其中：xDSL端口	(万个)				2763.5	3853.4
LAN端口	(万个)				806.2	1014.6
移动通信						
移动电话交换机容量	(万户)	21926.3	27400.3	33698.4	39684.3	48241.7
移动分组数据网容量	(万户)				3981.4	7827.7
卫星通信						
卫星转发器单元总数	(个)					39
VSAT双向小站	(个)	363	230	94	45	967

4-2-6 各地区电信主要通信能力

地区	长途电话交换机容量(路端)	局用交换机容量(万门)	移动电话交换机容量(万户)	长途光缆线路长度(公里)	长途微波线路长度(公里)
全国	**13716307**	**47196.1**	**48241.7**	**723040.4**	**41055.4**
北京	444680	1383.9	1782.0	3318.1	231.0
天津	248432	622.3	619.0	1860.2	
河北	434630	2159.0	2041.5	18370.0	1169.0
山西	289510	1122.3	1088.2	21300.4	
内蒙古	255214	780.9	773.7	33088.9	638.0
辽宁	678810	2022.8	1811.7	19724.2	
吉林	292956	1082.4	1027.3	16757.0	63.0
黑龙江	319807	1495.3	1304.5	35734.8	
上海	506857	1356.4	1991.0	4617.3	123.0
江苏	930079	4187.5	3397.0	25699.2	1740.0
浙江	569365	2874.9	3582.2	24800.8	1898.0
安徽	443825	1622.8	1213.9	25488.3	951.0
福建	448521	1795.1	1573.7	24854.0	4994.0
江西	400094	1096.3	951.2	16260.4	2297.6
山东	598016	3437.8	2641.1	26869.1	601.0
河南	585480	2266.0	2089.2	28715.9	1206.0
湖北	468277	1605.5	1861.8	21672.0	2334.0
湖南	474425	1562.3	1585.9	28096.8	5924.1
广东	2111499	4778.0	7924.8	42643.0	6422.5
广西	350375	1285.4	1310.0	32125.9	832.0
海南	90376	280.6	245.0	642.3	26.0
重庆	143316	1057.8	968.1	6600.8	522.0
四川	616905	2237.6	1911.4	36497.1	1546.0
贵州	235876	690.6	610.3	22257.6	2855.0
云南	215272	831.7	1207.0	26619.1	1.7
西藏	54454	88.8	66.0	9576.0	
陕西	314010	1230.9	1190.2	31249.3	1271.0
甘肃	166938	712.5	433.0	22250.0	340.0
青海	84262	142.0	147.0	14670.5	
宁夏	81661	198.1	211.6	7001.3	113.0
新疆	268000	795.8	682.5	31245.3	2956.4
不分地区	594385	393.0		62435.0	

注：电话交换机容量中不包括用户交换机容量。

4-2-7　电信通信服务水平

指　标		2001	2002	2003	2004	2005
固定电话普及率	(部/百人)	15.1	17.5	21.1	24.1	27.0
城市固定电话普及率	(部/百人)	22.3	26.1	31.3	35.9	40.3
移动电话普及率	(部/百人)	11.5	16.1	21.0	25.9	30.3
平均每千人拥有公用电话数	(部/千人)	2.7	7.7	12.1	17.1	20.6
移动电话(GSM)网络覆盖县(市)						
中国移动	(个)	2040	2025	2813	2861	
中国联通	(个)	1978	2009	2125	2788	
移动电话(CDMA)网络覆盖县(市)	(个)		2012	2142	2861	
移动电话漫游国家和地区						
中国移动	(个)	90	116	155	184	203
中国联通	(个)	56	67	67	113	118
已通固定电话的行政村比重	(%)	85.3	87.9	89.9	91.2	94.4
已通移动电话的行政村比重	(%)					90.4

4-2-8 各地区电信通信服务水平

地 区	固定电话普及率 (部/百人)	城市固定电话普及率 (部/百人)	移动电话普及率 (部/百人)	每千人公用电话 (部/千人)	已通固定电话行政村比重 (%)	已通移动电话行政村比重 (%)
全 国	**27.0**	**40.3**	**30.3**	**20.6**	**94.4**	**90.4**
北 京	63.2	77.2	97.8	44.8	100.0	100.0
天 津	41.9	55.3	49.1	30.9	100.0	100.0
河 北	23.2	36.3	26.2	11.3	99.5	98.3
山 西	26.2	47.0	27.2	21.9	83.2	92.9
内蒙古	22.0	50.2	29.9	13.4	80.9	19.1
辽 宁	38.6	39.9	32.2	25.9	100.0	99.3
吉 林	27.9	29.7	33.8	18.5	95.9	100.0
黑龙江	27.7	34.8	29.7	19.3	99.5	100.0
上 海	57.2	76.6	82.9	20.6	100.0	100.0
江 苏	41.2	43.3	34.3	24.4	100.0	100.0
浙 江	47.3	46.3	56.9	46.2	100.0	91.0
安 徽	20.9	33.1	16.2	10.1	99.0	94.6
福 建	39.8	57.8	37.1	29.8	100.0	90.9
江 西	19.4	33.5	18.6	14.9	100.0	91.8
山 东	28.7	26.2	25.6	16.8	100.0	99.8
河 南	18.5	32.8	18.7	14.6	99.7	99.4
湖 北	20.6	22.9	23.3	22.1	92.4	96.0
湖 南	18.3	32.0	18.9	13.7	96.7	81.5
广 东	41.5	49.7	77.2	42.1	100.0	93.1
广 西	17.8	34.4	20.9	12.6	99.5	86.4
海 南	28.2	34.4	24.9	28.9	84.7	87.2
重 庆	22.1	30.8	30.2	13.3	98.2	93.7
四 川	18.1	35.0	19.4	15.1	90.1	89.1
贵 州	11.9	33.8	13.0	9.8	60.3	77.7
云 南	13.5	47.6	20.4	12.5	90.6	89.4
西 藏	19.0	187.6	17.1	14.3	48.6	4.5
陕 西	23.2	44.4	25.3	17.6	93.1	93.1
甘 肃	20.9	50.9	15.6	23.2	83.3	71.1
青 海	21.1	95.4	24.4	12.6	65.9	86.1
宁 夏	23.6	34.1	30.8	20.9	94.0	100.0
新 疆	30.2	62.1	27.1	29.0	96.8	78.0

4-2-9　各地区互联网上网人数

单位:万人

地　区	2001	2002	2003	2004	2005
全　国	**3370**	**5910**	**7950**	**9400**	**11100**
北　京	330.3	390.1	398.0	402	428
天　津	91.0	135.9	144.6	193	229
河　北	94.4	218.7	289.1	387	486
山　西	40.4	94.6	148.8	211	269
内蒙古	40.4	70.9	74.9	93	116
辽　宁	128.1	283.7	291.5	322	372
吉　林	60.7	141.8	146.5	179	201
黑龙江	94.4	224.6	226.0	278	316
上　海	310.0	419.6	431.6	441	463
江　苏	269.6	478.7	610.9	661	790
浙　江	222.4	325.1	451.2	534	707
安　徽	84.3	112.3	183.5	240	276
福　建	121.3	224.6	318.2	326	397
江　西	60.7	118.2	169.4	156	187
山　东	144.9	384.2	626.6	848	988
河　南	104.5	165.5	225.7	305	396
湖　北	144.9	319.1	380.9	429	463
湖　南	114.6	171.4	265.4	312	348
广　东	350.5	561.5	950.2	1188	1486
广　西	87.6	118.2	228.6	285	330
海　南	16.9	23.6	39.7	47	69
重　庆	53.9	147.8	176.6	181	189
四　川	175.2	307.3	424.3	523	609
贵　州	20.2	47.3	83.1	98	109
云　南	50.6	100.5	166.4	206	241
西　藏	3.4	5.9	8.6	7	9
陕　西	50.6	130.0	196.7	258	314
甘　肃	43.8	70.9	122.4	120	125
青　海	6.7	17.7	19.5	20	29
宁　夏	10.1	17.7	33.3	31	32
新　疆	43.8	82.7	117.8	119	126

注:　本表数据由中国互联网络信息中心(CNNIC)提供，统计为上网人数,与公网运营企业统计口径不同.

【主要统计指标解释】

电信业务总量 指以货币形式表现的电信企业为社会提供的各类电信服务的总数量。是用于观察电信业务发展变化总趋势的综合性总量指标。按专业分类包括长途电话、出租电路、无线寻呼、移动电话、分组交换数据通信、出租代维等。计算方法为各类业务的实物量分别乘以相应的不变单价之和，再加上出租电路和设备、代用户维护电话交换机和线路等的服务收入。其计算公式为：

电信业务总量＝Σ（各类电信业务量×不变单价）＋电信出租代维及其他业务收入

电路 指利用金属导线、光纤或无线电波等作为传输媒介进行通信的通路。电路是电信通信网的重要组成部分，通过对电路的统计可以观察了解电信通信水平和新技术的发展变化情况，为科学合理地组织电信网和编制规划提供依据。电路按用途分为：长途电话业务电路、党政专网长途电路、数据通信网长途电路、长途传输出租电路等；按输出介质分为：光缆电路、微波电路、卫星电路等；按等级分为国际及港澳台电路、省际电路、省内电路。

通信设备 指通信企业为社会提供传递信息或其它邮电服务的设备。包括本地电话、长途电信、移动电话、卫星通信、数据通信等主要设备。

无线寻呼用户 无线寻呼是指电话用户通过无线寻呼中心，在规定范围内向携带小型寻呼机的用户发出声音、数字或文字显示信息。在寻呼台办理登记手续携带小型寻呼机的用户，称为无线寻呼用户。

移动电话用户 指通过移动电话交换机进入移动电话网、占用移动电话号码的电话用户。用户数量以报告期末在移动电话营业部门实际办理登记手续进入移动电话网的户数进行计算，一部移动电话统计为一户。

固定电话用户 即本地电话用户，是指报告期末实际已接入固定电话网上的全部电话用户。用户数量以报告期末在电信运营企业网点办理开户登记手续并已接入固定电话网上的全部电话用户。

城市电话用户 指话机安装地的行政区划属于中央直辖市、省辖市、地级市、县级市的市区、市郊区及县城区范围内固定电话用户，还包括分布在农村地区县团级以上建制的独立工矿区、林区、驻军的电话用户。

农村电话用户 指话机安装地的行政区划属于城市范围以外的乡（镇）、村的固定电话用户。

住宅电话用户 指安装在居民住宅或农民家里并按照住宅电话用户登记注册和收费的电话用户。包括私人付费、单位付费和按规定免费安装的住宅电话用户。

局用交换机容量 指安装在本地电信运营商内用于接续本地固定电话的电话交换机容量，有倍增设备按倍增后的数量计数。包括现用和备用的人工或自动交换机的全部容量。

移动电话交换机容量 指移动电话交换机根据一定话务模型和交换机处理能力计算出来的最大同时服务用户的数量。

电话普及率 指报告期行政区域总人口中，平均每百人拥有的话机数。计算公式：

$$电话普及率=\frac{电话机总数（部）}{行政区域总人口数（人）}\times 100$$

互联网上网人数 指平均每周使用互联网至少1小时的中国公民人数。

第四部分

第三产业主要业务指标

3.批发和零售业

简要说明

一、主要内容：本部分资料主要反映了全国批发和零售业的发展状况。主要内容有批发和零售业商品销售总额及限额以上商品流转情况，社会消费品零售总额等。

二、统计范围：本部分涉及《国民经济行业分类》（GB/T 4754-2002）中的H（批发和零售业）门类，包含63（批发业）、65(零售业）两个大类。

三、调查方法：资料中限额以上批发和零售业采用全面调查方法；对限额以下批发和零售业采用抽样调查方法。

四、限额标准：限额以上批发和零售业的限额标准是：

批发业：年末从业人员20人及以上，年销售额2000万元及以上；

零售业：年末从业人员60人及以上，年销售额500万元及以上。

五、资料来源：本部分资料是国家统计局贸易外经司根据批发和零售业统计报表制度进行搜集和加工整理而得。

资料中各地区社会消费品零售总额相加不等于全国总计，原因是全国总计根据相关核算资料和部门资料进行了修正和调整。

4-3-1　按销售单位所在地分历年社会消费品零售总额

单位：亿元

年　份	社会消费品零售总额	市	县	县以下
1952	276.8			
1963	604.5			
1964	638.2			
1965	670.3			
1966	732.8			
1967	770.5			
1968	737.3			
1969	801.5			
1970	858.0			
1971	929.2			
1972	1023.3			
1973	1106.7	364.4	287.6	454.7
1974	1163.6	384.9	311.5	467.2
1975	1271.1	416.7	350.0	504.4
1976	1339.4	436.0	359.1	544.3
1977	1432.8	452.5	362.4	617.9
1978	1558.6	505.2	380.4	673.0
1979	1800.0	584.7	347.5	867.8
1980	2140.0	733.6	399.4	1007.0
1981	2350.0	843.3	431.9	1074.8
1982	2570.0	920.5	471.3	1178.2
1983	2849.4	1057.3	520.8	1271.3
1984	3376.4	1348.7	586.4	1441.3
1985	4305.0	1874.5	737.2	1693.3
1986	4950.0	2018.0	902.0	2030.0
1987	5820.0	2427.0	1030.0	2363.0
1988	7440.0	3260.8	1264.3	2914.9
1989	8101.4	3666.8	1329.5	3105.1
1990	8300.1	3888.6	1337.4	3074.1
1991	9415.6	4529.8	1491.2	3394.6
1992	10993.7	5470.3	1689.8	3833.6
1993	14270.4	7138.1	2090.1	5042.2
1994	18622.9	9387.8	2558.7	6676.4
1995	23613.8	12979.4	3366.3	7268.1
1996	28360.2	16199.2	3759.7	8401.3
1997	31252.9	18499.5	4011.6	8741.8
1998	33378.1	20294.1	4220.2	8863.8
1999	35647.9	22201.8	4460.8	8985.3
2000	39105.7	24555.2	4831.1	9719.4
2001	43055.4	27379.1	5251.4	10424.9
2002	48135.9	31376.5	5566.5	11192.9
2003	52516.3	34608.3	6011.8	11896.2
2004	59501.0	39695.7	6636.0	13169.3
2005	67176.6	45094.3	7485.4	14596.9

注：1.1992年及以前为社会商品零售总额(下表同)，农业生产资料零售额包括在县以下零售额中。
2.1997年及以后社会消费品零售总额中不含居民购买住房(下表同)。

4-3-2 按国民经济行业分历年社会消费品零售总额

单位：亿元

年份	社会消费品零售总额	批发和零售业	餐饮业	其他
1952	276.8	211.3	14.1	51.4
1963	604.5	516.4	37.0	51.1
1964	638.2	560.0	33.5	44.7
1965	670.3	594.6	31.2	44.5
1966	732.8	655.1	31.9	45.8
1967	770.5	688.0	30.1	52.4
1968	737.3	658.0	27.3	52.0
1969	801.5	718.1	28.9	54.5
1970	858.0	769.3	29.6	59.1
1971	929.2	825.5	33.2	70.5
1972	1023.3	906.8	37.5	79.0
1973	1106.7	979.9	40.1	86.7
1974	1163.6	1027.0	41.8	94.8
1975	1271.1	1113.9	45.5	111.7
1976	1339.4	1175.6	47.0	116.8
1977	1432.8	1256.5	50.4	125.9
1978	1558.6	1363.7	54.8	140.1
1979	1800.0	1540.5	63.7	195.8
1980	2140.0	1768.0	80.0	292.0
1981	2350.0	1915.4	87.6	347.0
1982	2570.0	2068.1	98.4	403.5
1983	2849.4	2269.1	112.1	468.2
1984	3376.4	2645.5	137.1	593.8
1985	4305.0	3272.2	196.9	835.9
1986	4950.0	3717.8	232.8	999.4
1987	5820.0	4343.5	283.0	1193.5
1988	7440.0	5544.6	366.5	1528.9
1989	8101.4	6009.5	405.1	1686.8
1990	8300.1	6127.4	419.8	1752.9
1991	9415.6	6903.9	492.0	2019.7
1992	10993.7	7922.2	589.7	2481.8
1993	14270.4	10892.8	817.8	2559.8
1994	18622.9	14903.4	1201.4	2518.1
1995	23613.8	19454.3	1614.7	2544.8
1996	28360.2	23747.5	2070.0	2542.7
1997	31252.9	26169.9	2488.2	2594.8
1998	33378.1	27859.2	2878.8	2640.1
1999	35647.9	29708.8	3270.3	2668.8
2000	39105.7	32697.3	3836.1	2572.3
2001	43055.4	36014.8	4465.2	2575.4
2002	48135.9	40926.6	5547.1	1662.2
2003	52516.3	44659.4	6191.4	1665.5
2004	59501.0	50256.8	7550.4	1693.8
2005	67176.6	56589.2	8886.8	1700.6

4-3-3　各地区按销售单位所在地分社会消费品零售总额

单位：亿元

地　区	社会消费品零售总额	市	县	县以下
北　京	2902.8	2459.7	59.4	383.7
天　津	1190.1	1113.0	42.2	34.9
河　北	2952.9	1398.8	588.4	965.7
山　西	1401.2	902.8	262.3	236.1
内蒙古	1344.1	903.4	275.9	164.8
辽　宁	2999.0	2523.8	145.5	329.7
吉　林	1460.8	1140.7	106.7	213.4
黑龙江	1760.1	1323.0	226.4	210.7
上　海	2973.0	2588.9	21.3	362.8
江　苏	5699.9	4126.2	327.2	1246.5
浙　江	4631.7	3046.7	460.6	1124.4
安　徽	1765.0	941.2	360.6	463.2
福　建	2345.8	1479.4	272.9	593.5
江　西	1236.2	651.7	271.4	313.1
山　东	6126.4	4004.5	605.9	1516.0
河　南	3358.4	1805.2	657.4	895.8
湖　北	2964.6	2057.3	279.1	628.2
湖　南	2459.1	1371.4	453.6	634.1
广　东	7882.6	5617.9	332.7	1932.0
广　西	1397.0	819.2	245.3	332.5
海　南	268.6	190.7	19.7	58.2
重　庆	1215.8	714.8	163.0	338.0
四　川	2981.4	1446.9	525.9	1008.6
贵　州	606.9	362.7	115.8	128.4
云　南	1034.4	564.5	239.3	230.6
西　藏	73.1	33.0	30.8	9.3
陕　西	1322.4	867.0	233.1	222.3
甘　肃	632.8	413.3	99.7	119.8
青　海	160.5	105.6	36.4	18.5
宁　夏	174.3	131.2	19.6	23.5
新　疆	637.8	442.4	95.3	100.1

4-3-4 各地区按国民经济行业分社会消费品零售总额

单位：亿元

地 区	批发和零售业	餐饮业	其他
北 京	2529.4	268.0	105.4
天 津	958.4	159.5	72.2
河 北	2535.2	354.3	63.4
山 西	1187.4	163.3	50.5
内蒙古	1071.7	229.6	42.8
辽 宁	2479.2	453.1	66.7
吉 林	1238.6	217.1	5.1
黑龙江	1518.0	204.2	37.9
上 海	2611.3	350.3	11.4
江 苏	4964.8	629.1	106.0
浙 江	4020.8	533.2	77.7
安 徽	1497.1	240.7	27.2
福 建	2011.9	286.8	47.1
江 西	1096.5	123.3	16.4
山 东	5116.7	753.0	256.7
河 南	2780.4	497.5	80.5
湖 北	2402.4	386.6	175.6
湖 南	2104.5	317.4	37.2
广 东	6575.3	1174.3	133.0
广 西	1203.7	166.5	26.8
海 南	210.9	46.1	11.6
重 庆	1042.6	162.0	11.2
四 川	2337.6	545.6	98.2
贵 州	531.8	64.7	10.4
云 南	823.8	155.5	55.1
西 藏	57.9	11.2	4.0
陕 西	1151.5	144.3	26.6
甘 肃	512.1	99.8	20.9
青 海	132.1	24.4	4.0
宁 夏	141.2	30.0	3.1
新 疆	509.8	90.6	37.4

4-3-5 各地区批发和零售业商品销售总额

单位：万元

地　区	销售总额	限额以上	限额以下
全　国	**1640328601**	**931512777**	**708815824**
北　京	133019844	108543840	24476004
天　津	48387087	43160074	5227013
河　北	49681326	16001314	33680012
山　西	27239221	14612412	12626809
内蒙古	21281804	8486869	12794935
辽　宁	73418891	50703895	22714996
吉　林	19360064	15662422	3697642
黑龙江	28598820	11284290	17314530
上　海	129432527	120508134	8924393
江　苏	136821144	59367133	77454011
浙　江	176644036	91641403	85002633
安　徽	38353426	16155057	22198369
福　建	50731167	30510318	20220849
江　西	20624576	7653499	12971077
山　东	117967523	47229248	70738275
河　南	54380784	25208296	29172488
湖　北	54528365	26732895	27795470
湖　南	43408124	13707907	29700217
广　东	187450106	119333461	68116645
广　西	26214738	11682006	14532732
海　南	4715502	2717743	1997759
重　庆	26049359	12485581	13563778
四　川	75938546	17623505	58315041
贵　州	10445404	4793653	5651751
云　南	27001951	20348392	6653559
西　藏	694201	296273	397928
陕　西	22658513	10899557	11758956
甘　肃	13368383	8947591	4420792
青　海	2106749	1271410	835339
宁　夏	3394060	2124863	1269197
新　疆	16412361	11819735	4592626

4-3-6 限额以上批发和零售业商品销售类值

单位：万元

商品类别	合计	批发	零售
食品、饮料、烟酒类	130247771	101731227	28516544
(1)粮油类	17367322	13845919	3521403
(2)肉禽蛋类	6771514	3282893	3488621
(3)其他食品	26738542	13555026	13183516
(4)饮料类	5240668	2547579	2693089
(5)烟酒类	74129725	68499809	5629916
服装鞋帽、针、纺织品类	59031514	38603164	20428350
(1)服装类	33809354	19980505	13828849
(2)鞋帽类	7490427	3798936	3691491
(3)针、纺织品类	17731734	14823724	2908010
化妆品类	4884416	1535400	3349016
金银珠宝类	3498748	941432	2557316
日用品类	17308099	9932803	7375297
其中：洗涤用品类	3828562	1601031	2227531
儿童玩具类	870898	470399	400498
五金、电料类	6447383	5344494	1102888
体育、娱乐用品类	3276172	2040141	1236031
书报杂志类	8295067	4443105	3851962
电子出版物及音像制品类	775935	339267	436668
家用电器和音像器材类	36928425	20568396	16360029
中西药品类	36477523	25063978	11413545
其中：西药类	25809224	17455688	8353536
中草药及中成药类	8173041	5647075	2525966
文化办公用品类	18181385	14026932	4154453
家具类	2624671	1373061	1251610
通讯器材类	20212718	15668556	4544162
煤炭及制品类	27782804	27495306	287498
木材及制品类	2800967	2671553	129415
石油及制品类	191358760	161926615	29432145
化工材料及制品类	47562060	47158473	403587
其中：化肥类	11665220	11665220	
金属材料类	105759810	104932362	827448
建筑及装潢材料类	7880305	6350519	1529785
机电产品及设备类	34159832	32468999	1690834
其中：农机类	1404331	1404331	
汽车类	59231873	27031741	32200132
种子饲料类	1732196	1732196	
棉麻类	6797514	6797514	
其他类	39129728	35264677	3865052

4-3-7 按登记注册类型分限额以上批发业商品购、销、存总额

单位：万元

登记注册类型	购进总额	#进口	销售总额
总计	**716506090**	**68324061**	**755107302**
其中：国有及国有控股	387888893	33051791	416459738
其中：内资企业	662130084	53105095	693067182
国有企业	188345949	15647342	206912725
集体企业	14935553	1810789	15403301
股份合作企业	5683472	745669	6219646
联营企业	4014553	235114	4440154
国有联营企业	2828039	184424	3194151
集体联营企业	121632	2085	121678
国有与集体联营企业	478331	5985	509360
其他联营企业	586551	42621	614965
有限责任公司	199430346	20017257	202161313
国有独资公司	21650731	4272099	23758782
其他有限责任公司	177779615	15745158	178402532
股份有限公司	127352594	5856335	128796792
私营企业	121323764	8756519	128019041
私营独资企业	1848757	116697	2108094
私营合伙企业	796019	51813	863140
私营有限责任公司	114666601	8364756	121047027
私营股份有限公司	4012387	223253	4000780
其他企业	1043853	36070	1114210
港、澳、台商投资企业	8591232	2507509	9843340
合资经营企业	1660552	198531	1837645
合作经营企业	254660		483840
独资经营企业	6474916	2287418	7259646
投资股份有限公司	201105	21560	262209
外商投资企业	45784774	12711456	52196780
中外合资经营企业	11205592	1871328	12174445
中外合作经营企业	5357187	1555	5547204
外资企业	28670803	10838433	33897449
外商投资股份有限公司	551192	141	577682

4-3-7 续表　　　　　　　　　　　　　　　　　　　　　　　　　　单位：万元

登记注册类型	批发	#出口	零售	年末库存总额
总计	**720297320**	**84615705**	**34809982**	**52748102**
其中：国有及国有控股	395844126	43821450	20615613	29309515
其中：内资企业	658841640	79266378	34225543	48953125
国有企业	201736526	18654559	5176200	16835797
集体企业	14877385	2646067	525916	2211177
股份合作企业	5677217	441050	542429	334565
联营企业	4265583	425404	174571	218281
国有联营企业	3100382	250007	93769	101776
集体联营企业	121337	5449	341	10333
国有与集体联营企业	452055	60101	57305	50486
其他联营企业	591809	109846	23156	55686
有限责任公司	193965973	34178998	8195340	15880618
国有独资公司	22836673	4663351	922109	2802367
其他有限责任公司	171129300	29515647	7273232	13078252
股份有限公司	114046027	10803408	14750766	4811183
私营企业	123209859	12071556	4809182	8568043
私营独资企业	2015115	168829	92979	119890
私营合伙企业	828784	41518	34355	57470
私营有限责任公司	116503700	11410578	4543327	8157696
私营股份有限公司	3862260	450632	138520	232988
其他企业	1063070	45337	51140	93460
港、澳、台商投资企业	9611325	1018462	232015	718053
合资经营企业	1745335	18290	92309	94417
合作经营企业	465585		18255	18706
独资经营企业	7140811	1000172	118836	582582
投资股份有限公司	259594		2615	22349
外商投资企业	51844356	4330864	352424	3076925
中外合资经营企业	12023742	861333	150703	474171
中外合作经营企业	5498702		48502	32427
外资企业	33750783	3461750	146666	2551884
外商投资股份有限公司	571129	7782	6553	18443

4-3-8　按登记注册类型分限额以上零售业商品购、销、存总额

单位：万元

登记注册类型	购进总额	#进　口	销售总额
总计	**158802893**	**2285596**	**176405476**
其中：国有及国有控股	46569278	414545	55144513
其中：内资企业	144024758	2191789	158674524
国有企业	13081179	228708	14490095
集体企业	4016595	1277	4306369
股份合作企业	2345526	208782	2594323
联营企业	1288289	5978	1354480
国有联营企业	489207	4021	515370
集体联营企业	123799	1830	140998
国有与集体联营企业	375959		388234
其他联营企业	299323	127	309878
有限责任公司	47618459	480900	52941638
国有独资公司	1336780	48751	1404328
其他有限责任公司	46281679	432149	51537310
股份有限公司	33339723	180425	39146449
私营企业	41838265	1051587	43275850
私营独资企业	1456296	16361	1490248
私营合伙企业	735708	788	767901
私营有限责任公司	37222721	1028823	38463494
私营股份有限公司	2423542	5616	2554208
其他企业	496723	34132	565320
港、澳、台商投资企业	4230221	41532	5100149
合资经营企业	3334123	360	4065634
合作经营企业	503494	2858	578301
独资经营企业	216630	38314	270747
投资股份有限公司	175973		185467
外商投资企业	10547914	52275	12630802
中外合资经营企业	6068678	25164	7025163
中外合作经营企业	3343918		3951537
外资企业	1120060	27111	1635314
外商投资股份有限公司	15259		18789

4-3-8 续表 单位：万元

登记注册类型	批发	#出口	零售	年末库存总额
总计	**28915540**	**315182**	**147489936**	**17861829**
其中：国有及国有控股	14188346	94737	40956167	4901470
其中：内资企业	27361564	312041	131312960	16206751
国有企业	2703279	17940	11786816	1846122
集体企业	803499	26126	3502871	584369
股份合作企业	447827	292	2146496	663626
联营企业	278046		1076434	106016
国有联营企业	49395		465975	40495
集体联营企业	24630		116367	4912
国有与集体联营企业	185197		203037	41492
其他联营企业	18824		291054	19119
有限责任公司	6905031	54399	46036607	5586018
国有独资公司	256929	5882	1147399	196486
其他有限责任公司	6648103	48517	44889207	5389532
股份有限公司	11076981	188026	28069468	2838835
私营企业	5105011	25259	38170839	4517432
私营独资企业	101021		1389227	200863
私营合伙企业	24050		743851	82221
私营有限责任公司	4698396	25239	33765099	3972891
私营股份有限公司	281544	20	2272663	261457
其他企业	41889		523431	64333
港、澳、台商投资企业	394712	280	4705437	341538
合资经营企业	215867		3849767	261860
合作经营企业	147994		430306	50053
独资经营企业	25044	280	245703	18468
投资股份有限公司	5807		179661	11158
外商投资企业	1159264	2861	11471539	1313540
中外合资经营企业	712080	290	6313083	804971
中外合作经营企业	354745		3596792	348159
外资企业	84794	2571	1550520	157340
外商投资股份有限公司	7645		11144	3070

4-3-9　按国民经济行业分限额以上批发业商品购、销、存总额

单位：万元

行　业	购进总额	#进　口	销售总额
总计	**716506090**	**68324061**	**755107302**
农畜产品批发业	18019266	2974704	17980244
食品、饮料及烟草制品批发业	80134892	1820443	95094027
米、面制品及食用油批发业	6555602	803624	6929907
烟草制品批发业	54666910	147743	66828572
纺织、服装及日用品批发业	46386180	5237766	54170128
服装批发业	17590130	1708915	20283309
文化、体育用品及器材批发业	10459648	879655	11136276
医药及医疗器材批发业	29379184	1483853	31475626
矿产品、建材及化工产品批发业	377624500	31224319	389245771
煤炭及制品批发业	22711660	324316	28384292
石油及制品批发业	171769691	7667056	172252186
金属及金属矿批发业	118609492	12810594	121139794
建材批发业	14586724	1550875	14924132
化肥批发业	10665939	1268275	11104744
机械设备、五金交电及电子产品批发业	118281127	13828958	116206100
汽车、摩托车及零配件批发业	41225210	4134649	33009357
家用电器批发业	17382302	1043373	18607929
计算机、软件及辅助设备批发业	10562891	1635325	10957796
贸易经纪与代理	6919696	2244544	6978565
其他批发业	29301598	8629819	32820565

4-3-9 续表 单位：万元

行业	批发	#出口	零售	年末库存总额
总计	**720297320**	**84615705**	**34809982**	**52748102**
农畜产品批发业	17805963	1305228	174280	8769248
食品、饮料及烟草制品批发业	93241156	5078340	1852872	6936270
米、面制品及食用油批发业	6751227	1016520	178680	1708853
烟草制品批发业	66135090	498980	693482	3756679
纺织、服装及日用品批发业	53634708	34497470	535420	2304007
服装批发业	20045012	14443521	238297	856305
文化、体育用品及器材批发业	10706788	2059451	429489	1392039
医药及医疗器材批发业	26163335	1627666	5312291	3732202
矿产品、建材及化工产品批发业	369414444	14550449	19831327	17974329
煤炭及制品批发业	27569622	1820785	814671	1136048
石油及制品批发业	155356289	1419492	16895897	4531053
金属及金属矿批发业	120172932	5051811	966862	6954362
建材批发业	14459554	1139963	464577	955362
化肥批发业	10920210	235131	184534	1624795
机械设备、五金交电及电子产品批发业	109839869	15529374	6366231	8782055
汽车、摩托车及零配件批发业	29915344	1196755	3094013	1917775
家用电器批发业	17429584	2449693	1178345	2213706
计算机、软件及辅助设备批发业	10152239	1009392	805557	591528
贸易经纪与代理	6955638	3634093	22927	151717
其他批发业	32535420	6333634	285144	2706235

4-3-10　按国民经济行业分限额以上零售业商品购、销、存总额

单位：万元

行　业	购进总额	#进　口	销售总额
总计	**158802893**	**2285596**	**176405476**
综合零售业	59596608	267582	69689909
百货零售业	30089133	210739	36186820
超级市场零售业	26149388	45373	30934651
食品、饮料及烟草制品专门零售业	3114520	58720	3421681
纺织、服装及日用品专门零售业	3509879	45524	4290952
服装零售业	2005091	24151	2492305
文化、体育用品及器材专门零售业	5183976	149550	5622993
体育用品零售业	149075	4441	159912
图书零售业	3782366	33285	3795698
医药及医疗器材专门零售业	7043223	95240	7640902
药品零售业	6550888	11572	7062145
汽车、摩托车、燃料及零配件专门零售业	57557204	1472459	62538806
汽车零售业	35213872	1359092	37658354
机动车燃料零售业	20843953	57016	23321709
家用电器及电子产品专门零售业	18334277	144090	18114751
家用电器零售业	12523512	9468	12110941
计算机、软件及辅助设备零售业	2982059	82493	3111018
通讯设备零售业	2298072	14457	2344482
五金、家具及室内装修材料专门零售业	2333777	20367	2679519
无店铺及其他零售业	2129428	32064	2405962
邮购及电子销售业	78321		103598

4-3-10 续表　　单位：万元

行业	批发	#出口	零售	年末库存总额
总计	**28915540**	**315182**	**147489936**	**17861829**
综合零售业	6862361	207845	62827548	7291815
百货零售业	2267767	203867	33919052	3184642
超级市场零售业	4079987	3047	26854664	3884631
食品、饮料及烟草制品专门零售业	873102	7940	2548579	370692
纺织、服装及日用品专门零售业	731739	30333	3559214	674473
服装零售业	432731	27416	2059574	374487
文化、体育用品及器材专门零售业	1045540	14695	4577454	1274799
体育用品零售业	22731		137181	43299
图书零售业	553908	1344	3241790	871841
医药及医疗器材专门零售业	1975447	1251	5665455	1344593
药品零售业	1755076	734	5307069	1264797
汽车、摩托车、燃料及零配件专门零售业	13648744	46646	48890062	4282068
汽车零售业	4831147	32736	32827207	2883324
机动车燃料零售业	8573542	13682	14748167	793540
家用电器及电子产品专门零售业	2581344	2428	15533407	2050797
家用电器零售业	1240673	1337	10870268	1527937
计算机、软件及辅助设备零售业	730747	433	2380270	240484
通讯设备零售业	448689	4	1895794	222539
五金、家具及室内装修材料专门零售业	411957	1428	2267562	405651
无店铺及其他零售业	785306	2617	1620656	166941
邮购及电子销售业	14694		88904	4849

4-3-11　各地区限额以上批发业商品购、销、存总额

单位：万元

地区	购进总额	#进口	销售总额
全国	**716506090**	**68324061**	**755107302**
北京	82609547	14925089	89341646
天津	38288382	1954908	39313949
河北	10676081	110287	11883507
山西	10745106	972054	11193400
内蒙古	4257605	534411	6384679
辽宁	49948094	1908019	43467982
吉林	12731271	1272352	12315562
黑龙江	8211813	683541	8695172
上海	92998826	17484330	100586692
江苏	38940526	2700633	44090725
浙江	76476200	4944385	78414292
安徽	12353205	1177666	13238533
福建	23299709	2543162	25230299
江西	5529918	151570	6163449
山东	30077677	1945403	32616187
河南	16837976	190163	18527299
湖北	20519935	1008727	20732323
湖南	7721012	125241	9043478
广东	95417809	10852914	98363467
广西	8866345	84859	9162438
海南	1983162	122582	2279146
重庆	9510718	201249	10127924
四川	11820253	424649	13300536
贵州	2995104	81062	3881528
云南	16639025	628868	17734113
西藏	147065		198495
陕西	7825716	202886	8566332
甘肃	7399030	3552	7878518
青海	894675	1761	974652
宁夏	1497691	17297	1616359
新疆	9286615	1070441	9784620

4-3-11 续表 单位：万元

地区	批发	#出口	零售	年末库存总额
全国	**720297320**	**84615705**	**34809982**	**52748102**
北京	87183301	7302361	2158345	10596966
天津	38265676	2012471	1048273	1758245
河北	11023516	786368	859991	1122320
山西	10071314	948962	1122086	884202
内蒙古	5630033	224002	754645	561620
辽宁	42011718	1888566	1456264	1938332
吉林	12199004	547811	116559	1245292
黑龙江	7786992	352936	908179	1902238
上海	98485879	12572527	2100813	5155816
江苏	41733758	9541730	2356967	2110666
浙江	75725720	17654862	2688572	3414832
安徽	12249236	1464644	989298	818796
福建	23937151	5268584	1293148	1402111
江西	5189214	432198	974235	590648
山东	30081710	4472339	2534478	2077097
河南	17438569	625521	1088730	1385395
湖北	20110021	857518	622302	1325901
湖南	8099836	659187	943642	667441
广东	94219991	13474741	4143476	4972814
广西	8283805	324581	878633	435876
海南	1895051	194095	384095	151570
重庆	8585681	468730	1542243	1510933
四川	12424722	528231	875814	888315
贵州	3504412	170940	377117	425671
云南	17238520	820964	495593	2351285
西藏	152343	1087	46152	27691
陕西	7747243	418172	819088	374523
甘肃	7346790	86349	531729	516276
青海	715805	33569	258847	70856
宁夏	1522032	39420	94327	207736
新疆	9438278	442241	346342	1856638

4-3-12　各地区限额以上零售业商品购、销、存总额

单位：万元

地　区	购进总额	#进　口	销售总额
全　国	**158802893**	**2285596**	**176405476**
北　京	17551533	583867	19202193
天　津	3635473	19527	3846125
河　北	3615614	3291	4117808
山　西	5597653	2311	3419012
内蒙古	2020688	1321	2102190
辽　宁	6277055	129395	7235913
吉　林	2746207	4678	3346860
黑龙江	2301650	9208	2589119
上　海	16576564	197128	19921442
江　苏	13745439	115281	15276408
浙　江	12042683	197651	13227111
安　徽	2777964	14195	2916524
福　建	4664398	121073	5280019
江　西	1350299		1490050
山　东	13686601	39952	14613061
河　南	6105489	22104	6680997
湖　北	4808080	1779	6000572
湖　南	4128130	3184	4664429
广　东	17848333	527030	20969995
广　西	2277039	51508	2519568
海　南	407072	56506	438597
重　庆	2050211	1586	2357657
四　川	3818489	97917	4322969
贵　州	808303	422	912125
云　南	2302785	62833	2614280
西　藏	85852		97779
陕　西	2057373	3829	2333225
甘　肃	1028303	2195	1069073
青　海	255566		296758
宁　夏	460241	6716	508504
新　疆	1771806	9109	2035115

4-3-12 续表 单位：万元

地 区	批 发	出 口	零 售	年末库存总额
全 国	**28915540**	**315182**	**147489936**	**17861829**
北 京	3797722	13787	15404471	2045449
天 津	712290	25344	3133835	286951
河 北	617918	515	3499890	445592
山 西	503290	6628	2915722	332712
内蒙古	479329		1622861	192714
辽 宁	858059	13840	6377854	988600
吉 林	211306	1466	3135554	296218
黑龙江	239633	855	2349485	530919
上 海	5764957	10642	14156485	1607878
江 苏	1559085	60376	13717322	1258461
浙 江	2148196	127450	11078915	1124873
安 徽	515118		2401406	342946
福 建	653273	2339	4626746	518548
江 西	143134		1346916	171949
山 东	2583307	3270	12029754	1862916
河 南	1300193	1526	5380804	610897
湖 北	826264		5174308	759453
湖 南	994135	4139	3670294	627584
广 东	2709593	25475	18260401	1736424
广 西	415768	6948	2103800	258172
海 南	25547	140	413050	56608
重 庆	249019	1535	2108639	171237
四 川	494674	2525	3828295	424383
贵 州	88354	808	823771	118983
云 南	281889	147	2332391	302091
西 藏	12666		85113	27566
陕 西	221751	242	2111475	366714
甘 肃	139789		929284	101108
青 海	54566		242192	33666
宁 夏	76569		431934	47207
新 疆	238146	5187	1796969	213011

【主要统计指标解释】

社会消费品零售总额　指批发和零售业、住宿和餐饮业、新闻出版业、邮政业和其他服务业等，售予城乡居民用于生活消费的商品和社会集团用于公共消费的商品之总量。社会消费品零售总额包括：

一、批发和零售业企业（单位）：

1.售予城乡居民的各种生活消费品；

2.售予入境旅游的外国人、华侨、港澳台同胞的各类商品；

3.售予行政事业单位、社会团体、军队和武警等机构的商品，以及以零售方式售予各类企业的商品。具体包括：用于非生产和社会交往的办公用品，如通讯设备、计算器具和设备、电讯网络设备、文印设备、音像视听器材和设备、纸张、本册、文具及装订文印材料、家具、日用电器、针纺织品、清洁卫生用品、文体用品、奖品、纪念品、礼品等；供内部人员乘坐的交通工具和燃料；用于办公设施修缮的各类配件、材料、工具等；用于取暖和防暑降温的设备、燃料、材料及食品等；专用于教学的用品和设备；非营利医疗机构的中、西药品、中药材和医疗设备器材；非专用的劳动保护用品；不对外营业的内部食堂用的餐具、炊具、设备、清洁卫生工具和食品、燃料等；军队、武警用于其人员生活的衣着品和个人用品；其他各类非生产性设备和用品。

二、餐饮业出售的主食、菜肴、烟酒饮料和其他商品。

三、新闻出版业、邮政业售予城乡居民、企事业单位、军队和武警等机构的书报杂志、音像制品、邮品等。

四、其他服务业出售的食品、烟酒饮料、服装鞋帽、日常生活用品、医药保健用品、艺术品、工艺美术品、玩具、殡葬用品以及其他消费品。

批发零售业商品购、销、存总额　指各种登记注册类型的批发、零售业企业(单位)以本企业(单位)为总体的，从国内、国外市场购进的商品总量，销售和出口的商品总量、库存商品总量等情况。该指标可以反映商品流转过程中商品的购进、销售、库存之间的比例关系和存在的问题。

商品购进总额　指从本企业(单位)以外的单位和个人购进(包括从境外直接进口)作为转卖或加工后转卖的商品总额。它反映批发和零售业从国内、国外市场上购进商品的总量。商品购进总额包括：(1)从工农业生产者购进的商品；(2)从出版社、报社的出版发行部门购进的图书、杂志和报纸；(3)从各种登记注册类型的批发和零售企业(单位)购进的商品；(4)从其他单位购进的商品，如从机关、团体、企业等单位购进的剩余物资，从餐饮业、服务业购进的商品，从海关、市场管理部门购进的缉私和没收的商品，从居民手中收购的废旧商品等；(5)从国(境)外直接进口的商品。不包括企业(单位)为自身经营用和未通过买卖行为而收入的商品以及销售退回、商品升溢等。

商品销售总额　指对本企业(单位)以外的单位和个人出售(包括对境外直接出口)的商品总额。它反映批发和零售业在国内市场上销售商品以及出口商品的总量。商品销售总额包括：(1)售给城乡居民和社会集团消费用的商品；(2)售给工业、农业、建筑业、运输邮电业、批发和零售业、住宿和餐饮业、服务业等作为生产、经营使用的商品；(3)售给批发和零售业作为转卖或加工后转卖的商品；(4)对国(境)外直接出口的商品。不包括出售本企业(单位)自用的废旧包装用品、未通过买卖行为付出的商品、经本单位介绍，由买卖双方直接结算，本单位只收取手续费的业务、购货退出的商品以及商品损耗和损失等。

库存总额　指报告期末各种登记注册类型的批发和零售企业(单位)已取得所有权的商品。

它反映批发和零售企业(单位)的商品库存情况和对市场商品供应的保证程度。期末库存包括：(1)存放在批发和零售业经营单位(如门市部、批发站、经营处)仓库、货场、货柜和货架中的商品；(2)挑选、整理、包装中的商品；(3)已记入购进而尚未运到本单位的商品，即发货单或银行承兑凭证已到而货未到的部分；(4)寄放他处的商品，如因购货方拒绝承付而暂时存放在购货方的商品和已办完加工成品收回手续而未提回的商品；(5)委托其他单位代销(未作销售或调出)尚未售出的商品；(6)代其他单位购进尚未交付的商品。不包括所有权不属于本单位的商品、拨付除批发和零售业以外的其他行业所属独立核算加工厂等加工生产尚未收回成品的商品、代国家物资储备部门保管的商品等。

库存总额采用的计算价格是：农副产品采购单位按购进价计算；批发单位按进货价计算；零售单位按核算价格计算，即按什么价格核算就按什么价格计算。

第四部分

第三产业 主要业务指标

4.住宿和餐饮业

简要说明

一、主要内容：本部分资料主要反映了全国住宿和餐饮业的发展状况。主要内容有住宿和餐饮业经营情况等。

二、统计范围：本部分涉及《国民经济行业分类》（GB/T 4754-2002）中的I（住宿和餐饮业）门类，包含66(住宿业)和67（餐饮业）两个大类。

三、调查方法：资料中星级住宿业和限额以上餐饮业采用全面调查方法；对星级以外住宿业和限额以下餐饮业采用抽样调查方法。

四、限额标准：星级住宿业和限额以上餐饮业的限额标准是：

住宿业：有星级标志的宾馆、饭店；

餐饮业：年末从业人员40人及以上，年营业额200万元及以上。

五、资料来源：本部分资料是国家统计局贸易外经司根据住宿和餐饮业统计报表制度进行搜集和加工整理而得。

4-4-1 按登记注册类型分星级住宿业经营情况

单位：万元

登记注册类型	营业额	客房收入	餐费收入	商品销售收入	其他收入
总计	**13532810**	**6610846**	**5078155**	**403579**	**1440230**
其中：国有及国有控股	5709474	2864473	1997559	191147	656296
其中：内资企业	9813863	4672549	3831765	315171	994377
国有企业	3637563	1823492	1316602	132026	365443
集体企业	551493	243407	223297	18113	66677
股份合作企业	164744	82012	67789	3422	11520
联营企业	164073	89507	55041	3469	16057
国有联营企业	92523	51435	28511	1664	10913
集体联营企业	11454	3871	5581	665	1337
国有与集体联营企业	36215	22230	10554	926	2505
其他联营企业	23881	11970	10395	214	1303
有限责任公司	2629224	1245985	1005491	65907	311841
国有独资公司	235103	115126	83932	5501	30545
其他有限责任公司	2394121	1130859	921559	60406	281296
股份有限公司	669601	320302	262498	26954	59847
私营企业	1927239	834885	872818	63962	155573
私营独资企业	351354	147763	168932	9240	25419
私营合伙企业	63093	23260	30888	4915	4029
私营有限责任公司	1376734	606684	610531	44610	114909
私营股份有限公司	136058	57177	62467	5198	11216
其他企业	69926	32960	28230	1319	7418
港、澳、台商投资企业	2149523	1102645	721276	54499	271102
合资经营企业	1326705	701660	430645	19133	175267
合作经营企业	604961	301882	207024	32857	63199
独资经营企业	182899	83784	74556	2097	22463
投资股份有限公司	34958	15319	9052	413	10174
外商投资企业	1569425	835652	525114	33909	174751
中外合资经营企业	955464	513037	313360	15795	113272
中外合作经营企业	362829	183659	131090	9326	38754
外资企业	242265	133009	78718	8117	22421
外商投资股份有限公司	8867	5947	1946	669	305

4-4-2 按登记注册类型分限额以上餐饮业经营情况

单位：万元

登记注册类型	营业额	客房收入	餐费收入	商品销售收入	其他收入
总计	**12601732**	**639988**	**11240240**	**454373**	**267132**
其中：国有及国有控股	1230146	157765	924425	100153	47803
其中：内资企业	9115930	579078	7925242	407748	203863
国有企业	565496	121552	365236	52671	26037
集体企业	290007	34192	232334	11497	11984
股份合作企业	251764	15652	221465	10965	3683
联营企业	34258	4215	28784	1085	174
国有联营企业	8959	2538	6271	136	15
集体联营企业	7073	125	6297	495	156
国有与集体联营企业	3104	1248	1679	178	
其他联营企业	15122	304	14539	276	3
有限责任公司	1751413	152654	1444158	96801	57800
国有独资公司	21080	4051	13672	2153	1204
其他有限责任公司	1730333	148603	1430486	94648	56596
股份有限公司	413152	37415	335383	28126	12228
私营企业	5673609	210186	5170261	202206	90956
私营独资企业	1030102	40136	932644	45304	12019
私营合伙企业	279372	11277	253117	9414	5564
私营有限责任公司	4067625	146514	3715573	135475	70064
私营股份有限公司	296510	12259	268928	12013	3310
其他企业	136232	3212	127621	4397	1002
港、澳、台商投资企业	996552	30599	902319	27452	36181
合资经营企业	464098	20311	399464	15160	29163
合作经营企业	155871	2718	141170	7709	4274
独资经营企业	372701	7088	358420	4465	2728
投资股份有限公司	3883	481	3266	119	17
外商投资企业	2489251	30311	2412678	19173	27088
中外合资经营企业	788706	17360	752438	9764	9145
中外合作经营企业	473103	7078	453205	1977	10842
外资企业	1205333	4679	1188574	6140	5940
外商投资股份有限公司	22109	1195	18461	1292	1161

4-4-3　按国民经济行业分星级住宿业经营情况

单位：万元

行业中类	营业额				
		客房收入	餐费收入	商品销售收入	其他收入
总计	**13532810**	**6610846**	**5078155**	**403579**	**1440230**
旅游饭店	12876412	6282219	4826297	385089	1382807
一般旅馆	593756	299783	226831	17066	50076
其他住宿服务	62643	28844	25028	1424	7347

4-4-4　按国民经济行业分限额以上餐饮业经营情况

单位：万元

行业中类	营业额				
		客房收入	餐费收入	商品销售收入	其他收入
总计	**12601732**	**639988**	**11240240**	**454373**	**267132**
正餐服务业	9932788	628976	8662405	395237	246171
快餐服务业	2266811	4252	2241748	13833	6977
饮料及冷饮服务业	73722	17	65475	5628	2602
其他餐饮服务业	328412	6743	270612	39675	11382

4-4-5 各地区星级住宿业经营情况

单位：万元

地 区	营业额	客房收入	餐费收入	商品销售收入	其他收入
全 国	**13532810**	**6610846**	**5078155**	**403579**	**1440230**
北 京	1761246	913785	521418	47939	278104
天 津	167813	89925	48574	5995	23319
河 北	256139	103536	125591	6427	20585
山 西	218546	99540	97499	7545	13962
内蒙古	132369	59590	64557	2320	5903
辽 宁	476269	238223	173281	9923	54842
吉 林	151206	67873	65007	4275	14051
黑龙江	129831	73429	40484	7881	8038
上 海	1526673	854763	436215	32450	203245
江 苏	861265	413546	339109	42725	65886
浙 江	1286472	577099	575180	31461	102731
安 徽	216504	104287	84790	10937	16490
福 建	431026	186765	197933	8538	37790
江 西	146856	80708	49093	7654	9401
山 东	667063	284448	295699	37778	49138
河 南	371786	166950	151757	24361	28718
湖 北	313647	160253	117698	9510	26186
湖 南	405401	195169	159942	13165	37124
广 东	2018778	901943	813627	33533	269676
广 西	255549	129230	102822	7440	16056
海 南	224165	138584	67086	2206	16290
重 庆	202380	92809	80867	9462	19243
四 川	350164	180953	119062	10947	39202
贵 州	90128	52109	29686	2246	6087
云 南	271345	149575	84643	9746	27382
西 藏	29625	15889	9400	410	3926
陕 西	216598	107446	89445	7478	12229
甘 肃	77694	40688	29201	1991	5814
青 海	19308	10490	5551	396	2871
宁 夏	39650	17513	17001	1882	3254
新 疆	217315	103729	85938	4960	22689

4-4-6 各地区限额以上餐饮业经营情况

单位：万元

地区	营业额	客房收入	餐费收入	商品销售收入	其他收入
全国	**12601732**	**639988**	**11240240**	**454373**	**267132**
北京	1492262	14943	1390106	45724	41490
天津	295785	556	268319	25736	1175
河北	137406	7762	123027	3264	3353
山西	191594	20221	158956	9837	2580
内蒙古	117726	12749	102472	1560	945
辽宁	481120	24410	432579	11386	12745
吉林	96041	11552	79687	2687	2115
黑龙江	154675	1682	127993	23850	1152
上海	1695043	10406	1663609	14157	6871
江苏	1075034	101258	915179	27219	31379
浙江	882336	69379	776239	18746	17971
安徽	249948	11553	215377	19506	3512
福建	362587	11338	343497	3904	3848
江西	156864	13198	116785	25737	1144
山东	829197	98037	637612	75516	18031
河南	278750	14592	231479	22679	10000
湖北	361693	16397	330394	12088	2813
湖南	304279	20753	271632	8307	3587
广东	2196711	106428	1985339	41934	63010
广西	97041	8231	83985	3575	1251
海南	36881	265	34440	2083	93
重庆	218007	18519	186404	6107	6977
四川	307778	14312	267200	15280	10986
贵州	50687	954	45358	4064	311
云南	94530	2399	85002	2253	4876
西藏					
陕西	250267	20954	196036	20017	13261
甘肃	70348	838	69123	364	24
青海	15333	1290	13608	414	22
宁夏	39141	3543	30677	4132	789
新疆	62670	1469	58127	2251	823

【主要统计指标解释】

住宿餐饮业营业额 指住宿和餐饮业法人企业、产业活动单位在经营活动中因提供服务或销售商品等取得的收入，包括客房收入、餐费收入、商品销售收入和其他收入。

客房收入 指住宿和餐饮业法人企业、产业活动单位在经营活动中因提供住宿服务取得的客房收入。

餐费收入 指住宿和餐饮业法人企业、产业活动单位因为顾客提供就餐服务取得的收入，包括经烹饪、调制加工后出售的各种食品，如主食、炒菜、凉拌菜等的收入。

商品销售收入 指住宿和餐饮业法人企业、产业活动单位伴随服务而出售商品所取得的收入。

其他收入 指营业收入中除客房收入、餐费收入、商品销售收入以外的其他收入，包括娱乐、健身和商务服务等。

第四部分

第三产业主要业务指标

5.金融业

简要说明

一、本篇资料的主要内容

本篇反映全国金融、证券和保险业发展情况。有以下四个部分：一是金融机构金融活动情况，二是存贷款利率调整情况，三是直接融资情况，四是保险业务情况。

二、本篇各部分资料来源

1.反映金融机构活动情况的资料包括："金融机构人民币信贷资金平衡表(资金来源)","金融机构人民币信贷资金平衡表(资金运用)"，"金融机构现金收入"，"金融机构现金支出"，"金融机构现金投放与回笼"，"国家银行人民币信贷收支（年底余额）"，"货币供应量（年底余额）"，"货币供应量同比增长率"，"黄金和外汇储备"，"国有商业银行资产负债表（年底余额）"，"外资银行资产负债表（年底余额）"。金融机构信贷资金平衡表及现金收支表的统计范围包括中国人民银行、国家政策性银行、国有商业银行、其他商业银行、城市信用合作社、农村信用合作社、外资银行、财务公司、信托投资公司、金融租赁公司、邮政储蓄机构。中国人民银行总行根据金融机构的基层单位全面填报、并按各自系统汇总的资料，进行归并和汇总，最后得到金融机构的信贷收支及现金收支表。黄金和外汇储备表中的资料取自于中国人民银行的资产负债表，由该行有关部门提供。

2.反映存贷款利率调整情况的"金融机构法定存款利率","金融机构法定贷款利率表"，数据来自中国人民银行总行规定的、并对外发布的存贷款利率。

3.反映直接融资情况的"国内有价证券分类发行情况"，"证券市场基本情况"，"上市公司数量"，"股票发行量和筹资额"，"股票交易情况"，资料取自中国证券监督管理委员会编制的《中国证券期货统计年鉴》。

4.反映保险业务情况的"保险公司业务经济技术指标"，数据取自中国保险监督管理委员会编制的保险统计资料。

4-5-1 金融机构人民币信贷资金平衡表（资金来源）

单位：亿元

项 目	2004	2005
资金来源合计	**262740.0**	**302042.8**
各项存款	241424.3	287169.5
企业存款	84669.5	96143.7
财政存款	6236.2	7996.3
机关团体存款	8152.4	12052.3
城乡储蓄存款	119555.4	141051.0
农业存款	5526.3	6203.8
委托及信托类存款	3008.6	3461.8
其他类存款	14276.0	20260.7
金融债券	3954.7	5672.8
对国际金融机构负债	562.3	641.6
流通中现金	21468.3	24031.7
其他	-4669.7	-15472.7

注：金融机构包括人民银行、政策性银行、国有独资商业银行、邮政储蓄机构、其他商业银行、城市合作银行、农村信用社、城市信用社、外资银行、信托投资公司、租赁公司、财务公司等。

4-5-2 金融机构人民币信贷资金平衡表（资金运用）

单位：亿元

项 目	2004	2005
资金运用合计	**262740.0**	**302042.8**
各项贷款	178197.8	194690.4
短期贷款	86840.6	87449.2
工业贷款	23896.6	22516.7
商业贷款	17074.1	16447.6
建筑业贷款	2780.1	2983.7
农业贷款	9843.1	11529.9
乡镇企业贷款	8069.2	7901.8
私营企业及个体贷款	2081.6	2180.8
三资企业贷款	2198.4	1975.3
其他短期贷款	20897.5	21913.5
中长期贷款	76702.9	87460.4
委托及信托类贷款	2721.2	3126.2
其他类贷款	11933.1	16654.6
有价证券及投资	30931.0	34942.1
在国际金融机构资产	682.9	862.0
金银占款	337.2	337.2
外汇占款	52591.0	71211.1
财政借款		

4-5-3 金融机构现金收入

单位：亿元

项　目	2004	2005
收入总计	**567879.2**	**626978.5**
商品销售收入	57943.9	61763.4
服务业收入	22865.0	24091.1
税款收入	2880.3	3157.1
城乡个体经营收入	19109.5	20229.6
储蓄存款收入	404743.9	454954.3
其他金融机构收入	2565.2	2347.2
居民归还贷款收入	10290.1	11874.9
汇兑收入	5444.3	5326.1
有价证券收入	1148.0	927.8
其他收入	40889.2	42307.0
#兑换外币收入	185.5	206.7

4-5-4 金融机构现金支出

单位：亿元

项　目	2004	2005
支出总计	**569601.5**	**629541.8**
工资性支出	34307.0	36963.0
农副产品采购支出	13058.6	14898.0
行政企事业管理费支出	27241.3	28585.0
城乡个体经营支出	24773.9	26449.8
储蓄存款支出	401910.1	451555.7
其他金融机构支出	2353.5	2122.6
居民提取贷款支出	9466.6	10322.0
汇兑支出	3280.0	2981.0
工矿及其它产品采购支出	11124.9	12697.3
有价证券支出	923.0	762.0
其他支出	41163.0	42205.3

4-5-5　金融机构现金投放与回笼

单位：亿元

年　份	现金收入	现金支出	投放
1957	516.7	512.2	-4.5
1962	633.2	614.0	-19.2
1965	675.7	686.5	10.8
1970	812.8	799.3	-13.5
1975	1128.2	1134.2	6.0
1978	1336.0	1352.6	16.6
1979	1626.4	1682.1	55.7
1980	2033.2	2111.7	78.5
1981	2402.2	2452.3	50.1
1982	2819.6	2862.4	42.8
1983	3428.7	3519.4	90.7
1984	4207.6	4469.9	262.3
1985	5499.1	5694.8	195.7
1986	6613.3	6843.9	230.6
1987	8779.6	9015.7	236.1
1988	12810.5	13490.0	679.5
1989	15057.6	15267.6	210.0
1990	17171.1	17471.4	300.4
1991	21465.1	21998.5	533.4
1992	31248.0	32406.2	1158.2
1993	48883.8	50412.5	1528.7
1994	71247.1	72671.0	1423.9
1995	96725.5	97322.3	596.8
1996	120263.3	121179.9	916.6
1997	141612.6	142988.3	1375.7
1998	203966.5	204993.1	1026.6
1999	233399.0	235650.4	2251.3
2000	277067.1	278264.3	1197.2
2001	321380.2	322416.3	1036.1
2002	365593.0	367182.2	1589.2
2003	455527.9	457995.9	2468.0
2004	567879.2	569601.5	1722.3
2005	626978.5	629541.8	2563.4

注：投放栏中的负数表示现金回笼。

4-5-6 国家银行人民币信贷收支（年底余额）

单位：亿元

项 目	2003	[illegible]
资金来源总计	**164523.9**	**193542.8**
各项存款	134650.3	153556.6
企业存款	41594.9	48491.9
活期存款	31504.4	35964.8
定期存款	10090.6	12527.1
财政存款	5083.5	6105.7
机关团体存款	5594.0	6589.9
城镇储蓄存款	75834.8	86469.6
活期储蓄	25944.2	30206.0
定期储蓄	49890.6	56263.6
农业存款	463.3	485.0
其他类存款	6079.8	5414.6
金融债券	5429.8	10095.0
同业往来	4757.3	4318.5
流通中现金	19746.0	21468.3
对国际金融机构负债	482.6	562.3
其他	-542.0	3542.1
资金运用总计	**164523.9**	**193542.8**
各项贷款	106155.9	116050.9
短期贷款	47987.5	46164.0
工业贷款	17639.1	17400.7
商业贷款	15168.8	14079.9
建筑业贷款	1938.2	1210.8
农业贷款	1271.8	1296.6
乡镇企业贷款	1680.5	1786.9
三资企业贷款	1679.7	1352.5
私营企业及个体贷款	539.7	741.5
其他短期贷款	8069.7	8295.1
中长期贷款	53141.2	62290.3
其它类贷款	5027.3	7596.6
有价证券及投资	21860.6	22494.9
同业往来	731.5	1505.4
金银占款	337.2	337.2
外汇占款	34565.2	52471.5
财政借款		
在国际金融机构资产	873.4	682.9

注：1. 本表统计口径包括中国人民银行、政策性银行、国有独资商业银行、邮政储蓄机构。
2. 中国人民银行自2002年12月起对黄金储备和金银占款数据进行了调整。

4-5-7　货币供应量(年底余额)

单位：亿元

年　份	货币和准货币 (M_2)	货币 (M_1)	流通中现金	活期存款	准货币	定期存款	储蓄存款	其他存款
1990	15293.4	6950.7	2644.4	4306.3	8342.7			
1991	19349.9	8633.3	3177.8	5455.5	10716.6			
1992	25402.2	11731.5	4336.0	7395.2	13670.7			
1993	34879.8	16280.4	5864.7	10415.7	18599.4	1247.9	15203.5	2148.0
1994	46923.5	20540.7	7288.6	13252.1	26382.8	1943.1	21518.4	2921.3
1995	60750.5	23987.1	7885.3	16101.8	36763.4	3324.2	29662.2	3777.0
1996	76094.9	28514.8	8802.0	19712.8	47580.1	5041.9	38520.8	4017.4
1997	90995.3	34826.3	10177.6	24648.7	56169.0	6738.5	46279.8	3150.7
1998	104498.5	38953.7	11204.2	27749.5	65544.9	8301.9	53407.5	3835.5
1999	119897.9	45837.3	13455.5	32381.8	74060.6	9476.8	59621.8	4962.0
2000	134610.4	53147.2	14652.7	38494.5	81463.2	11261.1	64332.4	5869.7
2001	158301.9	59871.6	15688.8	44182.8	98430.3	14180.1	73762.4	10487.8
2002	185007.0	70881.8	17278.0	53603.8	114125.2	16433.8	86910.7	10780.7
2003	221222.8	84118.6	19746.0	64372.6	137104.3	20940.4	103617.7	12546.2
2004	254107.0	95969.7	21468.3	74501.4	158137.2	25382.2	119555.4	13199.7
2005	298755.7	107278.7	24031.7	83247.1	191476.9	33100.0	141051.0	17325.9

注：2001年6月起，已将证券公司客户保证金计入货币供应量(M_2)，含在其他存款项内。

4-5-8　货币供应量同比增长率

单位：%

年　份	货币和准货币 (M_2)	货币 (M_1)	流通中现金	活期存款	准货币	定期存款	储蓄存款	其他存款
1991	26.5	24.2	20.2	26.7	28.5			
1992	31.3	35.9	36.4	35.6	27.6			
1993								
1994	34.5	26.2	24.3	27.2	41.8	55.7	41.5	36.0
1995	29.5	16.8	8.2	21.5	39.3	71.1	37.9	29.3
1996	25.3	18.9	11.6	22.4	29.4	51.7	29.9	6.4
1997	19.6	22.1	15.6	25.0	18.1	33.7	20.1	-21.6
1998	14.8	11.9	10.1	12.6	16.7	23.2	15.4	21.7
1999	14.7	17.7	20.1	16.7	13.0	14.2	11.6	29.4
2000	12.3	16.0	8.9	18.9	10.0	18.8	7.9	18.3
2001	17.6	12.7	7.1	14.8	15.5	25.9	14.7	9.1
2002	16.8	16.8	10.1	19.2	16.8	21.8	17.8	2.8
2003	19.6	18.7	14.3	20.1	20.1	27.4	19.2	16.4
2004	14.7	13.6	8.7	15.1	15.3	21.2	15.4	5.2
2005	17.6	11.8	11.9	11.7	21.1	30.4	18.0	31.3

注：1.同期比增长率是按可比口径计算的。因1992年以前口径与1993年口径不一致，故1993年未计算增长率。
2.2001年6月起，已将证券公司客户保证金计入货币供应量(M_2)，含在其他存款项内。
3.1997年初，中国人民银行对金融统计制度进行了调整，因此自1997年起的数据与历史数据不完全可比。

4-5-9 金融机构法定存款利率

单位：年利率%

项 目	1998.3.25	1998.7.1	1998.12.7	1999.6.10	2002.2.21	2004.10.29
个人人民币储蓄存款						
活期	1.71	1.44	1.44	0.99	0.72	0.72
定期						
三个月	2.88	2.79	2.79	1.98	1.71	1.71
半年	4.14	3.96	3.33	2.16	1.89	2.07
一年	5.22	4.77	3.78	2.25	1.98	2.25
二年	5.58	4.86	3.96	2.43	2.25	2.70
三年	6.21	4.95	4.14	2.70	2.52	3.24
五年	6.66	5.22	4.50	2.88	2.79	3.60
企业单位						
活期	1.71	1.44	1.44	0.99	0.72	0.72
定期						
三个月	2.88	2.79	2.79	1.98	1.71	1.71
半年	4.14	3.96	3.33	2.16	1.89	2.07
一年	5.22	4.77	3.78	2.25	1.98	2.25
二年	5.58	4.86	3.96	2.43	2.25	2.70
三年	6.21	4.95	4.14	2.70	2.52	3.24
五年	6.66	5.22	4.50	2.88	2.79	3.60
大额可转让定期存单						
1个月						
3个月	2.88	2.79	2.79			
6个月	4.14	3.96	3.33			
9个月						
12个月	5.22	4.77	3.78			

4-5-10 金融机构法定贷款利率

单位：年利率%

项 目	1997.10.23	1998.3.25	1998.7.1	1998.12.7	1999.6.10	2002.2.21	2004.10.29
短期贷款							
六个月	7.65①	7.02①	6.57②	6.12②	5.58③	5.04③	5.22
一年	8.64①	7.92①	6.93②	6.39②	5.85③	5.31③	5.58
中长期贷款							
一年以上至三年	9.36	9.00	7.11②	6.66②	5.94③	5.49③	5.76
三年以上至五年	9.90	9.72	7.65②	7.2②	6.03③	5.58③	5.85
五年以上	10.53	10.35	8.01②	7.56②	6.21③	5.76③	6.12

注：①在法定贷款利率基础上可上浮10%，下浮10%。农村信用社贷款利率最高可上浮40%，下浮10%。
②从1998年11月起，金融机构对小企业贷款利率可在法定贷款利率基础上上浮20%。大中企业上浮10%。农村信用社贷款利率最高可上浮50%；金融机构贷款最低下浮10%。
③从1999年9月起，金融机构对中小企业贷款利率可在法定贷款利率基础上上浮30%，对大型企业贷款最高上浮10%；金融机构贷款最低下浮10%。

4-5-11　黄金和外汇储备

年　份	黄金储备(万盎司)	外汇储备(亿美元)
1978	1280	1.67
1979	1280	8.40
1980	1280	-12.96
1981	1267	27.08
1982	1267	69.86
1983	1267	89.01
1984	1267	82.20
1985	1267	26.44
1986	1267	20.72
1987	1267	29.23
1988	1267	33.72
1989	1267	55.50
1990	1267	110.93
1991	1267	217.12
1992	1267	194.43
1993	1267	211.99
1994	1267	516.20
1995	1267	735.97
1996	1267	1050.29
1997	1267	1398.90
1998	1267	1449.60
1999	1267	1546.75
2000	1267	1655.74
2001	1608	2121.65
2002	1929	2864.07
2003	1929	4032.51
2004	1929	6099.32
2005	1929	8188.72

4-5-12 国有商业银行资产负债表(年底余额)

单位：亿元

项 目	2004	2005
总资产	**172919.9**	**200283.7**
国外资产	10736.4	13850.0
储备资产	15171.0	16400.9
准备金存款	14281.6	15436.2
库存现金	889.4	964.7
央行债券	6759.7	12921.2
对政府债权	11320.9	11418.3
对非金融机构债权	103707.0	103509.2
对特定存款机构债权	7333.4	11501.3
对其他金融机构债权	6362.0	8324.2
其他资产	11529.4	22358.7
总负债	**172919.9**	**200283.7**
对非金融机构负债	142744.1	162835.1
活期存款	43288.8	47508.9
定期存款	12407.1	16647.4
储蓄存款	75682.3	87034.2
其他存款	2571.8	3357.0
外币存款	8794.1	8287.5
对中央银行负债	2402.3	1802.0
对特定存款机构负债	170.0	370.8
对其他金融机构负债	5247.4	5411.8
#计入广义货币的存款	913.7	986.2
国外负债	1718.7	970.9
债券	661.1	1353.8
实收资本	6730.9	8043.9
其他负债	13245.5	19495.3

4-5-13 外资银行资产负债表(年底余额)

单位：亿元

项 目	2004	2005
总资产	**5160.0**	**6352.9**
国外资产	1486.3	1500.8
储备资产	244.5	364.9
准备金	243.9	363.6
库存现金	0.6	1.3
中央银行债券		
对政府债权	98.0	101.8
对非金融机构债权	2558.6	3301.4
对特定存款机构债权	72.3	118.4
对其他金融机构债权	0.1	3.0
其他资产	700.1	962.7
总负债	**5160.0**	**6352.9**
国外负债	2737.1	3048.9
对非金融机构负债	1264.1	1695.5
活期存款	305.4	469.9
定期存款	251.9	421.0
储蓄存款	0.3	0.4
其他存款		
外币存款	706.7	804.2
对中央银行负债		
对特定存款机构负债	3.7	1.6
对其他金融机构负债	27.2	42.5
#计入广义货币的存款		
债券	11.6	21.1
实收资本	472.0	579.4
其他负债	644.2	963.8

4-5-14 国内有价证券分类发行情况

单位：亿元

种 类	发行额	兑付额	年底余额
国债	7042.0	1045.5	28774.0
#国库券			
财政证券			
政策性金融债券	5851.7	2053.0	17818.0
其他金融债	1265.3	29.0	1911.6
企业债	2046.5	37.0	
国家投资债			
国家投资公司债			
股票	13.8	56.7	

注：股票是指A种股票(不含A股可转换债券)，股票兑付额是指筹资额。

4-5-15 证券市场基本情况

项目	2004	2005
境内上市公司数（A、B股)(家)	1377	1381
境内上市外资股（B股）（家）	110	109
境外上市公司数（H股）（家）	111	122
股票总发行股本 （亿股）	7149.43	7629.51
#流通股本 （亿股）	2577.18	2914.77
股票市价总值 （亿元）	37055.57	32430.28
#股票流通市值 （亿元）	11688.64	10630.51
股票成交量 （百万股）	582773.29	662373.20
股票成交金额 （亿元）	42333.95	31664.78
上证综合指数 （收盘）	1266.50	1161.06
深证综合指数 （收盘）	315.81	278.75
投资者开户数 （万户）	7211.43	7336.07
平均市盈率 （倍）		
上海	24.23	16.33
深圳	24.63	16.36
平均换手率 (%)		
上海	288.71	274.37
深圳	288.29	316.43
国债发行额 （亿元）	6923.90	7042.00
企业债发行额 （亿元）	327.00	2046.50
债券成交量 （万手）	504218.50	283714.36
债券成交额 （亿元）	50323.50	28367.85
国债现货成交金额 （亿元）	2966.46	2780.63
国债回购成交金额 （亿元）	44086.61	23621.17
证券投资基金只数 （只）	161	218
证券投资基金规模 （亿元）	3308.79	4714.18
证券投资基金成交金额(亿元)	728.58	773.15
期货总成交量 （万手）	30569.76	32287.41
期货总成交额 （亿元）	146935.32	134463.38

注：换手率=全年成交金额/[(本年末流通市值+上年末流通市值)/2]*100%

4-5-16 上市公司数量

单位：个

年 份	全国合计						
		上交所	深交所	仅发A股公司	发A、H股公司	发A、B股公司	仅发B股公司
1990	10	8	2	10			
1991	14	8	6	14			
1992	53	29	24	53		18	
1993	183	106	77	183	3	34	6
1994	291	171	120	227	6	54	4
1995	323	188	135	242	11	58	12
1996	530	293	237	431	14	69	16
1997	745	383	362	627	17	76	25
1998	851	438	413	727	18	80	26
1999	949	484	465	822	19	82	26
2000	1088	572	516	955	19	86	28
2001	1160	646	514	1025	23	88	24
2002	1224	715	509	1085	28	87	24
2003	1287	780	507	1146	30	87	24
2004	1377	837	540	1236	31	86	24
2005	1381	834	547	1240	32	86	23

4-5-17 上市公司地区分布

单位：个

地　区	上市公司省数		
	上交所	深交所	全国合计
全　国	**834**	**547**	**1381**
北　京	60	8	68
天　津	16	17	33
河　北	18	12	30
山　西	13	2	15
内蒙古	17	29	46
辽　宁	25	9	34
吉　林	19	3	22
黑龙江	23	25	48
上　海	145	13	158
江　苏	63	6	69
浙　江	61	24	85
安　徽	27	17	44
福　建	28	25	53
江　西	16	29	45
山　东	49	72	121
河　南	19	8	27
湖　北	34	7	41
湖　南	20	5	25
广　东	32	14	46
广　西	10	28	38
海　南	7	49	56
重　庆	14	9	23
四　川	34	9	43
贵　州	9	8	17
云　南	13	27	40
西　藏	6	13	19
陕　西	14	7	21
甘　肃	11	18	29
青　海	6	3	9
宁　夏	4	11	15
新　疆	21	15	36
深　圳		25	25

4-5-18 股票发行量和筹资额

年　份	股票发行量（亿股）	A　股	H股，N股	B　股	股票筹资额（亿元）	A　股	#配股	H股，N股	B　股
1991	5.00	5.00			5.00	5.00			
1992	20.75	10.00		10.75	94.09	50.00			44.09
1993	95.79	42.59	40.41	12.79	375.47	276.41	81.58	60.93	38.13
1994	91.26	10.97	69.89	10.40	326.78	99.78	50.16	188.73	38.27
1995	31.60	5.32	15.38	10.90	150.32	85.51	62.83	31.46	33.35
1996	86.11	38.29	31.77	16.05	425.08	294.34	69.89	83.56	47.18
1997	267.63	105.65	136.88	25.10	1293.82	825.92	170.86	360.00	80.76
1998	105.56	86.30	12.86	9.90	841.52	778.02	334.97	37.95	25.55
1999	122.93	98.11	23.05	1.77	944.56	893.60	320.97	47.17	3.79
2000	512.03	145.68	359.26	7.10	2103.08	1527.03	519.46	562.21	13.99
2001	141.48	93.00	48.48		1252.34	1182.13	430.63	70.21	
2002	291.74	134.20	157.54		961.75	779.75	56.61	181.99	
2003	281.43	83.64	196.79	1.00	1357.75	819.56	74.79	534.65	3.54
2004	227.92	54.88	171.51	1.53	1510.94	835.71	104.54	648.08	27.16
2005	567.05	13.80	553.25		1882.51	338.13	2.62	1544.38	

4-5-19 股票交易情况

项 目	1995	1999	2000	2001	2002	2003	2004	2005
会员总数	**1085**	**628**	**631**	**547**	**437**	**382**	**350**	**328**
上市公司数目(家)	323	949	1088	1160	1224	1287	1377	1381
上市股票数目(只)	381	1029	1174	1240	1310	1372	1463	1467
A股	311	921	1010	1130	1199	1261	1353	1358
B股	70	108	114	110	111	111	110	109
股票总发行股本(亿股)	765.63	2908.85	3613.39	4838.35	5462.99	5997.93	6714.74	7163.54
A股	704.08	2757.88	3439.60	4650.45	5283.64	5808.31	6505.83	6936.08
B股	61.55	150.96	173.79	187.90	179.34	189.62	208.91	227.47
流通股本 (亿股)	234.98	952.34	1233.32	1480.88	1679.94	1897.32	2194.15	2498.89
A股	178.98	810.45	1078.33	1315.21	1508.43	1717.93	1996.65	2280.84
B股	45.99	141.88	154.99	165.67	171.51	179.39	197.50	218.05
股票市价总值(亿元)	3474	26471	48091	43522	38329	42458	37056	32430
A股	3311	26167.62	47456	42246	37527	41520	36309	31811
B股	164	303.54	635	1277	803	937	746	620
股票流通市值(亿元)	938	8213.96	16088	14463	12485	13179	11689	10631
A股	791	7937.46	15524	13345	11719	12306	10998	10028
B股	147	276.49	563	1118	766	873	690	602
股票成交金额(亿元)	4036	31319.6	60827	38305	27990	32115	42334	31665
A股	4319	31049.55	60279	33242	27142	31270	41576	31099
B股	78	270.04	548	5063	848	845	758	565
总成交股数 (亿股)	705.31	2932.39	4758.36	3152.28	3016.19	4163.08	5827.73	6623.73
A股	681.07	2809.75	4558.00	2463.41	2859.49	3992.28	5672.91	6470.87
B股	24.24	122.64	200.36	688.88	156.70	170.80	154.83	152.86
深证综合指数								
最高	169.66	525.14	654.37	664.85	512.38	449.42	470.55	333.28
最低	112.63	310.65	414.69	439.36	371.79	350.74	315.17	237.18
收盘	113.24	402.18	635.73	475.94	388.76	378.63	315.81	278.75
上证综合指数								
最高	926.41	1756.18	2125.72	2245.44	1748.89	1649.60	1783.01	1328.53
最低	524.43	1047.83	1361.21	1514.86	1339.20	1307.40	1259.43	998.23
收盘	555.29	1366.58	2073.48	1645.97	1357.65	1497.04	1266.50	1161.06

4-5-20　全国期货市场概况

单位：亿元

年　份	全年总成交额	全年总成交量（万手）	全年总实物交割额	全年总实物交割量（万手）
1993	5521.99	890.69		
1994	31601.41	12110.72		
1995	100565.30	63612.07	181.52	83.09
1996	84119.16	34256.77	174.13	78.33
1997	61170.66	15876.32	93.75	38.18
1998	36967.24	10445.57	48.04	20.56
1999	22343.01	7363.91	109.41	16.12
2000	16082.29	5461.07	65.11	8.40
2001	30144.98	12046.35	57.54	64.85
2002	39490.28	13943.37	101.44	141.16
2003	108396.59	27992.43	127.34	129.54
2004	146935.32	30569.76	181.68	31.32
2005	134463.38	32287.41	141.87	29.23

4-5-21 全国基金成交概况

项　目		本年	上年	增减(%)
交易日数	(天)	242	243	-0.41
基金上市品种	(个)	65	54	20.37
其中：ETF		1		
LOFE		10		
基金成交金额	(亿元)	773.15	479.47	61.25
其中：ETF		420.92		
LOFE		11.14		
基金日均成交金额	(亿元)	3.15	1.98	59.09
基金成交股数	(亿股)	1098.41	589.72	86.26
其中：ETF		525.01		
LOFE		11.33		
基金成交笔数	(百万笔)	4.13	3.90	5.78
其中：ETF		0.94		
LOFE		0.01		
上证基金指数开市		866.93	1012.37	-14.37
上证基金指数最高		866.93	1101.88	-21.32
上证基金指数最低		706.53	836.81	-15.57
上证基金指数收市		840.19	872.01	-3.65
深证基金指数开市		764.18	935.33	-18.30
深证基金指数最高		783.51	999.95	-21.65
深证基金指数最低		640.30	742.81	-13.80
深证基金指数收市		772.13	771.25	0.11

注：ETF是交易所交易基金的简称,LOFE是一种可以在交易所挂牌交易的开放式基金。

4-5-22　保险公司业务经济技术指标

单位：亿元

项　目	保　费	赔款及给付
合计	**4932**	**1137**
财产保险公司	1283	691
企业财产保险	149	92
家庭财产保险	12	3
机动车辆保险	858	483
工程保险	23	13
责任保险	45	18
信用保险	23	10
保证保险	18	15
船舶保险	25	10
货物运输保险	51	20
特殊风险保险	19	1
农业保险	7	6
健康险	5	3
意外伤害保险	46	16
其他险	2	1
人寿保险公司	3649	446
寿险	3247	311
健康险	307	107
人身意外伤害险	95	28

【主要统计指标解释】

信贷资金 指金融机构以信用方式积聚和分配的货币资金。金融机构信贷资金的来源有各项存款、金融债券发行、应付及暂收款、对国际金融机构负债、流通中货币、各项准备、所有者权益和其他项目等；信贷资金的运用有各项贷款、有价证券及投资、应收及预付款、委托投资、金银占款、外汇占款、库存现金、财政借款及在国际金融机构中的资产等。

存款 指企业、机关、团体或居民根据资金必须收回的原则，把货币资金存入银行或其他信贷机构保管并取得一定利息的一种信用活动形式。根据存款对象或性质的不同可划分为企业存款、财政存款、机关团体存款、基本建设存款、储蓄存款、农村存款、委托存款、其他存款等科目。它是银行信贷资金的主要来源。

贷款 指银行或其他信贷机构根据资金必须归还的原则，按一定利率，为企业、个人等提供资金的一种信用活动形式。我国银行贷款分为短期贷款、中期流动资金贷款、中长期贷款、信托贷款、融资租赁、委托贷款、票据融资、各项垫款等。

保险公司 在中国境内的、经过保险监督管理部门批准设立，并依法登记注册的各类商业保险公司。

保险金额 指保险人承担赔偿或者给付保险金责任的最高限额。

保费 指投保人为取得保险人在约定范围内所承担赔偿责任而支付给保险人的费用。

赔款 指保险人根据保险合同的规定，向被保险人支付的赔偿保险责任损失的金额。

给付 包括死伤医疗给付和满期给付。死伤医疗给付是指保险人根据人寿保险及长期健康保险合同的规定，因被保险人在保险期内发生保险责任范围内的保险事故支付给被保险人(或受益人)的金额。满期给付是指被保险人生存期满，保险人按人寿保险合同规定支付给被保险人的满期保险金额。

第四部分

第三产业
主要业务指标

6.房地产业

简要说明

目前该行业仅包含房地产开发统计资料，主要来自房地产开发企业历年上报的基层库，除个别指标外，均为自年初累计数据。主要内容包括：历年房地产开发企业基本概况，房屋开竣工面积、商品房销售及土地开发与购置情况；房地产开发企业经营收入等指标。主要分组包括按地区、用途、登记注册类型、资质等级等。

数据口径变化：2004 年数据，除企业个数、平均销售价格，住宅竣工与销售套数、财务指标为经济普查数据外，其他指标数据均为当年快报数据。

指标变化：2005 年起，商品房销售改为按期房加现房的统计方法，而在此之前为实际销售口径，2004 年商品房销售数据不能与以前年度数据直接进行对比分析。

4-6-1 房地产开发企业(单位)土地开发及购置

单位：万平方米

年 份 地 区	本年完成开发土地面积	土地购置费用 (亿元)	待开发的土地面积	本年购置土地面积
1997	7371.3	247.6	17670.1	6641.7
1998	7730.1	375.4	13530.7	10109.3
1999	9319.6	500.0	13505.2	11958.9
2000	11666.1	733.9	14754.8	16905.2
2001	15315.8	1038.8	14582.1	23409.0
2002	19416.0	1445.8	19178.7	31356.8
2003	22166.3	2055.2	21782.6	35696.5
2004	19740.2	2574.5	39635.3	39784.7
2005	22676.2	2904.4	27522.0	38253.7
北 京	314.2	239.8	2914.8	773.9
天 津	986.3	72.9	760.0	730.0
河 北	523.0	49.4	216.0	968.6
山 西	251.9	23.8	256.2	519.1
内蒙古	350.3	26.3	141.4	1004.5
辽 宁	1697.6	168.2	417.5	2432.8
吉 林	218.4	24.3	13.5	604.9
黑龙江	328.5	32.4	104.9	692.5
上 海	558.4	170.4	626.6	754.3
江 苏	1827.4	324.2	3981.3	2848.8
浙 江	1311.6	416.4	730.6	1801.9
安 徽	1067.2	100.5	1504.1	1896.4
福 建	726.1	134.9	551.3	1822.5
江 西	947.5	59.3	1124.0	1517.9
山 东	2356.3	172.1	1850.0	3735.9
河 南	973.2	74.8	763.5	2015.8
湖 北	941.3	80.7	937.9	1530.6
湖 南	971.5	82.5	1364.4	1763.0
广 东	2085.7	213.6	3245.1	2894.1
广 西	674.5	44.6	1814.3	1218.1
海 南	66.7	9.2	101.4	205.2
重 庆	916.3	72.8	2046.3	1385.4
四 川	669.1	176.7	990.4	2038.3
贵 州	247.6	23.7	278.5	519.9
云 南	478.5	41.0	188.5	940.5
西 藏	36.5	0.8	16.1	44.7
陕 西	409.2	38.2	250.9	611.4
甘 肃	162.3	8.0	109.4	177.6
青 海	65.5	4.5	12.1	112.2
宁 夏	35.2	9.1	8.7	245.6
新 疆	478.5	9.4	202.1	447.3

4-6-2 各地区按资质等级分房地产开发企业(单位)土地购置面积

单位：万平方米

地 区	总 计	一 级	二 级	三 级	四 级	暂 定	其 他
全 国	**38253.73**	**1032.38**	**4639.00**	**10840.05**	**5570.50**	**15010.34**	**1161.46**
北 京	773.87	23.58	95.24	70.04	3.80	527.32	53.89
天 津	729.97	89.86	103.92	55.75	52.26	420.97	7.20
河 北	968.57	33.39	61.61	217.01	431.27	203.08	22.21
山 西	519.07		44.36	122.39	116.53	235.79	
内蒙古	1004.51		103.83	236.23	265.40	383.88	15.17
辽 宁	2432.81	62.26	278.70	785.51	51.70	1187.81	66.83
吉 林	604.87	0.39	76.88	171.62	179.03	176.96	
黑龙江	692.55	9.40	86.18	453.96	15.30	121.76	5.94
上 海	754.32	10.57	12.66	157.39		500.65	73.05
江 苏	2848.80	98.98	398.29	1165.41	91.61	1041.35	53.16
浙 江	1801.87	59.59	168.19	623.35	222.86	568.49	159.39
安 徽	1896.39	44.85	272.08	430.36	217.64	931.46	
福 建	1822.55	18.25	104.15	250.46	166.04	1170.61	113.04
江 西	1517.92		189.07	633.80	215.21	479.84	
山 东	3735.91	56.44	513.42	991.18	1008.15	1137.17	29.55
河 南	2015.82	7.91	305.60	421.44	409.64	860.29	10.93
湖 北	1530.64	210.47	275.59	350.00	205.69	435.63	53.27
湖 南	1763.00	3.72	343.23	700.52	134.70	545.15	35.68
广 东	2894.12	66.80	96.00	313.91	597.69	1422.38	397.35
广 西	1218.06		15.90	300.82	87.94	783.43	29.98
海 南	205.16		1.45	8.99	36.58	158.14	
重 庆	1385.40	51.92	279.22	483.70	47.22	522.19	1.15
四 川	2038.32	135.95	307.11	1088.17	197.15	287.29	22.65
贵 州	519.91	13.14	53.92	152.19	147.77	143.45	9.43
云 南	940.55		123.44	163.41	289.08	364.62	
西 藏	44.66		14.71	23.97		5.98	
陕 西	611.39	8.63	127.97	212.73	170.54	91.52	
甘 肃	177.57		13.10	74.44	34.00	54.41	1.61
青 海	112.24		41.83	48.82	2.77	18.83	
宁 夏	245.64	8.20	39.98	61.24	67.05	69.16	
新 疆	447.30	18.05	91.38	71.24	105.89	160.74	

4-6-3　各地区按资质等级分房地产开发企业(单位)完成土地开发面积

单位：万平方米

地　区	总　计	一　级	二　级	三　级	四　级	暂　定	其他
全　国	**22676.23**	**756.58**	**2822.63**	**7638.78**	**3537.17**	**6898.79**	**1022.28**
北　京	314.24	9.47	20.06	37.88		246.11	0.72
天　津	986.33	84.35	108.90	219.35	269.52	294.27	9.93
河　北	523.01	65.47	41.07	73.31	218.68	113.54	10.95
山　西	251.95		14.87	59.47	73.85	103.76	
内蒙古	350.26		35.06	100.60	116.13	89.45	9.02
辽　宁	1697.58	49.63	211.40	674.64	27.39	637.98	96.53
吉　林	218.41	0.24	7.73	54.49	118.97	36.98	
黑龙江	328.52	11.20	46.38	192.97	13.96	47.87	16.15
上　海	558.42	7.56	21.51	149.65	0.83	329.91	48.96
江　苏	1827.36	22.03	261.70	959.21	82.40	477.62	24.39
浙　江	1311.62	76.90	154.40	532.39	162.79	328.01	57.13
安　徽	1067.17	41.48	140.81	278.80	115.74	490.33	
福　建	726.14	11.79	52.44	238.58	52.62	356.39	14.32
江　西	947.46	78.20	83.35	378.36	154.44	253.11	
山　东	2356.27	70.31	380.04	685.24	596.26	609.46	14.97
河　南	973.21	22.75	201.46	276.24	157.36	313.20	2.20
湖　北	941.26	56.79	172.59	283.41	123.00	221.67	83.80
湖　南	971.52	3.17	149.38	560.36	97.09	127.87	33.64
广　东	2085.66	57.05	75.38	360.83	457.56	775.74	359.09
广　西	674.48		7.75	211.56	88.88	350.12	16.17
海　南	66.75		4.80	12.19	7.91	41.85	
重　庆	916.26	10.40	174.12	348.78	29.92	144.91	208.14
四　川	669.07	5.87	134.52	423.50	33.24	64.09	7.85
贵　州	247.59	2.78	25.71	65.99	79.20	66.94	6.98
云　南	478.46	0.46	52.43	98.95	191.63	134.98	
西　藏	36.48		14.71	15.60		6.17	
陕　西	409.18	1.34	73.75	143.17	122.77	68.15	
甘　肃	162.35		19.57	57.24	44.05	40.16	1.34
青　海	65.49		18.40	31.87	1.46	13.75	
宁　夏	35.19		7.24	13.72	9.48	4.76	
新　疆	478.54	67.34	111.09	100.42	90.03	109.64	

4-6-4 房地产开发企业(单位)建设房屋建筑面积和造价

年份 地区	施工房屋面积 (万平方米)	竣工房屋面积 (万平方米)	房屋建筑面积 竣工率(%)	竣工房屋价值 (万元)	竣工房屋造价 (元/平方米)
1997	44985.5	15819.7	35.2	18592458	1175
1998	50770.1	17566.6	34.6	21391927	1218
1999	56857.6	21410.8	37.7	24675822	1152
2000	65896.9	25104.9	38.1	28593463	1139
2001	79411.7	29867.4	37.6	33694469	1128
2002	94104.0	34975.8	37.2	41416949	1184
2003	117526.0	41464.1	35.3	52799528	1273
2004	140451.4	42464.9	30.2	59524820	1402
2005	166053.3	53417.0	32.2	77522369	1451
北　京	10748.5	3770.9	35.1	8120198	2153
天　津	3470.6	1479.2	42.6	2079119	1406
河　北	3821.0	1129.9	29.6	1374134	1216
山　西	2266.5	667.3	29.4	917262	1375
内蒙古	2111.3	897.1	42.5	978783	1091
辽　宁	7058.9	2443.9	34.6	2931979	1200
吉　林	1890.0	622.8	33.0	676039	1086
黑龙江	2630.5	1305.0	49.6	1421490	1089
上　海	10462.4	3095.7	29.6	9467702	3058
江　苏	15619.3	5500.1	35.2	7587800	1380
浙　江	15651.7	4130.8	26.4	6714589	1625
安　徽	5306.9	1816.9	34.2	2027587	1116
福　建	6107.7	1576.2	25.8	1997996	1268
江　西	4508.2	1561.5	34.6	1309904	839
山　东	10670.9	3600.4	33.7	4696486	1304
河　南	4903.0	1370.9	28.0	1447233	1056
湖　北	4804.4	1627.0	33.9	2387899	1468
湖　南	5050.4	1741.1	34.5	1793351	1030
广　东	15110.0	4385.2	29.0	8293512	1891
广　西	4082.8	1330.7	32.6	1167764	878
海　南	921.1	187.1	20.3	345378	1846
重　庆	7487.4	2209.8	29.5	2549302	1154
四　川	8277.7	2769.9	33.5	2236073	807
贵　州	2784.9	711.6	25.6	624806	878
云　南	2807.0	857.5	30.5	1090677	1272
西　藏	43.4	26.5	61.1	43045	1625
陕　西	3175.7	757.2	23.8	1201727	1587
甘　肃	1438.0	454.9	31.6	511822	1125
青　海	422.9	104.1	24.6	126588	1216
宁　夏	1049.4	568.1	54.1	590867	1040
新　疆	1371.1	717.4	52.3	811257	1131

4-6-5　房地产开发企业(单位)建造住宅面积和造价

年　份 地　区	施工住宅面积 (万平方米)	竣工住宅面积 (万平方米)	住宅建筑面积 竣工率(%)	竣工住宅价值 (万元)	竣工住宅造价 (元/平方米)
1997	30374.7	12464.7	41.0	12699131	1019
1998	36223.0	14125.7	39.0	14841274	1051
1999	42590.3	17640.7	41.4	18313466	1038
2000	50498.3	20603.3	40.8	21736046	1055
2001	61583.0	24625.4	40.0	26224110	1065
2002	73208.7	28524.7	39.0	31909883	1119
2003	91390.5	33374.6	37.0	41289403	1222
2004	108196.5	34677.2	32.1	46883574	1352
2005	129078.4	43682.9	33.8	60601314	1387
北　京	7283.4	2841.4	39.0	5698471	2006
天　津	2827.9	1271.0	44.9	1735415	1365
河　北	3254.8	1021.8	31.4	1215566	1190
山　西	1766.8	557.4	31.5	686002	1231
内蒙古	1606.5	715.6	44.5	674906	943
辽　宁	5536.4	2127.8	38.4	2460472	1156
吉　林	1525.2	496.1	32.5	492896	994
黑龙江	1922.6	1039.4	54.1	1085551	1044
上　海	8091.8	2739.9	33.9	8110155	2960
江　苏	12386.0	4497.7	36.3	5910831	1314
浙　江	12009.9	3208.9	26.7	5031391	1568
安　徽	4301.2	1480.3	34.4	1579941	1067
福　建	4806.3	1304.9	27.1	1642159	1258
江　西	3657.2	1278.8	35.0	1021717	799
山　东	8671.3	3063.5	35.3	3850298	1257
河　南	3895.4	1151.4	29.6	1159405	1007
湖　北	4012.1	1411.7	35.2	2000066	1417
湖　南	3799.4	1386.5	36.5	1345623	970
广　东	11400.0	3476.7	30.5	6325273	1819
广　西	3165.0	1090.3	34.4	913452	838
海　南	765.9	172.1	22.5	319534	1856
重　庆	5514.7	1713.6	31.1	1840526	1074
四　川	6560.9	2225.5	33.9	1674071	752
贵　州	2113.2	567.9	26.9	459215	809
云　南	2366.5	729.1	30.8	915288	1255
西　藏	37.1	22.1	59.5	33585	1520
陕　西	2651.7	677.1	25.5	1023498	1512
甘　肃	1134.2	365.5	32.2	385443	1055
青　海	335.9	74.6	22.2	77734	1042
宁　夏	737.5	420.8	57.1	391988	932
新　疆	941.6	553.5	58.8	540842	977

4-6-6 按用途分房地产开发企业(单位)施工房屋面积

单位：万平方米

年份 地区	施工房屋面积	住宅	#别墅、高档公寓	#经济适用房屋	办公楼	商业营业用房	其他
1997	44985.46	30374.66	1759.19	3764.34	5335.15	6507.95	2767.34
1998	50770.10	36223.00	2032.10	5746.40	5072.70	6551.30	2923.10
1999	56857.63	42590.34	1982.21	8167.97	4383.17	6812.69	3071.43
2000	65896.92	50498.25	2986.69	10215.91	4058.51	7825.67	3514.48
2001	79411.68	61582.99	3734.88	10949.51	4120.00	9573.81	4134.88
2002	94104.01	73208.65	5009.23	10681.62	4392.30	11501.45	5001.61
2003	117525.99	91390.49	5796.55	10139.54	5088.41	14708.90	6338.19
2004	140451.39	108196.54	6598.11	8987.08	5982.43	18293.23	7979.20
2005	166053.26	129078.38	8556.24	8115.72	6618.80	20926.59	9429.49
北京	10748.50	7283.42	1023.52	783.44	1209.85	809.23	1446.00
天津	3470.57	2827.87	254.70	327.90	159.19	368.41	115.10
河北	3820.96	3254.80	67.57	544.33	103.25	377.87	85.04
山西	2266.53	1766.80	41.89	257.76	113.16	329.78	56.79
内蒙古	2111.34	1606.47	24.53	159.94	67.79	387.60	49.47
辽宁	7058.93	5536.42	157.99	153.02	236.14	1044.90	241.47
吉林	1889.99	1525.21	51.30	145.01	53.24	256.59	54.96
黑龙江	2630.47	1922.61	11.69	207.30	93.50	489.50	124.87
上海	10462.39	8091.85	1652.89		630.38	951.58	788.58
江苏	15619.26	12385.98	989.83	553.28	494.14	2029.71	709.44
浙江	15651.74	12009.91	731.91	759.48	690.11	1591.20	1360.51
安徽	5306.92	4301.17	82.38	175.30	151.60	689.60	164.55
福建	6107.75	4806.27	238.97	187.09	130.98	623.48	547.02
江西	4508.16	3657.24	45.63	255.19	61.59	658.12	131.21
山东	10670.88	8671.35	187.59	591.23	254.13	1362.50	382.89
河南	4902.98	3895.44	254.11	398.04	171.14	731.58	104.82
湖北	4804.35	4012.13	97.51	232.61	139.15	455.36	197.71
湖南	5050.35	3799.35	323.73	157.21	131.60	929.87	189.53
广东	15110.04	11399.99	989.33	70.80	691.43	1756.51	1262.11
广西	4082.76	3164.96	126.39	94.73	92.52	632.91	192.37
海南	921.10	765.92	58.63	48.38	15.33	113.63	26.22
重庆	7487.36	5514.75	313.12	316.79	273.30	1205.22	494.08
四川	8277.68	6560.91	291.27	234.77	138.30	1269.19	309.27
贵州	2784.91	2113.17	20.76	298.85	123.44	430.19	118.10
云南	2806.98	2366.47	318.32	240.00	45.21	284.62	110.68
西藏	43.36	37.10	11.21		0.20	6.06	
陕西	3175.66	2651.67	122.80	336.64	155.52	313.02	55.45
甘肃	1437.98	1134.19	3.14	129.11	60.40	190.24	53.15
青海	422.87	335.89	0.47	57.26	25.53	53.84	7.61
宁夏	1049.36	737.50	24.37	71.20	42.69	243.62	25.55
新疆	1371.15	941.58	38.68	329.05	64.01	340.63	24.94

4-6-7　按用途分房地产开发企业(单位)新开工房屋面积

单位：万平方米

年　份 地　区	新开工房屋面积	住　宅	#别墅、高档公寓	#经济适用房屋	办公楼	商业营业用房	其　他
1997	14026.98	10996.64	469.72	1720.57	872.44	1462.45	695.44
1998	20387.90	16637.50	638.60	3466.40	871.50	1938.65	940.25
1999	22579.41	18797.94	594.06	3970.36	690.29	2198.56	892.62
2000	29582.64	24401.15	1169.09	5313.32	898.81	3034.77	1247.91
2001	37394.18	30532.72	1456.69	5795.97	1072.98	4105.40	1683.08
2002	42800.52	34719.35	2278.17	5279.68	1254.24	4926.48	1900.45
2003	54707.53	43853.88	2349.29	5330.58	1466.89	6706.80	2679.96
2004	60413.86	47949.01	2975.69	4257.49	1704.19	7790.81	2969.85
2005	68064.44	55185.07	2834.97	3513.45	1671.10	7675.47	3532.79
北　京	2965.93	1983.24	243.87	265.05	294.91	259.68	428.11
天　津	1579.45	1287.06	136.58	161.67	77.21	153.85	61.33
河　北	1970.80	1751.52	31.82	225.80	37.17	138.71	43.40
山　西	1156.01	983.90	17.64	163.97	48.41	101.00	22.70
内蒙古	1425.01	1166.32	21.73	93.36	17.67	216.07	24.95
辽　宁	3638.39	3040.03	62.99	79.86	47.28	443.54	107.53
吉　林	1286.14	1079.33	26.28	114.81	22.80	151.84	32.17
黑龙江	1485.11	1147.72	9.55	94.82	35.85	232.51	69.04
上　海	3055.47	2485.75	284.85		120.09	235.03	214.61
江　苏	6653.24	5253.64	389.59	272.74	146.83	891.27	361.50
浙　江	4859.59	3822.76	287.69	285.44	107.84	446.83	482.16
安　徽	2623.41	2181.61	27.07	58.90	42.88	309.59	89.33
福　建	2196.57	1727.38	33.18	61.05	27.16	170.58	271.45
江　西	2490.82	2093.47	27.22	100.61	20.03	321.09	56.23
山　东	5650.04	4795.05	105.25	254.61	102.36	564.61	188.02
河　南	2150.58	1699.14	86.54	177.27	63.95	342.99	44.50
湖　北	2292.92	2003.46	44.50	115.47	38.99	170.47	79.99
湖　南	2106.40	1678.27	112.25	79.67	59.46	291.28	77.38
广　东	4989.82	4010.39	342.83	12.50	99.04	494.79	385.61
广　西	1633.29	1277.86	49.98	52.45	39.81	238.57	77.05
海　南	253.39	194.73	25.11	7.57	1.63	50.11	6.92
重　庆	2334.75	1824.74	51.03	75.47	46.97	319.53	143.51
四　川	3684.37	3074.53	150.00	99.30	37.10	465.02	107.72
贵　州	1007.70	783.38	2.39	87.01	32.00	145.84	46.48
云　南	1294.43	1073.61	191.28	76.58	25.79	133.81	61.22
西　藏	38.81	33.43	9.95		0.20	5.18	
陕　西	1234.75	1125.86	43.29	154.91	31.81	60.99	16.09
甘　肃	389.78	323.94	1.34	50.46	8.87	53.11	3.87
青　海	243.06	201.04	0.47	45.50	11.56	26.43	4.03
宁　夏	580.85	441.93	9.12	28.57	14.54	110.26	14.13
新　疆	793.55	639.98	9.59	218.04	10.89	130.90	11.78

4-6-8 按用途分房地产开发企业(单位)竣工房屋面积

单位：万平方米

年份 地区	竣工房屋面积	住宅	#别墅、高档公寓	#经济适用房屋	办公楼	商业营业用房	其他
1997	15819.70	12464.70	554.22	1902.91	1057.66	1628.44	668.89
1998	17566.60	14125.70	609.00	2352.20	996.40	1791.50	652.90
1999	21410.83	17640.67	646.03	4063.48	979.19	2011.84	779.13
2000	25104.86	20603.32	959.34	5372.09	952.01	2561.97	987.57
2001	29867.36	24625.40	1183.56	5801.27	974.03	3111.66	1156.27
2002	34975.75	28524.70	1625.58	5409.97	1013.65	3939.75	1497.65
2003	41464.06	33774.61	1735.87	4538.51	1077.14	4825.06	1787.25
2004	42464.87	34677.18	2115.31	3325.69	1034.60	4945.95	1807.14
2005	53417.04	43682.85	2538.79	3212.79	1416.70	5888.03	2429.46
北京	3770.88	2841.42	342.66	325.64	287.77	180.93	460.75
天津	1479.22	1270.96	98.85	168.18	39.30	121.07	47.89
河北	1129.92	1021.79	13.72	132.07	13.07	74.50	20.56
山西	667.25	557.38	17.86	99.10	24.57	78.76	6.53
内蒙古	897.12	715.61	2.71	94.56	21.83	149.35	10.33
辽宁	2443.90	2127.79	34.30	59.45	29.80	226.33	59.98
吉林	622.76	496.12	18.34	63.72	16.83	94.58	15.24
黑龙江	1305.03	1039.45	2.14	124.99	27.25	184.73	53.60
上海	3095.74	2739.91	419.44		87.05	112.18	156.59
江苏	5500.12	4497.68	349.07	246.21	118.98	682.95	200.52
浙江	4130.80	3208.90	195.89	178.21	161.28	453.23	307.39
安徽	1816.86	1480.32	44.93	89.14	37.79	245.14	53.60
福建	1576.16	1304.85	39.53	82.21	22.22	156.54	92.55
江西	1561.54	1278.76	25.21	105.46	12.63	231.57	38.59
山东	3600.41	3063.52	48.08	271.95	52.75	388.44	95.70
河南	1370.94	1151.39	73.99	117.79	28.80	169.56	21.19
湖北	1627.03	1411.67	45.31	103.44	22.02	154.14	39.21
湖南	1741.15	1386.53	93.12	97.21	34.70	270.20	49.71
广东	4385.16	3476.73	278.92	33.86	118.20	427.16	363.08
广西	1330.74	1090.30	49.05	14.58	15.23	177.06	48.15
海南	187.09	172.14		17.29	1.56	9.86	3.53
重庆	2209.82	1713.55	129.61	77.73	67.81	311.65	116.81
四川	2769.95	2225.51	46.29	93.42	35.15	439.53	69.76
贵州	711.64	567.90	7.76	82.08	16.69	108.33	18.71
云南	857.53	729.12	90.60	107.35	17.34	85.23	25.84
西藏	26.49	22.09	9.19			4.40	
陕西	757.23	677.11	27.51	110.43	26.85	45.35	7.92
甘肃	454.90	365.51	0.21	65.61	20.45	55.90	13.04
青海	104.11	74.62	0.47	19.23	10.87	17.53	1.10
宁夏	568.12	420.75	12.79	44.45	18.88	110.43	18.06
新疆	717.43	553.48	21.21	187.46	29.04	121.37	13.55

4-6-9　按用途分房地产开发企业(单位)竣工房屋价值

单位：万元

年份 地区	竣工房屋价值	住　宅	#别墅、高档公寓	#经济适用房屋	办公楼	商业营业用房	其　他
1998	21391927	14841274	1305059	1797188	2696191	2908120	946342
1999	24675822	18313466	1363040	3243105	2307508	2821830	1233018
2000	28593463	21736046	1763912	4167662	1887549	3435603	1534265
2001	33694469	26224110	2143243	4653653	1794697	3972859	1702803
2002	41416949	31909883	2862739	4603868	1821081	5421762	2264223
2003	52799528	41289403	3413634	3861036	2179823	6707887	2622415
2004	59524820	46883710	2859906	3355237	2334105	7443231	2863774
2005	77522369	60601314	6585999	3413715	3330709	9442203	4148143
北　京	8120198	5698471	1123909	455171	852478	428446	1140803
天　津	2079119	1735415	126521	213226	63679	196984	83041
河　北	1374134	1215566	50786	129257	16074	119695	22799
山　西	917262	686002	32484	95472	39782	182923	8555
内蒙古	978783	674906	4794	79298	42754	250497	10626
辽　宁	2931979	2460472	66815	71267	47748	338928	84831
吉　林	676039	492896	31344	54414	20767	146073	16303
黑龙江	1421490	1085551	6000	118155	39816	227048	69075
上　海	9467702	8110155	2146386		573737	385006	398804
江　苏	7587800	5910831	640762	254946	253134	1142104	281731
浙　江	6714589	5031391	389463	314327	385563	811915	485720
安　徽	2027587	1579941	62434	70427	53723	339970	53953
福　建	1997996	1642159	78881	103162	28656	215022	112159
江　西	1309904	1021717	28394	67318	14546	240409	33232
山　东	4696486	3850298	96023	368072	72952	644249	128987
河　南	1447233	1159405	116325	93693	33980	233371	20477
湖　北	2387899	2000066	97812	89574	39902	280700	67231
湖　南	1793351	1345623	121689	67490	48589	343687	55452
广　东	8293512	6325273	741182	35574	298375	985879	683985
广　西	1167764	913452	46067	9191	14526	196170	43616
海　南	345378	319534		31961	1902	17041	6901
重　庆	2549302	1840526	233583	83340	104579	453355	150842
四　川	2236073	1674071	55189	55434	36761	455309	69932
贵　州	624806	459215	11350	69782	15688	129863	20040
云　南	1090677	915288	118855	103441	21831	120933	32625
西　藏	43045	33585	15208			9460	
陕　西	1201727	1023498	90578	99058	76683	90120	11426
甘　肃	511822	385443	159	61908	33322	78106	14951
青　海	126588	77734	900	16984	17027	30335	1492
宁　夏	590867	391988	20427	38940	29455	147731	21693
新　疆	811257	540842	31679	162833	52680	200874	16861

4-6-10 商品房屋销售情况

年份 地区	房屋销售面积（万平方米）	#住宅	商品房销售额（万元）	#住宅
1991	3025.46	2745.17	2378597	2075979
1992	4288.86	3812.21	4265938	3798493
1993	6687.91	6035.19	8637141	7291913
1994	7230.35	6118.03	10184950	7305208
1995	7905.94	6787.03	12577269	10240705
1996	7900.41	6898.46	14271292	11069006
1997	9010.17	7864.30	17994763	14075553
1998	12185.30	10827.10	25133027	20068676
1999	14556.53	12997.87	29878734	24137347
2000	18637.13	16570.28	39354423	32286046
2001	22411.90	19938.75	48627517	40211543
2002	26808.29	23702.31	60323413	49578501
2003	33717.63	29778.85	79556627	65434492
2004	38231.64	33819.89	103757069	86193667
2005	55486.22	49587.83	175761325	145637616
北京	3123.42	2823.65	21202099	17399710
天津	1408.37	1264.38	5710574	5041379
河北	1408.74	1322.32	2623116	2350398
山西	688.75	619.86	1522069	1163065
内蒙古	1078.80	918.43	1783491	1287226
辽宁	2564.48	2340.36	7174340	6205959
吉林	830.91	745.92	1568915	1309503
黑龙江	1242.81	1048.26	2608815	1963185
上海	3158.87	2845.70	21613022	19060478
江苏	5135.55	4523.14	17249062	14227924
浙江	3305.84	2824.65	14148885	11222435
安徽	1907.21	1686.03	4234369	3481041
福建	1913.84	1720.56	6050925	4819032
江西	1650.12	1454.51	2522496	1942900
山东	3754.92	3417.75	9106518	7842466
河南	1724.82	1539.60	3220147	2553706
湖北	1708.02	1549.19	3865693	3351897
湖南	1842.16	1611.60	2993154	2263639
广东	5038.91	4546.32	22386643	18863862
广西	1438.40	1314.37	2896410	2398083
海南	249.43	233.08	729458	665496
重庆	2017.66	1792.41	4307679	3406768
四川	3402.49	3028.55	6619495	5111802
贵州	862.56	774.71	1385781	1012982
云南	1431.90	1294.95	3100083	2590989
西藏	25.90	24.18	44032	36421
陕西	892.01	849.43	1837192	1639682
甘肃	493.21	439.83	954958	764891
青海	121.04	108.46	221768	182320
宁夏	377.89	319.16	844726	563186
新疆	687.20	606.48	1235410	915191

4-6-11　房地产开发企业(单位)建设成套住宅竣工与销售情况

年　份 地　区	住宅竣工套数合计 (套)	#别墅、高档公寓	#经济适用房屋	住宅销售套数合计 (套)	#别墅、高档公寓	#经济适用房屋
1999	1946358	44025	484978			
2000	2139702	59880	603573			
2001	2414392	72207	604788			
2002	2629616	97751	538486			
2003	3021134	108525	447678			
2004	4042219	144949	497501			
2005	3682523	135276	287311	4235372	152339	295302
北　京	229293	18295	29409	239019	13921	19609
天　津	92943	5815	9692	108901	6453	9353
河　北	80008	667	9424	118891	1505	14032
山　西	41739	363	9143	52186	226	9534
内蒙古	69381	229	9822	88059	1073	13087
辽　宁	221035	2930	7282	240616	3612	8970
吉　林	51558	1219	6541	68100	1803	7404
黑龙江	111604	146	14926	112511	755	17032
上　海	234388	22733		243675	24820	
江　苏	358885	17904	23009	373562	17253	18713
浙　江	249852	9402	18076	222187	8261	16156
安　徽	124704	2502	3709	139638	1737	4250
福　建	100085	1771	6952	145079	2771	7078
江　西	93500	1779	12734	106773	768	5507
山　东	271853	3505	25411	304469	4574	24809
河　南	68728	2441	8292	105325	4179	12335
湖　北	85622	3321	5752	110412	2885	8257
湖　南	111987	5994	9065	100293	3611	3745
广　东	308993	12398	2992	407387	24893	3166
广　西	95029	2298	1426	114537	2516	4118
海　南	9151		456	16302	668	724
重　庆	159226	9509	7972	171166	7761	7546
四　川	193114	2660	10228	268065	5102	14436
贵　州	46909	378	6782	68463	372	6753
云　南	54483	3471	8634	97968	6777	12165
西　藏	1014	476		760	25	
陕　西	83459	1031	8918	69038	1890	10363
甘　肃	32494	12	5622	39185	86	6528
青　海	6959	52	1680	9956	40	1412
宁　夏	39062	326	4293	29278	507	3779
新　疆	55465	1649	19069	63571	1495	24441

4-6-12 按用途分商品房屋销售面积

单位：万平方米

年 份 地 区	房屋销售面积	住 宅	# 别墅、高档公寓	# 经济适用房屋	办公楼	商业营业用房	其 他
1997	9010.17	7864.30	254.25	1211.85	341.43	634.06	170.38
1998	12185.30	10827.10	345.30	1666.50	400.60	810.80	146.80
1999	14556.53	12997.87	435.74	2701.31	403.43	1003.17	152.06
2000	18637.13	16570.28	640.72	3760.07	436.98	1399.31	230.56
2001	22411.90	19938.75	878.19	4021.47	502.57	1696.15	274.44
2002	26808.29	23702.31	1241.26	4003.61	538.92	2218.58	348.47
2003	33717.63	29778.85	1449.87	4018.87	630.49	2833.10	475.19
2004	38231.64	33819.89	2323.05	3261.80	692.84	3100.29	618.62
2005	55486.22	49587.83	2818.44	3205.01	1096.23	4081.38	720.78
北 京	3123.42	2823.65	270.77	222.87	184.67	87.40	27.70
天 津	1408.37	1264.38	119.60	100.35	43.47	79.12	21.39
河 北	1408.74	1322.32	26.68	155.81	15.86	60.37	10.19
山 西	688.75	619.86	4.51	100.23	15.85	46.53	6.52
内蒙古	1078.80	918.43	22.35	125.33	19.63	131.61	9.14
辽 宁	2564.48	2340.36	44.93	71.48	16.14	182.65	25.34
吉 林	830.91	745.92	31.96	91.03	14.79	63.48	6.72
黑龙江	1242.81	1048.26	7.24	151.98	29.01	138.22	27.32
上 海	3158.87	2845.70	449.38		97.89	150.20	65.09
江 苏	5135.55	4523.14	297.04	187.04	119.10	440.08	53.23
浙 江	3305.84	2824.65	166.06	160.98	111.39	263.94	105.87
安 徽	1907.21	1686.03	36.23	63.22	23.63	180.21	17.33
福 建	1913.84	1720.56	37.18	78.34	21.05	120.76	51.47
江 西	1650.12	1454.51	24.98	90.19	8.75	175.02	11.83
山 东	3754.92	3417.75	59.94	242.70	37.55	271.69	27.93
河 南	1724.82	1539.60	94.06	181.11	24.85	154.91	5.45
湖 北	1708.02	1549.19	39.23	111.31	28.98	95.50	34.35
湖 南	1842.16	1611.60	100.09	67.69	24.00	184.88	21.68
广 东	5038.91	4546.32	480.24	33.96	107.76	277.08	107.75
广 西	1438.40	1314.37	50.88	42.48	8.78	99.20	16.05
海 南	249.43	233.08	25.31	18.27	1.92	14.05	0.39
重 庆	2017.66	1792.41	108.71	88.74	32.58	177.86	14.80
四 川	3402.49	3028.55	92.23	131.99	33.17	317.21	23.57
贵 州	862.56	774.71	7.34	78.75	19.70	64.91	3.24
云 南	1431.90	1294.95	139.48	139.91	10.33	113.38	13.24
西 藏	25.90	24.18	11.09			1.72	
陕 西	892.01	849.43	37.87	119.11	10.48	30.29	1.82
甘 肃	493.21	439.83	1.35	78.30	10.12	39.30	3.96
青 海	121.04	108.46	1.57	14.96	8.73	3.57	0.28
宁 夏	377.89	319.16	8.47	38.28	8.65	48.09	1.99
新 疆	687.20	606.48	21.72	218.59	7.40	68.16	5.16

4-6-13　按用途分商品房屋平均销售价格

单位：元/平方米

年　份 地　区	房屋平均销售价格	住　宅	# 别墅、高档公寓	#经济适用房屋	办公楼	商业营业用房	其　他
1997	1997	1790	5382	1097	4677	3090	2129
1998	2063	1854	4596	1035	5552	3170	1837
1999	2053	1857	4503	1093	5265	3333	1804
2000	2112	1948	4288	1202	4751	3260	1864
2001	2170	2017	4348	1240	4588	3274	2033
2002	2250	2092	4154	1283	4336	3489	1919
2003	2359	2197	4145	1380	4196	3675	2241
2004	2778	2608	5576	1482	5744	3884	2235
2005	3168	2937	5834	1655	6923	5022	2829
北　京	6788	6162	9827	3541	13517	13828	3525
天　津	4055	3987	5435	3110	5022	4725	3602
河　北	1862	1777	3391	1493	4752	2999	1599
山　西	2210	1876	3899	1281	4908	5759	2033
内蒙古	1653	1402	2956	1196	2993	3204	1728
辽　宁	2798	2652	5286	2112	3842	4541	3036
吉　林	1888	1756	3871	1567	3045	3136	2275
黑龙江	2099	1873	4238	1511	4119	3276	2682
上　海	6842	6698	7720		11867	7101	4983
江　苏	3359	3146	5002	1691	5216	5180	2263
浙　江	4280	3973	6412	2849	5893	7348	3122
安　徽	2220	2065	3356	1059	3663	3488	2198
福　建	3162	2801	5558	1631	4293	8512	2207
江　西	1529	1336	2473	718	2893	3080	1289
山　东	2425	2295	4679	1905	5848	3550	2867
河　南	1867	1659	2572	1159	3059	3765	1326
湖　北	2263	2164	4297	1191	2665	4049	1453
湖　南	1625	1405	2283	1048	2794	3416	1427
广　东	4443	4149	7331	1383	8316	8105	3535
广　西	2014	1825	3007	1440	4132	4343	1950
海　南	2924	2855	4436	1976	2720	4108	2645
重　庆	2135	1901	4295	1485	2408	4462	1950
四　川	1945	1688	3502	1129	3406	4283	1533
贵　州	1607	1308	2897	1181	3213	4643	2518
云　南	2165	2001	2920	1081	2182	3999	2507
西　藏	1700	1506	1560			4433	
陕　西	2060	1930	3310	1119	3587	5181	1655
甘　肃	1936	1739	3147	1180	2771	4006	1163
青　海	1832	1681	2134	1264	2766	4117	2142
宁　夏	2235	1765	3276	1057	3429	5151	2102
新　疆	1798	1509	2504	1396	2708	4237	2215

4-6-14 房地产开发企业(单位)经营情况

单位：万元

年份 地区	经营总收入	土地转让收入	商品房屋销售收入	房屋出租收入	其他收入	经营税金及附加	营业利润
1991	2840325	153810	2378597	39221	268697	205551	275239
1992	5285565	427420	4265938	59617	532590	414435	635196
1993	11359074	839281	8637141	106348	1776304	965917	1559223
1994	12881866	959357	10184950	172817	1564742	951029	1674350
1995	17316624	1943981	12582817	257927	2531899	903047	1434087
1996	19687850	1203378	15337647	299899	2846926	927779	179805
1997	22184557	1032847	17552061	387878	3211770	1042143	-103462
1998	29512078	1322454	24084097	493192	3612325	1388134	-106565
1999	30260108	1032492	25550245	627408	3049963	1453611	-350926
2000	45157119	1296054	38968215	953237	3939613	2145704	732836
2001	54716555	1889894	47294194	1173453	4359014	2734549	1254738
2002	70778478	2251311	61457990	1445728	5623449	3701458	2529148
2003	91372734	2797200	81536881	1643335	5395318	4937227	4303655
2004	133144608	4100917	117522041	3055765	8465884	4130409	8579651
2005	147693468	3414314	133167682	2902876	8208596	8452536	11091896
北京	16207054	617906	14607572	658061	323515	917069	618439
天津	3886835	143718	2718774	15300	1009043	208642	334622
河北	2596193	19458	2515755	4199	56781	147751	83141
山西	1001459	4986	939101	6612	50760	55299	-29811
内蒙古	1706183	4018	1663260	2968	35937	89320	177935
辽宁	6144218	20145	6025782	31680	66611	376911	202318
吉林	1407268	4120	1365450	13579	24119	71992	-27743
黑龙江	1935485	1331	1912951	1405	19798	98366	30762
上海	20042848	808810	16244503	1308853	1680682	1115655	3054522
江苏	12297955	151775	11758743	51923	335514	766835	1087992
浙江	12445303	89791	12058472	45551	251489	756275	1236474
安徽	2720528	12785	2643962	17969	45812	165159	89612
福建	5483264	151209	5037848	44638	249569	309910	532558
江西	1687653	32022	1591317	9510	54804	107121	80914
山东	7859516	72034	7443000	21415	323067	470494	472925
河南	2811080	61734	2675030	11543	62773	160582	170010
湖北	2814242	41205	2667472	7526	98039	164476	49728
湖南	3107663	119943	2492305	39291	456124	171300	49479
广东	22926880	585767	20171851	457328	1711934	1259410	2165778
广西	1924255	79030	1815179	4208	25838	119912	151403
海南	432148	23820	391083	773	16472	23784	-49959
重庆	3605726	70550	3164616	67730	302830	201759	212588
四川	5214309	79168	4309151	19679	806311	291772	239676
贵州	1052783	24181	1004045	10211	14346	65298	-2646
云南	2147686	129424	1984361	8162	25739	118469	118744
西藏	37435	30	36953	307	145	7145	6064
陕西	1548383	50051	1352684	8484	137164	73341	-18596
甘肃	775484	1648	748235	14152	11449	33986	19858
青海	190067		187966	1009	1092	9409	-3259
宁夏	598769	2360	592296	3037	1076	31532	8421
新疆	1084796	11295	1047965	15773	9763	63562	29947

【主要统计指标解释】

房屋施工面积　指报告期内施工的全部房屋（包括地下室、半地下室以及配套房屋）建筑面积。包括本期新开工的面积和上年开工跨入本期继续施工的房屋面积，以及上期已停建在本期恢复施工的房屋面积。本期竣工和本期施工后又停建缓建的房屋面积仍包括在施工面积中，多层建筑应填各层建筑面积之和。

房屋新开工面积　指在报告期内新开工建设的房屋面积。不包括上期跨入报告期继续施工的房屋面积和上期停缓建而在本期恢复施工的房屋面积。房屋的开工应以房屋正式开始破土刨槽(地基处理或打永久桩)的日期为准。

房屋竣工面积　指报告期内房屋建筑按照设计要求已全部完工，达到住人和使用条件，经验收鉴定合格或达到竣工验收标准，可正式移交使用的各栋房屋建筑面积的总和。

商品房销售面积：指报告期内出售商品房屋的合同总面积(即双方签署的正式买卖合同中所确定的建筑面积)。由现房销售建筑面积和期房销售建筑面积两部分组成。

（1）现房销售面积是指在报告期内正式签订买卖合同、已经竣工达到入住条件的商品房屋建筑面积。包括以一次性付款方式和分期付款方式销售的现房建筑面积。

（2）期房销售面积:是指在报告期内正式签订买卖合同、正在建设尚未竣工交付使用的商品房屋建筑面积。包括以一次性付款方式和分期付款方式销售的商品房屋建筑面积。期房销售建筑面积竣工后不再结转为现房销售建筑面积。

商品房销售额　指报告期内出售商品房屋的合同总价款(即双方签署的正式买卖合同中所确定的合同总价)。该指标与商品房销售面积同口径，由现房销售额和期房销售额两部分组成。

（1）现房销售额：指报告期内销售的已竣工商品房屋的合同总价款。包括现房销售前期预收的定金、预收款、首付款及全部按揭贷款的本金等款项。该指标与现房销售面积同口径。

（2）期房销售额：指报告期内销售的正在建设尚未竣工的商品房屋的合同总价款。包括预售房屋前期预收的定金、预收款、首付款及全部按揭贷款的本金等项。该指标与期房销售面积同口径。

商品住宅竣工套数　指报告期内按照设计要求已全部完工，经验收合格，达到住人或使用条件的正式交给开发公司的成套住宅数量(以设计图纸为准)。

商品住宅销售套数　指报告期内出售商品房屋合同中总的成套住宅数量(即双方签署的正式买卖合同中所确定的成套住宅数量)。由现房销售套数和期房销售套数两部分组成。

竣工房屋价值　指在报告期内竣工房屋本身的建造价值。竣工房屋的价值一般按房屋设计和预算规定的内容计算。包括竣工房屋本身的基础、结构、屋面、装修以及水、电、卫等附属工程的建筑价值,也包括作为房屋建筑组成部分而列入房屋建筑工程预算内的设备(如电梯、通风设备等)的购置和安装费用；不包括厂房内的工艺设备、工艺管线的购置和安装费用，工艺设备基础的建造费用；办公和生活用家具的购置等费用；购置土地的费用；迁移补偿费和场地平整的费用及城市建设配套投资。竣工房屋价值一般按结算价格计算。

本年完成开发土地面积　指报告期内对土地进行开发并已完成“七通一平”等前期开发工程，具备进行房屋建筑物施工或出让条件的土地面积。

待开发土地面积　指经有关部门批准，通过各种方式获得土地使用权，但尚未进行开发的土地面积。

本年购置土地面积　指在本年内通过各种方式获得土地使用权的土地面积。

第四部分

第三产业主要业务指标

7.租赁和商务服务业

简要说明

该行业为2002年国民经济行业分类的新增门类，本年鉴仅列示了2004—2005年数据。
本资料由国家统计局国民经济核算司加工整理。

4-7-1　各地区租赁和商务服务业总产出与增加值(2004年)

地区	总产出		增加值	
	总量(亿元)	发展速度(%)	总量(亿元)	发展速度(%)
北　京	1249.81		276.62	
天　津	96.48		26.92	
河　北	268.93		113.40	
山　西	118.42		44.01	
内蒙古	67.90		29.53	
辽　宁	188.67		64.86	
吉　林	102.00		39.05	
黑龙江	164.08		54.58	
上　海	1323.63		253.29	
江　苏	517.44		191.07	
浙　江	682.59		197.44	
安　徽	188.97		65.00	
福　建	175.20		63.53	
江　西	74.76		23.66	
山　东	328.60		112.61	
河　南	218.44		57.55	
湖　北	136.99		42.89	
湖　南	158.92		74.93	
广　东	1404.52		700.26	
广　西	114.50		41.27	
海　南	37.29		11.18	
重　庆	91.23		25.20	
四　川	167.74		60.48	
贵　州	28.32		11.71	
云　南	126.97		35.60	
西　藏	1.50		0.80	
陕　西	84.00		26.52	
甘　肃	32.65		16.80	
青　海	16.20		5.60	
宁　夏	15.50		4.97	
新　疆	128.21		30.13	

4-7-2 各地区租赁和商务服务业总产出与增加值

地区	总产出		增加值	
	总量(亿元)	发展速度(%)	总量(亿元)	发展速度(%)
北京	1382.71	105.4	346.82	119.4
天津	147.13	119.8	45.60	117.5
河北	370.43	130.6	140.84	117.7
山西	136.04	107.1	50.62	107.5
内蒙古	84.50	119.0	35.38	114.5
辽宁	197.57	100.1	75.30	111.0
吉林	134.97	128.8	50.85	126.8
黑龙江	162.24	97.7	54.79	99.2
上海	1446.59	109.2	292.19	113.3
江苏	634.96	116.7	222.69	110.3
浙江	794.77	113.7	227.58	112.6
安徽	214.22	110.7	73.39	110.2
福建	202.79	111.3	73.47	111.3
江西	85.90	111.0	27.18	114.3
山东	427.74	119.5	146.25	115.7
河南	233.85	103.1	88.90	121.1
湖北	158.20	117.7	49.66	112.0
湖南	167.50	102.2	78.96	102.2
广东	1550.72	108.6	773.08	108.6
广西	137.78	111.4	49.48	112.3
海南	42.30	110.7	12.62	110.1
重庆	119.78	118.9	32.72	113.7
四川	199.15	114.6	70.78	113.1
贵州	33.20	115.5	14.02	118.0
云南	147.67	109.4	41.34	109.2
西藏	1.89	115.2	0.97	111.2
陕西	85.50	97.2	26.75	97.8
甘肃	37.53	115.0	19.31	115.0
青海	18.21	110.1	6.34	110.9
宁夏	16.28	101.5	5.19	100.9
新疆	144.32	107.6	33.60	106.5

【主要统计指标解释】

总产出　指一定时期内一个国家（或地区）常住单位生产的所有货物和服务的价值，既包括新增价值，也包括被消耗的货物和服务价值以及固定资产的转移价值。总产出反映常住单位生产活动的总规模。

增加值　指常住单位生产过程创造的新增价值和固定资产的转移价值。增加值可以按生产法计算，也可以按收入法计算。按生产法计算，增加值等于总产出减去中间投入；按收入法计算，增加值等于劳动者报酬、生产税净额、固定资产折旧和营业盈余之和。

第四部分

第三产业 主要业务指标

8.科学研究、技术服务和地质勘查业

简要说明

主要内容：科技活动基本情况，包括科技活动人员、经费、科技成果和专利情况；气象、地震、海洋、测绘、质量监督检验检疫等综合技术服务部门业务活动情况；全国技术市场成交额情况等。

统计范围：科技活动基本情况基本包括了全社会有科技活动的企事业单位，具体包括工业企业、政府部门属研究机构、普通高等学校、具有一级资质的建筑企业、地市及以上运输和通信企业、地市及以上农业和卫生业企事业单位、从事软件开发活动的企业以及从事综合技术服务活动的单位等。

资料来源：科技活动基本情况资料由国家统计局、科技部、国防科工委、教育部、国家知识产权局等部门调查提供；研究与试验发展（R&D）课题学科分组情况由科技部、国防科工委、教育部调查提供；气象、地震、海洋、测绘、产品质量监督抽查等资料，分别由中国气象局、中国地震局、国家海洋局、国家测绘局、国家质量监督检验检疫总局等部门调查提供；技术市场资料由科技部调查提供。

统计调查方法：工业企业、政府部门属研究机构、高校的科技活动人员及经费资料采用全数调查取得；建筑业、运输业、通信业、软件业、农业和卫生业的科技活动人员及经费资料采用五年为一周期的滚动调查制度；气象、地震、海洋、测绘、产品质量监督抽查采用抽样等多种调查方法取得。

科技活动统计资料口径变动说明：2000 年以前科技活动人员及经费资料只包括大中型工业企业、政府部门属研究机构、普通高等学校，2000 年及以后年份扩大到了小型工业、建筑业、运输业、通信业、软件业、农业和卫生等行业企事业单位。

4-8-1 科技活动基本情况

指 标	2001	2002	2003	2004	2005
科技活动人员 (万人)	314.1	322.2	328.4	348.1	381.5
#科学家和工程师	207.2	217.2	225.5	225.2	256.1
研究与试验发展折合全时人员(万人年)	95.7	103.5	109.5	115.3	136.5
#科学家和工程师	74.3	81	86.2	92.6	111.9
科技经费筹集额 (亿元)	2589.4	2938	3459.1	4328.3	5250.8
#政府资金	656.4	776.2	839.3	985.5	1213.1
企业资金	1458.4	1676.7	2053.5	2771.2	3440.3
金融机构贷款	190.8	201.9	259.3	265.0	276.8
科技经费内部支出 (亿元)	2312.5	2671.5	3121.6	4004.4	4836.2
#劳务费	549.3	654.6	751.5	968.8	1032.5
固定资产购建费	692.3	722.6	852.4	1192.0	1427.9
研究与试验发展经费支出 (亿元)	1042.5	1287.6	1539.6	1966.3	2450.0
#基础研究	52.2	73.8	87.7	117.2	131.2
应用研究	175.9	246.7	311.4	400.5	433.5
试验发展	814.3	967.2	1140.5	1448.7	1885.3
研究与试验发展经费支出相当于国内生产总值比例 (%)	0.95	1.07	1.13	1.23	1.34
科技成果及获奖数 (项)					
科技成果登记数	28448	26697	30486	31720	32359
国家技术发明奖	14	21	19	28	40
国家科学技术进步奖	191	218	216	244	236
技术市场成交额 (亿元)	783	884	1085	1334	1551
专利申请受理数 (件)	203573	252631	308487	353807	476264
发明	63204	80232	105318	130133	173327
实用新型	79722	93139	109115	112825	139566
外观设计	60647	79260	94054	110849	163371
专利申请授权数 (件)	114251	132399	182226	190238	214003
发明	16296	21473	37154	49360	53305
实用新型	54359	57484	68906	70623	79349
外观设计	43596	53442	76166	70255	81349

4-8-2 全国科技活动人员

单位：人

年 份	科技活动人员总数	#科学家和工程师	占科技活动人员总数比重(%)	全国经济活动人口(万人)	每万名经济活动人口中科技活动人员	每万名经济活动人口中科学家和工程师	全国人口(万人)	每万名人口中科学家和工程师
1992	2270389	1372037	60.4	66782	34	21	117171	12
1993	2452052	1372012	56.0	67468	36	20	118517	12
1994	2575869	1538758	59.7	68135	38	23	119850	13
1995	2624734	1553943	59.2	68855	38	23	121121	13
1996	2903153	1687844	58.1	69765	42	24	122389	14
1997	2885690	1667767	57.8	70800	41	24	123626	13
1998	2814479	1490149	52.9	72087	39	21	124810	12
1999	2905635	1594623	54.9	72791	40	22	125909	13
2000	3223519	2045906	63.5	73992	44	28	126743	16
2001	3141085	2071530	65.9	74432	42	28	127627	16
2002	3221822	2172019	67.4	75360	43	29	128453	17
2003	3284005	2254721	68.7	76075	43	30	129227	17
2004	3481417	2251959	64.7	76823	45	29	129988	17
2005	3814654	2560567	67.1	77877	49	33	130756	20

4-8-3 全国研究与试验发展(R&D)人员全时当量

单位：万人年

年 份	研究与试验发展人员全时当量	基础研究	应用研究	试验发展	#科学家和工程师	比重(%)
1992	67.43	5.84	20.90	40.70	47.19	69.98
1993	69.78	6.33	21.49	41.96	48.92	70.11
1994	78.32	7.64	24.20	46.48	55.20	70.49
1995	75.17	6.66	22.79	45.71	52.20	69.44
1996	80.40	6.96	23.65	49.79	54.80	68.16
1997	83.12	7.17	25.27	50.68	58.87	70.82
1998	75.52	7.87	24.97	42.68	48.55	64.29
1999	82.17	7.60	24.15	50.42	53.11	64.63
2000	92.21	7.96	21.96	62.28	69.51	75.38
2001	95.65	7.88	22.60	65.17	74.27	77.65
2002	103.51	8.40	24.73	70.39	81.05	78.31
2003	109.48	8.97	26.03	74.49	86.21	78.74
2004	115.26	11.07	27.86	76.33	92.62	80.36
2005	136.48	11.54	29.71	95.23	111.87	81.97

4-8-4 研究与开发机构研究与试验发展(R&D)课题学科分组情况

学科	R&D课题数(个)	R&D课题参加人员		R&D项目(课题)经费
		全时当量(人年)	#科学家和工程师	内部支出(万元)
全国	**39072**	**175858**	**133485**	**3534911**
数学	178	173	173	1877
信息科学与系统科学	278	1398	1255	35974
力学	180	301	247	5452
物理学	1400	3127	2467	95365
化学	1273	2424	2018	60068
天文学	375	517	457	21076
地球科学	4213	5791	4999	108924
生物学	3494	4729	3826	88966
农学	6366	14051	9723	88965
林学	1172	2361	1667	14260
畜牧、兽医科学	1006	2318	1760	17337
水产学	564	1178	862	8812
基础医学	492	1113	863	11768
临床医学	1161	3152	2494	24756
预防医学与卫生学	554	1696	1211	17126
军事医学与特种医学	56	51	28	372
药学	459	1210	908	17519
中医学与中药学	1066	2816	1942	15493
工程与技术科学基础学科	1157	14939	11792	324080
测绘科学技术	129	298	254	8999
材料科学	1029	3777	2942	58609
矿山工程技术	55	149	122	941
冶金工程技术	30	88	75	889
机械工程	383	1913	1311	37043
动力与电气工程	272	1983	1499	30229
能源科学技术	369	2061	1450	21362
核科学技术	169	7837	5505	162233
电子、通信与自动控制技术	2292	29008	22402	731075

4-8-4 续表

学 科	R&D课题数(个)	R&D课题参加人员全时当量(人年)	#科学家和工程师	R&D项目(课题)经费内部支出(万元)
计算机科学技术	842	3055	2703	59937
化学工程	276	853	651	11335
纺织科学技术	23	138	112	607
食品科学技术	153	351	253	2895
土木建筑工程	138	301	215	1290
水利工程	664	1176	856	15952
交通运输工程	428	1468	1167	24104
航空、航天科学技术	1624	47367	34198	1328448
环境科学技术	741	2119	1814	24972
安全科学技术	141	751	686	5016
管理学	208	335	295	2802
马克思主义	85	151	138	840
哲学	144	280	222	1566
宗教学	107	113	109	651
语言学	68	152	137	697
文学	175	347	292	1877
艺术学	90	321	275	1596
历史学	389	718	631	5097
考古学	125	366	278	4650
经济学	1060	2155	1759	12908
政治学	228	423	341	2282
法学	248	379	347	2919
军事学	11	12	11	80
社会学	308	735	613	3377
民族学	107	223	181	1125
新闻学与传播学	34	49	42	219
图书馆、情报与文献学	133	576	507	5045
教育学	219	346	304	2332
体育科学	124	124	84	637
统计学	7	19	18	88

4-8-5　高等学校研究与试验发展(R&D)课题学科分组情况

学　科	R&D课题数(个)	R&D课题参加人员全时当量(人年)	#科学家和工程师	R&D项目(课题)经费内部支出(万元)
全　国	**280327**	**224788**	**219487**	**1934537**
数学	4783	3902	3824	12664
信息科学与系统科学	2607	2079	2039	33749
力学	1457	1051	1031	10836
物理学	5692	4802	4667	44992
化学	8435	7604	7463	70793
天文学	99	96	96	681
地球科学	5737	4767	4636	54849
生物学	9544	9238	8905	75153
农学	7856	7055	6717	54086
林学	2103	2046	1996	12095
畜牧、兽医科学	2618	2897	2752	21160
水产学	1015	643	600	5635
基础医学	7685	9044	8747	32476
临床医学	20791	29110	28403	74189
预防医学与卫生学	1489	1489	1471	7077
军事医学与特种医学	22	20	20	44
药学	2643	2432	2375	21772
中医学与中药学	7089	7314	7135	16846
工程与技术科学基础学科	1824	1827	1699	39406
测绘科学技术	551	457	446	5241
材料科学	9562	9207	8893	133815
矿山工程技术	4231	3071	3015	51733
冶金工程技术	1110	933	915	20495
机械工程	9852	8975	8681	130254
动力与电气工程	5375	4390	4217	75697
能源科学技术	1221	959	929	21312
核科学技术	209	181	179	12499
电子、通信与自动控制技术	12953	11422	11110	193638

4-8-5 续表

学　科	R&D课题数(个)	R&D课题参加人员全时当量(人年)	#科学家和工程师	R&D项目(课题)经费内部支出(万元)
计算机科学技术	9816	8432	8218	139165
化学工程	5640	5107	4992	81458
纺织科学技术	858	956	931	7799
食品科学技术	1716	1718	1671	10453
土木建筑工程	7514	5557	5368	94768
水利工程	1842	1543	1468	33176
交通运输工程	3729	2924	2838	66576
航空、航天科学技术	2105	1594	1553	69215
环境科学技术	4579	3563	3479	43484
安全科学技术	267	327	326	6141
管理学	21714	12009	11881	56474
马克思主义	2509	1591	1584	1510
哲学	2508	1338	1332	1896
宗教学	307	171	170	444
语言学	6577	4096	4079	3726
文学	6420	3365	3351	4380
艺术学	5165	2856	2843	10497
历史学	3931	2088	2078	4361
考古学	369	164	163	1159
经济学	19383	10132	10066	28664
政治学	2939	1538	1531	3133
法学	6940	3241	3227	6894
军事	38	108	100	1968
社会学	4667	2193	2179	6107
民族学	667	476	474	615
新闻学与传播学	1804	727	724	1461
图书馆、情报与文献学	2059	1354	1347	2221
教育学	11184	5893	5852	10182
体育科学	3752	2348	2337	2516
统计学	775	370	368	909

4-8-6　全国气象部门基本情况

项　目	1998	1999	2000	2001	2002	2003	2004	2005
一、气象业务站点(个)								
1. 地面观测站点数	2691	2800	2819	2422	2409	2411	2414	2405
2. 高空探测站点数	138	138	156	120	124	124	124	120
3. 自动气象站	216	324	550	831	974	1416	3144	7813
4. 天气雷达观测站点数	233	237	238	256	236	243	245	253
5. 大气成分观测站点								21
6. 太阳辐射观测站点	99	99	99	96	99	99	94	105
7. 农业气象观测站点	1125	1134	1125	833	783	780	784	769
8. 生态与农业气象试验站点	70	69	68	70	66	66	68	67
9. 卫星云图接收站点数	277	315	319	356	454	413	389	435
10.大气本底站	4	4	4	4	4	4	4	6
11.闪电定位监测站					72	104	142	234
12.沙尘暴监测					61	85	94	85
13.紫外线观测					86	100	121	178
14.酸雨观测	82	82	82	82	123	220	277	299
15.臭氧观测	3	3	3	3	3	10	9	14
16.干湿沉降观测	1	1	1	1	28	38	63	99
二、气象科学数据共享服务数据量(GB)							2261	2089
三、装备								
1. 拥有计算机数(台)	20933	26737	27724	28634	33219	37898	43671	50683
高性能计算机					24	32	56	62
服务器及工作站(套)					410	536	608	768
PC服务器					814	1109	1463	1903
PC机(含PC工作站)					31971	36221	41544	47950
2. 拥有雷达数(部)	437	441	436	405	401	426	436	488
3. 云图接收机数(台)	308	346	354	355	569	567	457	506
4. 电视会商系统设备(套)					57	138	335	729
5. 人工影响天气作业设备(部)								
高炮				5901	6022	6122	6580	6393
火箭发射系统				2406	2886	3453	4010	4129
四、人员(人)								
全国气象部门职工总数	63390	62116	59113	58162	56872	56590	57023	53214

4-8-7 各地区气象业务站点及观测项目情况

单位：个

地 区 和单位	地面 观测站	高空 观测站	自动 气象站	天气雷达 观测站	大气成分 观测站	农业气象 观测站	生态与农业 气象试验站	大气 本底站
全 国	**2405**	**120**	**7813**	**253**	**21**	**769**	**67**	**6**
北 京	21	1	85	2	1	7		1
天 津	14		18	1		7		
河 北	142	3	794	11	1	121		
山 西	109	1	216	12	1	31		
内蒙古	119	12	163	14	4	24	6	
辽 宁	53	1	206	6		22	3	
吉 林	54	3	1	6		22	3	
黑龙江	84	4	234	13		33	3	1
上 海	11	1	168	1		1		
江 苏	70	3	362	14		19	3	
浙 江	61	3	479	6		11	1	1
安 徽	81	2	896	15		22	3	
福 建	67	2	80	4		23	4	
江 西	87	2	369	4	1	18	1	
山 东	116	2	111	16	1	55	1	
河 南	119	3	1460	17		30	3	
湖 北	77	3	3	8		28	2	
湖 南	97	3	39	5		22	4	
广 东	86	4	670	12	1	25	2	
广 西	92	6	108	5	2	24	5	
海 南	21	3	40	3		6		
重 庆	35	1	157	3		13		
四 川	156	7	124	14		45	2	
贵 州	85	2	614	6		18	1	
云 南	125	5	51	15		21	4	1
西 藏	39	5	2	5	1	4	1	1
陕 西	99	4	40	11	2	18	1	
甘 肃	80	9	20	5	2	22	4	
青 海	52	7	42	3		17	2	1
宁 夏	24	1	12	3		16	3	
新 疆	105	14	14	10	3	36	4	
大连市	8	1	67	1	1	2		
宁波市	7		117			2		
青岛市	7	1	17	1		3		
厦门市	2	1	34	1		1		
国家卫星气象中心								
气象科学研究院							1	

4-8-7　续表　　　　　　　　　　　　　　　　　　　　　　　　　　　　单位：个

地　区 和单位	闪电定位 监测站	太阳辐射 观测	沙尘暴 监测	紫外线 观测	酸雨观测	臭氧观测	干湿沉降 观测	卫星云图 接收站点
全　国	**234**	**105**	**85**	**178**	**299**	**14**	**99**	**435**
北　京	5	1	1	3	3	1	2	4
天　津	3	1	1	1	1			3
河　北	12	1	2		5		1	7
山　西	5	3	3	2	5		1	13
内蒙古	4	8	6		8		33	49
辽　宁	4	4	1	3	18		16	17
吉　林		2	2	9	2			8
黑龙江	22	5	5	14	10	1	8	11
上　海	3	1			1	1		3
江　苏	16	3	1	14	4			49
浙　江	13	2		11	14	1	2	22
安　徽	10	3		8	8	1		6
福　建	8	2		2	3			8
江　西	12	2		12	4			11
山　东	9	3	4	15	17			22
河　南	8	3		20	3			22
湖　北	16	2		1	4			30
湖　南	5	3			6			12
广　东	6	3		7	5	1		9
广　西	10	3		1	10	2		10
海　南		3		2	2			2
重　庆	3	1		1	35			4
四　川	18	7	1	2	6			6
贵　州	9	1		2	2	1		8
云　南	5	5		1	5			9
西　藏		4		5	4			8
陕　西	9	3	2	1	7		1	13
甘　肃	5	6	4	12	4		4	18
青　海	4	5	24	2	5	1	27	10
宁　夏		2	1	1	2			3
新　疆		12	4	13	4		3	13
大连市		1	1		2		1	2
宁波市	4			1				10
青岛市	5			7	1			6
厦门市	1			1	1			2
国家卫星 气象中心								5
气象科学 研究院			22	4	88	4		

4-8-8 各地区地震监测情况

单位: 个

地　区	地震台数总数	国家级台	省级台	市、县级台	企业台	强震观测点	宏观观测点
全　国	**1465**	**139**	**287**	**899**	**140**	**359**	**9042**
北　京	78	4	7	65	2	45	119
天　津	9	4	5			34	
河　北	77	6	29	29	13	19	66
山　西	64	5	6	28	25	11	694
内蒙古	49	6	16	23	4		334
辽　宁	51	6	12	28	5	2	396
吉　林	33	5	5	23			500
黑龙江	14	6	6	2		64	47
上　海	22	2	13	7		28	9
江　苏	77	8	11	54	4	8	194
浙　江	35	3	4	28			3
安　徽	34	3	9	19	3		626
福　建	60	4	10	46		4	102
江　西	18	2	1	15			94
山　东	40	7	18	9	6	3	752
河　南	28	2	10	11	5		662
湖　北	37	4	6	27		4	
湖　南	77	2	5	26	44		
广　东	39	5	11	23		10	132
广　西	8	3	5				630
海　南	19	2	4	13			238
重　庆	4	1		3			8
四　川	128	7	19	93	9	16	428
贵　州							
云　南	226	10	20	195	1	46	867
西　藏	8	3	5				
陕　西	69	5	9	46	9		439
甘　肃	90	9	18	57	6	25	817
青　海	23	3	8	9	3	9	706
宁　夏	28	4	3	20	1	3	98
新　疆	20	8	12			28	81

4-8-9 海洋监测调查情况

项　目	合　计	# 台站监测	# 污染监测网	# 验潮井	# 浮标监测	# 断面调查
站点(个)	4409	64	4169	54	3	119
数据(万组)	470.2	290	92.2	63	3.0	22.0

4-8-10　各地区测绘部门生产完成情况

地　区	大地测量		测图合计	地图数字化	地图编制		
	GPS测量（点）	水准测量（公里）	（幅）	（幅）	地形图（幅）	专题地图（幅/册）	地图集（册）
全　国	**47508**	**144031**	**492554**	**47272**	**4185**	**2530**	**100**
北　京	5383	1403	24373	215		16	3
天　津	1120	5983	4206	485	67	1	1
河　北	4420	6643	5274	389	5	251	2
山　西	1497	4850	9478	1475		35	6
内蒙古	634	1456	5453	40	21	12	3
辽　宁	6507	2273	21588	1930	1824	743	5
吉　林	184	3244	3702	1400		22	
黑龙江	481	17678	235384	934		81	12
上　海			18761			6	3
江　苏	1875	1965	8359	317		19	3
浙　江	3824	1959	7707				
安　徽	3497	3166	6504	1502	513		
福　建	108		2300	486		43	11
江　西	576	800	2995			36	
山　东	815	3305	4250	361	70	75	
河　南	1494	5192	9095	1913	13	146	3
湖　北	5674	7955	5469	1560	15	162	2
湖　南	692	3250	3555	3986		199	23
广　东	717	3079	16265	693			
广　西	449	2464	7796	5149	10	38	
海　南	222	1353	2651	2498	415	9	3
重　庆	245	1728	4700	1620		9	2
四　川	1754	12968	20385	4119	191	99	1
贵　州	666	60	3042	1837	1018	4	1
云　南	62	1324	4941	73		2	
西　藏			45				
陕　西	1023	14903	29187	7681		182	6
甘　肃			3132	6164		19	5
青　海	1364	2435	2888	347		62	
宁　夏			3396	20			2
新　疆	598	5245	7543	78	21	33	2
国家基础地理信息中心	1627	27350	5691			13	
中国测绘科学研究院			2439		2		
中国地图出版社						213	1

4-8-11 各地区测绘资料提供情况

地 区	地形图合计（张）	1:10000	1:50000	大地成果（点）	航摄成果（片）	挂 图（张）	地图集（册）
全 国	**658939**	**159668**	**132853**	**70843**	**351882**	**5189**	**4733**
北 京	35410	3845					
天 津	15096	788	50	132			
河 北	9256	5919	2760	778			
山 西	9919	7925	1731	826	150		
内蒙古	17534	5056	10451	5068			
辽 宁	6199	5899	200	610	16	100	132
吉 林	7485	4534	2318	1225	17936	639	190
黑龙江	18536	3175	14402	651	158387	207	302
上 海	253318	1200	112	23000	2800		
江 苏	5814	4653	1115	1873	757	96	494
浙 江	4138	4071	35	1455	213		
安 徽	7895	7074	629	10520	11096		
福 建	9616	8096	1312	2025	28537		
江 西	6454	4231	1584	1327	48126	5	
山 东	5208	3808	1134	2013	365	13	40
河 南	2823	1965	646	1821	2407		
湖 北	5428	2007	2638	426	3853		
湖 南	12833	8796	3514	812	11057		
广 东	11346	8746	2070	3697			
广 西	15077	13316	1257	4246	32400	177	126
海 南	1108	1010	77				
重 庆	25953	3587	1573	345		200	1
四 川	35401	20412	10027	3045	3574	181	94
贵 州	26039	16058	9113	641	3552	83	67
云 南	10942	5622	5112	1461	495	287	
西 藏	16420	108	306	198		2426	1330
陕 西	4722	2249	2004	338	519	28	
甘 肃	2134	1104	280	371	19		
青 海	2950	310	1355	274	117	590	12
宁 夏	4540	3324	1160	179		82	
新 疆	12564	780	8545	1486	25506	75	1945
国家基础地理信息中心	56781		45343				

4-8-12　国家监督抽查产品质量情况

年　份	抽查企业 (个)	无不合格品企业数(个)	抽查产品 (类)	抽查产品 (种)	合格产品 (种)	样品合格率 (%)
1988	2983		181	4031	3072	76.2
1989	3948	2795	180	5437	4092	75.3
1990	2495	1838	131	3457	2657	76.9
1991	2845	2186	138	3902	3122	90.0
1992	6845	4477	231	9007	6312	70.1
1993	8110	5509	281	9915	6980	70.4
1994	4640	3090	164	6036	4216	69.8
1995	5288	3851	185	6713	5061	75.4
1996	6779	5052	217	8318	6420	77.2
1997	5441	4116	187	6590	5162	78.3
1998	5431	4056	176	6770	5269	77.8
1999	7131	5440	207	8345	6562	78.6
2000	8142	6254	235	9705	7655	78.9
2001	8076	5992	207	9906	7513	75.8
2002	7892	6033	222	8850	6942	78.4
2003	10134	7809	249	11152	8738	78.4
2004	10919	8225	240	12343	9497	76.9
2005	11359	8427	249	12544	9478	75.6

4-8-13 各地区产品质量情况

单位：%

地 区	产品质量等级品率			新产品产值率	质量损失率
	优等品率	一等品率	合格品率		
全 国	**39.00**	**36.42**	**24.56**	**18.47**	**0.38**
北 京	3.21	2.36	94.42	66.03	0.62
天 津	37.42	30.06	32.52	28.04	0.03
河 北	45.97	39.91	14.11	17.20	0.42
山 西	23.61	55.18	21.22	13.54	0.48
内蒙古	40.22	30.71	29.08	0.20	0.38
辽 宁	35.76	32.04	32.19	7.24	0.08
吉 林	76.69	21.07	2.25	23.90	1.13
黑龙江	12.61	69.07	18.32	21.81	0.43
上 海					
江 苏	53.04	34.49	12.11	12.70	0.29
浙 江	40.54	47.86	11.61	28.45	0.66
安 徽	28.44	52.96	18.60	19.14	0.67
福 建	63.99	19.65	16.36	5.89	0.03
江 西	87.71	9.18	3.12	3.77	0.07
山 东	45.82	24.82	29.37	25.79	0.92
河 南	21.89	61.51	16.60	19.72	0.49
湖 北	39.70	44.50	15.80	18.15	0.29
湖 南	52.61	43.60	3.80	24.65	0.38
广 东	17.72	68.98	13.31	6.00	0.03
广 西	19.48	16.74	63.78	5.81	0.26
海 南	77.89	3.08	19.03	2.23	0.03
重 庆	13.90	76.90	9.20	48.56	0.38
四 川	51.91	36.41	11.68	18.94	0.37
贵 州	48.28	43.46	8.26	9.74	0.75
云 南	56.74	24.44	18.61	22.22	
西 藏		36.72	63.28		0.15
陕 西	37.42	56.57	6.01	5.89	0.07
甘 肃					
青 海	20.52	0.94	78.53	24.58	
宁 夏					
新 疆					

注：本资料由73个重点工业城市抽样数据汇总而成。

4-8-14　产品质量监督检查情况

产　品	监督检验企业数(个)	有不合格产品企业所占比例(%)	批次合格率(%)
全国总计	**218612**	**16.72**	**84.59**
农用产品	15795	19.16	81.76
拖拉机	567	12.52	84.97
农用化肥	8365	19.61	79.09
化学农药	1836	14.71	87.29
饲料	4266	22.08	81.58
农用薄膜	563	15.63	88.09
种子	198	7.58	91.92
加工食品和饮料	79801	20.56	81.82
食用植物油	14198	16.40	84.25
糕点糖果	35544	20.43	81.75
乳制品	2939	17.42	86.73
罐头	1768	23.59	79.25
白酒	22423	23.26	79.88
啤酒	907	10.92	94.00
冷冻饮料	2022	28.39	74.38
家用电器	3309	17.14	83.90
收录机、音响设备	570	16.67	80.92
电视机、录像机	124	20.16	78.62
洗衣机	101	11.88	88.79
电风扇	205	15.12	86.09
电话机	167	14.97	90.42
冰箱、冷藏冷冻箱	89	12.36	88.89
电热器具	679	15.76	83.00
厨房电器具	1162	17.47	85.51
抽油烟机	212	27.36	75.86
轻工产品	26670	17.34	83.41
纸	1483	25.62	75.55
纸制品	7157	18.63	81.38
玩具	379	22.96	39.39
家具	8566	17.22	88.60
铝制品压力锅	278	12.23	90.44

4-8-14 续表

产　品	监督检验企业数(个)	有不合格产品企业所占比例(%)	批次合格率(%)
眼镜(架、片)	7496	15.14	85.70
灯泡灯管	950	15.89	84.85
镇流器	159	10.06	91.16
电热、燃气热水器	202	6.44	94.09
纺织、鞋类产品	10827	11.91	88.81
布(印染、色织、坯布)	1500	10.73	89.59
毛织品	631	13.47	86.61
丝麻织品	560	8.57	91.52
针织品	1750	17.26	85.98
鞋	6386	10.85	89.52
化工产品	6296	11.80	88.33
涂料、油漆	5094	12.15	87.66
化学试剂	1202	10.32	91.42
建材产品	50309	12.85	88.72
水泥	10008	7.98	93.64
水泥预制构件	12821	8.35	91.98
砖瓦	25630	16.23	85.39
油毡油纸	211	23.22	79.31
平板玻璃	229	5.68	95.84
水暖管件	1410	26.38	81.50
机械、电器产品	14043	9.83	90.37
轴承	763	11.80	90.74
阀门、泵	2812	5.05	92.33
电线	4504	13.77	86.52
低压电器元件	3451	9.13	94.07
电动工具	508	10.43	89.45
消防器材	611	6.55	93.39
电动机柴油机	1394	8.68	91.16
冶金产品及金属制品	5019	14.21	87.00
线材	2414	14.21	88.26
型材	2605	14.20	85.61
其他产品	6543	20.31	77.45

4-8-15　各地区出入境货物检验检疫情况

货值单位：万美元

地　区	总　计				工业品检验检疫				动物及动物产品检验检疫	
	批　次	#不合格	货　值	#不合格	批　次	#不合格	货　值	#不合格	批　次	#不合格
全　国	**14686108**	**88480**	**70098963**	**2194108**	**13127828**	**68041**	**64566051**	**1219082**	**802361**	**7397**
北　京	161883	1431	1216051	5775	139490	984	1160609	4658	14468	46
天　津	339587	3242	3573961	256595	297410	1951	3308042	183671	17809	156
河　北	127932	665	1305007	50919	101837	503	1143086	10260	25350	20
山　西	22668	96	226661	1427	20024	95	213496	1423	6310	2
内蒙古	195255	2749	455972	2370	158910	2540	423713	2332	3950	3
辽　宁	373433	1229	2994564	81763	270919	596	2468498	14062	49896	125
吉　林	77054	217	355864	975	49806	163	285586	860	7729	31
黑龙江	132030	1029	234659	854	105960	990	191010	842	2297	
上　海	1266479	25860	7716941	211296	1189079	24179	7371019	162450	53216	1128
江　苏	1259737	5026	7649836	337475	1208622	4458	7189947	117145	38875	352
浙　江	1060358	3620	3604566	61606	1005253	3259	3359529	26529	46638	273
宁　波	416295	1861	3188277	77015	397805	1473	3080950	29653	6748	116
安　徽	79347	307	329767	6823	66069	300	291551	6812	2206	
福　建	569971	2269	1903084	35933	493929	1531	1636778	15239	19930	379
厦　门	242749	1868	1028115	30512	221317	1714	955406	18642	10852	54
江　西	53593	340	253129	1286	44810	314	228060	1249	5342	7
山　东	841644	7328	5996182	537809	554377	6091	4759366	377662	119022	408
河　南	50963	357	396638	1507	39839	284	350247	1218	9080	30
湖　北	51235	481	359926	6102	42405	370	322940	5174	3619	49
湖　南	68759	462	321425	4443	55868	453	292212	4410	6475	6
广　东	4941909	14695	15696959	261300	4722658	8585	14930039	106212	163826	2238
深　圳	1343402	3026	6723925	88197	1135607	2241	6460731	57531	105333	241
珠　海	452825	290	2253586	2250	421879	185	2228000	1816	23409	13
广　西	142675	782	475105	98956	69289	526	344689	45239	17198	21
海　南	17653	203	152148	2964	13113	183	128508	2903	2587	12
重　庆	37514	59	204849	614	33069	58	189868	614	6714	
四　川	59681	282	320088	1381	51012	210	268619	1193	18698	16
贵　州	16538	86	83572	390	15704	78	76853	365	141	
云　南	97558	5632	250244	9433	43504	1031	166193	3661	8746	1640
西　藏	2311	9	10551	13	1670	6	7274	11	459	
陕　西	31718	116	239698	10283	22309	112	200795	10195	2272	
甘　肃	9435	44	115272	211	4615	30	99314	176	195	
青　海	2501	78	33956	224	2385	71	33632	214	88	6
宁　夏	1868	30	29457	265	1604	26	28602	255	156	1
新　疆	137548	2711	398928	5138	125681	2451	370886	4408	2727	24

4-8-15 续表 货值单位：万美元

地区	动物及动物产品检验检疫		植物及植物产品检验检疫				食品检验检疫			
	货值	#不合格	批次	#不合格	货值	#不合格	批次	#不合格	货值	#不合格
全国	**3022995**	**48845**	**2329638**	**29973**	**6363329**	**1154711**	**1405540**	**16987**	**5048563**	**926134**
北京	43739	46	12467	387	28413	1086	20411	263	53392	779
天津	88840	1585	70381	1611	330156	88971	38852	1076	233434	69991
河北	181095	205	21367	481	141603	42731	22801	160	125865	40632
山西	53497	12	2340		12750		2482	1	12943	4
内蒙古	24661	8	137835	329	137896	73	34859	209	26267	38
辽宁	240407	403	118047	623	447077	67778	96615	613	494026	67631
吉林	15542	109	31463	49	67970	23	26801	46	65711	112
黑龙江	8393		98484	908	121013	60	25646	39	42173	12
上海	245443	10378	127769	3154	492010	47121	79210	996	265167	25435
江苏	185314	3435	97489	1420	815764	247922	47998	533	436984	220116
浙江	226801	3326	123043	440	270889	36377	50711	333	218791	34935
宁波	44271	1144	50283	621	169004	55912	18017	371	104751	47234
安徽	11766		16415	174	49553	6237	12387	6	32779	11
福建	120211	4069	111297	432	243407	17651	72766	547	247867	17480
厦门	35229	132	28182	138	79043	11807	20559	148	65375	11832
江西	17796	3	6945	30	22304	42	4573	25	18877	35
山东	687808	3402	268741	3495	1146512	260427	281634	1142	1204193	159172
河南	40672	192	7781	164	41255	178	8469	70	36485	243
湖北	14220	518	5948	239	28925	1708	7422	76	31638	594
湖南	16599	27	8683	49	21987	355	8248	4	22185	6
广东	433366	16647	429034	8977	907223	170615	194324	4718	696228	140888
深圳	129469	426	347491	1582	386828	33032	147013	721	237619	29507
珠海	20580	24	32995	102	20055	1841	27207	101	26370	392
广西	21000	821	73603	250	144019	52939	69188	219	122859	52896
海南	17701	57	4974	34	17983	365	4136	19	22638	60
重庆	16506		2530	1	5972		3624	1	8080	
四川	57509	152	7081	48	18574	33	7793	62	43339	129
贵州	210		825	7	8072	25	380	5	2067	17
云南	6485	1659	53932	3895	92715	7389	44850	4229	69635	5195
西藏	1240		784	3	3426	3	462	3	2933	3
陕西	3941		9480	45	40926	1190	8671		37397	
甘肃	1729		4508	14	14441	36	4698	14	14869	36
青海	505	9	39	1	79	1	97	7	225	10
宁夏	2514	2	251	3	1318	8	2816	266	59564	47035
新疆	7936	54	17151	267	34168	775	12400	226	24617	699

注：国家出入境货物检验检疫数据是由全国直属的35个检验检疫局直报国家质检总局汇总得到。

4-8-16　各地区技术市场成交额

单位：万元

地　区	1998	1999	2000	2001	2002	2003	2004	2005
全　国	**4358228**	**5234123**	**6507519**	**7827489**	**8841713**	**10846728**	**13343630**	**15513694**
北　京	815591	921889	1402871	1910065	2211738	2653574	4249975	4895922
天　津	200298	220296	262581	306009	363262	420008	450276	507093
河　北	139090	153795	94143	46784	60406	67969	72718	103827
山　西	9758	3955	5258	14693	39014	32251	59960	47980
内蒙古	31332	29348	60287	62359	58197	108452	104085	109939
辽　宁	280977	301546	347817	408698	508326	620200	752817	865167
吉　林	93167	103498	71390	88543	82921	87292.3	107900	122261
黑龙江	152569	157121	152382	111035	120110	121165	125715	142585
上　海	314060	366324	738952	1061603	1202170	1427790	1716963	2317328
江　苏	330684	416683	449568	529165	594873	765163	897855	1008296
浙　江	162275	188496	276275	316652	389438	530353	581465	386954
安　徽	39545	48544	61012	64145	75423	87960	90675	142553
福　建	69363	80868	172601	136941	128988	166779	141395	171959
江　西	38332	51444	69299	62724	62891	83323	93661	111227
山　东	261922	275121	288135	321938	347650	525682	750850	983614
河　南	176492	201661	211621	212589	178506	192690	203207	263737
湖　北	187596	230161	276000	338597	348603	412538	461700	501823
湖　南	220189	246605	286833	293887	323422	369306	408280	417394
广　东	248122	344528	482104	539722	684532	805730	572651	1124740
广　西	37021	25344	17741	37753	44406	41808	90955	94059
海　南	41533	82407		83990	9134	11978	1885	10007
重　庆	92951	325345	296594	289484	409433	555083	596186	357059
四　川	152000	125931	104150	126311	77524	128686	165640	190823
贵　州	14071	762	620	599	13484	17892	13533	10488
云　南	127222	172339	187742	255279	179496	228718	215555	159175
西　藏								
陕　西	57765	82537	92560	84615	151554	168022	139129	188977
甘　肃	28137	25816	26413	27393	54644	77581	119608	172736
青　海	2917	4283		4657	12373	8291	12793	11812
宁　夏	2643	4654	6402	8872	8496	10047	12827	14131
新　疆	30606	42822	66168	82387	100699	120395	133371	80029

【主要统计指标解释】

科技活动 指在自然科学、农业科学、医药科学、工程与技术科学、人文与社会科学领域(简称科学技术领域)中，与科技知识的产生、发展、传播和应用密切相关的有组织的活动。可分为研究与试验发展(R&D)、研究与试验发展成果应用及相关的科技服务三类活动。该定义是联合国教科文组织考虑成员国特别是发展中国家开展科技统计工作的需要，而对科技活动所作的统计界定。

科技活动人员 指直接从事科技活动、以及专门从事科技活动管理和为科技活动提供直接服务，累计的实际工作时间占全年制度工作时间10%及以上的人员。(1)直接从事科技活动的人员包括：在独立核算的科学研究与技术开发机构、高等学校、各类企业及其他事业单位内设的研究室、实验室、技术开发中心及中试车间(基地)等机构中从事科技活动的研究人员、工程技术人员、技术工人及其它人员；虽不在上述机构工作，但编入科技活动项目(课题)组的人员；科技信息与文献机构中的专业技术人员；从事论文设计的研究生等。(2)专门从事科技活动管理和为科技活动提供直接服务的人员，包括：独立核算的科学研究与技术开发机构、科技信息与文献机构、高等学校、各类企业及其他事业单位主管科技工作的负责人，专门从事科技活动的计划、行政、人事、财务、物资供应、设备维护、图书资料管理等工作的各类人员，但不包括保卫、医疗保健人员、司机、食堂人员、茶炉工、水暖工、清洁工等为科技活动提供间接服务的人员。该指标用来反映投入科技活动人力的规模。

科学家与工程师 指科技活动人员中具有高、中级技术职称(职务)的人员和不具有高、中级技术职称(职务)的大学本科及以上学历人员。该指标用来反映投入科技活动人力的素质。

研究与试验发展(R&D) 指在科学技术领域，为增加知识总量，以及运用这些知识去创造新的应用进行的系统的创造性的活动，包括基础研究、应用研究、试验发展三类活动。国际上通常采用R&D活动的规模和强度指标反映一国的科技实力和核心竞争力。

基础研究 指为了获得关于现象和可观察事实的基本原理的新知识(揭示客观事物的本质、运动规律，获得新发现、新学说)而进行的实验性或理论性研究，它不以任何专门或特定的应用或使用为目的。其成果以科学论文和科学著作为主要形式。用来反映知识的原始创新能力。

应用研究 指为获得新知识而进行的创造性研究，主要针对某一特定的目的或目标。应用研究是为了确定基础研究成果可能的用途，或是为达到预定的目标探索应采取的新方法(原理性)或新途径。其成果形式以科学论文、专著、原理性模型或发明专利为主。用来反映对基础研究成果应用途径的探索。

试验发展 指利用从基础研究、应用研究和实际经验所获得的现有知识，为产生新的产品、材料和装置，建立新的工艺、系统和服务，以及对已产生和建立的上述各项作实质性的改进而进行的系统性工作。其成果形式主要是专利、专有技术、具有新产品基本特征的产品原型或具有新装置基本特征的原始样机等。在社会科学领域，试验发展是指把通过基础研究、应用研究获得的知识转变成可以实施的计划(包括为进行检验和评估实施示范项目)的过程。人文科学领域没有对应的试验发展活动。主要反映将科研成果转化为技术和产品的能力，是科技推动经济社会发展的物化成果。

研究与试验发展人员 指参与研究与试验发展项目研究、管理和辅助工作的人员，包括项目(课题)组人员，企业科技行政管理人员和直接为项目(课题)活动提供服务的辅助人员。反映投入从事拥有自主知识产权的研究开发活动的人力规模。

研究与试验发展人员全时当量 指全时人员数加非全时人员按工作量折算为全时人员

数的总和。例如：有两个全时人员和三个非全时人员(工作时间分别为20%、30%和70%)，则全时当量为2+0.2+0.3+0.7=3.2人年。为国际上比较科技人力投入而制定的可比指标。

科技活动经费筹集 指从各种渠道筹集到的计划用于科技活动的经费，包括政府资金、企业资金、事业单位资金、金融机构贷款、国外资金和其他资金等。反映各社会经济主体对促进科技进步所做的努力。

政府资金 指从各级政府部门获得的计划用于科技活动的经费，包括科学事业费、科技三项费、科研基建费、科学基金、教育等部门事业费中计划用于科技活动的经费以及政府部门预算外资金中计划用于科技活动的经费等。

企业资金 指从自有资金中提取或接受其他企业委托的，科研院所和高校等事业单位接受企业委托获得的，计划用于科研和技术开发的经费。不包括来自政府、金融机构及国外的计划用于科技活动的资金。

金融机构贷款 指从各类金融机构获得的用于科技活动的贷款。

科技活动经费内部支出 指报告年内用于科技活动的实际支出，包括劳务费、科研业务费、科研管理费，非基建投资购建的固定资产、科研基建支出以及其他用于科技活动的支出。不包括生产性活动支出、归还贷款支出及转拨外单位支出。反映科技投入实际完成情况。

劳务费 指以货币或实物形式直接或间接支付给从事科技活动人员的劳动报酬及各种费用。包括各种形式的工资、津贴、奖金、福利、离退休人员费用、人民助学金等。反映改善科技人员待遇情况。

固定资产购建费 指报告年内使用非基建投资购建的固定资产和用于科研基建投资的实际支出额，即固定资产实际支出和科研基建投资实际完成额之和。固定资产是指长期使用而不改变原有实物形态的主要物资设备、图书资料、实验材料和标本以及其他设备和家具、房屋、建筑物。反映用于改善科研条件和科研手段方面的投入情况。

专利 是专利权的简称，是对发明人的发明创造经审查合格后，由专利局依据专利法授予发明人和设计人对该项发明创造享有的专有权。包括发明、实用新型和外观设计。反映拥有自主知识产权的科技和设计成果情况。

发明专利 指对产品、方法或者其改进所提出的新的技术方案。是国际通行的反映拥有自主知识产权技术的核心指标。

实用新型专利 指对产品的形状、构造或者其结合所提出的适于实用的新的技术方案。反映具有一定技术含量的技术成果情况。

外观设计专利 指对产品的形状、图案、色彩或者其结合所作出的富有美感并适于工业上应用的新设计。反映拥有自主知识产权的外观设计成果情况。

第四部分

第三产业
主要业务指标

9.水利、环境和公共设施业

简要说明

一、主要内容

本篇主要反映我国环境保护事业发展情况。主要内容包括水环境、大气环境、固体废物、声环境、生态环境、自然灾害和环境污染治理投资、城市和农村环境等内容。

主要反映我国总的水资源、供水、用水情况以及工业废水和生活污水的排放及治理情况；城市空气质量、废气排放及处理情况；工业固体废物的产生、处理及利用情况以及城市生活垃圾清运及处理情况；我国国控城市道路交通和区域环境噪声监测情况；自然保护区情况；地质、地震、海洋、森林灾害及环境污染与破坏事故情况；环境污染治理投资情况；城市环境、市政设施水平和城市绿化情况；农村环境等。

二、统计口径

1.统计范围：各地区有污染物排放的工业企业、城镇生活及其他排污单位等。

2.调查方法：工业企业污染排放及处理利用情况对重点调查单位逐个发表填报汇总，对非重点调查单位的排污情况实行整体估算。重点调查单位指筛选出的排污量占各地区全部工业污染源排污总量85%以上的工业企业单位。非重点调查单位数据的估算为占各地区排污总量15%的非重点工业企业，按废水、化学需氧量、氨氮、二氧化硫、烟尘、粉尘、固体废物等项目的排放进行测算，经汇总生成重点调查数据。以上两方面的数据汇总成为各地区工业污染排放数据。

3.生活及其他污染情况，依据相关基础数据和技术参数进行估算。

三、资料来源

环境污染与治理、生活污染物排放及处理、声环境、工业污染治理投资情况由国家环境保护总局提供。

水资源、城市生活垃圾清运及处理、城市设施水平、湿地面积、森林灾害、地质灾害、海洋灾害等情况分别由水利部、建设部、国家林业局、国土资源部、国家海洋局提供。

4-9-1　环境保护基本情况

指　标	2001	2002	2003	2004	2005
水环境					
水资源总量(亿立方米)	26867.8	28261.3	27460.2	24129.6	28053.1
地表水	25933.4	27243.3	26250.7	23126.4	26982.4
地下水	8390.1	8697.2	8299.3	7436.3	8091.1
地表水与地下水资源重复量	7455.7	7679.2	7089.9	6433.1	7020.4
人均水资源量(立方米/人)	2112.5	2207.2	2131.3	1856.3	2151.8
供水总量(亿立方米)	5567.4	5497.3	5320.4	5547.8	5633.0
#地表水	4450.7	4404.4	4286.0	4504.2	4572.2
地下水	1094.9	1072.4	1018.1	1026.4	1038.8
用水总量(亿立方米)	5567.4	5497.3	5320.4	5547.8	5633.0
#农业	3825.7	3736.2	3432.8	3585.7	3580.0
工业	1141.8	1142.4	1177.2	1228.9	1285.2
生活	599.9	618.7	630.9	651.2	675.1
废水排放总量(亿吨)	433	439	459	482	525
#工业废水排放量	203	207	212	221	243
生活污水排放量	230	232	247	261	281
工业废水排放达标量(亿吨)	173	183	189	201	222
工业废水排放达标率(%)	85.2	88.3	89.2	90.7	91.2
化学需氧量排放量(万吨)	1405	1367	1334	1339	1414
#工业	608	584	512	510	555
生活	797	783	821	829	859
氨氮排放量(万吨)	125	129	130	133	150
#工业	41	42	40	42	53
生活	84	87	89	91	97
大气环境					
工业废气排放量(亿标立方米)	160863	175257	198906	237696	268988
#燃料燃烧	93526	103776	116447	139726	155238
生产工艺	67337	71481	82459	97971	113749
二氧化硫排放量(万吨)	1947	1927	2159	2255	2549
#工业	1566	1562	1792	1891	2168
生活	381	365	367	364	381
烟尘排放量(万吨)	1070	1013	1049	1095	1183
#工业	852	804	846	887	949
生活	218	209	202	209	234
工业粉尘排放量(万吨)	991	941	1021	905	911
工业二氧化硫去除量(万吨)	565	698	749	890	1090
工业烟尘去除量(万吨)	12317	13998	15649	18075	20587
工业粉尘去除量(万吨)	5322	5570	5995	8529	6454
建成城市烟尘控制区数(个)	3203	3369	3599	3693	3452
烟尘控制区面积(万平方公里)	2.2	2.6	3.3	3.7	3.7

4-9-1 续表 1

指 标	2001	2002	2003	2004	2005
固体废物					
工业固体废物产生量(万吨)	88840	94509	100428	120030	134449
#危险废物	952	1001	1170	995	1162
工业固体废物综合利用量(万吨)	47290	50061	56040	67796	76993
工业固体废物综合利用率(%)	52.1	51.9	54.8	55.7	56.1
工业固体废物排放量(万吨)	2894	2635	1941	1762	1655
“三废”综合利用产品产值(亿元)	345	386	441	573	756
噪声					
建成城市环境噪声达标区数(个)	3111	3128	3573	3534	3565
城市环境噪声达标区面积(万平方公里)	1.5	1.6	2.0	2.1	2.5
生态环境					
森林面积(万公顷)	15894.1	15894.1	17490.9	17490.9	17490.9
森林覆盖率(%)	16.55	16.55	18.21	18.21	18.21
当年造林面积(万公顷)	495	777	912	560	365
自然保护区数(个)	1551	1757	1999	2194	2349
#国家级	171	188	226	226	243
自然保护区面积(万公顷)	12989	13295	14398	14823	14995
自然保护区面积占辖区面积比重(%)	12.9	13.2	14.4	14.8	15.0
生态示范区数(个)	215	322	484	528	528
#国家级	82	82	82	166	233
湿地面积(万公顷)			3848.6	3848.6	3848.6
湿地面积占国土面积比重(%)			4.0	4.0	4.0
自然灾害					
发生地质灾害起数(次)	5793	40246	15489	13555	17751
#滑坡	3034	31247	10240	9130	9367
崩塌	583	3097	2604	2593	7654
泥石流	1539	4976	1549	1157	566
发生地震灾害次数(次)	12	5	21	11	13
#5.0级以上	11	4	17	9	11
海洋赤潮发生次数(次)	77	79	119	96	82
森林火灾次数(次)	4933	7527	10463	13466	11542
#重大	17	24	14	38	16
特大	3	7	7	3	3
森林火灾受灾面积(万公顷)	4.6	4.8	45.1	14.2	7.4
森林病虫鼠害发生面积(万公顷)	839.0	841.2	888.7	944.8	961.0
森林病虫鼠害防治面积(万公顷)	587.3	572.0	582.9	639.5	640.7
森林病虫鼠害防治率(%)	70.0	68.0	65.6	68.0	66.7

4-9-1 续表 2

指 标	2001	2002	2003	2004	2005
环境污染					
环境污染与破坏事故次数(次)	1842	1921	1843	1441	1406
#水污染	1096	1097	1042	753	693
大气污染	576	597	654	569	538
固体废物污染	39	109	56	47	48
噪声与震动危害	80	97	50	36	63
其他	51	21	41	25	64
污染直接经济损失(万元)	12272.4	4640.9	3374.9	36365.7	10515.0
污染事故赔款总额(万元)	2948.7	2629.7	1999.1	3487.2	2373.8
污染事故罚款总额(万元)	315.2	511.0	392.4	476.7	708.3
环境污染治理投资					
环境污染治理投资总额（亿元）	1106.7	1367.2	1627.7	1909.8	2388.0
环境污染治理投资总额占国内生产总值比重(%)	1.01	1.14	1.20	1.19	1..30
城市环境基础设施建设投资额(亿元)	595.7	789.1	1072.4	1141.2	1289.7
#燃气	75.5	88.4	133.5	148.3	142.4
集中供热	82.0	121.4	145.8	173.4	220.2
排水	224.5	275.0	375.2	352.3	368.0
园林绿化	163.2	239.5	321.9	359.5	411.3
市容环境卫生	50.6	64.8	96.0	107.8	147.8
工业污染治理项目当年投资来源总额(亿元)	174.5	188.4	221.8	308.1	458.2
#国家预算内资金	36.3	42.0	18.8	13.7	7.8
环保专项资金	8.3	6.8	12.4	11.1	20.6
其他资金	129.8	139.6	190.7	283.3	429.8
工业污染治理项目本年完成投资(亿元)	174.5	188.4	221.8	308.1	458.2
#治理废水	72.9	71.5	87.4	105.6	133.7
治理废气	65.8	69.8	92.1	142.8	213.0
治理固体废物	18.7	16.1	16.2	22.6	27.4
治理噪声	0.6	1.0	1.0	1.3	3.1
治理其他	16.5	29.9	25.1	35.7	81.0
实际执行“三同时”项目环保投资总额(亿元)	336.4	389.7	333.5	460.5	640.1
#新建	238.2	238.0	220.1	326.2	467.1
扩建	52.1	67.0	56.7	68.8	111.1
改建	46.5	84.7	56.7	65.5	61.9

4-9-2 水资源情况

年份 地区	水资源总量 (亿立方米)	地表水资源量	地下水资源量	地表水与地下水资源重复量	人均水资源量 (立方米/人)
2000	27700.8	26561.9	8501.9	7363.0	2193.9
2001	26867.8	25933.4	8390.1	7455.7	2112.5
2002	28261.3	27243.3	8697.2	7679.2	2207.2
2003	27460.2	26250.7	8299.3	7089.9	2131.3
2004	24129.6	23126.4	7436.3	6433.1	1856.3
2005	28053.1	26982.4	8091.1	7020.4	2151.8
北京	23.2	7.6	18.5	2.9	151.2
天津	10.6	7.1	4.5	0.9	102.2
河北	134.6	58.0	109.7	33.2	197.0
山西	84.1	50.4	72.5	38.8	251.5
内蒙古	456.2	338.7	214.6	97.1	1917.3
辽宁	377.2	336.3	130.2	89.3	896.3
吉林	559.7	489.6	122.5	52.4	2066.8
黑龙江	744.3	612.0	288.8	156.5	1954.2
上海	24.5	24.5	9.3	9.3	138.0
江苏	467.0	366.4	122.2	21.7	626.6
浙江	1014.4	999.4	216.1	201.1	2077.2
安徽	719.3	672.2	195.4	148.3	1178.8
福建	1401.1	1400.0	397.7	396.5	3975.5
江西	1510.1	1490.3	385.1	365.2	3513.2
山东	415.9	295.9	213.9	93.9	451.0
河南	558.5	435.9	219.7	97.1	597.2
湖北	934.0	903.6	276.2	245.8	1640.6
湖南	1671.0	1664.5	393.2	386.6	2649.5
广东	1747.5	1738.5	400.8	391.8	1906.4
广西	1720.8	1720.8	365.7	365.7	3703.8
海南	307.3	304.5	79.0	76.2	3722.4
重庆	509.8	509.8	107.7	107.7	1827.4
四川	2922.6	2921.0	590.1	588.5	3569.6
贵州	834.6	834.6	237.9	237.9	2244.4
云南	1846.4	1846.4	660.4	660.4	4161.7
西藏	4451.1	4451.1	1013.3	1013.3	161170.6
陕西	490.6	468.2	135.3	112.9	1322.7
甘肃	269.6	260.3	150.2	140.9	1042.4
青海	876.1	857.6	374.2	355.7	16176.9
宁夏	8.5	6.9	24.2	22.5	143.6
新疆	962.8	910.7	562.6	510.4	4808.9

4-9-3　供水用水情况

年　份 地　区	供水总量 (亿立方米)	地表水	地下水	其　他	用水总量 (亿立方米)	农　业	生　产	生　活	生　态	人均用水量 (立方米/人)
2000	5530.7	4440.4	1069.2	21.1	5497.6	3783.5	1139.1	574.9		435.4
2001	5567.4	4450.7	1094.9	21.9	5567.4	3825.7	1141.8	599.9		437.7
2002	5497.3	4404.4	1072.4	20.5	5497.3	3736.2	1142.4	618.7		429.3
2003	5320.4	4286.0	1018.1	16.3	5320.4	3432.8	1177.2	630.9	79.5	412.9
2004	5547.8	4504.2	1026.4	17.2	5547.8	3585.7	1228.9	651.2	82.0	426.8
2005	5633.0	4572.2	1038.8	22.0	5633.0	3580.0	1285.2	675.1	92.7	432.1
北　京	34.5	7.0	24.9	2.6	34.5	12.7	6.8	13.9	1.1	225.0
天　津	23.1	16.0	7.0	0.1	23.1	13.6	4.5	4.5	0.5	222.0
河　北	201.8	38.5	162.8	0.5	201.8	150.2	25.7	23.7	2.2	295.4
山　西	55.7	20.5	34.8	0.5	55.7	32.7	13.9	8.7	0.4	166.6
内蒙古	174.8	87.7	86.2	0.9	174.8	143.9	13.2	12.2	5.6	734.5
辽　宁	133.3	68.2	64.3	0.8	133.3	87.2	21.1	23.9	1.1	316.7
吉　林	98.4	61.6	36.8		98.4	66.4	18.8	11.5	1.7	363.3
黑龙江	271.5	158.4	113.1		271.5	192.1	55.5	20.3	3.7	712.9
上　海	121.3	120.5	0.8		121.3	18.5	81.3	19.8	1.7	684.2
江　苏	519.7	508.9	10.8		519.7	263.8	207.9	43.1	5.0	697.4
浙　江	209.9	202.8	6.7	0.5	209.9	106.7	58.1	31.3	13.8	429.8
安　徽	208.0	189.6	17.9	0.6	208.0	113.6	67.7	25.4	1.4	340.9
福　建	186.9	179.4	6.4	1.1	186.9	101.5	63.5	20.5	1.3	530.2
江　西	208.1	200.1	8.0		208.1	134.6	51.2	21.0	1.3	484.0
山　东	211.0	106.7	102.7	1.7	211.0	156.3	21.8	30.6	2.4	228.9
河　南	197.8	72.2	125.5	0.1	197.8	114.5	45.9	33.6	3.8	211.5
湖　北	253.4	244.3	8.2	0.8	253.4	142.1	82.6	28.6	0.1	445.1
湖　南	328.4	308.8	19.0	0.7	328.4	201.3	80.5	43.5	3.1	520.7
广　东	459.0	437.3	21.1	0.6	459.0	230.7	133.9	89.5	4.9	500.7
广　西	312.9	298.4	12.0	2.4	312.9	225.4	45.0	38.9	3.6	673.4
海　南	44.1	40.1	4.0		44.1	35.1	3.2	5.7	0.1	533.6
重　庆	71.2	69.5	1.6		71.2	21.4	33.0	16.4	0.4	255.1
四　川	212.3	191.1	17.1	4.1	212.3	121.8	56.8	31.7	2.0	259.3
贵　州	97.2	91.2	5.6	0.4	97.2	50.5	28.1	17.9	0.7	261.4
云　南	146.8	140.2	6.1	0.6	146.8	108.4	18.4	19.1	0.9	330.9
西　藏	33.2	31.3	1.9		33.2	30.3	0.5	2.5		1201.8
陕　西	78.8	44.4	33.5	0.9	78.8	52.2	12.8	13.0	0.7	212.4
甘　肃	123.0	92.3	29.5	1.2	123.0	95.0	15.8	9.1	3.1	475.5
青　海	30.7	23.7	7.0		30.7	21.1	6.3	3.2	0.2	565.9
宁　夏	78.1	72.7	5.4		78.1	72.3	3.5	1.8	0.6	1314.2
新　疆	508.5	448.9	58.6	0.9	508.5	464.4	8.2	10.5	25.5	2539.7

注：生态用水仅包括部分河湖、湿地人工补水和城市环境用水。

4-9-4 各地区废水排放及处理情况

地区	废水治理设施数（套）	工业废水排放总量（万吨）	#直接排入海的	工业废水排放达标量（万吨）
全国	**69231**	**2431121**	**152370**	**2217093**
北京	553	12813		12740
天津	904	30081	2009	29962
河北	4271	124533	4274	119920
山西	3560	32099		28526
内蒙古	745	24967		16634
辽宁	2137	105072	41791	99917
吉林	681	41189		33458
黑龙江	1142	45158		41759
上海	1707	51097	16447	49590
江苏	4663	296318	532	288936
浙江	5858	192426	5808	185978
安徽	1529	63487		61816
福建	5385	130939	62683	127874
江西	1242	53972		49726
山东	4215	139071	9062	136606
河南	3315	123476		113518
湖北	2163	92432		80926
湖南	3086	122440		109879
广东	5971	231568	5241	194284
广西	2396	145609	806	121873
海南	267	7428	3718	6954
重庆	1478	84885		79507
四川	4493	122590		108195
贵州	1935	14850		10054
云南	1927	32928		26659
西藏	15	991		
陕西	1747	42819		39704
甘肃	792	16798		12301
青海	130	7619		3396
宁夏	456	21411		14508
新疆	468	20052		11893

4-9-4　续表

地　区	工业废水中化学需氧量排放量(万吨)	工业废水中氨氮排放量(万吨)	生活污水排放量(万吨)	生活污水中化学需氧量排放量(万吨)	生活污水中氨氮排放量(万吨)
全　国	**554.7**	**52.5**	**2813968**	**859.4**	**97.3**
北　京	1.1	0.1	88196	10.5	1.3
天　津	5.9	0.6	30280	8.7	1.3
河　北	38.9	3.6	83991	27.1	3.3
山　西	16.8	1.4	62997	21.9	2.8
内蒙古	15.5	1.9	31274	14.2	3.1
辽　宁	26.8	3.3	113633	37.6	5.7
吉　林	16.1	0.7	56816	24.6	2.9
黑龙江	13.7	1.2	68883	36.7	4.2
上　海	3.7	0.2	148613	26.8	3.1
江　苏	33.8	2.4	223107	62.8	6.0
浙　江	29.0	3.1	120770	30.5	3.2
安　徽	13.6	1.9	93104	30.7	3.4
福　建	9.9	1.0	81453	29.5	4.1
江　西	11.1	0.8	69348	34.6	2.7
山　东	35.7	3.2	141306	41.4	5.2
河　南	34.3	5.4	139088	37.8	5.0
湖　北	17.7	2.6	144936	43.9	5.1
湖　南	29.4	4.2	133198	60.1	5.9
广　东	29.2	0.9	406835	76.6	9.1
广　西	66.4	5.7	125248	40.5	3.3
海　南	1.2	0.1	27846	8.3	0.7
重　庆	11.9	1.2	60336	15.0	1.6
四　川	29.8	2.0	139061	48.6	4.6
贵　州	2.2	0.2	40818	20.3	1.6
云　南	10.7	0.4	42274	17.8	1.5
西　藏	0.1		3564	1.3	0.1
陕　西	14.9	0.3	40549	20.1	2.4
甘　肃	5.9	2.1	26930	12.3	1.3
青　海	3.4	0.1	11741	3.8	0.5
宁　夏	10.8	1.3	14406	3.5	0.4
新　疆	15.3	0.4	43367	11.8	1.8

4-9-5 工业按行业分废水排放及处理情况

行业大类	汇总工业企业数（个）	工业废水排放总量（万吨）	工业废水排放达标量（万吨）	废水治理设施数（套）
行业总计	**70514**	**2159779**	**1989533**	**68940**
煤炭开采和洗选业	2968	46650	39309	2517
石油和天然气开采业	211	11252	10545	662
黑色金属矿采选业	744	14239	12829	2305
有色金属矿采选业	1123	31136	28027	1565
非金属矿采选业	535	12968	11957	681
其他采矿业	64	496	388	40
农副食品加工业	3594	118964	94645	3447
食品制造业	2236	42830	38416	1683
饮料制造业	1996	43404	37413	1691
烟草制品业	157	2809	2523	126
纺织业	6001	172232	165960	5267
纺织服装、鞋、帽制造业	599	9185	8954	486
皮革毛皮羽毛(绒)及其制品业	837	18338	17205	811
木材加工及木竹藤棕草制品业	715	6569	5978	419
家具制造业	182	797	770	98
造纸及纸制品业	3911	367422	335581	5154
印刷业和记录媒介的复制	382	1618	1545	130
文教体育用品制造业	180	862	772	103
石油加工、炼焦及核燃料加工业	1011	68122	66520	1340
化学原料及化学制品制造业	6791	339052	311922	9142
医药制造业	2225	40050	37963	1996
化学纤维制造业	233	48516	45458	304
橡胶制品业	542	6118	6031	322
塑料制品业	655	2288	2208	276
非金属矿物制品业	11891	48248	45544	6633
黑色金属冶炼及压延加工业	2213	169934	163928	3807
有色金属冶炼及压延加工业	1692	33734	29160	1871
金属制品业	3929	21057	20028	4033
通用设备制造业	2136	15652	15021	1253
专用设备制造业	1154	11324	10915	931
交通运输设备制造业	1622	24653	23190	2081
电气机械及器材制造业	832	8108	7727	709
通信计算机及其他电子设备制造业	1035	18745	18164	1195
仪器仪表及文化办公用机械制造业	496	7241	7056	534
工艺品及其他制造业	383	2160	2098	451
废弃资源和废旧材料回收加工业	90	235	227	80
电力、热力的生产和供应业	2356	251145	246832	2793
燃气生产和供应业	67	4099	3789	70
水的生产和供应业	175	18819	18419	120
其他行业	2551	118708	94516	1814

4-9-6 主要城市工业废水排放及处理情况

单位：万吨

城市	工业废水排放量	工业废水排放达标量	工业废水中化学需氧量排放量(吨)	工业废水中氨氮排放量(吨)	废水治理设施数(套)	本年运行费用(万元)
北京	12813	12740	10979.4	1202.1	553	47316.2
天津	30081	29962	59090.5	6358.1	904	48748.9
石家庄	24188	23927	92445.4	6051.6	664	19496.9
太原	3953	3565	7287.6	517.3	234	25653.6
呼和浩特	2114	1883	9931.7	578.1	75	2684.4
沈阳	6307	6043	15622.4	229.6	479	7265
长春	3906	3660	19064.5	528.5	108	4963.1
哈尔滨	4851	4417	10775.9	5416.4	171	8931.5
上海	51097	49590	36610.3	2481.3	1707	136195
南京	47200	43115	30335	1416.4	606	73574.5
杭州	85735	83888	113379	2883.7	941	47746.8
合肥	6462	6301	8542.6	1503.3	173	5305.5
福州	5113	4950	5676.5	376.4	278	10390
南昌	7486	7144	19085.7	2299.9	132	19694.7
济南	5255	5197	8850.1	272.5	254	16234
郑州	11640	11354	13958.5	2620.7	465	15469.8
武汉	26001	24867	27877.5	1484.9	318	19587.4
长沙	4065	3562	4736.9	186.5	301	3934.3
广州	20249	18970	14274.2	747.1	716	66726.8
南宁	17155	16089	90796	5449.2	408	10538.7
海口	486	469	228.3	3.1	43	718.8
重庆	84885	79507	118864.6	12184.9	1478	32075.5
成都	32517	31280	92013.6	10804.5	1234	14691.5
贵阳	4980	3969	5421.5	628	487	5937.4
昆明	4758	4665	3307.2	199.5	472	15521.3
拉萨						
西安	16969	16215	43477.2	651.9	506	8125
兰州	4352	3947	3583.4	267.1	116	13274
西宁	4343	3104	11027.6	882.8	112	1392.8
银川	5317	4553	16779.6	6157.7	126	2263.5
乌鲁木齐	4661	3924	3917.5	1153	46	5351.4

4-9-7 全海域海水水质评价结果

单位：万平方公里

海区	较清洁海域面积	轻度污染海域面积	中度污染海域面积	严重污染海域面积
全国	**5.780**	**3.406**	**1.815**	**2.927**
渤海	0.899	0.624	0.291	0.175
黄海	2.188	1.387	0.404	0.315
东海	2.108	1.049	1.073	2.295
南海	0.585	0.346	0.047	0.142

4-9-8 主要城市空气质量指标

单位：毫克/立方米

城市	可吸入颗粒物 (PM_{10})	二氧化硫 (SO_2)	二氧化氮 (NO_2)	空气质量达到及好于二级的天数(天)
北京	0.141	0.050	0.066	234
天津	0.106	0.076	0.047	298
石家庄	0.132	0.054	0.041	283
太原	0.139	0.077	0.020	245
呼和浩特	0.097	0.050	0.041	312
沈阳	0.118	0.054	0.036	317
长春	0.099	0.026	0.035	340
哈尔滨	0.104	0.042	0.056	301
上海	0.088	0.061	0.061	322
南京	0.110	0.052	0.054	304
杭州	0.112	0.060	0.058	301
合肥	0.095	0.018	0.025	329
福州	0.072	0.016	0.042	349
南昌	0.089	0.050	0.031	339
济南	0.128	0.060	0.024	262
郑州	0.109	0.059	0.039	300
武汉	0.119	0.054	0.050	271
长沙	0.122	0.081	0.036	245
广州	0.088	0.053	0.068	332
南宁	0.067	0.058	0.038	354
海口	0.040	0.012	0.015	365
重庆	0.120	0.073	0.048	267
成都	0.125	0.077	0.052	293
贵阳	0.076	0.063	0.013	343
昆明	0.082	0.055	0.038	363
拉萨	0.070	0.010	0.025	358
西安	0.129	0.044	0.032	291
兰州	0.158	0.068	0.037	238
西宁	0.114	0.029	0.026	306
银川	0.090	0.054	0.025	323
乌鲁木齐	0.114	0.116	0.056	256

4-9-9．主要城市工业废气排放及处理情况

单位：吨

城　市	工业二氧化硫排放量	工业烟尘排放量	工业粉尘排放量	工业二氧化硫去除量	工业烟尘去除量	工业粉尘去除量	废气治理设施数（套）	#脱硫设施	本年运行费用（万元）
北　京	105473	17688	32511	47003	2500967	1285158	2309	714	56813.4
天　津	241174	76601	19349	107701	2724475	260766	2863	1378	99211.5
石家庄	181460	89624	149802	193427	2917478	829272	1782	569	17604.6
太　原	150460	56469	37689	74828	2449455	593891	946	454	84371.7
呼和浩特	107676	71590	16571	3136	2178495	72077	286	9	3827.8
沈　阳	46179	51046	9890	11116	1060926	165885	952	369	3906.1
长　春	50007	61711	25059	11797	1540351	851222	750	299	11207.8
哈尔滨	60319	67959	35947	5375	749043	129864	728	25	4999.4
上　海	375231	49556	10617	74882	5742450	1505314	3067	290	111236.4
南　京	149171	47560	58871	315614	2837822	710469	1043	50	47930.7
杭　州	125844	35782	60561	40216	987053	434444	1653	194	44399.4
合　肥	24264	13338	3602	1381	786955	12624	469	70	3867.8
福　州	101502	19459	1721	3715	616022	46536	475	15	9213.1
南　昌	27002	24852	7713	14694	546197	226182	182	37	7279.3
济　南	79117	24691	29487	61803	1253016	987323	806	178	29071.9
郑　州	160953	139179	92731	38366	2517459	885330	2299	56	23790.7
武　汉	133442	46273	14404	45706	2103511	1019451	675	18	32090.5
长　沙	58887	43162	100581	14708	29899	118332	471	130	3002.0
广　州	145009	16106	5112	100132	1234292	668153	1219	135	36349.2
南　宁	66509	52457	36679	37209	253123	184590	829	176	6891.6
海　口	133	97		22	228		35		179.0
重　庆	683162	131289	212754	400610	2073281	375696	2150	309	72145.6
成　都	122697	156760	32601	23349	791022	169722	1514	248	15256.7
贵　阳	220297	53765	34234	90759	1355104	303707	672	206	10676.9
昆　明	102343	12401	8156	425221	864688	782058	1041	83	35720.1
拉　萨									
西　安	94341	39541	25976	9424	566810	58358	950	327	2539.8
兰　州	60924	18399	16959	838	905194	125746	533	16	10335.9
西　宁	70185	28491	35357		678806	190888	352		9677.3
银　川	16727	4244	3223	12084	74498	72144	217	62	3182.1
乌鲁木齐	94482	45444	11105	41738	679721	175736	525	146	9496.5

4-9-10 工业按行业分废气排放及处理情况

行业大类	废气治理设施数（套）	工业废气排放总量（亿标立方米）	燃料燃烧过程中废气排放量	生产工艺过程中废气排放量	工业二氧化硫排放量（万吨）
行业总计	**144612**	**268052**	**154527**	**113528**	**1980.5**
煤炭开采和洗选业	4427	1935	1468	467	21.0
石油和天然气开采业	437	963	926	37	3.2
黑色金属矿采选业	622	944	281	663	4.3
有色金属矿采选业	799	598	225	373	6.7
非金属矿采选业	674	1273	1039	234	5.7
其他采矿业	19	12	7	5	0.2
农副食品加工业	3534	2453	2105	348	15.6
食品制造业	2269	930	832	97	9.4
饮料制造业	2033	836	802	33	10.7
烟草制品业	706	250	145	104	1.3
纺织业	7817	3020	2956	64	29.6
纺织服装、鞋、帽制造业	508	350	132	218	1.5
皮革毛皮羽毛(绒)及其制品业	1211	291	206	85	2.1
木材加工及木竹藤棕草制品业	2284	901	514	387	4.8
家具制造业	834	314	50	265	0.4
造纸及纸制品业	5055	4515	3974	541	43.1
印刷业和记录媒介的复制	190	72	28	44	0.2
文教体育用品制造业	144	40	24	16	0.3
石油加工、炼焦及核燃料加工业	2127	9129	3717	5412	70.9
化学原料及化学制品制造业	12421	15887	9419	6469	116.8
医药制造业	2581	1132	669	464	6.4
化学纤维制造业	627	2886	1176	1710	11.5
橡胶制品业	1188	563	384	179	4.4
塑料制品业	651	577	204	372	1.3
非金属矿物制品业	45519	49860	12236	37624	178.4
黑色金属冶炼及压延加工业	10249	56190	15221	40970	142.2
有色金属冶炼及压延加工业	4794	13183	2882	10301	70.7
金属制品业	2418	846	317	530	2.6
通用设备制造业	3191	1238	434	805	5.5
专用设备制造业	1853	736	455	281	3.3
交通运输设备制造业	5578	1947	521	1426	4.1
电气机械及器材制造业	1639	621	268	353	2.7
通信计算机及其他电子设备制造业	2272	1543	482	1061	1.7
仪器仪表及文化办公用机械制造业	686	525	154	372	1.3
工艺品及其他制造业	370	288	45	243	0.5
废弃资源和废旧材料回收加工业	42	8	5	3	
电力、热力的生产和供应业	10009	88347	88175	173	1167.2
燃气生产和供应业	293	787	158	629	1.9
水的生产和供应业	117	55	55		0.5
其他行业	2424	2007	1836	170	26.4

4-9-10 续表

行业大类	工业二氧化硫去除量(万吨)	工业烟尘排放量(万吨)	工业烟尘去除量(万吨)	工业粉尘排放量(万吨)	工业粉尘去除量(万吨)
行业总计	**1087.8**	**854.9**	**20443.9**	**828.1**	**6439.2**
煤炭开采和洗选业	5.7	10.9	141.8	24.6	9.7
石油和天然气开采业	11.6	1.4	9.9	0.1	0.1
黑色金属矿采选业	1.9	1.7	19.2	3.9	31.7
有色金属矿采选业	6.3	2.7	22.4	2.8	31.0
非金属矿采选业	10.9	6.8	30.7	8.8	22.1
其他采矿业		0.1	0.1	0.1	0.2
农副食品加工业	6.4	20.4	97.2	2.1	4.7
食品制造业	3.5	5.1	41.7	0.6	1.2
饮料制造业	3.1	9.0	38.1	0.2	0.6
烟草制品业	1.2	0.6	6.4	0.2	1.7
纺织业	8.7	12.8	120.4	0.3	1.0
纺织服装、鞋、帽制造业	0.6	0.7	6.3	1.3	5.1
皮革毛皮羽毛(绒)及其制品业	0.6	1.1	7.6		
木材加工及木竹藤棕草制品业	0.7	5.5	20.7	1.6	10.5
家具制造业	0.5	0.2	6.8	0.2	5.6
造纸及纸制品业	16.4	24.1	221.8	1.6	1.0
印刷业和记录媒介的复制	0.1	0.1	0.7		
文教体育用品制造业	0.1	0.2	2.6	0.4	15.1
石油加工、炼焦及核燃料加工业	89.2	38.2	209.6	18.8	28.8
化学原料及化学制品制造业	111.1	53.6	631.7	17.5	81.6
医药制造业	2.5	4.2	32.5	0.1	0.2
化学纤维制造业	5.8	4.6	117.8	0.1	1.8
橡胶制品业	2.3	2.0	24.7		0.3
塑料制品业	0.3	0.6	2.4		0.6
非金属矿物制品业	49.7	133.9	508.3	565.7	3971.5
黑色金属冶炼及压延加工业	43.4	69.3	989.8	125.7	1781.2
有色金属冶炼及压延加工业	434.5	19.2	284.5	18.7	379.3
金属制品业	0.6	1.7	6.3	1.0	3.1
通用设备制造业	1.4	3.8	33.1	2.3	10.3
专用设备制造业	2.3	2.1	10.5	1.7	4.7
交通运输设备制造业	1.5	3.0	39.6	3.2	14.1
电气机械及器材制造业	0.9	1.5	5.0	0.3	0.1
通信计算机及其他电子设备制造业	0.7	0.8	6.1	0.4	5.8
仪器仪表及文化办公用机械制造业	0.2	0.4	1.3		0.4
工艺品及其他制造业	0.1	0.5	0.9	0.2	0.5
废弃资源和废旧材料回收加工业			0.1		
电力、热力的生产和供应业	260.7	405.2	16704.8	10.8	3.9
燃气生产和供应业	0.8	1.4	25.5	0.1	2.2
水的生产和供应业	0.2	0.2	1.6		
其他行业	1.4	5.3	13.8	12.4	7.5

4-9-11 各地区废气排放及处理情况

地区	工业废气排放总量（亿标立方米）	燃料燃烧过程中废气排放量	生产工艺过程中废气排放量	废气治理设施数（套）	工业二氧化硫排放量（万吨）	生活二氧化硫排放量（万吨）
全　国	**268988**	**155238**	**113749**	**145043**	**2168.4**	**381.0**
北　京	3532	2015	1517	2309	10.5	8.5
天　津	4602	3380	1222	2863	24.1	2.4
河　北	26518	13142	13377	11746	128.1	21.4
山　西	15142	8565	6576	7335	120.0	31.6
内蒙古	12071	8802	3269	3521	129.6	16.0
辽　宁	20903	10640	10263	7874	96.1	23.6
吉　林	4939	3405	1535	3222	30.8	7.5
黑龙江	5261	4276	986	3812	43.1	7.7
上　海	8482	3564	4918	3067	37.5	13.8
江　苏	20197	12748	7449	8488	131.2	6.1
浙　江	13025	8148	4877	11560	83.1	2.9
安　徽	6960	4478	2481	3307	51.5	5.6
福　建	6265	3284	2981	5354	43.9	2.2
江　西	4379	2138	2240	2253	55.5	5.8
山　东	24129	14333	9796	10177	171.5	28.7
河　南	15498	9180	6319	9336	147.1	15.3
湖　北	9404	3958	5446	4306	62.6	9.2
湖　南	6014	2826	3188	4990	75.5	16.4
广　东	13447	9213	4234	7872	127.4	2.0
广　西	8339	4370	3969	5092	97.5	4.9
海　南	910	552	358	372	2.2	
重　庆	3655	2178	1477	2150	68.3	15.4
四　川	8140	4395	3745	6185	114.1	15.9
贵　州	3852	1933	1919	2291	65.9	69.9
云　南	5444	2939	2505	4182	42.9	9.3
西　藏	13	13		22	0.1	0.1
陕　西	4916	3140	1776	3841	80.0	12.2
甘　肃	4250	2648	1603	2730	51.7	4.6
青　海	1370	345	1024	592	11.5	0.9
宁　夏	2844	1625	1220	1211	30.2	4.0
新　疆	4485	3005	1480	2983	34.8	17.1

4-9-11　续表

地　区	工业二氧化硫去除量（万吨）	工业烟尘排放量（万吨）	生活烟尘排放量（万吨）	工业烟尘去除量（万吨）	工业粉尘排放量（万吨）	工业粉尘去除量（万吨）	建成烟尘控制区数（个）	建成烟尘控制区面积（平方公里）
全　国	**1090.4**	**948.9**	**233.6**	**20587.1**	**911.2**	**6453.9**	**3452**	**37240.8**
北　京	4.7	1.8	4.0	250.1	3.3	128.5	56	832.5
天　津	10.8	7.7	1.4	272.4	1.9	26.1	48	574.6
河　北	70.3	56.0	17.3	1960.9	71.3	634.5	108	1604.0
山　西	39.2	91.0	21.2	1232.9	69.5	235.5	184	688.8
内蒙古	20.0	60.4	17.5	1092.7	45.6	123.1	66	619.8
辽　宁	72.4	51.7	22.8	1125.0	45.3	432.9	104	1523.6
吉　林	3.3	32.7	8.6	658.7	13.7	187.1	234	951.7
黑龙江	7.6	45.4	9.4	650.6	12.4	59.2	295	1149.6
上　海	7.5	5.0	6.6	574.2	1.1	150.5	134	1801.9
江　苏	73.3	42.6	2.6	1771.5	35.5	388.7	142	3030.7
浙　江	63.5	19.9	1.3	617.7	23.1	378.8	144	4915.7
安　徽	82.4	25.3	4.5	563.4	46.2	200.2	175	850.6
福　建	12.4	11.8	1.3	340.5	19.3	195.6	117	1004.2
江　西	72.5	23.0	1.6	522.4	35.0	270.3	54	803.0
山　东	75.5	48.5	13.4	1789.9	37.3	582.1	250	2965.2
河　南	34.6	85.7	7.1	1848.9	70.4	538.2	256	2343.7
湖　北	54.1	26.6	6.4	695.9	33.8	378.1	176	1285.5
湖　南	54.6	45.3	8.6	591.8	76.9	277.5	183	1238.6
广　东	25.5	27.1	0.8	727.0	32.1	242.6	161	3429.2
广　西	40.8	53.8	1.2	444.0	55.6	233.2	86	1227.1
海　南	1.3	1.0	0.1	51.0	1.1	11.0	9	175.6
重　庆	40.1	13.1	8.5	207.3	21.3	37.6	146	1132.6
四　川	24.9	63.4	15.7	459.3	38.4	182.3	23	567.0
贵　州	17.8	20.5	15.9	491.5	19.1	118.3	57	354.8
云　南	92.7	17.1	5.6	381.1	15.5	163.3	18	317.2
西　藏		0.2			0.2		1	65.9
陕　西	12.0	29.2	10.2	374.1	34.0	84.1	91	657.2
甘　肃	67.2	12.4	3.8	359.9	16.6	75.1	46	472.1
青　海		5.7	2.0	71.3	9.3	29.7	12	74.7
宁　夏	4.6	10.2	2.2	312.3	9.0	31.4	16	206.5
新　疆	4.9	15.0	12.0	148.7	17.3	58.1	60	377.2

4-9-12 各地区工业固体废物产生及处理利用情况

地 区	工业固体废物产生量（万吨）	#危险废物	工业固体废物综合利用量（万吨）	工业固体废物贮存量（万吨）	工业固体废物处置量（万吨）	工业固体废物排放量（吨）	#危险废物	“三废”综合利用产品产值（万元）
全 国	**134449**	**1161.6**	**76993**	**27876**	**31259**	**16546848**	**5967.0**	**7555064.3**
北 京	1238	10.6	969	170	389	91403		94715.0
天 津	1123	15.0	1153		20	44		77228.9
河 北	16279	18.5	8374	3072	5051	424149		428703.0
山 西	11183	4.1	5003	785	4900	6046901		249696.5
内蒙古	7363	37.8	3052	3693	661	624958		86505.0
辽 宁	10242	52.6	4268	2429	3551	93938		256174.2
吉 林	2457	7.1	1290	1132	33	18642		128649.3
黑龙江	3210	19.6	2401	313	530	300		138067.0
上 海	1964	48.8	1892	8	65	1233		91108.9
江 苏	5757	83.9	5987	197	129	53		931999.9
浙 江	2514	21.7	2336	25	158	56380		575110.8
安 徽	4196	4.5	3357	360	519	450		187615.8
福 建	3773	7.4	2650	99	1097	57682		148978.8
江 西	7007	3.3	1899	573	4591	102819		178811.2
山 东	9175	94.3	8683	599	322	1376		935661.8
河 南	6178	15.1	4244	857	1287	36354		339139.5
湖 北	3692	15.8	2748	874	110	167034		462127.9
湖 南	3366	34.6	2385	561	415	567050	904.2	263513.6
广 东	2896	129.9	2518	377	387	138538	112.0	365616.3
广 西	3489	64.2	2165	1119	109	1104791	32.0	238923.4
海 南	127	1.1	87	39	1	368		14738.3
重 庆	1777	13.1	1329	209	122	1844955	4899.0	81493.7
四 川	6421	21.0	3850	1325	1159	1157015	4.5	505656.7
贵 州	4854	243.3	1658	1424	1937	1312832		121322.2
云 南	4661	30.4	1646	1348	1638	706602	0.3	392999.2
西 藏	8			1		73000		
陕 西	4588	3.9	1103	2189	1286	348679		49489.4
甘 肃	2249	28.6	678	1105	481	406347	15.0	91664.6
青 海	649	76.8	142	515	1	27625		5289.7
宁 夏	719		387	90	238	41047		23498.2
新 疆	1295	54.6	673	458	73	1094286		90565.5

4-9-13　按行业分工业固体废物产生及处理利用情况

行业大类	工业固体废物产生量(万吨)	#危险废物	工业固体废物综合利用量(万吨)	工业固体废物贮存量(万吨)
行业总计	**124324**	**1159.89**	**74083**	**24156**
煤炭开采和洗选业	18248	0.08	11379	2342
石油和天然气开采业	149	19.11	87	5
黑色金属矿采选业	12728		1915	5165
有色金属矿采选业	16313	222.05	4199	5315
非金属矿采选业	1218	76.33	803	265
其他采矿业	58		24	8
农副食品加工业	1317	0.02	1212	14
食品制造业	431	0.35	345	68
饮料制造业	675	0.01	650	2
烟草制品业	110		47	2
纺织业	690	15.22	619	2
纺织服装、鞋、帽制造业	30	0.93	28	
皮革毛皮羽毛(绒)及其制品业	85	3.29	70	
木材加工及木竹藤棕草制品业	155	0.14	149	2
家具制造业	42	0.28	31	
造纸及纸制品业	1243	6.29	1112	38
印刷业和记录媒介的复制	8	0.45	7	
文教体育用品制造业	9	0.27	9	
石油加工、炼焦及核燃料加工业	1841	74.79	1564	92
化学原料及化学制品制造业	9233	443.50	6448	1467
医药制造业	243	20.97	225	5
化学纤维制造业	342	27.73	315	8
橡胶制品业	94	0.30	92	
塑料制品业	41	0.36	40	
非金属矿物制品业	3237	2.83	2680	449
黑色金属冶炼及压延加工业	23506	31.81	17505	2273
有色金属冶炼及压延加工业	4779	70.33	2047	1442
金属制品业	121	9.87	295	3
通用设备制造业	478	7.78	427	6
专用设备制造业	168	2.40	133	3
交通运输设备制造业	337	7.75	275	9
电气机械及器材制造业	42	3.53	35	2
通信计算机及其他电子设备制造业	98	18.07	88	
仪器仪表及文化办公用机械制造业	56	4.03	47	
工艺品及其他制造业	9	0.34	9	
废弃资源和废旧材料回收加工业	10	0.09	9	
电力、热力的生产和供应业	25638	67.62	18721	5136
燃气生产和供应业	119	0.15	86	24
水的生产和供应业	22	0.13	13	
其他行业	401	20.69	343	9

4-9-13 续表

行业大类	工业固体废物处置量(万吨)	工业固体废物排放量(万吨)	#危险废物	“三废”综合利用产品产值(万元)
行业总计	**27820**	**1493**	**0.59**	**7538685**
煤炭开采和洗选业	5016	444		157507
石油和天然气开采业	56	1		113897
黑色金属矿采选业	5516	227		39980
有色金属矿采选业	6677	140		26349
非金属矿采选业	148	22		20804
其他采矿业	26			680
农副食品加工业	50	45		251195
食品制造业	14	3		110228
饮料制造业	17	6		124604
烟草制品业	50	11		3892
纺织业	52	17		53767
纺织服装、鞋、帽制造业	2	1		3099
皮革毛皮羽毛(绒)及其制品业	14			208655
木材加工及木竹藤棕草制品业	4	1		61683
家具制造业	11			5102
造纸及纸制品业	115	8		293140
印刷业和记录媒介的复制	1			2487
文教体育用品制造业				424
石油加工、炼焦及核燃料加工业	132	53		421674
化学原料及化学制品制造业	1513	70	0.03	834714
医药制造业	11	3		40121
化学纤维制造业	24	1		73636
橡胶制品业	2			27769
塑料制品业	2			32410
非金属矿物制品业	72	169		1921449
黑色金属冶炼及压延加工业	3692	149		1333548
有色金属冶炼及压延加工业	1295	40		580200
金属制品业	11	2	0.01	112614
通用设备制造业	32	12	0.49	45829
专用设备制造业	21	11	0.06	29182
交通运输设备制造业	116	4		78952
电气机械及器材制造业	4	1		18462
通信计算机及其他电子设备制造业	10			53517
仪器仪表及文化办公用机械制造业	8			17031
工艺品及其他制造业				11477
废弃资源和废旧材料回收加工业				65251
电力、热力的生产和供应业	3041	49		324616
燃气生产和供应业	9			7814
水的生产和供应业	10			814
其他行业	46	3		30113

4-9-14 主要城市工业固体废物产生及处理利用情况

单位：万吨

城市	工业固体废物产生量	#危险废物(吨)	工业固体废物综合利用量	工业固体废物排放量(吨)	工业固体废物综合利用率(%)
北京	1238	10.58	969	91403	67.9
天津	1123	14.96	1153	44	98.3
石家庄	852	14.45	782	1590	91.8
太原	2084	2.75	936	509519	44.6
呼和浩特	257	2.94	122	465	36.1
沈阳	475	2.33	330	11136	69.3
长春	303	1.88	300		98.9
哈尔滨	946	1.22	705		74.5
上海	1964	48.77	1892	1233	96.3
南京	1159	21.33	1052		87.9
杭州	461	3.53	436	3994	93.9
合肥	188	1.55	186	22	98.8
福州	136	0.93	126	112	92.6
南昌	154	0.37	135	2343	88.1
济南	874	9.19	846	240	94.7
郑州	691	0.23	467		67.6
武汉	847	0.73	770	8160	85.4
长沙	110		98	56726	88.1
广州	540	22.49	520	2485	91.2
南宁	304	25.26	245	52109	80.5
海口	4	0.09	3	268	94.5
重庆	1777	13.08	1329	1844955	72.1
成都	424	0.22	401	124830	94.5
贵阳	657	155.71	290	69613	43.7
昆明	1132	0.41	451	316990	39.4
拉萨					
西安	125	0.17	117	3407	88.1
兰州	161	11.10	193	2929	96.9
西宁	184	0.45	95	900	48.7
银川	67		63	7087	94.8
乌鲁木齐	343	3.68	247	3286	68.5

4-9-15 各地区城市生活垃圾清运和处理情况

地 区	生活垃圾清运量(万吨)	无害化处理厂数(座)	#卫生填埋	#堆 肥	#焚 烧	无害化处理能力(吨/日)	#卫生填埋	#堆 肥	#焚 烧
全 国	**15576.8**	**471**	**356**	**46**	**67**	**256312**	**211085**	**11767**	**33010**
北 京	454.6	17	13	2	2	10350	9330	600	420
天 津	144.8	5	4		1	6800	5600		1200
河 北	680.1	17	9	6	2	9648	6348	2050	1250
山 西	619.7	4	3		1	2300	2300		
内蒙古	329.0	11	10	1		4617	4549	50	18
辽 宁	768.0	10	6	3	1	11661	9561	1700	400
吉 林	580.4	13	11		2	6900	6375		525
黑龙江	1125.8	24	19	1	4	10047	9522	15	510
上 海	622.3	5	2	1	2	8800	5300	1000	2500
江 苏	834.8	35	30		5	24000	22120		1880
浙 江	762.5	42	28		14	21528	13768		7760
安 徽	476.6	5	4		1	3071	2471		600
福 建	303.0	17	12	3	2	7831	5845	546	1020
江 西	264.4	8	8			3313	3313		
山 东	1046.5	44	35	7	1	17513	16003	980	530
河 南	756.7	28	19	6	2	12573	9506	1645	1422
湖 北	885.2	44	42	2		14721	14151	570	
湖 南	486.0	7	7			6122	6122		
广 东	1722.6	28	14		14	27715	17415		10300
广 西	204.7	12	7	3	2	4170	3040	670	430
海 南	81.2	7	4	2	1	1625	1439	133	53
重 庆	237.6	9	8		1	5210	4210		1000
四 川	600.7	25	14	5	6	9970	7580	1340	1050
贵 州	176.5	8	6	1	1	4112	3846	250	16
云 南	205.7	18	14	3	1	7859	7570	218	71
西 藏	44.5	1	1			400	400		
陕 西	370.7	4	3		1	4204	4154		50
甘 肃	297.8	7	7			1510	1510		
青 海	54.4	4	4			1887	1887		
宁 夏	96.4	5	5			2040	2040		
新 疆	343.6	7	7			3815	3810		5

4-9-15　续表

地　区	无害化处理量（万吨）	#卫生填埋	#堆　肥	#焚　烧	简易处理量（万吨）	粪便清运量（万吨）	粪便处理量（万吨）	生活垃圾无害化处理率（%）
全　国	**8051.1**	**6857.1**	**345.4**	**791.0**	**4444.3**	**3804.6**	**2713.8**	**51.7**
北　京	436.2	407.1	21.7	7.4		171.7	127.9	96.0
天　津	116.6	87.3		29.3	28.4	25.7	25.7	80.5
河　北	311.3	233.1	49.5	28.8	219.4	202.6	196.6	45.8
山　西	81.3	81.3			213.2	571.1	409.8	13.1
内蒙古	140.4	122.6	17.7	0.1	79.0	108.5	23.9	42.7
辽　宁	384.3	326.9	42.8	14.6	279.7	148.4	34.5	50.0
吉　林	233.2	216.9		16.3	160.0	120.3	67.3	40.2
黑龙江	363.3	339.9	1.0	4.0	400.9	272.1	123.8	32.3
上　海	222.4	69.7	50.2	102.4	399.8	253.9	253.9	35.7
江　苏	692.1	649.4		42.7	116.7	388.4	338.4	82.9
浙　江	628.3	431.7		197.6	88.3	205.4	197.3	82.4
安　徽	83.9	73.7		10.2	313.2	41.5	9.7	17.6
福　建	260.4	215.0	15.1	28.9	37.0	43.8	39.4	85.9
江　西	129.2	129.2			123.7	21.4	17.7	48.9
山　东	609.6	572.0	20.7	12.8	379.4	325.7	322.2	58.2
河　南	438.0	344.1	44.9	49.0	231.1	81.2	23.4	57.9
湖　北	540.4	520.0	20.4		193.5	92.0	58.5	61.0
湖　南	192.9	192.9			269.0	41.4	40.2	39.7
广　东	871.6	662.4		174.9		459.1	360.4	50.6
广　西	125.6	104.0	10.1	11.3	59.4	22.3	14.4	61.4
海　南	56.1	51.7	3.7	0.7	25.0	6.3	5.6	69.0
重　庆	130.2	103.9		26.2	106.9	67.5	53.9	54.8
四　川	307.8	245.6	31.7	30.4	98.3	51.5	2.6	51.2
贵　州	102.1	92.5	9.1	0.5	61.2	6.1	3.3	57.8
云　南	169.2	159.4	6.9	2.9	26.6	101.7	87.3	82.2
西　藏						2.5		
陕　西	147.5	147.5			159.6	14.0		39.8
甘　肃	51.3	51.3			217.1	52.8	0.2	17.2
青　海	54.4	54.4				28.0		100.0
宁　夏	48.5	48.5			4.5	5.0	1.1	50.4
新　疆	123.4	123.4			153.4	3.9	3.0	35.9

4-9-16 主要城市道路交通噪声监测情况

城市	路段总长度(米)	超标路段(米)	路段超标率(%)	路段平均宽度(米)	平均车流量(辆/小时)	等效声级 dB(A)
北京	596092	253339	42.5	36.0	5422	69.5
天津	276491	30138	10.9	28.8	2221	68.0
石家庄	179402	29780	16.6	29.5	1885	67.2
太原	137561	28889	21.0	23.0	2125	67.9
呼和浩特	82649	34547	41.8	30.2	2009	69.7
沈阳	144000	18144	12.6	33.7	2266	68.4
长春	123604	16563	13.4	30.8	2812	68.0
哈尔滨	120200	19352	16.1	16.8	2410	68.2
上海	215600	162778	75.5	19.9	2164	72.0
南京	165072	54969	33.3	31.0	2021	69.4
杭州	189355	41847	22.1	16.3	1833	67.9
合肥	90571			38.6	2487	68.0
福州	111230	14126	12.7	22.9	2614	68.3
南昌	67500	24907	36.9	31.2	3250	69.9
济南	161424	59565	36.9	52.6	2466	69.4
郑州	84115	11776	14.0	43.5	2934	67.6
武汉	263325	121129	46.0	21.6	2155	69.8
长沙	95800	46463	48.5	32.5	2716	70.0
广州	247364	85093	34.4	24.0	3489	69.3
南宁	102000	39780	39.0	19.8	3310	69.7
海口	107280	18774	17.5	34.2	2443	67.7
重庆	337005	74141	22.0	16.2	1698	67.9
成都	322912	94613	29.3	44.3	3185	68.7
贵阳	56780	26743	47.1	36.0	2722	69.6
昆明	91494	30376	33.2	30.2	2272	69.7
拉萨	52950	13078	24.7	20.1	815	67.8
西安	204017	29378	14.4	24.3	2910	68.0
兰州	125396	23825	19.0	19.7	1479	68.5
西宁	85680	32130	37.5	17.1	2074	69.8
银川	94280	33563	35.6	32.2	1699	68.0
乌鲁木齐	212920	107098	50.3	42.9	1991	70.0

4-9-17　国控主要城市区域环境噪声监测情况

城　市	网格长度(米)	网格宽度(米)	网格总数(个)	等效声级dB(A)
北　京	1000	1000	448	53.2
天　津	1000	1000	205	54.9
石家庄	500	500	240	54.0
太　原	750	750	232	53.8
呼和浩特	400	400	204	54.3
沈　阳	750	750	240	54.1
长　春	500	500	204	56.4
哈尔滨	700	700	216	56.0
上　海	1414	1414	206	57.3
南　京	1000	1000	210	54.0
杭　州	500	500	235	55.7
合　肥	500	500	250	53.7
福　州	500	500	220	56.2
南　昌	500	500	201	55.9
济　南	1000	1000	352	53.5
郑　州	500	500	235	55.7
武　汉	1000	1000	210	55.0
长　沙	500	500	288	54.0
广　州	1000	1000	202	55.1
南　宁	550	550	200	56.0
海　口	400	400	203	55.7
重　庆	500	500	661	54.7
成　都	900	900	215	54.6
贵　阳	500	500	220	55.6
昆　明	800	800	223	53.8
拉　萨				
西　安			200	55.4
兰　州	500	500	211	57.9
西　宁	375	375	224	52.1
银　川	500	500	200	53.3
乌鲁木齐	750	750	209	54.9

4-9-18 各地区湿地面积

地区	湿地面积(千公顷)	天然湿地					人工湿地	湿地面积占国土面积比重(%)
			近岸及海岸	河流	湖泊	沼泽		
全国	**38485.5**	**36200.6**	**5941.7**	**8207.0**	**8351.6**	**13700.3**	**2285.0**	**4.01**
北京	34.4	5.0		5.0			29.4	1.93
天津	171.8	133.7	58.1	55.1	12.3	8.2	38.1	14.95
河北	1081.9	1042.3	278.8	319.3	307.2	136.9	39.6	5.82
山西	499.9	462.2		454.1	8.1		37.7	3.19
内蒙古	4245.0	4200.8		607.5	495.2	3098.1	44.3	3.66
辽宁	1219.6	1106.8	738.1	252.2	6.3	110.2	112.9	8.37
吉林	1203.4	1016.4	5.8	581.4	74.5	354.7	187.0	6.37
黑龙江	4314.8	4182.8		460.7	401.9	3320.3	132.0	9.49
上海	319.7	319.4	305.4	7.2	6.8		0.3	53.68
江苏	1674.7	1651.1	843.5	203.3	604.2		23.6	16.32
浙江	802.2	695.9	574.3	118.5	3.0	0.1	106.3	7.88
安徽	653.9	590.0		239.5	350.5		63.9	4.73
福建	443.0	421.2	370.6	31.1	19.5		21.8	3.65
江西	998.8	872.9		314.9	443.2	114.8	125.9	5.99
山东	1784.1	1681.4	1210.9	301.1	165.5	3.9	102.7	11.72
河南	624.1	482.2		472.7	2.6	6.9	141.9	3.74
湖北	927.3	730.5		377.4	294.7	58.4	196.9	4.99
湖南	1226.9	1047.5		683.1	359.3	5.1	179.5	5.79
广东	1398.1	1252.0	1017.8	231.7	1.5	1.0	146.0	7.86
广西	656.1	567.5	348.4	219.1			88.6	2.76
海南	311.5	256.6	190.0	38.3	17.3	11.0	54.9	9.13
重庆	43.2	31.9		31.6	0.3		11.3	0.52
四川	961.7	919.5		563.9	13.4	342.3	42.1	1.98
贵州	79.4	65.9		58.0	2.3	5.7	13.5	0.45
云南	235.3	220.3		119.8	96.5	4.0	15.0	0.61
西藏	5232.0	5231.5		231.1	2538.6	2461.7	0.5	4.26
陕西	292.9	277.2		252.1	7.3	17.8	15.7	1.42
甘肃	1258.1	1131.4		565.6	44.3	521.5	126.7	2.80
青海	4126.0	4087.7		107.5	1232.0	2748.1	38.3	5.72
宁夏	255.6	252.4		104.1	148.3		3.2	3.85
新疆	1410.2	1264.6		200.2	694.9	369.5	145.5	0.86

注：本表为中国首次湿地调查(1995-2003)资料，不包括台湾省、香港和澳门特别行政区；湿地面积不包括水稻田湿地。

4-9-19　红树林各地类面积

单位：公顷

地　区	红树林各地类总面积	现有面积	未成林面积	宜林地面积
全　国	**82757.2**	**22024.9**	**1884.1**	**58848.2**
浙　江	5452.3	20.6	236.1	5195.6
福　建	13410.1	615.1	286.4	12508.6
广　东	32325.9	9084.0	981.3	22260.6
广　西	18029.2	8374.9	380.3	9274.0
海　南	13539.7	3930.3		9609.4

注：本表数据为2002年全国红树林资源调查资料。

4-9-20　各地区自然保护基本情况

地　区	自然保护区			珍稀濒危动物繁殖场（个）	珍稀植物引种栽培场（个）	生态示范区建设试点地区和单位（个）	已批准国家级生态示范区（个）
	个数（个）	面积（万公顷）	占辖区面积比重(%)				
全　国	**2349**	**14994.9**	**15.0**	**164**	**77**	**528**	**233**
北　京	20	13.4	8.0			7	4
天　津	8	16.3	14.4			7	2
河　北	30	56.5	3.0			37	5
山　西	45	114.4	7.3		2	26	8
内蒙古	189	1413.4	12.0			15	6
辽　宁	83	285.6	11.2	1	1	21	16
吉　林	33	224.6	12.4	2	3	10	7
黑龙江	170	471.1	10.4			23	15
上　海	4	9.4	14.8			1	1
江　苏	40	80.9	7.9			51	48
浙　江	52	26.4	2.6	2	3	23	21
安　徽	31	40.8	3.1	5	1	30	9
福　建	103	54.1	3.3			13	4
江　西	128	90.2	5.4	4	5	33	6
山　东	72	108.6	6.6			34	20
河　南	32	75.7	4.5	1	2	24	18
湖　北	62	102.9	5.5	8	7	12	6
湖　南	91	106.1	5.0	3	7	30	12
广　东	294	341.9	4.6	37	8	13	5
广　西	72	149.8	6.2	46	5	11	3
海　南	68	280.7	5.3	17	1	1	1
重　庆	49	88.8	10.8	2	1	2	2
四　川	161	899.4	18.4			35	4
贵　州	128	88.6	5.0	3	2	12	3
云　南	198	422.5	10.7	23	21	21	2
西　藏	38	4097.1	34.1			1	
陕　西	44	98.7	4.8	2	4	18	2
甘　肃	54	925.0	20.3	8	4	4	
青　海	10	2092.5	29.0			2	
宁　夏	13	50.7	9.8			3	1
新　疆	27	2168.8	13.6			8	2

4-9-21 地质灾害及防治情况

年份 地区	发生地质灾害起数（次）	#滑坡	#崩塌	#泥石流	#地面塌陷	人员伤亡（人）	#死亡人数
2000	19653	13431	2945	1958	347	27697	1179
2001	5793	3034	583	1539	554	1675	788
2002	40246	31247	3097	4976	521	2759	853
2003	15489	10240	2604	1549	574	1333	767
2004	13555	9130	2593	1157	445	1407	734
2005	17751	9367	7654	566	137	1223	578
北京							
天津							
河北	7	1	1	1	4		
山西	3	1	1	1		26	12
内蒙古	2	1	1			5	
辽宁	75	30	7	24	13		
吉林	8	3		4	1	4	4
黑龙江	11	4	2	4	1		
上海							
江苏	2				2		
浙江	375	198	141	32	4	65	36
安徽	8320	1528	6445	333	14	44	40
福建	6564	5934	599	18	7	128	84
江西	11	10	1			42	20
山东	26	5			20		
河南	8	3	3		1	15	4
湖北	713	588	72	23	24	66	33
湖南	12	9	2	1		19	16
广东	155	101	23	1	30	99	66
广西	37	17	20			81	46
海南	107	3	104			10	6
重庆	590	488	90	8	2	264	19
四川	175	98	43	28	4	150	71
贵州	121	74	36	3	3	28	14
云南	34	20	6	8		78	52
西藏	10	4	2	4		3	3
陕西	263	198	37	22	3	79	49
甘肃	11	10	1			2	2
青海	14	11	3			10	1
宁夏	2	1			1		
新疆	95	27	14	51	3	5	

4-9-21　续表

年　份 地　区	直接经济损失 (万元)	地质灾害防治项目数 (个)	地质灾害防治投资 (万元)	滑坡、泥石流治理面积 (公顷)
2000	494201	429	33197	52848
2001	348699	999	44639	25714
2002	509740	1595	110022	29696
2003	504325	1815	166514	14450
2004	408828	2247	175231	11642
2005	357678	3179	166860	5315
北　京		1	20	
天　津		2	150	5
河　北	185	16	1495	100
山　西		38	2874	33
内蒙古	100			
辽　宁	27504	15	4090	
吉　林	2304	19	334	3
黑龙江	409	29	11561	5
上　海		2	500	
江　苏	140	26	6478	29
浙　江	8500	473	17726	152
安　徽	96800	46	3614	30
福　建	34844	664	6600	1095
江　西	138	187	3919	121
山　东	131	40	1477	
河　南	75	30	11850	26
湖　北	26320	181	8520	223
湖　南	900	94	7946	817
广　东	58747	27	14030	
广　西	756	86	8736	69
海　南	15	15	126	
重　庆	6718	363	11057	
四　川	39075	165	16605	
贵　州	1191	123	10228	339
云　南	44877	324	5810	1821
西　藏	20	4	3580	
陕　西	3484	185	5924	448
甘　肃	3435		680	
青　海	615	10	200	
宁　夏	10	4	542	
新　疆	384	10	188	

4-9-22 森林火灾情况

年份 地区	森林火灾次数 (次)	森林火警	一般火灾	重大火灾	特大火灾	火场总面积 (公顷)
2000	5934	2722	3144	60	8	167098
2001	4933	2984	1929	17	3	192734
2002	7527	4450	3046	24	7	131823
2003	10463	5582	4860	14	7	1123751
2004	13466	6894	6531	38	3	344211
2005	11542	6574	4949	16	3	290633
北京	11	10	1			37
天津	16	16				27
河北	251	226	25			2262
山西	63	12	50	1		2302
内蒙古	173	65	106	1	1	47229
辽宁	230	186	44			541
吉林	37	32	5			42
黑龙江	103	91	10		2	132248
上海						
江苏	172	151	21			882
浙江	718	130	586	2		11672
安徽	325	185	140			2686
福建	309	41	266	2		5220
江西	355	60	295			9321
山东	90	50	40			539
河南	982	841	141			1694
湖北	1055	721	331	3		6640
湖南	3204	1589	1612	3		18868
广东	212	61	151			2780
广西	688	351	337			13091
海南	221	135	86			1128
重庆	117	93	24			348
四川	252	202	46	4		6818
贵州	1148	765	383			8848
云南	665	454	211			14664
西藏	17	15	2			117
陕西	73	49	24			434
甘肃	4	4				9
青海	7	2	5			84
宁夏	16	10	6			57
新疆	28	27	1			42

4-9-22　续表

年　份 地　区	受灾森林面积 (公顷)	#天然林	#人工林	伤亡人数 (人)	#死亡人数	直接经济损失 (万元)
2000	88390	46960	40529	178	81	3069
2001	46181	32289	11721	58	20	7409
2002	47631	17031	17123	98	48	3610
2003	451020	294271	33531	142	72	37000
2004	142238	74471	59106	252	131	20213
2005	73701	30435	36306	152	92	15029
北　京	8		8			
天　津	2		2			
河　北	219		139			9
山　西	1157	591	567	6	5	314
内蒙古	4300	193	1205			11
辽　宁	130	8	122	1	1	43
吉　林	26		5			20
黑龙江	24308	24308				
上　海						
江　苏	388		389	1	1	243
浙　江	6945		3836	24	15	
安　徽	1169		1169	6		212
福　建	3429	61	3368	3	2	44
江　西	4626	529	4098	7	6	1275
山　东	243		243	6	5	362
河　南	507	76	431			208
湖　北	1709	141	1600	20	18	72
湖　南	12931	1789	11294	22	19	3193
广　东	1419	96	1385	18	9	381
广　西	2467	6	2389	11	3	195
海　南	542	96	458			6
重　庆	136	15	121	2	2	53
四　川	2257	2046	211	9	2	7305
贵　州	2045	197	1822	5	2	662
云　南	2353	124	1224	11	2	332
西　藏	12	12				66
陕　西	268	136	132			2
甘　肃	1		1			
青　海	82		77			11
宁　夏	10		11			
新　疆	12	10	1			8

4-9-23 森林病虫鼠害防治情况

年份 地区	合计 发生面积 (公顷)	防治面积 (公顷)	防治率 (%)	森林病害 发生面积 (公顷)	防治面积 (公顷)	防治率 (%)
2000	8518580	5741860	67.4	934520	619450	66.3
2001	8390270	5872910	70.0	804950	582850	72.4
2002	8412496	5719588	68.0	744980	571240	76.7
2003	8887362	5829187	65.6	757456	552461	73.0
2004	9448372	6395228	68.0	757874	567132	75.0
2005	9610281	6407494	66.7	1012022	706157	69.8
北京	36027	34606	96.1	147	133	90.5
天津	30014	27740	92.4	1294	1273	98.4
河北	341526	288513	84.5	16447	11700	71.1
山西	298788	125513	42.0	1987	1173	59.0
内蒙古	634667	606001	95.5	14000	12667	90.5
辽宁	447041	359294	80.4	29994	20747	69.2
吉林	241599	137995	57.1	87747	26507	30.2
黑龙江	443528	403048	90.9	32727	28360	86.7
上海	13874	13874	100.0	1093	1093	100.0
江苏	85066	53246	62.6	20666	2780	13.5
浙江	74492	69325	93.1	29086	28466	97.9
安徽	261512	210368	80.4	22506	20520	91.2
福建	293080	180946	61.7	25014	22206	88.8
江西	405587	265994	65.6	82867	47820	57.7
山东	551206	463020	84.0	163420	130120	79.6
河南	449019	348733	77.7	78740	67586	85.8
湖北	258467	195687	75.7	21587	17613	81.6
湖南	219079	156293	71.3	7366	7327	99.5
广东	737393	86127	11.7	26166	22553	86.2
广西	299714	77334	25.8	38034	2454	6.5
海南	16134	13866	85.9			
重庆	145333	115333	79.4	37333	22667	60.7
四川	688774	665447	96.6	79827	71273	89.3
贵州	272001	227333	83.6	13334	12000	90.0
云南	404666	298665	73.8	59333	56666	95.5
西藏	91000			6667		
陕西	658913	228140	34.6	26460	11660	44.1
甘肃	251226	203648	81.1	39906	30167	75.6
青海	227687	131214	57.6	23400	11593	49.5
宁夏	317320	78198	24.6	553	67	12.1
新疆	321047	261054	81.3	7800	3440	44.1
大兴安岭	94501	80939	85.6	16521	13526	81.9

4-9-23 续表

年　份 地　区	森林虫害			森林鼠害		
	发生面积（公顷）	防治面积（公顷）	防治率（%）	发生面积（公顷）	防治面积（公顷）	防治率（%）
2000	6692820	4565910	68.2	891240	556500	62.4
2001	6683790	4592690	68.7	901530	697370	77.4
2002	6792324	4512293	66.4	875192	636056	72.7
2003	7184617	4633348	64.0	945289	643378	68.0
2004	7440329	4948540	67.0	1250169	879557	70.4
2005	7260937	4985112	68.7	1337324	716225	53.6
北　京	35880	34473	96.1			
天　津	28720	26467	92.2			
河　北	318759	271653	85.2	6320	5160	81.6
山　西	279220	121220	43.4	17581	3120	17.7
内蒙古	536666	525334	97.9	84001	68000	81.0
辽　宁	403593	332941	82.5	13454	5606	41.7
吉　林	138566	107801	77.8	15286	3687	24.1
黑龙江	185914	160754	86.5	224887	213934	95.1
上　海	12781	12781	100.0			
江　苏	64400	50466	78.4			
浙　江	45406	40859	90.0			
安　徽	239006	189848	79.4			
福　建	268066	158740	59.2			
江　西	321873	218174	67.8	847		
山　东	387786	332900	85.8			
河　南	370279	281147	75.9			
湖　北	230453	171647	74.5	6427	6427	100.0
湖　南	207380	148966	71.8	4333		
广　东	711227	63574	8.9			
广　西	261640	74847	28.6	40	33	82.5
海　南	16134	13866	85.9			
重　庆	94000	83333	88.7	14000	9333	66.7
四　川	580987	571020	98.3	27960	23154	82.8
贵　州	226667	193999	85.6	32000	21334	66.7
云　南	340000	236666	69.6	5333	5333	100.0
西　藏	17667			66667		
陕　西	351960	124647	35.4	280493	91833	32.7
甘　肃	137446	109760	79.9	73874	63721	86.3
青　海	71360	45486	63.7	132927	74135	55.8
宁　夏	83853	26450	31.5	232914	51681	22.2
新　疆	251500	219700	87.4	61747	37914	61.4
大兴安岭	41747	35593	85.3	36233	31820	87.8

4-9-24 环境污染与破坏事故情况

年份 地区	环境污染与破坏事故次数（次）	水污染	大气污染	固体废物污染	噪声与振动危害	其他	污染直接经济损失（万元）	污染事故赔、罚款总额（万元）
2000	2411	1138	864	103	266	40	17807.9	3682.6
2001	1842	1096	576	39	80	51	12272.4	3263.9
2002	1921	1097	597	109	97	21	4640.9	3140.7
2003	1843	1042	654	56	50	41	3374.9	2391.5
2004	1441	753	569	47	36	36	36365.7	3963.9
2005	1406	693	538	48	63	64	10515.0	3082.1
北京								
天津	3		3				5.0	2.0
河北	9	4	5				7.1	20.5
山西	4	1	2	1			11.0	10.0
内蒙古	7	3	4				15.7	20.7
辽宁	26	6	5	3		12	46.3	40.1
吉林	2	2					7.5	
黑龙江	4	3	1				6.1	11.4
上海	9	3	5		1		37.4	18.9
江苏	27	18	9				1787.6	27.6
浙江	65	44	13	4		4	404.9	386.2
安徽	28	16	10		2		275.4	199.3
福建	15	11	3			1	26.9	23.0
江西	40	20	15	2	3		88.0	76.4
山东	44	11	33				86.9	58.4
河南	14	7	7				15.1	5.1
湖北	38	24	12			2	125.5	187.8
湖南	202	123	59	4	7	9	340.4	644.2
广东	31	22	4	1		4	6128.1	71.8
广西	215	70	144			1	370.0	339.5
海南	14	9	1			4	16.0	25.6
重庆	8	5	3				7.4	19.8
四川	238	114	80	2	37	5	152.5	194.7
贵州	28	17	10	1			57.9	61.8
云南	159	69	69	8	12	1	222.4	284.1
西藏								
陕西	27	15	5	1	1	5	27.9	111.5
甘肃	135	67	31	21		16	191.8	176.6
青海	2	1	1				2.4	1.5
宁夏	7	3	4				10.2	22.0
新疆	5	5					41.6	41.6

4-9-25 地震灾害情况

年　份 地　区	地震灾害次数 (次)	5.0-5.9级	6.0-6.9级	7.0级以上	人员伤亡 (人)	#死亡人数	直接经济损失 (万元)
2000	10	7	2		2987	10	146792
2001	12	8	2	1	750	9	148449
2002	5	4			362	2	14774
2003	21	10	6	1	7465	319	466040
2004	11	8	1		696	8	94959
2005	13	9	2		882	15	262811
黑龙江	1	1			12	1	2745
江　西	1	1			788	13	203759
广　西	1				4	1	2532
四　川	1						653
云　南	3	3			78		31498
西　藏	3	2	1				5222
新　疆	3	2	1				16402

4-9-26 主要海洋灾害情况

灾　种	发生次数(次)	人员伤亡、失踪(人)	直接经济损失(亿元)
合　计	**176**	**371**	**332.4**
风暴潮	20	137	329.8
赤　潮	82		0.69
海　浪	66	234	1.91
溢　油	8		

4-9-27 环境污染治理投资

指　标	2001	2002	2003	2004	2005
环境污染治理投资总额(亿元)	**1106.6**	**1367.2**	**1627.7**	**1909.8**	**2388.0**
#城市环境基础设施建设投资	595.8	789.1	1072.4	1141.2	1289.7
#燃气	75.5	88.4	133.5	148.3	142.4
集中供热	82.0	121.4	145.8	173.4	220.2
排水	224.5	275.0	375.2	352.3	368.0
园林绿化	163.2	239.5	321.9	359.5	411.3
市容环境卫生	50.6	64.8	96.0	107.8	147.8
工业污染源治理投资	174.5	188.4	221.8	308.1	458.2
建设项目“三同时”环保投资	336.4	389.7	333.5	460.5	640.1
环境污染治理投资总额占国内生产总值比重(%)	**1.01**	**1.14**	**1.20**	**1.19**	**1.30**

4-9-28 城市环境情况

指 标	2000	2001	2002	2003	2004	2005
城市个数（个）	663	662	660	660	661	661
城市面积(万平方公里)	87.8	60.8	46.7	39.9	39.5	41.3
城市建设用地面积(万平方公里)	2.2	2.4	2.7	2.9	3.1	
城市污水排放量(亿吨)	331.8	328.6	337.6	349.2	356.5	359.5
城市污水处理率(%)	34.25	36.43	39.97	42.12	45.67	51.95
城市用气普及率(%)	45.4	59.7	67.2	76.7	81.5	82.1
建成城市烟尘控制区数(个)	2981	3203	3369	3599	3693	3452
烟尘控制区面积(万平方公里)	2.0	2.2	2.6	3.3	3.7	3.7
生活垃圾清运量(万吨)	11819	13470	13650	14857	15509	15577
生活垃圾无害化处理率(%)	61.40	58.20	54.24	50.78	52.12	51.69
人均公共绿地面积(平方米)	3.69	4.56	5.36	6.49	7.39	7.89
城市公园个数(个)	4455	4850	5178	5832	6427	7077
建成城市环境噪声达标区数(个)	2463	3111	3128	3573	3534	3565
噪声达标区面积(万平方公里)	1.3	1.5	1.6	2.0	2.1	2.5

4-9-29 农村环境情况

指 标	2000	2001	2002	2003	2004	2005
农村改水累计受益人口(万人)	88112	86113	86833	87387	88616	88893
累计受益率(%)	92.4	91.0	91.7	92.7	93.8	94.1
累计使用卫生厕所户数(万户)	9572	11405	12062	12624	13192	13740
卫生厕所普及率(%)	44.8	46.1	48.7	50.9	53.1	55.3
累计使用卫生公厕户数(万户)		852.8	984.9	1080.6	1095.2	1034.1
累计粪便无害化处理率(%)	31.2	49.5	52.6	55.3	57.5	59.5
农村沼气池产气量(亿立方米)	25.9	29.8	37.0	47.5	55.7	72.9
太阳能热水器(万平方米)	1107.8	1319.4	1621.7	2464.8	2845.9	3205.6
太阳灶(台)	332390	388599	478426	526177	577625	685552

4-9-30　各地区城市市政设施水平

地　区	人均住宅建筑面积(平方米)	城市用水普及率(%)	城市用气普及率(%)	每万人拥有公共交通车辆(标台)	人均拥有道路面积(平方米)	人均公共绿地面积(平方米)	每万人拥有公共厕所(座)
全　国	**26.11**	**91.09**	**82.08**	**8.62**	**10.92**	**7.89**	**3.20**
北　京	32.86	100.00		17.64	10.55		3.66
天　津	24.97	100.00	98.50	11.23	10.41	8.38	3.24
河　北	26.04	99.95	94.20	7.15	12.17	7.79	4.34
山　西	24.79	90.32	68.29	5.25	7.93	6.02	4.68
内蒙古	22.96	83.88	68.18	5.61	10.14	7.78	6.57
辽　宁	21.96	93.83	88.11	8.94	7.95	7.49	4.70
吉　林	22.46	83.20	76.23	7.28	7.77	6.80	4.93
黑龙江	22.03	79.55	70.96	6.68	7.96	7.36	7.57
上　海	33.07	99.98	100.00	12.95	11.78	6.73	2.05
江　苏	27.95	96.28	95.11	9.07	16.32	10.27	4.23
浙　江	34.80	99.10	98.47	11.71	16.03	9.31	3.75
安　徽	22.56	90.52	72.29	7.20	11.92	6.58	3.19
福　建	32.28	98.68	96.19	12.08	12.06	9.17	2.75
江　西	25.58	92.64	80.64	8.03	9.26	7.82	2.02
山　东	26.47	77.39	75.74	6.92	12.54	8.09	1.27
河　南	23.40	91.94	69.25	7.77	9.72	7.85	3.52
湖　北	24.99	77.62	68.60	7.80	9.86	6.54	2.32
湖　南	26.00	91.11	75.43	8.86	9.56	6.87	2.55
广　东	26.46	98.80	95.42	6.45	12.04	11.00	1.81
广　西	25.23	82.28	72.68	6.93	10.24	6.76	1.89
海　南	24.18	85.97	82.56	6.49	14.44	10.44	1.38
重　庆	30.68	79.38	68.84	8.70	6.64	5.04	2.65
四　川	27.48	97.22	82.19	7.63	10.90	8.00	3.38
贵　州	20.40	92.75	64.74	8.63	6.07	5.95	2.20
云　南	28.59	82.07	60.01	9.03	7.12	7.98	2.19
西　藏	20.86	61.82	53.74	14.88	15.65	0.42	3.52
陕　西	23.40	93.24	79.82	8.19	8.19	5.11	2.18
甘　肃	23.28	85.94	55.36	6.31	9.71	6.86	2.14
青　海	22.00	100.00	72.00	17.84	9.70	5.82	4.11
宁　夏	23.90	62.89	51.84	4.76	10.21	5.38	3.65
新　疆	22.22	97.86	89.33	13.00	11.48	6.37	3.66

4-9-31 各地区城市园林绿化情况

地　区	城市园林绿地面积(公顷)	#公共绿地	公　园(个)	公园面积(公顷)	年游人量(万人次)
全　国	**1468228.6**	**283758.1**	**7077**	**157815.9**	**179367.4**
北　京	44384.4	11364.7	264	11365.0	12294.0
天　津	15740.7	5368.6	183	2325.3	3462.0
河　北	44847.6	10317.0	291	5693.6	6822.5
山　西	19316.9	5418.6	157	3851.3	3934.4
内蒙古	19647.1	4984.9	86	3125.8	772.8
辽　宁	74583.3	15386.8	259	8300.4	6507.6
吉　林	26863.6	7392.5	69	2526.2	1774.6
黑龙江	51415.2	10432.6	152	5382.7	9663.8
上　海	28704.3	11976.1	142	1516.6	13654.3
江　苏	189069.8	25687.0	539	9924.0	10044.6
浙　江	56871.7	13142.6	748	6045.6	12691.3
安　徽	41896.1	7429.7	140	3970.1	4901.3
福　建	27153.4	5862.0	314	4445.6	5226.3
江　西	25166.8	5633.5	125	2258.9	1777.9
山　东	105305.1	27480.2	456	11380.5	11219.9
河　南	42964.8	12643.7	292	6190.8	6892.4
湖　北	56184.0	13616.2	217	5753.0	9236.1
湖　南	40723.3	7143.2	150	6589.3	3814.0
广　东	333015.3	39940.5	1492	31275.8	23588.4
广　西	29688.8	5361.8	110	3675.9	2176.5
海　南	6685.1	1700.6	35	1124.9	2249.9
重　庆	15938.7	4253.6	94	2001.3	1250.5
四　川	68079.9	11197.8	312	5700.7	10921.3
贵　州	28020.4	2901.3	44	1863.1	2233.2
云　南	16725.7	4298.9	76	4489.3	2464.1
西　藏	62.6	14.2	5	108.0	68.0
陕　西	15003.1	4026.6	88	1447.8	6843.4
甘　肃	11548.0	3514.6	83	2249.2	1226.0
青　海	2430.0	562.0	14	265.9	266.9
宁　夏	7726.5	1384.6	28	758.0	687.1
新　疆	22466.4	3321.9	112	2211.3	702.4

【主要统计指标解释】

水资源总量　一定区域内的水资源总量指当地降水形成的地表和地下产水量，即地表径流量与降水入渗补给量之和，不包括过境水量。

地表水资源量　指河流、湖泊、冰川等地表水体中由当地降水形成的、可以逐年更新的动态水量，即天然河川径流量。

地下水资源量　指当地降水和地表水对饱水岩土层的补给量。

地表水与地下水资源重复量　指地表水和地下水相互转化的部分，即在河川径流量中包括一部分地下水排泄量，地下水补给量中包括一部分来源于地表水的入渗量。

供水总量　指各种水源工程为用户提供的包括输水损失在内的毛供水量。

地表水源供水量　指地表水体工程的取水量，按蓄、引、提、调四种形式统计。从水库、塘坝中引水或提水，均属蓄水工程供水量；从河道或湖泊中自流引水的，无论有闸或无闸，均属引水工程供水量；利用扬水站从河道或湖泊中直接取水的，属提水工程供水量；跨流域调水指水资源一级区或独立流域之间的跨流域调配水量，不包括在蓄、引、提水量中。

地下水源供水量　指水井工程的开采量，按浅层淡水、深层承压水和微咸水分别统计。城市地下水源供水量包括自来水厂的开采量和工矿企业自备井的开采量。

其他水源供水量　包括污水处理再利用、集雨工程、海水淡化等水源工程的供水量。

用水总量　指分配给用户的包括输水损失在内的毛用水量。按用户特性分为农业、工业、生活和生态用水四大类。

农业用水　包括农田灌溉和林牧渔业用水。林牧渔业用水指林果地灌溉、草地灌溉和鱼塘补水。

工业用水　按新水取用量计，不包括企业内部的重复利用水量。

生活用水　包括城镇生活用水和农村生活用水。城镇生活用水由居民用水和公共用水（含服务业、餐饮业、货运邮电业及建筑业等用水）组成；农村生活用水除居民生活用水外，还包括畜用水在内。

生态用水　仅包括城市环境用水和部分河湖、湿地的人工补水。

工业废水排放量　指报告期内经过企业厂区所有排放口排到企业外部的工业废水量。包括生产废水、外排的直接冷却水、超标排放的矿井地下水和与工业废水混排的厂区生活污水，不包括外排的间接冷却水(清污不分流的间接冷却水应计算在废水排放量内)。

直接排入海的　指经企业位于海边的排放口，直接排入海的废水量。直接排放指废水经过工厂的排污口直接排入海，而未经过城市下水道或其他中间体，也不受其他水体的影响。

工业废水排放达标量　指报告期内废水中各项污染物指标都达到国家或地方排放标准的外排工业废水量，包括未经处理外排达标的，经废水处理设施处理后达标排放的，以及经污水处理厂处理后达标排放的。

工业废水排放达标率　指工业废水排放达标量占工业废水排放量的百分率，计算公式为：

$$\text{工业废水排放达标率}=\frac{\text{工业废水排放达标量}}{\text{工业废水排放量}}\times 100\%$$

化学需氧量(COD)　测量有机和无机物质化学分解所消耗氧的质量浓度的水污染指数。

工业废气排放量　指报告期内企业厂区内燃料燃烧和生产工艺过程中产生的各种排入大气的含有污染物的气体的总量，以标准状态(273K，101325Pa)计算。测算公式为：

工业废水排放达标量＝燃料燃烧过程中的废气排放量+生产工艺过程中的废气排放量

生活及其他SO_2排放量 以生活及其他煤炭消费量和其含硫量为基础，根据以下公式计算：

生活及其他SO_2排放量＝生活及其他煤炭消费量×含硫量×0.8×2

工业SO_2排放量 指报告期内企业在燃料燃烧和生产工艺过程中排入大气的SO_2总量，计算公式为：

工业SO_2排放量＝燃料燃烧过程中SO_2排放量＋生产工艺过程中SO_2排放量

工业烟尘排放量 指企业厂区内燃料燃烧过程中产生的烟气中夹带的颗粒物排放量。

生活及其他烟尘排放量 指除工业生产活动以外的所有社会、经济活动及公共设施的经营活动中燃烧所排放的烟尘纯重量。以生活及其他煤炭消费量为基础进行测算。

工业粉尘排放量 指报告期内企业排入大气的粉尘量。工业粉尘指在生产工艺过程中排放的能在空气中悬浮一定时间的固体颗粒，如钢铁企业的耐火材料粉尘、焦化企业的筛焦系统粉尘、烧结机的粉尘、石灰窑的粉尘、建材企业水泥粉尘等，不包括电厂排入大气的烟尘。工业粉尘排放量可以通过除尘系统的排风量和除尘设备出口排尘浓度相乘求得，计算公式为：

工业粉尘排放量＝除尘设备出口废气中粉尘平均浓度×除尘系统风量×除尘设备运行时间

工业固体废物产生量 指报告期内企业在生产过程中产生的固体状、半固体状和高浓度液体状废弃物的总量，包括危险废物、冶炼废渣、粉煤灰、炉渣、煤矸石、尾矿、放射性废物和其他废物等；不包括矿山开采的剥离废石和掘进废石(煤矸石和呈酸性或碱性的废石除外)。酸性或碱性废石指采掘的废石其流经水、雨淋水的PH值小于4或PH值大于10.5者。

危险废物 指列入国家危险废物名录或者根据国家规定的危险废物鉴别标准和鉴别方法认定的，具有爆炸性、易燃性、易氧化性、毒性、腐蚀性、易传染性疾病等危险特性之一的废物。

工业固体废物综合利用量 指报告期内企业通过回收、加工、循环、交换等方式，从固体废物中提取或者使其转化为可以利用的资源、能源和其他原材料的固体废物量(包括当年利用的往年工业固体废物贮存量)。如用做农业肥料、生产建筑材料、筑路等。综合利用量由原产生固体废物的单位统计。

工业固体废物综合利用率 指工业固体废物综合利用量占固体废物产生量的百分率。计算公式为：

$$\text{工业固体废物综合利用率}=\frac{\text{工业固体废物综合利用量}}{\text{工业固体废物产生量+综合利用往年贮存量}}\times 100\%$$

工业固体废物贮存量 指报告期内企业以综合利用或处置为目的，将固体废物暂时贮存或堆存在专设的贮存设施或专设的集中堆存场所内的数量。专设的固体废物贮存场所或贮存设施必须有防扩散、防流失、防渗漏、防止污染大气、水体的措施。

工业固体废物处置量 指报告期内企业将固体废物焚烧或者最终置于符合环境保护规定要求的场所，并不再回取的工业固体废物量(包括当年处置往年的工业固体废物贮存量)。处置方式有填埋(其中危险废物应安全填埋)、焚烧、专业贮存场(库)封场处理、深层灌注、回填矿井及海洋处置(经海洋管理部门同意投海处置)等。

工业固体废物排放量 指报告期内企业将所产生的固体废物排到固体废物污染防治设施、场所以外的数量。不包括矿山开采的剥离废石和掘进废石(煤矸石和呈酸性或碱性的废石除外)。

“三废”综合利用产品产值 指报告期内利用“三废”作为主要原料生产的产品价值(现行价)；已经销售或准备销售的应计算产品价值，留作生产自用的不应计算产品价值。

森林覆盖率 指一个国家或地区森林面积占土地面积的百分比。在计算森林覆盖率时，森林面积包括郁闭度0.20以上的乔木林地面积和竹林地面积、国家特别规定的灌木林地面积、农田林网以及四旁(村旁、路旁、水旁、宅旁)林木的覆盖面积。森林覆盖率表明一个国家或地区森林资源的丰富程度和生态平衡状况，是反映林业生产发展水平的主要指标。

$$森林覆盖率=\frac{森林面积}{土地总面积}\times 100\%+\frac{灌木林地面积}{土地总面积}\times 100\%+\frac{林网树占地面积}{土地总面积}\times 100\%+\frac{四旁树占地面积}{土地总面积}\times 100\%$$

自然保护区 指对有代表性的自然生态系统、珍稀濒危野生动植物物种的天然分布区、水源涵养区、有特殊意义的自然历史遗迹等保护对象所在的陆地、陆地水体或海域，依法划出一定面积进行特殊保护和管理的区域。以县及县以上各级人民政府正式批准建立的自然保护区为准(包括“六五”以前由部门或“革委会”批准且现仍存在的自然保护区)。风景名胜区、文物保护区不计在内。

湿地 指天然或人工、长久或暂时性的沼泽地、泥炭地或水域地带，包括静止或流动、淡水、半咸水、咸水体，低潮时水深不超过6米的水域以及海岸地带地区的珊瑚滩和海草床、滩涂、红树林、河口、河流、淡水沼泽、沼泽森林、湖泊、盐沼及盐湖。

环境污染与破坏事故 指由于违反环境保护法规的经济、社会活动与行为，以及意外因素的影响或不可抗拒的自然灾害等原因，致使环境受到污染，国家重点保护的野生动植物、自然保护区受到破坏，人体健康受到危害，社会经济和人民财产受到损失，造成不良社会影响的突发性事件。

环境污染治理投资 指在工业污染源治理和城市环境基础设施建设的资金投入中，用于形成固定资产的资金。包括工业新老污染源治理工程投资、建设项目“三同时”环保投资，以及城市环境基础设施建设所投入的资金。

全年供水总量 指报告期供水企业(单位)供出的全部水量。包括有效供水量和漏损水量。

用水普及率 指城市用水人口数与城市人口总数的比率。计算公式：用水普及率=城市用水人口数/城市人口总数×100%

用气普及率 指报告期末使用燃气的城市人口数与城市人口总数的比率。计算公式为：用气普及率=城市用气人口数/城市人口总数×100%

生活垃圾清运量 指报告期内收集和运送到垃圾处理厂(场)的生活垃圾数量。生活垃圾指城市日常生活或为城市日常生活提供服务的活动中产生的固体废物以及法律行政规定的视为城市生活垃圾的固体废物。包括：居民生活垃圾、商业垃圾、集市贸易市场垃圾、街道清扫垃圾、公共场所垃圾和机关、学校、厂矿等单位的生活垃圾。

生活垃圾无害化处理率 指报告期生活垃圾无害化处理量与生活垃圾产生量比率。在统计上，由于生活垃圾产生量不易取得，可用清运量代替。计算公式为：

$$生活垃圾无害化处理率=\frac{生活垃圾无害化处理量}{生活垃圾产量量}\times 100\%$$

城市园林绿地面积 指报告期末用作园林和绿化的各种绿地面积。包括公共绿地、居住区绿地、单位附属绿地、防护绿地、生产绿地、道路绿地和风景林地面积。

不包括：

1.屋顶绿化、垂直绿化、阳台绿化和室内绿化。

2.以物质生产为主的林地、耕地、牧草地、果园和竹园等。

3.城市总体规划中不列入绿地的水域。

公共绿地 指向公众开放的市级、区级、居住区级各类公园、街旁游园，包括其范围内的水域。其中居住区级公园应不小于1万平方米，街旁游园的宽度不小于8米，面积不小于400平方米。

农村人口 指居住和生活在县城(不含)以下的乡镇、村的人口。

农村改水累计受益人口 指各种改水形式的受益人口。

卫生厕所 指有完整下水道系统的水冲式、三格化粪池式、净化沼气池式、多翁漏斗式公厕以及粪便及时清理并进行高温堆肥无害化处理的非水冲式公厕。

累计使用卫生公厕户数 指农民因某种原因没有兴建自己的卫生厕所，而使用村内卫生公厕户数。

第四部分

第三产业
主要业务指标

10.居民服务和其他服务业

简要说明

该行业为2002年国民经济行业分类的新增门类，本年鉴仅列示了2004—2005年数据。
本资料由国家统计局国民经济核算司加工整理。

4-10-1　各地区居民服务和其他服务业总产出与增加值(2004年)

地　区	总产出		增加值	
	总量(亿元)	发展速度(%)	总量(亿元)	发展速度(%)
北　京	318.41		79.63	
天　津	140.05		60.96	
河　北	261.90		139.70	
山　西	97.19		74.20	
内蒙古	139.35		74.09	
辽　宁	407.88		190.89	
吉　林	101.05		52.31	
黑龙江	236.00		144.20	
上　海	200.25		73.90	
江　苏	425.50		202.58	
浙　江	212.16		110.06	
安　徽	276.19		128.61	
福　建	175.18		103.94	
江　西	71.40		36.59	
山　东	460.95		221.30	
河　南	176.15		113.09	
湖　北	200.04		101.90	
湖　南	353.81		203.04	
广　东	544.65		310.15	
广　西	56.11		28.89	
海　南	17.67		10.16	
重　庆	75.90		40.45	
四　川	304.12		137.63	
贵　州	35.46		17.50	
云　南	63.02		27.16	
西　藏	3.80		2.80	
陕　西	75.99		36.79	
甘　肃	39.14		22.52	
青　海	6.40		3.20	
宁　夏	11.62		5.46	
新　疆	44.46		23.99	

4-10-2 各地区居民服务和其他服务业总产出与增加值

地区	总产出		增加值	
	总量(亿元)	发展速度(%)	总量(亿元)	发展速度(%)
北京	339.92	105.4	84.50	104.8
天津	147.44	112.2	66.90	111.4
河北	307.70	111.4	153.71	105.3
山西	113.92	109.2	86.86	109.4
内蒙古	154.22	105.8	84.24	108.7
辽宁	391.61	91.8	212.56	106.5
吉林	125.63	121.1	64.02	119.2
黑龙江	299.54	125.4	156.41	107.2
上海	230.75	116.0	82.81	110.9
江苏	553.69	110.3	282.83	115.6
浙江	249.89	115.0	129.53	114.9
安徽	294.36	104.1	147.56	112.0
福建	211.15	115.9	122.47	113.4
江西	92.11	111.3	52.09	112.1
山东	546.37	114.8	263.15	112.7
河南	209.27	114.5	128.22	109.2
湖北	231.10	118.3	118.10	113.0
湖南	410.19	112.5	235.64	112.6
广东	605.98	109.4	344.85	109.3
广西	82.60	136.3	48.15	108.4
海南	20.44	112.8	11.53	109.5
重庆	91.83	112.2	47.47	112.1
四川	340.62	107.5	147.66	111.0
贵州	40.31	112.0	20.16	113.4
云南	70.07	104.6	29.74	103.0
西藏	4.78	136.4	3.06	101.0
陕西	88.38	112.8	42.87	110.0
甘肃	44.87	114.7	25.81	114.7
青海	7.84	120.1	3.90	119.4
宁夏	12.86	109.1	6.30	110.9
新疆	49.37	106.2	26.09	104.0

【主要统计指标解释】

总产出　指一定时期内一个国家（或地区）常住单位生产的所有货物和服务的价值，既包括新增价值，也包括被消耗的货物和服务价值以及固定资产的转移价值。总产出反映常住单位生产活动的总规模。

增加值　指常住单位生产过程创造的新增价值和固定资产的转移价值。增加值可以按生产法计算，也可以按收入法计算。按生产法计算，增加值等于总产出减去中间投入；按收入法计算，增加值等于劳动者报酬、生产税净额、固定资产折旧和营业盈余之和。

第四部分

第三产业
主要业务指标

11.教育

简要说明

教育统计资料包括研究生教育、高等教育(普通教育本专科、成人教育本专科)、中等教育(高中阶段教育和初中阶段教育)、初等教育(小学)、学前教育、特殊教育(盲聋哑和弱智儿童学校等)以及教育经费等资料。主要指标包括学校数、在校学生数、招生数、毕业生数、教职工数和专任教师数、教育经费总额及国家财政性教育经费等。

教育事业统计资料、教育经费统计资料由教育部提供；技工学校的资料由劳动和社会保障部提供。

详细资料分别见《中国教育事业统计年鉴》(教育部发展规划司编)和《全国教育经费执行情况统计公告》(教育部、国家统计局和财政部联合发文)。

4-11-1 各级各类学历教育学生情况

单位：人

学 历	招生数	在校学生数	毕业生数	女学生占学生总数的比重(%)
高等教育				
研究生	364831	978610	189728	43.39
博 士	54794	191317	27677	32.57
硕 士	310037	787293	162051	46.02
普通本专科	5044581	15617767	3067956	47.08
本 科	2363647	8488188	1465786	45.30
专 科	2680934	7129579	1602170	49.20
成人本专科	1930250	4360705	1667889	51.12
本 科	747196	1611140	555799	50.89
专 科	1183054	2749565	1112090	51.26
其他高等学历教育				
在职人员攻读博士、硕士学位	101653	254672		27.29
网络本专科生	891046	2652679	759627	48.38
本 科	408606	1272292	392310	48.38
专 科	482440	1380387	367317	48.39
学历文凭考试		203545	94202	48.46
自学考试		45698	19466	53.32
中等教育	**35209758**	**102971534**	**32931917**	
高中阶段教育	15333932	40309409	10921702	
高中	8777317	24309014	6739805	
普通高中	8777317	24090901	6615713	46.43
成人高中		218113	124092	50.11
中等职业教育	6556615	16000395	4181897	
普通中专	2411340	6297671	1567135	53.99
成人中专	479465	1125457	393926	48.30
职业高中	2482117	5824293	1530860	48.29
技工学校	1183693	2752974	689976	
初中阶段教育	19875826	62662125	22010215	
普通初中	19765246	61718079	21065150	47.33
职业初中	110580	431363	169132	45.92
成人初中		512683	775933	43.46
初等教育	**16717440**	**111718265**	**23171154**	
普通小学	16717440	108640655	20194768	46.82
成人小学		3077610	2976386	54.72
#扫盲班		1924380	1690506	56.98
工读学校	**3543**	**8372**	**3514**	**12.06**
特殊教育	**49288**	**364409**	**43214**	**35.53**
学前教育	**13562405**	**21790290**	**10253729**	**45.09**

注：特殊教育学生数中包括普通中小学随班就读的学生。

4-11-2 各级各类非学历教育学生情况

单位:人

项　目	毕(结)业生数	注册生数
总计	**71172617**	**55236951**
高等教育	3733949	2399387
研究生课程进修班	69978	88243
自考助学班	199531	737918
普通预科生		23663
进修及培训	3464440	1549563
#资格证书培训	917431	346701
岗位证书培训	902614	420109
中等职业教育	67438668	52837564
#资格证书培训	5490047	4144345
岗位证书培训	6985646	4743639
中等职业学校	8096788	4010417
#资格证书培训	1748317	1002729
岗位证书培训	1548427	753218
职业技术培训机构	59341880	48827147
#资格证书培训	3741730	3141616
岗位证书培训	5437219	3990421

4-11-3 各级各类学校专任教师数

单位：万人

年 份	普通高等学校	普通中学	高 中	初 中	职业中学	普通小学	特殊教育学校	学前教育
1978	20.6	318.2	74.1	244.1		522.6	0.4	27.7
1980	24.7	302.0	57.1	244.9	2.3	549.9	0.5	41.1
1985	34.4	265.2	49.2	216.0	14.1	537.7	0.7	55.0
1986	37.2	275.8	51.8	223.9	16.4	541.4	0.8	60.5
1987	38.5	287.0	54.4	232.7	18.5	543.4	0.9	65.1
1988	39.3	296.0	55.7	240.3	20.3	550.1	1.1	67.0
1989	39.7	298.0	55.4	242.7	21.4	554.4	1.2	70.9
1990	39.5	303.3	56.2	247.0	22.4	558.2	1.4	75.0
1991	39.1	309.0	57.3	251.7	23.5	553.2	1.6	76.9
1992	38.8	314.1	57.6	256.5	24.8	552.7	1.9	81.5
1993	38.8	316.7	55.9	260.8	26.2	555.2	2.0	83.6
1994	39.6	323.4	54.7	268.7	27.7	561.1	2.3	86.2
1995	40.1	333.4	55.1	278.4	29.2	566.4	2.5	87.5
1996	40.3	346.5	57.2	289.3	30.8	573.6	2.7	88.9
1997	40.5	358.7	60.5	298.2	32.2	579.4	2.9	88.4
1998	40.7	369.7	64.2	305.5	33.6	581.9	3.0	87.5
1999	42.6	384.1	69.2	314.8	33.6	586.1	3.1	87.2
2000	46.3	400.5	75.7	324.9	32.0	586.0	3.2	85.6
2001	53.2	418.8	84.0	334.8	30.6	579.8	2.9	63.0
2002	61.8	437.6	94.6	343.0	31.0	577.9	3.0	57.1
2003	72.5	453.7	107.1	346.7	28.9	570.3	3.0	61.3
2004	85.8	466.8	119.1	347.7	29.4	562.9	3.1	65.6
2005	96.6	477.1	129.9	347.2	30.3	559.2	3.2	72.2

4-11-4 各级各类学校招生数

单位：万人

年 份	普通高等学校	普通中学			职业中学	普通小学	特殊教育学校
			高 中	初 中			
1978	40.2	2698.9	692.9	2006.0		3315.4	0.6
1980	28.1	1934.3	383.4	1550.9	30.7	2942.3	0.6
1985	61.9	1606.9	257.5	1349.4	116.1	2298.2	0.9
1986	57.2	1643.9	257.3	1386.6	112.8	2258.2	1.1
1987	61.7	1649.5	255.2	1394.3	113.2	2094.6	1.2
1988	67.0	1584.8	244.3	1340.5	119.5	2123.3	1.2
1989	59.7	1551.5	242.1	1309.4	118.3	2151.5	1.4
1990	60.9	1619.6	249.8	1369.9	123.2	2064.0	1.6
1991	62.0	1655.2	243.8	1411.3	137.8	2072.7	2.0
1992	75.4	1699.7	234.7	1465.0	152.1	2183.2	3.0
1993	92.4	1707.3	228.3	1479.0	161.5	2353.5	3.4
1994	90.0	1859.8	243.4	1616.4	175.3	2537.0	4.0
1995	92.6	2025.9	273.6	1752.3	190.1	2531.8	5.6
1996	96.6	2042.9	282.2	1760.7	188.9	2524.7	4.8
1997	100.0	2128.2	322.6	1805.6	211.2	2462.0	4.6
1998	108.4	2321.0	359.6	1961.4	217.6	2201.4	4.9
1999	159.7	2546.0	396.3	2149.7	194.1	2029.5	5.0
2000	220.6	2736.0	472.7	2263.3	182.7	1946.5	5.3
2001	268.3	2815.9	558.0	2257.9	185.0	1944.2	5.6
2002	320.5	2929.0	676.7	2252.3	216.9	1952.8	5.3
2003	382.2	2947.4	752.1	2195.3	222.1	1829.4	4.9
2004	447.3	2899.7	821.5	2078.2	229.1	1747.0	5.1
2005	504.5	2854.3	877.7	1976.5	259.3	1671.7	4.9

4-11-5　各级各类学校在校学生数

单位：万人

年　份	普通高等学校	普通中学	高　中	初　中	职业中学	普通小学	特殊教育学校	学前教育
1978	85.6	6548.3	1553.1	4995.2		14624.0	3.1	787.7
1980	114.4	5508.1	969.8	4538.3	45.4	14627.0	3.3	1150.8
1985	170.3	4706.0	741.1	3964.8	229.5	13370.2	4.2	1479.7
1986	188.0	4889.9	773.4	4116.6	256.0	13182.5	4.7	1629.0
1987	195.9	4948.1	773.7	4174.4	267.6	12835.9	5.3	1807.8
1988	206.6	4761.5	746.0	4015.5	279.4	12535.8	5.8	1854.5
1989	208.2	4554.0	716.1	3837.9	282.3	12373.1	6.4	1847.7
1990	206.3	4586.0	717.3	3868.7	295.0	12241.4	7.2	1972.2
1991	204.4	4683.5	722.9	3960.6	315.6	12164.2	8.5	2209.3
1992	218.4	4770.8	704.9	4065.9	342.8	12201.3	13.0	2428.2
1993	253.6	4739.1	656.9	4082.2	362.6	12421.2	16.9	2552.5
1994	279.9	4981.7	664.9	4316.7	405.6	12822.6	21.1	2630.3
1995	290.6	5371.0	713.2	4657.8	448.3	13195.2	29.6	2711.2
1996	302.1	5739.7	769.3	4970.4	473.3	13615.0	32.1	2666.3
1997	317.4	6017.9	850.1	5167.8	511.9	13995.4	34.1	2519.0
1998	340.9	6301.0	938.0	5363.0	541.6	13953.8	35.8	2403.0
1999	413.4	6771.3	1049.7	5721.6	533.9	13548.0	37.2	2326.3
2000	556.1	7368.9	1201.3	6167.6	503.2	13013.3	37.8	2244.2
2001	719.1	7836.0	1405.0	6431.1	466.4	12543.5	38.6	2021.8
2002	903.4	8287.9	1683.8	6604.1	511.5	12156.7	37.5	2036.0
2003	1108.6	8583.2	1964.8	6618.4	528.2	11689.7	36.5	2003.9
2004	1333.5	8695.4	2220.4	6475.0	569.4	11246.2	37.2	2089.4
2005	1561.8	8580.9	2409.1	6171.8	625.6	10864.1	36.4	2179.0

4-11-6 各级各类学校毕业生数

单位：万人

年 份	普通高等学校	普通中学	高 中	初 中	职业中学	普通小学	特殊教育学校
1978	16.5	2375.3	682.7	1692.6		2287.9	0.3
1980	14.7	1581.0	616.2	964.7	7.9	2053.3	0.4
1985	31.6	1194.9	196.6	998.3	41.3	1999.9	0.4
1986	39.3	1281.0	224.0	1057.0	57.9	2016.1	0.5
1987	53.2	1364.1	246.8	1117.3	75.0	2043.0	0.4
1988	55.3	1407.8	250.6	1157.2	81.0	1930.3	0.5
1989	57.6	1377.5	243.2	1134.3	86.3	1857.1	0.5
1990	61.4	1342.1	233.0	1109.1	89.3	1863.1	0.5
1991	61.4	1308.5	222.9	1085.5	94.5	1896.7	0.6
1992	60.4	1328.4	226.1	1102.3	96.7	1872.4	0.9
1993	57.1	1365.9	231.7	1134.2	102.5	1841.5	1.2
1994	63.7	1361.9	209.3	1152.6	107.6	1899.6	1.4
1995	80.5	1429.0	201.6	1227.4	124.0	1961.5	1.9
1996	83.9	1484.0	204.9	1279.0	139.6	1934.1	2.4
1997	82.9	1664.0	221.7	1442.4	150.1	1960.1	2.8
1998	83.0	1832.0	251.8	1580.2	162.8	2117.4	3.5
1999	84.8	1852.7	262.9	1589.8	167.8	2313.7	3.8
2000	95.0	1908.6	301.5	1607.1	176.3	2419.2	4.3
2001	103.6	2047.4	340.5	1707.0	166.5	2396.9	4.6
2002	133.7	2263.6	383.8	1879.9	145.4	2351.9	4.4
2003	187.7	2453.7	458.1	1995.6	135.5	2267.9	4.5
2004	239.1	2617.4	546.9	2070.4	142.5	2135.2	4.7
2005	306.8	2768.1	661.6	2106.5	170.0	2019.5	4.3

4-11-7　研究生和留学生数

单位：人

年　份	研究生数			出国留学人员	学成回国留学人员
	招生数	在学人数	毕业生数		
1978	10708	10934	9	860	248
1980	3616	21604	476	2124	162
1985	46871	87331	17004	4888	1424
1986	41310	110371	16950	4676	1388
1987	39017	120191	27603	4703	1605
1988	35645	112776	40838	3786	3000
1989	28569	101339	37232	3329	1753
1990	29649	93018	35440	2950	1593
1991	29679	88128	32537	2900	2069
1992	33439	94164	25692	6540	3611
1993	42145	106771	28214	10742	5128
1994	50864	127935	28047	19071	4230
1995	51053	145443	31877	20381	5750
1996	59398	163322	39652	20905	6570
1997	63749	176353	46539	22410	7130
1998	72508	198885	47077	17622	7379
1999	92225	233513	54670	23749	7748
2000	128484	301239	58767	38989	9121
2001	165197	393256	67809	83973	12243
2002	202611	500980	80841	125179	17945
2003	268925	651260	111091	117307	20152
2004	326286	819896	150777	114682	24726
2005	364831	978610	189728	118515	34987

4-11-8 分学科研究生情况

单位：人

学 科	招生数	博 士	硕 士	在校学生数	博 士	硕 士	毕业生数	博 士	硕 士
总 计	**364831**	**54794**	**310037**	**978610**	**191317**	**787293**	**189728**	**27677**	**162051**
哲 学	4414	731	3683	11632	2395	9237	2249	436	1813
经济学	18612	2662	15950	49752	9695	40057	10930	1617	9313
法 学	24770	2305	22465	65272	7520	57752	14103	1191	12912
教育学	12357	1005	11352	29855	3029	26826	5101	455	4646
文 学	28962	2334	26628	73000	7543	65457	13314	1216	12098
历史学	5249	946	4303	13790	3180	10610	2657	547	2110
理 学	45193	10214	34979	120510	33059	87451	22028	5458	16570
工 学	131345	20983	110362	369738	79714	290024	72941	9427	63514
农 学	13864	2253	11611	36061	7386	28675	6038	1093	4945
医 学	38340	6738	31602	100343	20236	80107	19405	4291	15114
军事学	219	34	185	546	122	424	114	22	92
管理学	41506	4589	36917	108111	17438	90673	20848	1924	18924
普通高校	**348407**	**48824**	**299583**	**932711**	**172052**	**760659**	**181072**	**24035**	**157037**
哲 学	4244	680	3564	11216	2274	8942	2158	397	1761
经济学	18106	2464	15642	48229	9033	39196	10506	1433	9073
法 学	24314	2185	22129	63882	7169	56713	13778	1078	12700
教育学	12293	975	11318	29694	2940	26754	5065	437	4628
文 学	28742	2270	26472	72409	7361	65048	13207	1183	12024
历史学	5173	929	4244	13559	3109	10450	2609	540	2069
理 学	38531	7159	31372	101855	23158	78697	18748	3532	15216
工 学	125052	19102	105950	351921	73377	278544	69473	8377	61096
农 学	13268	2040	11228	34548	6777	27771	5832	994	4838
医 学	37507	6533	30974	98096	19671	78425	18922	4169	14753
军事学	216	34	182	540	122	418	111	22	89
管理学	40961	4453	36508	106762	17061	89701	20663	1873	18790
科研机构	**16424**	**5970**	**10454**	**45899**	**19265**	**26634**	**8656**	**3642**	**5014**
哲 学	170	51	119	416	121	295	91	39	52
经济学	506	198	308	1523	662	861	424	184	240
法 学	456	120	336	1390	351	1039	325	113	212
教育学	64	30	34	161	89	72	36	18	18
文 学	220	64	156	591	182	409	107	33	74
历史学	76	17	59	231	71	160	48	7	41
理 学	6662	3055	3607	18655	9901	8754	3280	1926	1354
工 学	6293	1881	4412	17817	6337	11480	3468	1050	2418
农 学	596	213	383	1513	609	904	206	99	107
医 学	833	205	628	2247	565	1682	483	122	361
军事学	3		3	6		6	3		3
管理学	545	136	409	1349	377	972	185	51	134

4-11-9　高等学校（机构)学生数

单位：人

项　目	招生数	在校学生数	毕(结)业生数	授予学位数
研究生	364831	978610	189728	185250
博　士	54794	191317	27677	26506
硕　士	310037	787293	162051	158744
普通本科、专科生	5044581	15617767	3067956	1309692
本　科	2363647	8488188	1465786	1309692
专　科	2680934	7129579	1602170	
成人本科、专科生	1930250	4360705	1667889	71170
本　科	747196	1611140	555799	71170
专　科	1183054	2749565	1112090	
网络本科、专科生	891046	2652679	759627	23032
本　科	408606	1272292	392310	23032
专　科	482440	1380387	367317	
在职人员攻读博士、硕士学位	101653	254672		43964
学历文凭考试		203545	94202	
电大注册视听生		45698	19466	
自考助学班	317243	737918	199531	
研究生课程进修班		88243	69978	
普通预科生		23663		
进修及培训		1549563	3464440	
留学生	60904	78323	44337	3791

4-11-10 成人本、专科分学科学生数

单位：人

学科	招生数	本科	专科	在校学生数	本科	专科	毕业生数	本科	专科
总计	**1930250**	**747196**	**1183054**	**4360705**	**1611140**	**2749565**	**1667889**	**555799**	**1112090**
成人高等学校办	**295336**	**52679**	**242657**	**695637**	**113423**	**582214**	**275587**	**45586**	**230001**
#师范	67555	39712	27843	160710	87047	73663	67672	36089	31583
哲学	8		8	10		10	22		22
经济学	17934	547	17387	41677	1172	40505	14893	521	14372
法学	17858	3469	14389	44702	7950	36752	18946	4642	14304
教育学	24894	8871	16023	60005	17542	42463	26994	7066	19928
文学	63288	23131	40157	146045	50265	95780	53577	19173	34404
#外语	16564	8885	7679	41581	20485	21096	12551	6904	5647
艺术	9759	2284	7475	23007	5683	17324	8049	2141	5908
历史学	866	746	120	2428	1710	718	1029	900	129
理学	10939	8564	2375	26206	19373	6833	12514	9665	2849
工学	49586	2090	47496	115957	4554	111403	44770	1232	43538
农学	1416	26	1390	3081	68	3013	353		353
医学	22957	2159	20798	62715	4369	58346	41872	78	41794
管理学	85590	3076	82514	192811	6420	186391	60617	2309	58308
普通高等学校办	**1634914**	**694517**	**940397**	**3665068**	**1497717**	**2167351**	**1392302**	**510213**	**882089**
#师范	325761	162980	162781	288933	186024	102909	668256	401351	266905
哲学	59	26	33	127	38	89	64		64
经济学	88861	27459	61402	200404	66387	134017	81689	24582	57107
法学	95830	62824	33006	223902	139072	84830	91107	56030	35077
教育学	98579	42356	56223	218247	84191	134056	100034	26835	73199
文学	273117	158657	114460	613278	338992	274286	256823	120141	136682
#外语	88683	55130	33553	199918	120689	79229	61819	38754	23065
艺术	54560	30401	24159	127665	69063	58602	49119	22052	27067
历史学	4311	3725	586	12355	9240	3115	6118	4823	1295
理学	65269	52267	13002	147240	114442	32798	68348	51221	17127
工学	336956	124432	212524	780487	280959	499528	275681	94428	181253
农学	27290	10700	16590	66442	22429	44013	23788	5149	18639
医学	219792	77226	142566	518596	160229	358367	190473	41629	148844
管理学	424850	134845	290005	883990	281738	602252	298177	85375	212802

4-11-11　普通本、专科分学科学生数

单位：人

学　科	招生数	本科	专科	在校学生数	本科	专科	毕业生数	本科	专科
总计	**5044581**	**2363647**	**2680934**	**15617767**	**8488188**	**7129579**	**3067956**	**1465786**	**1602170**
#师范	494944	258015	236929	1791585	1055506	736079	449734	223715	226019
哲　学	1797	1797		6323	6323		1275	1275	
经济学	264219	145512	118707	857757	518989	338768	162977	80710	82267
法　学	199521	108779	90742	697174	414309	282865	163529	76140	87389
教育学	315638	86080	229558	1022708	307402	715306	280134	50342	229792
文　学	760475	435484	324991	2318665	1455454	863211	415206	226903	188303
#外语	302174	147644	154530	944397	523211	421186	178090	83874	94216
艺术	295497	171548	123949	814935	521918	293017	122757	68726	54031
历史学	13379	13379		49390	49390		10694	10694	
理　学	270147	268061	2086	967908	959757	8151	164867	163076	1791
工　学	1809426	739668	1069758	5477207	2699776	2777431	1090986	517225	573761
农　学	97188	45674	51514	308107	174783	133324	69531	35419	34112
医　学	338563	147726	190837	1132165	627249	504916	202577	96011	106566
管理学	974228	371487	602741	2780363	1274756	1505607	506180	207991	298189

4-11-12　中等职业学校（机构)分科类学生情况

单位：人

项　目	招生数	#初中毕业生	#应届毕业生	在校学生数	毕业生数	#获得职业资格证书
总计	**5372922**	**5090379**	**4922138**	**13247421**	**3491921**	**1864778**
农林类	210063	189905	175762	530306	173862	89301
资源与环境类	43299	30844	28417	84139	16693	9432
能源类	42498	34956	33300	104139	23436	8296
土木水利工程类	128068	118547	114780	322231	78605	39443
加工制造类	1118390	1075010	1046487	2504163	470164	302292
交通运输类	169303	155506	148692	393742	90465	53302
信息技术类	1329689	1289911	1255027	3277913	908377	554442
医药卫生类	468960	434093	410106	1226777	331183	90810
商贸与旅游类	453781	439131	430048	1192210	342107	195774
财经类	325191	307410	298054	850219	249361	138483
文化艺术与体育类	282869	268320	261453	778374	214143	103861
社会公共事务类	162229	145131	137306	396417	138409	66616
师范类	249313	228484	223667	698535	232081	108198
其他	389269	373131	359039	888256	223035	104528

4-11-13 职业技术培训机构基本情况

单位：人

培训机构	学校数(所)	注册学生数	结业学生数	教职工数	
					#专任教师
总计	**198566**	**48827147**	**59341880**	**526240**	**256004**
职工技术培训学校(机构)	4230	1723388	1933667	50589	28541
教育部门和集体办	1321	950537	1053748	28377	13587
其他部门办	1014	502024	612280	9644	5970
民办	1895	270827	267639	12568	8984
农村成人文化技术培训学校(机构)	166601	37293423	47931805	250694	108821
教育部门和集体办	160924	35968830	46870460	232963	101516
#县办	1071	966532	1246986	10699	6204
乡办	23799	15383126	20053644	76068	37730
村办	136054	19619172	25569830	146196	57582
其他部门办	3756	747538	726818	6397	2636
民办	1921	577055	334527	11334	4669
其他培训机构(含社会培训机构)	27735	9810336	9476408	224957	118642
教育部门和集体办	959	1028734	999029	14910	7200
其他部门办	1544	734478	880572	11518	5976
民办	25232	8047124	7596807	198529	105466

4-11-14 普通高中学校和学生情况

学 校	学校数(所)			招生数(人)	在校学生数(人)	毕业生数(人)
		高级中学	完全中学			
总计	**16092**	**6453**	**9639**	**8777317**	**24090901**	**6615713**
教育部门和集体办	12016	5210	6806	7626522	21154117	5947983
社会力量办	3175	1064	2111	914794	2267777	475227
其他部门办	901	179	722	236001	669007	192503
城市	6251	2299	3952	3014263	8434123	2321628
教育部门和集体办	4057	1600	2457	2461714	6961415	1964507
社会力量办	1676	605	1071	398686	1032796	232482
其他部门办	518	94	424	153863	439912	124639
县镇	7661	3428	4233	4883443	13320026	3636709
教育部门和集体办	6306	2993	3313	4404255	12149038	3397360
社会力量办	1162	384	778	431078	1038641	200615
其他部门办	193	51	142	48110	132347	38734
农村	2180	726	1454	879611	2336752	657376
教育部门和集体办	1653	617	1036	760553	2043664	586116
社会力量办	337	75	262	85030	196340	42130
其他部门办	190	34	156	34028	96748	29130

4-11-15　普通初中学校和学生情况

学　校	学校数(所)	初级中学	九年一贯制	招生数(人)	在校学生数(人)	毕业生数(人)
总计	**61885**	**51991**	**9894**	**19765246**	**61718079**	**21065150**
教育部门和集体办	55291	48320	6971	18089582	56802804	19699833
社会力量办	4608	2701	1907	1292501	3724158	955603
其他部门办	1986	970	1016	383163	1191117	409714
城市	8157	5946	2211	3363494	10358204	3461482
教育部门和集体办	5722	4792	930	2674757	8378387	2883002
社会力量办	1554	764	790	487269	1370136	364232
其他部门办	881	390	491	201468	609681	214248
县镇	17323	15521	1802	7576314	23513281	7852565
教育部门和集体办	15453	14359	1094	6956312	21702627	7383458
社会力量办	1528	976	552	555821	1607081	397863
其他部门办	342	186	156	64181	203573	71244
农村	36405	30524	5881	8825438	27846594	9751103
教育部门和集体办	34116	29169	4947	8458513	26721790	9433373
社会力量办	1526	961	565	249411	746941	193508
其他部门办	763	394	369	117514	377863	124222

4-11-16　职业初中学校和学生情况

学　校	学校数(所)	招生数(人)	在校学生数(人)	毕业生数(人)
总计	**601**	**110580**	**431363**	**169132**
教育部门和集体办	575	105384	415945	165177
社会力量办	25	4985	14888	3793
其他部门办	1	211	530	162
城市	26	3515	12669	5294
教育部门和集体办	18	2936	10959	4796
社会力量办	7	368	1180	336
其他部门办	1	211	530	162
县镇	144	30490	112795	47609
教育部门和集体办	136	28537	106929	46146
社会力量办	8	1953	5866	1463
其他部门办				
农村	431	76575	305899	116229
教育部门和集体办	421	73911	298057	114235
社会力量办	10	2664	7842	1994
其他部门办				

4-11-17 普通小学学校和学生情况

学 校	学校数(所)	招生数(人)	在校学生数(人)	毕业生数(人)
总计	**366213**	**16717440**	**108640655**	**20194768**
教育部门和集体办	356528	15711304	102519069	19239852
社会力量办	6242	650598	3889404	553533
其他部门办	3443	355538	2232182	401383
城市	20372	2773731	17303773	2919645
教育部门和集体办	17334	2304756	14605376	2509202
社会力量办	1806	284988	1570562	208710
其他部门办	1232	183987	1127835	201733
县镇	29050	3265166	21858606	3964944
教育部门和集体办	27299	3068823	20563520	3762480
社会力量办	1211	146944	968713	142733
其他部门办	540	49399	326373	59731
农村	316791	10678543	69478276	13310179
教育部门和集体办	311895	10337725	67350173	12968170
社会力量办	3225	218666	1350129	202090
其他部门办	1671	122152	777974	139919

4-11-18　技工学校数、学生数和教职工数

年　份	学校数(所)	招生数(万人)	在校学生数(万人)	毕业生数(万人)	教职工数(万人)
1985	3548	35.5	74.2	22.6	21.5
1986	3765	39.4	89.2	23.3	24.4
1987	3952	42.3	103.1	26.5	26.2
1988	3996	46.1	116.1	31.1	28.0
1989	4102	47.0	125.8	36.8	29.6
1990	4184	50.6	133.2	41.3	30.8
1991	4269	54.4	142.2	45.4	32.5
1992	4392	60.2	155.6	45.7	33.6
1993	4477	66.4	171.7	49.7	33.5
1994	4430	71.4	187.1	55.7	34.0
1995	4521	74.0	188.6	68.1	33.7
1996	4467	72.7	191.8	68.1	33.5
1997	4395	73.4	193.1	69.9	31.0
1998	4362	59.4	181.3	68.2	31.0
1999	4098	51.5	156.0	66.2	26.9
2000	3792	50.4	140.1	64.6	24.0
2001	3470	55.1	134.7	47.7	22.0
2002	3075	73.3	153.0	45.4	20.3
2003	2970	91.6	193.1	45.3	20.2
2004	2884	109.7	234.5	53.5	20.5
2005	2855	118.4	275.3	69.0	20.4

4-11-19　各类技工学校情况

指　标	合　计		
		国务院各部门	省、自治区、直辖市
学校数　(所)	2855	163	2692
在校学生数　(万人)	275.3	10.1	265.2
教职工数　(万人)	20.4	1.1	19.3
专任教师数　(万人)	16.1	0.8	15.3
文化技术理论课指导教师(万人)	9.7	0.4	9.3
生产实习课指导教师　(万人)	3.8	0.2	3.6
理论实习一体化教师　(万人)	2.6	0.1	2.5

4-11-20 学龄儿童入学率和各级普通学校毕业生升学率

单位：%

年　份	学龄儿童净入学率	小学升初中	初中升高级中学	高中升高等教育
1990	97.8	74.6	40.6	27.3
1991	97.8	77.7	42.6	28.7
1992	97.2	79.7	43.6	34.9
1993	97.7	81.8	44.1	43.3
1994	98.4	86.6	47.8	46.7
1995	98.5	90.8	50.3	49.9
1996	98.8	92.6	49.8	51.0
1997	98.9	93.7	51.5	48.6
1998	98.9	94.3	50.7	46.1
1999	99.1	94.4	50.0	63.8
2000	99.1	94.9	51.2	73.2
2001	99.1	95.5	52.9	78.8
2002	98.6	97.0	58.3	83.5
2003	98.7	97.9	59.6	83.4
2004	98.9	98.1	62.9	82.5
2005	99.2	98.4	69.7	76.3

注：1.初中升高级中学包含升入技工学校。
2.高中升学率为普通高校招生数（含电大普通班）与普通高中毕业生数之比。

4-11-21　各地区高等学校普通本、专科学生数

单位：人

地　区	学校数(所)	毕(结)业生数	本　科	专　科	授予学位数	招生数	本　科	专　科
全　国	**1792**	**3067956**	**1465786**	**1602170**	**1309692**	**5044581**	**2363647**	**2680934**
北　京	77	120016	87067	32949	79079	158860	111487	47373
天　津	42	69211	33759	35452	28944	103616	53013	50603
河　北	86	180377	65451	114926	59278	250273	93494	156779
山　西	59	88344	36769	51575	32039	127514	54418	73096
内蒙古	33	39474	17033	22441	15717	70913	30182	40731
辽　宁	76	144984	79745	65239	74467	201488	122952	78536
吉　林	44	83982	52913	31069	47675	129393	89043	40350
黑龙江	62	100791	58337	42454	56546	162842	92616	70226
上　海	58	103435	51963	51472	48770	131804	73863	57941
江　苏	114	229679	119375	110304	99052	361479	182726	178753
浙　江	68	133051	54584	78467	48336	197896	100359	97537
安　徽	81	116958	48178	68780	42400	198690	80486	118204
福　建	53	64792	27130	37662	25381	146657	64964	81693
江　西	67	97781	42361	55420	38117	207882	79475	128407
山　东	99	224611	101436	123175	95453	400573	138521	262052
河　南	83	165159	61827	103332	54979	277578	106193	171385
湖　北	85	187920	100268	87652	89956	315560	147434	168126
湖　南	93	150981	59752	91229	54300	250844	106251	144593
广　东	102	157082	61059	96023	54606	306956	136527	170429
广　西	51	64871	21906	42965	19775	116719	42130	74589
海　南	15	11788	4725	7063	3644	24480	10426	14054
重　庆	35	59381	32991	26390	27631	112045	59485	52560
四　川	68	139328	79221	60107	70805	267198	124476	142722
贵　州	34	38681	20068	18613	16398	68586	32418	36168
云　南	44	47731	24022	23709	21544	84487	43308	41179
西　藏	4	3172	1296	1876	942	7589	4597	2992
陕　西	72	140592	67423	73169	61866	208879	102558	106321
甘　肃	33	49886	23861	26025	20477	71572	37783	33789
青　海	11	8227	4221	4006	2836	11682	5683	5999
宁　夏	13	8817	5858	2959	5353	14775	8200	6575
新　疆	30	36854	21187	15667	13326	55751	28579	27172

4-11-21 续表 单位：人

地 区	在校学生数	本 科	专 科	预计毕业生数	本 科	专 科
全 国	**15617767**	**8488188**	**7129579**	**3881031**	**1785706**	**2095325**
北 京	548270	419521	128749	141316	98419	42897
天 津	331553	190629	140924	84605	41481	43124
河 北	774006	351561	422445	224414	82350	142064
山 西	407036	195628	211408	108508	39919	68589
内蒙古	230902	121176	109726	58204	25148	33056
辽 宁	659351	439185	220166	158943	93731	65212
吉 林	407262	306333	100929	104402	64666	39736
黑龙江	540867	347267	193600	132217	74784	57433
上 海	442620	268030	174590	116352	58549	57803
江 苏	1159795	640335	519460	270178	130740	139438
浙 江	651307	349599	301708	168166	71237	96929
安 徽	589075	286655	302420	145220	59561	85659
福 建	406996	206400	200596	96897	34942	61955
江 西	646086	263015	383071	143335	50907	92428
山 东	1171284	589829	581455	275077	124859	150218
河 南	851864	389447	462417	205425	80347	125078
湖 北	1012665	535615	477050	279625	127254	152371
湖 南	754859	370507	384352	195272	79517	115755
广 东	874686	428579	446107	205090	73870	131220
广 西	338261	144512	193749	88285	31559	56726
海 南	69984	33709	36275	18122	7031	11091
重 庆	333563	209347	124216	78681	40583	38098
四 川	775436	451275	324161	174807	96622	78185
贵 州	206754	117644	89110	53873	24346	29527
云 南	254687	147367	107320	64447	29371	35076
西 藏	18979	12747	6232	3856	1703	2153
陕 西	666943	374267	292676	163978	76883	87095
甘 肃	229459	136915	92544	57668	29208	28460
青 海	32753	19856	12897	8474	4333	4141
宁 夏	48650	29477	19173	11112	6157	4955
新 疆	181814	111761	70053	44482	25629	18853

4-11-22 各地区中等职业学校（机构)学生情况

单位：人

地区	毕业生数	#获得职业资格证书	招生数	初中毕业	#应届毕业生	在校学生数	预计毕业生数
全国	**3491921**	**1864778**	**5372922**	**5090379**	**4922138**	**13247421**	**3919519**
北京	61837	30295	63637	61545	58044	208554	61953
天津	37749	15288	44153	43393	41998	135426	43547
河北	212430	87869	353544	331230	323375	810472	237390
山西	100235	58506	140586	134073	128063	361634	108067
内蒙古	55109	19959	84486	81504	73607	199875	59913
辽宁	121551	51848	160681	151312	144873	431756	132877
吉林	52454	22485	71668	67365	64227	182929	61468
黑龙江	72172	44790	117793	76860	73976	260073	68866
上海	61196	28048	55216	51941	51368	206326	60637
江苏	197237	112757	411801	406796	404404	1060824	256284
浙江	218780	147221	264499	261810	257307	732778	238289
安徽	144932	66592	276347	264525	257150	633437	170958
福建	110036	63593	175931	170832	160659	447689	131477
江西	120609	68970	240940	226545	221408	541604	171923
山东	330584	180683	392092	373208	359686	1093400	378698
河南	316127	153414	437102	384495	374757	1076826	344684
湖北	129436	66373	273789	268393	264002	606014	155657
湖南	187911	111244	317819	311835	308555	705568	192284
广东	189083	118717	279265	276772	269568	710162	202488
广西	97685	53948	146927	142875	137150	365996	109851
海南	12598	5486	24235	24010	23967	58424	14856
重庆	100472	68556	114390	109320	104298	308194	100405
四川	192461	119139	345062	330718	322709	783244	227139
贵州	43770	17985	99706	97515	88065	201373	49907
云南	90520	38956	113619	106112	99540	294946	87780
西藏	2930	849	2856	2331	1989	7027	2513
陕西	127128	69184	192052	180192	172756	427967	136288
甘肃	54637	22614	79783	74428	68913	195551	54743
青海	5836	2486	13216	10434	8567	24656	7996
宁夏	15856	6173	28422	22767	21609	58773	17478
新疆	28560	10750	51305	45243	35548	115923	33103

4-11-23 各地区普通高中基本情况

单位：人

地 区	学校数(所)	招生数	在校学生数	毕业生数	教职工数	#专任教师
全 国	**16092**	**8777317**	**24090901**	**6615713**	**5720244**	**1299460**
北 京	335	88605	278358	73260	75837	19875
天 津	232	74449	217180	57263	55322	14207
河 北	816	494683	1391138	396263	345193	73403
山 西	581	263159	713699	196934	193835	41583
内蒙古	359	198377	523497	136562	121784	26649
辽 宁	476	266111	744229	201852	180016	38208
吉 林	293	173983	489420	133095	124819	24292
黑龙江	475	205541	583567	161301	176524	34093
上 海	334	100574	311737	101825	75451	18239
江 苏	849	522503	1453420	426520	337789	88801
浙 江	611	303986	899961	259874	194890	56882
安 徽	760	434612	1169006	300950	228966	51112
福 建	627	272124	732456	182591	167811	45328
江 西	617	312575	849204	239755	183459	46565
山 东	813	672165	1965783	575243	470584	108076
河 南	945	699934	1883854	536570	431625	84038
湖 北	653	458591	1294487	383420	273146	64433
湖 南	800	512714	1318513	340207	305413	68324
广 东	981	569753	1489863	374445	360341	86079
广 西	529	256877	699644	193531	191316	35249
海 南	107	46433	118165	30677	34331	6590
重 庆	277	182950	481388	133654	112965	25774
四 川	796	511535	1384573	373219	306141	72408
贵 州	473	193814	495193	119161	138949	25638
云 南	443	189993	483054	116031	153997	29760
西 藏	25	12864	33342	7684	9006	1922
陕 西	639	326295	906256	259637	191041	44100
甘 肃	497	205710	566168	138165	111495	29127
青 海	144	37577	100511	25355	22370	6571
宁 夏	102	43786	125472	36741	25828	6981
新 疆	503	145044	387763	103928	120000	25153

注：教职工数为普通高中和普通初中之和。

4-11-24 各地区普通初中基本情况

单位：人

地 区	学校数(所)	招生数	在校学生数	毕业生数	专任教师
全 国	**61885**	**19765246**	**61718079**	**21065150**	**3471839**
北 京	404	93048	321585	156388	31095
天 津	408	99780	359110	136812	27330
河 北	3918	1152019	3704263	1384009	216566
山 西	2698	624244	1897840	632597	118220
内蒙古	1224	313496	1031241	345067	67007
辽 宁	1798	495535	1570269	555596	106439
吉 林	1341	319725	1057933	375973	69956
黑龙江	2112	435524	1695823	565215	109095
上 海	487	110740	466962	154468	33557
江 苏	2292	1052992	3462294	1203306	191014
浙 江	1913	560508	1710877	637297	110015
安 徽	3188	1119706	3439620	1125179	145867
福 建	1403	537933	1769284	576832	98982
江 西	2184	645042	2012287	742480	116568
山 东	3591	1124890	3959117	1497648	269057
河 南	5262	1895901	5698301	1983617	289035
湖 北	2578	1011186	3172392	1055083	169084
湖 南	3760	812790	2972610	1251757	193125
广 东	3301	1626601	4627044	1368854	221224
广 西	2358	813749	2339138	745439	117132
海 南	456	167719	466186	130345	21062
重 庆	1137	435286	1253778	384891	68223
四 川	4199	1172825	3470817	1137068	186516
贵 州	2193	710857	2054382	627254	97083
云 南	1814	633119	1905763	614981	101925
西 藏	93	43964	120706	29396	6239
陕 西	2088	698088	2139326	712394	115038
甘 肃	1553	485890	1377671	423489	70023
青 海	367	78763	226991	68123	13479
宁 夏	316	103102	280950	87233	15335
新 疆	1449	390224	1153519	356359	76548

4-11-25 各地区职业初中基本情况

单位：人

地 区	学校数(所)	招生数	在校学生数	毕业生数	教职工数	#专任教师
全 国	**601**	**110580**	**431363**	**169132**	**24009**	**20240**
北 京						
天 津						
河 北	25	4120	13137	7451	1130	949
山 西	62	7088	27518	9037	1982	1688
内蒙古	122	14220	54991	26971	5839	4290
辽 宁						
吉 林	33	8569	34037	14802	1880	1491
黑龙江	7	710	8058	7521	262	221
上 海	1	112	392	408	65	34
江 苏						
浙 江	1			67		
安 徽	172	37626	136855	49843	6738	6070
福 建	1	121	310	116	27	21
江 西	3	229	1268	685	98	81
山 东	1	103	332	620	50	38
河 南	7	852	4434	2953	218	210
湖 北	31	7294	26524	8961	1446	1308
湖 南	2	99	358	85	32	29
广 东						
广 西	10	887	4297	2405	282	208
海 南						
重 庆	2	42	138	91	27	15
四 川	12	3256	7864	2479	529	443
贵 州	69	11921	36538	11445	2106	1947
云 南	16	5947	20093	5787	507	460
西 藏	1	265	265	84	2	2
陕 西	4	868	2924	807	123	116
甘 肃	6	55	200	1064	18	16
青 海	3	93	439	241	26	23
宁 夏	1	1449	3823	875	113	113
新 疆	9	4654	46568	14334	509	467

4–11–26 各地区普通小学基本情况

单位：人

地　区	学校数(所)	招生数	在校学生数	毕业生数	教职工数	#专任教师
全　国	**366213**	**16717440**	**108640655**	**20194768**	**6132155**	**5592453**
北　京	1403	71020	494482	93486	61352	47948
天　津	1062	78373	533003	106447	49629	41076
河　北	20883	720038	5003578	1174631	343697	320110
山　西	24339	548755	3502562	635578	208261	192271
内蒙古	5850	258947	1596381	327773	138645	118988
辽　宁	9311	379941	2666155	499069	190548	163589
吉　林	7393	215380	1625238	330055	163366	137675
黑龙江	9995	340241	2204055	443962	188256	163204
上　海	650	104637	540362	110428	50031	37954
江　苏	6261	619336	4855321	1055231	289751	261646
浙　江	6101	489600	3424042	552525	177886	162183
安　徽	20142	815248	5841133	1162472	271815	259493
福　建	10560	358831	2732702	547122	177134	166465
江　西	14727	669411	3841576	648849	200291	193484
山　东	15871	1042684	6153703	1133143	410394	377729
河　南	33026	1694358	9868409	1918974	502187	475511
湖　北	12631	567411	4291881	1020710	232888	215693
湖　南	17108	710905	4198314	815684	261560	246112
广　东	21228	1641550	10670304	1674305	463715	403824
广　西	15500	734555	4527888	844177	233177	204788
海　南	3106	182702	1056730	171364	56516	50598
重　庆	9558	365028	2609754	447168	127433	114326
四　川	19305	1092214	7145093	1187842	337939	307113
贵　州	14258	772201	4737645	742112	196785	183679
云　南	18747	733383	4412267	693217	232227	219236
西　藏	890	54665	327497	47960	14967	14267
陕　西	20711	435948	3400893	724600	203262	186644
甘　肃	14963	461894	3035794	502605	135276	130841
青　海	2898	89280	506853	80983	28551	27478
宁　夏	2527	130365	693207	104704	34663	33760
新　疆	5209	338539	2143833	397592	149953	134768

4-11-27 各地区特殊教育基本情况

单位：人

地区	学校数(所)	招生数	在校学生数	毕业生数	教职工数	#专任教师
全 国	**1593**	**49288**	**364409**	**43214**	**42256**	**31937**
北 京	25	635	6353	1043	1000	738
天 津	24	182	2608	397	700	484
河 北	117	1896	11411	911	2482	1909
山 西	40	743	5021	483	1125	887
内蒙古	28	483	2844	219	842	667
辽 宁	74	698	8296	971	2565	1903
吉 林	47	630	5489	568	1771	1233
黑龙江	72	778	6679	669	2290	1782
上 海	28	1114	9972	2286	1598	1002
江 苏	109	3998	30688	4277	3390	2548
浙 江	62	1465	12889	1782	1531	1233
安 徽	67	2394	17957	2035	1230	952
福 建	67	4596	35198	6317	1527	1290
江 西	59	2876	18805	1551	681	548
山 东	139	1955	16126	1589	5236	3719
河 南	123	2624	20287	1401	3125	2551
湖 北	77	1038	9444	1498	1679	1317
湖 南	53	1200	9372	766	1243	948
广 东	67	3363	25752	3086	1782	1360
广 西	52	1607	12769	908	915	572
海 南	4	228	1786	124	112	74
重 庆	43	1840	12463	1702	725	556
四 川	83	3916	24788	2160	1447	1174
贵 州	39	2096	14676	929	749	603
云 南	25	3820	19417	2884	687	518
西 藏	1	23	208	2	23	19
陕 西	29	900	6627	1011	676	519
甘 肃	14	915	8339	684	438	303
青 海	9	335	2307	195	153	126
宁 夏	6	93	877	52	167	140
新 疆	10	847	4961	714	367	262

4-11-28 各地区各级学校生师比

地区	小学	初中	普通高中	职业高中	普通中专	普通高校		
							本科院校	专科院校
全国	**19.43**	**17.80**	**18.54**	**20.62**	**31.02**	**16.85**	**17.75**	**14.78**
北京	10.31	10.34	14.01	12.90	32.44	17.35	18.08	11.17
天津	12.98	13.14	15.29	15.21	22.85	17.42	18.16	15.82
河北	15.63	17.09	18.95	20.35	31.98	16.98	17.99	15.26
山西	18.22	16.06	17.16	15.13	35.43	14.66	16.76	10.80
内蒙古	13.42	15.24	19.64	14.78	26.10	15.16	17.19	11.60
辽宁	16.30	14.75	19.48	14.86	25.23	16.61	17.76	12.19
吉林	11.80	15.28	20.15	14.88	21.99	16.40	17.35	11.70
黑龙江	13.50	15.59	17.12	13.03	30.05	16.46	17.46	13.38
上海	14.24	13.91	17.09	18.94	25.74	17.43	17.68	16.24
江苏	18.56	18.13	16.37	20.36	46.42	17.69	18.05	16.94
浙江	21.11	15.55	15.82	24.34	34.80	17.60	17.73	17.38
安徽	22.51	23.54	22.87	36.59	30.28	17.62	18.55	15.96
福建	16.42	17.87	16.16	25.10		16.53	16.80	15.88
江西	19.85	17.26	18.24	25.42	66.74	15.40	16.86	12.99
山东	16.29	14.71	18.19	19.39	29.88	16.57	17.29	15.06
河南	20.75	19.72	22.42	21.50	43.70	17.03	17.44	16.38
湖北	19.90	18.77	20.09	24.01	30.02	17.51	18.00	16.42
湖南	17.06	15.39	19.30	22.09	53.90	16.84	18.31	14.82
广东	26.42	20.92	17.31	19.19	23.02	17.37	17.89	16.29
广西	22.11	19.97	19.85	21.61	24.40	17.00	17.21	16.73
海南	20.88	22.13	17.93	10.66	41.47	15.81	18.65	12.60
重庆	22.83	18.38	18.68	20.93	41.53	17.63	18.71	13.80
四川	23.27	18.61	19.12	21.40	31.22	18.60	19.20	16.76
贵州	25.79	21.11	19.31	19.13	32.03	15.85	17.66	12.74
云南	20.13	18.81	16.23	16.73	24.75	16.07	17.81	12.34
西藏	22.95	19.38	17.35		9.29	14.11	14.07	14.67
陕西	18.22	18.60	20.55	25.46	28.14	15.59	17.32	10.88
甘肃	23.20	19.67	19.44	13.52	19.55	17.43	18.93	14.42
青海	18.45	16.84	15.30	19.76	11.86	13.46	13.69	12.63
宁夏	20.53	18.43	17.97	22.40	54.06	13.01	14.01	11.33
新疆	15.91	15.58	15.42	11.52	17.37	14.69	16.29	11.28

注：普通高校生师比中专任教师数包括聘请校外教师。

4-11-29 每十万人口各级学校平均在校生数

单位：人

地区	幼儿园	小学	初中阶段	高中阶段	高等学校
全国	**1676**	**8358**	**4781**	**3070**	**1613**
北京	1355	3312	2154	3727	6580
天津	1999	5205	3507	3910	4340
河北	1791	7348	5460	3375	1443
山西	1923	10502	5773	3462	1611
内蒙古	1207	6696	4556	3132	1303
辽宁	1626	6322	3724	2981	2141
吉林	1092	5999	4031	2598	2144
黑龙江	988	5774	4464	2413	1887
上海	1659	3102	2683	3341	3838
江苏	1864	6532	4658	3692	2015
浙江	2801	7254	3625	3745	1886
安徽	1120	9041	5535	2890	1110
福建	2354	7783	5040	3581	1427
江西	1673	8967	4700	3457	1768
山东	1803	6703	4313	3631	1598
河南	1580	10156	5869	3199	1119
湖北	988	7134	5317	3345	2176
湖南	1227	6268	4439	3190	1452
广东	2576	12850	5572	3035	1462
广西	1816	9261	4793	2320	993
海南	1469	12918	5699	2285	1133
重庆	1718	8359	4016	2716	1474
四川	1750	8189	3987	2585	1204
贵州	1771	12135	5356	1840	838
云南	1750	9994	4362	1836	904
西藏	350	11952	4415	1473	1139
陕西	1332	9179	5782	3853	2349
甘肃	1334	11591	5261	2983	1211
青海	1532	9404	4219	2398	905
宁夏	1735	11789	4843	3248	1278
新疆	1495	10921	6114	2699	1329

注：1.高等学校包括普通高等学校和成人高等学校。
2.高中阶段合计数据包括普通高中、成人高中、普通中专、职业高中、技工学校和成人中专，分省数据不含技工学校。
3.初中阶段包括普通初中和职业初中。

【主要统计指标解释】

普通高等学校　指按照国家规定的设置标准和审批程序批准举办的，通过全国普通高等学校统一招生考试，招收高中毕业生为主要培养对象，实施高等教育的全日制大学、独立设置的学院和高等专科学校、高等职业学校和其他机构。

大学、独立设置的学院主要实施本科层次以上教育，高等专科学校、高等职业学校实施专科层次教育，其他机构是承担国家普通招生计划任务不计校数的机构。包括普通高等学校分校和批准筹建的普通高等学校等。

成人高等学校　指按照国家规定的设置标准和审批程序批准举办的，通过全国成人高等学校统一招生考试，招收具有高中毕业或同等学历的在职从业人员为主要培养对象，利用函授、业余、脱产等多种形式对其实施高等学历教育的学校。包括职工高等学校、农民高等学校、管理干部学院、教育学院、独立函授学院、广播电视大学、其他机构等。其他机构是承担国家成人招生计划任务不计校数的机构。

小学学龄儿童净入学率　指调查范围内已入小学学习的学龄儿童占校内外学龄儿童总数(包括弱智儿童，不包括盲聋哑儿童)的比重。计算公式为：

$$\text{小学学龄儿童净入学率}=\frac{\text{已入学的小学学龄儿童数}}{\text{校内外小学学龄儿童总数}}\times 100\%$$

第四部分

第三产业
主要业务指标

12.卫生、社会保障和社会福利业

简要说明

一、资料的主要内容

本篇主要包括卫生事业、民政事业、劳动保障、残疾人事业等内容。

卫生事业发展情况主要内容有卫生机构、人员、床位数，医院诊疗人次及入院人数，主要疾病死亡原因及构成，传染病的发病及死亡以及卫生事业费用测算等情况。

民政事业和劳动保障统计资料主要包括社会福利企事业机构、人员、经费情况、优抚和社会救济情况、城镇社区服务和农村社会保障网络情况、婚姻登记情况、离退休人员数量及费用和劳动争议仲裁等情况。

残疾人资料主要包括残疾人康复、教育、就业、扶贫和残联组织建设等情况。

二、资料来源

卫生部分的资料来自卫生部。详细资料见《中国卫生统计年鉴》（卫生部信息中心编）。

劳动保障资料是劳动和社会保障部根据其《培训、就业统计报表制度》整理提供。

民政事业统计资料详见《中国民政事业统计年鉴》(民政部财务和机关事务司编)。

残疾人资料由中国残疾人联合会整理提供。

4-12-1　卫生机构床位数

单位：万张

年　份	总　计	医院、卫生院	疗养院	妇幼保健院（所、站）	其他卫生机构	每千人口医院、卫生院床位数（张）
1978	204.2	184.7	5.1	1.2	13.2	1.93
1980	218.4	197.1	6.8	1.6	12.9	2.02
1985	248.7	222.9	10.6	3.5	11.7	2.14
1989	286.7	253.8	12.3	4.5	16.2	2.28
1990	292.5	259.2	12.3	4.7	16.3	2.32
1991	299.2	265.5	12.5	4.8	16.3	2.32
1992	304.9	270.9	12.5	5.0	16.5	2.34
1993	309.9	276.7	11.9	4.5	16.8	2.36
1994	313.4	280.3	11.8	4.8	16.5	2.36
1995	314.1	279.6	11.6	5.1	17.7	2.39
1996	310.0	283.4	10.9	5.6	10.1	2.34
1997	313.5	286.9	10.4	6.0	10.2	2.35
1998	314.3	287.8	10.2	6.3	10.0	2.40
1999	315.9	289.1	9.9	6.6	10.4	2.39
2000	317.7	290.8	9.7	7.1	10.1	2.38
2001	320.1	290.2	9.5	7.4	13.1	2.39
2002	313.6	290.7	6.9	8.0	8.0	2.32
2003	316.4	295.5	4.8	8.1	8.0	2.34
2004	326.8	304.7	5.4	8.7	8.2	2.40
2005	336.8	313.5	5.2	9.4	8.7	2.45

4-12-2 按市县分卫生机构床位数和卫生技术人员

年 份	卫生机构床位数（万张）		卫生技术人员（万人）		#医 生		#护师、护士	
	市	县	市	县	市	县	市	县
1952	12.1	3.9	22.5	46.5	8.1	34.3	4.3	1.8
1957	22.1	7.4	38.2	65.7	13.8	40.8	10.0	2.8
1962	43.7	25.3	57.1	84.3	21.4	47.4	15.5	4.5
1965	45.8	30.8	65.2	88.0	26.9	49.4	17.6	5.9
1970	51.0	59.5	59.6	85.7	24.1	46.1	18.0	11.6
1975	63.7	96.1	95.7	110.0	36.7	51.0	24.0	14.0
1978	71.6	114.0	114.2	132.1	44.2	59.1	25.7	14.9
1980	76.8	121.4	131.3	148.5	52.7	62.6	30.0	16.6
1981	80.3	121.4	143.5	157.6	58.6	65.8	33.4	19.1
1982	83.2	122.1	150.9	163.4	62.8	67.9	35.4	21.0
1983	86.9	124.0	157.4	167.9	66.5	68.7	37.3	22.3
1984	91.9	124.7	164.2	170.2	69.4	68.8	39.3	22.3
1985	96.2	126.7	167.7	173.4	70.9	70.4	39.2	24.5
1986	103.3	126.4	177.4	173.3	74.9	69.5	42.9	25.2
1987	112.7	127.7	188.2	172.6	79.3	68.9	46.1	25.7
1988	125.5	124.8	202.8	169.6	88.6	73.2	53.7	29.2
1989	133.5	123.3	212.1	168.8	95.0	76.8	59.9	32.2
1990	138.7	123.7	218.5	171.3	97.8	78.5	63.4	34.1
1991	144.8	124.0	226.4	172.1	100.3	77.7	66.6	34.6
1992	152.4	122.0	236.3	171.1	104.3	76.5	69.5	34.5
1993	159.6	119.9	243.3	168.5	107.7	75.5	71.5	34.1
1994	170.7	112.4	258.9	161.0	115.0	73.2	76.2	33.2
1995	174.0	109.7	265.9	159.8	118.4	73.4	79.0	33.5
1996	179.1	107.5	272.2	159.0	120.3	73.8	82.3	34.0
1997	184.2	106.1	279.5	160.3	123.5	75.0	85.3	34.6
1998	187.2	104.2	281.9	160.5	124.2	75.7	87.0	34.9
1999	188.7	104.2	283.0	162.9	126.1	78.4	88.6	35.9
2000	191.4	103.4	283.5	165.6	126.8	80.8	89.8	36.9
2001	195.9	101.7	287.2	163.6	129.5	80.5	91.8	36.9
2002								
2003	215.0	101.5	282.8	147.8	121.6	65.2	92.8	33.8
2004	225.3	101.6	293.4	145.5	126.1	64.4	96.8	34.0
2005	234.0	102.8	300.6	145.4	129.1	64.7	100.4	34.6

注：2001及以前按市县分的卫生机构床位数为医院、卫生院床位数。

4-12-3 医院、卫生院平均每院床位和人员数

项目	2004			2005		
	床位(张)	人员(人)	#卫生技术人员	床位(张)	人员(人)	#卫生技术人员
医院合计	**128.5**	**170.4**	**135.4**	**130.7**	**170.2**	**135.6**
#综合医院	137.8	185.9	148.5	141.3	187.4	150.2
中医医院	105.4	155.5	126.2	109.8	158.5	128.8
专科医院	113.4	116.7	85.7	108.9	109.6	80.8
卫生院合计	**16.1**	**24.8**	**21.3**	**16.5**	**24.9**	**21.4**
城市街道卫生院	16.0	32.0	27.5	14.8	30.9	26.7
农村乡(镇)卫生院	16.1	24.7	21.2	16.6	24.7	21.3

4-12-4 各类医疗机构诊疗人次及入院人数

医疗机构	诊疗人次（亿次）			入院人数（万人）		
	合计	#非营利	#营利	合计	#非营利	#营利
总计	**23.05**	**22.23**	**0.75**	**7184**	**6987**	**176**
医院	13.87	13.29	0.56	5108	4931	170
#综合医院	10.58	10.17	0.39	4153	4032	114
中医医院	2.14	2.11	0.03	567	557	10
专科医院	0.95	0.83	0.12	339	297	42
疗养院	0.02	0.02		28	28	
社区卫生服务中心	0.59	0.59		27	26	
卫生院	6.99	6.95	0.02	1641	1629	4
#乡镇卫生院	6.79	6.75	0.02	1622	1611	3
门诊部	0.42	0.25	0.17	7	5	2
妇幼保健院(所、站)	0.97	0.96		349	346	
专科疾病防治院(所、站)	0.18	0.17		23	21	

4-12-5 各地区卫生机构数、医疗机构床位数

地 区	卫生机构数（个）	#医 院	#卫生院	#门诊部、诊 所	#疾病预防控制中心(防疫站)	#妇幼保健院(所站)	医疗机构床位数（张）	#医院、卫生院
全 国	**298997**	**18703**	**41694**	**207404**	**3585**	**3021**	**3350810**	**3134930**
北 京	4818	516	152	3841	28	18	79067	75715
天 津	2472	271	191	1748	24	23	41513	39491
河 北	18046	817	1966	14096	192	184	162061	153981
山 西	9430	884	1640	6094	157	131	107980	103030
内蒙古	7629	474	1358	4863	146	116	69047	63786
辽 宁	14925	915	1077	11433	128	114	177524	161244
吉 林	8755	563	817	5098	74	71	87279	82118
黑龙江	8326	886	933	5716	195	148	119692	112536
上 海	2526	247	100	1865	22	24	89758	78411
江 苏	15324	1004	1472	9497	154	112	197515	184237
浙 江	12555	553	2339	6581	138	87	140734	131067
安 徽	9197	683	2001	5415	132	117	126587	119625
福 建	7934	357	953	5876	93	89	81645	73187
江 西	10669	486	1520	7914	115	112	84836	79272
山 东	16323	1121	1786	11138	176	150	247574	231277
河 南	14554	1172	2088	10021	183	167	212407	202289
湖 北	9459	572	1176	6549	113	96	139147	128651
湖 南	15008	782	2542	10748	150	135	151297	141566
广 东	16318	960	1463	12225	134	124	208936	192839
广 西	9416	458	1295	7035	106	103	93532	87112
海 南	2464	190	312	1759	30	26	18651	17480
重 庆	6380	358	1102	4668	43	42	64174	61234
四 川	23832	1149	5176	16200	208	197	193171	184347
贵 州	6571	383	1456	4174	103	84	61594	58325
云 南	10110	648	1483	7262	153	148	106334	98836
西 藏	1378	97	666	458	81	55	6767	6412
陕 西	11701	833	1769	8228	125	115	106391	99549
甘 肃	11849	382	1358	9547	103	100	63314	59855
青 海	1478	130	406	607	57	24	15088	14747
宁 夏	1463	134	266	900	25	21	17754	16836
新 疆	8087	678	831	5848	197	88	79441	75875

4-12-6　各地区每千人口卫生技术人员数

单位:人

地区	合计			市			县		
	卫生技术人员	执业(助理)医师	注册护士	卫生技术人员	执业(助理)医师	注册护士	卫生技术人员	执业(助理)医师	注册护士
全　国	**3.49**	**1.52**	**1.06**	**4.99**	**2.14**	**1.66**	**2.15**	**0.96**	**0.51**
北　京	10.13	4.28	3.62	10.42	4.38	3.75	5.58	2.67	1.64
天　津	6.48	2.65	2.08	7.01	2.82	2.38	4.05	1.88	0.73
河　北	3.35	1.54	0.79	5.29	2.44	1.52	2.23	1.02	0.38
山　西	4.45	2.02	1.28	6.84	3.02	2.29	2.91	1.38	0.62
内蒙古	4.36	2.14	1.15	7.21	3.39	2.29	2.80	1.45	0.52
辽　宁	5.00	2.18	1.74	5.97	2.59	2.19	2.64	1.21	0.65
吉　林	4.71	2.11	1.46	5.26	2.38	1.74	3.55	1.56	0.86
黑龙江	4.00	1.73	1.19	4.86	2.06	1.58	2.71	1.23	0.62
上　海	7.61	3.23	2.89	7.78	3.29	2.97	4.34	2.06	1.51
江　苏	3.55	1.50	1.11	4.35	1.83	1.39	1.89	0.82	0.53
浙　江	4.31	1.91	1.31	4.94	2.19	1.56	3.02	1.35	0.80
安　徽	2.45	1.01	0.73	4.23	1.77	1.48	1.61	0.66	0.37
福　建	2.98	1.31	1.01	3.70	1.60	1.33	2.25	1.01	0.68
江　西	2.65	1.13	0.81	4.04	1.66	1.41	1.95	0.87	0.52
山　东	3.51	1.53	1.06	4.45	1.93	1.44	2.28	0.99	0.57
河　南	2.89	1.11	0.77	4.66	1.86	1.48	1.98	0.73	0.41
湖　北	3.59	1.50	1.16	4.14	1.69	1.42	2.60	1.14	0.68
湖　南	3.18	1.38	0.89	4.77	2.05	1.56	2.37	1.03	0.55
广　东	3.76	1.49	1.25	4.63	1.84	1.59	1.97	0.76	0.54
广　西	2.64	1.11	0.91	4.22	1.70	1.53	1.78	0.79	0.57
海　南	3.67	1.44	1.33	4.23	1.64	1.57	2.78	1.13	0.94
重　庆	2.49	1.18	0.66	3.36	1.56	1.00	1.70	0.83	0.35
四　川	2.73	1.32	0.71	4.03	1.87	1.20	1.96	0.99	0.42
贵　州	2.11	1.06	0.61	4.65	2.31	1.59	1.25	0.63	0.28
云　南	2.77	1.31	0.89	6.07	2.79	2.15	1.82	0.88	0.53
西　藏	3.33	1.72	0.71	10.56	4.93	3.30	2.52	1.35	0.42
陕　西	3.69	1.63	1.04	6.05	2.63	1.96	2.43	1.09	0.55
甘　肃	3.19	1.36	0.86	5.63	2.42	1.86	2.15	0.90	0.43
青　海	3.87	1.68	1.27	9.67	3.73	3.80	2.46	1.18	0.66
宁　夏	3.88	1.80	1.25	5.93	2.62	2.07	1.88	1.00	0.46
新　疆	4.91	2.11	1.56	8.06	3.56	2.71	2.91	1.19	0.84

4-12-7 医疗机构病床使用情况

医疗机构	病床使用率（%）			出院者平均住院日		
	合 计	#非营利	#营 利	合 计	#非营利	#营 利
总计	**62.9**	**63.5**	**47.8**	**9.2**	**9.2**	**9.4**
医院	70.3	71.4	48.3	10.9	10.9	9.5
#综合医院	70.4	71.3	46.0	10.2	10.2	8.7
中医医院	65.0	65.5	47.0	10.8	10.8	10.6
专科医院	75.7	78.5	53.5	18.9	19.9	11.7
疗养院	38.8	38.0	38.2	12.7	12.2	9.2
社区卫生服务中心	60.7	60.6	44.0	17.2	17.1	7.9
卫生院	37.8	37.7	41.5	4.7	4.7	7.1
#乡镇卫生院	37.7	37.7	43.5	4.6	4.6	7.4
妇幼保健院(所、站)	62.6	62.8		5.3	5.4	
专科疾病防治院(所、站)	57.5	57.5	55.4	20.6	21.1	12.1

4-12-8　城乡前十位疾病死亡原因及构成

顺位	城市		顺位	农村	
	疾病死亡原因	占死亡总人数的%		疾病死亡原因	占死亡总人数的%
	十种死因合计	**92.03**		**十种死因合计**	**91.87**
1	恶性肿瘤	22.94	1	呼吸系病	23.45
2	脑血管病	21.23	2	脑血管病	21.17
3	心脏病	17.89	3	恶性肿瘤	20.29
4	呼吸系病	12.57	4	心脏病	11.77
5	损伤及中毒	8.25	5	损伤及中毒	8.47
6	消化系病	3.30	6	消化系病	3.24
7	内分泌营养和代谢疾病	2.50	7	泌尿生殖系病	1.32
8	泌尿、生殖系病	1.56	8	内分泌营养和代谢疾病	1.17
9	精神障碍	0.95	9	肺结核	0.55
10	神经系病	0.84	10	精神障碍	0.44
	男性十种死因合计	**91.55**		**男性十种死因合计**	**92.16**
1	恶性肿瘤	26.05	1	恶性肿瘤	23.05
2	脑血管病	19.01	2	呼吸系病	21.20
3	心脏病	16.22	3	脑血管病	20.60
4	呼吸系病	12.37	4	心脏病	10.35
5	损伤及中毒	9.27	5	损伤及中毒	9.89
6	消化系病	3.67	6	消化系病	3.85
7	内分泌营养和代谢疾病	1.93	7	泌尿生殖系病	1.27
8	泌尿生殖系病	1.45	8	内分泌营养和代谢疾病	0.91
9	神经系病	0.79	9	肺结核	0.67
10	精神障碍	0.79	10	精神障碍	0.37
	女性十种死因合计	**89.88**		**女性十种死因合计**	**90.95**
1	脑血管病	21.82	1	呼吸系病	26.60
2	心脏病	20.09	2	脑血管病	21.95
3	恶性肿瘤	18.36	3	恶性肿瘤	15.93
4	呼吸系病	12.83	4	心脏病	13.75
5	损伤及中毒	6.90	5	损伤及中毒	6.49
6	内分泌营养和代谢疾病	3.27	6	消化系病	2.39
7	消化系病	2.79	7	内分泌营养和代谢疾病	1.54
8	泌尿生殖系病	1.70	8	泌尿生殖系病	1.39
9	精神障碍	1.15	9	精神障碍	0.54
10	神经系病	0.97	10	肺结核	0.37

注：农村统计范围包括北京等78个县的资料。

4-12-9 法定报告传染病发病及死亡情况

病 名	发病率(1/10万)	死亡率(1/10万)	病死率(%)
总计	**268.3050**	**0.7552**	**0.2815**
鼠疫	0.0008	0.0002	30.0000
霍乱	0.0744	0.0003	0.4111
病毒性肝炎	91.4222	0.0924	0.1011
痢疾	34.9168	0.0105	0.0300
伤寒副伤寒	2.6536	0.0011	0.0404
艾滋病	0.4299	0.1006	23.4122
淋病	13.7908	0.0001	0.0006
梅毒	9.6707	0.0057	0.0585
脊髓灰质炎		*	*
麻疹	9.4176	0.0042	0.0447
百日咳	0.2940	0.0002	0.0520
白喉	0.0001		
流脑	0.1773	0.0158	8.8870
猩红热	1.9172	0.0002	0.0080
出血热	1.5967	0.0207	1.2981
狂犬病	0.1940	0.1940	100.0000
钩端螺旋体病	0.1082	0.0034	3.1802
布氏杆菌病	1.4085	0.0003	0.0217
炭疽	0.0407	0.0009	2.2556
乙脑	0.3898	0.0164	4.1985
血吸虫	0.2405	0.0002	0.0636
疟疾	3.0329	0.0034	0.1135
登革热	0.0031	0.0001	2.5000
新生儿破伤风	0.1902	0.0211	11.0829
肺结核	96.3134	0.2602	0.2701
传染性非典型肺炎		*	*
人禽流感	0.0005	0.0004	71.4286

注：1. 新生儿破伤风发病率和死亡率单位为1‰。
2. *无死亡病例。

4-12-10　孕产妇保健情况

单位:%

年 份	活产数（人）	高危产妇比重	建卡率	系统管理率	产前检查率	产后访视率	住院分娩率			新法接生率		
							合计	市	县	合计	市	县
1980										91.4	98.7	90.3
1985							43.7	73.6	36.4	94.5	98.7	93.5
1990	14517207						50.6	74.2	45.1	94.0	98.6	93.9
1991	15293237						50.6	72.8	45.5	93.7	98.1	93.2
1992	11746275		76.57		69.71	69.70	52.7	71.7	41.2	84.1	91.2	82.0
1993	10170690		75.68		72.16	70.99	56.5	68.3	51.0	83.6	81.1	84.7
1994	11044607		79.07		76.31	74.49	65.6	76.4	50.4			87.4
1995	11539613		81.44		78.65	78.80	58.0	70.7	50.2			87.6
1996	11412028	7.32	82.40	65.54	83.69	80.06	61.1	77.8	51.6			91.1
1997	11286021	8.11	84.50	68.32	85.89	82.25	63.5	77.5	54.8			93.3
1998	10961516	8.55	86.23	72.27	87.13	83.91	66.8	79.8	58.3			94.2
1999	10698467	9.18	87.93	75.37	89.25	85.86	70.0	83.3	61.5	96.8	98.9	95.4
2000	10987691	10.00	88.64	77.16	89.36	94.71	72.9	84.9	65.2	96.6	98.9	95.2
2001	10690630	11.09	89.44	78.57	90.31	87.15	76.0	87.0	69.0	97.3	99.0	96.1
2002	10591949	11.90	89.22	78.16	90.14	86.70	78.7	89.4	71.6	97.2	98.8	96.0
2003	10188005	11.77	87.62	75.47	88.93	85.38	79.4	89.9	72.6	96.4	98.7	94.8
2004	10892614	12.40	88.29	76.44	89.71	85.90	82.8	91.4	77.1	97.5	99.2	96.4
2005	11415809	12.79	88.49	76.69	89.80	86.03	85.9	93.2	81.0	97.8	99.2	96.9

4-12-11 城乡居民每人每日营养素摄入量

项 目	合计			城市			农村		
	1982	1992	2002	1982	1992	2002	1982	1992	2002
能量(卡)	2491.3	2328.3	2250.5	2450.0	2394.6	2134.0	2509.0	2294.0	2295.5
蛋白质(克)	66.7	68.0	65.9	66.8	75.1	69.0	66.6	64.3	64.6
脂肪(克)	48.1	58.3	76.2	68.3	77.7	85.5	39.6	48.3	72.7
碳水化合物（克)			321.2			268.3			341.6
糖(克)	443.4	378.4		101.0	340.5		489.7	397.9	
膳食纤维(克)	8.1	13.3	12.0	6.8	11.6	11.1	8.7	14.1	12.4
视黄醇(微克)	53.8	156.5	151.1	103.9	277.0	223.6	32.7	94.2	123.1
视黄醇当量(微克)	119.5	476.0	469.2	147.3	605.5	547.2	107.8	409.0	439.1
硫胺素(毫克)	2.5	1.2	1.0	2.1	1.1	1.0	2.6	1.2	1.0
核黄素(毫克)	0.9	0.8	0.8	0.8	0.9	0.9	0.9	0.7	0.7
维生素E(毫克)			35.6			37.3			35.0
钾(毫克)			1700.1			1722.4			1691.5
钠(毫克)			6268.2			6007.7			6368.8
钙(毫克)	694.5	405.4	388.8	563.0	457.9	438.6	750.0	378.2	369.6
铁(毫克)	37.3	23.4	23.2	34.2	25.5	23.7	38.6	22.4	23.1
锌(毫克)			11.3			11.5			11.2
铜(毫克)			2.2			2.3			2.2
硒(毫克)			39.9			46.5			37.4
磷(毫克)	1623.2	1057.8	978.8	1574.0	1077.4	973.2	1644.0	1047.6	981.0

4-12-12 城乡居民每人每日食物摄入量

单位:克

项目	合计			城市			农村		
	1982	1992	2002	1982	1992	2002	1982	1992	2002
米及其制品	217.0	226.7	238.3	217.0	223.1	217.8	217.0	255.8	246.2
面及其制品	189.2	178.7	140.2	218.0	165.3	131.9	177.0	189.1	143.5
其他谷类	103.5	34.5	23.6	24.0	17.0	16.3	137.0	40.9	26.4
薯类	179.9	86.6	49.1	66.0	46.0	31.9	228.0	108.0	55.7
干豆类	8.9	3.3	4.2	6.1	2.3	2.6	10.1	4.0	4.8
豆制品	4.5	7.9	11.8	8.2	11.0	12.9	2.9	6.2	11.4
深色蔬菜	79.3	102.0	90.8	68.0	98.1	88.1	84.0	107.1	91.8
浅色蔬菜	236.8	208.3	185.4	234.0	221.2	163.8	238.0	199.6	193.8
腌菜	14.0	9.7	10.2	12.1	8.0	8.4	14.8	10.8	10.9
水果	37.4	49.2	45.0	68.3	80.1	69.4	24.4	32.0	35.6
坚果	2.2	3.1	3.8	3.5	3.4	5.4	1.7	.3.0	3.2
奶及其制品	8.1	14.9	26.5	9.9	36.1	65.8	7.3	3.8	11.4
蛋及其制品	7.3	16.0	23.7	15.5	29.4	33.2	3.8	8.8	20.0
畜禽类	34.2	58.9	78.6	62.0	100.5	104.5	22.5	37.6	68.7
鱼虾类	11.1	27.5	29.6	21.6	44.2	44.9	6.6	19.2	23.7
植物油	12.9	22.4	32.9	21.2	32.4	40.2	9.3	17.1	30.1
动物油	5.3	7.1	8.7	4.6	4.5	3.8	5.6	8.5	10.6
糕点类			9.2			17.2			6.2
淀粉及糖	5.4	4.7	4.4	10.7	7.7	5.2	3.1	3.0	4.1
食盐	12.7	13.9	12.0	11.4	13.3	10.9	13.2	13.9	12.4
酱油	14.2	12.6	8.9	32.5	15.9	10.6	6.5	10.6	8.2
酒类	3.2	2.2		4.4	2.9		3.6	1.8	
其他	9.2	11.5		11.0	20.6		9.8	6.6	

4-12-13 食品卫生监督行政处罚情况

单位：户次数、千克、元

项　目	合　计	生产加工业	批发零售业	饮食行业	职工食堂	食品摊贩
处罚总户次数	**585098**	**65510**	**143859**	**278008**	**32336**	**65385**
受处罚情况						
警告、责令改正户次数	382905	40866	87593	190082	24415	39949
责令公告收回已出的食品户次数	23269	3756	6015	10576	1767	1155
责令公告收回已出的食品重量	420228	231444	151200	16750	7742	13092
责令停产、停业户次数	24590	3308	4133	12431	1235	3483
没收销毁食品户次数	1706623	224337	360403	915537	153746	52600
没收销毁食品重量	3695086	1897261	1277535	302130	72799	145361
没收违法所得户次数	6038	747	2458	2142	292	399
没收违法所得金额	5154807	1498851	1623280	1776551	129915	126210
罚款户次数	132374	20095	33467	62681	7659	8472
罚款金额	114404194	20962208	23494208	55659240	11642052	2646486
吊销卫生许可证户次数	5403	708	1754	1521	274	1146
取缔非法经营活动户次数	148512	32731	57307	38868	4147	15459

注：不包括上海数据。

4-12-14　公共场所卫生监督情况

场　所	卫生监督(户)				从业人员经常性监督(人)				
	总户数	监督户数	无卫生许可证户数	合格户数	从业人员人数	有健康证人数	无健康证人数	有培训证人数	无培训证人数
总计	**817151**	**752228**	**36488**	**709460**	**3553320**	**3377070**	**176250**	**3318274**	**202719**
旅店业	139464	129747	5090	123837	800507	764846	35661	744677	39439
文化娱乐场所	111425	103971	5700	97720	455526	426537	28989	417747	32154
公共浴室	51777	46506	1620	43600	295504	283304	12200	286020	13204
理发店、美容店	454317	417393	20140	390822	1096306	1044089	52217	1024239	64663
游泳场所	6256	5636	255	5269	35171	33129	2042	32502	2291
体育馆	1904	1674	85	1600	9955	8986	969	8846	1021
图书、美术、博物、展览馆	1310	1135	125	1049	12889	11424	1465	11084	1767
商场(店)、书店	28674	26215	1064	27893	720031	684300	35731	673153	40185
医院候诊室	5325	4989	765	4240	21406	20160	1246	20095	1268
公共交通等候室	2186	1938	189	2032	27853	25679	2174	25394	2342
公共交通工具	3114	2572	747	1686	16013	14092	1921	14091	2574
其他	11399	10452	708	9712	62159	60524	1635	60426	1811

4-12-14　续表

场　所	卫生检测(户次数)				处罚情况（户次数）					
	监测户次数	合格户次数	监测样品数	合格样品数	总处罚户次数	警告	停业	吊销卫生许可证	罚款户次数	罚款金额(万元)
总计	**383568**	**345701**	**2390239**	**2185812**	**47078**	**34423**	**2064**	**155**	**12763**	**61993**
旅店业	81332	72850	731120	683812	7308	5816	250	24	1662	1444
文化娱乐场所	49442	44224	337383	311002	7233	5709	200	18	1522	23596
公共浴室	26803	23998	205080	181753	2677	1935	60	16	873	546
理发店、美容店	194070	176546	818794	736463	26558	18400	1241	91	7754	28069
游泳场所	5159	4085	68871	60404	677	424	19	4	262	213
体育馆	513	486	6601	6490	24	21	1	1	3	
图书、美术、博物、展览馆	872	798	7195	6581	62	39			18	
商场(店)、书店	14315	12786	136916	125860	1375	1032	20	1	333	8116
医院候诊室	2974	2575	15021	13810	138	103	7		4	1
公共交通等候室	1489	1354	9431	8821	43	40			1	
公共交通工具	1238	1137	3043	2873	3	2			1	
其他	5361	4862	50784	47943	980	902	264		330	8

注：缺江西、陕西、西藏数据。

4-12-15 收养、救助类单位情况

单 位	床位数（万张）			收养救助人数（万人）			年末床位利用率（%）
	2004	2005	比上年增减（%）	2004	2005	比上年增减（%）	
全国合计	**153.3**	**170.4**	**11.2**	**116.5**	**128.1**	**10.0**	**75.2**
收养类单位	**146.8**	**164**	**11.7**	**110.9**	**123.7**	**11.5**	**75.4**
优抚类收养单位	8.3	8.2	-1.2	5.6	5.8	3.6	70.7
荣誉军人康复医院	0.6	0.6		0.3	0.4	33.3	66.7
复员军人慢性病疗养院	0.5	0.6	20.0	0.4	0.4		66.7
复退军人精神病院	1.7	1.5	-11.8	1.2	1.2		80.0
光荣院	5.5	5.5		3.7	3.8	2.7	69.1
福利类收养单位	138.5	155.8	12.5	105.3	117.9	12.0	75.7
社会福利院	15.7	16.3	3.8	12.1	12.5	3.3	76.7
儿童福利院	3	3.2	6.7	2.8	2.9	3.6	90.6
社会福利医院	2.8	2.9	3.6	2.4	2.6	8.3	89.7
城镇老年福利机构	37.9	41.9	10.6	28	31.2	11.4	74.5
农村五保供养福利机构	77.5	89.5	15.5	59.4	67.9	14.3	75.9
其它收养性单位	1.6	2	25.0	0.6	0.8	33.3	40.0
社区类收养单位	**1.8**	**1.8**		**0.8**	**0.7**	**-12.5**	**38.9**
救助类单位	**4.7**	**4.6**	**-2.1**	**4.8**	**3.7**	**-22.9**	**80.4**

4-12-16 享受补助、救济人员情况

单位：万人

项 目	2001	2002	2003	2004	2005
城市居民最低生活保障人数	**1170.7**	**2064.7**	**2246.8**	**2205.0**	**2234.2**
城市临时救济人次数	**213.9**	**321.4**	**348.3**	**285.2**	**234.4**
农村低保和传统救济人次数	**385.3**	**497.8**	**1160.5**	**1402.1**	**1891.8**
农村居民最低生活保障人数	304.6	407.8	367.1	488.0	825.0
#五保户数		51.1	114.5	165.2	49.7
农村传统救济人数	80.7	90.0	793.4	914.1	1066.8
#五保户数			173.9	228.7	300.0
农村临时救济人次数	**1800.5**	**1677.6**	**2009.8**	**1720.0**	**1359.9**

4-12-17　社会福利企业基本情况

年　份	国有和集体			其　他		
	单　位(个)	职　工(人)	#残疾职工	单位(个)	职工(人)	#残疾职工
1985	2214	219189	83051	12554	448829	151250
1986	2551	236371	89421	17211	637747	225708
1987	2976	250329	96605	24714	875974	337944
1988	3692	282947	106095	36701	1180589	875974
1989	4595	310345	119626	36864	1192179	494182
1990	5208	325461	124630	36517	1245072	512941
1991	6329	352112	136183	37889	1342064	565139
1992	6798	373412	142473	42985	1528266	635700
1993	7232	390619	147211	49649	1672141	695046
1994	7373	382519	151523	52805	1800262	757307
1995	7734	368636	148551	52503	1845838	790671
1996	7364	355864	141831	52033	1811820	794003
1997	8024	351354	141778	47485	1747143	767980
1998	7527	322522	133389	42987	1630654	722656
1999	7819	207271	132330	36809	1594894	657955
2000	31580	1377506	605592	9090	280853	123899
2001	31445	1379008	603447	6535	218626	95203
2002	29730	1319581	591930	6028	203602	90910
2003	27505	1261877	567916	6471	242983	110917
2004	25321	1181020	533726	7089	343837	125837
2005	23042	1107304	486646	8169	335429	150570

注：国有和集体办的福利企业数据，1999年以前统计范围仅限民政系统，2000年起扩大到全社会范围。

4-12-18 各地区城镇社区服务设施基本情况

单位：个

地 区	城镇社区服务设施数	#社区服务单位个数	城镇便民、利民服务网点
全 国	**194796**	**8479**	**664764**
北 京	1897	164	6354
天 津	2139	111	8907
河 北	6602	231	19758
山 西	1817	168	12137
内蒙古	4826	240	25485
辽 宁	8898	341	91287
吉 林	1999	249	11869
黑龙江	5805	583	60068
上 海	8016	104	8702
江 苏	23506	454	71447
浙 江	36255	300	50046
安 徽	6815	327	18327
福 建	5778	366	46220
江 西	3053	299	8990
山 东	9563	399	42947
河 南	3799	346	13634
湖 北	6971	278	22573
湖 南	14265	955	38045
广 东	9044	665	11108
广 西	1394	93	2681
海 南	434	4	1591
重 庆	1644	98	7968
四 川	7216	397	22660
贵 州	4704	149	12004
云 南	424	137	1365
西 藏	70	5	
陕 西	7038	239	18544
甘 肃	1975	272	14475
青 海	360	116	1271
宁 夏	2622	42	2973
新 疆	5867	347	11328

4-12-19 历年社会捐赠

单位：万元、万件

年 份	社会捐赠款物					接收社会捐赠
	合计	社会捐赠款	民政部门	慈善会	社会捐赠衣被物资折款	衣被数量
1997	140159.5	41514.6			98644.9	9358.0
1998	1132082.4	501921.3	501921.3		630161.1	29000.0
1999	177807.4	69434.8	49914.4	19520.4	108372.6	5636.2
2000	163053.6	93464.0	54211.7	39252.3	69589.6	7708.5
2001	199885.6	117241.8	75769.6	41472.2	82643.8	12635.4
2002	207979.7	189675.8	110905.8	78770.0	18303.9	22961.1
2003	434054.9	410234.7	291690.4	118544.3	23820.2	19648.8
2004	351205.7	339641.3	170671.3	168970.0	11564.4	8957.2
2005	618935.2	603354.9	313392.9	289962.0	15580.3	10356.0

4-12-20 城市传统救济和居民最低生活保障情况

单位：万人

年 份	城市居民传统救济总人数	城市居民传统定救人数	城市精简退职老职工人数	享受40%人数	定量救济人数
1978					
1979	33.6	23.7	9.9		
1980	32.9	22.9	10.0		
1981	31.5	21.5	10.0		
1982	34.7	21.4	13.3		
1983	47.1	22.6	24.5		
1984	207.4	160.6	46.8	25.3	
1985	30.0	18.2	11.8	6.4	5.4
1986	49.0	35.6	13.4	7.1	6.3
1987	29.8	16.2	13.6	7.2	6.4
1988	32.9	17.6	15.3	7.7	7.6
1989	30.5	16.2	14.3	7.1	7.2
1990	41.8	16.4	25.4	16.4	9
1991	33.7	16.1	17.6	8.5	9
1992	39.5	19.2	20.3	9.7	10.6
1993	24.6	13.8	10.8	5	5.8
1994	23.0	12.4	10.6	4.9	5.7
1995	109.0	55.2	53.8	23.9	29.9
1996	120.1	66.5	53.6	23.6	30

4-12-20 续表

单位：万人

年 份	城市最低生活保障人数	在职人员	下岗人员	退休人员	失业人员	“三无”人员	其它人员
1996	84.9						
1997	87.9						
1998	184.1						
1999	256.9						
2000	402.6						
2001	1170.7						
2002	2064.7	186.8	554.5	90.8	358.3	91.9	783.1
2003	2246.8	179.3	518.4	90.7	409.0	99.9	949.3
2004	2205.0	141.0	468.9	73.1	423.1	95.4	1003.5
2005	2234.2	114.1	430.7		410.1	95.8	1122.1

注：1984年的精简退职老职工人数含农村的数据。

4-12-21　农村社会救济情况

单位：万人、万户

年　份	农村社会救济总人数	农村定期定量救济人数	农村精简退职老职工人数	享受40%人数	定量救济人数
1978					
1979	6847.6	6837.7	9.9		
1980	4651.8	4641.8	10.0		
1981	4265.1	4255.1	10.0		
1982	4270.7	4257.4	13.3		
1983	3526.7	3502.2	24.5		
1984	3842.7	3795.9	46.8	25.3	
1985	116.7	75.1	41.6	18.1	23.5
1986	103.0	63.1	39.9	18.1	21.7
1987	92.2	53.2	39.0	17.7	21.3
1988	93.0	54.1	38.9	17.6	21.4
1989	75.7	35.0	40.7	18.3	22.3
1990	100.2	46.7	53.5	23.6	29.9
1991	97.0	43.8	53.2	23.5	29.8
1992	97.5	45.6	51.9	23.3	28.6
1993	80.1	36.3	43.8	19.5	24.3
1994	82.1	38.5	43.6	19.2	24.3
1995	98.3	55.2	43.1	19.0	24.1
1996	109.2	66.5	42.7	18.6	24.1
1997	104.5	51.4	53.1	23.2	29.8
1998	120.5	65.6	54.9	24.9	30.0
1999	107.1	55.6	51.5	22.5	28.7
2000	112.2	62.5	49.7	22.1	27.6
2001	130.5	80.7	49.8	21.3	27.8
2002	138.7	90.0	48.7	20.9	27.8

4-12-21　续表　　　　单位：万人、万户

年　份	农村困难群众救助总人数	农村居民最低生活保障人数	农村特困户救助人数	农村困难群众救助总户数	农村居民最低生活保障户数	困难户	其他	农村特困户救助户数	困难户	其他	五保户供养户数
2001	385.3	304.6	80.7								
2002	497.8	407.8	90.0	156.7	156.7						
2003	1160.5	367.1	793.4	632.8	146.5	114.5	32.0	282.1	192.7	89.3	204.2
2004	1402.1	488.0	914.1	780.8	197.9	165.2	33.6	317.1	260.4	56.6	265.8
2005	1891.8	825.0	1066.8	1061.0	356.5	298.8	57.7	354.8	290.4	64.4	349.7

注：1984年以前含应保未保的农村救济人数。

4-12-22 中国福利彩票销售

单位：亿元

年　份	福利彩票发行单位（个）	福利彩票销售额	提取公益金	公益金支出
“七五”时期		**14.3**	**4.5**	
1986				
1987		0.2		
1988		3.8	1.2	
1989		3.8	1.3	
1990		6.5	2.0	
“八五”时期		**115.3**	**34.4**	
1991		7.7	2.5	
1992		13.8	4.1	
1993		18.4	5.5	
1994		18.1	5.3	
1995		57.3	17.0	
“九五”时期		**382.1**	**124.1**	**72.7**
1996		64.7	20.7	
1997		36.4	11.0	
1998		63.2	20.0	14.1
1999	1169	104.4	30.5	19.9
2000	1253	113.4	41.9	38.7
“十五”时期		**1145.6**	**398.2**	**176.1**
2001	1185	140.0	49.0	19.7
2002	1121	168.0	58.8	25.5
2003	1145	200.0	67.2	30.6
2004	1128	226.4	79.2	41.4
2005	1113	411.2	144.0	58.9

4-12-23　残疾人事业基本情况

项　目	2001	2002	2003	2004	2005
康复					
白内障复明手术					
白内障复明手术（万例）	49.1	51.3	57.4	56.9	57.2
人工晶体植入率　（%）	78.3	83.0	88.0	88.4	90.1
低视力配用助视器　（人）	26476	28231	30932	32791	35575
聋儿康复					
年收训聋儿　（人）	17934	18771	18465	19620	19765
聋儿人普幼普小率（%）	22.5	23.6	24.5	26.8	27.1
培训家长　（人）	18550	21155	20716	22276	23374
精神病防治康复					
开展精神病防治康复工作市县数　（个）	551	549	582	701	739
综合防治康复精神病人数(万人)	133.2	207.3	242.6	256.8	274.3
监护率　（%）	91.3	86.7	90.2	92.3	92.4
显好率　（%）	73.6	69.5	71.1	72.8	73.5
社会参与率　（%）	62.6	58.7	60.6	62.0	62.3
肇事率　（%）	0.2	0.3	0.3	0.2	0.2
康复训练与服务　（人）					
肢体残疾康复训练数	50577	47848	44221	49332	53808
智残儿童康复训练数	26093	22642	22295	22982	24141
脑瘫儿童康复训练数	8607	10003	10539	11014	10819
麻风畸残康复					
矫治手术　（例）	1730	5814	3852	3714	3903
发放辅助用具　（件）	5827	30100	35001	75025	58224
康复训练　（人）	5773	13970	9170	8797	8514
教育					
未入学适龄残疾儿童少年(万人)	35.6	32.3	30.6	27.5	24.3
职业教育与培训					
机构数　（个）	3927	3871	4143	3335	3250
教育与培训人数(万人)	48.1	45.3	49.9	57.2	58.8
就业					
城镇残疾人就业状况					
当年安排就业　（万人）	27.5	30.2	32.7	37.8	39.1
#按比例就业	7.5	7.1	8.4	8.8	11
集中就业	6.6	8.5	9.8	10.9	11.4
个体就业	13.4	14.6	14.5	18.1	16.7
未安排就业	101.2	103.2	100.4	119.4	115.9
农村残疾人就业状况					
就　业　（万人）	1579.5	1717.8	1685.2	1763.2	1803.4
未就业　（万人）	379.8	337.3	370.2	330.9	337.6
残疾人就业服务机构(个)	2991	2998	3005	3022	3048
省	30	31	33	33	33
地	71	49	54	46	46
市（含县级市）	646	652	636	639	648
县	1497	1505	1517	1515	1528
市辖区	747	761	765	789	793
盲人按摩					
保健按摩员培训　（人）	7511	7413	6874	8008	7399
医疗按摩员培训　（人）	3728	3853	4821	5864	5075
扶贫					
扶贫开发解决温饱残疾人(万人)	167.8	151.4	123.3	127.9	129.3
尚未解决温饱贫困残疾人(万人)	1058.4	1022.1	1065.2	1051.8	994
#可扶持贫困残疾人	657.7	634.4	673.7	677.5	672.1
残联组织建设					
残疾人工作者数　（万人）	7.3	7.5	7.8	8.0	8.1

注：根据1987年全国残疾人抽样调查的结果推算，目前全国各类残疾人的总数约6000万人。

4-12-24 社会保险基本情况

年份	失业保险			基本医疗保险		工伤保险		年末参加生育保险职工人数(万人)
	年末参保职工人数(万人)	全年发放失业保险金人数(万人)	全年发放失业保险金(万元)	年末参保职工人数(万人)	年末参保离休和退休人员(万人)	年末参保职工人数(万人)	年末享受工伤待遇的人数(万人)	
1994	7968.0	196.5	50755	374.6	25.7	1822.1	5.8	915.9
1995	8238.0	261.3	81964	702.6	43.3	2614.8	7.1	1500.2
1996	8333.1	330.8	138704	791.2	64.5	3102.6	10.1	2015.6
1997	7961.4	319.0	186780	1588.9	173.1	3507.8	12.5	2485.9
1998	7927.9	158.1	203907	1508.7	369.0	3781.3	15.3	2776.7
1999	9852.0	271.4	318722	1509.4	555.9	3912.3	15.1	2929.8
2000	10408.4	329.7	561984	2862.8	924.2	4350.3	18.8	3001.6
2001	10354.6	468.5	832563	5470.7	1815.2	4345.3	18.7	3455.1
2002	10181.6	657.0	1167736	6925.8	2475.4	4405.6	26.5	3488.2
2003	10372.4	741.6	1334448	7974.9	2926.8	4574.8	29.5	3655.4
2004	10583.9	753.5	1374983	9044.5	3359.2	6845.2	51.9	4383.8
2005	10647.7	677.8	1367667	10021.7	3761.2	8478.0	63.0	5408.0

4-12-25　社会保险基金收支及累计结余

单位：亿元

年　份	合　计	基本养老保险	失业保险	医疗保险	工伤保险	生育保险
基金收入						
1989	153.6	146.7	6.8			
1990	186.8	178.8	8.0			
1991	225.0	215.7	9.3			
1992	377.4	365.8	11.7			
1993	526.1	503.5	17.9	1.4	2.4	0.8
1994	742.0	707.4	25.4	3.2	4.6	1.5
1995	1006.0	950.1	35.3	9.7	8.1	2.9
1996	1252.4	1171.8	45.2	19.0	10.9	5.5
1997	1458.2	1337.9	46.9	52.3	13.6	7.4
1998	1623.1	1459.0	72.6	60.6	21.2	9.8
1999	2211.8	1965.1	125.2	89.9	20.9	10.7
2000	2644.5	2278.1	160.4	170.0	24.8	11.2
2001	3101.9	2489.0	187.3	383.6	28.3	13.7
2002	4048.7	3171.5	215.6	607.8	32.0	21.8
2003	4882.9	3680.0	249.5	890.0	37.6	25.8
2004	5780.3	4258.4	291.0	1140.5	58.3	32.1
2005	6968.6	5093.3	333.0	1405.3	93.0	44.0
基金支出						
1989	120.9	118.8	2.0			
1990	151.9	149.3	2.5			
1991	176.1	173.1	3.0			
1992	327.1	321.9	5.1			
1993	482.2	470.6	9.3	1.3	0.4	0.5
1994	680.0	661.1	14.2	2.9	0.9	0.8
1995	877.1	847.6	18.9	7.3	1.8	1.6
1996	1082.4	1031.9	27.3	16.2	3.7	3.3
1997	1339.2	1251.3	36.3	40.5	6.1	4.9
1998	1636.9	1511.6	56.1	53.3	9.0	6.8
1999	2108.1	1924.9	91.6	69.1	15.4	7.1
2000	2385.6	2115.5	123.4	124.5	13.8	8.3
2001	2748.0	2321.3	156.6	244.1	16.5	9.6
2002	3471.5	2842.9	186.6	409.4	19.9	12.8
2003	4016.4	3122.1	199.8	653.9	27.1	13.5
2004	4627.4	3502.1	211.0	862.2	33.3	18.8
2005	5401.0	4040.3	207.0	1078.7	48.0	27.0
累计结余						
1989	81.6	68.0	13.6			
1990	117.3	97.9	19.5			
1991	169.7	144.1	25.7			
1992	252.8	220.6	32.1			
1993	303.7	258.6	40.8	0.4	3.1	0.8
1994	365.7	304.8	52.0	0.7	6.8	1.4
1995	516.8	429.8	68.4	3.1	12.7	2.7
1996	696.1	578.6	86.4	6.4	19.7	5.0
1997	831.6	682.8	97.0	16.6	27.7	7.5
1998	791.1	587.8	133.4	20.0	39.5	10.3
1999	1009.8	733.5	159.9	57.6	44.9	13.9
2000	1327.5	947.1	195.9	109.8	57.9	16.8
2001	1622.8	1054.1	226.2	253.0	68.9	20.6
2002	2423.4	1608.0	253.8	450.7	81.1	29.7
2003	3313.8	2206.5	303.5	670.6	91.2	42.0
2004	4493.4	2975.0	386.0	957.9	118.6	55.9
2005	6066.1	4041.0	511.0	1278.1	164.0	72.0

4-12-26 分地区基本养老保险情况

地 区	年末参加养老保险人数(万人)	职 工	#企业(含其他)	离休和退休人员	基金收支情况(万元) 基金收入	基金支出	累计结余
全 国	**17487.0**	**13120.4**	**11710.5**	**4367.5**	**50933144**	**40403182**	**40410251**
北 京	520.0	364.7	364.7	155.2	2410284	1955722	1005233
天 津	308.3	200.6	193.4	107.7	1298614	1020689	599685
河 北	707.9	523.7	423.3	184.2	2098343	1658652	1699380
山 西	383.4	285.2	285.2	98.2	1328998	896569	1469883
内蒙古	338.9	252.9	224.6	86.1	890990	792843	466731
辽 宁	1193.6	832.8	760.5	360.8	3539353	2871897	2774913
吉 林	455.9	325.0	314.1	131.0	1480386	1007817	1039017
黑龙江	768.9	545.7	487.1	223.2	2093315	1672529	1395495
上 海	830.0	539.3	476.8	290.7	3598224	3621200	781724
江 苏	1345.6	1037.6	952.3	307.9	3875751	3099149	2410226
浙 江	962.3	801.3	735.2	160.9	2895812	1916798	3714726
安 徽	471.7	347.0	338.3	124.8	1200284	1005319	590319
福 建	409.6	320.8	266.4	88.9	1052179	848001	797036
江 西	387.4	282.0	265.0	105.5	824765	686325	539539
山 东	1302.4	1053.9	833.8	248.6	3601747	2958846	2937075
河 南	814.0	619.8	538.6	194.2	1924808	1511691	1756380
湖 北	804.0	597.6	539.8	206.4	1806995	1539711	930264
湖 南	718.6	523.4	369.2	195.2	1734508	1519918	1246938
广 东	1796.1	1564.9	1423.6	231.2	4576734	2799381	7754623
广 西	288.6	215.3	215.3	73.3	693388	584104	571039
海 南	120.9	84.4	65.5	36.5	313119	283228	167331
重 庆	290.2	189.6	188.2	100.5	790803	672952	319855
四 川	793.4	562.7	455.2	230.7	2331002	1806205	1959706
贵 州	183.7	132.0	117.2	51.7	532469	433645	494217
云 南	258.7	176.8	167.8	81.9	862728	713312	714496
西 藏	7.7	4.6	4.6	3.1	55794	55638	86
陕 西	376.1	268.4	268.4	107.8	1052042	832228	530677
甘 肃	197.3	142.2	137.5	55.1	608803	504034	378727
青 海	60.0	43.0	43.0	16.9	257911	188014	107950
宁 夏	67.5	51.5	51.5	16.1	214295	159268	276589
新 疆	302.1	213.1	204.3	89.0	975102	778077	935962
不分地区	22.9	18.7		4.2	13598	9420	44429

注：不分地区合计中，包括中国人民银行、中国农业发展银行数。

4-12-27　分地区基本医疗保险情况

地　区	年末参保人数(万人)			基金收支情况(万元)		
	合　计	职　工	离休和退休人员	基金收入	基金支出	累计结余
全　国	**13782.9**	**10021.7**	**3761.2**	**14053007**	**10787360**	**12781199**
北　京	574.8	419.7	155.1	1020106	777404	560083
天　津	299.1	180.8	118.3	322544	311564	48169
河　北	562.1	422.6	139.6	495703	375205	440793
山　西	324.9	251.9	73.0	256014	157503	265953
内蒙古	292.0	206.0	86.0	215838	157638	188131
辽　宁	864.2	584.2	280.0	685606	551872	601820
吉　林	283.0	209.1	73.9	179795	134239	170637
黑龙江	602.9	432.5	170.4	423163	332442	318535
上　海	728.6	452.7	275.9	1510763	1464370	660798
江　苏	1124.1	821.1	303.0	1179901	905982	1044373
浙　江	639.6	476.5	163.1	840808	567871	1110044
安　徽	387.1	274.4	112.7	303672	238710	256601
福　建	333.0	255.8	77.2	404369	259821	557482
江　西	276.7	201.7	75.0	145167	112788	117566
山　东	861.5	684.8	176.7	820726	631723	641006
河　南	641.5	487.4	154.1	414793	305254	455730
湖　北	502.0	354.9	147.2	415504	296284	462525
湖　南	503.4	356.8	146.6	453295	338844	392955
广　东	1235.3	1055.0	180.3	1417976	933241	2153549
广　西	285.9	203.6	82.3	259445	176180	292685
海　南	87.2	62.8	24.5	59385	52291	38817
重　庆	237.7	145.8	91.9	207123	135065	189379
四　川	647.0	426.8	220.2	623791	430297	694515
贵　州	180.5	129.0	51.5	117655	85554	106568
云　南	320.7	225.2	95.5	387659	335928	296534
西　藏	15.2	10.4	4.8	16517	16018	5700
陕　西	348.8	247.4	101.3	240267	177114	223500
甘　肃	176.6	130.4	46.2	123129	111720	78989
青　海	62.0	41.6	20.4	78302	62816	82512
宁　夏	64.5	47.3	17.2	58171	42951	56174
新　疆	321.1	223.6	97.5	375820	308671	269076

4-12-28 分地区失业保险情况

单位：万人

地 区	参保人数	企 业				事业单位	领取失业保险金人数
			国有企业	集体企业	其他企业		
全 国	**10647.7**	**8144.5**	**4362.8**	**1018.8**	**2763.0**	**2280.5**	**362.3**
北 京	357.5	268.7	92.6	11.8	164.2	77.3	3.5
天 津	197.5	164.0	93.0	17.8	53.2	33.4	3.8
河 北	461.2	337.0	219.1	40.6	77.2	122.6	13.3
山 西	288.5	238.8	208.4	25.8	4.6	48.7	4.8
内蒙古	222.2	157.7	87.1	12.6	58.0	61.0	4.9
辽 宁	607.7	454.6	204.4	119.2	131.0	108.9	46.5
吉 林	199.4	155.2	120.8	13.7	20.7	42.1	7.5
黑龙江	459.6	418.9	316.5	69.6	32.7	37.8	10.3
上 海	466.1	343.1	89.0	32.5	221.6	62.5	17.8
江 苏	838.3	675.6	222.7	116.2	336.7	146.9	30.2
浙 江	444.7	333.6	70.6	34.3	228.7	94.6	7.2
安 徽	360.3	268.3	157.5	46.6	64.1	89.1	24.3
福 建	266.6	218.9	62.1	19.3	137.4	44.5	8.6
江 西	230.7	153.9	129.3	10.4	14.2	76.5	6.0
山 东	771.1	599.9	376.4	98.9	124.6	165.4	32.2
河 南	681.9	506.8	335.7	91.2	80.0	168.5	29.2
湖 北	391.5	284.1	200.9	26.4	56.9	106.7	14.8
湖 南	382.7	250.3	192.6	27.3	30.4	130.0	11.3
广 东	1099.1	977.5	217.9	81.8	677.7	100.8	20.4
广 西	219.9	133.8	96.9	12.2	24.7	85.6	9.4
海 南	56.7	41.8	31.0	2.4	8.4	12.7	2.0
重 庆	188.2	150.7	111.8	26.4	12.5	34.9	6.4
四 川	380.5	246.1	135.1	20.0	91.1	132.6	15.6
贵 州	129.3	87.3	75.0	5.5	6.8	41.9	1.3
云 南	180.3	111.1	64.6	9.5	37.0	60.9	9.1
西 藏	6.7	2.8	2.8			3.9	
陕 西	326.7	251.9	196.9	28.6	26.4	72.4	8.6
甘 肃	160.0	119.3	96.6	12.3	10.4	40.1	5.4
青 海	33.2	21.6	16.1	0.7	4.9	10.7	1.1
宁 夏	37.2	25.9	22.4	1.1	2.4	11.1	1.2
新 疆	202.4	145.2	116.9	4.0	24.3	56.3	5.6

4-12-29 分地区工伤保险基本情况

单位：人、万元

地 区	参保人数	享受伤残待遇人数	享受职业病待遇人数	基金收入	基金支出	累计结余
全 国	**84777999**	**511418**	**44193**	**925326**	**475049**	**1635507**
北 京	3038875	22269	786	43340	37098	44029
天 津	1629122	6519	1807	23431	7368	28936
河 北	3613597	8888	480	41833	14836	42209
山 西	1513891	3461	66	37369	7659	39789
内蒙古	1102074	4976	1053	6983	3537	6902
辽 宁	4746306	73499	6780	42259	31071	54923
吉 林	1366998	19106	1258	9959	6702	7648
黑龙江	2575129	28106	2501	41932	29023	23354
上 海	5237140	3977	56	58038	13507	68167
江 苏	6802138	29006	3176	66583	40148	116606
浙 江	4530706	45339	184	46438	26980	104668
安 徽	1481894	8978	2807	14252	7215	17232
福 建	2391412	9058	2795	24323	10351	87215
江 西	1536102	5022	1774	8754	4871	34218
山 东	5787319	42766	3812	49588	33088	63061
河 南	4039871	10673	790	39198	18912	50735
湖 北	2303456	9180	444	9336	4659	18849
湖 南	2282210	5961	150	25544	10452	49735
广 东	16050664	122265	285	196590	101418	533110
广 西	1444346	4457	514	14782	6032	44530
海 南	688905	1032	68	4980	3125	18682
重 庆	1540905	8154	1021	15641	14089	7879
四 川	2704993	10893	4279	41446	18331	74103
贵 州	657589	555	4	5898	684	5590
云 南	1669450	9470	674	18215	8152	39190
西 藏	19166			309		309
陕 西	1491826	6190	3420	7256	1853	9239
甘 肃	700737	3629	8	5237	1847	6326
青 海	205172	1182	205	4930	2185	4441
宁 夏	234998	1741	906	4010	1347	4414
新 疆	1391000	5066	2090	16872	8509	29418

4-12-30 分地区生育保险基本情况

单位：人、万元

地区	参保人数	享受待遇人数	基金收入	基金支出	累计结余
全国	**54084519**	**622535**	**437977**	**273995**	**720707**
北京	2261248	10510	30781	4785	25996
天津	1574180	5947	6714	60	6654
河北	2158823	8366	3372	2105	7555
山西	956478	2803	2544	1460	5560
内蒙古	1057785	14746	3944	2164	4392
辽宁	2201175	26983	12444	8936	24265
吉林	352743	8412	1636	496	6791
黑龙江	1566415	28870	11781	7301	13032
上海	5392743	58075	58226	71100	96567
江苏	6309189	112345	73204	43437	128915
浙江	2849497	37459	26827	20162	57656
安徽	535189	4794	3407	1425	4538
福建	1617502	21006	13532	8618	20405
江西	1178382	7849	3789	2177	12835
山东	4612217	55102	37713	22652	56926
河南	2283659	15113	8011	3668	12968
湖北	1758810	5827	4991	1650	13110
湖南	2502369	31581	16943	8326	15544
广东	4193608	41686	47533	30104	81548
广西	1413554	18582	10554	5176	21743
海南	348870	5419	2658	979	5496
重庆			1076	1217	2405
四川	2125186	14380	15351	6657	35825
贵州	521051	492	675	84	680
云南	1561436	24928	17025	8440	30924
西藏					
陕西	430681	7655	1482	811	2425
甘肃	400230	3280	3510	1094	4098
青海	65191	1433	738	424	1060
宁夏	215629	2135	722	513	792
新疆	1640679	46757	16794	7974	20002

4-12-31 参加基本养老保险人数

单位：万人

年份	合计	在职职工人数		离休和退休人员数	
			企业（含其他）		企业（含其他）
1989	5710.3	4816.9	4816.9	893.4	893.4
1990	6166.0	5200.7	5200.7	965.3	965.3
1991	6740.2	5653.7	5653.7	1086.6	1086.6
1992	9456.2	7774.7	7774.7	1681.5	1681.5
1993	9847.6	8008.2	8008.2	1839.4	1839.4
1994	10573.5	8494.1	8494.1	2079.4	2079.4
1995	10979.0	8737.8	8737.8	2241.2	2241.2
1996	11116.7	8758.4	8758.4	2358.3	2358.3
1997	11204.4	8671.0	8671.0	2533.4	2533.4
1998	11203.1	8475.8	8475.8	2727.3	2727.3
1999	12485.4	9501.8	8859.1	2983.6	2863.8
2000	13617.4	10447.5	9469.9	3169.9	3016.5
2001	14182.5	10801.9	9733.0	3380.6	3171.3
2002	14736.6	11128.8	9929.4	3607.8	3349.2
2003	15506.7	11646.5	10324.5	3860.2	3556.9
2004	16352.9	12250.3	10903.9	4102.6	3775.0
2005	17487.0	13120.4	11710.5	4367.5	4005.2

4-12-32 各地区离休和退休人员数

单位: 万人

地　区	合　计	离休人员	退休人员	企　业	离休人员	退休人员
全　国	**5088.2**	**126.4**	**4961.8**	**3842.4**	**64.5**	**3777.9**
北　京	192.2	5.6	186.6	139.3	2.8	136.4
天　津	136.2	2.1	134.2	109.1	1.1	108.0
河　北	213.8	8.0	205.8	157.9	3.5	154.4
山　西	128.1	6.2	121.9	98.4	2.9	95.5
内蒙古	91.7	2.5	89.2	61.5	0.9	60.6
辽　宁	382.2	10.5	371.7	310.2	6.2	304.0
吉　林	158.7	4.5	154.2	123.3	2.2	121.1
黑龙江	253.1	8.7	244.4	203.0	4.6	198.4
上　海	291.3	3.2	288.1	254.2	1.7	252.4
江　苏	327.5	6.3	321.2	260.5	3.1	257.5
浙　江	176.5	2.9	173.6	130.9	1.2	129.7
安　徽	154.9	4.6	150.2	110.4	2.2	108.2
福　建	92.4	1.6	90.8	66.8	0.8	66.0
江　西	144.8	2.4	142.4	113.9	1.4	112.5
山　东	250.4	11.5	238.9	183.6	5.7	177.9
河　南	236.4	8.6	227.8	167.8	3.7	164.1
湖　北	274.2	5.4	268.8	211.8	3.3	208.5
湖　南	188.0	2.9	185.1	139.8	1.5	138.3
广　东	257.9	4.9	253.0	196.9	2.4	194.5
广　西	120.2	1.9	118.3	75.6	0.8	74.7
海　南	35.1	0.5	34.6	28.0	0.3	27.8
重　庆	112.9	1.0	111.9	81.2	0.6	80.7
四　川	274.9	3.4	271.5	190.9	1.9	189.0
贵　州	79.7	1.5	78.2	53.5	0.6	52.9
云　南	126.1	3.0	123.1	83.8	1.3	82.5
西　藏	5.8	0.1	5.7	2.7		2.7
陕　西	141.2	4.2	137.0	109.7	2.3	107.3
甘　肃	75.4	2.1	73.3	54.1	1.1	53.0
青　海	25.4	0.8	24.7	17.2	0.3	16.9
宁　夏	21.9	0.7	21.2	15.5	0.3	15.2
新　疆	115.0	4.6	110.4	90.8	3.6	87.2

注：本表总计中包括总后勤部、民政部门支付离退休费的人数；分地区数据不包括总后勤部支付离退休费的人数。

4-12-33　离休和退休费

年　份	费用总额（亿元）	民政部门支付	总后事业单位支付	国有单位	#单位支付	城镇集体单位	其他单位	平均每人费用（元）
1980	50.4	3.3		43.4	40.1	7.0		714
1981	62.3	3.3		53.3	50.0	9.0		706
1982	73.1	3.2		62.1	58.9	11.0		709
1983	87.3	3.2		74.0	70.8	13.3		726
1984	106.1	3.0		84.6	81.6	21.2	0.3	766
1985	145.6	3.7		116.1	112.4	29.1	0.4	935
1986	172.2	3.3		140.6	137.3	31.0	0.6	1001
1987	208.1	4.0		171.9	167.9	35.3	0.8	1103
1988	275.1	6.6		220.5	213.9	53.2	1.4	1346
1989	319.4	7.5		258.9	251.4	59.1	1.4	1478
1990	396.2	7.2		319.7	312.5	74.7	1.8	1760
1991	467.5	7.6		380.7	373.1	84.5	2.3	1975
1992	578.5	9.2		474.3	465.1	100.8	3.4	2300
1993	759.3	12.0		623.2	611.2	123.9	12.2	2824
1994	1043.6	17.5		875.9	858.4	146.2	21.5	3656
1995	1305.6	19.4		1093.1	1073.7	182.4	30.1	4335
1996	1552.2	20.1		1308.2	1288.1	204.0	40.0	4923
1997	1790.8	22.7	1.9	1517.6	1493.0	225.2	48.0	5458
1998	2073.7	26.1	3.6	1726.0	1696.3	229.0	114.8	5972
1999	2420.9	29.6	3.1					6614
2000	2733.3	36.4	3.4					7190
2001	3071.2	44.3	3.4					7784
2002	3659.4	51.0	3.6					8881
2003	4148.9	56.7	3.6					9485
2004	4510.9	65.2	3.6					9808
2005	5253.2	71.1	4.5					10761

注：1.从2005年起退职费并入退休费(下两表同)。
　　2.本表1985-1988年的数字不包括根据1985年有关规定发给离休、退休、退职职工的肉类等价格补贴。

4-12-34　按企业、事业、机关分的离休和退休费

单位：亿元

年　份	合　计	企　业	事　业	机　关	其　他
1990	396.2	307.1	62.6	26.4	
1995	1305.6	915.6	275.6	114.1	
2000	2733.3	1846.6	635.2	251.6	
2001	3071.2	1988.5	768.9	313.8	
2002	3659.4	2417.2	873.0	369.2	
2003	4148.9	2684.6	1032.4	431.9	
2004	4510.9	2867.3	1157.4	486.2	
2005	5253.2	3280.3	1341.9	561.4	69.6

注：1.本表数字不包括离休和退休职工的医疗卫生费。
　　2.事业单位包括民政部门和总后事业单位支付离休和退休费的数据。

4-12-35 离休和退休人员保险福利费用及构成

年 份	合 计	离休金	退休金	退职生活费	医疗卫生费	其 他
绝对数(亿元)						
1990	465.2	34.6	239.4	5.0	76.2	110.0
1991	554.4	38.6	271.5	5.7	94.5	144.1
1992	685.6	47.1	338.8	6.7	116.3	176.7
1993	901.7	57.1	435.5	8.6	154.3	246.2
1994	1218.9	103.2	766.5	12.4	192.8	144.0
1995	1522.4	121.9	986.3	15.3	236.3	162.6
1996	1797.7	137.7	1199.3	17.1	265.6	178.0
1997	2043.8	162.6	1423.9	23.5	277.6	156.2
1998	2330.9	167.7	1708.5	24.1	286.9	143.7
1999	2708.3	186.1	2035.2	27.2	320.1	139.7
2000	3040.5	201.1	2305.7	30.3	346.9	156.5
2001	3337.2	223.4	2618.7	27.8	312.9	154.4
2002	3870.7	263.7	3143.0	33.4	266.0	164.6
2003	4359.9	269.5	3592.1	37.6	271.3	189.4
2004	4814.9	281.5	3929.4	38.8	372.8	192.4
2005	5492.4	297.0	4654.0		314.7	226.7
构成(以合计为100)						
1990	100.0	7.4	51.5	1.1	16.4	23.6
1991	100.0	7.0	49.0	1.0	17.0	26.0
1992	100.0	6.9	49.4	1.0	17.0	25.8
1993	100.0	6.3	48.3	1.0	17.1	27.3
1994	100.0	8.5	62.9	1.0	15.8	11.8
1995	100.0	8.0	64.8	1.0	15.5	10.7
1996	100.0	7.7	66.7	1.0	14.8	9.9
1997	100.0	8.0	69.7	1.1	13.6	7.6
1998	100.0	7.2	73.3	1.0	12.3	6.2
1999	100.0	6.9	75.1	1.0	11.8	5.2
2000	100.0	6.6	75.8	1.0	11.4	5.1
2001	100.0	6.7	78.5	0.8	9.4	4.6
2002	100.0	6.8	81.2	0.9	6.9	4.3
2003	100.0	6.2	82.4	0.9	6.2	4.3
2004	100.0	5.8	81.6	0.8	7.7	4.0
2005	100.0	5.4	84.7		5.7	4.1

注：本表不包括民政部门支付的离休和退休费。

【主要统计指标解释】

社会福利事业单位　指集中收养社会孤老、残、幼的机构，包括由民政部门管理的社会福利院、儿童福利院、精神病人福利院和城镇集体举办的福利院及农村集体举办的敬老院以及优抚医院和具有收养能力的社区服务中心等。该指标主要反映我国在社会福利性单位投入的水平。

社会福利事业单位收养人数　包括民政部门管理和城镇、农村集体举办的社会福利事业单位中收养的老人、少年儿童、缺乏生活自理能力的残疾人员和精神病人。该指标主要反映收养性社会福利单位的收养能力。

社会福利企业单位　指以安置城镇有一定劳动能力的盲、聋、哑和肢体残疾人员就业为目的，享受国家减免税待遇的国有或集体企业。包括福利工厂、福利商业和服务业、假肢厂和安置农场等单位。该指标主要反映我国对残疾人照顾的特殊政策。

农村五保户　指农村中既无劳动能力，又无经济来源的老、弱、孤、残的农民，其生活由集体供养，实行保吃、保穿、保住、保医、保葬(孤儿保教)，简称“五保”，享受五保待遇的家庭叫五保户。该指标主要反映农村弱势群体的人员数量。

聋儿入普幼普小率　指本年度内进入普通幼儿园、普通小学的聋儿数与在训聋儿数(不含当年新收训聋儿数)之比。该指标主要反映经过康复训练的聋儿进入普通幼儿园和普通小学的情况。

综合防治康复精神病人数　指在开展精神病防治康复工作地区，采取不同形式，接受综合性防治康复措施、开放式管理的精神病人数。该指标主要反映精神病患者接受治疗康复情况。

监护率　指通过监护小组、家庭病床、工疗站、社会就业以及精神卫生机构，接受社会化、综合性、开放式治疗与康复的精神病人占经调查摸底、登记在册的精神病人数的百分比。该指标主要反映对精神病患者落实治疗康复措施的情况。

精神病人社会参与率　指生活能自理，并参加生产劳动和社会生活的精神病人数占监护精神病人数的百分比。该指标主要反映精神病人康复状况和参与社会的情况。

未入学适龄残疾儿童少年　指根据义务教育法规定应接受义务教育，但因各种原因未能入学的适龄视力残疾、听力与言语残疾、智力残疾、肢体残疾、精神残疾、多重残疾儿童少年。适龄残疾儿童少年的年龄段参照各省级人民政府依照义务教育法规定的入学年龄。该指标主要反映因各种原因未能入学的适龄残疾儿童的年度变化,为制定残疾儿童义务教育发展规划及其应采取的方针、政策和措施提供依据,同时为各地开展资助残疾儿童就学工作提供依据。

卫生机构　包括医疗机构、疾病预防控制中心(防疫站)、采供血机构、卫生监督及监测(检验)机构、医学科研和在职培训机构、健康教育所等。

医疗机构　包括医院、社区卫生服务中心(站)、疗养院、卫生院、门诊部、诊所(卫生所、医务室)、妇幼保健院(所、站)、专科疾病防治院(所、站)、急救中心(站)和临床检验中心。医疗机构分为非赢利性医疗机构和赢利性医疗机构。

医院　包括综合医院、中医医院、中西医结合医院、民族医院、各类专科医院和护理院。

卫生技术人员　指卫生机构中医生、护理人员 、药剂人员、检验人员等卫生技术人员。

医生　指在医疗、预防保健机构工作且取得《执业医师证书》的执业医师和执业助理医师。

基本养老保险

1.（参保）职工人数：指报告期末按照国家法律、法规和有关政策规定参加基本养老保险并在社保经办机构已建立缴费记录档案的职工人数，包括中断缴费但未终止养老保险关系的职工人数，不包括只登记未建立缴费记录档案的人数。

2.（参保）离退休人员人数：指报告期末参加基本养老保险的离休、退休和退职人员的人数。

3.基本养老保险基金收入：指根据国家有关规定，由纳入基本养老保险范围的缴费单位和个人按国家规定的缴费基数和缴费比例缴纳的养老保险基金，以及通过其他方式取得的形成基金来源的收入。包括单位和职工个人缴纳的基本养老保险费、基本养老保险基金利息收入、上级补助收入、下级上解收入、转移收入、财政补贴和其他收入。

4.基本养老保险基金支出：指按照国家政策规定的开支范围和开支标准从养老保险基金中支付给参加基本养老保险的离休、退休、退职人员个人的养老金、丧葬抚恤补助，以及由于保险关系转移、上下级之间调剂资金等原因而发生的支出。包括离休金、退休金、退职金、各种补贴、医疗费、死亡丧葬补助费、抚恤救济费、社会保险经办机构管理费、补助下级支出、上解上级支出、转移支出、其他支出等。

5.基本养老保险基金累计结余：指截止报告期末基本养老保险基金收支相抵后的累计余额。

离休、退休、退职人员

指正式办理了离休、退休、退职手续，并享受相应的离休、退休、退职待遇的人员。

基本医疗保险

1.参保人数：指报告期末按国家有关规定参加基本医疗保险的人数。包括参加保险的职工人数和退休人员人数。

2.基金收入：指根据国家有关规定，由纳入基本医疗保险范围的缴费单位和个人，按国家规定的缴费基数和缴费比例缴纳的基金，以及通过其他方式取得的形成基金来源的款项，包括：单位缴纳的社会统筹基金收入、个人缴纳的个人账户基金收入、财政补贴收入、利息收入、其他收入。

3.基金支出：指按照国家政策规定的开支范围和开支标准从社会统筹基金中支付给参加基本医疗保险的职工和退休人员的医疗保险待遇支出，和从个人帐户基金中支付给参加基本医疗保险的职工和退休人员的医疗费用支出，以及其他支出。包括：住院医疗费用支出、门急诊医疗费用支出、个人账户基金支出、其他支出。

4.基金累计结余：指截止报告期末基本医疗保险的社会统筹和个人帐户基金累计结余金额。包括银行存款、财政专户、债券投资和其他。

失业保险

1.参保人数：指报告期末按照国家法律、法规和有关政策规定参加了失业保险的城镇企业事业单位的职工及地方政府规定参加失业保险的其他人员的人数。

2.失业保险基金收入：指按照规定从企业、事业及其他单位筹集的失业保险费及其他并入失业保险基金收入的总额。包括单位和个人缴纳的失业保险费、失业保险基金利息收入、上级补助收入、下级上解收入、转移收入、财政补贴和其他收入。

3.失业保险基金支出：指报告期内为保障失业人员和下岗职工基本生活、促进其再就业等支出的基金总额。包括失业救济金、医疗费、死亡丧葬补助费、抚恤救济费、转业训练费支出、失业保险经办机构管理费、补助下级支出、上解上级支出、转移支出和其他支出。

4.基金累计结余：指截止报告期末失业保险基金收支相抵后的累计余额。

工伤保险

1.参加保险人数：指报告期末依据国家有关规定参加工伤保险的职工人数。

2.享受保险待遇人数：指劳动者因工负伤致残、死亡或因患职业病致残，根据有关规定享受工伤保险待遇职工或供养直系亲属人数。包括伤残人数、职业病人数、因工死亡人数、供养直系亲属人数。

3.基金收入：指根据国家有关规定，由参加工伤保险的单位按国家规定的缴费基数和缴费比例缴纳的工伤保险基金，以及通过其他形式取得的形成基金来源的款项。包括：单位缴纳的社会统筹基金收入、财政补贴收入、利息收入、其他收入。

4.基金支出：指按照国家政策规定的开支范围和开支标准从工伤保险基金中支付给参加工伤保险的人员及供养直系亲属工伤保险待遇支出及其他支出。包括工伤医疗费、伤残补助金、工亡补助金、护理费、丧葬补助费、工伤预防费用、职业康复费用和其他支出。

5.基金累计结余：指截止报告期末工伤保险基金累计结余金额。包括银行存款、财政专户、债券投资和其他。

生育保险

1.参保人数：指报告期末依据有关规定参加生育保险的职工人数。

2.基金收入：指根据国家有关规定，由参加生育保险的单位按照国家规定的缴费基数和缴费比例缴纳的生育保险基金，以及通过其他方式取得的形成基金来源的款项，包括：单位缴纳的基金收入、利息收入和其他收入。

3.基金支出：指按照国家政策规定的开支范围和开支标准，从生育保险基金中支付给参加生育保险的职工，因妊娠、分娩和计划生育手术而享受的待遇及其他支出。包括：生育津贴、医疗费用支出及其他支出。

4.基金累计结余：指截止报告期末生育保险基金累计结余金额。包括银行存款、财政专户、债券投资和其他。

离休、退休、退职人员保险福利费用

指离休、退休、退职人员实际得到的生活费用总额，包括从社会保险经办机构和单位得到的费用。

1.离休金：指按规定支付给离休人员的生活费用。

2.退休金：指按规定支付给退休人员的生活费用。

3.退职生活费：指按规定支付给退职人员的生活费用。

4.医疗卫生费：指单位直接支付给离休、退休、退职人员的医疗费、住院费以及住院伙食补助等费用。

5.其他：指离休金、退休金、退职生活费和医疗卫生费以外的其他保险福利费用，如丧葬抚恤救济费、生活补贴、物价补贴、冬季取暖补贴等。

第四部分

第三产业主要业务指标

13.文化、体育和娱乐业

简要说明

一、本篇资料的主要内容

本篇主要反映文化、体育、新闻出版、广播电影电视事业的发展情况。

文化部分主要包括艺术表演团体、艺术表演场所、公共图书馆、博物馆、文化馆、档案馆、文化站、广播、电影、电视、新闻出版以及文物等文化事业的机构、人员、经费和业务活动情况。体育部分主要包括群众体育和竞技体育，主要内容有体育系统职工情况，竞技体育成绩，体育锻炼达标人数以及与国外体育交往次数和人数等情况。

二、本篇资料的来源

根据各部门制定的统计报表制度汇总加工整理而成。艺术事业、图书馆事业、群众文化事业的资料主要来自文化部；档案馆资料来自国家档案局；文物资料来自国家文物局；广播、电影、电视资料来自国家广播电影电视总局；新闻出版资料来自国家新闻出版总署；体育部分的资料来自国家体育总局。

详细资料分别见《中国文化文物统计年鉴》（文化部计划财务司编）、《中国新闻出版统计资料汇编》（新闻出版署计财司编）、《广播电影电视资料汇编》（广电总局计财司编）。

4-13-1　艺术表演团体演出情况

种　类	演出场数（万场）	#到农村演出	观众人数（万人次）
总计	**45.9**	**26.9**	**38891**
#国有剧团	29.9	15.9	28962
集体经营剧团	10.7	7.1	7141
按剧种分:			
话剧、儿童剧、滑稽剧团	0.9	0.1	1516
歌舞剧团	1.4	0.4	1407
歌舞团、轻音乐团	4.0	1.2	3839
文工团、宣传队、乌兰牧骑	4.0	2.4	3079
乐团、合唱团	0.2		231
戏曲剧团	25.9	20.3	24377
#京剧	1.3	0.8	1181
曲艺、杂技、木偶、皮影团	8.0	1.8	2783
综合性艺术表演团体	1.5	0.7	1659

注：歌舞剧团包括歌剧、舞剧、歌舞剧团。

4-13-2　群众艺术馆、文化馆站业务活动及经费情况

指　标		总　计	群众艺术馆	文化馆	文化站
单位数	(个)	41588	447	2779	38362
举办展览	(个)	111300	2922	14684	93694
组织文艺活动	(次)	391439	17686	85563	288190
举办训练班					
班　　次	(次)	190194	18989	40494	130711
结业人次	(万人次)	666	55	110	500
群众艺术馆、文化馆					
负责指导单位					
农村集镇文化中心	(个)	19866	2807	17059	
文化户	(户)	394232	6140	110799	277293
群众业余演出团(队)	(个)	68641	5982	62659	
总支出	(万元)	358640	84932	114032	159675
#修缮费		11113	4169	2418	4525

注：本表各项指标均为文化部系统内数据。

4-13-3 公共图书馆业务活动及经费情况

指 标	总 计	#省级公共图书馆	#县级公共图书馆
总藏量 （万册、件）	48055	14355	16919
书架总长度 （万米）	1320	304	348
发放借书证数 （万个）	1061	194	446
图书流通情况			
总流通人次 （万人次）	23331	3601	10873
书刊外借册次（万册次）	20268	2696	9651
为读者服务举办各种活动			
次 数 （次）	246373	6982	221789
参加人数 （万人次）	2556	526	938
总支出 （万元）	312571	82135	86558
#藏量购置费 （万元）	67290	23495	10919
本年新购藏量 （万册）	1935	373	709
公用房屋建筑面积 （万平方米）	677	103	316
#书 库 （万平方米）	170	35	74
阅览室座席 （万个）	48	4	29

4-13-4 博物馆、文物机构业务活动及经费情况

指 标	文物保护管理机构	文物科研机构	其他文物机构	博物馆
藏 品 （件）	2416460	953314	54279	16199377
#一级品 （件）	5099	2636	213	45677
业务活动				
陈列展览 （个）	2034			5929
参观人数（万人次）	5837			11819
经费支出 （万元）	187185	42453	94321	319861
#修缮费	18112	2600	5382	21874
增加值 （万元）	129892	18577	6808	200343

4-13-5　广播、电视事业发展情况

指　标	2004	2005	2005年比2004年增长%
广播电视系统职工人数(人)	581838	595377	2.33
广播电台　(座)	282	273	-3.19
广播发射台及转播台（座)	774	788	1.81
广播发射机功率　(千瓦)	69884.4	73877.5	5.71
广播电视台　(座)	1913	1932	0.99
广播综合人口覆盖率（%)	94.05	94.48	0.43
电视台　(座)	314	302	-3.82
电视发射台及转播台（座)	48408	47501	-1.87
电视发射机功率　(千瓦)	8945.15	8732.01	-2.38
电视综合人口覆盖率（%)	95.29	95.81	0.55

注：广播电台、电视台未包括县级数。

4-13-6 各地区有线电视入户率排序

地 区	位 次	有线电视入户率 (%)	有线电视用户数 (户)
上 海	1	88.70	4351252
北 京	2	64.12	2820000
天 津	3	61.47	1940500
浙 江	4	58.97	8900614
广 东	5	58.07	11219016
福 建	6	46.42	4229821
江 苏	7	46.11	10764967
重 庆	8	43.58	4308423
山 西	9	41.69	3503684
四 川	10	39.92	10141496
宁 夏	11	38.77	399991
辽 宁	12	38.53	5163975
山 东	13	36.42	10078279
新 疆	14	35.73	1403397
广 西	15	35.04	4500335
吉 林	16	30.96	2551019
云 南	17	30.01	3201236
内蒙古	18	29.85	2131088
海 南	19	29.37	580548
陕 西	20	29.11	2996685
湖 北	21	29.04	5081297
贵 州	22	28.99	2803333
江 西	23	26.87	3288797
黑龙江	24	26.85	3054053
甘 肃	25	26.54	1727797
青 海	26	24.80	313519
河 北	27	24.26	4754110
西 藏	28	22.58	123172
湖 南	29	21.56	4275627
河 南	30	18.72	4808605
安 徽	31	16.74	3003922

4-13-7　广播、电视节目制作时间

单位：小时

项　目	1995	2001	2002	2003	2004	2005
广播节目制作	**2332164**	**3494303**	**3774001**	**4301505**	**5267457**	**6139227**
新　闻	353368	483631	531278	628090	858579	1066880
专　题	1054140	1578183	1703554	1861943	1579675	1822621
综　艺	924656	1096440	1161402	1376816	1606519	1937290
广播剧					66053	75456
广　告		336049	377767	434656	564207	671071
其　他					592424	565909
电视节目制作	**383513**	**989173**	**1072704**	**1185507**	**2117158**	**2553861**
新　闻	80800	235336	256883	280273	474218	637956
专　题	193391	379490	379240	433083	486311	525528
综　艺	109322	191154	218955	228802	321318	382350
影视剧					167511	193771
广　告		183193	217626	243349	426553	524892
其　他					241247	289364

4-13-8 全国广播剧、电视剧制作情况

地 区	全年制作广播剧数量		全年制作电视剧数量	
	(部)	(集)	(部)	(集)
全国合计	**4901**	**35107**	**945**	**20075**
总局直属	7	119	222	5277
北 京	3	365	56	1961
天 津	8	20	9	170
河 北	1156	1198	12	272
山 西	7	353	20	373
内蒙古	15	66	7	151
辽 宁	22	179	15	376
吉 林	43	418	7	198
黑龙江	26	1176	2	40
上 海	262	2378	85	1986
江 苏	129	2597	30	741
浙 江	13	425	74	1676
安 徽	7	7	13	343
福 建	12	780	4	109
江 西	3	3	7	191
山 东	199	3571	13	335
河 南	10	22	16	158
湖 北	1454	4564	16	359
湖 南	64	1113		
广 东	810	4900	47	1505
广 西	54	1148	9	448
海 南	3	45	3	58
重 庆	1	28	13	541
四 川	48	1015	12	495
贵 州	5	381		
云 南	62	2320		
西 藏	4	18	2	29
陕 西	63	1162	17	399
甘 肃	19	1602	1	1
青 海				
宁 夏	5	608	2	40
新 疆	387	2526	231	1843
计划单列市	**384**	**1123**	**25**	**585**
大连市	16	16	4	92
宁波市	5	12	3	68
厦门市			1	22
青岛市	12	734	1	22
深圳市	351	361	16	381

4-13-9　全国广播电视节目播出情况

地　区	公共广播节目套数（套）	全年公共广播节目播出时间(小时)	公共电视节目套数（套）	全年公共电视节目播出时间(小时)
全国合计	**2306**	**10304214**	**2899**	**12591569**
总局直属	63	450489	17	132428
北　京	18	102889	25	120052
天　津	9	69701	18	99376
河　北	88	341401	180	606635
山　西	94	301183	85	362761
内蒙古	114	497709	119	536338
辽　宁	105	560580	112	559998
吉　林	64	322359	73	376688
黑龙江	85	325010	121	597811
上　海	21	126493	25	149704
江　苏	120	648106	136	700067
浙　江	104	637577	111	593372
安　徽	98	386713	119	546570
福　建	85	477733	98	283543
江　西	95	310170	110	558070
山　东	129	594411	123	649979
河　南	142	532699	162	780393
湖　北	81	379746	113	550073
湖　南	89	278314	136	686911
广　东	123	704912	123	499719
广　西	60	257463	115	276597
海　南	24	111797	16	70816
重　庆	27	112183	44	183393
四　川	111	367392	170	702146
贵　州	22	106467	91	219049
云　南	33	186944	44	214668
西　藏	7	36245	10	40636
陕　西	92	303869	123	482183
甘　肃	74	196113	95	330454
青　海	8	39052	13	54528
宁　夏	24	92821	27	111186
新　疆	97	445659	145	515408
计划单列市	**43**	**288224**	**56**	**341400**
大连市	11	79499	13	81123
宁波市	11	75444	13	78126
厦门市	5	37767	7	39885
青岛市	12	63514	14	79176
深圳市	4	32000	9	63087

4-13-10 广播、电视宣传基本情况

项 目	节目套数（套）	全年播出时间(小时)	#新闻资讯类	#专题服务类	#综艺类	#广播剧	#广告类	#其他类
无线广播合计	**2306**	**10304214**	**2098876**	**2432727**	**3112522**	**411797**	**927086**	**1321203**
中央台和国际台	63	450489	178597	185209	72241	263	7820	6357
地方台	2243	9853725	1920279	2247518	3040281	411534	919266	1314846
电视播映合计	**2899**	**12591569**	**1472050**	**1351437**	**1167381**	**5599022**	**1480558**	**1521120**
中央电视台	17	132428	37809	39046	19895	27861	6486	1328
地方台	2882	12459141	1434241	1312391	1147486	5571161	1474072	1519792

4-13-11 摄制电影片产量

年 份	电影故事片厂(个)	故事片(部)	美术片(本)	科学教育片(本)	纪录片(本)
1952	4	4	2	41	157
1957	11	40	5	84	272
1962	16	34	17	94	133
1965	16	52	21	240	378
1975	15	27	11	214	313
1978	12	46	26	289	202
1979	17	65	25	349	317
1980	17	82	32	337	242
1981	19	105	33	277	276
1982	19	112	33	284	259
1983	19	127	37	343	299
1984	20	144	37	387	337
1985	20	127	45	357	419
1986	20	134	46	383	417
1987	22	146	45	353	347
1988	22	158	38	344	350
1989	22	136	53	334	259
1990	22	134	51	326	296
1991	22	130	46	351	283
1992	22	170	56	354	307
1993	22	154	47	252	300
1994	22	148	32	182	22
1995	30	146	37	40	111
1996	30	110	58	33	39
1997	31	88	28	34	95
1998	31	82	9	30	54
2000	31	91	1	49	10
2001	27	88	1	56	9
2002	31	100	2	60	7
2003	31	140	2	53	6
2004	31	212	4	30	10
2005	32	260	7	33	2

注：本表电影故事片厂只包括国务院批准的厂。

4-13-12 图书出版分类构成情况

项　目	种　数 (种)	印　数 (万册)	印　张 (千印张)
图书总计	**222473**	**646597**	**49329119**
使用“中国标准书号”图书合计	221489	644675	49156871
马列主义、毛泽东思想	454	738	93708
哲学	3921	3242	445533
社会科学总论	2842	1966	304955
政治、法律	10104	11934	1484954
军事	701	574	70111
经济	18389	14299	2127093
文化、科学、教育、体育	85668	489649	31238319
语言、文字	11659	16986	2590649
文学	13428	13974	1711974
艺术	10622	17976	940943
历史、地理	8525	29402	1866800
自然科学总论	982	3389	214868
数理科学、化学	4669	4281	683236
天文学、地球科学	999	361	48593
生物科学	1190	745	130411
医学、卫生	9565	6515	1138234
农业科学	3045	2185	182772
工业技术	29511	19698	3286998
交通运输	2107	1702	218739
航空、航天	126	44	7046
环境科学	1014	3248	152938
综合性图书	1968	1767	217997
不使用“中国标准书号”图书合计	984	1922	43328
附录(不使用“中国标准书号”)合计			128920

4-13-13　全国各类图书出版种数

项　目	本版图书种数(种)			种数比上年增减(%)			租型图书	租型比上年
	合　计	新　出	重　印	合　计	新　出	重　印	种数(种)	增减(%)
图书总计	**222473**	**128578**	**93895**	**6.8**	**5.7**	**8.3**	**12115**	**-4.0**
使用“中国标准书号”图书合计	221489	127896	93593	7.2	6.0	8.9	12115	-4.0
马列主义、毛泽东思想	454	259	195	-31.6	-42.8	-7.6		
哲学	3921	2987	934	18.4	16.9	23.5		
社会科学总论	2842	1990	852	20.1	10.1	52.7		
政治、法律	10104	7699	2405	7.4	7.5	6.9	3	-25.0
军事	701	573	128	15.5	12.4	32.0		
经济	18389	12862	5527	11.8	9.1	18.7	7	75.0
文化、科学、教育、体育	85668	38504	47164	2.3	0.6	3.7	11117	-0.1
语言、文字	11659	6296	5363	11.7	5.0	20.8		
文学	13428	10842	2587	6.3	9.2	-4.2		
艺术	10622	7258	3364	5.5	3.4	10.5	572	-43.6
历史、地理	8525	6561	1964	18.3	15.5	28.9	411	-13.1
自然科学总论	982	549	433	2.6	-14.1	36.2		
数理科学、化学	4669	2074	2595	11.5	6.4	16.0		
天文学、地球科学	999	751	248	8.1	8.8	6.0		
生物科学	1190	734	456	21.3	16.5	29.9		
医学、卫生	9565	5993	3572	14.1	13.7	14.8	1	
农业科学	3045	1983	1062	12.9	11.5	15.6		
工业技术	29511	16349	13163	9.6	5.8	14.8	4	
交通运输	2107	1082	1025	20.1	27.6	13.0		
航空、航天	124	110	14	14.8	8.9	100.0		
环境科学	1014	747	267	-0.2	1.2	-4.0		
综合性图书	1968	1693	275	12.6	25.9	-31.8		
不使用“中国标准书号”图书合计	984	682	302	-42.9	-28.8	-60.5		

4-13-14　全国各类图书总印数

项　目	本年图书总印数(万册、张)				比上年增减(%)	
	合　计	新　出	重　印	租　型	合　计	租　型
图书总计	**646597**	**166157**	**309151**	**171289**	**0.8**	**-7.0**
使用“中国标准书号”图书合计	644675	165010	308376	171289	1.0	-7.0
马列主义、毛泽东思想	738	181	557		-53.9	
哲学	3242	2121	1121		20.2	
社会科学总论	1966	1265	697	4	13.4	
政治、法律	11934	7902	4022	10	8.0	-9.1
军事	574	421	153		28.7	
经济	14299	9266	5005	28	22.9	-49.1
文化、科学、教育、体育	489649	93336	240400	155913	-1.1	-4.9
语言、文字	16986	6091	10895		7.2	
文学	13974	10105	3870		2.3	
艺术	17976	5629	6048	6299	-12.6	-31.9
历史、地理	29402	5355	15051	8996	22.3	-18.1
自然科学总论	3389	1472	1917		12.6	
数理科学、化学	4281	1396	2885		-2.5	
天文学、地球科学	361	261	100		4.6	
生物科学	745	390	355		29.8	
医学、卫生	6515	3611	2904		0.1	
农业科学	2185	1377	808		-1.0	
工业技术	19698	9710	9949	39	4.7	
交通运输	1702	763	939		16.3	
航空、航天	44	39	5		19.4	
环境科学	3248	3045	203		362.0	
综合性图书	1767	1275	492		-2.9	
不使用“中国标准书号”图书合计	1922	1147	775		-34.5	

4-13-15 全国各类图书总印张

项　目	本年图书总印张(千印张)				比上年增减(%)	
	合　计	新　出	重　印	租　型	合　计	租　型
图书总计	**49329119**	**15899192**	**21545933**	**11883994**	**6.0**	**-2.0**
使用“中国标准书号”图书合计	49156871	15800757	21472120	11883994	5.9	-2.0
马列主义、毛泽东思想	93708	24206	69502		-52.0	
哲学	445533	297896	147637		33.4	
社会科学总论	304955	199515	104802	638	36.5	
政治、法律	1484954	938154	546717	83	23.3	-83.9
军事	70111	53556	16555		29.3	
经济	2127093	1328096	797731	1266	13.0	-25.2
文化、科学、教育、体育	31238319	6729506	13553654	10955159	3.5	-0.4
语言、文字	2590649	828795	1761854		11.0	
文学	1712075	1225176	486899		7.6	
艺术	940943	416940	293444	230559	-7.4	-35.7
历史、地理	1866800	627106	549762	689932	17.5	-9.7
自然科学总论	214868	119156	95712		41.0	
数理科学、化学	683236	222350	460886		3.0	
天文学、地球科学	48593	32600	15993		29.1	
生物科学	130411	53021	77390		31.5	
医学、卫生	1138234	544735	593488	11	12.8	-69.4
农业科学	182772	101204	81568		-1.3	
工业技术	3287017	1661661	1619010	6346	3.4	
交通运输	218739	111748	106991		21.1	
航空、航天	6926	6161	765		14.8	
环境科学	152938	129723	23215		82.0	
综合性图书	217997	149452	68545		-4.9	
不使用“中国标准书号”图书合计	43328	26376	16952		-40.1	
#年画						
附录(不使用“中国标准书号”)合计	128920	72059	56861		88.7	
国标(GB)、部标(BB)等标准类文件印品	91064	51127	39937		81.2	
活页文选、活页歌篇、小件印品等	37856	20932	16924		113.6	

4-13-16　全国各类图书总定价

项　目	图书总定价(万元)				总定价比上年
	合　计	新　出	重　印	租　型	增减(%)
图书总计	**6322716**	**2694910**	**2582401**	**1045405**	**6.6**
使用“中国标准书号”图书合计	6272610	2663076	2564129	1045405	6.9
马列主义、毛泽东思想	13618	5699	7919		-58.2
哲学	75280	55738	19542		31.2
社会科学总论	48062	34569	13446	47	32.0
政治、法律	230950	167650	63276	24	17.1
军事	14802	12502	2300		15.6
经济	371398	257799	113461	138	9.8
文化、科学、教育、体育	3257366	832099	1467129	958138	3.8
语言、文字	368301	135930	232371		15.3
文学	290686	221551	69135		12.2
艺术	237230	158366	53558	25306	-3.7
历史、地理	326866	172260	93248	61358	20.8
自然科学总论	26071	16221	9850		31.7
数理科学、化学	86254	31312	54942		3.8
天文学、地球科学	11055	8855	2200		21.7
生物科学	21895	12022	9873		25.3
医学、卫生	194436	114278	80154	4	12.4
农业科学	31242	20244	10998		2.7
工业技术	543869	313412	230067	390	3.1
交通运输	41307	24074	17233		38.6
航空、航天	1515	1353	162		-12.6
环境科学	27703	24193	3510		65.1
综合性图书	52704	42949	9755		2.5
不使用“中国标准书号”图书合计	16026	12058	3968		-55.2
#年画					
附录(不使用“中国标准书号”)合计	34080	19776	14304		39.3
国标(GB)、部标(BB)等标准类文件印品	28559	17297	11262		46.7
活页文选、活页歌篇、小件印品等	5521	2479	3042		12.8

4-13-17 各地区少年儿童读物类图书和课本出版情况

地区	种数(种)		总印数（万册）		总印张(千印张)	
	儿童读物	课本	儿童读物	课本	儿童读物	课本
全国总计	**9583**	**50028**	**22926**	**352949**	**955545**	**25393488**
中央	1489	26670	3008	68112	158664	7188463
地方	8094	23358	19918	284837	796881	18205025
北京	517	441	678	814	35380	51726
天津	208	566	252	2133	14366	166393
河北	163	485	301	14339	12013	904383
山西	110	45	268	6110	10168	414981
内蒙古	151	578	287	6488	12446	455644
辽宁	411	1841	819	4799	33878	328300
吉林	398	752	1304	7103	68136	469407
黑龙江	39	171	24	3855	2424	280463
上海	689	2567	1261	11483	49974	914601
江苏	756	2437	2219	22752	83023	1431906
浙江	926	964	2103	10179	117606	717507
安徽	399	310	873	15293	20428	671142
福建	129	248	288	6529	10587	442129
江西	577	353	1993	10004	72518	634525
山东	65	1022	111	16467	6403	1139137
河南	383	503	605	20483	29899	1180969
湖北	309	1808	932	13047	25683	976993
湖南	133	726	331	24698	9041	1279282
广东	225	1335	901	15490	27815	1016826
广西	294	458	1786	9951	65220	587144
海南	90	43	294	1823	13856	120487
重庆	112	976	249	7899	4826	510563
四川	504	907	985	12444	30813	904530
贵州	11	124	38	5148	573	334742
云南	5	342	2	9429	42	563912
西藏	8	192	3	702	73	41872
陕西	208	1085	296	11120	14460	755751
甘肃	74	173	130	5799	2356	364547
青海	5	127	3	756	133	51393
宁夏	13	41	7	1009	585	65770
新疆	182	1738	575	6691	22156	428000

4-13-18　课本出版情况

项　目	种　数（种）	#新出版	总印数（万册）	总印张（千印张）	定价总金额（万元）
总计	**50028**	**17727**	**352949**	**25393488**	**2667702**
大专及以上课本	27459	11277	27756	4890240	661913
中专、技校课本	3565	875	6808	913211	108314
中学课本	5949	1654	156573	12420044	1104240
小学课本	6668	1535	152227	6327593	672873
业余教育课本	1519	706	3481	292831	43871
扫盲课本	10	4	56	2554	489
教学用书	4858	1676	6048	547015	76002

4-13-19 全国报纸出版数量

地区	种数(种)	平均期印数(万份)	总印数(万份)	总印张(千印张)
全国总计	**1931**	**19548.86**	**4126040**	**161313635**
中央	220	2745.49	550399	16685436
地方	1711	16803.38	3575641	144628199
北京	35	423.91	111168	6036890
天津	26	374.84	86401	4611389
河北	65	828.3	217268	4880623
山西	60	2995.13	266293	3423711
内蒙古	59	153.8	34223	517433
辽宁	82	660.29	155774	6865095
吉林	51	332.61	68086	3649687
黑龙江	72	384.01	74553	2609345
上海	74	875.23	189934	7771414
江苏	80	1102.38	267842	10878708
浙江	70	994.11	264913	12797080
安徽	50	455.01	101434	3101279
福建	43	331.26	87243	3248885
江西	40	269.48	62263	1723431
山东	84	874.77	231017	11307431
河南	79	828.48	195873	5580682
湖北	75	584.2	146178	4249284
湖南	50	525.24	105897	3481660
广东	102	1597.08	398152	28996964
广西	54	244.06	58492	1676912
海南	15	127.82	25962	695846
重庆	26	273.3	54593	3109292
四川	84	628.94	156179	6063530
贵州	32	103.25	28511	1073646
云南	42	180.7	49564	1815697
西藏	21	14.93	2631	63741
陕西	44	242.02	58515	2182437
甘肃	58	168.79	35033	1147264
青海	23	20.66	4486	69850
宁夏	15	47.31	10073	243369
新疆	100	183.76	35072	1074961

4-13-20　全国期刊出版数量

地　区	种数(种)	平均期印数(万份)	总印数(万份)	总印张(千印张)
全国总计	**9468**	**16286**	**275894**	**12526171**
中　央	2640	4739	73607	3853900
地　方	6828	11546	202287	8672272
北　京	169	218	3568	226089
天　津	245	327	4191	201144
河　北	226	304	4296	151312
山　西	199	271	5282	265348
内蒙古	148	74	1385	58886
辽　宁	322	620	7946	302346
吉　林	236	495	9135	372247
黑龙江	314	291	4425	172927
上　海	626	1123	18877	796302
江　苏	439	429	8191	302826
浙　江	218	529	8888	302841
安　徽	176	433	5811	157855
福　建	178	211	2832	121919
江　西	162	246	5623	168111
山　东	263	446	9164	342081
河　南	244	530	9323	411626
湖　北	417	990	19149	743916
湖　南	246	509	11675	391744
广　东	379	1028	20062	1045974
广　西	184	281	5770	292304
海　南	40	68	1215	63592
重　庆	134	287	4082	245723
四　川	334	467	7088	432397
贵　州	89	95	1349	73324
云　南	126	168	2307	103204
西　藏	34	12	232	8651
陕　西	266	374	5630	305185
甘　肃	131	577	13190	534100
青　海	43	21	204	9660
宁　夏	34	26	414	16304
新　疆	206	96	983	52334

4-13-21 各地区录像制品出版情况

地区	录像带		数码激光视盘		高密度激光视盘	
	种数(种)	数量(万盒)	种数(种)	数量(万张)	种数(种)	数量(万张)
全国	**236**	**5.4**	**14067**	**26880.31**	**4226**	**11511.68**
中央	214	1.45	5242	6971.65	1629	3522.88
地方	22	3.95	8825	19908.66	2597	7988.8
北京			145	527.37	23	21.04
天津			59	158.37	47	145
河北			269	359.24	7	30.5
山西	3	0.3	106	78.94		
内蒙古			10	6.75	20	4.53
辽宁			366	502.83	197	190.55
吉林			350	478.24	35	14.56
黑龙江			277	654.42	95	122.5
上海	16	3.32	832	684.87	81	36.9
江苏			363	507.83	32	12.05
浙江			319	244.06	150	192.77
安徽			412	397.84	11	6.48
福建			445	1303.27	291	353.99
江西			274	259.37	18	12.73
山东			804	3581.55	507	1476.35
河南			175	109.61	25	163.16
湖北			224	468.12	31	46.29
湖南			730	629.94	36	125.75
广东			1381	7988.32	672	4824.92
广西	3	0.33	254	156.14	27	28.45
海南			22	22.99	1	1
重庆			70	36.96	22	20
四川			208	150.04	42	23.87
贵州			170	124.85	126	82.55
云南			194	106.1	42	24.49
西藏			7	58.8		
陕西			193	120.73	55	26.77
甘肃			34	43.4	3	1.5
青海						
宁夏			132	147.74	1	0.1
新疆						

4-13-22　各地区录音制品出版情况

地　区	录音带		激光唱盘		高密度激光唱盘及其他	
	种数(种)	数量(万盒)	种数(种)	数量(万张)	种数(种)	数量(万张)
全　国	**8433**	**15156.87**	**7493**	**7111.93**	**34**	**23.9**
中　央	2209	8214.26	2058	2195.7	15	6.67
地　方	6224	6942.61	5435	4916.23	19	17.23
北　京	248	155.29	123	39.64		
天　津	95	83.91	48	39.3		
河　北	95	165.46	44	20.46	1	0.1
山　西	45	47.93	3	0.95		
内蒙古	2	0.4	91	155.16		
辽　宁	108	122.42	66	32.24		
吉　林	13	6.6	171	173.82	1	1.8
黑龙江	41	5.1	32	12.1		
上　海	3071	3158.29	1883	764.16		
江　苏	114	83.17	122	87.41		
浙　江	160	87.59	54	42.74		
安　徽	95	58.95	61	12.61		
福　建	57	44.85	70	166.7	1	4
江　西	113	153.88	211	201.27	1	0.51
山　东	143	393.56	788	1088.21	1	0.2
河　南	136	24.47	8	3.5		
湖　北	88	220.51	104	24.51		
湖　南	343	426.67	80	141.16		
广　东	816	1311.59	1099	1695.75	11	9.91
广　西	61	49.1	79	31.69	1	0.2
海　南	37	30.1	2	4		
重　庆	69	28.39	42	17.92		
四　川	59	33.7	86	52.8		
贵　州	14	4.05	26	8.8		
云　南	18	7.1	60	31.2	1	0.5
西　藏			8	7.1		
陕　西	154	227.32	30	10.93	1	0.01
甘　肃	16	8.6	3	1.5		
青　海						
宁　夏	13	3.6	41	48.61		
新　疆						

4-13-23 全国版权引进情况

项 目	合计	图书	期刊	录音制品	录像制品	电子出版物	软件	电影	电视节目	其他
本年引进版权总数(项)	10894	9382	749	90	114	155	401		3	
#通过版权中介机构	691	691								
原版权所在国家或地区										
美国	4522	3932	451	10	30	21	75		3	
英国	1823	1647	98	2	41	11	24			
德国	428	366	42	3	1	6	10			
法国	345	320	18		4	1	2			
俄罗斯	49	49								
加拿大	42	39				1	2			
新加坡	151	140				8	3			
日本	815	705	40	28		19	23			
韩国	627	554	37		12	12	12			
香港地区	1094	204		24	3	18	192			
澳门地区	43	43								
台湾地区	1134	1038	19	9	5	56	7			
其他	474	345	44	14	18	2	51			
本年引进出版数量（万册、万盒、万张）	721.0	248.8	360	1.2	72.6					
本年引进出版定价总金额(万元)	5962.3	3719.5	1800	7.2	435.6					
以前引进出版数量（万册、万盒、万张）	14.1	14.1								
以前引进出版定价总金额(万元)	410.13	410.13								

4-13-24 全国版权输出情况

单位:项

项 目	合计	图书	期刊	录音制品	录像制品	电子出版物	软件	电影	电视节目	其他
本年输出版权总数	1517	1434	2	1	2	78				
#通过版权中介机构	17	17								
版权购买者所在国家或地区										
美国	19	16		1	2					
英国	74	74								
德国	9	9								
法国	7	7								
俄罗斯	6	6								
加拿大										
新加坡	43	43								
日本	16	15				1				
韩国	304	304								
香港地区	187	169	2			16				
澳门地区	62	1				61				
台湾地区	673	673								
其他	117	117								

4-13-25　国家综合档案馆基本情况

年　份	馆藏档案（万卷、万件）	照片档案（万张）	开放档案（万卷、万件）	利用档案（万卷、万件次）	档案馆建筑面积（万平方米）
1991	9637.4	371.0	2094.3	937.0	348.1
1992	10003.5	402.4	2018.7	773.8	255.7
1993	10726.8	435.5	2140.7	891.9	275.9
1994	10782.9	449.6	2454.6	674.4	268.3
1995	11318.3	485.5	2790.3	529.3	282.5
1996	11341.4	494.6	2939.2	485.4	297.5
1997	12222.9	553.0	3304.6	501.0	347.6
1998	12276.5	579.7	3556.5	446.5	310.7
1999	12866.8	584.5	3808.2	508.5	328.4
2000	13314.0	631.7	4072.0	494.4	336.2
2001	13756.6	642.8	4129.7	575.4	342.0
2002	14790.7	720.5	4301.1	548.8	351.0
2003	15945.9	797.4	4618.4	602.6	361.4
2004	17601.5	827.9	4868.3	813.9	376.8
2005	18688.7	908.8	5132.3	868.0	393.1

4-13-26　我国与外国体育活动交往情况

项目		1990	1995	2000	2004	2005
来我国的体育团体						
次数	(次)	364	1929	1000		
人数	(人次)	3171	38700	20320		
我国派出的体育团体						
次数	(次)	607	2787	3880	3321	3028
人数	(人次)	5227	18033	22789	20071	18759

注：自1995年起来华、出访次数、人数包括地方各级体委组办数。自2003年起不再统计来我国的体育代表团体人数和次数。

4-13-27　群众体育活动情况

项目		1990	1995	2000	2003	2004	2005
《国家体育锻炼标准》							
达标人数	(万人)	7478	10608	15202	14146	12662	12234
优秀级	(万人)	1414	1888	2787			
良好级	(万人)	2746	3586	5366			
及格级	(万人)	3318	5135	7048			
县以上体委举办运动会次数(次)		30158	24880	26196	37764	43440	45401
参加运动会的运动员人数(万人次)		1076	1345	1272			

注：自2002年起达标人数指标统计上不再区分优秀、良好和及格三级。

4-13-28　运动员分项创世界纪录情况

单位：项、人/队、次

项目	项数	#女子	人数	#女子	次数	#女子
总计	**15**	**10**	**14**	**7**	**21**	**15**
射击	4	1	3	2	6	2
举重	9	9	5	5	13	13
跳伞	2		6		2	

4-13-29　运动员获世界冠军情况

单位：项、人、个

年份	项数	#女子	人数	#女子	个数	#女子
1959	1		1		1	
1963	4		7		4	
1965	5	2	9	4	5	2
1971	4	2	7	2	4	2
1975	2	1	9	4	2	1
1978	4	2	4	2	4	2
1979	12	6.5	20	11	12	6.5
1980	3		3		3	
1981	25	12.5	53	32	25	12.5
1982	12	2	31	15	13	2
1983	37	15	50	24	39	17
1984	33	10	46	26	37	10
1985	42	20	70	41	46	23
1986	26	14	56	34	26	14
1987	64	39	72	34	69	41.5
1988	54	36.5	59	30	54	36.5
1989	80	49	83	48	82	50
1990	54	33.5	61	30	54	33.5
1991	88	57.5	86	51	93	61.5
1992	86	69.5	68	52	89	72.5
1993	101	66.5	106	70	103	68.5
1994	79	53.5	86	45	79	53.5
1995	98	49.5	187	86	102	51.5
1996	72	55	58	42	75	57
1997	87	46	96	46	92	50.5
1998	75	49	89	59	83	55
1999	91	43	129	72	92	44
2000	92	52	109	60	110	66.5
2001	79	46.5	138	77	90	54.5
2002	99	58	123	81	110	64
2003	17	15.5	94	62.5	84	49
2004	27	21	175	98	101	56
2005	22	19	159	89	106	63

注：男女混合运动项目，女子按半项和半个计算。

【主要统计指标解释】

文化事业机构 指从事专业文化工作和为专业文化工作服务的独立建制的单位。不包括这些单位另外举办独立核算的其他机构和各部门的业余文化组织。该指标主要反映文化事业机构发展规模水平。

艺术表演团体 指从事戏曲、音乐、舞蹈、杂技等专业艺术表演，有独立帐户的单位，不包括半工半艺、半农半艺和民间职业剧团。该指标主要反映全国专业艺术表演团体发展规模水平。

艺术表演观众人数(人次) 指售票、包场演出或民族地区免费演出的艺术表演观众人次数，不包括彩排审查和内部观摩演出的观看人次数。该指标主要反映全国观看专业艺术表演团体演出的效益规模。

第四部分

第三产业
主要业务指标

14.公共管理和社会组织

简要说明

本篇主要包括社会活动参与、公检法司、妇女干部等内容。

一、社会活动参与的内容主要包括历届全国人大代表和政协委员情况以及全国工会组织情况。全国人大代表、政协委员数由全国人大和全国政协信息中心提供，依全国人大、政协换届情况每五年更换一次；全国工会组织情况由全国总工会依据统计报表制度整理提供。

二、公检法司的资料主要包括公安机关的刑事案件立案情况和治安案件查处情况，交通、火灾事故情况，检察机关的办案情况，人民法院审理案件和收结案情况，以及律师、公证、调解工作等情况。资料分别由公安部、最高人民法院、最高人民检察院和司法部依据统计报表制度整理提供。

三、工会资料详见《中国工会统计年鉴》(全国总工会编)。

四、妇女干部情况主要包括妇联系统的专职干部分年龄、学历、政治面貌和妇女干部的流动等情况。资料由全国妇联提供。

4-14-1　历届全国人民代表大会代表人数

单位：人

届别	年份	代表总数	#女代表	#少数民族代表	占代表总数比重(%)	
					#女代表	#少数民族代表
一　届	1954	1226	147	178	12.0	14.5
二　届	1959	1226	150	179	12.2	14.6
三　届	1964	3040	542	372	17.8	12.2
四　届	1975	2885	653	270	22.6	9.4
五　届	1978	3497	742	381	21.2	10.9
六　届	1983	2978	632	403	21.2	13.5
七　届	1988	2978	634	445	21.3	14.9
八　届	1993	2978	626	439	21.0	14.7
九　届	1998	2979	650	428	21.8	14.4
十　届	2003	2985	604	414	20.2	13.9

4-14-2　历届全国政治协商会议委员人数

单位：人

届别	年份	委员总数	#中国共产党委员	#少数民族委员	占委员总数比重(%)	
					#中国共产党委员	#少数民族委员
一届	1954	198		19		9.6
二届	1959	729	40	61	5.5	8.4
三届	1964	1071	60	78	5.6	7.3
四届	1975	1199	61	81	5.1	6.8
五届	1978	1988	76	143	3.8	7.2
六届	1983	2039	76	185	3.7	9.1
七届	1988	2083	90	225	4.3	10.8
八届	1993	2093	91	241	4.3	11.5
九届	1998	2196	92	258	4.2	11.7
十届	2003	2238	99	103	4.4	4.6

4-14-3 妇联干部情况

单位：人

项　目	1990	1995	2004	2005
干部总数	**97566**	**82834**	**57336**	**61565**
#少数民族干部	14638	10834	6911	9156
按行政级别分				
司局级	132	321	335	255
县处级	1013	2739	3679	3201
科以下	96421	79774	53322	58109
按干部年龄分				
35岁以下	56761	24570	25998	28355
36-45岁	30332	47197	23028	24897
46-55岁	9512	10349	8024	7976
56岁以上	961	718	286	337
按干部政治面貌分				
共产党员	59097	54038	44868	49516
共青团员	21549	13271	4754	4556
民主党派	1136	1281	371	599
群众	15784	14244	7343	6894
按干部文化程度分				
博士生			19	13
研究生		698	889	1127
大学本科、大专学历	17615	30146	45046	50380
高中、中专及以下	79951	51990	11382	10045
按行政编制分				
行政编制	69158	65336	44810	48994
事业编制	7217	4944	10570	10912
招聘干部	21191	12554	1956	1659
干部参加学历教育情况				
博士生			8	43
研究生		149	677	820
大学、大专学历	6676	4025	6032	6447
干部参加非学历教育情况				
党校培训			14227	18625
参照公务员管理培训			13762	23088
岗位培训	37542	9391	20394	22637
干部流动情况				
调入	1273	2010	3331	3385
调出	8262	1629	2667	2918
省（区、市)妇联领导进同级				
党委	22	13	20	18
人大	24	88	24	33
政协	24	33	30	30

注：妇联干部指在妇联系统工作的专职干部。

4-14-4 工会组织情况

年份	工会基层组织数（万个）	全国已建工会组织的基层单位的职工与会员人数（万人）				工会专职工作人员人数（万人）
		职工人数	#女职工	会员人数	#女会员	
1952	20.7	1393.2		1002.3		5.3
1957	16.5	2158.3		1746.7		
1962	16.5	2667.1		1922.0		8.6
1978						
1979	32.9	6897.2	2171.7	5147.3		17.9
1980	37.6	7448.2	2518.6	6116.5		24.3
1981	41.1	8183.0	2902.0	6843.9	2412.8	29.1
1982	43.3	8586.6	3065.9	7331.6	2629.3	32.2
1983	44.7	8845.7	3191.8	7693.4	2771.4	33.7
1984	46.6	9243.9	3370.3	8029.1	2950.3	41.9
1985	46.5	9643.0	3596.7	8525.8	3149.2	38.1
1986	50.2	9949.6	3664.3	8908.5	3309.2	45.9
1987	53.6	10411.8	3900.4	9336.5	3486.9	47.0
1988	56.4	10747.4	4434.9	9628.9	3647.0	47.4
1989	58.9	10998.6	4178.7	9909.2	3777.7	48.8
1990	60.6	11156.9	4291.0	10135.6	3897.7	55.6
1991	61.4	11351.4	4394.8	10389.1	3991.6	58.0
1992	61.7	11223.9	4377.1	10322.5	3974.0	58.0
1993	62.7	11103.8	4359.9	10176.1	3949.6	55.4
1994	58.3	11269.6	4483.2	10202.5	4018.1	56.0
1995	59.3	11321.4	4515.3	10399.6	4116.5	46.8
1996	58.6	11181.4	4500.0	10211.9	4093.1	60.5
1997	51.0	10111.5	4004.8	9131.0	3579.4	57.7
1998	50.4	9716.5	3882.0	8913.4	3546.7	48.4
1999	50.9	9683.0	3797.9	8689.9	3406.2	49.7
2000	85.9	11472.1	4534.5	10361.5	3917.3	48.2
2001	153.8	12997.0	5087.9	12152.3	4696.6	
2002	171.3	14461.5	5157.6	13397.8	4665.2	47.2
2003	90.6	13301.6	5079.3	12340.5	4601.2	46.5
2004	102.0	14436.7	5502.6	13694.9	5135.3	45.6
2005	117.4	15985.3	6016.3	15029.4	5574.8	47.7

注：2003年起工会基层组织数统计口径有所调整。

4-14-5 交通事故情况

项 目	发生数（起）	死亡人数（人）	受伤人数（人）	损失折款（万元）
总计	**450254**	**98738**	**469911**	**188401.2**
#重大事故	86060	98738	47927	57886.1
#特大事故	1924	7639	5627	7811.9
机动车	424409	93614	443361	183841.9
#汽车	303696	69808	300837	167997.4
摩托车	110209	20773	132124	13789.3
拖拉机	10221	2933	10197	1997.1
非机动车	13823	1876	13674	1431.8
#自行车	8015	1204	7612	923.2
行人乘车人	11302	2902	12406	3014.4
其他	720	346	470	113.0

注：损失折款指直接损失(以下各表同)。

4-14-6 火灾事故情况

项 目	合 计	特 大	重 大	一 般
发 生 （起）	235941	33	250	235658
死 亡 （人）	2496	160	341	1995
受 伤 （人）	2506	167	115	2224
损失折款 （万元）	136288	7790	10866	117632
平均每起事故损失（元）	5776	2360606	434640	4992

4-14-7 各地区交通事故情况

地区	发生数(起)	死亡人数(人)	受伤人数(人)	损失折款(万元)
全国	**450254**	**98738**	**469911**	**188401.2**
北京	6364	1515	6888	2915.6
天津	4406	970	4939	2455.8
河北	11187	4075	11449	7646.2
山西	13342	3819	13575	5782.9
内蒙古	8453	2106	8000	2784.7
辽宁	10341	2919	9159	5907.0
吉林	9659	2428	6837	4468.2
黑龙江	7506	2164	7655	3464.9
上海	9238	1393	8850	7960.9
江苏	27690	7603	25530	12668.1
浙江	43266	6881	48262	15718.0
安徽	17474	4355	19771	6118.5
福建	26195	4125	27696	9278.9
江西	8585	2428	8370	7697.6
山东	35251	7050	32456	11816.4
河南	23778	4587	22831	10674.9
湖北	9585	2417	10555	4958.0
湖南	15013	3832	18271	7131.4
广东	67756	9959	77591	20882.8
广西	10717	3489	12562	4405.6
海南	1479	497	1964	638.2
重庆	10605	1484	13580	2598.5
四川	29628	4415	30906	10745.4
贵州	3315	1647	3984	2507.1
云南	6870	2901	7549	3502.2
西藏	845	540	891	877.8
陕西	12011	2698	8905	6241.6
甘肃	5414	1799	5406	2252.8
青海	952	736	1121	410.9
宁夏	3803	796	3922	1055.8
新疆	9526	3110	10436	2834.5

4-14-8 各地区火灾事故情况

地 区	发生数(起)	死亡人数(人)	受伤人数(人)	直接经济损失(万元)	人口火灾发生率(1/10万人)
全 国	**235941**	**2496**	**2506**	**136287.5**	**18.6**
北 京	9781	50	114	1671.0	83.8
天 津	4728	40	30	2040.5	50.4
河 北	7041	92	65	4605.1	10.3
山 西	3319	55	75	2424.8	10.1
内蒙古	5351	37	60	1956.6	22.7
辽 宁	22889	161	128	9394.6	54.9
吉 林	18852	135	147	4928.1	70.8
黑龙江	13488	71	58	4750.9	35.9
上 海	5869	54	88	2704.2	43.4
江 苏	15196	166	115	7429.2	21.1
浙 江	6755	112	82	7778.0	14.8
安 徽	7621	93	98	4956.1	11.8
福 建	6579	97	87	6003.0	19.5
江 西	6674	60	60	5388.2	15.3
山 东	16932	48	52	6540.1	18.5
河 南	7390	61	38	3611.6	7.5
湖 北	9250	56	47	5510.5	15.4
湖 南	5195	117	121	5476.3	7.8
广 东	13266	298	350	12418.4	17.0
广 西	2678	118	116	5320.4	5.5
海 南	1335	15	21	1229.2	16.6
重 庆	7904	57	67	3724.9	25.1
四 川	10676	114	111	7688.2	12.4
贵 州	2299	97	62	2427.1	6.0
云 南	4112	107	83	4456.7	9.7
西 藏	254	9	19	535.3	9.7
陕 西	7489	64	64	4682.8	20.4
甘 肃	2526	30	41	2468.5	9.7
青 海	936	14	22	442.6	18.8
宁 夏	3347	7	12	913.6	56.7
新 疆	6209	61	73	2810.7	32.2

注：全国总计数据包括发生在铁道、交通、军队的火灾情况。

4-14-9 劳动争议处理情况

指 标	2004	2005
上期未结案数 (件)	17117	17829
案件受理情况		
当期案件受理数 (件)	260471	313773
#集体劳动争议数	19241	19387
#劳动者申诉案件数	249335	293710
劳动者当事人数 (人)	764981	744195
#集体争议劳动者当事人数	477992	409819
争议原因 (件)		
变更劳动合同	4465	7567
解除劳动合同	42881	54858
终止劳动合同	14140	14015
其他	17776	28257
案件处理情况		
结案数 (件)	258678	306027
按处理方式分		
仲裁调解	83400	104308
仲裁裁决	110708	131745
其他方式	64550	69974
按处理结果分		
用人单位胜诉	35679	39401
劳动者胜诉	123268	145352
双方部分胜诉	94041	121274
本期未结案数 (件)	18817	25575

4-14-10　律师、公证和调解工作基本情况

指　标		2000	2001	2002	2003	2004	2005
律师工作							
律师事务所	(个)	9541	10225	10873	11593	11823	12988
律师工作人员	(人)	117260	122585	136684	142534	145196	153846
#专职律师	(人)	69117	76558	90012	99793	100875	114471
兼职律师	(人)	15639	13699	12186	6850	6966	7418
聘请担任常年							
法律顾问的单位	(处)	247160	254758	265362	271669	282361	276097
民事诉讼代理	(件)	640610	667232	767628	781452	853897	965956
经济诉讼代理	(件)	438672	402669	381146	405133	357326	376793
刑事辩护	(件)	317108	339549	335267	324454	332688	354229
行政诉讼代理	(件)	41785	43800	43703	48115	50778	50389
非诉讼法律事务	(件)	770087	1162715	827057	876696	904516	933346
涉外及涉港澳台	(件)	30531	10609	26788	20622	37728	36361
法律事务							
解答法律询问	(万件)	457.40	403.40	487.41	430.25	471.05	441.48
代写法律事务文书	(万件)	111.30	113.90	119.70	120.27	123.16	120.07
公证工作							
公证处	(个)	3189	3186	3157	3175	3164	3160
公证人员	(人)	19211	19303	19460	20015	19913	20789
#公证员	(人)	12849	12931	12245	12093	11714	11738
公证员助理	(人)	2103	1995	2556	3018	3644	4138
办理公证文书	(万件)	1249.7	1007.2	1004.5	1010.4	1021.9	945.22
人民调解工作							
专职司法助理员	(人)	54638	48682	47173	46088	63438	61666
人民调解委员会	(万个)	96.4	92.3	89.1	87.8	85.3	84.71
调解人员	(万人)	844.5	779.3	716.2	669.2	514.4	509.65
调解民间纠纷	(万件)	503.1	486.1	314.1	449.2	441.4	448.68

4-14-11 国内公证文书分类

分　类	2004		2005	
	办证件数(件)	比　重(%)	办证件数(件)	比　重(%)
经济公证	3915752	100.00	3115642	100.00
购　　销	81717	2.09	55428	1.78
联　　营	8864	0.23	10565	0.34
拍　　卖	43326	1.11	21507	0.69
贷　　款	1950465	49.81	1620008	52.00
担　　保	82248	2.10	79276	2.54
招标、投标	67795	1.73	66010	2.12
技术合作	3340	0.09	955	0.03
供 用 电	224003	5.72	15005	0.48
劳务合同	95010	2.43	80289	2.58
建筑工程承包	15896	0.41	11932	0.38
工商服务业承包	23968	0.61	15496	0.50
农林牧副渔业承包	96043	2.45	77025	2.47
乡镇企业承包	3811	0.10	2303	0.07
财产租赁	17419	0.44	15951	0.51
企业租赁	2917	0.07	2692	0.09
资产经营协议	1814	0.05	1216	0.04
还款协议	118080	3.02	80371	2.58
土地使用权出让、转让	40042	1.02	31771	1.02
其他经济合同	301955	7.71	234079	7.51
法人(代表人)资格	13027	0.33	12341	0.40
小法人委托书	112830	2.88	97964	3.14
公司章程	6266	0.16	3203	0.10
执行许可证明	18897	0.48	19499	0.63
提　　存	11004	0.28	5500	0.18
抵押登记	59955	1.53	66830	2.14
公司会议记录	19896	0.51	4440	0.14
其　　他	495164	12.65	483986	15.53
民事法律关系公证	3462455	100.00	3431118	100.00
收　　养	7040	0.20	6395	0.19
解除收养	2991	0.09	2008	0.06
继 承 权	232621	6.72	263560	7.68
遗　　嘱	72685	2.10	73398	2.14
产　　权	36383	1.05	30675	0.89
亲属关系	40898	1.18	40805	1.19
死　　亡	10940	0.32	11209	0.33
房屋买卖	362682	10.47	342168	9.97
房屋租赁	22901	0.66	23222	0.68
留学协议	7840	0.23	6406	0.19
遗赠扶养协议	14615	0.42	8327	0.24
委 托 书	560125	16.18	594318	17.32
赠 与 书	113653	3.28	114659	3.34
声 明 书	200202	5.78	215877	6.29
现场监督	88739	2.56	113544	3.31
签名印鉴属实	48833	1.41	53103	1.55
副本等与原本相符	40544	1.17	44120	1.29
宅基地使用权	13882	0.40	10025	0.29
证据保全	106956	3.09	112962	3.29
拆迁协议	88747	2.56	68963	2.01
计划生育	192544	5.56	136691	3.98
赡养协议	9301	0.27	10506	0.31
合伙协议	11923	0.34	8366	0.24
夫妻财产协议	69860	2.02	57485	1.68
其他民事协议	504835	14.58	361436	10.53
其　　他	600715	17.35	720890	21.01

4-14-12 涉外公证文书分类

分 类	2004		2005	
	办证件数(件)	比 重(%)	办证件数(件)	比 重(%)
合 计	**2592005**	**100.00**	**2717454**	**100.00**
收 养	22285	0.86	17554	0.65
遗 嘱	3293	0.13	4265	0.16
出 生	381714	14.73	368510	13.56
死 亡	11812	0.46	15392	0.57
生存、居住	9176	0.35	12551	0.46
学 历	211498	8.16	203673	7.49
经 历	43850	1.69	36623	1.35
国 籍	48358	1.87	58612	2.16
婚姻状况	201330	7.77	194409	7.15
亲属关系	304515	11.75	313478	11.54
继 承 权	2989	0.12	4311	0.16
受、未受刑事处分	276506	10.67	282106	10.38
声 明 书	61615	2.38	77590	2.86
委 托 书	34037	1.31	33769	1.24
营业证书	15134	0.58	15732	0.58
公司章程	2977	0.11	3248	0.12
其他法律文书	57046	2.20	25210	0.93
职 称	12690	0.49	11386	0.42
法人资格	2599	0.10	3354	0.12
商标注册	335	0.01	243	
贷 款	8643	0.33	6526	0.24
担 保	1413	0.05	5320	0.2
其他经济合同	22081	0.85	27462	1.01
副本等与原本相符	352779	13.61	459239	16.9
签名印鉴属实	161250	6.22	194776	7.17
其 他	342080	13.20	342115	12.59

4-14-13 调解民间纠纷分类

项 目	调解纠纷（件）		各类纠纷所占比重（%）	
	2004	2005	2004	2005
合计	**4414233**	**4486825**	**100.0**	**100.0**
婚姻家庭	1140130	1049969	25.8	23.4
婚 姻				
继 承				
赡抚扶养				
其 他				
房屋、宅基地	398759	388032	9.0	8.6
债 务				
生产经营				
邻 里	793917	836919	18.0	18.7
损害赔偿	340021	332514	7.7	7.4
其 他	478318	525756	10.8	11.7

4-14-14 在押服刑人员基本情况

单位：人

指 标	2004	2005
年初在押服刑人数	1562742	1558511
# 女性	75870	77279
未成年	21975	23957
释放人数	332172	319346
年末在押服刑人数	1558511	1565711

注：1.本表未成年是指14-18岁服刑人员。
2.释放人员是指减刑释放、假释和刑满释放人员。

4-14-15 公安机关立案的刑事案件及构成

单位：起

案件类别	立案（起）		构成（%）	
	2004	2005	2004	2005
合计	**4718122**	**4648401**	**100**	**100**
杀人	24711	20770	0.52	0.45
伤害	148623	155056	3.15	3.34
抢劫	341908	332196	7.25	7.15
强奸	36175	33710	0.77	0.73
拐卖妇女儿童	3343	2884	0.07	0.06
盗窃	3212822	3158763	68.1	67.95
诈骗	205844	203083	4.36	4.37
走私	955	925	0.02	0.02
伪造、变造货币,出售、购买、运输、持有、使用假币	2315	1858	0.05	0.04
其他	741426	739156	15.71	15.9

注：2005年共破获刑事案件2097369起。

4-14-16 公安机关受理、查处治安案件数

单位：起

案件类别	2004		2005	
	受 理	查 处	受 理	查 处
合计	**6647724**	**5365787**	**7377600**	**6300772**
扰乱工作、公共秩序	545030	537187	498871	488611
结伙斗殴、寻衅滋事	120030	102225	123641	109123
侮辱妇女及其他流氓活动	16455	14889	17404	16524
阻碍国家工作人员执行职务	35148	33663	38505	37092
违反枪支管理规定	7610	7392	6307	6306
违反爆炸物品管理规定	45144	44076	46139	45417
殴打他人	1193348	935634	1392145	1163672
偷窃财物	1259087	559921	1513770	924095
骗取、抢夺、敲诈勒索财物	190694	82518	213207	115702
哄抢公私财物	5387	3697	5355	4200
故意损坏公私财物	134172	92168	168879	128559
伪造倒卖票券、证件	14811	14552	17523	17338
利用迷信扰乱秩序或骗财	8119	7751	8224	8116
卖淫、嫖娼	142633	141123	143995	142746
赌博	380276	373365	418274	412098
违反户口、居民身份证管理	734880	725012	788485	785276
其他	1814900	1690614	1976876	1895897

4-14-17 检察机关直接立案侦查案件情况

案件分类	受案 (件)	立案件数 (件)	立案人数 (人)	#要案	结案件数 (件)	结案人数 (人)
合计	**63053**	**35028**	**41447**	**2799**	**32616**	**38457**
贪污贿赂案件小计	48722	28322	33366	2503	26492	31109
贪污	24382	11792	15005	591	11077	14036
贿赂	16224	10446	11225	1527	9701	10365
挪用公款	7013	5636	6480	289	5268	6057
集体私分	847	406	604	91	402	590
巨额财产来源不明	212	24	25	5	19	21
其他	44	18	27		25	40
渎职案件小计	14331	6706	8081	296	6124	7348
滥用职权	4125	1883	2161	133	1703	1932
玩忽职守	4353	2648	3022	94	2432	2747
徇私舞弊	3274	955	1129	46	844	994
其他	2579	1220	1769	23	1145	1675

注：结案中含上年旧存（以下各表同）。

4-14-18 检察机关审查批准、决定逮捕犯罪嫌疑人和提起公诉被告人情况

案件分类	批捕、决定逮捕合计		决定起诉合计	
	件	人	件	人
合计	**581448**	**876419**	**654871**	**981009**
公安、安全、监狱机关提请小计	566949	860372	630063	950804
危害国家安全案	185	296	185	349
危害公共安全案	49190	57923	75107	83800
破坏社会主义市场经济秩序案	13766	21193	14932	24950
侵犯公民人身、民主权利案	126161	166134	145416	188574
侵犯财产案	293275	469145	305852	492080
妨害社会管理秩序案	84163	145357	88354	160702
危害国防利益案	199	308	207	336
军人违反职责案	10	16	10	13
检察机关直接立案侦查案件小计	14499	16047	24808	30205
贪污贿赂案	13258	14611	21146	25530
渎职案	1241	1436	3662	4675

4-14-19 检察机关处理申诉案件情况

案件分类	受案(件)	立案复查(件)	结案(件)	#改变原决定
合计	**8127**	**4217**	**4169**	**600**
不服检察机关处理决定	3623	2482	2442	498
不服不批捕	519	320	315	34
不服不起诉	1551	1241	1189	159
不服撤案	132	78	82	19
不服原免予起诉	139	103	112	30
其他	1282	740	744	256
不服法院刑事判决裁定	4504	1735	1727	102
刑罚执行中被害人申诉	1093	416	403	13
刑罚执行中被告人申诉	1903	685	698	66
刑罚执行完毕后被害人申诉	363	159	160	8
刑罚执行完毕后被告人申诉	1145	475	466	15

4-14-20 人民法院审理一审案件情况

单位：件

年份	收案	刑事	民事	经济纠纷	行政	海事海商
1978	447755	146968	300787			
1979	513789	123846	389943			
1980	763535	197856	565679			
1981	906051	232125	673926			
1982	1024160	245219	778941			
1983	1343164	542648	756436	43553	527	
1984	1355460	431357	838307	84813	983	
1985	1319741	246655	846391	225541	916	238
1986	1611282	299720	989409	321220	632	301
1987	1875229	289614	1213219	366110	5940	346
1988	2290624	313306	1455130	513046	8573	569
1989	2913515	392564	1815385	694907	9934	725
1990	2916774	459656	1851897	591462	13006	753
1991	2901685	427840	1880635	566592	25667	951
1992	3051157	422991	1948786	650601	27125	1654
1993	3414845	403267	2089257	892580	27911	1830
1994	3955475	482927	2383764	1051742	35083	1959
1995	4545676	495741	2718533	1275959	52596	2847
1996	5312580	618826	3093995	1515848	79966	3945
1997	5288379	436894	3277572	1478822	90557	4534
1998	5410798	482164	3375069	1450049	98350	5166
1999	5692434	540008	3519244	1529877	97569	5736
2000	5356294	560432	3412259	1290867	85760	6976
2001	5344934	628996	3459025	1149101	100921	6891
2002	5132199	631348	4420123		80728	
2003	5130760	632605	4410236		87919	
2004	5072881	647541	4332727		92613	
2005	5161170	684897	4380095		96178	

注：一审案件指人民法院按照诉讼级别管辖按第一审程序审理的案件。

4-14-21 人民法院审理刑事一审案件收结案情况

单位：件

项目	收案	结案
合计	**684897**	**683997**
危害公共安全罪	75099	74987
破坏社会主义市场经济秩序罪	15229	15082
侵犯公民人身权利民主权利罪	177701	178046
侵犯财产罪	304641	303869
妨害社会管理秩序罪	87501	87221
危害国防利益罪	216	216
贪污贿赂罪	21558	21645
渎职罪	2664	2632
其他	288	299
合计中含自诉案件	29396	29996

4-14-22 人民法院审理刑事案件罪犯情况

单位：人

年份	刑事罪犯总数	#青少年罪犯			青少年罪犯占刑事罪犯比重(%)
			不满18岁	18岁至25岁	
1997	526312	199212	30446	168766	37.9
1998	528301	208076	33612	174464	39.4
1999	602380	221153	40014	181139	36.7
2000	639814	220981	41709	179272	34.5
2001	746328	253465	49883	203582	34.0
2002	701858	217909	50030	167879	31.0
2003	742261	231715	58870	172845	31.2
2004	764441	248834	70086	178748	32.6
2005	842545	285801	82692	203109	33.9

4-14-23　人民法院审理婚姻家庭、继承一审案件收结案情况

单位：件

项　目	收　案	结　案					
			调　解	判　决	驳　回	撤　诉	其　他
合计	**1133333**	**1132458**	**512923**	**398241**	**4570**	**208513**	**8211**
婚姻家庭	1114879	1114469	507193	390242	4333	204742	7959
离婚	956313	955643	440360	332730	3438	172674	6441
赡养纠纷	35857	35894	13542	11698	109	10135	410
抚养、扶养关系纠纷	37280	37056	20173	10501	173	5979	230
抚育费纠纷	24556	24509	10659	9102	120	4397	231
其他	60873	61367	22459	26211	493	11557	647
继承	18454	17989	5730	7999	237	3771	252
法定继承	9961	9694	3237	4179	118	2039	121
遗嘱继承	1182	1193	341	601	12	223	16
其他	7311	7102	2152	3219	107	1509	115

4-14-24　人民法院审理合同纠纷一审案件收结案情况

单位：件

项　目	收　案	结　案					
			调　解	判　决	驳　回	撤　诉	其　他
合计	**2265362**	**2255651**	**646934**	**930483**	**35701**	**592807**	**49726**
借款合同	705018	704528	229375	308003	6986	147551	12613
买卖合同	514251	510899	157134	209714	6740	125515	11796
电信合同	119498	119484	40743	15299	234	59330	3878
租赁合同	104346	103182	23421	45451	1698	30923	1689
劳动争议	122480	121516	27944	62608	7115	20988	2861
房地产合同	93750	94635	17694	52896	1883	20252	1910
供用动力合同	77171	77316	18769	21173	1228	35697	449
建设工程合同	71829	70129	16854	33353	1730	16406	1786
农村承包合同	56565	56221	18793	18210	859	17385	974
承揽合同	64345	63902	17197	25583	1088	18258	1776
其他	336109	333839	79010	138193	6140	100502	9994

4-14-25 人民法院审理权属、侵权纠纷及其他民事一审收结案情况

单位 件

项 目	收 案	结 案					
			调 解	判 决	驳 回	撤 诉	其 他
合计	**981400**	**972075**	**239915**	**403578**	**14912**	**164122**	**149548**
人身损害赔偿	447602	440936	152194	212934	3390	67139	5279
所有权及其相关权利	258915	256851	62178	117025	6123	66942	4583
特别程序	180752	180937	5400	31622	3102	5417	135396
人身权纠纷	9036	9087	1738	4492	179	2446	232
特殊侵权纠纷	19882	18880	5557	8136	414	4454	319
不当得利	9346	9302	1760	4514	272	2457	299
票据、证券、股票纠纷	10739	10748	1625	4554	499	2291	1779
知识产权案件	13424	13393	1184	5282	259	6063	605
海事海商案件	6000	5821	1354	2479	194	1637	157
其他	25704	26120	6925	12540	480	5276	899

4-14-26 人民法院行政一审案件收结案情况

单位：件

项 目	收 案	结 案						
			维 持	撤 销	驳 回	撤 诉	单独赔偿	其 他
合计	**96178**	**95707**	**15769**	**11764**	**20698**	**28539**	**2418**	**16519**
土地等资源	18974	18835	3197	3866	3404	5163	297	2908
公安	9514	9602	2806	969	1775	2780	401	871
城建	19197	18864	2723	2701	4598	5729	550	2563
交通运输	2945	3011	387	241	777	995	81	530
工商	2970	2979	699	322	575	1014	74	295
环保	1190	1220	120	28	75	222	9	766
计划生育	3480	3342	230	50	217	535	27	2283
税务	815	828	69	26	107	572	8	46
卫生	930	951	175	70	172	327	27	180
乡政府	3966	3953	372	88	906	1618	105	864
劳动和社会保障	7171	7152	1831	945	1587	1900	26	863
其他	25026	24970	3160	2458	6505	7684	813	4350

4-14-27　婚姻登记和离婚情况

年　份 地　区	结婚登记对数 (万对)	内地居民 登记结婚	初婚(万人)	再婚(万人)	涉外及港澳台 居民登记结婚	离婚 (万对)	粗离婚率 (‰)
1985	831.3	829.1	1607.6	50.5	2.2	45.8	0.44
1989	937.2	935.2	1796.0	74.4	2.0	75.3	0.68
1990	951.1	948.7	1819.1	78.2	2.4	80.0	0.69
1991	953.6	951.0	1820.3	81.6	2.6	82.9	0.72
1992	957.5	954.5	1832.1	76.9	3.0	85.0	0.74
1993	915.4	912.2	1747.0	77.3	3.3	90.9	0.77
1994	932.4	929.0	1779.3	78.7	3.4	98.1	0.82
1995	934.1	929.7	1776.1	83.3	4.4	105.5	0.88
1996	938.7	934.0	1781.7	86.2	4.7	113.2	0.93
1997	914.1	909.1	1726.0	92.2	5.1	119.8	0.97
1998	891.7	886.7	1675.4	97.9	5.0	119.0	0.96
1999	885.3	879.9	1659.4	100.5	5.4	120.2	0.96
2000	848.5	842.0	1581.4	102.6	6.5	121.3	0.96
2001	805.0	797.1	1481.7	112.5	7.9	125.0	0.98
2002	786.2	778.8	1440.3	117.1	7.3	117.7	0.90
2003	811.4	803.5	1483.9	123.3	7.8	133.1	1.05
2004	867.1	860.8	1569.6	152.0	6.4	166.5	1.28
2005	823.1	816.6	1483.0	163.1	6.4	178.5	1.37
北　京	9.7	9.6	15.9	3.4	0.09	3.4	
天　津	6.4	6.3	10.3	2.4	0.04	1.9	
河　北	53.8	53.8	97.5	10.1	0.03	8.3	
山　西	19.0	19.0	35.4	2.6	0.01	2.9	
内蒙古	15.5	15.4	28.0	2.9	0.01	3.9	
辽　宁	26.0	25.7	42.7	9.3	0.26	11.1	
吉　林	16.8	16.7	29.1	4.6	0.13	7.3	
黑龙江	22.8	22.6	39.6	6.1	0.24	9.6	
上　海	10.3	10.0	16.4	4.1	0.24	3.9	
江　苏	47.2	47.1	84.7	9.7	0.14	9.7	
浙　江	35.3	34.9	64.2	6.4	0.41	7.3	
安　徽	44.0	43.9	83.4	4.7	0.09	5.8	
福　建	27.1	25.8	49.8	4.5	1.40	3.9	
江　西	29.5	29.4	55.4	3.7	0.15	3.9	
山　东	63.2	63.1	114.9	11.4	0.10	9.9	
河　南	51.3	51.2	96.4	6.2	0.13	9.1	
湖　北	39.4	39.1	71.7	7.1	0.27	7.6	
湖　南	46.0	45.4	83.8	8.1	0.54	9.6	
广　东	58.9	57.9	111.6	6.3	1.09	8.1	
广　西	31.8	31.5	59.7	3.9	0.34	4.8	
海　南	4.1	4.0	7.5	0.7	0.14	0.6	
重　庆	18.5	18.3	29.5	7.4	0.14	7.3	
四　川	40.8	40.6	69.4	12.3	0.26	14.1	
贵　州	21.1	21.1	38.2	4.1	0.07	3.8	
云　南	25.1	25.0	45.7	4.5	0.05	4.7	
西　藏	0.6	0.6	1.1	0.1		0.1	
陕　西	20.8	20.8	38.1	3.5	0.05	4.0	
甘　肃	11.5	11.4	21.0	1.9	0.01	2.3	
青　海	2.9	2.9	5.2	0.5		0.8	
宁　夏	4.1	4.1	7.5	0.7		0.9	
新　疆	19.6	19.6	29.4	9.9		7.8	

【主要统计指标解释】

粗离婚率 指当年离婚对数占年平均人口的比重，计算公式为：

$$粗离婚率=\frac{当年离婚对数}{年平均人口数}\times 1000‰$$

受理劳动争议案件数 指劳动争议仲裁委员会根据国家有关规定，对劳动争议当事人的申请予以审查，符合受理条件而正式立案、准备处理的劳动争议案件数。

律师 指依法取得律师执业证书，担任法律顾问，民事(刑事、行政)案件代理人、刑事案件辩护人、办理非诉讼业务，解答法律询问，代写法律事务文书等，为社会提供法律服务的人员。

公证人员 指在公证处工作的人员总称，包括公证处主任、副主任、公证员、公证员助理(助理公证员)和其他从事辅助性工作的人员。

公证文书 指公证处根据当事人申请，依照事实和法律，按照法定程序制作的，具有法律效力的司法证明文书。根据公证书用途和使用地，公证书分为国内公证书、国内经济公证书、涉外民事公证书、涉外经济公证书四类。

调解员 指在人民调解委员会担负调解民间纠纷工作的人员，包括调解委员会的委员和调解小组的调解员。该指标主要反映从事人民调解工作的人员数量。

调解民间纠纷 指调解委员会按照法律规定，根据自愿原则，用说服教育的方法调解民间发生的有关民事权利和义务争执的件数，包括调解成功数和调解未成功数。该指标主要反映人民调解委员会的工作量。

立案 指人民检察院对受理的报案、控告、举报或自首及自行发现的犯罪线索、犯罪嫌疑人进行初步调查后，认为存在职务犯罪事实和应追究刑事责任，并决定作为刑事案件进行侦查的诉讼活动，是追究犯罪的开始。该指标主要反映人民检察院依法将职务犯罪线索作为刑事案件进行侦查的诉讼活动。

要案 指县、处级以上干部的犯罪案件。该指标主要反映国家工作人员中县、处级以上干部因职务犯罪被人民检察院依法立案侦查的情况。

决定逮捕 指人民检察院对直接受理、自行侦查的案件，认为需要逮捕犯罪嫌疑人时，依据法律做出的逮捕决定。该指标主要反映人民检察院对直接受理的案件行使决定逮捕权的情况。

批准逮捕 指人民检察院对公安机关、国家安全机关、监狱管理机关提出逮捕的犯罪嫌疑人进行审查，根据事实，依法做出逮捕决定。该指标主要反映人民检察院对提请逮捕机关提请逮捕犯罪嫌疑人进行审查后依法做出批准逮捕决定的情况。

决定起诉 指人民检察院对公安机关、国家安全机关、监狱管理机关和检察机关内设机构反贪污贿赂部门等移送起诉的案件进行审查，根据事实，做出提起公诉的案件。该指标主要反映人民检察院对各种刑事案件向人民法院提起公诉的情况。

申诉 指经检察机关信访部门审查处理后，移送到检察机关申诉部门的申诉案件，包括不服检察机关处理决定和不服法院刑事判决和裁定的申诉的案件。

第五部分

港澳台第三产业情况

1.香港第三产业情况

简要说明

一、本章资料反映香港特别行政区主要社会、经济发展情况，重点反映第三产业情况。内容包括：人口、就业、国民收入、国际收支平衡表、工业、建筑、交通、对外贸易、财政金融、教育、房屋、卫生、社会保障等方面。

二、本章由香港特别行政区政府统计处提供所有数据，国家统计局国际统计信息中心负责整理、编辑。

三、在统计工作方面，按中华人民共和国“香港特别行政区基本法”的有关原则，香港特别行政区保留其单独运作的统计系统，并负责编制和发布反映香港特别行政区情况的统计数据。由于香港和内地在使用统计名词及概念方面会有所不同，读者在比较两地数据时，请参考以下资料：

（1）本章内的“《中国第三产业统计年鉴》与香港特别行政区统计刊物中使用的指标对照表”列出两地概念相近但名称不同的词汇。

（2）本章末的“主要统计指标解释”，载有一些重要概念的解释。

四、香港特别行政区是单独的关税地区，香港与内地之间的贸易，亦需办理进出口报关。在贸易统计方面，香港特别行政区对外贸易统计数据亦包括香港特别行政区与内地的贸易。

五、在外汇统计及与之有关的各方面，港币是香港特别行政区的法定货币，因此，除港币以外的货币（包括人民币）均视作外币。

六、更详细的统计资料及有关的技术细节，可参阅香港特别行政区政府统计处出版的《香港统计月刊》、《香港统计年刊》及各专题统计出版物。

七、本章节表中的符号使用说明：“空格”表示没有数字；“@”数字将于日后修订；“0#”数字少于最小单位的一半。

5-1-1　香港主要统计指标概览

指　标		2000.0	2001.0	2002.0	2003.0	2004.0	2005.0
人口及生命统计							
年中人口 [1]	(万人)	666.5	671.4	674.4	673.1	678.3	681.3
人口增长率 [1]	(%)	0.9	0.7	0.4	- 0.2	0.8	0.4
粗出生率 [1]	(‰)	8.1	7.2	7.1	7.0	7.3	8.4
粗死亡率 [1]	(‰)	5.1	5.0	5.1	5.5	5.4	5.7
婴儿死亡率(按每千名登记活产婴儿计算)		3.0	2.6	2.3	2.3	2.7	2.3
劳动、就业							
劳动人口 [1]	(万人)	337.4	342.6	347.4	347.3	351.6	353.8
劳动人口参与率 [1]	(%)	61.4	61.5	61.8	61.4	61.3	61.0
失业率 [1]	(%)	4.9	5.1	7.3	7.9	6.8	5.6
就业不足率 [1,2]	(%)	2.8	2.5	3.0	3.5	3.2	2.7
就业人数 [1]	(万人)	320.7	325.1	322.0	319.7	327.7	334.1
实际工资指数 [3]	(1992年9月=100)	112.8	114.6	117.8	118.6	115.5	114.9
对外商品贸易							
进口	(亿港元)	16580	15682	16194	18058	21111	23295
港产品出口	(亿港元)	1810	1535	1309	1217	1260	1360
转口	(亿港元)	13917	13275	14296	16208	18931	21141
贸易价格比率指数	(2000年=100)	100.0	100.9	102.1	101.0	99.3	97.9
对外服务贸易							
服务出口	(亿港元)	3150	3208	3478	3624	4296	4958
服务进口	(亿港元)	1924	1942	2025	2034	2425	2642
工业							
工业生产指数	(2000年=100)	100.0	95.6	86.2	78.3	80.6	82.6
工业电力消费量	(万亿焦耳)	17769	16759	16112	14851	15430	14636
工业煤气消费量	(万亿焦耳)	982	1011	987	1015	955	898
零售业							
销售总额	(亿港元)	1867	1844	1769	1729	1916	2046
服务业的增加值	(亿港元)						
批发、零售、进口与出口贸易、饮食及酒店业		3086	3099	3105	3089	3451	3867@
运输、仓库及通讯业		1190	1175	1218	1174	1268	1351@
金融、保险、地产及商用服务业		2684	2515	2470	2511	2668	2947@
社区、社会及个人服务业		2500	2630	2657	2619	2640	2584@
楼宇业权		1416	1463	1462	1346	1279	1443@

5-1-1 续表 1

指标		2000	2001	2002	2003	2004	2005
土地、楼宇、建造及地产							
建造工程完成名义总值	(亿港元)	1221	1140	1060	990	932	909
获批准可动工兴建	(个)						
私人居住单位							
初次呈交图则[4]		30039	26461	17292	16655	8682	7829
重大修改[4]					12497	5373	4912
房屋及物业							
公营房屋[5]							
新落成房屋委员会							
公营租住房屋单位[6]	(个)	46756	29817	20390	15148	24682	17153
私人物业							
私人住宅单位落成量		25790	26262	31052	26397	26036	17321
楼宇售价指数	(1999年=100)						
私人住宅单位		89.6	78.7	69.9	61.6	78.0	92.0
私人写字楼（甲级、乙级及丙级）		89.9	78.7	68.4	62.5	99.3	133.0
楼宇租金指数	(1999年=100)						
私人住宅单位		98.1	95.4	83.4	73.6	77.7	86.5
私人写字楼（甲级、乙级及丙级）		98.5	101.0	85.4	74.6	78.1	96.4
已登记楼宇买卖合约涉及的价值	(亿港元)						
住宅		1684	1509	1543	1536	2767	3128
非住宅		541	419	311	358	751	827
总计		2225	1928	1854	1894	3518	3955
运输、通讯、旅游							
进出香港货运车辆	(万辆)	938	913	976	988	975	973
公共道路长度	(公里)	1904	1911	1924	1934	1943	1955
进出香港货物							
总卸下	(万吨)	13035	13205	14210	15059	15779	16333
总装上	(万吨)	8692	8552	9265	9993	10693	10914
集装箱吞吐量	(万标准集装箱单位)	1810	1783	1914	2045	2198	2260
领牌车辆[7]	(千辆)	516.8	525.4	525.6	524.2	532.9	540.6
电话服务	(万条操作线路)	395	393	384	382	378	379
访港旅客[8]	(万人次)	1305.9	1372.5	1656.6	1553.7	2181.1	2335.9
酒店入住率	(%)	83	79	84	70	88	86
政府收支、货币、金融	**(亿港元)**						
政府储备结余[9]		4303	3725	3114	2753	2960	3107
政府收入总额[9, 10]		2251	1756	1775	2073	2636	2471
政府支出总额[9, 10]		2329	2389	2392	2475	2422	2331
货币供应量M_3							
港元[11]		20024	20166	20042	21229	22196	23458
外币[12]		16904	15775	15576	17352	19700	20614
总计		36928	35941	35619	38580	41895	44072
在港使用的贷款及垫款		18615	17901	17429	17085	17924	19303
港汇指数(贸易总值(进口及整体出口)加权	(2000年1月=100)	101.7	104.7	104.0	100.7	98.3	97.4
居民消费价格指数							
(2004年10月至2005年9月=100)							
综合消费价格指数		107.4	105.7	102.4	99.8	99.4	100.3
甲类消费价格指数		106.6	104.8	101.4	99.3	99.3	100.3
乙类消费价格指数		107.7	105.9	102.6	99.8	99.4	100.4
丙类消费价格指数		108.0	106.3	103.3	100.3	99.6	100.3
教育(人)							
小学学生人数		493979	493075	483218	468792	447137	425864
中学学生人数[13]		466710	465403	465926	470487	476954	482273
教资会资助院校学生人数[14]		78295	81664	85602	90355	91865	91786

5-1-1　续表 2

指　标		2000	2001	2002	2003	2004	2005
卫生							
医生	(人)	10130	10412	10731	11016	11242	11505
中医[15]	(人)			2385	4738	4986	5133
病床	(张)	35100	34852	35159	35526	34400	34119
社会保障							
综合社会保障援助[9]							
个案数目[16]	(个)	228263	247192	271893	290705	296688	297434
发放款项[17]	(亿港元)	135.6	144.05	161.31	173.06	176.31	177.66
公共福利金[9]							
个案数目[16]	(个)	550585	561208	560215	563908	567859	574135
发放款项[17]	(亿港元)	51.30	52.41	52.81	52.14	52.45	53.39
交通意外伤亡援助[9]							
获批个案数目	(个)	5998	6733	7102	7190	7360	7893
发放款项	(亿港元)	1.30	1.42	1.51	1.51	1.54	1.64
治安							
举报罪案合计	(件)	77245	73008	75877	88377	81315	77437
暴力罪案总计	(件)	14812	13551	14140	14542	13890	13890
犯罪被捕人数总计[18]	(人)	40930	38829	39665	42051	42991	40804
(支出法)本地生产总值							
按2000年不变价格计算							
年增长率	(%)	10.0	0.6	1.8	3.2	8.6	7.5@
本地生产总值	(亿港元)	13148	13232	13475	13906	15099	16235@
人均本地生产总值	(港元)	197268	197067	199804	206604	222586	238284@
按当年价格计算							
年增长率	(%)	3.8	-1.2	-1.7	-3.4	4.7	7.1@
本地生产总值	(亿港元)	13148	12988	12768	12340	12914	13827@
人均本地生产总值	(港元)	197268	193440	189315	183334	190377	202941@
(支出法)本地居民生产总值							
按当年价格计算							
本地居民生产总值	(亿港元)	13235	13274	12824	12625	13148@	13843@
人均本地居民生产总值[1]	(港元)	198581	197691	190153	187567	193828@	203182@
国外净要素收入	(亿港元)	87.5	285.4	56.5	284.9	234.1	16.5
国际收支平衡表	(亿港元)						
经常帐[19]		544.9	763.2	968.0	1282.4	1224.9	1573.4@
资本及金融帐[19]		-578.6	-973.6	-1511.8	-1790.9	-1846.4	-1824.3@
净误差及遗漏[20]		33.7	210.4	543.8	508.5	621.5	250.9@
整体的国际收支		783.2	365.3	-185.4	75.9	254.9	106.8@
		(盈余)	(盈余)	(赤字)	(盈余)	(盈余)	(盈余)
国际投资头寸[21]							
国际投资头寸净值[22]	(亿港元)	17295.5	20679.6	26773.7	30598.3	33017.7	34061.4
对外金融资产	(亿港元)	88993.0	83506.2	80327.4	92023.1	106987.1	115883.1
对外金融负债	(亿港元)	71697.5	62826.6	53553.8	61424.8	73969.4	81821.8

香港主要统计指标概览注释

1.年中人口、人口增长率、粗出生率、粗死亡率、劳动人口、劳动人口参与率、失业率、就业不足率、就业人数、人均本地居民生产总值 在2006年7至8月期间进行的中期人口统计提供了一个基准，用作修订自2001年人口普查以来编制的人口数字。上表中2005年的人口及与人口有关的数字已作出相应的修订。

2.就业不足率 数字是指就业不足人士在劳动人口中所占的比例。就业不足人士是指包括在统计前7天内在非自愿情况下工作少于35小时，而在统计前30天内有找寻更多工作，或即使不是找寻工作，但在统计前7天内可担任更多工作的就业人士。根据此定义，因工作量不足而在统计前7天内放取无薪假期的就业人士，若在该7天期间内工作少于35小时，甚或全段期间都在休假，亦会界定为就业不足人士。

3.实际工资指数 是从名义工资指数中，按甲类消费价格指数的变幅，扣除通胀的影响而得出，显示雇员所赚取工资金额购买力的转变。

4.初次呈交图则、重大修改 2002年及以前没有“初次呈交图则”和“重大修改”细分数字。

5.公营房屋 数字是以相应的财政年度为根据。例如2005年的数字代表2005至2006财政年度数字。从2005年5月起，房屋委员会建屋落成量的房屋类别重新修订如下列注6所述。上述建屋量数据是已反映修订后的结果。

6.公营租住房屋单位 房屋委员会的公营租住房屋亦包括那些由剩余居者有其屋计划转作公营租住房屋的单位。中转房屋及那些由公营租住房屋转作出售用途的可租可买计划/重建置业计划的单位则不包括在内。

7.领牌车辆 数字是指期末的数字。

8.访港旅客 访港旅客数字包括经澳门访港的非澳门居民。

9.政府储备结余、政府收入总额、政府支出总额、综合社会保障援助、公共福利金、交通意外伤亡援助 数字是以相应的财政年度为根据。例如2005年的数字代表2005至2006财政年度数字。

10.政府收入总额、政府支出总额 2005年的数字有待审计署署长核实。

11.港元 所列数字已包括外币掉期存款。

12.外币 所列数字已扣除外币掉期存款。《中华人民共和国香港特别行政区基本法》说明，港元是香港特别行政区的法定货币。外币指港元以外的其他货币，因而人民币亦视作外币。

13.中学学生人数 数字涵盖日、夜校。

14.教资会资助院校学生人数 数字包括教资会资助课程的所有学生及就读自资全日制经评审副学位程度的专上课程的学生人数。2003年以前的研究院研究课程只包括在一般的修业期内及教资会指标内的学生。自2003年起，数字亦包括在一般的修业期内及在教资会指标外但受教资会资助的研究院研究课程学生。

15.中医 数字自2002年开始提供。

16.个案数目 于财政年度终结时的数字。

17.发放款项 2001年的数字包括2001年4月2日至2002年4月1日期间所发放的款项。2002年的数字则包括2002年4月2日至2003年3月31日期间所发放的款项。

18.犯罪被捕人数总计 犯罪被捕人数的计算方法是按罪犯被捕的次数而定，不论有否遭起诉。若某人在两宗或以上事件中被捕，会于每次事件中分别记录。若某人在一宗事件中因多项罪名被捕，则只选其中可被判最重刑罚的一项罪名作统计之用。

19.经常帐、资本及金融帐　经常帐差额的正数显示盈余而负数则显示赤字。在资本及金融帐方面，正数显示净流入而负数则显示净流出。由于对外资产的增加是属于借方帐目，而减少则属贷方帐目，因此负数的储备资产变动净值显示储备资产的增加，而正数则显示减少。

20.净误差及遗漏　原则上，贷方和借方各项帐目的净总和应相等于零。但实际上，贷方和借方帐目的资料是通过不同的来源搜集，基于各种原因会有差异。为了使贷方和借方帐目的总和相等，便须加进一个余额项目，以反映平衡表的“净误差及遗漏”。

21.国际投资头寸　期末头寸。

22.国际投资头寸净值　是对外金融资产总值与对外金融负债总值之差。

5-1-2 按当年价格和按2000年不变价格计算生产法本地生产总值

单位: 亿港元

经济活动	2000	2001	2002	2003	2004	2005(@)
按当年价格计算:						
本地生产总值	**13147.89**	**12988.13**	**12767.57**	**12339.83**	**12914.25**	**13826.75**
农业及渔业	**9.20**	**10.03**	**10.02**	**8.24**	**8.86**	**8.47**
工业	**1668.57**	**1550.58**	**1426.74**	**1282.69**	**1246.29**	**1241.09**
采矿及采石业	2.41	1.74	1.36	1.16	0.72	1.00
制造业	676.46	597.60	513.96	444.03	444.55	455.47
电力、煤气及水的生产和供应业	369.17	379.57	396.09	388.39	397.26	399.24
建筑业	620.54	571.67	515.34	449.10	403.76	385.38
服务业	**10875.70**	**10882.11**	**10912.72**	**10739.41**	**11306.95**	**12192.39**
批发、零售、进口与出口贸易、饮食及酒店业	3086.00	3099.26	3105.00	3088.72	3450.92	3867.26
运输、仓库及通讯业	1189.74	1175.26	1217.66	1174.20	1268.20	1351.19
金融、保险、地产及商用服务业	2683.99	2514.95	2470.45	2510.85	2668.34	2946.66
社区、社会及个人服务业	2499.97	2629.60	2657.46	2619.17	2640.08	2584.49
楼宇业权	1416.00	1463.04	1462.14	1346.48	1279.40	1442.80
生产及进口税	579.08	539.17	433.25	480.57	587.29	628.89
统计差额(%)②	0.10	0#	-0.10	-1.40	-1.80	-1.80
按2000年不变价格计算:						
本地生产总值①	**13147.89**	**13231.67**	**13474.95**	**13906.10**	**15099.15**	**16234.79**
农业及渔业	**9.20**	**9.58**	**9.51**	**8.98**	**9.16**	**8.99**
工业	**1668.57**	**1599.25**	**1542.41**	**1463.63**	**1424.99**	**1398.75**
采矿及采石业	2.41	2.07	1.84	1.88	1.56	1.72
制造业	676.46	615.01	553.32	496.41	504.79	515.53
电力、煤气及水的生产和供应业	369.17	375.58	389.71	396.85	405.16	415.23
建筑业	620.54	606.58	597.54	568.50	513.48	466.27
服务业	**10875.70**	**11066.25**	**11371.10**	**11886.81**	**13083.69**	**14132.29**
批发、零售、进口与出口贸易、饮食及酒店业	3086.00	3093.79	3233.91	3526.94	4060.19	4644.77
运输、仓库及通讯业	1189.74	1211.89	1290.80	1299.93	1481.11	1600.00
金融、保险、地产及商用服务业	2683.99	2696.75	2770.04	2928.28	3312.82	3600.17
社区、社会及个人服务业	2499.97	2599.76	2582.96	2598.09	2674.45	2684.46
楼宇业权	1416.00	1464.07	1493.39	1533.57	1555.12	1602.89
生产及进口税	579.08	572.82	572.28	591.56	668.58	675.39
统计差额(%)②	0.10	-0.10	-0.20	-0.30	-0.60	0.10

注：①以支出法编制的本地生产总值被采用作为单一本地生产总值数字。
②统计差额是以支出法编制的本地生产总值与以生产法编制的本地生产总值的差额。这差额是由于使用不同数据来源及估算方法而引起的。统计差额是以占本地生产总值的百分比形式作。

5-1-3　三次产业贡献率

单位:%

年份	本地生产总值	农业及渔业	工业	服务业
2002	100.00	-0.03	-23.36	125.31
2003	100.00	-0.12	-18.27	119.61
2004	100.00	0.02	-3.29	98.60
2005	100.00	0.02	-0.81	94.28

注：1.产业贡献率指各产业增加值增量与GDP增量之比。
　　2.本表按可比价格计算。

5-1-4　按行业划分的就业人数

单位：万人

行　业	2000	2001	2002	2003	2004	2005
总计	**320.73**	**325.23**	**323.16**	**321.91**	**330.86**	**338.40**
制造业	33.37	32.64	29.02	27.20	23.55	22.79
建筑业	30.17	29.14	28.65	26.59	26.82	27.01
批发、零售、进出口贸易、饮食及酒店业	98.17	98.11	98.34	99.18	107.43	111.01
运输、仓库及通讯业	35.66	35.34	34.58	34.61	36.01	36.24
金融、保险、地产及商用服务业	45.27	47.81	47.44	46.97	48.22	50.57
社区、社会及个人服务业	75.47	79.89	82.51	84.95	86.45	88.35
其他	2.62	2.31	2.62	2.41	2.37	2.53

注：1.数字是根据该年四季“综合住户统计调查”所得的数据编制。
　　2.有关就业统计数字,可分别按“综合住户统计调查”及“雇佣及职位空缺按季统计调查”的结果编制。此两套数字用于反映有关就业情况时，各有优点和局限。上表载列了“综合住户统计调查”的估计数字，是由于其包括的就业人口范围较全面。再者，个别人士，包括有多过一份工作的职位持有者，都只计算一次。但“综合住户统计调查”的就业估计数字有一个主要局限，就是被访者有困难准确地提供其本身所属行业的资料，尤以制造业员工为甚。随着香港制造业机构将部分工序移往中国内地，这些机构在香港的传统运作模式已有改变。就一些已将大部分工序移往中国内地的机构而言，他们应归类为进出口贸易业。不过，由于有关机构的员工，尤其是技师及技工级等员工，未必全部都能清楚理解这个统计分类上的改变，有些被访者仍认为他们是属于制造业而非进出口贸易业，因而使“综合住户统计调查”的有关制造业估计就业人数有高估的现象。

5-1-5 按行业类别划分的就业人口名义和实际平均工资指数

(1999年第一季度=100)

行业类别	1995	2000	2001	2002	2003	2004	2005
名义平均工资指数							
采矿及采石业	78.0	107.1	112.3	106.2	92.7	75.1	84.1
制造业	72.6	91.8	92.4	90.3	89.6	89.9	91.0
电力、煤气业	86.5	122.7	127.9	125.2	118.7	114.7	113.3
批发、零售、进口与出口贸易、饮食及酒店业	77.8	88.6	88.9	86.9	86.3	86.8	92.8
运输、仓库及通讯业	86.1	99.9	99.4	101.4	100.2	97.7	100.7
金融、保险、地产及商用服务业	79.1	97.8	95.9	93.1	92.5	91.3	95.9
社区、社会及个人服务业	75.6	98.1	97.6	95.0	90.8	89.7	88.8
所有上列行业类别①	75.7	94.8	95.2	94.1	93.1	92.5	96.0
实际平均工资指数②							
采矿及采石业	86.2	114.0	122.1	119.0	106.2	85.7	94.7
制造业	80.2	97.8	100.4	101.1	102.6	102.6	102.4
电力、煤气业	95.6	130.7	139.0	140.2	135.9	131.0	127.6
批发、零售、进口与出口贸易、饮食及酒店业	85.9	94.3	96.7	97.3	98.8	99.1	104.5
运输、仓库及通讯业	95.1	106.4	108.1	113.6	114.7	111.5	113.5
金融、保险、地产及商用服务业	87.5	104.1	104.2	104.2	106.0	104.2	108.0
社区、社会及个人服务业	83.6	104.4	106.1	106.4	104.0	102.4	100.0
所有上列行业类别①	83.7	101.0	103.5	105.3	106.6	105.6	108.1

注：①指香港“劳工收入统计调查”内工资总额统计所涵盖的所有行业。
②实际平均工资指数是从名义平均工资指数中，按甲类消费价格指数的变幅，扣除通胀的影响而得出，显示雇员所赚取工资金额购买力的转变。

5-1-6 商品进出口贸易总额

单位：亿港元

贸易种类	2000	2001	2002	2003	2004	2005
进口	16580	15682	16194	18058	21111	23295
港产品出口	1810	1535	1309	1217	1260	1360
转口	13917	13275	14296	16207	18931	21141
整体出口	15727	14810	15605	17424	20191	22502
贸易总额	32307	30492	31799	35482	41302	45796
商品贸易差额	-853	-872	-589	-633	-920	-793

5-1-7 商品进口及出口的主要供应地和去向

单位：亿港元

贸易种类/主要国家/地区	2000	2001	2002	2003	2004	2005
进口(供应地)	**16580**	**15682**	**16194**	**18058**	**21111**	**23295**
中国内地	7150	6820	7171	7856	9183	10493
日本	1990	1766	1826	2140	2561	2565
中国台湾	1242	1079	1159	1252	1538	1682
美国	1128	1049	915	987	1120	1193
新加坡	750	729	757	906	1110	1352
港产品出口(目的地)	**1810**	**1535**	**1309**	**1217**	**1260**	**1360**
美国	544	476	419	391	386	378
中国内地	542	495	414	368	379	446
英国	107	86	76	78	82	73
荷兰	39	46	35	25	26	54
中国台湾	61	53	44	37	47	51

5-1-8 商品转口的主要来源和去向

单位：亿港元

贸易种类/主要国家/地区	2000	2001	2002	2003	2004	2005
转口(目的地)	**13917**	**13275**	**14296**	**16207**	**18931**	**21141**
中国内地	4888	4966	5719	7058	8506	9679
美国	3110	2822	2910	2851	3030	3229
日本	821	836	807	912	1047	1143
德国	506	458	446	514	579	684
英国	524	468	466	496	577	619
转口(来源地)	**13917**	**13275**	**14296**	**16207**	**18931**	**21141**
中国内地	8495	8084	8640	9671	11355	13132
日本	1373	1256	1358	1612	1942	1861
中国台湾	879	803	943	1071	1339	1525
韩国	461	398	472	570	644	740
美国	655	652	629	632	618	643

5-1-9 按标准国际贸易分类划分商品进口和出口

单位：亿港元

标准国际贸易分类	2000	2001	2002	2003	2004	2005
进口	**16580**	**15682**	**16194**	**18058**	**21111**	**23295**
0 粮食及活动物	574	544	537	538	550	566
1 饮料及烟叶	106	104	98	93	107	103
2 除燃料外的非食用未加工材料	232	207	200	215	221	212
3 矿物燃料、润滑油及有关物质	353	315	323	364	500	620
4 动物及植物油、脂肪及蜡	32	34	33	23	22	16
5 未列明的化学及有关产品	1046	899	941	1051	1277	1442
6 主要按材料分类的制成品	2825	2536	2594	2883	3269	3443
7 机械和运输设备	7078	6881	7466	8751	10727	12169
8 杂项制成品	4324	4157	3992	4130	4425	4710
9 未列入其他分类的货物及交易	9	5	10	10	13	14
港产品出口	**1810**	**1535**	**1309**	**1217**	**1260**	**1360**
0 粮食及活动物	17	15	15	14	14	14
1 饮料及烟叶	10	11	11	14	18	18
2 除燃料外的非食用未加工材料	19	18	18	24	32	34
3 矿物燃料、润滑油及有关物质	8	9	10	14	15	21
4 动物及植物油、脂肪及蜡	1	1	1	1	1	0
5 未列明的化学及有关产品	63	55	53	58	67	83
6 主要按材料分类的制成品	159	130	113	92	86	87
7 机械和运输设备	448	328	246	180	210	356
8 杂项制成品	1078	964	836	816	811	741
9 未列入其他分类的货物及交易	6	5	6	6	6	6
转口	**13917**	**13275**	**14296**	**16207**	**18931**	**21141**
0 粮食及活动物	185	164	152	140	116	113
1 饮料及烟叶	62	56	54	47	51	52
2 除燃料外的非食用未加工材料	177	150	145	161	168	146
3 矿物燃料、润滑油及有关物质	34	27	24	26	34	44
4 动物及植物油、脂肪及蜡	10	7	7	6	5	4
5 未列明的化学及有关产品	750	667	702	787	949	1015
6 主要按材料分类的制成品	2163	1951	2039	2238	2535	2667
7 机械和运输设备	5608	5601	6589	8024	9901	11526
8 杂项制成品	4922	4646	4574	4767	5156	5559
9 未列入其他分类的货物及交易	7	5	11	11	15	16

5-1-10 按主要服务组别划分的服务出口及进口

单位：亿港元

主要服务组别	2000	2001	2002	2003	2004	2005@
服务出口						
运输	995	937	1038	1077	1352	1521
旅游	460	464	581	556	701	800
保险服务	35	36	34	31	32	35
金融服务①	341	350	327	293	355	439
商贸服务及其他与贸易相关的服务	976	1064	1160	1302	1465	1635
其他服务	344	358	338	366	391	404
总计①	3150	3208	3478	3624	4296	4835
服务进口						
运输	486	509	485	523	677	731
旅游	974	961	968	891	1033	1035
保险服务	41	40	46	48	48	53
金融服务①	64	70	77	68	91	85
商贸服务及其他与贸易相关的服务	112	118	147	160'	165	182
其他服务	247	244	302	343	412	434
总计①	1924	1942	2025	2034	2425	2518
服务出口净额①	**1226**	**1266**	**1453**	**1590**	**1871**	**2316**

注：①政府统计处于2005年8月在估计香港国民经济核算统计数字时，采用最新国际指南处理由银行所提供的金融中介服务。因此，已对本表内的数字作出修订。

5-1-11 按主要目的地和来源地划分的服务出口及进口

单位：亿港元

目的地和来源地	2000	2001	2002	2003	2004	2005
服务出口①						
中国内地	688	765	945	1023	1168	
美国	685	702	706	744	875	
中国台湾	205	209	220	254	312	
日本	280	269	298	255	307	
英国	189	180	198	191	263	
其他	971	951	985	1086	1331	
所有目的地	3018	3077	3354	3552	4256	4727@
服务进口①						
中国内地	594	596	609	581	660	
美国	301	302	317	328	355	
日本	132	130	148	155	210	
英国	122	118	129	136	176	
澳大利亚	106	113	116	126	149	
其他	661	665	678	692	859	
所有来源地	1915	1925	1997	2018	2408	2513@

注：①由于金融中介服务出口/进口没有按区域细分数字，本统计表内的数字并不包括金融中介服务出口/进口数字，因此载于本统计表内所有目的地/来源地的服务出口/进口数字并不等同于表5-1-10内香港所有服务出口/进口的相关数字。

5-1-12 货物及服务进出口占国内生产总值比重

单位：%

指　标	2000	2001	2002	2003	2004	2005
本地生产总值（亿港元）	13148	12988	12768	12340	12916	13821
对外商品贸易						
进口	126.10	120.74	126.83	146.33	163.45	168.55
港产品出口	13.80	11.82	10.25	9.86	9.75	9.84
转口	105.90	102.21	111.97	131.34	146.57	152.97
对外服务贸易						
服务出口	24.00	24.70	27.24	29.37	33.26	34.98
服务进口	14.60	14.95	15.86	16.48	18.78	18.22

5-1-13　按居住国家和地区划分的访港旅客人数

单位：万人

居住国家和地区	2000	2001	2002	2003	2004	2005
中国内地	378.6	444.9	682.5	846.7	1224.6	1254.1
南亚及东南亚	174.7	174.7	190.5	136.0	207.8	241.3
中国台湾	238.6	241.9	242.9	185.2	207.5	213.1
北亚	175.5	176.2	185.2	123.5	166.5	185.3
欧洲、非洲及中东	122.3	117.1	126.3	94.6	138.0	172.6
美洲	129.6	125.9	134.7	92.6	140.0	156.5
澳大利亚、新西兰及南太平洋	41.7	38.7	41.0	30.6	48.3	62.0
中国澳门	45.0	53.2	53.5	44.4	48.4	51.0
总计	**1305.9**	**1372.5**	**1656.6**	**1533.7**	**2181.1**	**2335.9**
比上年增长(%)	15.3	5.1	20.7	-6.2	40.4	7.1

5-1-14 按居住国家和地区划分的访港旅客人均消费和逗留时间

居住国家和地区	2000	2001	2002	2003	2004	2005
过夜旅客人均消费　(港元)						
中国内地	4868	5169	5487	5235	4355	4554
南亚及东南亚	4268	3952	4097	4680	4350	4377
中国台湾	4839	4422	4508	5176	4789	4916
北亚	4571	3988	4355	4292	4112	4300
欧洲、非洲及中东	4591	4723	4950	4996	5122	5331
美洲	5076	5072	4537	5477	5250	5477
澳大利亚、新西兰及南太平洋	3983	4495	4072	4761	5072	5068
中国澳门	1622	1756	1412	2325	2554	2765
合计	4612	4588	4837	5041	4478	4663
入境不过夜旅客人均消费　(港元)						
中国内地	1143	1160	961	1290	1043	1247
南亚及东南亚	437	388	406	288	224	244
中国台湾	500	461	492	354	156	195
北亚	340	294	352	340	166	204
欧洲、非洲及中东	347	316	372	397	327	301
美洲	369	390	357	466	312	320
澳大利亚、新西兰及南太平洋	377	372	380	470	437	547
中国澳门	721	842	400	585	889	1284
合计	640	654	620	811	689	810
过夜旅客逗留时间　(晚数)						
中国内地	3.33	3.46	4.52	4.81	4.26	4.22
南亚及东南亚	3.10	3.21	3.05	3.24	3.20	3.20
中国台湾	2.32	2.31	2.30	2.46	2.52	2.48
北亚	2.40	2.33	2.17	2.17	2.19	2.19
欧洲、非洲及中东	3.59	3.91	3.66	3.50	3.42	3.33
美洲	3.36	3.29	3.21	3.29	3.43	3.37
澳大利亚、新西兰及南太平洋	3.51	3.92	3.72	3.62	3.46	3.36
中国澳门	2.67	2.54	2.75	3.04	2.45	2.29
合计	3.00	3.08	3.62	4.06	3.73	3.66

5-1-15 按主要货物装卸地点划分的集装箱吞吐量

单位：万标准集装箱单位

项目	2000	2001	2002	2003	2004	2005
集装箱吞吐量	1809.8	1782.6	1914.4	2044.9	2198.4	2260.2
集装箱码头						
抵港						
载货集装箱	386.2	380.2	409.6	433.5	493.9	535.1
空集装箱	164.4	157.5	161.0	157.5	161.5	163.4
离港						
载货集装箱	574.7	559.1	583.3	579.9	648.9	689.2
空集装箱	34.9	31.7	35.3	36.1	38.3	40.6
集装箱码头以外						
海运						
抵港						
载货集装箱	152.8	153.7	167.2	184.6	217.3	191.4
空集装箱	17.1	13.2	10.3	14.2	9.5	5.4
离港						
载货集装箱	112.8	118.5	143.1	180.8	180.1	118.3
空集装箱	20.5	15.6	12.0	10.9	13.5	10.5
河运						
抵港						
载货集装箱	86.1	98.6	115.3	142.9	137.1	173.0
空集装箱	91.2	80.2	85.8	85.9	89.7	91.5
离港						
载货集装箱	112.1	108.8	113.7	131.4	111.0	138.2
空集装箱	56.8	65.5	77.9	87.2	97.7	103.4

注：标准集装箱单位为20英尺×8英尺×8英尺。

5-1-16 按运输方式划分的进出香港货物

单位：万吨

项目	2000	2001	2002	2003	2004	2005
卸下						
空运	95	89	100	104	117	125
水运	10694	11047	11973	12855	13485	14096
海运	8800	8851	9344	9936	10461	10670
河运	1893	2197	2628	2919	3024	3426
公路运输	2214	2041	2109	2075	2156	2096
铁路运输①	32	27	28	25	21	17
总计	13035	13205	14210	15059	15779	16333
装上						
空运	129	118	148	161	193	216
水运	6771	6774	7278	7906	8603	8918
海运	4293	4217	4486	4926	5401	5477
河运	2477	2557	2793	2980	3202	3441
公路运输	1779	1651	1829	1919	1891	1776
铁路运输①	13	10	10	8	6	5
总计	8692	8552	9265	9993	10693	10914

注：①数字不包括家畜。

5-1-17 通讯及互联网服务

指 标		2000	2001	2002	2003	2004	2005
邮递服务							
信件邮件	(亿件物品)	13	14	13	13	13	13
包裹	(万件)	98	92	93	95	94	93
电话服务①②	(万条操作线路)						
住宅		221	216	213	212	212	212
商用		174	176	171	170	166	168
总计		395	393	384	382	378	379
图文传真②	(万条操作线路)	40	41	55	49	46	41
对外电话通讯量	(万分钟)						
拨出③		307489	348729	395090	423260	493653	563840
拨入④		185805	194235	175599	167620	203725	216752
对外专用电报通讯量	(万分钟)						
发出		305	195	150	93	63	30
收到		323	247	229	163	102	84
转接		363	304	212	142	87	57
本地电报机电讯	(万分钟)	699	531	295	207	179	121
电报⑤	(万件)						
发出		2.1	1.2	0.7	0.5		
收到		0.8	0.5	0.4	0.2		
本地电报⑤	(件)	844	3129	50	69		
公共无线电传呼接收器②	(户)	327768	253215	197405	177926	157695	131740
公共移动无线电话用户系统②⑥	(户)						
不包括储值智能卡		4173318	4256422	4207465	4407569	4575069	4753916
包括储值智能卡		5234370	5701686	6218984	7194335	8157960	8544255
互联网服务							
持牌互联网服务供应商数目②	(个)	234	257	234	201	188	186
持牌互联网服务供应商客户数目②⑦	(个)						
以拨号接驳的已登记客户户口(不包括互联网储值卡)⑧		2283047	2018238	1371705	1084368	1003604	974873
作拨号接驳用途的互联网储值卡		38708	18569	14978	20411	9800	4800
以私人租用线路接驳的已登记客户户口⑧		11527	7066	3439	2739	2259	1925
宽带互联网接驳客户户口⑧		392118	623302	989115	1230607	1484486	1648409
互联网使用量⑦							
客户通过公共电话网络接驳⑨	(万分钟)	1498859	1105581	555023	356394	189698	105954
客户通过宽带网络接驳⑩⑪	(兆兆比特)	2909	73607	215296	933728	2949652	5392294

注：①数字包括直通内线式电话线、图文传真线及电文线路的直拨服务。 ②数字为该年年底数字。
③数字也包括图文传真及数据。 ④估计数字。 ⑤由2004年1月1日起，有关的服务已经终止。
⑥2004年的数字包括第3代流动服务。
⑦数字为根据互联网服务供应商申报的估计数字，并不包括不属于持牌互联网服务供应商客户的使用者。
⑧已登记客户户口指互联网服务供应商的客户户口(包括免费的客户户口)。拥有超过一个客户登入识别码的登记客户户口只算作一个已登记的客户户口。数字不包括只获提供电邮地址的客户户口。
⑨不包括通过私人租用线路接驳及使用宽带服务的客户。
⑩宽带是指采用各类数字式用户线路（xDSL）、本地多点配送系统（LMDS）、光纤到楼（FTTB）、电缆调制解调器（cable modem）等技术以每秒1.5兆比特或以上的速度传送数据的容量。
⑪数字自2000年11月开始提供。

5-1-18 15岁及以上人口教育程度

项 目	2000		2001		2002		2003		2004		2005@	
	人 数（万人）	百分比	人 数（万人）	百分比	人 数（万人）	百分比	人 数（万人）	百分比	人 数（万人）	百分比	人 数（万人）	百分比
总计	**549.9**	**100.0**	**557.9**	**100.0**	**564.3**	**100.0**	**569.4**	**100.0**	**579.6**	**100.0**	**588.4**	**100.0**
男	**267.1**	**48.6**	**269.4**	**48.3**	**271.1**	**48.0**	**272.2**	**47.8**	**275.5**	**47.5**	**278.3**	**47.3**
女	**282.8**	**51.4**	**288.5**	**51.7**	**293.2**	**52.0**	**297.2**	**52.2**	**304.1**	**52.5**	**310.2**	**52.7**
未受教育/幼儿园												
男	9.8	1.8	9.7	1.7	9.3	1.7	9.2	1.6	9.0	1.6	8.7	1.5
女	32.0	5.8	31.2	5.6	29.9	5.3	30.3	5.3	30.2	5.2	29.2	5.0
小学												
男	59.6	10.8	58.1	10.4	56.1	9.9	54.0	9.5	52.8	9.1	52.1	8.9
女	62.4	11.4	62.6	11.2	62.5	11.1	62.1	10.9	61.3	10.6	62.4	10.6
初中												
男	52.2	9.5	52.9	9.5	52.2	9.3	53.9	9.5	53.2	9.2	51.7	8.8
女	39.4	7.2	41.1	7.4	42.6	7.6	43.9	7.7	45.1	7.8	44.9	7.6
高中												
男	80.2	14.6	79.6	14.3	80.5	14.3	77.9	13.7	81.4	14.0	83.6	14.2
女	88.6	16.1	88.8	15.9	88.9	15.8	87.5	15.4	90.9	15.7	94.0	16.0
预科												
男	11.3	2.1	11.7	2.1	12.6	2.2	13.7	2.4	13.8	2.4	13.7	2.3
女	12.5	2.3	13.7	2.5	14.1	2.5	16.5	2.9	16.7	2.9	16.6	2.8
专上教育												
非学位课程												
男	19.2	3.5	19.3	3.5	20.9	3.7	22.0	3.9	21.7	3.7	22.5	3.8
女	19.9	3.6	19.9	3.6	21.7	3.9	22.2	3.9	21.4	3.7	22.2	3.8
学位课程												
男	34.7	6.3	38.2	6.9	39.5	7.0	41.4	7.3	43.6	7.5	46.0	7.8
女	28.0	5.1	31.2	5.6	33.4	5.9	34.7	6.1	38.4	6.6	40.8	6.9

注：数字是根据该年四季“综合住户统计调查”所得的数据编制。

5-1-19　研究与发展经费支出及人员情况

年份	研究及发展经费支出(万港元)			研究及发展人员数（人）			
	总计	资本支出	经常支出	总计	研究人员	技术人员	辅助人员
2000	621840	49640	572200	9802	7728	1374	699
2001	708730	69350	639370	11041	9149	1162	730
2002	754360	71780	682580	12890	10639	1532	719
2003	854880	65020	789850	16864	13497	2138	1228
2004	950520	101660	848860	18846	14594	2904	1348

5-1-20　香港国际收支平衡表

单位：亿港元

标准组成部分①	2000	2001	2002	2003	2004@	2005@
经常帐②	**545**	**763**	**968**	**1282**	**1225**	**1574**
货物	-638	-650	-394	-450	-725	-593
服务③	1226	1266	1453	1590	1871	2316
收益③	88	285	57	285	234	16
经常转移	-130	-139	-148	-143	-155	-165
资本及金融帐②	**-579**	**-974**	**-1512**	**-1791**	**-1846**	**-1824**
资本转移	-120	-92	-157	-83	-26	-49
直接投资	200	969	-607	634	-910	500
有价证券投资	1908	-3220	-3025	-2646	-3064	-2450
金融衍生工具	17	396	516	783	443	305
其他投资	-1799	1338	1576	-402	1965	-23
储备资产(变动净值)④	-783	-365	185	-76	-255	-107
净误差及遗漏⑤	**34**	**210**	**544**	**508**	**621**	**250**
整体的国际收支	**783**	**365**	**-185**	**76**	**255**	**107**
	(盈余)	(盈余)	(赤字)	(盈余)	(盈余)	(盈余)

注：①根据国际收支平衡表的核算常规，某标准组成部分的净贷方数字以正数显示，而净借方则以负数显示。

②经常帐差额的正数显示盈余而负数则显示赤字。在资本及金融帐方面，正数显示净资金流入而负数则显示净资金流出。由于对外资产的增加是属于借方帐目而减少则属贷方帐目，因此负数的储备资产变动净值显示储备资产的增加，而正数则显示减少。

③政府统计处于2005年8月在估计香港国民经济核算统计数字时，采用最新国际指南处理由银行所提供的金融中介服务。因此，已对本表内的数字作出修订。

④在国际收支平衡架构下储备资产变动净值的估计是指交易数字。因计价方式改变(包括价格变动及汇率变动)及分类重组所导致的影响并不包括在内。

⑤原则上，贷方和借方各项账目的净总和应相等于零。但实际上，贷方和借方账目的资料是通过不同的来源搜集，基于各种原因会有差异。为了令贷方和借方账目的总和相等，便须加进一个余额项目，以反映平衡表的「净误差及遗漏」。

5-1-21 香港国际投资头寸(期末头寸)

单位：亿港元

概括组成部分	2000	2001	2002	2003	2004	2005@
香港资产	**88993**	**83506**	**80327**	**92023**	**106987**	**116565**
在外地的直接投资	30278	27492	24129	26367	31336	36475
有价证券投资	13943	16031	19032	25999	31163	34374
金融衍生工具	1311	1367	1756	1541	1745	1336
其它投资	35073	29947	26682	28925	33138	34745
储备资产	8388	8669	8728	9191	9605	9636
香港负债	**71697**	**62827**	**53554**	**61425**	**73969**	**81747**
在香港的直接投资	35508	32697	26223	29604	35219	41320
有价证券投资	11945	9125	7295	9728	12069	13757
金融衍生工具	976	940	1653	1521	1643	1323
其它投资	23268	20065	18383	20572	25038	25347
国际投资头寸净值①	**17295**	**20680**	**26774**	**30598**	**33018**	**34819**

注：①国际投资头寸净值是对外金融资产总值与对外金融负债总值之差。

5-1-22　按楼宇种类划分的新落成私人楼宇

楼宇类别		2000	2001	2002	2003	2004	2005
住宅楼宇							
楼宇数目	(栋)	378	189	870	543	364	402
实用楼面面积	(万平方米)	82.2	56.3	94.7	39.6	60.1	39.4
商住两用楼宇①							
楼宇数目	(栋)	46	56	71	79	51	35
实用楼面面积	(万平方米)						
住宅		27.2	37.9	36.3	58.6	41.2	29.5
非住宅		4.2	8.8	7.8	12.1	3.9	2.6
商业楼宇							
楼宇数目	(栋)	26	14	26	18	19	7
实用楼面面积	(万平方米)	11.8	8.3	21.0	32.9	43.3	3.9
工业楼宇							
楼宇数目	(栋)	28	27	18	6	3	1
实用楼面面积	(万平方米)	10.4	7.1	2.0	4.4	3.6	0.9
其他用途楼宇							
楼宇数目	(栋)	133	153	119	131	203	333
实用楼面面积	(万平方米)						
住宅		0.7	2.3	5.0	1.7	1.8	2.0
非住宅		15.0	14.8	24.0	9.5	18.1	44.3
总计①							
楼宇数目	(栋)	611	439	1104	777	640	778
实用楼面面积	(万平方米)						
住宅		110.1	96.5	136.0	99.9	103.2	70.9
非住宅		41.4	39.1	54.8	58.8	68.8	51.7

注：①在2004年,数字包括由私人机构参建居屋计划转为私人楼宇的红湾半岛单位。

5-1-23　按居所租住权划分的家庭住户数目

单位：万户

项　目	2000	2001	2002	2003	2004	2005
总计	**203.70**	**207.84**	**213.37**	**217.02**	**223.15**	**227.86**
自置居所住户	104.13	108.43	112.32	115.31	119.93	121.58
全租户	83.34	83.44	84.72	86.26	89.17	92.24
合租户	6.41	5.45	5.06	4.77	4.18	4.02
二房东	0.48	0.36	0.23	0.23	0.17	0.13
三房客	1.38	1.20	1.10	0.74	0.67	0.55
免租	2.42	3.39	4.54	4.51	4.17	4.16
居所由雇主提供	5.54	5.56	5.39	5.21	4.87	5.18

注：数字是根据该年四季“综合住户统计调查”所得的数据编制。

5-1-24 外币兑换率及港汇指数

(每单位外币兑换港元，另有注明除外)

货币	2000	2001	2002	2003	2004	2005
年内平均数字①						
澳元	4.53	4.04	4.25	5.08	5.73	5.93
加拿大元	5.25	5.04	4.97	5.58	6.00	6.42
人民币（每百港元）	106.17	106.04	105.84	105.86	106.21	105.26
欧元②	7.20	6.99	7.38	8.81	9.69	9.68
日元	0.0723	0.0643	0.0625	0.0673	0.0720	0.0707
马来西亚林吉特	2.04	2.04	2.04	2.04	2.04	2.05
新台币	0.248	0.232	0.229	0.227	0.233	0.242
菲律宾比索	0.180	0.157	0.156	0.146	0.140	0.144
英镑	11.81	11.24	11.73	12.73	14.27	14.15
韩圆	0.0069	0.0060	0.0063	0.0065	0.0068	0.0076
新加坡元	4.52	4.36	4.36	4.47	4.61	4.67
瑞士法郎	4.62	4.63	5.03	5.79	6.28	6.25
泰铢	0.194	0.175	0.182	0.188	0.193	0.193
美元	7.791	7.799	7.799	7.787	7.788	7.777
特别提款权	10.27532	9.92836	10.10470	10.90920	11.53777	11.48780
港汇指数③						
(2000年1月=100)						
贸易总值(进口及整体出口)加权	101.7	104.7	104.0	100.7	98.3	97.4
进口货值加权	101.5	105.1	104.7	101.6	99.2	98.1
整体出口货值加权④	101.9	104.3	103.3	99.8	97.3	96.7
年底数字⑤						
澳元	4.35	3.99	4.41	5.83	6.06	5.68
加拿大元	5.20	4.90	4.95	6.00	6.46	6.67
人民币 （每百港元）	106.04	106.04	105.82	106.67	106.38	104.16
欧元②	7.34	6.91	8.17	9.77	10.60	9.18
日元	0.0682	0.0594	0.0657	0.0726	0.0758	0.0659
马来西亚林吉特	2.04	2.04	2.04	2.04	2.05	2.05
新台币	0.238	0.226	0.228	0.227	0.242	0.239
菲律宾比索	0.168	0.159	0.150	0.143	0.143	0.150
英镑	11.64	11.31	12.51	13.83	14.99	13.36
韩圆	0.0062	0.0060	0.0066	0.0065	0.0075	0.0077
新加坡元	4.50	4.21	4.49	4.57	4.77	4.67
瑞士法郎	4.84	4.67	5.61	6.27	6.86	5.90
泰铢	0.180	0.177	0.181	0.196	0.199	0.189
美元	7.796	7.797	7.798	7.763	7.774	7.753
特别提款权	10.16140	9.79010	10.60154	11.53559	12.07310	11.08113
港汇指数③(2000年1月=100)						
贸易总值(进口及整体出口)加权	102.9	105.9	102.0	98.8	96.0	98.4
进口货值加权	103.2	106.7	102.7	99.8	96.8	99.1
整体出口货值加权④	102.6	105.1	101.2	97.7	95.2	97.7

注：《中华人民共和国香港特别行政区基本法》说明,港元是香港特别行政区的法定货币。外币指港元以外的其他货币，因而人民币亦视作外币。

①数字是指年内每日电汇或现钞收市中间兑换价的平均值。

②欧元是12个欧洲联盟会员国的统一货币，于1999年1月1日推出。由2002年1月1日开始，欧元的纸币及硬币已取代各参与国家的货币成为法定货币。

③由2002年1月2日起公布的新系列。详情请参阅刊载于《香港统计月刊》2001年12月号题为"新系列港币汇率指数"的专题文章。

④包括转口和港产品出口。

⑤数字是该年最后一个交易日的电汇或现钞收市中间兑换价。

5-1-25 货币供应量(年底数字)

单位：亿港元

货　币	2000	2001	2002	2003	2004	2005
法定纸币及硬币的流通量						
由商业银行发行	992.65	1075.45	1184.75	1342.15	1467.75	1492.95
由政府发行	61.70	59.43	61.43	65.50	66.04	69.64
总计	1054.35	1134.88	1246.18	1407.65	1533.79	1562.59
由认可机构持有的法定纸币及硬币	136.74	118.61	113.84	128.98	125.76	139.52
由公众持有的法定纸币及硬币	917.61	1016.27	1132.34	1278.67	1408.03	1423.07
货币供应量：就外币掉期存款作出调整						
货币供应量 M_1						
港元	2039.66	2298.41	2594.11	3547.52	4126.29	3482.48
外币	398.81	282.15	362.39	586.71	718.65	864.37
总计	2438.47	2580.56	2956.50	4134.23	4844.94	4346.84
货币供应量 M_2						
港元①	19879.63	19987.74	19840.49	21072.69	22085.91	23296.69
外币②	16615.29	15512.86	15342.77	17061.73	19581.16	20493.88
总计	36494.92	35500.60	35183.26	38134.42	41667.06	43790.57
货币供应量 M_3						
港元①	20023.58	20166.35	20042.25	21228.61	22195.57	23458.38
外币②	16903.94	15774.95	15576.27	17351.83	19699.87	20613.51
总计	36927.53	35941.30	35618.52	38580.44	41895.44	44071.88
货币供应量：未就外币掉期存款作出调整						
货币供应量 M_2						
港元	19836.37	19961.38	19821.42	21058.60	22075.17	23288.34
外币	16658.56	15539.23	15361.84	17075.82	19591.89	20502.23
总计	36494.92	35500.60	35183.26	38134.42	41667.06	43790.57
货币供应量 M_3						
港元	19980.32	20139.98	20023.18	21214.52	22184.83	23450.03
外币	16947.21	15801.32	15595.34	17365.92	19710.61	20621.86
总计	36927.53	35941.30	35618.52	38580.44	41895.44	44071.88

注：《中华人民共和国香港特别行政区基本法》说明,港元是香港特别行政区的法定货币。外币指港元以外的其他货币,因而人民币亦视作外币。

①所列数字已包括外币掉期存款。

②所列数字已扣除外币掉期存款。

5-1-26 股票价格指数、证券交易成交额及市场总值

指　数	2000	2001	2002	2003	2004	2005
主板						
股票价格指数						
恒生指数(1964年7月31日=100)						
最高	18301.7	16164.0	11974.6	12594.4	14266.4	15466.1
最低	13722.7	8934.2	8858.7	8409.0	10967.7	13355.2
收市	15095.5	11397.2	9321.3	12575.9	14230.1	14876.4
分类指数(1984年1月13日= 975.47)						
金融						
最高	24131.8	24970.6	20852.0	26263.6	28798.5	28269.6
最低	16891.0	15030.9	17060.7	17316.4	23329.6	25776.8
收市	24041.7	19497.7	18231.2	26263.6	28237.7	26614.3
公用事业						
最高	21704.5	22510.2	23666.8	25070.5	30976.7	32468.4
最低	16160.1	20022.9	20128.6	21611.2	24616.7	29291.3
收市	21704.5	20498.9	21970.5	24878.8	30773.4	31866.0
地产						
最高	20302.1	20096.0	16635.4	15525.5	18353.2	19482.3
最低	12289.7	10789.8	10264.4	8837.4	12809.4	16244.6
收市	18362.4	15554.8	11103.9	14778.7	18177.6	17977.8
工商业						
最高	13976.6	9102.6	5765.5	5342.9	6136.4	7509.5
最低	7906.8	4282.2	3817.6	3485.8	4383.6	5670.3
收市	8151.7	5508.8	4044.0	5271.7	6076.8	7139.3
恒生综合指数系列①						
(2000年1月3日= 2 000)						
恒生综合指数②						
最高		1396.8	1444.0	1621.6	1836.8	1998.1
最低		1166.4	1064.5	1031.3	1388.7	1727.4
收市		1346.2	1130.2	1621.6	1832.0	1947.7
恒生香港综合指数②						
最高		1473.6	1530.3	1688.9	1954.1	2042.2
最低		1214.8	1145.8	1126.9	1497.2	1836.9
收市		1420.5	1215.8	1688.9	1954.1	1976.9
恒生香港大型股指数②						
最高		1498.2	1516.4	1636.5	1865.9	1910.4
最低		1229.0	1145.9	1115.1	1460.7	1728.4
收市		1442.5	1211.1	1636.5	1861.8	1815.0
恒生香港中型股指数②						
最高		1513.7	1739.8	2049.3	2461.9	2878.6
最低		1261.1	1267.9	1273.8	1756.3	2295.8
收市		1461.5	1345.9	2024.9	2461.9	2850.5
恒生香港小型股指数②						
最高		1082.2	1198.7	1573.0	1913.8	2043.8
最低		909.4	842.9	918.2	1347.3	1745.8
收市		1025.0	956.9	1543.3	1913.8	1881.4
恒生中国内地综合指数②						
最高		1271.3	1269.0	1503.3	1688.2	1948.0
最低		1003.8	894.0	825.9	1170.6	1493.5
收市		1198.3	950.6	1503.3	1592.1	1901.6
恒生中国企业指数③						
最高	2413.3	2562.6	2259.8	5020.2	5391.3	5539.4
最低	1396.2	1560.6	1754.2	2007.5	3546.3	4501.6
收市	1624.1	1757.8	1990.4	5020.2	4741.3	5330.3
恒生香港中资企业指数③						
最高	2577.7	2095.1	1398.9	1455.3	1660.1	2032.4
最低	1492.7	1098.5	957.2	848.0	1129.5	1441.3
收市	1641.2	1340.5	1011.1	1427.7	1556.9	1934.9

5-1-26　续表 1

指　数	2000	2001	2002	2003	2004	2005
恒生综合行业指数②						
资源矿产业						
最高		1658.4	2173.8	3974.8	4792.0	6447.1
最低		1476.2	1560.9	1978.4	3080.9	4244.6
收市		1549.6	1966.1	3974.8	4531.4	5799.2
工业制品业						
最高		1592.3	1991.0	2732.8	2983.5	2752.3
最低		1177.4	1239.3	1409.4	1957.6	2241.5
收市		1462.3	1472.2	2732.8	2495.3	2597.1
消费品制造业						
最高		1274.4	1735.7	2444.7	2788.9	2787.3
最低		1021.9	1232.0	1354.6	2058.5	2428.9
收市		1238.3	1353.6	2420.0	2499.8	2669.9
服务业						
最高		968.7	957.4	900.4	1049.5	1220.0
最低		743.0	631.3	559.6	741.2	919.2
收市		906.1	671.1	900.4	992.7	1169.4
公用事业						
最高		2332.4	2596.5	2932.3	3548.5	3724.5
最低		2192.8	2203.1	2398.4	2865.4	3359.0
收市		2241.5	2418.2	2932.3	3541.2	3667.4
金融业						
最高		1862.0	1869.1	2359.3	2580.4	2534.7
最低		1559.0	1518.2	1546.2	2069.9	2319.8
收市		1748.4	1628.0	2359.3	2532.3	2430.7
地产建筑业						
最高		1571.4	1630.5	1590.6	1988.9	2158.4
最低		1192.3	1014.8	896.9	1329.2	1784.9
收市		1529.2	1100.0	1527.7	1988.9	2072.2
资讯科技业						
最高		1132.2	1214.9	1171.6	1261.2	1406.8
最低		837.1	673.8	641.4	837.4	910.1
收市		1113.3	753.4	1124.3	980.7	1363.1
综合企业						
最高		1441.3	1479.9	1392.7	1754.7	1924.8
最低		1110.4	949.1	919.4	1156.1	1629.5
收市		1417.4	1027.5	1362.3	1754.7	1821.5
恒生流通指数系列④						
恒生流通综合指数④						
最高			1234.6	1701.2	1934.4	2107.3
最低			1074.8	1055.4	1443.7	1818.1
收市			1145.7	1701.2	1927.0	2044.2
恒生香港流通指数④						
最高			1230.7	1559.4	1849.0	1977.8
最低			1071.5	1043.6	1381.5	1737.3
收市			1135.4	1554.3	1849.0	1909.9

5-1-26 续表 2

指 数	2000	2001	2002	2003	2004	2005
恒生中国内地流通指数④						
最高			1435.9	2658.7	2868.8	3176.7
最低			1252.0	1300.1	1999.7	2557.2
收市			1379.2	2658.7	2704.3	3084.1
恒生50⑤						
最高				1666.2	1867.5	2051.4
最低				1053.3	1421.6	1746.7
收市				1666.2	1854.1	1959.1
恒生香港25⑤						
最高				1512.2	1760.8	1876.3
最低				1036.0	1344.0	1651.5
收市				1507.9	1760.8	1784.5
恒生中国内地25⑤						
最高				3043.3	3246.1	3743.8
最低				1485.6	2296.2	2847.5
收市				3043.3	3020.2	3557.7
标准普尔/香港交易所大型股⑥						
(2003年2月28日= 10 000)						
最高	19309.7	17143.4	13235.6	13645.2	15796.8	17775.1
最低	14484.2	9835.1	9705.8	9155.3	11911.2	14836.2
收市	16145.7	12618.5	10165.5	13645.2	15740.4	17025.5
成交金额（亿港元）	30475.7	19500.9	15990.8	25456.8	39483.5	44981.0
市场总值⑦(亿港元)	47951.5	38853.4	35591.0	54776.7	66291.8	81133.3
创业板						
标准普尔/香港交易所创业板⑥						
(2003年2月28日=1 000)						
最高		3287.0	1978.9	1252.8	1370.3	1013.4
最低		1523.4	903.9	901.4	964.8	863.8
收市		1839.0	950.5	1186.1	988.6	1007.3
成交金额 (亿港元)	842.9	394.2	439.8	381.5	257.6	223.4
市场总值⑦ (亿港元)	672.9	609.6	522.2	701.8	667.2	666.0

注：所有最高和最低指数是根据期内每日收市指数所编制。
①于2001年10月3日推出。
②2001年的最高及最低指数指由2001年10月至12月期间的数字。
③在"恒生综合指数系列"推出后，指数的成份股已作出修订，而指数亦以2000年1月3日为基日。
④于2002年9月23日推出，2002年的最高及最低指数指由2002年9月23日至12月底期间的数字。
⑤于2003年1月20日推出，2003的最高及最低指数指由2003年1月20日至12月底期间的数字。
⑥标准普尔/香港交易所大型股和标准普尔/香港交易所创业板指数于2003年3月3日推出，分别追溯至1998年和2001年。
⑦年底数字。

5-1-27　按种类划分的每日平均产生的固体废物

单位：吨

种　类	2000	2001	2002	2003	2004	2005
都市固体废物①						
住宅废物②	7540	7550	7520	7400	7010	6830
商业废物③	1150	1190	1340	1430	1670	1900
工业废物④	640	560	560	610	600	650
小计	9330	9300	9420	9440	9280	9380
拆建废料①⑤	7480	6410	10200	6730	6600	6560
特殊废物⑥	1090	1110	1540	1590	1620	1750
已回收都市固体废物⑦	4810	5320	5370	6510	6310	7110
总计	**22710**	**22140**	**26530**	**24270**	**23180**	**24800**

注：①都市固体废物包括运往弃置设施的住宅废物、商业废物及工业废物，但不包括拆建废料及已回收都市固体废物。
②住宅废物包括使用后的住宅固体废物，及由公共洁净服务收集的废物。
③商业废物包括所有类型的商业活动产生的固体废物。
④工业废物包括由工业活动产生的固体废物，但不包括化学废物及拆建废料。
⑤拆建废料包括由建筑及拆卸活动所产生的废物，但不包括可运往公众填土区作填海用途的物料。
⑥特殊废物包括弃置于堆填区的动物尸体、屠房废物、报废货物、滤水厂及污水处理后的污泥、污水处理厂的隔滤物、禽畜废物、医疗废物及化学废物。
⑦都市固体废物回收后会在本地或海外循环再造。

《中国第三产业统计年鉴》与香港特别行政区统计刊物中使用的指标对照表

《中国第三产业统计年鉴》使用的统计名词	香港特别行政区统计名词及对应英文
实际工资指数	实质工资指数 Real wage index
增加值	增加价值 Value added
建筑业	建造业 Construction
按当年价格计算	以当时市价计算 At current market prices
批发贸易业	批发业 Wholesale trade
零售贸易业	零售业 Retail trade
不变价格	固定价格 Constant Prices
按不变价格计算	以固定市价计算 At constant market prices
服务出口	服务输出 Exports of services
服务进口	服务输入 Imports of services
国外净要素收入	对外要素收益流动净值 Net External Factor Income Flows
集装箱	货柜 Container
居民消费价格指数	消费物价指数 Consumer Price Indices
生产法本地生产总值	按经济活动划分的本地生产总值 GDP by economic activity
生产及进口税	生产及入口税 Taxes on production and imports
电力、煤气及水的生产和供应业	电力、燃气及水务业 Electricity, gas and water industries
电力、煤气及水	电力、燃气及水 Electricity, gas and water
支出法本地生产总值	按开支组成部分划分的本地生产总值 GDP by expenditure component
电力	电力用量 Electricity consumption
煤气	煤气用量 Gas consumption
马来西亚林吉特	马来西亚元 Malaysian Ringgit
韩圆	南韩圆 Korean Won
菲律宾比索	菲律宾披索 Philippines Peso
支出法	开支面 Expenditure approach
生产法	生产面 Production approach

【主要统计指标解释】

年中人口　是以“居住人口”方法编制，在1996年之前是以“广义时点”方法编制。自2000年8月起，“居住人口”方法已取代“广义时点”方法用以编制香港的人口数字，而经修订的人口数字已追溯至1996年。利用“居住人口”方法所编制的人口估计称为“居港人口”。“居港人口”包括“常住居民”和“流动居民”。“常住居民”指两类人士:（a）在统计时点之前的6个月内，在港逗留最少3个月，又或在统计时点之后的6个月内，在港逗留最少3个月的香港永久性居民，不论在统计时点他们是否身在香港；及（b）在统计时点身在香港的香港非永久性居民。至于“流动居民”，是指在统计时点之前的6个月内，在港逗留最少一个月但少于3个月，又或在统计时点之后的6个月内，在港逗留最少1个月但少于3个月的香港永久性居民，不论在统计时点他们是否身在香港。根据新的编制方法，旅客并不包括在香港人口内。

粗出生率　是指某一年内的活产婴儿数目相对该年年中每千名人口的比率。

粗死亡率　是指某一年内的死亡人数相对该年年中每千名人口的比率。

婴儿死亡率　是指某一年内一岁以下婴儿死亡人数相对该年每千名活产婴儿人数的比率。

劳动人口　是指15岁及以上陆上非住院人口，并符合就业人口或失业人口定义的人士。

劳动人口参与率　是指劳动人口占所有15岁及以上陆上非住院人口的比例。

就业人口　包括在统计前7天内有做工赚取薪酬或利润或有一份正式工作的15岁及以上人士。无酬家庭从业员及在统计前7天内正休假的就业人士亦包括在内。

失业率　是指失业人士在劳动人口中所占的比例。

每月就业收入　是指上月从所有工作所获得的收入。就雇员来说，收入包括工资和薪金、花红、佣金、小费、房屋津贴、逾时工作津贴、勤工津贴及其它现金津贴，但不包括补薪。就雇主和自营作业人士而言，收入是指从自己拥有的企业提取作个人及家居用途的款额。如果提取作个人及家居用途的款额资料未能提供，则将会搜集有关从业务所得的净收入数据。

本地生产总值　是指一个国家或地区的所有常住生产单位，在一个指定的期间内，未扣除固定资本消耗的生产总值。

人均本地生产总值　是指该国家或地区在某统计年的本地生产总值除以该地区在该年的人口总数而得的数字。

本地居民生产总值　是指一个经济体系的居民从事各项经济活动而赚取的收益，不论该经济活动是否在该地区的经济领域内进行。换言之，编制本地居民生产总值应包括本地居民在经济领域内或领域以外从事各类经济活动的收益，而扣除非本地居民在经济领域内从事经济活动的收益。计算本地居民生产总值，可用以下方程式:

本地居民生产总值=本地生产总值+本地居民从经济领域外所赚取的要素收益-非本地居民从经济领域内所赚取的要素收益

而当中的要素收益组成部分主要分为投资收益及雇员报酬，而投资收益包括直接投资收益、有价证券投资收益及其它投资收益。

人均本地居民生产总值　是指该国家或地区在某统计年的本地居民生产总值除以该年的人口总数而得的数字。

国际收支平衡表　是有系统地载录，在指定期间内，某经济体系与世界各地的各类经济交易的统计表。完整的国际收支平衡表包括以下两个主要核算帐:（a）经常帐；及（b）

资本及金融帐。

经常帐 是主要量度实际资源的流动，包括货物的进出口、服务的进口及出口、从外地应收及应付予外地的收益，以及从外地及往外地的经常转移。

货物 包括所有可移动的货物，其拥有权由本地居民转至非本地居民（出口）及由非本地居民转至本地居民（进口）。货物包括一般商品、用作加工的物资、各种运输工具在港口购买的货物、货物修理，以及非货币黄金。

服务 包括由本地居民向非本地居民（出口）和由非本地居民向本地居民（进口）所提供的服务。服务交易是按服务类别分类，分别为运输、旅游、保险服务、金融服务及其它服务。

收益 是提供生产要素而赚取的所得，包括本地居民从非本地居民（应收收益）或非本地居民从本地居民（应付收益）所赚取的所得。收益组成部分主要分为雇员报酬及投资收益，而投资收益包括了直接投资收益、有价证券投资收益及其它投资收益。

经常转移 是指一个经济体系的本地居民，在无同等经济价值报偿的情况下，对非本地居民提供／接受实质及金融资源，而且该资源在转移后会被立刻或于短时间内消耗。

资本帐 是用来量度资本转移及非生产／非金融资产的对外交易。

金融帐 记录本地居民与非本地居民之间的金融资产及负债交易。它显示某经济体系如何融资以进行其对外交易。金融帐内的交易可归类为直接投资、有价证券投资、金融衍生工具、其它投资及储备资产。

资本转移 是指在无经济价值报偿下，固定资产的转移或债务的减免。

直接投资 是指一个经济体系内的某投资者购买设立在另一经济体系内的企业，兼且对该企业有持久利益和在管理方面具有效的控制权。

有价证券投资 是指对非居民的股本证券及债务证券（例如中长期债券、货币市场工具）所作的投资，而投资者对投资于该企业并无持久的利益或在管理方面具影响力。

金融衍生工具 是一种与某种特定的金融工具、指标或商品有联系的金融工具，使特定的金融风险本身能通过这种工具而进行交易（包括在交易所内及场外）。

其它投资 是指不属于直接投资、有价证券投资、金融衍生工具或储备资产，而对非居民的其它金融申索及负债。其它金融申索及负债，包括非作销售的贷款、货币和存款、贸易信贷及财务租赁等。

储备资产 是指一个经济体系的金融当局（在香港是指香港金融管理局）可直接用来支付对外收支赤字，且可用于干预外汇市场以影响汇率，从而间接调节该赤字的外币资产。

国际投资头寸 是在一特定时点上一个经济体系的对外金融资产及负债存量的资产负债表。对外金融资产涵盖对非居民的申索和不牵涉债务人的其它金融资产（例如货币黄金）。另一方面，某经济体系的对外金融负债是指非居民向这经济体系的居民的金融申索。国际投资头寸的分类与国际收支平衡表内的金融帐完全一致，资产及负债分为直接投资、有价证券投资、金融衍生工具和其它投资。国际投资头寸的资产项目亦包括储备资产在内。有关投资组成部分的详细解释，请参阅国际收支平衡表内金融帐组成部分的解释。

国际投资头寸净值 是对外金融资产总值与对外金融负债总值之差。

工业生产指数 量度本地制造业生产量的实际变动，即撇除价格调整因素后的本地生产量变动。

实用楼面面积 指各层楼面面积总和，但不包括楼梯、公共信道空间、升降机等候处、盥洗室、厕所、厨房、及为楼宇提供升降机、空调系统、或类似设施而安装的机械所占用的空间。

获批准可动工兴建楼宇 是指获屋宇署签发《同意书》动工兴建的楼宇。这种《同意书》是发给私人发展计划（包括香港房屋协会的计划）及香港房屋委员会的私人机构参建居屋计划。

自置居所住户 是指住户拥有其居住的屋宇单位业权。

全租户 是指住户向居于别处的人士租住整个屋宇单位自住，没有分租，单位内也没有其它的住户。

合租户 是指两个或以上的住户，分别向居于别处的人士租用部分单位居住。

二房东 是指住户向居于别处的人士租住整个屋宇单位，并把部分单位分租予其它住户。

三房客 是指住户向居于同一屋宇单位内的人士租用部分单位居住。

免租 是指住户免费在屋宇单位内居住，不论是否获得业主同意，但不包括本身是业主或由雇主提供居所的住户。

居所由雇主提供 是指住户居住在由其成员之一的雇主提供的居所，包括以象征式租金向雇主租住屋。

进口货物 是指在香港以外出产或制成的货物，输入香港供本地使用或转口，以及再进口的香港产品。其货值是以到岸价值计算。

港产品出口货物 是指香港的天然产品或在香港经过制造工序，以致其基本原料的形状、性质、式样或用途受到永久改变的产品。其货值是以离岸价值计算。

转口货物 是指输出曾经自外地输入香港的货物，而这些货物并没有在香港经过任何制造工序，以致永久改变其形状、性质、式样或用途。其货值是以离岸价值计算。

直接投资 指一个经济体系内的某投资者购买设立在另一经济体系内的企业，兼且对该企业有持久利益和在管理方面具有效的控制权。为达统计目的，在某企业具有效的控制权是指持有该企业10%或以上的股份。直接投资包括股本资本、再投资收益及其它资本。股本资本是指在分行的股本，以及在附属公司和联营公司所持的股票。再投资收益是指投资者在附属公司及联营公司所应占而未获以股息形式派发的利润。其它资本包括总公司与其附属公司、联营公司和分行间之债务交易。

外来直接投资 是指境外居民在香港的企业所作的直接投资。跨国企业在香港经营的分行或附属公司，是外来直接投资的典型例子。

港汇指数 是量度港元相对其它主要贸易伙伴货币汇率变动的加权平均值的指数。在2002年1月1日，欧元的纸币及硬币取代各参与国家的货币成为法定货币。因此，港汇指数的货币篮子亦已更新。由2002年1月2日起，新系列港汇指数（包括14种货币及以2000年1月 = 100）已取代旧港汇指数系列。

外币兑换率 指外币兑港元的电汇或现钞收市中间兑换价。

外币掉期存款 是指顾客在现货市场购买外币，然后存入认可机构，但同时订下远期合约，将该笔外币（本金加利息）在存款到期时售予认可机构。从分析角度来看，这类掉期存款应当作港元定期存款。

货币供应量 M_1 是指市民持有的法定纸币和硬币加上持牌银行的客户活期存款。

货币供应量 M_2 是指货币供应量 M_1 所包括的项目，加上持牌银行的客户储蓄及定期存款，再加上持牌银行发行而由非认可机构持有的可转让存款证。

货币供应量 M_3 是指货币供应量 M_2 所包括的各项，加上有限制牌照银行及接受存款公司客户的存款，再加上以上两类认可机构发行而由非认可机构持有的可转让存款证。

恒生指数 是以加权资本市值法计算（即发行股数乘以股价），该指数内的三十三只成份股划分为四个行业类别指数，包括工商、金融、地产及公用事业，其总市值占香港联合交易所有限公司所有上市股份总市值大约百分之六十。

居民消费价格指数（即香港特别行政区所称的“消费物价指数”） 量度住户一般所购买的消费商品和服务价格水平变动情况。居民消费价格指数的按年变动率是一个重要指标，用以量度通胀对消费者的影响。每个项目的开支权数，是其在住户总开支中所占的比重。根据住户开支统计调查的结果，每隔五年更新整套开支权数一次，以确保使用不同开支范围住户的最新开支模式来编制相应的居民消费价格指数。

教育程度 是指某人在学校或其它教育机构修读达到的最高教育水平，不论他／她有否完成该课程。计算教育程度时，只包括正式课程，即须最少为期一个学年，入学须具指定学历资格（大部分由香港公开大学提供的副学位及学位课程除外），以及设有考试或指定评核成绩的程序。

社会保障计划 旨在帮助社会上需要经济或物质援助的人士，应付基本及特别需要。这个毋须供款的社会保障制度，包括综合社会保障援助计划、公共福利金计划、暴力及执法伤亡赔偿计划、交通意外伤亡援助计划和紧急救济。

综合社会保障援助计划 是以入息补助方法为那些在经济上无法自给的人士提供安全网，使他们的入息达到一定水平，以应付生活上的基本需要。申请人必须符合居港规定及通过入息及资产审查。

公共福利金计划 是为严重残疾或年龄在65岁或以上的香港居民每月提供现金津贴，以应付因严重残疾或年老而引致的特别需要。这项计划包括普通伤残津贴、高额伤残津贴、普通高龄津贴及高额高龄津贴。除普通高龄津贴外，在本计划下发放的津贴均无须申请人接受经济状况审查。

交通意外伤亡援助计划 旨在向道路交通意外受害人或这些人士的受养人（如受害人死亡）迅速提供经济援助。此计划无须考虑受惠人的经济状况，或有关交通意外是因谁人的过失而造成。援助金按受害人的伤亡情况支付；至于财物损失，则不在援助范围内。

第五部分

港澳台第三产业情况

2.澳门第三产业情况

简要说明

一、本章资料反映澳门特别行政区主要社会、经济发展情况，重点反映第三产业情况。内容包括：人口、就业、国民经济核算、工业、建筑、交通通讯、对外贸易、财政金融、物价、教育、卫生、房屋、社会保障等方面。

二、本章涉及的1999年及以前数据均指原名为“澳门地区”的数据。

三、本章由澳门特别行政区政府统计暨普查局提供所有数据，国家统计局国际统计信息中心负责整理、编辑。

四、在统计工作方面，按中华人民共和国“澳门特别行政区基本法”的有关原则，澳门特别行政区保留其单独运作的统计系统，并负责编制和发布反映澳门特别行政区情况的统计数据。由于澳门和内地在使用统计名词及概念方面会有所不同，读者在比较两地数据时，请参考本章末的“主要统计指标解释”。

五、澳门特别行政区是单独的关税地区，澳门与内地之间的贸易，亦需办理进出口报关。在贸易统计方面，澳门特别行政区对外贸易统计数据亦包括澳门特别行政区与内地的贸易。

六、在外汇统计及与之有关的各方面，澳门元是澳门特别行政区的法定货币，因此，除澳门元以外的货币（包括人民币）均视作外币。

七、更详细的统计资料及有关的技术细节，可参阅澳门特别行政区政府统计暨普查局出版的《澳门统计月刊》、《澳门统计年鉴》及各专题统计出版物。

八、本章节表中的符号使用说明：“_”表示绝对数值为零；“空格”表示没有数字或未能提供；“@”数字将于日后修订；“0”表示数据小于本表最小单位半数；“*”或“①”等表示本表下有注解。

5-2-1　澳门主要统计指标概览

指　标		2000	2001	2002	2003	2004	2005
人口及生命统计							
年中人口估计	(万人)	43.1	43.4	43.9	44.5	45.7	47.7
出生率	(‰)	8.9	7.5	7.2	7.2	7.2	7.7
死亡率	(‰)	3.1	3.1	3.2	3.3	3.4	3.4
劳动、就业							
劳动人口	(万人)	20.9	21.7	21.4	21.6	22.9	24.8
劳动力参与率	(%)	64.3	64.8	62.3	60.9	61.9	63.1
失业率	(%)	6.8	6.4	6.3	6.0	4.8	4.1
就业不足率	(%)	3.0	3.6	3.4	2.7	1.9	1.4
就业人口	(万人)	19.5	20.3	20.1	20.3	21.8	23.8
制造业		3.8	4.4	4.1	3.7	3.6	3.5
批发及零售业		3.0	3.0	3.1	3.3	3.5	3.6
酒店及饮食业		2.1	2.2	2.3	2.2	2.4	2.5
团体、社会及个人服务业		5.6	5.6	5.9	6.0	6.9	8.1
对外贸易							
出口	(亿澳门元)	204	185	189	207	226	198
本地产品出口	(亿澳门元)	171	151	148	163	173	144
再出口	(亿澳门元)	33	33	42	44	52	55
进口	(亿澳门元)	181	192	203	221	279	313
贸易条件指数（1996年 = 100）		100.7	100.0	99.7	100.9	99.0	95.1
工业生产							
工业电力消耗量	(亿千瓦小时)	1.6	1.5	1.9	2.0	2.1	2.5
建筑（私人部门）							
新建及扩建私人楼宇单位数目	(个)	3146	2622	381	1566	1108	1277
新建及扩建私人楼宇总面积	(万平方米)	37	40	10	24	22	39
新动工的私人楼宇单位数目	(个)	1167	812	1326	2658	2757	4947
新动工的私人楼宇总面积	(万平方米)	20	16	16	53	72	213
楼宇单位买卖数目	(个)	10211	27016	16831	18556	27823	33644
不动产买卖契约数目	(宗)	12484	12992	17513	14400	18623	20022
不动产按揭贷款数目	(宗)	7367	8206	9902	9198	13786	14769
运输、通讯、旅游							
进出澳门货运车辆数目	(万次)	45.4	45.8	47.8	47.8	56.6	60.8
进出澳门的客船班	(万次)	7.5	7.4	7.7	7.7	8.6	9.2
澳门国际机场的商业航班	(万次)	2.4	2.9	3.4	2.9	3.8	4.3
领牌车辆	(万辆)	11.4	11.6	12.4	13.2	14.3	15.4
电话线	(万条)	31.8	37.1	45.2	53.9	60.6	70.7
访澳旅客	(万人次)	916	1028	1153	1189	1667	1871
酒店入住率	(%)	57.6	60.7	67.1	64.3	75.6	70.9
财政收支、货币、金融	**(亿澳门元)**						
财政总收入①		153	156	152	184	239	282
财政总支出①		150	152	135	157	177	212
货币供应（广义货币供应量M_2）							
澳门元②		232.2	261.1	275.4	296.7	313.7	366.9
港元		445.1	469.1	512.2	594.4	662.1	701.5
其他货币		171.9	185.4	201.9	219.8	233.6	288.3
总计		849.0	916.0	990.0	1111.0	1209.0	1357.0
本地机构及私人贷款及垫款		382.0	355.0	336.0	331.0	355.0	425.0

5-2-1 续表 1

指　标		2000	2001	2002	2003	2004	2005
居民消费价格指数							
(1999年10月至2000年9月=100)							
综合消费价格指数		99.5	97.5	94.9	93.5	94.4	98.5
甲类消费价格指数		99.6	98.2	95.9	94.6	95.7	100.0
乙类消费价格指数		99.4	97.4	94.6	93.1	94.0	97.9
房屋（期末值）							
公共房屋③	(个)	9084	9405	9656	7037	6829	6936
教育④							
学前教育学生	(人)	14978	13638	12737	11936	11128	
小学生	(人)	45474	43709	41535	39278	37216	
中学生	(人)	38156	41132	43999	45600	43851	
高等教育学生	(人)	8358	8520	11995	13680	13967	
医疗卫生							
死亡登记人数	(人)	1338	1327	1415	1474	1533	1615
死于心脏病人数	(人)	326	291	296	329	298	343
死于癌症人数	(人)	370	401	440	421	477	455
婴儿死亡率		2.9	4.3	3.5	0.6	3.0	3.3
(按每千名出生登记活产婴儿计算)							
社会保障							
受益人数目	(人)	122327	127703	138514	145677	164165	181117
供款单位数目		8451	8919	9421	10078	11013	12305
总发放援助次数	(万次)	16.3	17.7	23.6	30.4	28.3	23.9
总发放金额	(万澳门元)	20191	22132	34610	53003	45302	28556
治安							
罪案数目	(宗)	8925	8905	9088	9920	9786	10538
囚犯数目	(期末值,人)	847	886	928	913	867	897
本地生产总值⑤							
按2002年不变价格计算							
支出法本地生产总值实际增长率	(%)	5.7	2.9	10.1	14.2	28.4	6.7
本地生产总值	(亿澳门元)	483.9	497.8	548.2	625.8	803.5	857.0
人均本地生产总值	(万澳门元)	11.2	11.5	12.5	14.1	17.6	18.0
按当年价格计算							
支出法本地生产总值名义增长率	(%)	3.6	1.5	10.3	16.0	30.5	11.8
本地生产总值	(亿澳门元)	489.7	497.0	548.2	635.7	829.0	925.9
人均本地生产总值	(万澳门元)	11.4	11.5	12.5	14.3	18.1	19.4

注：①因2005年自治机构的指定账目未完整，故2005年的总收入及总支出不能与2004年直接比较。2005年数字在日后得到更多资料时会作出修订。
②《中华人民共和国澳门特别行政区基本法》规定，澳门元是澳门特别行政区的法定货币。
③不包括已出售者。
④不包括特殊教育学生。第n年的学生人数是指n/n+1学年年终学生人数。
⑤本地生产总值(GDP)数列于2005年经主要修订，并将基年由1996年更新为2002年。

5-2-2 本地生产总值(按当年价格计算)

年 份	本地生产总值①		本地生产总值与上年	人均本地生产总值	
	(亿澳门元)	(亿美元)	比较的实际增长率 (%)②	(澳门元)	(美元)
1990	239.8			71603	
1991	277.3			78869	9854
1992	365.2	45.8	13.3	98475	12352
1993	420.7	52.8	5.2	109563	13751
1994	467.2	58.7	4.3	117737	14791
1995	522.7	65.6	3.3	127715	16032
1996	528.1	66.3	-0.4	127211	15968
1997	532.3	66.7	-0.3	127563	15996
1998	493.6	61.9	-4.6	116884	14649
1999	472.9	59.2	-2.4	110637	13844
2000	489.7	61.0	5.7	113739	14171
2001	497.0	61.9	2.9	114501	14253
2002	548.2	68.2	10.1	125058	15567
2003	635.7	79.2	14.2	142825	17805
2004@	829.7	103.3	28.4	181580	22634
2005@	927.5	115.6	6.7	194794	24316

注：①2005年对本地生产总值(GDP)数列进行了主要修订，并将基年由1996年更新为2002年。
②实际增长率是按2002年不变价格估算的本地生产总值计算而得。

5-2-3 支出法本地生产总值①

单位：亿澳门元

本地生产总值组成部分	2000	2001	2002	2003	2004@	2005@
按当年价格计算						
居民消费支出	197.1	198.0	202.2	206.7	227.8	251.6
政府最终消费支出	60.5	61.1	63.2	68.3	72.0	84.0
固定资本形成总额	56.2	51.2	58.0	89.8	134.2	245.4
存货增加	0.7	0.2	2.4	3.2	6.0	6.5
货物出口	203.8	184.7	189.3	207.0	225.6	198.2
减:货物进口	243.9	245.5	259.9	291.6	370.9	418.7
服务出口	288.0	325.7	382.4	449.9	647.1	690.4
减:服务进口	72.6	78.3	89.5	97.6	112.1	130.0
本地生产总值	**489.7**	**497.0**	**548.2**	**635.7**	**829.7**	**927.5**
人均本地生产总值 (澳门元)	**113739**	**114501**	**125058**	**142825**	**181580**	**194794**
按2002年不变价格计算						
居民消费支出	190.0	193.5	202.2	209.5	227.9	244.5
政府最终消费支出	61.6	61.7	63.2	67.6	70.4	78.2
固定资本形成总额	55.1	53.0	58.0	84.5	115.9	182.9
存货增加	0.7	0.2	2.4	3.2	5.9	5.9
货物出口	190.3	179.4	189.3	207.0	224.2	198.4
减:货物进口	229.7	237.6	259.9	294.5	365.2	398.3
服务出口	287.2	325.1	382.4	447.8	637.4	675.6
减:服务进口	71.2	77.4	89.5	99.3	113.1	130.2
本地生产总值	**483.9**	**497.8**	**548.2**	**625.8**	**803.5**	**857.0**
人均本地生产总值 (澳门元)	**112378**	**114648**	**125058**	**140616**	**175852**	**179995**

注：①2005年对本地生产总值(GDP)进行了主要修订，并将基年由1996年更新为2002年。

5-2-4 生产法本地生产总值①

单位：亿澳门元

经济活动	2000	2001	2002	2003	2004	2005@
第二产业	**63.4**	**55.2**	**55.6**	**63.9**	**72.3**	**107.8**
采矿业		0.1	0.1	0.1	0.1	0.1
制造业	40.8	33.4	31.6	31.0	31.9	31.3
电力、煤气及水供应业	11.9	12.6	12.1	13.1	13.0	13.4
建筑业	10.7	9.2	11.8	19.7	27.3	63.0
第三产业	**365.2**	**369.9**	**408.1**	**461.2**	**572.6**	**649.3**
批发零售、维修、酒店、餐厅及酒楼业	45.2	47.5	55.2	59.0	80.2	88.5
运输、仓储及通信业	30.9	27.8	29.8	26.8	31.1	34.1
金融保险、不动产、租赁及商业服务	96.9	90.9	95.5	102.1	120.4	164.8
公共行政、社会服务及个人服务（包括博彩业）	192.3	203.7	227.7	273.4	340.9	362.0
减调整项：间接计算的金融中介服务	**-24.3**	**-23.6**	**-23.4**	**-20.8**	**-19.5**	**-25.5**
按基本价格按生产法估算的本地生产总值	**404.3**	**401.5**	**440.3**	**504.4**	**625.4**	**731.6**
加产品税	**67.3**	**76.7**	**94.5**	**119.0**	**171.3**	**193.2**
按当年市场价格按生产法估算的本地生产总值	**471.6**	**478.2**	**534.8**	**623.4**	**796.7**	**924.8**
按当年市场价格按支出法估算的本地生产总值	**489.7**	**497.0**	**548.2**	**635.7**	**829.7**	**927.5**
统计差额(%)	-3.7	-3.8	-2.4	-1.9	-4.0	-0.3

注：①2005年对本地生产总值(GDP)进行了主要修订。

5-2-5 生产法本地生产总值结构①

单位：%

经济活动	2000	2001	2002	2003	2004	2005@
第二产业	**15.7**	**13.8**	**12.6**	**12.7**	**11.6**	**14.7**
采矿业						
制造业	10.1	8.3	7.2	6.1	5.1	4.3
电力、煤气及水供应业	3.0	3.1	2.8	2.6	2.1	1.8
建筑业	2.6	2.3	2.7	3.9	4.4	8.6
第三产业	**90.3**	**92.1**	**92.7**	**91.4**	**91.6**	**88.7**
批发零售、维修、酒店、餐厅及酒楼业	11.2	11.8	12.5	11.7	12.8	12.1
运输、仓库及通信业	7.6	6.9	6.8	5.3	5.0	4.7
金融、保险、不动产、租赁及商业服务	24.0	22.6	21.7	20.2	19.3	22.5
公共行政、社会服务及个人服务(包括博彩业)	47.6	50.7	51.7	54.2	54.5	49.5
减调整项:间接计算的金融中介服务	**-6.0**	**-5.9**	**-5.3**	**-4.1**	**-3.1**	**-3.5**
按基本价格按生产法估算的本地生产总值	**100.0**	**100.0**	**100.0**	**100.0**	**100.0**	**100.0**

注：①2005年对本地生产总值(GDP)数列进行了主要修订。

5-2-6　按行业划分的就业人口

单位：万人

行　　业	2000	2001	2002	2003	2004	2005
总数	**20.01**	**20.28**	**20.06**	**20.26**	**21.80**	**23.78**
农业、畜牧业、狩猎及林业	0.01		0.01	0.01	0.02	0.01
捕渔业	0.03	0.02	0.02	0.05	0.05	0.02
采矿业						
制造业	3.80	4.41	4.09	3.71	3.59	3.54
电力、煤气及水的生产与供应业	0.08	0.10	0.12	0.13	0.11	0.13
建筑	1.62	1.69	1.50	1.63	1.81	2.32
批发及零售业	3.01	3.02	3.08	3.28	3.52	3.55
酒店及饮食业	2.11	2.24	2.31	2.21	2.39	2.49
运输、仓储及通信业	1.46	1.45	1.28	1.42	1.49	1.49
金融、保险业	0.69	0.61	0.62	0.62	0.61	0.65
不动产业务、租赁及向企业提供的服务	1.05	1.07	1.09	1.19	1.26	1.45
公共行政、社会及个人服务业	1.64	1.60	1.70	1.78	1.79	1.88
教育	0.80	0.81	0.99	0.96	1.05	1.03
医疗卫生及社会福利	0.52	0.51	0.42	0.46	0.51	0.53
团体、社会及个人的其他服务	2.15	2.21	2.30	2.35	3.09	4.03
雇用佣人的家庭	0.53	0.48	0.48	0.43	0.50	0.63
国际组织及其他领土以外的机构	0.01	0.01	0.01	0.01	0.01	0.02
不详	0.01	0.03	0.03	0.02	0.01	0.01

5-2-7　按行业划分的每月工作收入中位数

单位：澳门元

行　　业	2000	2001	2002	2003	2004	2005
总数	**4822**	**4655**	**4672**	**4801**	**5165**	**5765**
制造业	2960	2760	2766	2840	2992	3118
电力、煤气及水的生产与供应业	11631	9950	12827	11526	11773	12940
建筑	4351	4296	4142	4589	4965	5920
批发及零售业	4533	4445	4430	4354	4550	4889
酒店及饮食业	4099	4001	4050	4075	4276	4471
运输、仓储及通信业	5649	5628	5850	5798	5955	6444
金融、保险业	7726	7704	7941	8652	8203	8748
不动产业务、租赁及向企业提供的服务	3957	3818	3720	3682	3692	4156
公共行政、社会及个人服务业	13742	13798	13749	14075	13909	14543
教育	9095	8682	8713	9150	9054	9515
医疗卫生及社会福利	9137	9826	7747	7905	9661	9704
团体、社会及个人的其他服务	6156	6183	5974	6481	7090	7816
雇用佣人的家庭	2816	2845	2813	2755	2675	2615

5-2-8 主要商品进出口总额及占国内生产总值比重

单位：亿澳门元

贸易种类	2000	2001	2002	2003	2004	2005
主要商品进出口总额						
出口	203.8	184.7	189.3	207.0	225.6	198.2
本地产品出口	170.8	151.3	147.7	162.6	173.2	143.6
再出口	33.0	33.5	41.5	44.4	52.4	54.6
进口	181.0	191.7	203.2	221.0	279.0	313.4
进出口总额	384.8	376.4	392.5	428.0	504.7	511.6
进出口差额	22.8	-7.0	-14.0	-14.0	-53.4	-115.2
出口/进口比率 (%)	112.6	96.4	93.1	93.7	80.9	63.3
占国内生产总值的比重 (%)						
出口	41.6	37.2	34.5	32.6	27.2	21.4
本地产品出口	34.9	30.4	27.0	25.6	20.9	15.5
再出口	6.7	6.7	7.6	7.0	6.3	5.9
进口	37.0	38.6	37.1	34.8	33.6	33.8

5-2-9 主要商品进口原产地和出口目的地

单位：亿澳门元

国家和地区	2000	2001	2002	2003	2004	2005
进口(原产地)						
中国内地	74.3	81.6	84.8	94.9	123.9	135.2
中国香港	27.6	26.6	29.6	27.9	29.5	31.3
欧盟	17.4	24.1	23.9	26.4	34.8	41.2
日本	11.4	10.4	13.7	19.9	26.8	34.1
中国台湾	17.2	12.8	13.6	12.8	13.5	12.6
美国	8.2	8.0	8.4	8.7	11.3	12.8
出口(目的地)						
美国	98.4	89.1	91.5	103.2	109.9	96.5
欧盟	57.9	49.2	44.0	47.2	48.8	33.9
中国内地	20.7	21.6	29.5	28.4	31.4	29.5
中国香港	13.3	11.8	11.0	13.6	17.0	19.4

5-2-10 按标准国际贸易分类划分的商品进口和出口

单位：百万澳门元

标准国际贸易分类	2003			2004			2005		
	进口	出口	比率(%)	进口	出口	比率(%)	进口	出口	比率(%)
总数	**22097**	**20700**	**93.7**	**27904**	**22561**	**80.9**	**31340**	**19823**	**63.3**
0 粮食及活动物	1422	50	3.5	1687	60	3.6	2012	67	3.3
1 饮料及烟叶	1414	176	12.5	1656	204	12.3	1863	256	13.7
2 除燃料外的非食用未加工材料	315	248	78.7	191	88	46.1	196	54	27.6
3 矿物燃料、润滑油及有关物质	1593	277	17.4	2157	555	25.7	3041	808	26.6
4 动物及植物油、脂肪及蜡	46	1	2.2	53	1	1.9	57		
5 未列明的化学及有关产品	898	209	23.3	1227	210	17.1	1514	183	12.1
6 主要按材料分类的制成品	7349	2747	37.4	7911	2959	37.4	8129	2716	33.4
7 机械和运输设备	4722	1009	21.4	6738	1393	20.7	7839	1616	20.6
8 杂项制成品	4327	15983	369.4	6279	17090	272.2	6672	14124	211.7
9 未列入其他分类的货物及交易	10	1	10.0	5			17		

5-2-11 按居住国家和地区划分的入境旅客人数

单位：万人次

居住国家和地区	2000	2001	2002	2003	2004	2005
总数	**916.2**	**1027.9**	**1153.1**	**1188.8**	**1667.3**	**1871.1**
东亚	873.3	984.5	1107.1	1151.5	1605.9	1785.6
中国内地	227.5	300.6	424	574.2	953	1046.3
中国香港	495.5	519.6	510.1	462.3	505.1	561.5
中国台湾	131.1	145.2	153.3	102.3	128.7	148.3
日本	14.5	14.1	14.3	8.6	12.2	16.9
韩国	4.5	4.8	5	3.8	6.6	12.1
其他	0.2	0.2	0.3	0.3	0.4	0.5
南亚	1.7	1.8	1.8	1.8	2.6	3.2
东南亚	14.2	15	17	14.7	26.1	39.6
美洲	10.9	10.9	11.5	8.7	14.4	18.3
欧洲	12.1	11.5	11.3	8.5	12.5	16.3
大洋洲	3.6	3.8	3.8	3.1	5	7.2
其他	0.5	0.5	0.5	0.6	0.8	1.1

5-2-12 按居住国家和地区划分的被访旅客人均消费

单位:澳门元

居住国家和地区	2000	2001	2002	2003	2004	2005
人均消费	1367	1389	1454	1518	1633	1523
中国内地	2401	2648	2655	2847	2991	3078
中国香港	934	937	957	947	969	898
中国台湾	942	932	984	1266	1310	1336
日本	1187	1191	1003	960	965	952
东南亚	1876	1926	1748	1541	1413	1458
欧洲	1117	1084	1140	1132	933	824
美洲	1078	1315	1440	1446	1407	1317
大洋洲	1165	1274	1056	1020	1178	1042
其他	1425	1216	1024	1225	1130	996
非购物消费	754	811	829	834	885	851
中国内地	839	1087	1062	1093	1201	1221
中国香港	730	720	736	712	725	689
中国台湾	605	571	629	772	819	895
日本	481	602	541	623	612	670
东南亚	1450	1343	1261	1159	1019	948
欧洲	864	837	926	946	661	691
美洲	838	1060	1131	1082	1039	1038
大洋洲	919	962	831	732	882	800
其他	1129	965	867	1007	790	754
购物消费	612	577	625	685	748	672
中国内地	1561	1561	1593	1754	1790	1856
中国香港	204	217	220	235	244	209
中国台湾	336	360	355	493	491	441
日本	706	589	462	336	353	282
东南亚	426	583	487	382	393	509
欧洲	252	246	214	186	271	132
美洲	240	255	309	364	368	279
大洋洲	246	311	225	288	297	242
其他	296	251	157	218	340	242

5-2-13 零售业销售额

单位：亿澳门元

指　标	2000	2001	2002	2003	2004	2005
零售业销售总额	**45.9**	**48.3**	**52.2**	**62.7**	**75.2**	**87.8**
百货①	6.4	6.4	7.2	8.6	10.9	11.0
超级市场	5.3	5.6	5.7	7.3	8.3	9.8
汽车	4.5	5.8	6.5	9.4	11.8	13.8
钟表金饰	3.9	4.2	4.9	4.9	7.4	8.9
成人服装	3.5	4.2	4.6	4.2	5.1	7.0
车辆用燃料	2.7	2.5	2.6	3.0	3.7	5.0
家居用燃料	2.5	2.5	2.3	2.8	3.3	4.3
家庭电器	2.4	2.2	2.6	2.7	2.7	3.5
药房	1.7	1.7	1.9	1.9	2.5	3.1
其他	13.2	13.3	13.9	17.9	19.6	21.5

注：①包括出售粮食、饮品及烟草以外的非专门零售店铺。

5-2-14　外地进出澳门货物

单位：万吨

项　目	2000	2001	2002	2003	2004	2005
入境①						
海路	136.5	156.6	153.9	160.7	177.2	274.3
空路	1.3		1.9	1.7	2.5	2.6
陆路	43.9	57.3	72.7	110.4	129.5	198.6
其他②	5851.1	5453.2	5459.1	5667.2	5884.9	6151.2
总数	**6032.9**	**5668.7**	**5687.7**	**5940.0**	**6194.1**	**6626.6**
出境①						
海路	44.1	41.8	26.0	32.2	24.2	21.7
空路	3.9	4.0	5.9	6.3	7.8	6.9
陆路	16.4	12.6	19.3	16.3	18.3	15.8
其他②	4.9	4.3	9.6	10.2	15.6	16.8
总数	**69.4**	**62.7**	**60.8**	**65.1**	**65.9**	**61.2**

注：①包括直接转运货物。
　　②包括邮递及以管道运输方式进出澳门的货物。

5-2-15 海路集装箱总吞吐量

单位：标准集装箱单位

项　目	2000	2001	2002	2003	2004	2005
入　境	41645	41677	45206	47094	54208	50209
出　境	49639	43783	47485	52815	62241	55603
转　口	10829	9225	13485	12221	14259	11670

注：标准集装箱单位为 20英尺×8英尺×8英尺。

5-2-16 通信服务

指　标	2000	2001	2002	2003	2004	2005
邮递服务						
信件邮件（万件）	1588	2017	2090	2107	2217	2482
包裹（万件）	0.6	0.5	0.5	0.6	0.5	0.6
电话服务（万条操作线路）						
固定电话线	17.7	17.6	17.6	17.5	17.4	17.4
移动电话	11.8	15.6	17.3	19.9	22.8	25.9
数码式储值卡	2.3	3.9	10.3	16.5	20.4	27.3
对外电话通讯量（万分钟）						
拨出	15206	15753	15408	15274	16966	18396
拨入	10435	11390	11345	12981	13448	15003
传呼用户（户）	9390	6689	4627	3453	2728	2513
国际互联网						
登记用户	27346	34403	46874	59401	77174	88592
总使用时数（万小时）	1082	1812	2738	3859	5383	7918

5-2-17　14岁及以上人口教育程度

项　目	1991		1996		2001	
	人数(万人)	百分比(%)	人数(万人)	百分比(%)	人数(万人)	百分比(%)
总计	**28.7**	**100.0**	**31.3**	**100.0**	**35.0**	**100.0**
男	13.7	47.8	14.7	46.9	16.5	47.0
女	15.0	52.2	16.6	53.1	18.5	53.0
从未入学/学前教育	4.3	15.0	2.6	8.4	2.1	6.0
男	1.5	5.3	0.7	2.2	0.5	1.4
女	2.8	9.7	1.9	6.2	1.6	4.6
小学	12.5	43.5	12.7	40.6	13.6	39.0
男	6.1	21.3	6.1	19.4	6.6	19.0
女	6.4	22.2	6.6	21.1	7.0	20.0
初中	7.6	26.3	8.9	28.5	9.5	27.0
男	3.8	13.1	4.3	13.6	4.4	12.7
女	3.8	13.3	4.7	14.9	5.0	14.4
高中	2.9	10.1	4.8	15.4	6.6	19.0
男	1.5	5.3	2.5	7.9	3.3	9.5
女	1.4	4.7	2.4	7.5	3.3	9.5
高等教育						
高等专科	0.5	1.8	0.3	0.8	0.8	2.1
男	0.2	0.8	0.1	0.3	0.3	0.8
女	0.3	1.1	0.2	0.5	0.5	1.3
大学	1.0	3.4	1.9	6.2	2.4	6.8
男	0.6	2.1	1.1	3.5	1.3	3.7
女	0.4	1.3	0.8	2.7	1.1	3.1
不详				0.1		0.1
男						
女				0.1		

5-2-18　按用途划分的建成私人房屋单位及建筑面积

年　份	住宅		商业及写字楼		工业		其他用途		总计	
	单位数目(个)	建筑面积(万平方米)	单位数目(个)	建筑面积(万平方米)	单位数目(个)	建筑面积(万平方米)	单位数目(个)	建筑面积(万平方米)	单位数目(个)	建筑面积(万平方米)
2000	2747	23.0	368	5.5			31	8.5	3146	37.0
2001	1774	17.4	805	10.8			43	12.3	2622	40.4
2002	336	3.6	30	0.4	2	0.5	13	5.7	381	10.3
2003	1246	15.4	304	2.5	2	1.4	14	5.0	1566	24.3
2004	962	12.2	134	1.9	1	0.5	11	6.9	1108	21.5
2005	1098	16.1	152	2.3			27	20.7	1277	39.1

5-2-19 外币兑换率

(一单位外币兑换的澳门元)

货币	2000	2001	2002	2003	2004	2005
年内平均数字						
澳元	4.6739	4.1598	4.3703	5.2271	5.9021	6.1064
欧元	7.4183	7.1962	7.5984	9.0696	9.9645	9.9721
韩圆	0.0071	0.0062	0.0065	0.0067	0.007	0.0078
西班牙比塞塔①	0.0446	0.0433				
美元	8.0260	8.0335	8.0334	8.0214	8.0226	8.0109
新台币	0.2574	0.2379	0.2328	0.2332	0.2401	0.2494
法国法郎①	1.1309	1.0971				
英镑	12.1663	11.5698	12.0766	13.104	14.6911	14.582
港元	1.03	1.03	1.03	1.03	1.0300	1.03
日圆	0.0745	0.0662	0.0643	0.0692	0.0742	0.0729
马来西亚林吉特	2.1121	2.1141	2.1141	2.1109	2.1112	2.1155
新西兰元	3.6684	3.3813	3.7306	4.6671	5.3214	5.6436
葡萄牙埃斯库多①	0.0370	0.0359				
德国马克①	3.7929	3.6794				
人民币	0.9695	0.9706	0.9706	0.9691	0.9693	0.9778
新加坡元	4.6553	4.4867	4.4893	4.6034	4.7452	4.8137
瑞士法郎	4.7590	4.7638	5.1812	5.9632	6.4572	6.4424
年底数字						
澳元	4.4888	4.102	4.547	5.9869	6.247	5.8462
欧元	7.5665	7.0936	8.4164	10.0413	10.9057	9.4555
韩圆	0.0064	0.0061	0.0068	0.0067	0.0077	0.0079
西班牙比塞塔①	0.0455	0.0426				
美元	8.0337	8.0313	8.0328	7.9969	8.0095	7.9871
新台币	0.2426	0.229	0.2312	0.2351	0.2522	0.2433
法国法郎①	1.1535	1.0814				
英镑	11.9951	11.6398	12.881	14.2269	15.4155	13.7598
港元	1.03	1.03	1.03	1.0300	1.0300	1.0300
日圆	0.0702	0.0611	0.0678	0.0747	0.078	0.0679
马来西亚林吉特	2.1141	2.1135	2.1139	2.1044	2.1078	2.1133
新西兰元	3.5629	3.335	4.2333	5.2388	5.7644	5.4468
葡萄牙埃斯库多①	0.0377	0.0354				
德国马克①	3.8688	3.6269				
人民币	0.9706	0.9704	0.9705	0.9662	0.9677	0.9897
新加坡元	4.6344	4.3402	4.6331	4.6963	4.9003	4.8043
瑞士法郎	4.9865	4.7942	5.7900	6.4395	7.0665	6.0743

注：《中华人民共和国澳门特别行政区基本法》规定，澳门元是澳门特别行政区的法定货币。外币指澳门元以外的其他货币，因而人民币亦视作外币。

①自2002年1月1日开始，欧元区各国均需采用统一的硬币及纸币，而旧有的货币则相继停用。

5-2-20　货币供应量(年底数字)

单位：亿澳门元

货　币	2000	2001	2002	2003	2004	2005
狭义货币供应量M_1	49.5	59.2	63.5	87.9	134.4	127.9
分类一：澳门元	31.8	35.2	39.3	48.7	62.9	68.5
港元	17.0	23.3	23.6	35.3	67.5	54.0
其他货币	0.7	0.6	0.6	3.8	4.1	5.4
分类二：流通货币(澳门元)	17.2	19.0	20.5	23.6	27.7	29.7
活期存款	32.3	40.2	43.0	64.3	106.7	98.1
广义货币供应量$M_2$①	849.2	915.5	989.6	1110.9	1209.5	1356.6
分类一：澳门元	232.2	261.1	275.4	296.7	313.7	366.9
港元	445.1	469.1	512.2	594.4	662.1	701.5
其他货币	171.9	185.4	201.9	219.8	233.6	288.3
分类二：狭义货币供应量$M_1$②	49.5	59.2	63.5	87.9	134.4	127.9
准货币负债③	799.7	856.3	926.1	1023.0	1075.1	1228.7
储蓄存款	154.5	193.6	230.7	349.2	427.1	364.3
通知存款	7.7	8.4	9.3	12.3	12.6	11.6
定期存款	637.5	654.3	686.0	661.5	635.4	852.8

注：《中华人民共和国澳门特别行政区基本法》规定，澳门元是澳门特别行政区的法定货币。

① $M_2 = M_1 +$ 准货币负债

② 自2001年1月起，货币供应量M_1只包括流通货币及活期存款。储蓄存款则变为准货币负债的组成部分。

③ 准货币负债：包括储蓄存款、通知存款、定期存款及存款证明书

【主要统计指标解释】

本地生产总值 反映每年在澳门特区生产的货物和提供各种服务的总量。本年鉴中的本地生产总值用支出法及生产法估算，支出法等于私人消费支出、政府最终消费支出、固定资本形成总额、库存变化和货物及服务出口净值（出口减进口）的总和。而生产法等于各经济行业的增加值总额的总和，这种方法可以评估澳门特区的产业结构。

婴儿死亡率 参考期内年龄在1岁或以下的死亡人数与出生活婴数目的千分比。

出生率 参考期内出生活婴数目与平均人口之千分比。

死亡率 参考期内死亡人数与平均人口之千分比。

正规教育 指有系统的，且主要为儿童及青少年开办的，由学前教育至大学教育之课程。正规教育课程必须符合下列三个条件：

—课程最少为期一学年；

—有规定入学资格；

—有考试或指定程序评核成绩。

学前教育 分为幼儿教育与小学教育预备班。

1)幼儿教育：对象是年龄3-4岁的儿童。在报名当年的12月31日年满3岁的幼儿皆可报读。而晋升方面，则无须进行知识的考核。

2)小学教育预备班：在报名当年的12月31日年满5岁的儿童可报读预备班。为晋升之目的，只设有进度测验。在某些教育机构，小学教育预备班仍被称为学前教育第三年。

小学教育 为期6年，完成小学教育预备班或在报名当年的12月31日年满6岁的儿童可报读小学教育第一年。就读小学的最高年龄为15岁。

中学教育 由两个阶段组成：初中教育及高中教育。大学预科亦被视为中学教育。

1) 初中教育：为期3年，合格完成小学教育者可以入读。就读初中最大年龄为18岁，但在特别情况下，经教育机构决定，可以逾越此年限。

2) 高中教育：为期最少2年，最多3年，合格完成初中教育者可以入读。就读高中最大年龄为21岁，但在特别情况下，经教育机构决定，可以逾越此年限。

技术及职业教育 以培训初级及中级程度的技术及专业人员为目的之课程。

高等教育 由大学、理工学院及相等之学院开办之学位或非学位课程。

劳动人口 在参考期间，可参与生产商品或提供服务之14岁或以上人士的总合。包括就业人口及失业人口。

就业人口 在参考期间，为了金钱或物质的报酬、利润或家庭收入而工作至少1小时的14岁或以上人士的总合。亦包括那些被雇用而没有上班，但与雇主保持正式联系，或拥有1间公司，但因特别原因暂时没有上班的人士。

劳动力参与率 指劳动人口在14岁或以上的居住人口中所占的比例。

失业率 指失业人口在劳动人口中所占的比例。

就业不足率 指就业不足人口在劳动人口中所占的比例。

访澳旅客 指任何非以澳门特区为常居地的人士，其连续在澳门的逗留时间少于12个月，旅客之旅游目的并非在澳门特区参与任何有偿活动。

酒店入住率 入住客房数量与可供应客房数量之百分比。

进口 指将产自外地的货物输入澳门特区，但再进口和转运制度下输入者除外。

出口 指将货物输出澳门特区，但暂时出口和转运制度下输出者除外。

本地产品出口 指将产地为澳门特区的货物输出澳门特区。

再出口 指原进口的货物未经加工输出澳门特区，或虽加工，但不能取得澳门特区产地资格。

原产地 指农产品种植之国家或地区、矿业开采之国家或地区以及工业产品全部或部分生产之国家或地区。若生产产品之部分，负责将产品变成确定形式进入澳门特区前的最后一个生产工序之国家或地区，都可被视为原产地。而再包装、再分类及混合不被视为生产工序。

目的地 目的地是指货物实际最后到达的国家或地区(不论在运输途中有或没有中断)。如有中间国家或地区，只要不在中间国家或地区内进行商业交易，最后到达的国家或地区都可被视为目的地。

贸易条件指数 即出口单位价格指数与进口单位价格指数之比率。

单位 指永久性楼宇之一个或多个间格及其附属建筑物。每一个单位具有独立入口与楼宇内之公用地方相通，具有合法条件进行分层物业登记和作独立转让。

楼宇建筑面积 相等于所有层数之面积总和。楼面面积的计算方法是从外墙起量度，同时亦包括大堂面积、楼梯、升降机所占面积以及所有公用地方面积(两个或以上单位合用)。

居民消费价格指数 反映澳门特区家庭于购买一篮子之指定商品或服务时，在不同时间该等商品或服务之价格变动。

狭义货币供应量 M_1 为流通货币及活期存款之和。

广义货币供应量 M_2 指狭义货币供应量 M_1 加上准货币负债。准货币负债指储蓄存款、通知存款、定期存款和存款证明书。

第五部分

港澳台第三产业情况

3.台湾第三产业情况

简要说明

一、本章资料反映台湾省主要社会、经济发展情况，重点反映第三产业情况。内容包括:人口、就业、国民经济核算、工业、交通通讯、对外贸易、财政金融、物价、教育、社会保障等方面。

二、本章资料来自台湾省行政院主计处统计资料，国家统计局国际统计信息中心负责整理、编辑。

三、由于台湾省和内地在使用统计名词及概念方面会有所不同，读者在比较两地数据时，请参考本章末的“主要统计指标解释”。

四、更详细的统计资料及有关的技术细节，可参阅台湾省行政院主计处出版的《中华民国统计月报》、《中华民国统计年鉴》及各专题统计出版物。

五、本章节表中的符号使用说明:“①”等表示本表下有注解。

5-3-1　台湾主要统计指标概览

指　　标		2000	2001	2002	2003	2004	2005
人口							
年末人口	(万人)	2228	2241	2252	2261	2269	2277
人口自然增加率	(‰)	8.08	5.94	5.29	4.27	3.59	2.92
人口密度	(人/平方公里)	616	619	622	625	627	629
性别比	(女=100)	104.66	104.36	104.08	103.84	103.53	103.16
离婚率	(对/千人)	2.37	2.53	2.73	2.87	2.77	2.75
劳动、就业							
劳动人口	(万人)	978	983	997	1008	1024	1037
劳动人口参与率	(%)	58	57	57	57	58	58
男		69	68	68	68	68	68
女		46	46	47	47	48	48
农、林、渔、牧业就业人口比重	(%)	7.8	7.5	7.5	7.3	6.6	5.9
工业占就业人口比重	(%)	37.2	36.0	35.2	34.8	35.2	35.8
服务业占就业人口比重	(%)	55.0	56.5	57.3	57.9	58.2	58.3
失业率	(%)	3.0	4.6	5.2	5.0	4.4	4.1
工业及服务业每月人均薪资	(新台币元)	41938	41961	41452	42046	43021	43615
工业		39679	38940	38709	39655	40868	41872
服务业		44180	45020	44222	44452	45064	45234
生活环境							
平均每人每月用电量	(千瓦小时)	131	129	130	136	137	146
平均每人每月用水量	(立方米)	10.5	10.4	10.1	10.0	10.7	10.7
治安							
刑案发生率	(件/10万人)	1977	2197	2241	2193	2306	2442
犯罪人口率	(人/10万人)	819	808	827	703	782	913
刑案破获率	(%)	59	55	59	59	60	62
少年犯罪人数(12-17岁)	(人)	18144	16939	15659	12331	10540	9620
火灾事故情况							
火灾发生数	(起)	15560	13750	13244	8642	6611	5139
死伤人数	(人)	994	1041	857	996	714	664
交通事故情况							
机动车肇事率	(件/万辆)	32	37	49	66	73	80
死亡	(人)	3388	3344	2861	2718	2634	2894
受伤	(人)	66895	80612	109594	156303	179108	203087
参加医疗保险人数	**(万人)**	**2140**	**2165**	**2187**	**2198**	**2213**	**2231**
参加社会保险人数	**(万人)**						
公务员、教职人员保险		63	63	63	62	62	59
劳工保险		792	778	786	810	834	854
农民保险		178	177	175	171	168	165

5-3-1 续表 1

指标		2000	2001	2002	2003	2004	2005
工业							
受雇者劳动生产力指数	(2001年＝100)	95.7	100.0	109.2	114.7	120.9	126.6
工业生产指数	(2001年＝100)	108.5	100.0	107.9	115.6	127.0	132.2
制造业		109.1	100.0	109.4	117.5	129.9	135.1
建筑业		112.6	100.0	79.3	86.4	90.6	101.0
工业生产总值	(新台币亿元)	91425	81011	87002	94358	110436	113917
商业及对外贸易							
营利事业家数	(万家)	105.7	105.8	107.0	109.7	113.0	116.9
营利事业销售额	(新台币亿元)	258436	235482	246468	273424	319716	342975
批发和零售业销售额①	(新台币亿元)	105050	97477	104296	100368	117082	123242
贸易额	(亿美元)						
出口		1520	1263	1353	1506	1824	1984
进口		1407	1080	1132	1280	1688	1826
出(入)超		112	183	221	226	136	158
对日出(入)超	(亿美元)	-217	-129	-150	-203	-299	-309
对美出(入)超	(亿美元)	103	97	91	96	70	79
对港出(入)超	(亿美元)	304	267	310	290	306	319
外销订单	(亿美元)	1534	1357	1510	1700	2151	2564
运输通信							
交通运输客运量	(亿人)						
铁路		4.6	4.8	5.0	4.8	5.2	5.3
公路		11.0	10.9	10.5	9.9	10.1	10.1
航空	(万人)						
国内		2665	2461	2189	2005	2100	1929
国际		1978	1950	2006	1592	2076	2249
公路长度	(公里)	20375	20654	20816	20947	20994	
高速公路通行车辆数	(万辆次)	45381	46470	48590	52472	56317	57381
每百人机动车辆数	(辆)	76.4	77.9	79.5	81.8	84.5	87.2
港埠货物装卸量	(万收费吨)	56695	55287	60671	63558	69624	68793
旅游	(万人)						
出岛旅游人数		733	715	732	592	778	821
来台湾旅客人数		262	283	298	225	295	338
财政、金融							
赋税实征净额	(新台币亿元)	19298	12578	12256	12528	13873	15674
直接税		56.6	57.0	53.1	54.8	55.8	59.3
间接税		43.4	43.0	46.9	45.2	44.2	40.7
外汇储备	(亿美元)	1067.4	1222.1	1616.6	2066.3	2417.4	2532.9
汇率							
新台币/美元		33.06	35.04	34.81	34.02	31.78	32.88
新台币/日元		0.2908	0.2688	0.2950	0.3199	0.3118	0.2185
货币供应量M_2	(新台币亿元)	188978	197369	202470	214255	230012	245080
年增长率	(%)	6.5	4.4	2.6	5.8	7.4	6.6
存款		193087	201607	206098	217469	232565	247095
放款与投资		166220	164893	160780	165351	179640	193602

5-3-1　续表 2

指　　标		2000	2001	2002	2003	2004	2005
财政、金融							
重贴现率	(年息百分比率)	4.625	2.125	1.625	1.375	1.750	2.250
股价指数	(1966年＝100)	7847	4907	5226	5162	6034	6092
国际收支平衡	(亿美元)	24.8	173.5	336.6	370.9	266.0	200.6
经常帐		89.0	182.5	256.3	292.6	184.9	160.5
资本帐		-2.9	-1.6	-1.4	-0.9	-0.8	-1.2
金融帐		-80.2	-3.8	87.5	76.3	68.3	17.2
物价指数年增长率（2001年＝100）	(%)						
批发		1.82	-1.34	0.05	2.48	7.03	0.61
消费者		1.26	-0.01	-0.20	-0.28	1.62	2.30
进口		4.63	-1.25	0.40	5.14	8.57	2.43
出口		-0.88	0.32	-1.49	-1.49	1.61	-2.45
国民经济核算	**(新台币亿元)**						
本地居民生产总值		101716	100542	104368	106475	111463	114376
本地生产总值		100320	98622	101943	103186	107704	111468
民间最终消费支出		60872	61292	62546	62936	66198	69226
固定资本形成总额		23940	19100	18787	18749	22796	22822
商品及服务出口		53924	49626	54445	59980	69786	73441
减：商品及服务进口		51728	44451	47145	52277	66038	68735
经济增长率	(%)	5.77	-2.17	4.25	3.43	6.07	4.03
农业		1.21	-1.95	4.74	-0.06	-4.09	-8.07
工业		5.77	-7.51	5.88	3.77	8.68	5.90
服务业		5.89	0.08	3.59	3.39	5.28	3.54
产业结构	(%)						
农业		1.98	1.85	1.75	1.69	1.68	1.70
工业		29.09	27.62	27.58	26.56	25.58	24.97
服务业		68.93	70.53	70.66	71.75	72.73	73.33
平均本地居民生产总值	(新台币元)	459729	451308	466002	473349	493745	504915
平均本地居民生产总值	(美元)	14721	13348	13476	13752	14770	15690
居民储蓄总额	(新台币亿元)	26114	24281	26652	28013	29334	28806
储蓄率	(%)	25.67	24.15	25.54	26.31	26.32	25.19

注：①2003年以前为批发、零售及餐饮业。

5-3-2 本地居民生产总值

年 份	本地居民生产总值			人均本地居民生产总值	
	金额(新台币亿元)	年增长率（%）	(按当年价格计算)亿美元	新台币元	美元
1995	71291	8.49	2691	308086	11630
2000	101716	4.52	3257	459729	14721
2001	100542	-1.15	2974	451308	13348
2002	104368	3.81	3018	466002	13476
2003	106475	2.02	3093	473349	13752
2004	111463	4.68	3334	493745	14770
2005	114376	2.61	3554	504915	15690

5-3-3 本地生产总值部门构成

单位：%

年 份	本地生产总值(新台币亿元)	农 业	工 业	#制造业	#水、电、燃气业	#建筑业
1995	70179	3.47	36.38	27.92	2.55	5.43
2000	100320	1.98	29.09	23.76	1.95	2.98
2001	98622	1.85	27.62	22.73	1.97	2.55
2002	101943	1.75	27.58	23.07	1.95	2.17
2003	103186	1.69	26.56	22.48	1.94	1.82
2004	107704	1.68	25.58	21.95	1.65	1.65
2005	111468	1.70	24.97	21.40	1.59	1.66

5-3-3 续表1

单位：%

年 份	服务业	#批发、零售及餐饮业	#金融保险	#不动产及租赁业	#政府部门服务业
1995	60.15	15.08	9.12	10.41	10.35
2000	68.93	16.27	10.04	8.54	10.87
2001	70.53	16.16	10.26	8.72	11.38
2002	70.66	16.33	10.55	8.33	11.23
2003	71.75	16.58	10.76	8.49	11.66
2004	72.73	17.53	10.81	8.37	11.42
2005	73.33	18.27	10.72	8.31	11.28

5-3-4　劳动力和就业状况

指　标		2000	2001	2002	2003	2004	2005
劳动力总人数	(万人)	978.4	983.2	996.9	1007.6	1024.0	1037.1
男		586.7	585.5	589.6	590.4	596.8	601.2
女		391.7	397.7	407.4	417.2	427.2	435.9
就业人数	(万人)	949.1	938.3	945.4	957.3	978.6	994.2
男		567.0	555.3	554.7	557.9	568.0	575.3
女		382.1	383.0	390.7	399.4	410.6	419.0
就业人数部门构成	(%)	100.0	100.0	100.0	100.0	100.0	100.0
农、林、渔、牧业		7.8	7.5	7.5	7.3	6.6	5.9
工业		37.2	36.0	35.2	34.8	35.2	35.8
采矿业		0.1	0.1	0.1	0.1	0.1	0.1
制造业		28.0	27.6	27.1	27.1	27.3	27.4
电、煤气、水		0.4	0.4	0.4	0.4	0.4	0.3
建筑业		8.8	7.9	7.7	7.3	7.5	8.0
服务业		55.0	56.5	57.3	57.9	58.2	58.3
批发、零售业		17.9	17.9	17.9	17.7	17.6	17.4
运输、仓储和通信业		5.1	5.2	5.0	5.1	5.0	4.8
金融、保险业		3.9	4.0	4.0	3.9	3.9	4.1
教育服务业		5.0	5.1	5.2	5.3	5.4	5.5
住宿及餐饮业		5.3	5.6	6.1	6.1	6.2	6.3
公共行政业		3.3	3.5	3.5	3.9	3.8	3.5
其他		14.5	15.2	15.6	15.9	16.2	16.7
失业人数	(万人)	29.3	45.0	51.5	50.3	45.4	42.8
失业率	(%)	3.0	4.6	5.2	5.0	4.4	4.1

5-3-5 服务业就业人员月平均工资

单位:新台币元

年份	服务业月平均工资	批发、零售业	住宿及餐饮业	运输、仓储和通信业	金融、保险业	不动产及租赁业	专业、科学及技术服务	医疗保健及服务业	文化、运动及休闲服务业	其他服务业
1995	37484	34142	22337	43064	54658	40447	45725	41789	34497	26873
1996	38778	34897	22214	45021	56913	39936	46372	44976	35792	27737
1997	40864	36399	23543	47225	60641	40760	49158	47567	38331	28721
1998	42133	37688	24055	49181	59566	41622	51038	49115	40770	30110
1999	43259	38684	25134	50480	60352	44240	52893	51223	39528	30841
2000	44180	39528	26078	51561	60871	43708	53630	53610	41199	31515
2001	44802	39760	25991	53350	62625	42604	53191	54701	41242	31157
2002	44229	39202	25828	51564	65767	40714	49587	54115	39489	30525
2003	44534	39799	25181	51396	64693	39872	50990	55999	40861	30057
2004	45064	40129	25141	51704	66743	40006	52833	55638	41257	30489
2005	45234	40033		53793	65097	39129	54868			

5-3-6 商品进出口贸易总额

年 份	按新台币计算（亿元）			按美元计算（亿美元）		
	进出口总额	出口额	进口额	进出口总额	出口额	进口额
1990	32750	18030	14720	1220	670	550
1991	37316	20408	16908	1390	762	629
1992	38650	20480	18170	1530	810	720
1993	42740	22390	20350	1620	850	770
1994	47180	24560	22620	1780	930	850
1995	56924	29496	27429	2152	1117	1036
1996	59917	31766	28151	2183	1159	1024
1997	67578	34817	32761	2365	1221	1144
1998	72830	37605	35225	2178	1126	1052
1999	75792	39864	35928	2349	1237	1112
2000	91205	47293	43912	2927	1520	1407
2001	78985	42543	36442	2343	1263	1080
2002	85888	46704	39184	2486	1353	1132
2003	95829	51730	44100	2786	1506	1280
2004	117539	60972	56567	3511	1824	1688
2005	122517	63745	58772	3810	1984	1826

5-3-7　商品出口去向和进口来源

单位：亿美元

国家和地区	2000	2001	2002	2003	2004	2005
商品出口去向						
中国香港	327.4	287.1	329.6	308.7	329.0	340.4
日　本	168.9	130.2	123.7	124.3	138.1	151.1
韩　国	40.0	33.7	39.6	47.1	56.3	58.8
新加坡	56.4	42.2	46.2	52.8	67.5	80.4
马来西亚	36.9	31.4	32.2	31.7	42.2	42.8
泰　国	26.5	22.0	23.7	26.4	33.2	38.2
法　国	16.6	11.9	11.4	12.7	15.9	14.5
德　国	49.4	45.4	38.9	42.9	46.1	44.6
意大利	14.9	12.6	12.6	14.7	17.4	18.0
英　国	45.9	33.8	29.9	29.3	34.3	32.6
加拿大	18.9	15.8	15.4	14.8	16.5	16.9
美　国	355.9	281.4	273.7	265.5	287.5	291.1
澳大利亚	18.4	13.8	16.0	19.0	22.7	23.9
印度尼西亚	17.4	14.8	14.7	15.3	19.0	23.6
菲律宾	31.4	22.1	21.1	25.0	40.4	43.3
越　南	16.8	17.4	23.1	26.8	34.5	41.0
中国大陆	43.9	49.0	105.3	228.9	363.5	436.4
沙特阿拉伯	3.5	3.5	3.4	3.6	4.3	5.0
荷　兰	49.5	42.6	38.4	42.2	48.1	44.0
商品进口来源						
中国香港	23.6	20.5	19.2	19.2	23.1	21.1
日　本	386.2	259.3	273.6	327.2	437.2	460.5
韩　国	90.3	67.3	77.4	87.4	116.6	132.4
新加坡	50.4	34.0	35.6	38.8	43.3	49.6
马来西亚	53.5	42.3	41.8	47.7	54.3	52.2
泰　国	27.8	21.9	21.8	23.8	27.9	28.9
法　国	18.4	21.4	15.6	16.3	21.0	25.4
德　国	55.8	42.7	44.5	49.9	58.5	61.8
意大利	14.0	10.9	11.0	11.4	13.5	14.5
英　国	19.5	14.6	13.7	14.3	17.5	17.1
加拿大	12.9	10.1	9.5	10.9	12.0	13.2
美　国	252.7	184.1	182.6	170.0	217.8	211.7
澳大利亚	35.1	30.9	28.4	27.3	34.3	47.3
印度尼西亚	30.2	25.3	25.9	29.3	41.2	45.4
菲律宾	36.0	32.6	36.6	30.9	30.6	28.0
越　南	4.7	4.3	4.6	4.6	6.1	7.0
中国大陆	62.3	59.0	79.7	110.2	167.9	200.9
沙特阿拉伯	27.2	27.5	24.1	42.8	55.6	74.4
荷　兰	21.2	15.4	14.7	13.1	22.0	20.7

5-3-8 出口与进口商品分类

单位：亿美元

年份	出口				进口			
	出口额	农产品	农产加工品	工业产品	进口额	资本设备	原材料	消费品
1995	1116.6	4.8	38.0	1073.8	1035.5	168.7	745.6	121.2
1996	1159.4	4.7	36.2	1118.6	1023.7	183.6	706.4	133.8
1997	1220.8	3.8	21.7	1195.3	1144.3	217.4	771.3	155.6
1998	1126.0	3.6	16.3	1106.2	1052.3	242.4	665.7	144.2
1999	1237.3	4.1	15.7	1217.5	1112.0	287.0	711.0	114.0
2000	1519.5	3.7	17.7	1498.1	1407.3	394.2	892.1	121.0
2001	1263.1	3.1	16.8	1243.2	1079.7	270.4	701.4	107.9
2002	1353.2	3.6	17.0	1332.5	1132.5	261.2	759.4	111.8
2003	1506.0	3.9	17.7	1484.4	1280.1	262.6	897.1	120.4
2004	1823.7	3.9	20.8	1798.9	1687.6	361.8	187.4	138.3
2005	1984.3	3.8	21.1	1959.4	1826.1	347.0	1321.7	157.5

5-3-9 旅游人数及外汇收入

指标		2000	2001	2002	2003	2004	2005
离境旅游人数	(万人)	732.9	715.3	732.0	592.3	778.1	820.8
来台旅游人数	(万人)						
总计		262.4	283.1	297.8	224.8	295.0	337.8
华侨		31.3	53.9	62.4	43.6	52.2	58.0
外国人		231.1	229.2	235.4	181.2	242.8	279.8
旅游外汇收入	(亿美元)	37.38	43.17	45.84	29.76	40.53	
旅客人均停留时间	(夜)	7.40	7.37	7.54	7.97	7.61	7.10
旅客人均每日消费	(美元)	193	208	204	166	181	
旅客人均在台消费	(美元)	1428	1533	1538	1324	1479	

5-3-10　铁路和公路客货运量

年　份	铁　　路				公　　路			
	客运量（万人）	客运周转量（万人公里）	货运量（万吨）	货物周转量（万吨公里）	客运量（万人）	客运周转量（万人公里）	货运量（万吨）	货物周转量（万吨公里）
1995	16093	949939	3012	189954	120345	1615089	29118	1249150
1996	17126	903242	2741	158486	116717	1542116	28945	1199098
1997	19711	950693	2657	151385	116282	1441704	27698	1216507
1998	23334	1030546	2656	140434	115482	1429848	35997	1742649
1999	30982	1102037	2599	131491	114915	1424673	34988	1825114
2000	46031	1262382	2226	117906	110382	1465716	34358	1818201
2001	47621	1226869	1929	100986	109051	1523654	50200	2781000
2002	50046	1214750	1822	94060	105388	1574680	49900	2834100
2003	47834	1117767	1674	86391	98826	1470643	51300	2873500
2004	51968	1205067	1696	90856	101241	1572400	54900	3102900
2005	53100	1225500	1930	98200	100700	1604700	56200	3121000

5-3-11　港口旅客、货物运量

年　份	客运量(万人)			货运量(万吨)①		
	总计	进港	出港	总计	进港	出港
1995	16.17	7.83	8.34	16.77	13.56	3.21
1996	17.72	8.59	9.13	17.18	13.76	3.42
1997	22.96	11.15	11.81	19.39	15.53	3.86
1998	27.85	13.26	14.59	19.29	15.26	4.03
1999	48.36	23.43	24.94	20.94	16.24	4.70
2000	48.16	23.44	24.71	21.74	16.62	5.11
2001	55.06	26.46	28.60	23.41	17.30	6.12
2002	46.48	22.23	24.26	24.70	18.28	6.43
2003	36.25	17.42	18.83	26.14	19.29	6.85
2004	39.40	18.06	21.34	28.44	20.62	7.82

注：①2000年以前资料按舱单资料统计，自2001年始改按报单资料统计。

5-3-12 港口集装箱及货物装卸量

年 份	折合20英尺标准集装箱(TEU)		集装箱数量(个)		装卸量(万收费吨)		
	进港	出港	进港	出港	总计	装货量	卸货量
1995	3826212	3838967	2512507	2519188	42017	15623	26394
1996	3939539	3927457	2588418	2586179	43263	16220	27043
1997	4235649	4284550	2797195	2824370	48340	18213	30128
1998	4394031	4464180	2873387	2938639	49402	18805	30597
1999	4819939	4937710	3168328	3260035	53409	20952	32457
2000	5230686	5280075	3423408	3466586	56695	22373	34322
2001	5193943	5233771	3387144	3431099	55287	22115	33172
2002	5778686	5829948	3759910	3785341	60671	24391	36280
2003	6068883	6025870	3938148	3904224	63558	25464	38094
2004	6543943	6490419	4240013	4200068	68850	27711	41139

5-3-13 民航旅客、货物运量

年 份	客运量(万人次)	国际线	省内线	过境	货运量(万吨)	国际线	省内线
1995	4562	1495	2877	189	83.69	74.44	3.14
1996	5410	1616	3590	204	88.52	79.18	2.94
1997	5630	1707	3740	184	101.57	90.99	3.12
1998	5165	1644	3329	192	103.28	93.64	2.64
1999	5237	1781	3253	203	117.34	106.43	3.06
2000	4841	1978	2665	198	133.82	121.49	3.39
2001	4608	1950	2461	197	131.02	103.56	3.74
2002	4419	2006	2189	223	151.39	113.76	4.42
2003	3788	1591	2005	191	162.27	118.60	4.37
2004	4412	2076	2100	237	182.31	125.49	4.06
2005		2249	1929			121.60	3.74

5-3-14 邮政及电信营运量

指　标		2000	2001	2002	2003	2004	2005
邮政							
函件	(亿件)						
收寄		30.9	28.9	28.8	27.3	28.2	28.1
投递		34.1	33.1	33.2	32.2	32.8	32.6
包裹	(万件)						
收寄		1728.7	1063.1	797.3	895.3	1210.8	1576.7
投递		1784.2	1095.2	820.9	918.1	1266.8	1672.0
电信							
市内电话用户数	(万户)	1264.2	1285.8	1309.9	1335.5	1353.0	1361.5
公共电话话机数	(万部)	15.0	13.9	13.5	13.2	12.6	11.9
移动电话用户数	(万户)	1787.4	2178.6	2439.1	2580.0	2276.0	2217.1
无线寻呼机用户数	(万户)	281.3	175.6	159.8	141.5	133.6	109.5
数字式低功率无线电话用户数	(万户)	4.4	21.1	52.1	63.4	78.8	97.8
整体服务数位网络用户数	(万户)	3.8	4.2	3.9	4.8	5.0	5.8
国际互联网用户数	(万户)	465.0	623.2	745.9	782.8	803.6	727.1
国际电话去话分钟数	(万分钟)	105838	151442	215391	307674	313167	346829

5-3-15 入学率和教育经费

单位：%

年　份	粗入学率			每千人口	15岁以上	教育经费占	政府部门教育经费	
	初等教育(6-11岁)	中等教育(12-17岁)	高等教育(18-21岁)	高等教育学生数(人)	人口识字率	本地居民生产总值比重	占本地居民生产总值比重	占政府支出比重
1995	101.4	95.7	39.4	32.7	94.0	6.4	5.2	19.4
1996	101.1	95.8	40.9	34.3	94.3	6.5	5.3	19.5
1997	100.6	97.2	43.1	37.6	94.7	6.4	5.0	18.9
1998	99.8	98.6	47.0	40.7	94.9	6.1	4.8	18.5
1999	99.7	99.6	50.5	44.6	95.3	6.1	4.8	18.8
2000	100.5	99.2	56.1	49.4	95.6	5.5	4.0	19.2
2001	99.7	99.4	63.0	54.1	95.8	6.0	4.1	18.0
2002	100.0	99.3	67.6	56.8	96.0	6.0	4.1	19.1
2003	99.5	99.0	72.4	58.3	97.0	6.0	4.0	18.5
2004	101.0	98.2	78.6	58.8	97.2	5.9	3.9	18.3
2005	100.3	97.9	82.0	58.7	97.3	5.9	3.9	18.4

5-3-16 科技人员数和科研开发经费

年份	科技人员数（人）①					科研开发经费②		
	总计	研究人员	技术人员	辅助人员	每万人口研究人员	总计（新台币亿元）	占本地生产总值比重(%)	政府投入经费所占比重(%)
1990	75233	32145	33437	9651	15.8	715	1.62	45.8
1991	82436	34387	34630	13419	16.7	818	1.65	52.1
1992	77750	36658	33815	7277	17.6	948	1.72	52.2
1993	90918	40464	38161	12293	19.3	1036	1.70	49.0
1994	95088	43115	39108	12865	20.4	1147	1.72	47.4
1995	105822	47867	44246	13709	22.4	1250	1.72	43.7
1996	116853	53754	46844	16255	25.0	1380	1.74	41.6
1997	129165	56419	54190	18556	25.9	1563	1.82	40.2
1998	129305	62586	51158	15561	28.5	1765	1.91	38.3
1999	134845	67165	51754	15926	30.4	1905	1.98	32.5
2000	137622	69526	51581	16515	31.2	1976	1.97	33.4
2001	138409	73239	48886	16283	32.7	2050	2.08	33.3
2002	150200	80999	51820	17381	36.0	2244	2.20	35.2
2003	157225	85166	55001	17058	37.7	2408	2.33	35.5
2004	168525	91490	59583	17451	40.3	2609	2.42	33.9

注：①自2002年始含国防资料；研究人员仅计算大学学历以上者。
②自2002年始含国防资料；GDP资料采用1993SNA核算方法；研究经费自2004起采用经济合作与发展组织(OECD)分类，政府部门不含国营企业资料，并追溯至1999年。

5-3-17 主要金融指标

年份	货币量(M_1B)（新台币亿元）	流动性负债（新台币亿元）	储备货币（新台币亿元）	存款（新台币亿元）	放款与投资（新台币亿元）	再贴现率（年息%）	汇率(卖出价)（新台币/美元）
1990	19256	69905	11564	64715	50635	7.750	
1991	21584	82874	12653	75765	61897	6.250	25.80
1992	24258	97510	14119	90737	79605	5.625	25.47
1993	27971	113536	15014	10544	95110	5.500	26.72
1994	31393	129901	16688	120314	109556	5.500	26.26
1995	31631	142621	16381	131309	121003	5.500	27.32
1996	34261	156464	16525	142609	130518	5.000	27.54
1997	37153	170188	16413	154213	143520	5.250	32.62
1998	38548	185813	16651	166969	151766	4.750	32.26
1999	45072	206382	16433	180642	156750	4.500	31.44
2000	44921	223182	15834	193087	161757	4.625	33.06
2001	50259	241463	14561	201607	160227	2.125	35.04
2002	54916	257923	15688	206098	159257	1.625	34.81
2003	65528	273890	16194	217469	165351	1.375	34.02
2004	73680	299771	17177	232565	179640	1.750	31.78
2005	78711	325206	17585	247095	193449	2.250	32.88

5-3-18 国际收支

单位：亿美元

年　份	A.经常帐户					B.资本帐户		
	合计	商品贸易净额	服务净额	收入净额	经常转移净额	合计	收入	支出
1995	54.7	132.4	-90.4	41.9	-29.1	-6.5		-6.5
1996	109.2	175.4	-81.2	39.9	-24.9	-6.5		-6.5
1997	70.5	138.8	-77.4	31.2	-22.1	-3.1		-3.1
1998	34.4	103.2	-74.0	20.5	-15.3	-1.8		-1.8
1999	79.9	147.1	-72.0	28.1	-23.2	-1.7		-1.7
2000	89.0	136.7	-66.4	44.7	-26.0	-2.9		-2.9
2001	182.5	198.8	-45.7	56.8	-27.3	-1.6		-1.6
2002	256.3	241.9	-30.8	70.1	-24.9	-1.4		-1.4
2003	292.6	248.9	-24.7	95.6	-27.2	-0.9		-0.9
2004	184.9	161.3	-49.4	111.3	-38.3	-0.8	0.1	-0.8
2005	160.5	179.3	-66.5	90.4	-42.6	-1.2		-1.2

5-3-18 续表1

单位：亿美元

年　份	合计(A+B)	C.金融帐户						
		合计	对　外直接投资	外　商直接投资	证券投资		衍生性金融产品	
					资产	负债	资产	负债
1995	48.2	-81.9	-29.8	15.6	-22.4	27.3		
1996	102.7	-86.3	-38.4	18.6	-43.0	32.6		
1997	67.4	-72.9	-52.4	22.5	-67.5	-12.0		
1998	32.6	25.0	-38.4	2.2	-41.4	18.5	3.2	-4.4
1999	78.2	92.2	-44.2	29.3	-45.8	139.1	2.5	-5.1
2000	86.1	-80.2	-67.0	49.3	-97.8	95.6	4.1	-7.2
2001	180.9	-3.8	-54.8	41.1	-113.5	111.2	5.4	-16.0
2002	254.9	87.5	-48.9	14.5	-154.4	66.2	4.0	-6.4
2003	291.7	76.3	-56.8	4.5	-352.8	295.7	5.2	-7.3
2004	184.2	68.3	-71.5	19.0	-225.1	171.5	8.9	-17.3
2005	159.4	17.2	-60.3	16.3	-347.3	310.5	9.1	-19.1

5-3-18 续表2

单位：亿美元

年　份	金融帐户		合计	D.误差	合计	E.准备与
	其他投资					
	资产	负债	(A至C)	与遗漏	(A至D)	相关项目
1995	-80.6	8.1	-33.7	-5.7	-39.3	39.3
1996	-117.0	60.9	16.4	-5.4	11.0	-11.0
1997	-12.9	49.5	-5.5	-1.7	-7.3	7.3
1998	34.9	50.3	57.5	-9.2	48.3	-48.3
1999	23.3	-7.0	170.4	15.5	185.9	-185.9
2000	-83.7	26.5	5.9	18.8	24.8	-24.8
2001	-17.7	40.5	177.1	-3.5	173.5	-173.5
2002	119.9	92.7	342.4	-5.8	336.6	-336.6
2003	44.6	143.3	368.0	2.9	370.9	-370.9
2004	7.5	175.2	252.5	13.5	266.0	-266.0
2005	-60.1	168.2	176.5	24.0	200.6	-200.6

【主要统计指标解释】

就业人口 于资料标准周内，年满15岁从事有酬工作者或工作在15小时以上的无酬家属工作者。

失业人口 于资料标准周内，年满15岁同时具有无工作、随时可以工作及正在寻找工作者。此外尚包括等待恢复工作者及已找到职业而未开始工作也无报酬者。

就业人员工资 包括经常性工资、加班费及其他非经常性工资。

劳动生产力指数 劳动生产力是指在单位时间内，每一劳工所能生产的产量。此项指数可衡量劳动生产力的变动趋势。

初等教育 小学教育。

中等教育 初中、高中、高职及五专前三年。

高等教育 大专院校(扣除五专前三年)及研究所硕士、博士班教育。

各级教育粗入学率 为(各该级教育学生人数/各该级教育学龄人口数)*100；其中高等教育学龄学生人数仅含大专院校扣除五专前三年及研究所(含硕士、博士班)的学生人数。

本地居民生产总值(GNP) 为某一期间本地常住居民提供生产要素从事生产所创造的附加值或报酬(不论在地区内或国外)，即等于地区内生产总值加国外要素所得收入净额。

本地生产总值(GDP) 为某一期间本地及非本国常住居民提供生产要素在地区内从事生产所创造的附加值。

经济增长率 指某一期间的实际本地生产总值的增长率。

储蓄率 据居民储蓄总值与本地居民生产总值之比。

商业与对外贸易 包括进口与出口。出口货物以通关放行装船(机)离岸日为统计时间，以离岸价格(F.O.B.)计价；进口货物经办妥通关手续，或存入保税关栈的货物，以其提出关栈报运进口放行日为统计时间，以到岸价格(C.I.F.)计价。出口国别是以出口货物的出口商所申报的运销地分列，其运销地有数处得随时变更者，以最终的运销地为准；进口国别是按原产国别分列。

客运周转量 指于某特定时间内，铁路、公路客运运输所运送旅客运程的总和，或每架次飞机所载运的旅客人数与其航行里程乘积之和。可用以推算该时间内的客运收入。

货运周转量 指于某特定时间内，铁路、公路、航空货运运输所运送货物的重量与其运程乘积之和。可用以推算该时间内的货运收入。

批发价格 指企业间相互交易的地区内生产物品出厂价格及进出口物品的价格，以反映生产厂商出售原材料、半成品及制成品等价格变动情况。

消费价格 以台湾地区(包括城市和农村)为范围所编制的零售价格指数，以此衡量台湾地区一般家庭为消费需要所购买的商品与服务价格水平的变动情况。

进口及出口价格 以台湾地区进出口商品为调查价格范围，以此衡量进出口商品价格水平的变动情况。

道路交通事故 指造成人员死亡或受伤的案件，死亡人数包括立即死亡及事故发生后24小时内死亡。

社会保险 社会保险是包括全民健康保险(1995年3月开办)、劳工保险、就业保险(2003年1月开办)、公务人员保险、退休人员保险、私立学校教职员保险、农民健康保险及军人保险。

准货币 指企业及个人在货币机构的定期存款(包括一般定期存款和可转让定期存单)、

定期储蓄存款、外汇存款(包括外汇活期存款及外汇定期存款)以及中华邮政公司储汇处自行吸收的邮政储金总数(含划拨储金、存簿储金及定期储金)；自1994年1月起尚包括企业及个人持有上列机构的附买回交易余额与外国人持有的新台币存款(含活期存款与定期存款)。自2004年10月起包括货币市场共同基金。

准备货币 包括存款货币机构与中华邮政公司储汇处的准备金及社会大众持有的通货二项。

流动性负债 是指金融机构及债券型基金的流动性负债，包括金融机构以外部门持有通货，金融机构收受企业及个人的各种存款、货币市场共同基金与信托资金，保险业提列的人寿保险准备，以及企业及个人持有金融债券、央行发行的国库券与储蓄券；自1994年1月资料起，尚加计企业及个人持有上列机构的附买回交易余额与外国人持有的新台币存款；自1999年1月资料起，尚包括企业及个人持有债券型基金。

存款货币 指企业及个人在货币机构的支票存款、活期存款及活期储蓄存款。

货币总计数M_1A 指通货净额加企业及个人(含非营利团体)在货币机构的支票存款及活期存款；M_1B是通货净额加存款货币，或M_1A加个人(含非营利团体)在货币机构的活期储蓄存款(目前仅个人及非营利团体可以开设储蓄存款帐户)。M_2指M_1B加准货币。

附录1

世界及主要国家第三产业主要统计资料

简要说明

一、本章选取了二十余个国家和地区主要宏观经济指标和第三产业方面统计指标，力求反映国家或地区经济概貌同时重点介绍第三产业情况。

二、本章中国数据未包括中国香港特别行政区、中国澳门特别行政区和中国台湾省的相关数据。

三、本章中所有国家和地区的数据均来自于有关国际组织，每张表均附有资料来源。中国数据一般显示两种口径，如aaa(bbb)，其中aaa指来源于国际组织的数据，括号内的bbb指中国官方统计数据。由于国际组织为使口径一致，对数据进行调整，这两组数字有可能不一致。

四、本章中数据经过有关国际组织调整，口径基本一致。

五、一些数据的合计数或相对数，因受进位的影响，不一定等于分项的累加。

六、本章中使用的符号含义如下："空格"表示无该项数据或该项统计数据不详；"|"表示因统计口径的调整，前后数据不可比。

七、一些国际组织及其组成成员如下：

经济合作与发展组织（简称经合组织，OECD）：截至2006年底，成员国有30个：澳大利亚、奥地利、比利时、冰岛、丹麦、德国、法国、芬兰、加拿大、荷兰、卢森堡、美国、葡萄牙、日本、挪威、瑞典、瑞士、爱尔兰、西班牙、希腊、意大利、新西兰、土耳其、英国、墨西哥、捷克、匈牙利、波兰、韩国、斯洛伐克。

欧洲联盟（欧盟，EU）：截至2006年底，成员国有25个：法国、德国、意大利、荷兰、比利时、卢森堡、丹麦、爱尔兰、英国、希腊、西班牙、葡萄牙、奥地利、芬兰、瑞典、塞浦路斯、捷克、爱沙尼亚、匈牙利、拉脱维亚、立陶宛、马耳他、波兰、斯洛伐克、斯洛文尼亚。由于保加利亚和罗马尼亚于2007年1月1日加入欧洲联盟，本章中的欧盟不包括上述两国。

欧元区（欧洲货币联盟，EMU）：截至2007年1月，有13个成员国，德国、比利时、奥地利、荷兰、法国、意大利、西班牙、葡萄牙、卢森堡、爱尔兰、芬兰、希腊、斯洛文尼亚。1999年1月1日欧元启动，各成员国与欧元汇率锁定，2002年1月1日起，欧元现钞正式取代各成员国原货币全面流通。

八、一些国家(含地区)组含义如下：

按收入分组国家：按照世界银行分组标准，高收入国家、中上等收入国家、中下等收入国家和低收入国家分别指2005年人均国民总收入10726美元及以上、3466美元至10725美元、876美元至3465美元和875美元及以下的国家。

发达国家与发展中国家：按照联合国分组标准，发达国家具体包括加拿大、美国、原欧盟成员国、澳大利亚、新西兰、日本、以色列和南非。上述国家之外指发展中国家。

6-1　国内生产总值

单位：亿美元

国家和地区	1990	2000	2002	2003	2004	2005
世界总计	**217482**	**317755**	**328207**	**368746**	**413658**	**443849**
低收入国家	**5968**	**8373**	**9256**	**10547**	**12163**	**13914**
最不发达国家	**1574**	**1821**	**1985**	**2252**	**2610**	**2984**
重债穷国	**1363**	**1382**	**1510**	**1722**	**1975**	**2223**
中等收入国家	**32580**	**52147**	**54016**	**61043**	**72272**	**85351**
中下等收入国家	**16373**	**29471**	**31601**	**35379**	**41296**	**48695**
中上等收入国家	**16200**	**22675**	**22420**	**25667**	**30974**	**36654**
中、低收入国家	**38550**	**60524**	**63266**	**71581**	**84429**	**99264**
东亚和太平洋	**6658**	**60524**	**20272**	**22904**	**26535**	**30326**
欧洲和中亚	**11079**	**60524**	**11473**	**14143**	**17959**	**21909**
拉丁美洲和加勒比	**11009**	**60524**	**17030**	**17690**	**20311**	**24556**
中东和北非	**2772**	**60524**	**4394**	**4842**	**5500**	**6326**
南亚	**4019**	**60524**	**6524**	**7649**	**8817**	**9958**
撒哈拉以南非洲	**3063**	**60524**	**3584**	**4353**	**5291**	**6152**
高收入国家	**178935**	**60524**	**264964**	**297192**	**329277**	**344662**
非经合组织成员国	**5963**	**60524**	**11375**	**12179**	**13584**	**15282**
经合组织成员国	**172934**	**60524**	**253569**	**284933**	**315615**	**329524**
欧元区	**55833**	**60524**	**67527**	**83155**	**95009**	**98130**
亚　洲						
中　国	3546	11985	14538	16410	19317	22289
印　度	3169	4613	5061	6007	6947	7855
印度尼西亚	1144	1650	2001	2374	2543	2872
日　本	30397	47461	39708	42911	46228	45059
韩　国	2638	5117	5469	6081	6797	7876
马来西亚	440	903	953	1040	1183	1301
菲律宾	443	754	763	805	901	983
新加坡	369	915	883	924	1075	1168
泰　国	853	1227	1269	1429	1617	1766
越　南	65	312	351	397	452	524
非　洲						
埃　及	431	1022	879	829	788	893
南　非	1120	1329	1109	1662	2147	2402
美　洲						
巴　西	4620	6017	4608	5057	6040	7941
加拿大	5742	7145	7267	8565	9780	11152
墨西哥	2627	5814	6491	6391	6835	7684
美　国	57572	97648	104348	109513	117118	124551
欧　洲						
法　国①	12393	13280	14573	17891	20466	21102
德　国	17074	19002	20222	24434	27406	27819
意大利	11024	10748	11863	14683	16778	17230
荷　兰	2948	3706	4189	5127	5790	5948
俄罗斯联邦	5168	2597	3455	4315	5904	7637
西班牙	5265	5807	6861	8810	10399	11237
英　国	9895	14383	15650	17978	21244	21926
大洋洲						
澳大利亚	3105	3875	4119	5274	6373	7007

资料来源：世界银行世界发展指标数据库。
注：①包括法属圭亚那、瓜德罗普、马提尼克和留尼汪。

6-2 人均国民总收入

单位：美元

国家和地区	1990	2000	2002	2003	2004	2005
世界总计	**4075**	**5244**	**5158**	**5559**	**6338**	**6987**
低收入国家	**356**	**383**	**394**	**439**	**507**	**580**
最不发达国家	**309**	**270**	**273**	**295**	**336**	**378**
重债穷国	**348**	**278**	**271**	**293**	**336**	**379**
中等收入国家	**1170**	**1723**	**1770**	**1938**	**2265**	**2640**
中下等收入国家	**762**	**1242**	**1308**	**1436**	**1666**	**1918**
中上等收入国家	**2732**	**3673**	**3661**	**3995**	**4731**	**5625**
中、低收入国家	**848**	**1158**	**1183**	**1295**	**1507**	**1746**
东亚和太平洋	**425**	**906**	**1059**	**1206**	**1417**	**1627**
欧洲和中亚		**2056**	**2192**	**2592**	**3307**	**4113**
拉丁美洲和加勒比	**2239**	**3679**	**3284**	**3278**	**3584**	**4008**
中东和北非	**1347**	**1665**	**1712**	**1819**	**1995**	**2241**
南亚	**380**	**444**	**458**	**513**	**598**	**684**
撒哈拉以南非洲	**596**	**486**	**467**	**513**	**607**	**745**
高收入国家	**19617**	**26528**	**26130**	**28195**	**32132**	**35131**
非经合组织成员国	**9150**	**14368**	**14109**	**14740**	**16341**	**17656**
经合组织成员国	**20394**	**27564**	**27184**	**29389**	**33547**	**36715**
欧元区	**17747**	**22034**	**20524**	**23118**	**27921**	**31914**
亚洲						
中国	320	930	1100	1270	1500	1740
印度	390	450	470	530	630	720
印度尼西亚	620	590	830	940	1130	1280
日本	26960	35140	33640	33860	37050	38980
韩国	6000	9790	10680	12060	14040	15830
马来西亚	2420	3430	3600	3940	4520	4960
菲律宾	740	1040	1050	1100	1200	1300
新加坡	11850	23030	20820	21890	24740	27490
泰国	1540	1990	1970	2150	2490	2750
越南	130	380	430	470	540	620
非洲						
埃及	760	1460	1390	1310	1250	1250
南非	3390	3050	2630	2860	3670	4960
美洲						
巴西	2770	3590	2790	2680	3000	3460
加拿大	19840	21810	22660	24560	28310	32600
墨西哥	2830	5110	6010	6370	6930	7310
美国	23330	34400	35230	37780	41440	43740
欧洲						
法国①	20160	24470	22510	25220	30370	34810
德国	20560	25510	23030	25700	30690	34580
意大利	17420	20160	19110	21630	26280	30010
荷兰	18750	25200	23750	26650	32130	36620
俄罗斯联邦		1710	2100	2590	3410	4460
西班牙	12090	15320	15110	17450	21530	25360
英国	16190	24920	25560	28220	33630	37600
大洋洲						
澳大利亚	17710	20060	19660	22090	27070	32220

资料来源：世界银行世界发展指标数据库。
注：①包括法属圭亚那、瓜德罗普、马提尼克和留尼汪。

6-3 国内生产总值增长率

单位：%

国家和地区	年均增长率		1990	2000	2003	2004	2005
	1991-2000	2001-2005					
世　界①	**3.4**	**4.0**	**3.0**	**4.9**	**4.1**	**5.3**	**4.9**
发达国家	**2.8**	**2.1**	**3.1**	**3.9**	**1.9**	**3.2**	**2.6**
欧　盟	**2.2**	**1.8**	**2.6**	**3.9**	**1.4**	**2.4**	**1.8**
欧元区	**2.1②**	**1.4**		**3.9**	**0.8**	**2.1**	**1.3**
主要发达国家	**2.5**	**1.9**	**2.8**	**3.6**	**1.8**	**3.0**	**2.4**
亚洲新兴工业化国家	**6.2**	**4.0**	**7.3**	**7.9**	**3.2**	**5.9**	**4.5**
其它发达国家③	**4.5**	**3.2**	**4.4**	**5.9**	**2.5**	**4.6**	**3.7**
发展中国家	**4.3**	**6.3**	**2.8**	**6.1**	**6.7**	**7.7**	**7.4**
非　洲	**2.2**	**4.7**	**2.3**	**3.1**	**4.6**	**5.5**	**5.4**
撒哈拉以南非洲	**2.2**	**4.7**	**2.1**	**3.4**	**4.1**	**5.6**	**5.8**
中东欧	**1.6**	**4.3**	**-1.5**	**5.1**	**4.7**	**6.5**	**5.4**
独联体国家和蒙古	**-4.4**	**6.9**	**1.1**	**9.0**	**7.9**	**8.4**	**6.5**
亚洲发展中国家	**7.6**	**7.9**	**5.3**	**7.0**	**8.4**	**8.8**	**9.0**
东盟四国④	**4.3**	**4.7**	**7.6**	**5.8**	**5.5**	**5.8**	**5.1**
中　东	**4.0**	**4.9**	**8.2**	**5.3**	**6.4**	**5.5**	**5.7**
西半球	**3.4**	**2.5**	**0.2**	**3.9**	**2.2**	**5.7**	**4.3**
亚　洲							
中　国	10.4(10.4)	9.5(9.6)	3.8(3.8)	8.4(8.4)	10.0(10.0)	10.1(10.1)	10.2(10.4)
印　度	5.6	6.4	6.0	5.3	7.2	8.0	8.5
印度尼西亚	4.0	4.7	7.2	5.4	4.8	5.1	5.6
日　本	1.2	1.4	5.2	2.9	1.8	2.3	2.6
韩　国	6.1	4.5	9.2	8.5	3.1	4.7	4.0
马来西亚	7.1	4.5	9.0	8.9	5.5	7.2	5.2
菲律宾	3.0	4.4	3.0	6.0	4.9	6.2	5.0
新加坡	7.6	3.9	9.2	10.0	2.9	8.7	6.4
泰　国	4.4	5.0	11.6	4.8	7.0	6.2	4.5
越　南	7.6	7.5	5.0	6.8	7.3	7.8	8.4
非　洲							
埃　及	4.4	3.8	2.4	5.4	3.1	4.1	4.9⑤
南　非	1.8	3.8	-0.3	4.2	3.0	4.5	4.9
美　洲							
巴　西	2.7	2.2	-4.2	4.4	0.5	4.9	2.3
加拿大	2.9	2.5	0.2	5.2	1.8	3.3	2.9
墨西哥	3.5	1.9	5.1	6.6	1.4	4.2	3.0
美　国	3.3	2.4	1.9	3.7	2.5	3.9	3.2
欧　洲							
法　国	1.9	1.4	2.7	4.0	1.1	2.0	1.2
德　国	2.1	0.6	5.7	3.1	-0.2	1.2	0.9
意大利	1.6	0.6	2.1	3.6		1.1	
荷　兰	2.9	1.1	4.1	3.5	0.3	2.0	1.5
俄罗斯联邦	-2.3⑥	6.1		10.0	7.3	7.2	6.4
西班牙	2.9	3.1	3.8	5.0	3.0	3.1	3.4
英　国	2.4	2.5	0.7	3.8	2.7	3.3	1.9
大洋洲							
澳大利亚	3.4	3.1	1.7	3.3	3.1	3.5	2.5⑤

资料来源：国际货币基金组织世界经济展望数据库。

注：①指国际货币基金组织世界经济展望数据库的174个国家和地区。②为1992至2000年年均增长率。
③不包括西方七国和欧元区。④印度尼西亚、马来西亚、菲律宾和泰国。⑤估计数。
⑥为1993至2000年年均增长率。

6-4 国内生产总值产业构成

单位：%

国家和地区	第一产业		第二产业		第二产业	
	2000	2004	2000	2004	2000	2004
世　　界	**3.7**	**3.5①**	**29.3**	**28.0①**	**67.0**	**68.5①**
低收入国家	**26.8**	**22.1**	**26.0**	**28.1**	**47.2**	**49.8**
最不发达国家	**33.2**	**28.4**	**23.8**	**26.1**	**43.0**	**45.5**
重债穷国	**33.2**	**31.8**	**22.1**	**23.2**	**44.7**	**45.1**
中等收入国家	**9.9**	**10.0**	**36.3**	**37.3**	**53.8**	**52.7**
中下等收入国家	**12.7**	**12.5**	**39.1**	**41.3**	**48.3**	**46.2**
中上等收入国家	**6.1**	**6.5**	**32.7**	**31.8**	**61.2**	**61.7**
中、低收入国家	**12.2**	**11.7**	**34.9**	**36.0**	**52.9**	**52.3**
东亚和太平洋	**14.9**	**13.2**	**44.5**	**45.1**	**40.6**	**41.8**
欧洲和中亚	**9.7**	**8.3**	**32.8**	**31.3**	**57.4**	**60.3**
拉丁美洲和加勒比	**6.7**	**8.5**	**29.8**	**34.0**	**63.5**	**57.5**
中东和北非	**12.0**	**12.1**	**43.6**	**39.2**	**44.4**	**48.7**
南亚	**24.2**	**20.1**	**25.8**	**26.9**	**50.0**	**53.0**
中东和北非	**18.5**	**16.3**	**30.1**	**31.4**	**51.4**	**52.3**
高收入国家	**1.8**	**1.6①**	**28.1**	**26.2①**	**70.1**	**72.2①**
非经合组织成员国	**2.0**	**1.7**	**35.2**	**32.9①**	**62.7**	**65.3①**
经合组织成员国	**1.8**	**1.6①**	**27.8**	**25.9①**	**70.4**	**72.5①**
欧元区	**2.5**	**2.2**	**28.1**	**26.8**	**69.3**	**71.0**
亚　　洲						
中　　国	14.8(14.8)	13.1(13.1)	45.9(45.9)	46.2(46.2)	39.3(39.3)	40.7(40.7)
印　　度	23.7	19.6	26.3	27.3	50.0	53.2
印度尼西亚	15.6	15.6	45.9	44.3	38.5	41.4
日　　本	1.4	1.3①	32.3	30.5①	66.3	68.2①
韩　　国	4.9	3.7	40.7	40.8	54.4	55.5
马来西亚	8.8	9.5	50.7	50.4	40.5	40.1
菲 律 宾	15.8	15.2	32.3	31.9	52.0	52.9
新 加 坡	0.1	0.1	37.0	33.7	62.8	66.1
泰　　国	9.0	10.1	42.0	43.5	49.0	46.4
越　　南	24.5	21.8	36.7	40.1	38.7	38.2
非　　洲						
埃　　及	16.7	15.1	33.1	36.9	50.1	48.0
南　　非	3.3	3.1	31.8	30.8	64.9	66.1
美　　洲						
加 拿 大	2.3	2.2②	33.7	32.4②	64.0	65.4②
墨 西 哥	4.2	3.9	28.0	26.3	67.8	69.8
美　　国	1.2	1.2①	24.2	22.3①	74.6	76.5①
巴　　西	7.3	10.4	28.0	40.0	64.7	49.6
欧　　洲						
法　　国	2.8	2.5	22.9	21.7	74.3	75.8
德　　国	1.3	1.1	30.3	29.1	68.5	69.8
意 大 利	2.9	2.6	29.0	27.8	68.1	69.6
荷　　兰	2.9	2.4	26.8	25.6	70.3	72.0
俄罗斯联邦	6.4	5.1	37.9	35.5	55.6	59.4
西 班 牙	4.4	3.5	29.2	29.2	66.4	67.3
英　　国	1.1	1.0	28.5	26.3	70.4	72.7
大 洋 洲						
澳大利亚	3.8	3.4①	25.7	25.7①	70.6	70.9①

资料来源：世界银行世界发展指标数据库。
注：①2003年数据。②2001年数据。

6-5 三次产业对国内生产总值增长的拉动

单位：%

国家和地区	第一产业		第二产业		第三产业	
	2000	2005	2000	2005	2000	2005
亚　洲						
中　国	0.37	0.59	5.12	6.19	2.91	3.12
印　度	-0.01	0.43	1.47	2.16	2.52	4.80
印度尼西亚	0.30	0.43	2.68	2.23	1.99	2.71
日　本	0.02	-0.12①	1.41	1.86①	0.96	-0.43①
韩　国	0.06	0.26②	4.12	3.30②	3.03	0.62②
马来西亚	0.55	0.43②	6.04	3.58②	2.15	3.90②
菲律宾	0.87	0.39	3.09	1.76	2.01	2.98
新加坡				2.38		3.86
泰　国	0.72	-0.46	2.34	3.50	1.69	1.42
越　南	1.10	0.74②	3.46	3.93②	2.23	3.02②
非　洲						
埃　及	0.47	0.47	1.64	1.03	3.26	3.08
南　非	0.14	0.13	1.47	1.36	2.40	2.98
美　洲						
巴　西	0.17	0.24	1.47	0.82	2.11	-2.47
加拿大	-0.04	0.16①	2.42	0.42①	2.92	1.62①
墨西哥	0.03	-0.08	1.62	0.39	4.42	2.40
美　国	0.13	0.09①	0.90	0.70①	2.44	2.08①
欧　洲						
法　国	-0.06	0.26②	0.99	0.32②	2.56	1.45②
德　国		0.03②	1.21	0.84②	2.10	0.91②
意大利	-0.08	0.25②	0.65	0.20②	2.16	0.74②
荷　兰	0.04	0.05②	0.87	0.47②	2.28	0.99②
俄罗斯联邦	0.71	0.06	4.04	1.41	4.11	4.06
西班牙	0.11	-0.03②	1.20	0.59②	2.63	2.14②
英　国	-0.01	0.01②	0.46	0.26②	3.02	2.40②
大洋洲						
澳大利亚	0.15	0.67①	-0.16	0.42①	2.27	2.39①

资料来源：世界银行世界发展指标数据库。
注：①2003年数据。②2004年数据。

6-6 按生产法计算的第三产业行业增加值

单位：亿本币

国家和地区	2000	2002	2003	2004	2005
中　国					
按当年价格计算					
国内生产总值	(99215)	(120333)	(135823)	(159878)	(183085)
第三产业	(38942)	(50197)	(56318)	(65018)	(72968)
#交通运输仓储邮电通信业	(7333)	(9393)	(10098)	(12148)	(10526)
批发和零售贸易餐饮业	(9630)	(11951)	(13480)	(15250)	(13535)
印　度					
按当年价格计算					
国内生产总值	208950	246332	276003	312141	353145
第三产业(按基本价格计算)					
批发、零售贸易；机动车及个人、家庭用品修理业	25236	30968	35042	141410	52490①
旅馆和饭店业	1915	2292	2610		
运输、仓储和通讯	14083	17342	20208		27495
金融中介	11848	15811	17027		
房地产、租赁及商务活动	12038	15196	16983		92168②
公共管理和国防；社会基本保障	12372	14006	15354		
教育;卫生和社会工作;其他团体、社会和个人服务活动	15331	18730	20604		
按1993年价格计算					
国内生产总值	131620	144063	156462	150070	
第三产业(按基本价格计算)					
批发、零售贸易；机动车及个人、家庭用品修理业	16256	19163	20812	78270	
旅馆和饭店业	1236	1442	1599		
运输、仓储和通讯	9833	12092	14145		
金融中介	7897	9105	9787		
房地产、租赁及商务活动	7193	8041	8585		
公共管理和国防；社会基本保障	7207	7523	7948		
教育;卫生和社会工作;其他团体、社会和个人服务活动	8930	10091	10694		
印度尼西亚③					
按当年价格计算					
国内生产总值	1265	1610④	2036	2262	2730

6-6 续表 1 单位：亿本币

国家和地区	2000	2002	2003	2004	2005
印度尼西亚③(续)					
第三产业(按基本价格计算)					
批发、零售贸易；机动车及个人、家庭用品修理业;旅馆和饭店业	199	259	335	358	430
运输、仓储和通讯	62	97	119	142	181
金融中介，房地产、租赁及商务活动	80	106	372⑤	429⑤	504⑤
公共管理和国防；社会基本保障	69	83			
教育;卫生和社会工作;其他团体、社会和个人服务活动	52	68			
按1993年价格计算					
国内生产总值	398	427			
第三产业(按基本价格计算)					
批发、零售贸易；机动车及个人、家庭用品修理业;旅馆和饭店业	63	69			
运输、仓储和通讯	29	34			
金融保险，房地产及商务服务	27	30			
公共管理和国防；社会基本保障	23	23			
教育;卫生和社会工作;其他团体、社会和个人服务活动	15	17			
日　本③					
按当年价格计算					
国内生产总值	501	490	491	496	502
第三产业(按市场价格计算)					
批发、零售贸易；机动车及个人、家庭用品修理业	71	67	66	67	69
旅馆和饭店业⑥					
运输、仓储和通讯	35	35	34	35	35
金融中介	30	34	34	33	
房地产、租赁及商务活动	58	59	60	60	256②
公共管理和国防；社会基本保障	27	28	28	28	
教育					
卫生和社会工作					
其他团体、社会和个人服务活动①	130	132	132	134	
按2000年价格计算					
国内生产总值	501	504	513	524	
第三产业(按市场价格计算)					
批发、零售贸易；机动车及个人、家庭用品修理业	71	70	69	69	
旅馆和饭店业⑥					
运输、仓储和通讯	35	37	37	38	
金融中介	30	34	34	33	
房地产、租赁及商务活动	58	59	60	61	
公共管理和国防；社会基本保障	27	28	29	30	
教育					
卫生和社会工作					
其他团体、社会和个人服务活动①	130	136	139	143	

6-6 续表 2　　　　单位：亿本币

国家和地区	2000	2002	2003	2004	2005
韩　国					
按当年价格计算					
国内生产总值	5786645	6842635	7246750	7793805	8066219
第三产业(按基本价格计算)					
批发、零售贸易；机动车及个人、家庭用品修理业	426504	470163	478186	496835	517025
旅馆和饭店业	148618	179548	183095	184206	188995
运输、仓储和通讯	361387	451338	477870	509690	520555
金融中介	352561	548444	566908	572662	604868
房地产、租赁及商务活动	680627	768224	818047	860278	895924
公共管理和国防；社会基本保障	291487	355572	387009	422096	451859
教育	256967	322967	357607	391949	413138
卫生和社会工作	125758	174324	190127	208475	228658
其他团体、社会和个人服务活动	144367	180264	192047	201039	212657
雇人的私人住户	7773	8782	9571	10122	10199
按2000年价格计算					
国内生产总值	5786645	6427481	6626548	6939955	7214914
第三产业(按基本价格计算)					
批发、零售贸易；机动车及个人、家庭用品修理业	426504	464641	450152	448665	460728
旅馆和饭店业	148618	169360	167727	167533	168388
运输、仓储和通讯	361387	453286	474861	508086	528926
金融中介	352561	466416	468555	462115	483322
房地产、租赁及商务活动	680627	717255	732916	746900	765749
公共管理和国防；社会基本保障	291487	303936	311899	318381	326621
教育	256967	281232	291698	298136	301467
卫生和社会工作	125758	126541	132987	139652	147964
其他团体、社会和个人服务活动	144367	170692	171467	174391	179732
雇人的私人住户	7773	7689	7857	7808	7629
马来西亚					
按当年价格计算					
国内生产总值	3432	3620	3950	4496	4952
第三产业(按基本价格计算)					
批发、零售贸易；机动车及个人、家庭用品修理业	400	422	438	487	527①
旅馆和饭店业	79	87	89	99	
运输、仓储和通讯	223	251	269	298	321
金融中介，房地产、租赁及商务活动	536	604	623	654	1174⑤
公共管理和国防；社会基本保障	226	275	296	321	
教育;卫生和社会工作;其他团体、社会和个人服务活动	81	99	104	114	
雇人的私人住户	6	7	7	8	

6-6 续表 3

单位：亿本币

国家和地区	2000	2002	2003	2004	2005
马来西亚(续)					
按1987年价格计算					
国内生产总值	2106	2204	2324	2490	
第三产业(按基本价格计算)					
批发、零售贸易；机动车及个人、家庭用品修理业	268	281	286	306	
旅馆和饭店业	43	46	46	50	
运输、仓储和通讯	169	190	201	218	
金融中介，房地产、租赁及商务活动	366	440	461	486	
公共管理和国防；社会基本保障	143	158	171	182	
教育;卫生和社会工作;其他团体、社会和个人服务活动	58	69	72	78	
雇人的私人住户	4	5	5	5	
菲 律 宾					
按当年价格计算					
国内生产总值	33158	39639	42930	48263	53793
第三产业(按基本价格计算)					
批发、零售贸易；机动车及个人、家庭用品修理业	4730	5563	6028	6817	8546①
旅馆和饭店业	630	754	792	894	
运输、仓储和通讯	1990	2769	3132	3668	3912
金融中介	1491	1705	1881	2153	
房地产、租赁及商务活动	2753	3270	3549	3886	16026②
公共管理和国防；社会基本保障	3198	3617	3771	3935	
教育	778	1034	1162	1324	
卫生和社会工作	458	607	695	787	
其他团体、社会和个人服务活动	1407	1717	1882	2080	
按1985年价格计算					
国内生产总值	9615	10341	10807	11458	
第三产业(按基本价格计算)					
批发、零售贸易；机动车及个人、家庭用品修理业	1529	1708	1805	1927	
旅馆和饭店业	128	136	139	148	
运输、仓储和通讯	682	808	877	976	
金融中介	467	489	524	568	
房地产、租赁及商务活动	568	589	616	652	
公共管理和国防；社会基本保障	485	496	510	521	
教育	80	87	91	96	
卫生和社会工作	114	130	139	149	
其他团体、社会和个人服务活动	301	329	346	367	

6-6 续表 4 单位：亿本币

国家和地区	2000	2002	2003	2004	2005
菲 律 宾(续)					
按1995年价格计算					
国内生产总值	1624	1643	1665	1805	
第三产业(按基本价格计算)					
批发、零售贸易；机动车及个人、家庭用品修理业	206	204	218	250	
旅馆和饭店业	38	37	33	37	
运输、仓储和通讯	205	226	222	243	
金融中介	173	172	179	190	
房地产、租赁及商务活动	276	295	293	300	
公共管理和国防；社会基本保障					
教育；卫生和社会工作；其他团体、社会和个人服务活动	166	188	192	201	
泰 国					
按当年价格计算					
国内生产总值	49227	54460	59304	65035	71030
第三产业(按基本价格计算)					
批发、零售贸易；机动车及个人、家庭用品修理业	6985	6809	6939	10868①	11599①
旅馆和饭店业	2699	3047	2946		
运输、仓储和邮电业	3923	4435	4583	4872	5199
金融中介	1246	1506	1810		
房地产、租赁及商务活动	1347	1353	1313	10892②	11999②
公共管理和国防；社会基本保障	2110	2447	2621		
教育	2008	2169	2239		
卫生和社会工作	959	1068	1058		
其他团体、社会和个人服务活动	544	680	772		
雇人的私人住户	70	75	78		
按1988年价格计算					
国内生产总值	30084	32376	34600		
第三产业(按基本价格计算)					
批发、零售贸易；机动车及个人、家庭用品修理业	4748	4784	4954		
旅馆和饭店业	1134	1240	1194		
运输、仓储和通讯	2904	3313	3437		
金融中介	840	962	1117		
房地产、租赁及商务活动	1203	1283	1349		
公共管理和国防；社会基本保障	953	1068	1109		
教育	838	870	886		
卫生和社会工作	414	448	433		
其他团体、社会和个人服务	573	637	708		
雇人的私人住户	34	35	36		

6-6 续表 5

单位：亿本币

国家和地区	2000	2002	2003	2004	2005
越　南③					
按当年价格计算					
国内生产总值	442	536	606	717	838
第三产业(按基本价格计算)					
批发、零售贸易；机动车及个人、家庭用品修理业	63	76	83	120①	143①
旅馆和饭店业	14	17	19		
运输、仓储和通讯	17	21	23	30	37
金融中介	8	10	11		
房地产、租赁及商务活动	19	24	28	121②	139②
公共管理和国防；社会基本保障	12	14	17		
教育	15	18	21		
卫生和社会工作	6	7	9		
其他团体、社会和个人服务活动	15	18	20		
雇人的私人住户	1	1	1		
按1994年价格计算					
国内生产总值	274	313	336		
第三产业(按基本价格计算)					
批发、零售贸易；机动车及个人、家庭用品修理业	45	51	55		
旅馆和饭店业	9	10	11		
运输、仓储和通讯	11	12	13		
金融中介	6	6	7		
房地产、租赁及商务活动	12	13	14		
公共管理和国防；社会基本保障	8	9	9		
教育	9	10	11		
卫生和社会工作	4	4	5		
其他团体、社会和个人服务活动	9	10	11		
雇人的私人住户	1	1	1		
埃　及					
按当年价格计算					
国内生产总值	3458	4053	4512	5206	5860
第三产业(按基本价格计算)					
批发、零售贸易；机动车及个人、家庭用品修理业	314	453	460	920①	1042①
旅馆和饭店业	66	83	122		
运输、仓储和通讯	143	194	253		
金融中介	401	379	405	446	507
房地产、租赁及商务活动	16	14	16	1644②	1815②
公共管理与国防；社会基本保障	327	400	435		
教育	20	25	27		
卫生和社会工作	11	14	16		
其他团体、社会和个人服务活动	9	10	11		

6-6 续表 6

单位：亿本币

国家和地区	2000	2002	2003	2004	2005
埃　　及(续)					
按2001年价格计算⑦					
国内生产总值	3202	3652	3808		
第三产业(按要素成本计算)					
批发、零售贸易；机动车及个人、家庭用品修理业	503	429	447		
旅馆和饭店业	50	77	106		
运输、仓储和通讯	276	350	367		
金融中介	239	216	223		
房地产、租赁及商务活动		142	147		
公共管理和国防；社会基本保障	483	595	616		
教育；卫生和社会工作；其他团体、社会和个人服务活动					
南　　非					
按当年价格计算					
国内生产总值	9221	11688	12570	13867	15188
第三产业(按基本价格计算)					
批发、零售贸易；机动车及个人、家庭用品修理业；旅馆和饭店业	1227	1431	1577	1756	1896
运输、仓储和通讯	809	1000	1104	1223	1325
金融中介；房地产、租赁及商务活动	1563	2047	2290	2609	5650⑤
公共管理和国防；社会基本保障	1332	1574	1720	1868	
教育；卫生和社会工作；其他团体、社会和个人服务活动	282	348	398	440	
雇人的私人住户	232	279	301	324	
按2000年价格计算					
国内生产总值	9221	9823	10116	10568	
第三产业(按基本价格计算)					
批发、零售贸易；机动车及个人、家庭用品修理业；旅馆和饭店业	1227	1279	1361	1439	
运输、仓储和通讯	809	934	989	1034	
金融中介；房地产、租赁及商务活动	1563	1796	1871	2012	
公共管理和国防；社会基本保障	1332	1331	1349	1364	
教育；卫生和社会工作；其他团体、社会和个人服务活动	282	292	311	314	
雇人的私人住户	232	246	250	254	
巴　　西					
按当年价格计算					
国内生产总值	11013	13460	15562	17666	19461

6-6 续表 7　　　　单位：亿本币

国家和地区	2000	2002	2003	2004	2005
巴　西(续)					
第三产业(按基本价格计算)					
批发、零售贸易；机动车及个人、家庭用品修理业；旅馆和饭店业	722	922	1075	1235	1346
运输、仓储和邮电业	533	635	783	818	933
金融中介	534	922	975	1045	
房地产、租赁及商务活动	1251	1356	1425	1485	7671②
公共管理与国防；社会基本保障	1600	1959	2205	2547	
教育；卫生和社会工作；其他团体、社会和个人服务活动	610	611	671	765	
雇人的私人住户	114	145	173	184	
加 拿 大					
按当年价格计算					
国内生产总值	10610	11367	11975	12708	13714
第三产业(按基本价格计算)					
批发、零售贸易；机动车及个人、家庭用品修理业	1096	1226	1541①	1631①	1758①
旅馆和饭店业	234	254			
运输、仓储和通讯	697	765	813	858	924
金融中介	661	657	5115②	5411②	5839②
房地产、租赁及商务活动	1837	2120			
公共管理和国防；社会基本保障	565	611			
教育	468	516			
卫生和社会工作	602	684			
其他团体、社会和个人服务	289	333			
按2000年价格计算					
国内生产总值	10610	11129	11351	11684	
第三产业(按基本价格计算)					
批发、零售贸易；机动车及个人、家庭用品修理业	1096	1209	1252	1310	
旅馆和饭店业	234	242	237	241	
运输、仓储和通讯	697	750	758	790	
金融中介	661	708	717	745	
房地产、租赁及商务活动	1837	1982	2040	2093	
公共管理和国防；社会基本保障	565	596	609	616	
教育	468	480	482	487	
卫生和社会工作	602	628	653	663	
其他团体、社会和个人服务	289	318	329	332	
墨 西 哥					
按当年价格计算					
国内生产总值	54917	62631	68920	77091	83744

6-6 续表 8

单位：亿本币

国家和地区	2000	2002	2003	2004	2005
墨 西 哥(续)					
第三产业(按基本价格计算)					
批发、零售贸易；机动车及个人、家庭用品修理业	8191	8706	9841	11426	15916①
旅馆和饭店业	2466	2784	2868	3067	
运输、仓储和通讯	5568	6116	6457	7255	7883
金融中介	1145	2043	2082	2363	
房地产、租赁及商务活动	4910	5650	6163	6680	29797②
公共管理与国防；社会基本保障	1993	2537	2872	3010	
教育	2872	3772	4236	4537	
卫生和社会工作	1613	2143	2359	2551	
其他团体、社会和个人服务	5688	7025	7816	8551	
按2000年价格计算					
国内生产总值	50446	51011	51811	54023	
第三产业(按基本价格计算)					
批发、零售贸易；机动车及个人、家庭用品修理业	8191	8221	8418	8945	
旅馆和饭店业	2466	2297	2245	2294	
运输、仓储和通讯	5568	5886	6178	6749	
金融中介	1145	1312	1382	1452	
房地产、租赁及商务活动	4910	5217	5386	5562	
公共管理和国防；社会基本保障	1993	1887	1868	1847	
教育	2872	2920	2865	2820	
卫生和社会工作	1613	1625	1609	1610	
其他团体、社会和个人服务	5688	5806	5832	5980	
美 国					
按当年价格计算					
国内生产总值	97648	104176	109185	116792	124556
第三产业(按要素成本计算)					
批发、零售贸易；机动车及个人、家庭用品修理业	12541	13349	13839	14851	20125①
旅馆和饭店业	2614	2791	2925	3128	
运输、仓储和通讯	6363	6480	6665	7126	9381
金融中介	7405	8227	8852	9274	
房地产、租赁及商务活动	23439	25276	26332	28610	68500②
公共管理和国防；社会基本保障	6947	7814	8318	8759	
教育	4716	5338	5650	5908	
卫生和社会工作	5992	7063	7510	8027	
其他团体、社会和个人服务	3619	4079	4272	4522	
雇人的私人住户	136	126	140	149	
按2000年价格计算					
国内生产总值	97648	99976	102693	107039	

6-6 续表 9

单位：亿本币

国家和地区	2000	2002	2003	2004	2005
美　国(续)					
第三产业(按要素成本计算)					
批发零售、机动车及日用品修理、家庭用品修理业	12541	13634	14035	14814	
旅馆和饭店业	2614	2590	2687	2779	
运输、仓储和通讯	6363	6489	6634	7225	
金融中介	7405	7900	8370	8453	
房地产、租赁及商务活动	23439	23849	24475	25994	
公共管理和国防；社会基本保障	6947	7237	7436	7570	
教育	4716	4892	4940	4975	
卫生和社会工作	5992	6484	6679	6912	
其他团体、社会和个人服务	3619	3694	3732	3807	
雇人的私人住户	136	117	126	132	
法　国					
按当年价格计算					
国内生产总值	14414	15486	15948	16590	17100
第三产业(按基本价格计算)					
批发、零售贸易；机动车及个人、家庭用品修理业	1357	1502	1581	1598	1624
旅馆和饭店业	302	327	337	346	352
运输、仓储和通讯	776	893	912	945	976
金融中介	664	663	708	723	709
房地产、租赁及商务活动	3296	3618	3755	3953	4190
公共管理和国防；社会基本保障	1009	1064	1095	1133	1168
教育	722	785	810	811	836
卫生和社会工作	972	1106	1167	1247	1295
其他团体、社会和个人服务活动	422	480	505	520	537
雇人的私人住户	66	74	77	82	85
按2000年价格计算					
国内生产总值	14414	14832	14993	15341	15523
第三产业(按基本价格计算)					
批发、零售贸易；机动车及个人、家庭用品修理业	1357	1386	1397	1416	1432
旅馆和饭店业	302	300	299	292	290
运输、仓储和通讯	776	857	868	901	919
金融中介	664	661	705	716	732
房地产、租赁及商务活动	3296	3386	3448	3550	3628
公共管理和国防；社会基本保障	1009	994	1004	1015	1017
教育	722	715	717	721	723
卫生和社会工作	972	1030	1031	1057	1063
其他团体、社会和个人服务活动	422	460	474	478	487
雇人的私人住户	66	70	69	70	69

6-6 续表 10

单位：亿本币

国家和地区	2000	2002	2003	2004	2005
德　国					
按当年价格计算					
国内生产总值	20625	21450	21634	22157	22474
第三产业(按基本价格计算)					
批发、零售贸易；机动车及个人、家庭用品修理业	2053	2114	2104	2179	3664⑧
旅馆和饭店业	301	312	305	307	
运输、仓储和通讯	1018	1094	1088	1114	
金融中介	778	844	934	926	
房地产、租赁及商务活动	4332	4686	4746	4910	5904⑨
公共管理和国防；社会基本保障	1180	1201	1202	1203	4524⑩
教育	834	888	886	892	
卫生和社会工作	1241	1381	1401	1426	
其他团体、社会和个人服务活动	912	937	935	960	
雇人的私人住户	62	63	64	66	
按2000年价格计算					
国内生产总值	20625	20893	20854	21194	21398
第三产业(按基本价格计算)					
批发、零售贸易；机动车及个人、家庭用品修理业	2053	2126	2117	2164	3575⑧
旅馆和饭店业	301	287	280	280	
运输、仓储和通讯	1018	1082	1054	1072	
金融中介	778	778	716	712	
房地产、租赁及商务活动	4332	4567	4664	4768	5565⑨
公共管理和国防；社会基本保障	1180	1172	1150	1145	4308⑩
教育	834	825	818	806	
卫生和社会工作	1241	1379	1412	1433	
其他团体、社会和个人服务活动	912	893	878	891	
雇人的私人住户	62	61	61	62	
意大利					
按当年价格计算					
国内生产总值	11911	12952	13354	13889	14172
第三产业(按基本价格计算)					
批发、零售贸易；机动车及个人、家庭用品修理业	1354	1440	1453	1463	1471
旅馆和饭店业	416	435	442	467	488
运输、仓储和通讯	777	909	919	957	994
金融中介	498	531	577	582	584
房地产、租赁及商务活动	2134	2452	2618	2740	2836
公共管理和国防；社会基本保障					
教育	523	578	608	599	632
卫生和社会工作	572	627	646	690	720
其他团体、社会和个人服务活动	322	340	346	352	353
雇人的私人住户	92	104	107	114	119

6-6 续表 11　　　　单位：亿本币

国家和地区	2000	2002	2003	2004	2005
意 大 利(续)					
按2000年价格计算					
国内生产总值	11911	12166	12170	12300	12296
第三产业(按基本价格计算)					
批发、零售贸易；机动车及个人、家庭用品修理业	1354	1353	1316	1322	1327
旅馆和饭店业	416	393	384	390	401
运输、仓储和通讯	777	860	875	891	924
金融中介	498	486	488	496	506
房地产、租赁及商务活动	2134	2275	2317	2302	2296
公共管理和国防；社会基本保障	631	653	665	663	661
教育	523	544	551	545	554
卫生和社会工作	572	603	606	620	632
其他团体、社会和个人服务活动	322	305	292	317	307
雇人的私人住户	92	98	98	102	104
荷　兰					
按当年价格计算					
国内生产总值	4195	4652	4763	4886	5019
第三产业(按基本价格计算)					
批发、零售贸易；机动车及个人、家庭用品修理业		573	566	571	977⑧
旅馆和饭店业		84	83	82	
运输、仓储和通讯		305	315	325	
金融中介		269	317	322	
房地产、租赁及商务活动		834	817	844	1211⑨
公共管理和国防；社会基本保障		299	314	319	1095⑩
教育		189	199	207	
卫生和社会工作		346	373	390	
其他团体、社会和个人服务活动		133	136	140	
雇人的私人住户		18	18	19	
按2000年价格计算					
国内生产总值	4195	4258	4253	4326	4375
第三产业(按基本价格计算)					
批发、零售贸易；机动车及个人、家庭用品修理业⑨	871	883	892	923	947
旅馆和饭店业					
运输、仓储和通讯					
金融中介					
房地产、租赁及商务活动⑩	1017	1024	1014	1023	1047
公共管理和国防；社会基本保障⑪	825	872	890	895	898
教育					
卫生和社会工作					
其他团体、社会和个人服务活动					
雇人的私人住户					

6-6 续表 12

单位：亿本币

国家和地区	2000	2002	2003	2004	2005
俄罗斯联邦					
按当年价格计算					
国内生产总值	73056	108175④	132011④	167788④	216650
第三产业(按基本价格计算)					
批发、零售贸易；机动车及个人、家庭用品修理业；旅馆和饭店业	15455	21620	26520	32598①	41028①
运输、仓储和邮电业	5929	9056	11249	16708	19436
金融中介	912	2977	4006		
房地产、租赁及商务活动	7030	11927	14308	38150②	48993②
公共管理与国防；社会基本保障	3058	5135	6312		
教育	1794	3822	4440		
卫生和社会工作	1460	2971	3552		
其他团体、社会和个人服务	522	1167	1429		
按上年价格计算					
国内生产总值	53078	93679	116111	141384	
第三产业(按基本价格计算)					
批发、零售贸易；机动车及个人、家庭用品修理业；旅馆和饭店业	11268	19201	23710		
运输、仓储和通讯	4406	7658	9965		
金融中介	432	2177	3343		
房地产、租赁及商务活动	4444	9407	11851		
公共管理与国防；社会基本保障	2151	4183	5271		
教育	1292	2548	3917		
卫生和社会工作	1045	2031	3019		
其他团体、社会和个人服务	393	828	1198		
西 班 牙					
按当年价格计算					
国内生产总值	6303	7290	7806	8373	9043
第三产业(按基本价格计算)					
批发、零售贸易；机动车及个人、家庭用品修理业	640	719	762	826	2108⑧
旅馆和饭店业	434	498	526	575	
运输、仓储和邮电业	418	494	523	555	
金融中介	263	327	338	348	
房地产、租赁及商务活动	848	1047	1137	1223	1671⑨
公共管理与国防；社会基本保障	355	398	425	455	1667⑩
教育	279	318	338	361	
卫生和社会工作	290	335	364	390	
其他团体、社会和个人服务	204	243	259	274	
雇人的私人住户	58	62	65	68	

6-6 续表 13　　　　　　　　　　　　　　　　　　　　　　　　单位：亿本币

国家和地区	2000	2002	2003	2004	2005
西 班 牙(续)					
按2000年价格计算					
国内生产总值	6303	6701	6902	7115	7359
第三产业(按基本价格计算)					
批发零售、机动车及日用品修理、	640	655	659	675	1706⑧
旅馆和饭店业	434	440	447	466	
运输、仓储和邮电业	418	452	468	484	
金融中介	263	284	299	324	
房地产、租赁及商务活动	848	931	958	987	1352⑨
公共管理与国防；社会基本保障	355	373	385	396	1401⑩
教育	279	296	304	313	
卫生和社会工作	290	310	323	334	
其他团体、社会和个人服务	204	224	235	240	
雇人的私人住户	58	61	63	65	
英　国					
按当年价格计算					
国内生产总值	9536	10485	11059	11645	12093
第三产业(按基本价格计算)					
批发、零售贸易；机动车及个人、家庭用品修理业	1037	1150	1215	1284	2493⑧
旅馆和饭店业	280	312	326	338	
运输、仓储和通讯	703	744	783	783	
金融中介	427	633	715	703	
房地产、租赁及商务活动	1943	2236	2394	2547	3572⑨
公共管理和国防；社会基本保障	427	470	503	535	2247⑩
教育	478	554	590	626	
卫生和社会工作	560	626	667	693	
其他团体、社会和个人服务活动	385	439	469	493	
雇人的私人住户	40	45	49	50	
按2000年价格计算					
国内生产总值	9536	9943	10193	10512	10704
第三产业(按基本价格计算)					
批发、零售贸易；机动车及个人、家庭用品修理业	1037	1124	1156	1213	2365⑧
旅馆和饭店业	280	286	303	318	
运输、仓储和通讯	703	747	769	789	
金融中介	427	445	453	472	
房地产、租赁及商务活动	1943	2081	2227	2361	2843⑨
公共管理和国防；社会基本保障	427	443	459	473	2121⑩
教育	478	489	491	492	
卫生和社会工作	560	596	615	640	
其他社区、社会和私人服务活动	385	414	421	436	
雇人的私人住户	40	38	39	42	

6-6 续表 14 单位：亿本币

国家和地区	2000	2002	2003	2004	2005
澳大利亚					
按当年价格计算					
国内生产总值	6893	7828	8383	8915	9290
第三产业(按基本价格计算)					
批发、零售贸易；机动车及个人、家庭用品修理业	721	852	910	956	1197①
旅馆和饭店业	158	162	176	196	
运输、仓储和通讯	503	564	596	647	669
金融中介	449	528	575	615	
房地产、租赁及商务活动	1393	1543	1647	1736	4058②
公共管理和国防；社会基本保障	256	311	324	342	
教育	305	342	365	378	
卫生和社会工作	393	454	495	532	
其他社区、社会和私人服务活动	216	246	257	279	
按2000年价格计算					
国内生产总值	6893	7386	7680	7858	
第三产业(按基本价格计算)					
批发、零售贸易；机动车及个人、家庭用品修理业	721	784	824	855	
旅馆和饭店业	158	164	173	181	
运输、仓储和通讯	503	555	577	605	
金融中介	449	472	494	503	
房地产、租赁及商务活动	1393	1511	1567	1604	
公共管理和国防；社会基本保障	256	275	279	289	
教育	305	315	319	323	
卫生和社会工作	393	433	448	468	
其他社区、社会和私人服务活动	216	228	235	245	

资料来源：联合国通用数据库；经济合作与发展组织OLIS数据库。

注：①包括旅馆和饭店业。 ②包括“金融中介”、“公共管理和国防；社会基本保障”、“教育；卫生和社会工作；其他团体、社会和个人服务活动”。

③万亿本币。 ④按购买者价格计算。

⑤包括“公共管理和国防；社会基本保障”、“教育；卫生和社会工作；其他团体、社会和个人服务”。

⑥旅馆和饭店业包括在“其他团体、社会和个人服务业”中。 ⑦2000年数据是按1996年价格计算。

⑧包括“旅馆和饭店业”和“运输、仓储和通讯”。 ⑨包括金融中介。

⑩包括“教育；卫生和社会工作；其他团体、社会和个人服务活动”和“雇人的私人住户”。

6-7　按行业分类的固定资本形成总额

单位：亿本币

国家和地区	年份	固定资本形成总额	农业	采掘业	制造业	电、煤气和水供应业	建筑业
印　度①	2000		3014	554	12686	3729	24752
韩　国	2004	2302166	40840	2859	564391	101698	23675
南　非①	2002	1781	66	181	166	63	25
加拿大	2001	2189	47	306	199	86	39
墨西哥	2003	13049	93	1	5838②		
法　国	2005	3366	103	9	315	138	55
德　国	2004	3991	55	11	592	118	34
意大利	2003	2488	105	15	496	82	77
荷　兰	2003	946	35	18	81	17	15
西班牙	2003	2113	38	6	218	53	66
英　国	1999	1576	11	38	188	60	21
澳大利亚	2004	2269	150	284	285	153	66

6-7　续表

单位：亿本币

国家和地区	年份	批发、零售贸易；机动车及个人、家庭用品修理业；旅馆和饭店业	运输、仓储和通讯	金融中介、房地产、租赁和商务活动	公共管理和国防；社会基本保障	教育、卫生和社会工作；其他团体、社会和个人服务业	雇人的私人住户
印　度①	2000	1881	5512	5137	3069	1534	
韩　国	2004	72876	262157	700625	324101	208945	
南　非①	2002	225	242	396	208	19	
加拿大	2001	102	250	848	188	124	
墨西哥	2003	7091③			25④		
法　国	2005	191	208	1692	288	367	
德　国	2004	200	285	1997	207	493	
意大利	2003	236	276	795	253	154	
荷　兰	2003	64	107	415	129	65	
西班牙	2003	203	274	857	212	184	
英　国	1999	179	243	610	62	136	27
澳大利亚	2004	253	374	365	78	262	

资料来源：经济合作与发展组织数据库、联合国《国民经济核算年鉴》2002-2003年。
注：①为资本形成总额，包括库存变动。　②包括电、煤气和水供应业。
　③包括“建筑业；运输、仓储和通讯；金融中介、房地产、租赁和商务活动”。
　④包括“教育；卫生和社会工作；其他团体、社会和个人服务业”。

6-8 按行业分类的第三产业就业人员

单位：万人

国家和地区	2000	2002	2003	2004	2005
中　　国①②					
按第二版ISIC分类					
就业人员	**72085.0**	**73740.0**			
第三产业					
批发、零售业、旅馆和饭店业	4686.0	4969.0			
运输、仓储和通讯	2029.0	2084.0			
金融保险、房地产和商务服务	427.0	458.0			
社会和个人服务	2025.0	4390.0			
行业不明确者	17088.0	16304.0			
印度尼西亚					
按第二版ISIC分类					
就业人员	**8983.8**	**9165.0**	**9078.5**	**9372.2**	**9494.8**
第三产业					
批发、零售业、旅馆和饭店业	1849.9	1779.5	1684.6	1911.9	1889.7
运输、仓储和通讯	455.1	467.3	497.7	548.1	555.3
金融保险、房地产和商务服务	88.8	99.2	129.5	112.5	104.3
社会和个人服务	959.9	1036.0	974.6	1051.3	1057.7
行业不明确	2.0				
日　　本					
按第二版ISIC分类					
就业人员	**6446.0**	**6330.0**			
第三产业					
批发、零售业、旅馆和饭店业③	1474.0	1438.0			
运输、仓储和通讯	414.0	401.0			
金融保险、房地产和商务服务	616.0	640.0			
社会和个人服务③	1564.0	1622.0			
行业不明确	39.0	56.0			
按第三版ISIC分类					
就业人员			**6316.0**	**6329.0**	**6356.0**
第三产业					
批发、零售贸易；机动车及个人、家庭用品修理业			1198.0	1190.0	1186.0
旅馆和饭店业			350.0	347.0	343.0
运输、仓储和通讯			398.0	395.0	385.0
金融中介			161.0	159.0	157.0
房地产、租赁及商务活动			646.0	684.0	729.0
公共管理和国防；社会基本保障			227.0	233.0	229.0
教育			279.0	284.0	286.0
卫生和社会工作			502.0	531.0	553.0
其他团体、社会和个人服务活动			353.0	353.0	355.0
行业不明确者			59.0	67.0	74.0

6-8 续表 1

单位：万人

国家和地区	2000	2002	2003	2004	2005
韩　国②					
按第三版ISIC分类					
就业人员	**2115.6**	**2217.0**	**2213.9**	**2255.7**	**2285.6**
第三产业					
批发、零售贸易；机动车及个人、家庭用品修理业	383.3	399.1	387.1	380.5	374.8
旅馆和饭店业	191.9	200.7	198.1	205.7	205.8
运输、仓储和通讯	126.0	137.1	133.3	137.6	142.9
金融中介	75.2	73.4	75.1	73.8	74.6
房地产、租赁及商务活动	136.1	166.4	172.6	191.4	203.7
公共管理和国防；社会基本保障	75.8	70.2	75.7	76.8	79.1
教育	119.1	133.5	148.4	150.6	156.8
卫生和社会工作	42.8	55.1	53.9	59.4	64.6
其他团体、社会和个人服务活动	125.1	145.6	141.9	162.7	172.7
雇人的私人住户	18.6	21.5	19.2	12.5	13.0
域外组织和机构	1.9	1.8	2.2	2.4	2.4
马来西亚②④					
按第三版ISIC分类					
就业人员		**954.3**	**987.0**	**998.7**	
第三产业					
批发、零售贸易；机动车及个人、家庭用品修理业		149.7	159.2	160.7	
旅馆和饭店业		61.6	64.4	69.7	
运输、仓储和通讯		49.7	48.2	53.0	
金融中介		24.1	22.3	23.3	
房地产、租赁及商务活动		39.7	40.4	45.5	
公共管理和国防；社会基本保障		66.4	66.7	68.1	
教育		50.9	59.4	61.2	
卫生和社会工作		18.9	21.7	19.5	
其他团体、社会和个人服务活动		19.3	21.6	23.0	
雇人的私人住户		26.3	25.8	25.9	
域外组织和机构		0.2	0.3	0.2	
菲 律 宾					
按第三版ISIC分类②					
就业人员		**3025.1**	**3155.3**	**3174.1**	**3287.5**
第三产业					
批发、零售贸易；机动车及个人、家庭用品修理业		562.1	566.1	578.8	621.5
旅馆和饭店业		71.3	79.3	79.8	87.1
运输、仓储和通讯		217.1	235.2	244.6	247.1
金融中介		31.8	32.9	29.8	33.7
房地产、租赁及商务活动		56.0	71.6	70.2	73.6

6-8 续表 2

单位：万人

国家和地区	2000	2002	2003	2004	2005
菲 律 宾(续)					
公共管理和国防；社会基本保障		146.1	138.2	145.0	149.4
教育		93.9	91.5	95.8	98.9
卫生和社会工作		34.7	37.0	36.1	36.2
其他团体、社会和个人服务活动		84.7	85.1	80.9	78.1
个体经营单位		128.9	149.4	146.5	156.1
域外组织和机构		0.5	0.2	0.1	0.3
新 加 坡					
按第三版ISIC分类					
就业人员		**201.7**	**203.4**	**206.7**	
第三产业					
批发、零售贸易；机动车及个人、家庭用品修理业		30.4	29.6	32.0	
旅馆和饭店业		12.5	12.8	12.9	
运输、仓储和通讯		21.9	21.6	21.3	
金融中介		10.8	10.5	10.7	
房地产、租赁及商务活动		23.7	24.3	25.4	
公共管理和国防；社会基本保障		13.5	14.8	14.7	
教育；卫生和社会工作		16.6	17.4	17.7	
其他团体、社会和个人服务活动		21.7	22.6	23.0	
雇人的私人住户					
域外组织和机构；行业不明确者		0.2	0.2	0.2	
泰 国②					
按第三版ISIC分类					
就业人员		**3426.3**	**3467.7**	**3571.2**	**3630.2**
第三产业					
批发、零售贸易；机动车及个人、家庭用品修理业		473.9	505.7	545.2	529.7
旅馆及饭店业		198.8	210.3	220.6	230.0
运输、仓储和通讯		96.5	98.8	106.8	107.6
金融中介		26.3	27.9	30.3	34.0
房地产、租赁及商务活动		49.9	56.7	63.4	65.2
公共管理和国防；社会基本保障		95.7	90.3	101.5	109.6
教育		94.7	95.7	108.3	112.2
卫生和社会工作		47.1	51.8	53.5	61.1
其他团体、社会和个人服务活动		60.2	62.1	71.3	71.9
雇人的私人住户		22.2	25.5	23.9	24.2
域外组织和机构		0.5	0.1	0.1	0.2
行业不明确者		1.5	2.1	2.3	4.8

6-8 续表 3　　　　单位：万人

国家和地区	2000	2002	2003	2004	2005
越　南					
按第三版ISIC分类					
就业人员	**3836.8**	**4016.2**	**4117.6**	**4231.6**	
第三产业					
批发、零售贸易；机动车及个人、家庭用品修理业	411.6	430.7	450.7	469.6	
旅馆和饭店业	50.6	52.1	64.3	59.5	
运输、仓储和通讯	112.6	126.7	129.7	129.3	
金融中介	10.5	13.0	14.9	15.9	
房地产、租赁及商务活动	10.6	18.4	21.9	21.9	
公共管理和国防；社会基本保障	59.5	59.0	62.0	69.9	
教育	91.8	105.9	109.8	118.5	
卫生和社会工作	26.9	27.9	30.6	32.8	
其他团体、社会和个人服务活动	72.4	81.2	78.9	105.6	
雇人的私人住户	9.2	19.0	21.7	24.1	
域外组织和机构	0.3	0.2	0.1	0.3	
埃　及②④					
按第三版ISIC分类					
就业人员	**1720.3**	**1785.6**	**1811.9**		
第三产业					
批发、零售贸易；机动车及个人、家庭用品修理业	200.7	230.3	216.1		
旅馆和饭店业	26.9	33.7	29.1		
运输、仓储和通讯	112.6	113.3	114.5		
金融中介	18.6	22.0	20.0		
房地产、租赁及商务活动	31.3	34.2	34.7		
公共管理和国防；社会基本保障	182.5	194.6	202.5		
教育	179.0	196.3	196.9		
卫生和社会工作	53.2	59.5	54.6		
其他团体、社会和个人服务活动	34.3	38.0	40.9		
雇人的私人住户	4.9	5.2	3.4		
行业不明确者	0.2	0.1	0.2		
南　非⑤					
按第三版ISIC分类					
就业人员	**1171.2**	**1102.5**	**1162.2**		
第三产业					
批发、零售贸易；机动车及个人、家庭用品修理业;旅馆和饭店业	242.6	217.7	245.1		
运输、仓储和通讯	55.1	55.0	56.3		
金融中介;房地产、租赁及商务活动	92.8	102.1	107.9		
公共管理和国防；社会基本保障;教育;卫生和社会工作	3.3	4.5	1.9		

6-8 续表 4 单位：万人

国家和地区	2000	2002	2003	2004	2005
南　非⑤(续)					
其他团体、社会和个人服务活动	199.4	204.6	226.5		
雇人的私人住户	120.5	104.1	118.5		
行业不明确者	4.9	1.4	1.1		
巴　西⑥⑦					
按第三版ISIC分类					
就业人员		**7895.9**	**8016.3**	**8459.6**	
第三产业					
批发、零售贸易；机动车及个人、家庭用品修理业		1355.3	1421.6	1465.3	
旅馆和饭店业		293.2	289.3	302.3	
运输、仓储和通讯		369.2	372.5	399.4	
金融中介		98.3	102.5	100.0	
房地产、租赁及商务活动		426.2	449.4	472.0	
公共管理和国防；社会基本保障		387.1	399.0	420.4	
教育		430.4	435.4	456.9	
卫生和社会工作		275.9	281.8	284.0	
其他团体、社会和个人服务活动		314.9	298.2	349.8	
雇人的私人住户		611.0	615.5	647.2	
域外组织和机构		0.5	0.4	0.4	
行业不明确者		20.2	19.8	22.7	
加 拿 大②					
按第三版ISIC分类					
就业人员	**1475.9**	**1530.8**	**1566.5**	**1595.0**	**1617.0**
第三产业					
批发、零售贸易；机动车及个人、家庭用品修理业	255.8	265.7	272.0	277.2	284.0
旅馆和饭店业	93.5	98.5	100.7	100.7	100.5
运输、仓储和通讯	112.7	111.7	114.0	116.4	115.4
金融中介	61.0	64.9	64.6	67.8	70.7
房地产、租赁及商务活动	173.4	181.0	188.0	191.8	199.2
公共管理和国防；社会基本保障	76.2	79.1	81.8	82.8	83.1
教育	97.4	100.9	102.9	103.8	110.6
卫生和社会工作	150.0	162.2	168.3	173.7	173.5
其他团体、社会和个人服务活动	66.0	71.8	74.2	75.7	74.2
雇人的私人住户	7.8	7.3	7.5	6.6	6.2
域外组织和机构	0.3	0.2	0.2		0.3
墨 西 哥⑧					
按第三版ISIC分类					
就业人员	**3820.3**	**3917.4**	**3950.0**	**4097.6**	**4132.1**
第三产业					
批发、零售贸易；机动车及个人、家庭用品修理业	838.0	912.2	924.1	978.8	944.5

6-8 续表 5　　单位：万人

国家和地区	2000	2002	2003	2004	2005
墨　西　哥⑧(续)					
旅馆和饭店业	181.1	202.5	213.3	229.3	245.0
运输、仓储和通讯	173.3	179.5	183.9	184.8	187.2
金融中介	29.6	28.8	28.5	28.5	30.8
房地产、租赁及商务活动	117.8	126.8	132.3	144.9	183.9
公共管理和国防；社会基本保障	175.0	179.7	182.5	180.8	189.7
教育	189.5	203.4	204.0	218.2	219.5
卫生和社会工作	106.7	109.8	112.0	121.8	114.5
其他团体、社会和个人服务活动	123.4	125.9	136.7	138.0	132.3
雇人的私人住户	170.6	171.2	184.0	177.5	174.5
域外组织和机构	0.2			0.3	0.4
行业不明确者	15.7	14.2	14.2	15.9	20.9
美　　国②⑨					
按第二版ISIC分类					
就业人员	**13520.8**	**13648.5**	**13773.6**		
第三产业					
批发、零售业、旅馆和饭店业③	2783.2	2809.6			
运输、仓储和通讯	829.4	821.2			
金融保险、房地产和商务服务③	1651.5	1667.9			
社会和个人服务③	4777.0	5021.8			
按第三版ISIC分类					
就业人员			**13773.6**	**13925.2**	**14172.9**
第三产业					
批发、零售贸易；机动车及个人、家庭用品修理业			2070.6	2086.9	2140.4
旅馆和饭店业			902.1	913.1	930.6
运输、仓储和通讯			575.8	584.4	618.4
金融中介			683.4	694.0	703.5
房地产、租赁及商务活动			1679.3	1713.7	1746.1
公共管理和国防；社会基本保障			624.3	636.5	653.0
教育			1182.6	1205.8	1226.4
卫生和社会工作			1643.4	1666.1	1691.0
其他团体、社会和个人服务活动			1308.9	1305.6	1318.7
雇人的私人住户；域外组织和机构					
法　　国					
按第三版ISIC分类					
就业人员			**2463.1**	**2472.0**	
第三产业					
批发、零售贸易；机动车及个人、家庭用品修理业			329.3	335.3	
旅馆和饭店业			80.0	82.5	
运输、仓储和通讯			157.9	159.3	
金融中介			71.5	67.7	

6-8 续表 6 单位：万人

国家和地区	2000	2002	2003	2004	2005
法　国(续)					
房地产、租赁及商务活动			243.5	248.0	
公共管理和国防；社会基本保障			229.7	229.9	
教育			170.4	170.5	
卫生和社会工作			280.4	291.9	
其他团体、社会和个人服务活动			101.8	105.6	
雇人的私人住户			64.0	64.4	
域外组织和机构			1.3	1.5	
行业不明确者			12.5	8.4	
德　国					
按第三版ISIC分类					
就业人员	**3660.4**	**3653.6**	**3617.2**	**3565.9**	**3656.6**
第三产业					
批发、零售贸易；机动车及个人、家庭用品修理业	519.0	508.5	506.9	501.0	525.7
旅馆和饭店业	121.9	124.0	122.7	120.6	129.5
运输、仓储和通讯	200.8	203.0	200.1	197.1	194.9
金融中介	133.3	134.3	135.1	129.6	130.7
房地产、租赁及商务活动	292.3	312.0	322.1	327.6	352.2
公共管理和国防；社会基本保障	310.3	298.6	297.3	289.6	287.9
教育	192.8	202.1	203.3	203.3	210.0
卫生和社会工作	369.6	392.6	403.0	406.3	415.0
其他团体、社会和个人服务活动	194.4	203.8	194.3	191.1	215.3
雇人的私人住户	13.7	13.7	13.8	15.2	17.9
域外组织和机构	3.3	3.1	2.8	2.6	3.4
意 大 利					
按第三版ISIC分类					
就业人员	**2122.5**	**2192.2**	**2213.3**		**2262.1**
第三产业					
批发、零售贸易；机动车及个人、家庭用品修理业	337.7	345.6	353.0		341.6
旅馆和饭店业	81.4	90.7	95.3		106.0
运输、仓储和通讯	119.0	116.7	116.2		123.9
金融中介	66.2	66.3	66.5		64.0
房地产、租赁及商务活动	147.8	167.5	172.8		237.6
公共管理和国防；社会基本保障	194.2	198.2	193.4		149.8
教育	146.7	153.1	153.2		154.1
卫生和社会工作	128.8	132.9	133.1		154.9
其他团体、社会和个人服务活动	90.5	97.0	98.5		109.3
雇人的私人住户	19.6	19.8	20.2		30.3
域外组织和机构	2.0	1.6	1.7		1.7

6-8 续表 7　　　　单位：万人

国家和地区	2000	2002	2003	2004	2005
荷　兰					
按第三版ISIC分类					
就业人员	**773.3|**	**786.7**	**783.0**	**778.2**	**778.4**
第三产业					
批发、零售贸易；机动车及个人、家庭用品修理业	124.3|	123.0	123.2	110.8	113.4
旅馆和饭店业	27.3|	31.1	29.7	31.1	30.8
运输、仓储和通讯	46.5|	44.9	46.4	48.6	48.4
金融中介	27.2|	27.2	27.3	25.8	26.0
房地产、租赁及商务活动	93.2|	96.8	99.5	89.5	91.3
公共管理和国防；社会基本保障	48.9|	54.9	53.6	54.6	53.8
教育	46.2|	50.7	51.0	51.3	51.8
卫生和社会工作	104.7|	115.0	117.5	114.9	120.7
其他团体、社会和个人服务活动	35.1|	35.7	35.8	30.6	30.7
雇人的私人住户	0.3|	0.5	0.4	0.3	0.3
行业不明确	34.5|	24.9	23.6	40.8	32.3
俄罗斯联邦⑩					
按第三版ISIC分类					
就业人员	**6507.0**	**6665.9**	**6643.2**	**6727.5**	**6816.9**
第三产业					
批发、零售贸易；机动车及个人、家庭用品修理业	788.7	924.1	968.9	1013.1	1038.3
旅馆和饭店业	92.4	114.2	126.5	122.3	129.7
运输、仓储和通讯	548.4	596.0	597.2	626.1	624.9
金融中介	84.3	86.8	81.1	91.8	96.2
房地产、租赁及商务活动	202.8	274.3	379.1	411.9	403.9
公共管理和国防；社会基本保障	482.4	461.8	467.5	470.2	481.5
教育	591.1	592.9	601.8	614.2	620.4
卫生和社会工作	439.2	459.4	467.6	483.3	470.1
其他团体、社会和个人服务活动	483.6	430.3	209.9	210.0	224.7
雇人的私人住户	2.1	1.2	1.1		2.6
域外组织和机构	0.4	0.2	0.5	0.1	0.4
西 班 牙②⑨					
按第三版ISIC分类					
就业人员	**1550.6**	**1663.0**	**1729.6**	**1797.1|**	**1897.3**
第三产业					
批发、零售贸易；机动车及个人、家庭用品修理业	250.2	255.2	269.9	281.8|	288.7
旅馆和饭店业	100.4	110.2	113.7	120.1|	129.1
运输、仓储和通讯	93.0	100.8	105.1	106.7|	111.7

6-8 续表 8　　　　单位：万人

国家和地区	2000	2002	2003	2004	2005
西　班　牙②⑨(续)					
金融中介	41.2	40.0	39.8	40.1	45.7
房地产、租赁及商务活动	113.6	132.8	141.9	154.6	167.8
公共管理和国防；社会基本保障	97.5	103.5	109.0	112.6	119.7
教育	84.1	94.7	95.7	101.0	109.1
卫生和社会工作	83.0	91.9	99.8	102.9	113.5
其他团体、社会和个人服务活动	60.4	65.8	71.1	72.8	79.4
雇人的私人住户	42.7	48.7	54.3	59.1	68.3
域外组织和机构	0.2	0.2	0.2	0.2	0.6
英　　国⑨					
按第三版ISIC分类					
就业人员	**2779.3**	**2841.5**	**2782.1**	**2800.8**	**2816.6**
第三产业					
批发、零售贸易；机动车及个人、家庭用品修理业	429.9	426.1	433.6	433.8	430.1
旅馆和饭店业	114.9	129.4	119.2	123.3	120.7
运输、仓储和通讯	190.5	201.6	193.6	190.4	193.2
金融中介	120.0	129.8	123.1	118.1	117.9
房地产、租赁及商务活动	307.2	325.8	308.4	315.8	321.7
公共管理和国防；社会基本保障	171.6	189.3	190.5	191.9	198.8
教育	221.0	232.2	237.9	255.3	254.9
卫生和社会工作	300.2	313.7	320.3	335.5	345.5
其他团体、社会和个人服务活动	154.4	151.0	153.7	156.0	155.4
雇人的私人住户	13.4	11.9	14.0	15.6	11.8
域外组织和机构	2.5	1.8	1.5	1.3	0.8
行业不明确	7.3	6.2	4.9	7.4	6.9
澳大利亚②					
按第三版ISIC分类					
就业人员	**895.1**	**924.8**	**945.9**	**963.6**	**995.7**
第三产业					
批发、零售贸易；机动车及个人、家庭用品修理业	175.9	183.7	189.8	189.1	195.3
旅馆和饭店业	45.5	45.7	46.5	48.6	50.0
运输、仓储和通讯	58.8	57.0	60.0	61.7	64.0
金融中介	33.3	34.3	34.7	34.7	37.2
房地产、租赁及商务活动	106.2	109.2	113.9	113.5	119.9
公共管理和国防；社会基本保障	45.7	52.3	55.2	56.7	58.3
教育	61.3	65.6	68.2	69.3	69.4
卫生和社会工作	85.0	93.3	93.2	98.1	101.3
其他团体、社会和个人服务活动	43.6	47.4	47.5	48.8	51.4
雇人的私人住户	0.7	0.6	0.3	0.3	
域外组织和机构	0.1	0.2	0.1	0.1	0.1
行业不明确	0.2	0.4	0.5	2.0	2.4

资料来源：国际劳工组织数据库。

注：①不包括退休后再就业人员。②不包括军人。③“旅馆业”包括在“社会和个人服务业”中。④15至64岁。⑤15至65岁。⑥10岁及以上。⑦不包括部分农村人口。⑧14岁及以上。⑨16岁及以上。⑩15至72岁。

6-9 第三产业雇员工资

单位：本币

国家和地区	2000	2002	2003	2004	2005
中　国					
按第三版ISIC分类					
雇员每月收入	780.9	1035.2	1170.0	1335.0	
第三产业					
批发、零售贸易；机动车及个人、家庭用品修理业；旅馆和饭店业	599.2	783.2			
运输、仓储和通讯	1026.6	1337.0	1331.1①	1531.8	
金融中介	1123.2	1594.6	1871.4	2248.5	
房地产、租赁及商务活动	1051.3	1291.8	1431.8	1559.3	
公共管理和国防；社会基本保障②	836.9	1164.6	1294.4	1467.4	
教育③	790.2	1107.5	1199.9	1356.4	
卫生和社会工作④	910.8	1232.9			
日　本					
按第二版ISIC分类					
雇员每月收入					
第二、三产业	302200.0	302600.0	302100.0		
第三产业					
批发、零售业、旅馆和饭店业	304400.0	306900.0	303500.0		
运输、仓储和通讯⑤	298500.0	293800.0	290900.0		
金融保险、房地产					
社会和个人服务					
按第三版ISIC分类					
雇员每月收入					
第三产业					
批发、零售贸易；机动车及个人、家庭用品修理业⑥				308400.0	306100.0
旅馆和饭店业				245600.0	239400.0
运输、仓储和通讯					
金融中介				366300.0	373300.0
房地产、租赁及商务活动					
公共管理和国防；社会基本保障					
教育				278500.0	393100.0
卫生和社会工作				272400.0	276500.0
其他团体、社会和个人服务活动					
韩　国⑦					
按第三版ISIC分类					
雇员每月收入⑧					
第二、三产业	1727.3	2036.0	2228.0	2373.0	2524.9
第三产业					
批发、零售贸易；机动车及个人、家庭用品修理业	1597.6	1979.0	2215.0	2301.0	2573.5
旅馆和饭店业	1251.2	1527.0	1615.0	1686.0	1781.1
运输、仓储和通讯	1771.5	1665.8	1815.9	1947.3	2120.9
金融中介	2448.1	3544.5	3665.3	3743.0	3809.2
房地产、租赁及商务活动	1532.8	3027.1	3395.2	3646.2	3854.3
公共管理和国防；社会基本保障					
教育	2095.8	2023.6	2114.0	2256.3	2634.0
卫生和社会工作	1671.2				
其他团体、社会和个人服务活动	1889.1	2596.9	2849.9	3053.1	3051.6
雇人的私人住户		1944.6	2078.1	2191.7	2403.1
域外组织和机构		2413.7	2755.8	2874.5	2840.6
行业不明确者		1862.3	2017.6	2089.0	2196.2

6-9 续表 1 单位：本币

国家和地区	2000	2002	2003	2004	2005
菲律宾					
按第三版ISIC分类					
雇员每日工资率		230.9	229.3	238.0	
第二、三产业		254.4	253.0	262.2	
第三产业					
批发、零售贸易；机动车及个人、家庭用品修理业		205.2	213.6	216.9	
旅馆和饭店业		201.1	206.5	229.1	
运输、仓储和通讯		235.3	241.2	253.1	
金融中介		397.7	427.0	429.6	
房地产、租赁及商务活动		301.7	314.4	329.7	
公共管理和国防；社会基本保障		375.9	368.4	378.6	
教育		441.1	434.6	443.2	
卫生和社会工作		370.1	341.7	382.5	
其他团体、社会和个人服务活动		209.0	225.8	246.8	
域外组织和机构		109.8	105.4	111.9	
行业不明确者		451.2	311.8	1173.0	
新加坡					
按第三版ISIC分类					
雇员每月收入	3063.0	3158.0	3213.0	3329.0	3444.0
第三产业					
批发、零售贸易；机动车及个人、家庭用品修理业	2721.0	2780.0	2831.0	2890.0	3016.0
旅馆和饭店业	1332.0	1312.0	1283.0	1298.0	1333.0
运输、仓储和邮电业	3105.0	3166.0	3297.0	3439.0	3610.0
金融中介	4931.0	5307.0	5393.0	5639.0	5949.0
房地产、租赁及商务活动	3281.0	3357.0	3352.0	3389.0	3477.0
公共管理和国防；社会基本保障⑨	3336.0	3384.0	3409.0	3668.0	3686.0
教育					
卫生和社会工作					
其他团体、社会和个人服务活动					
域外组织和机构					
雇人的私人住户					
泰国					
按第三版ISIC分类					
雇员每月工资率		6445.7	5839.6		
第三产业					
批发、零售贸易；机动车及个人、家庭用品修理业		6300.8	6662.2	6546.5	6726.7
旅馆和饭店业		6873.3	5174.2	5335.9	5489.5
运输、仓储和通讯		6325.3	9448.8	9740.5	9843.5
金融中介		6651.2	16641.8	16897.9	18780.3
房地产、租赁及商务活动		5969.3	8736.1	9561.6	10010.3

6-9 续表 2　　单位：本币

国家和地区	2000	2002	2003	2004	2005
泰　国(续)					
公共管理和国防；社会基本保障				20894.2	28944.5
教育		5074.9	9345.3	8509.3	9840.1
卫生和社会工作		7750.4	8936.9	11284.3	11070.7
其他团体、社会和个人服务		6241.7	6172.1	5667.3	6510.3
雇人的私人住户		5398.9	4009.3	4186.8	4206.3
域外组织和机构				20287.1	19039.3
行业不明确者				11163.7	12986.5
埃　及					
按第三版ISIC分类					
工资收入者每周收入	162.0	163.0	174.0		
第二、三产业	163.0	164.0	175.0		
第三产业					
批发、零售贸易；机动车及个人、家庭用品修理业	156.0	171.0	179.0		
旅馆和饭店业	104.0	118.0	121.0		
运输、仓储和通讯	138.0	197.0	211.0		
金融中介	215.0	253.0	285.0		
房地产、租赁及商务活动	261.0	277.0	278.0		
公共管理与国防；社会基本保障					
教育	111.0	98.0	86.0		
卫生和社会工作	77.0	79.0	115.0		
其他团体、社会和个人服务活动	105.0	104.0	132.0		
南　非					
按第二版ISIC分类					
雇员每月收入					
第二、三产业	4990.0	6055.0			
第三产业					
批发、零售业、旅馆和饭店业	3722.0	4318.0			
运输、仓储和通讯	5636.0	7186.0			
金融保险、房地产	8828.0	11952.0			
社会和个人服务	6073.0	7427.0			
巴　西					
按第三版ISIC分类					
雇员每月收入	766.5	885.4			
第二、三产业	785.6	905.8			
第三产业					
批发、零售贸易；机动车及个人、家庭用品修理业	488.7	564.6			
旅馆和饭店业	362.7	420.8			
运输、仓储和邮电业	873.1	924.3			
金融中介	2257.0	2195.9			
房地产、租赁及商务活动	689.2	788.1			

6-9 续表 3 单位：本币

国家和地区	2000	2002	2003	2004	2005
巴　西(续)					
公共管理与国防；社会基本保障	976.3	1161.0			
教育	975.8	1161.8			
卫生和社会工作	668.9	793.3			
其他团体、社会和个人服务活动	669.8	733.4			
域外组织和机构	216.2	292.1			
雇人的私人住户	1536.3	2214.3			
加 拿 大⑩					
按第三版ISIC分类					
雇员每周收入	655.9	680.9	690.6	706.0	728.2
第三产业					
批发、零售贸易；机动车及个人、家庭用品修理业	539.2	548.9	558.3	566.7	584.0
旅馆和饭店业	273.3	292.0	279.5	294.1	311.6
运输、仓储和通讯	737.5	776.0	774.3	775.4	804.0
金融中介	845.5	852.8	880.0	904.1	935.2
房地产、租赁及商务活动	704.8	726.8	730.6	743.6	762.9
公共管理和国防；社会基本保障	781.2	833.4	858.1	873.5	900.0
教育	673.9	724.2	745.7	776.7	805.6
卫生和社会工作	562.4	605.1	612.9	637.5	655.4
其他团体、社会和个人服务	457.3	481.6	471.5	482.2	497.3
墨 西 哥⑪					
按第三版ISIC分类					
雇员每月收入					
第二、三产业	2965.6	3561.8	3818.3	3997.5	4017.6
第三产业	3127.7	3746.3	3991.3	4047.1	4310.1
批发、零售贸易；机动车及个人、家庭用品修理业	2547.5	3134.2	3359.9	3433.3	3652.8
旅馆和饭店业	2170.6	2825.8	2896.7	3074.4	3273.8
运输、仓储和通讯	3709.6	4164.3	4481.5	4672.6	4843.0
金融中介	6573.1	7081.2	7069.9	8449.2	7756.3
房地产、租赁及商务活动	3864.0	4538.6	4761.5	5000.8	4548.4
公共管理与国防；社会基本保障	4254.4	4899.7	5236.5	5621.5	5526.3
教育	4423.5	5023.5	5434.1	5666.3	5388.0
卫生和社会工作	4122.5	4962.0	5542.7	5582.9	5393.2
其他团体、社会和个人服务	2883.6	3320.7	3657.6	3890.7	3877.8
域外组织和机构	1226.5	1647.0	1797.4	1844.0	1959.9
雇人的私人住户	10450.3			15989.2	7555.3
美　国					
按第三版ISIC分类					
工资收入者每小时收入	14.0	15.0	15.4	15.7	
第三产业					

6-9 续表 4　　　　　　　　　　　　　　　　　　　　单位：本币

国家和地区	2000	2002	2003	2004	2005
美　国(续)					
批发、零售贸易；机动车及个人、家庭用品修理业					
旅馆和饭店业					
运输、仓储和通讯					
金融中介					
房地产、租赁及商务活动					
公共管理和国防；社会基本保障					
教育	7.7	8.0	8.2	8.4	8.5
卫生和社会工作					
其他团体、社会和个人服务	14.0	15.3	15.9	16.5	17.1
法　国					
按第三版ISIC分类					
工资收入者每小时收入					
第二、三产业	9.7	11.0	11.4	11.7	
第三产业					
批发、零售贸易；机动车及个人、家庭用品修理业	9.0	10.2	10.6	10.8	
旅馆和饭店业	8.5	9.3	9.6	10.1	
运输、仓储和通讯	9.9	10.9	11.4	11.5	
金融中介	9.9	12.1	12.7	13.0	
房地产、租赁及商务活动	9.0	10.1	10.3	10.6	
公共管理和国防；社会基本保障					
教育					
卫生和社会工作					
其他团体、社会和个人服务活动					
雇人的私人住户					
意大利					
按第三版ISIC分类					
工资收入者每小时工资率	112.4	103.6	106.2	109.1	112.8
第二、三产业	113.2	103.8	106.3	109.4	112.9
第三产业					
批发、零售贸易；机动车及个人、家庭用品修理业	116.6	103.7	106.0	107.8	113.4
旅馆和饭店业	112.1	102.7	104.5	108.9	111.4
运输、仓储和通讯	108.1	103.0	105.5	107.8	110.7
金融中介					
房地产、租赁及商务活动	110.0	103.3	106.0	109.1	112.5
公共管理和国防；社会基本保障					
教育		102.1	104.7	108.8	111.1
卫生和社会工作		103.8	105.0	106.8	111.4
其他团体、社会和个人服务活动					

6-9 续表 5 单位：本币

国家和地区	2000	2002	2003	2004	2005
荷　兰⑫					
按第三版ISIC分类					
雇员每月收入	5220.0	2623.0	2712.0	2792.0	
第二、三产业	5236.0	2632.0	2721.0	2800.0	
第三产业					
批发、零售贸易；机动车及个人、家庭用品修理业	4684.0	2336.0	2419.0	2487.0	
旅馆和饭店业	3792.0	1856.0	1927.0	1962.0	
运输、仓储和通讯	4937.0	2418.0	2498.0	2582.0	
金融中介	6257.0	3266.0	3370.0	3495.0	
房地产、租赁及商务活动	5905.0	2926.0	3031.0	3142.0	
公共管理和国防；社会基本保障	5776.0	2877.0	2953.0	2994.0	
教育	6029.0	3076.0	3166.0	3182.0	
卫生和社会工作	5285.0	2688.0	2794.0	2884.0	
其他团体、社会和个人服务活动	5018.0	2537.0	2641.0	2654.0	
俄罗斯联邦					
按第三版ISIC分类					
雇员每月工资					8550.0
第三产业					
批发、零售贸易；机动车及个人、家庭用品修理业		3069.0	3974.0		6214.0
旅馆和饭店业		3039.0	3967.0		6704.0
运输、仓储和邮电业	3249.0	5852.0	7471.0		11436.0
金融中介		13246.0	15561.0		22336.0
房地产、租赁及商务活动		4677.0	6196.0		9813.0
公共管理与国防；社会基本保障		5200.0	6914.0		10693.0
教育		2927.0	3387.0		5478.0
卫生和社会工作		3141.0	3663.0		5857.0
其他团体、社会和个人服务		3183.0	3920.0		6325.0
西 班 牙⑬					
按第三版ISIC分类					
雇员每小时收入					
第二、三产业⑭	9.5	10.2	10.7	11.1	11.4
第三产业					
批发、零售贸易；机动车及个人、家庭用品修理业	8.0	8.7	8.9	9.3	9.6
旅馆和饭店业	6.4	7.1	7.2	7.4	7.6
运输、仓储和邮电业	10.9	11.4	12.0	12.2	12.7
金融中介	18.5	20.0	20.8	21.8	22.8

6-9 续表·6　　　　单位：本币

国家和地区	2000	2002	2003	2004	2005
西 班 牙⑬(续)					
房地产、租赁及商务活动	8.5	9.7	10.2	10.5	10.8
公共管理与国防；社会基本保障					
教育	12.4	13.1	13.6	14.5	15.4
卫生和社会工作	11.8	12.4	13.3	13.9	14.4
其他团体、社会和个人服务	8.8	9.4	9.9	9.9	10.2
英　　国⑩					
按第三版ISIC分类					
雇员每小时收入	10.7	11.9	12.3	12.8	
第二、三产业	10.8	12.0	12.4	12.8	
第三产业					
批发、零售贸易；机动车及个人、家庭用品修理业	9.1	10.0	10.3	10.7	
旅馆和饭店业	6.8	7.3	7.6	7.7	
运输、仓储和通讯	9.9	10.8	11.1	11.8	
澳大利亚					
按第三版ISIC分类					
雇员每小时工资					
第二、三产业	19.9	21.4		22.5	
第三产业					
批发、零售贸易；机动车及个人、家庭用品修理业	16.5	17.7		19.1	
旅馆和饭店业	14.7	15.9		17.3	
运输、仓储和通讯	20.4	22.0		22.9	
金融中介	21.1	24.6		27.8	
房地产、租赁及商务活动	19.6	21.1		22.8	
公共管理和国防；社会基本保障	22.7	24.2		26.1	
教育	21.7	24.1		25.2	
卫生和社会工作	19.5	18.5		20.5	
其他社区、社会和私人服务活动	18.0	19.8		21.2	

资料来源：国际劳工组织数据库。

注：①不包括通讯业。②指国家机关、社会组织。③包括文化艺术、广播电视。④包括体育活动。⑤包括旅馆业。⑥不包括机动车及个人、家庭用品修理业。⑦千本币。⑧包括家庭补助和各种实物的价值。⑨包括“教育、卫生和社会工作；其他团体、社会和个人服务活动”、“雇人的私人住户”和“行业不明确者”。⑩包括加班收入。⑪14岁及以上。⑫2000年及以后货币为欧元。⑬包括加班收入和不定期报酬。⑭不包括“公共管理和国防；社会基本保障”、“域外组织和机构”和“雇人的私人住户”。

6-10 货物进出口总额

单位：亿美元

国家和地区	1990	2000	2003	2004	2005
世　界①					
出　口	34490	64520	75780	92030	104310
进　口	35500	67240	78570	95560	107830
亚　洲					
中　国					
出　口	621(621)	2492(2492)	4382(4382)	5933(5933)	7620(7620)
进　口	533(534)	2251(2251)	4128(4128)	5612(5612)	6600(6600)
印　度②					
出　口	180	424	571	756	951
进　口	236	515	712	973	1348
印度尼西亚					
出　口	257	654	641	708	862
进　口	218	436	422	549	695
日　本					
出　口	2876	4792	4718	5657	5949
进　口	2354	3795	3829	4545	5149
韩　国					
出　口	650	1723	1938	2538	2844
进　口	698	1605	1788	2245	2612
马来西亚					
出　口	295	982	1047	1265	1409
进　口	293	820	833	1053	1146
菲律宾③					
出　口	81	398	362	397	413
进　口	130	370	405	440	474
新加坡④					
出　口	527	1378	1599	1986	2296
进　口	608	591	735	920	1051
泰　国					
出　口	231	691	803	962	1101
进　口	330	619	758	944	1182
越　南					
出　口	24	144	202	256	316
进　口	28	156	249	311	365

6-10 续表 单位：亿美元

国家和地区	1990	2000	2003	2004	2005
非 洲					
埃 及⑤					
出 口	35	47	62	77	107
进 口	124	140	109	129	198
南 非					
出 口	235	300	365	460	519
进 口⑥	184	297	397	552	623
美 洲					
巴 西					
出 口	314	551	731	965	1183
进 口	225	591	508	664	776
加拿大					
出 口	1276	2766	2727	3165	3594
进 口	1232	2448	2450	2788	3197
墨西哥					
出 口	407	1664	1654	1880	2137
进 口	435	1827	1785	2061	2317
美 国					
出 口	3936	7819	7248	8188	9044
进 口	5170	12593	13031	15255	17323
欧 洲					
法 国⑦					
出 口	2166	3276	3920	4521	4602
进 口	2344	3389	3988	4709	4979
德 国					
出 口	4211	5518	7516	9099	9699
进 口	3557	4972	6046	7157	7738
意大利					
出 口	1703	2405	2993	3538	3672
进 口	1820	2388	2975	3553	3798
荷 兰					
出 口	1318	2331	2960	3574	4024
进 口	1261	2183	2647	3197	3591
俄罗斯联邦					
出 口		1056	1359	1832	2436
进 口		447	761	974	1253
西班牙					
出 口	556	1153	1561	1826	1872
进 口	877	1561	2086	2583	2788
英 国					
出 口	1852	2854	3056	3475	3828
进 口	2230	3438	3920	4706	5102
大洋洲					
澳大利亚					
出 口	398	639	703	866	1058
进 口	420	715	891	1094	1253

资料来源：世界贸易组织数据库。

注：①包括中国香港的转口贸易。②不包括军用物资、核裂变原料、燃料贸易；为一般贸易体系。③一般贸易体系。
④2003年以前不包括与印度尼西亚的贸易。⑤不包括自由贸易区与国外市场的贸易，1990年数据不包括与国外合作者在石油和天然气贸易共享的数据；为特别贸易体系。
⑥1990年进口指南部关税同盟(包括博茨瓦纳、莱索托、斯威士兰、纳米比亚和南非)数据。
⑦2000年及以后包括其海外部分数据。

6-11 国际储备与黄金储备

国家和地区	国际储备(不包括黄金，亿美元)			黄金储备(万盎司)		
	2000	2004	2005	2000	2004	2005
世　界	**20265**	**39681**	**42449**	**106274**	**100710**	**98756**
亚　洲						
中　国	1683	6145	8214	1267(1267)	1929(1929)	1929(1929)
印　度	379	1266	1319	1150	1150	1150
印度尼西亚	285	350	330	310	310	310
日　本	3549	8339	8341	2455	2460	2460
韩　国	961	1990	2103	44	45	46
马来西亚	283	659	698	117	117	117
菲律宾	131	131	159	723	712	497
新加坡	801	1122	1158			
泰　国	320	487	507	237	270	270
越　南	34	70	90			
非　洲						
埃　及	131	143	206	243	243	243
南　非	61	131	186	69	69	69
美　洲						
巴　西	325	527	536	189	45	44
加拿大	321	344	330	118	11	11
墨西哥	355	641	740	25	14	11
美　国	566	759	541	26161	26159	26155
欧　洲						
法　国	370	353	277	9725	9598	9085
德　国	569	488	451	11152	11038	11021
意大利	256	279	255	7883	7883	7883
荷　兰	96	107	90	2932	2500	2234
俄罗斯联邦	243	1208	1759	1236	1244	1244
西班牙	310	124	97	1683	1683	1472
英　国	388	399	385	1567	1004	999
大洋洲						
澳大利亚	181	358	419	256	256	257

资料来源：国际货币基金组织数据库。

6-12 外商直接投资

单位：亿美元

国家和地区	外商直接投资			对外直接投资		
	2000	2004	2005	2000	2004	2005
世　界	**14095.7**	**7107.6**	**9162.8**	**12444.7**	**8130.7**	**7787.3**
发达国家	**11459.1**	**4109.4**	**5559.3**	**11078.2**	**6857.2**	**6407.3**
发展中国家	**2545.6**	**2601.7**	**3206.4**	**1334.6**	**1133.7**	**1229.4**
亚　洲						
中　国	407.1(407.2)	606.3(606.3)	724.1(603.2)	9.2	18.1	113.1
印　度	35.9	54.7	66.0	5.1	20.2	13.6
印度尼西亚	-45.5	19.0	52.6	1.5	34.1	30.7
日　本	83.2	78.2	27.8	315.6	309.5	457.8
韩　国	86.5	77.3	72.0	50.0	46.6	43.1
马来西亚	37.9	46.2	39.7	20.3	20.6	29.7
菲律宾	22.4	6.9	11.3	1.3	5.8	1.6
新加坡	164.8	148.2	200.8	59.2	85.1	55.2
泰　国	33.5	14.1	36.9	-0.2	1.3	2.5
越　南	12.9	16.1	20.2			
非　洲						
埃　及	12.4	21.6	53.8	0.5	1.6	0.9
南　非	8.9	8.0	63.8	2.7	13.5	0.7
美　洲						
巴　西	327.8	181.5	150.7	22.8	98.1	25.2
加拿大	667.9	15.3	338.2	446.8	432.5	340.8
墨西哥	175.9	186.7	180.6	3.6	44.3	61.7
美　国	3140.0	1224.0	994.4	1426.3	2224.4	-127.1
欧　洲						
法　国	432.5	313.7	635.8	1774.5	570.1	1156.7
德　国	1982.8	-151.1	326.6	565.6	18.8	456.3
意大利	133.7	168.2	199.7	123.2	192.6	396.7
荷　兰	638.5	4.4	436.3	756.3	172.8	1194.5
俄罗斯联邦	27.1	154.4	146.0	31.8	137.8	131.3
西班牙	395.8	247.6	229.9	582.1	605.3	387.7
英　国	1187.6	562.1	1645.3	2333.7	948.6	1011.0
大洋洲						
澳大利亚	140.2	423.9	-345.5	31.7	180.0	-409.5

资料来源：联合国贸易和发展会议世界投资数据库。

6-13 国内生产总值缩减指数

单位：%

国家和地区	基期	1990	2000	2003	2004	2005
亚　洲						
中　国	1990	100	198	209	223	232
印　度	1999	48	103	115	120	125
印度尼西亚	2000	23	100	129	137	156
日　本	2000	99	100	96	94	91
韩　国	2000	58	100	109	112	112
马来西亚	1987	112	163	170	181	189
菲律宾	1985	149	345	397	421	447
新加坡	1995	87	99	96	100	100
泰　国	1988	112	164	171	177	185
越　南	1994	32	161	182	197	213
非　洲						
埃　及	1992	73	170	185	206	217
南　非	2000	38	100	124	131	138
美　洲						
巴　西	1995		153	208	225	241
加拿大	2000	84	100	105	109	112
墨西哥	1993	65	343	421	452	477
美　国	2000	82	100	106	109	112
欧　洲						
法　国	2000	88	100	106	107	109
德　国	2000	84	100	104	104	104
意大利	2000	68	100	109	112	115
荷　兰	2000	81	100	112	113	115
俄罗斯联邦	2000		100	153	184	219
英　国	2000	74	100	109	111	114
大洋洲						
澳大利亚	2000	84	100	109	113	117

资料来源:世界银行世界发展指标数据库。

6-14 货币汇率（年末中间价）

单位:1美元合本币数

国家和地区	类型	1990	2000	2003	2004	2005
亚　洲						
中　国	主要汇率	5.22(4.78)	8.28(8.28)	8.28(8.28)	8.28(8.28)	8.07(8.19)
印　度	市场汇率	18.07	46.75	45.61	43.59	45.07
印度尼西亚	市场汇率	1901.00	9595.00	8465.00	9290.00	9830.00
日　本	市场汇率	134.40	114.90	107.10	104.12	117.97
韩　国	市场汇率	716.40	1264.50	1192.60	1035.10	1011.60
马来西亚	官方汇率	2.70	3.80	3.80	3.80	3.78
菲律宾	市场汇率	28.00	50.00	55.57	56.27	53.07
新加坡	市场汇率	1.75	1.73	1.70	1.63	1.66
泰　国	官方汇率	25.29	43.27	39.59	39.06	41.03
越　南	市场汇率	8125.00	14514.00	15646.00	15777.00	15916.00
非　洲						
埃　及	主要汇率	2.00	3.69	6.15	6.13	5.73
南　非	主要汇率	2.56	7.57	6.64	5.63	6.33
美　洲						
巴　西	市场汇率		1.96	2.89	2.65	2.34
加拿大	市场汇率	1.16	1.50	1.29	1.20	1.17
墨西哥	主要汇率	2.95	9.57	11.24	11.27	10.78
美　国	市场汇率	1.00	1.00	1.00	1.00	1.00
欧　洲						
法　国①	官方汇率	5.13	1.08	0.79	0.73	0.85
德　国①	市场汇率	1.49	1.08	0.79	0.73	0.85
意大利①	市场汇率	1130.15	1.08	0.79	0.73	0.85
荷　兰①	市场汇率	1.69	1.08	0.79	0.73	0.85
俄罗斯联邦	官方汇率		28.16	29.46	27.75	28.78
西班牙①	市场汇率	96.91	1.08	0.79	0.73	0.85
英　国	市场汇率	0.52	0.67	0.56	0.52	0.58
大洋洲						
澳大利亚	市场汇率	1.29	1.81	1.33	1.28	1.36

资料来源：国际货币基金组织数据库。
注：①1999年1月1日欧元启动，此后为1美元兑欧元汇率。

【主要统计指标解释】

国内生产总值 指生产活动总成果，等于所有常住单位创造的增加值的总和(包括产出价值中未包括的产品税，不包括各项产品补贴)。等于按购买者价格计算的货物和服务最终使用价值(不包括中间消费)减去进口的货物和服务价值，或等于常住生产单位初次收入分配的总和。

按当年价格计算的国内生产总值 是按报告期价格计算的国内生产总值，即名义国内生产总值。

不变价格国内生产总值 指国内生产总值的物量绝对量。不变价格国内生产总值等于按基期价格衡量的价值。理论上，价值量中的价格和数量应该是对应的，但是不变价格国内生产总值采用基期价格替代当期价格。实践中两种主要方法都在计算。

国民总收入 指国内生产总值减去生产税和进口税净额，减去支付给国外的雇员报酬和财产收入，加来自国外的雇员报酬和财产收入（即国内生产总值减去支付给非常住单位的初次收入，加上收到的非常住单位的初次收入）。按市场价格计算国民总收入的另一种方法是各部门所有初次收入的总和（注意，国民总收入即国民生产总值，后者是以往国民核算中使用的概念）。

三次产业 根据《国际标准产业分类》（ISIC）第三版划分。

第一产业，即农业，指《国际标准产业分类》第三版中第1类至第5类，包括林业、狩猎业、渔业、种植业和畜牧业。

第二产业，指《国际标准产业分类》第三版中第10类至第45类，包括制造业（第15-37类）。第二产业包括采掘业，制造业，电力、煤气和水的供应业以及建筑业。

第三产业，即服务业，指《国际标准产业分类》第三版中第50类至第99类。包括批发零售贸易业（包括旅馆和饭店业）、交通运输业、政府、金融、专业服务和个人服务，例如教育、卫生、房地产服务；还包括虚拟的银行服务费、进口税和加工或调整数据时的统计误差。

增加值总额 等于总产出减去中间消耗。用于衡量单个生产者、行业或部门生产活动对国内生产总值的贡献；增加值总额是国民核算账户（SNA）中初次收入形成的来源，因此被（从生产账户）结转到初次收入分配账户中进行反映。

按基本价格计算的增加值总额 等于按基本价格计算的总产出减去按购买者价格计算的中间消耗。基本价格等于生产者出售一个单位的货物和服务得到的收入，减去由此应付的税金，加上收到的补贴。基本价格作为生产或销售的价格单位，不包括生产者的运输费用。

按要素成本计算的增加值总额 等于按市场价格计算的增加值总额减间接税与产品补贴。

按生产者价格计算的增加值总额 等于按生产者价格计算的总产出减去按购买者价格计算的中间消耗。

对国内生产总值增长的拉动 “拉动”一词把增长率与国内生产总值构成联系在一起。对国内生产总值增长的拉动，即在国内生产总值其他组成部分不变的情况下，因为该部分变化导致国内生产总值产生多少变化(指增长率)。

固定资本形成总额 指生产者在核算期内获得的固定资本价值减去处置的固定资本的价值，加上机构单位生产活动形成的某些非生产资本的增加价值。固定资本是通过生产活动生产出来的、能够在一年以上时间里重复或持续使用的有形资产和无形资产。

就业人员　为一定年龄以上，在特定短期（一周或一天）内，属于下列类型的所有人：

（1）有酬从业人员，包括两类：① 正在工作的人，指在参考期内做某些工作以得到现金或实物形式工资或薪金的人员；②有工作岗位但目前不工作的人，指现在有工作，却在短期内暂时不上班，但同时与工作单位有正式联系的人。这种正式联系，可以按照如下的一项或多项标准，根据各国的不同情况予以判断：1）持续领到工资或薪金；2）保证在暂时的不上班状态终止后返回该岗位，或对返回的时间有协议；3）在不工作的这段时间里，该从业者能得到补偿而无须接受其他工作。军人应被包括在有酬从业人员中。

（2）自营就业者，包括两类：①正在工作，指在短期时间内以利润或家庭收入为目的，从事某些工作得到现金或实物的人；②拥有企业而不工作的人，指自己拥有企业（如商业企业，农场，服务性企业），在一定时期内因特殊原因暂不工作的人。

工资　定期以现金或以实物形式支付给雇员的报酬，包括对雇员工作时间、完成的工作量和未工作的有酬时间（如年休假，法定假日）支付的劳动报酬。工资不包括雇主为其雇员支付的社会保险和养老金缴款、雇员因此而得到的收益、解雇和辞职时加发的工资。

工资率　包括基础工资、生活补贴和其他有保证的津贴和经常性的补助，不包括加班费、奖金和赏金、家庭补助和其他由雇主支付的社会保障费用。优惠性实物报酬、正常工资率以外的补充报酬也都不包括在内。

收入　同雇员的总报酬相联系，即雇主付给的扣除各项费用(税收、雇员社会保险和养老保险费，人身保险费，工会费和其他支付费用)以前的总数。收入应包括直接工资和薪金、为未工作时间支付的报酬(不包括解雇费和解雇补偿费)奖金、赏金以及雇主直接为雇员支付的住户和家庭补贴。

出口　即货物离开一国的统计疆界。在通常的贸易体系中，一国的统计疆界与它的经济领土是一致的。在特殊的贸易体系中，一国的统计疆界只包括一部分经济领土，一般这部分与货物自由贸易区是一致的。自由贸易地区是一国经济疆界的一部分，在此间货物可以无进口税限制地流通。

进口　指货物进入一国统计疆界。

国际储备　一国当局可以使用和控制的外部资产，它可直接用来弥补国际收支不平衡或间接用来平衡国际收支。

黄金储备（货币黄金）　一国当局拥有的、作为储备资产的黄金。参见国际储备。

国内生产总值缩减指数　衡量在一定时期内整体经济中价格年度变化情况的指标。

附录 2

三次产业划分规定

三次产业划分规定

国家统计局2003年5月发布

一、根据《国民经济行业分类》(GB/T 4754-2002),制定本规定。

二、三次产业划分范围如下:

第一产业是指农、林、牧、渔业。

第二产业是指采矿业,制造业,电力、燃气及水的生产和供应业,建筑业。

第三产业是指除第一、二产业以外的其他行业。第三产业包括:交通运输、仓储和邮政业,信息传输、计算机服务和软件业,批发和零售业,住宿和餐饮业,金融业,房地产业,租赁和商务服务业,科学研究、技术服务和地质勘查业,水利、环境和公共设施管理业,居民服务和其他服务业,教育,卫生、社会保障和社会福利业,文化、体育和娱乐业,公共管理和社会组织,国际组织。

三、本规定自发布之日起执行,1985年制定的关于三次产业的划分同时废止。

三次产业分类

三次产业分类类别	《国民经济行业分类》(GB/T 4754-2002)类别名称及代码		
	门类	大类	类别名称
第一产业	A		**农、林、牧、渔业**
		01	农业
		02	林业
		03	畜牧业
		04	渔业
		05	农、林、牧、渔服务业
第二产业	B		**采矿业**
		06	煤炭开采和洗选业
		07	石油和天然气开采业
		08	黑色金属矿采选业
		09	有色金属矿采选业
		10	非金属矿采选业
		11	其他采矿业
	C		**制造业**
		13	农副食品加工业
		14	食品制造业
		15	饮料制造业
		16	烟草制品业
		17	纺织业
		18	纺织服装、鞋、帽制造业
		19	皮革、毛皮、羽毛(绒)及其制品业
		20	木材加工及木、竹、藤、棕、草制品业
		21	家具制造业

三次产业分类类别	《国民经济行业分类》（GB/T　4754-2002）类别名称及代码		
	门　类	大　类	类　别　名　称
		22	造纸及纸制品业
		23	印刷业和记录媒介的复制
		24	文教体育用品制造业
		25	石油加工、炼焦及核燃料加工业
		26	化学原料及化学制品制造业
		27	医药制造业
		28	化学纤维制造业
		29	橡胶制品业
		30	塑料制品业
		31	非金属矿物制品业
		32	黑色金属冶炼及压延加工业
		33	有色金属冶炼及压延加工业
		34	金属制品业
		35	通用设备制造业
		36	专用设备制造业
		37	交通运输设备制造业
		39	电气机械及器材制造业
		40	通信设备、计算机及其他电子设备制造业
		41	仪器仪表及文化、办公用机械制造业
		42	工艺品及其他制造业
		43	废弃资源和废旧材料回收加工业
	D		**电力、燃气及水的生产和供应业**
		44	电力、热力的生产和供应业
		45	燃气生产和供应业
		46	水的生产和供应业
	E		**建筑业**
		47	房屋和土木工程建筑业
		48	建筑安装业
		49	建筑装饰业
		50	其他建筑业

三次产业分类类别	《国民经济行业分类》（GB/T 4754-2002）类别名称及代码		
	门 类	大 类	类 别 名 称
第三产业	F		**交通运输、仓储和邮政业**
		51	铁路运输业
		52	道路运输业
		53	城市公共交通业
		54	水上运输业
		55	航空运输业
		56	管道运输业
		57	装卸搬运和其他运输服务业
		58	仓储业
		59	邮政业
	G		**信息传输、计算机服务和软件业**
		60	电信和其他信息传输服务业
		61	计算机服务业
		62	软件业
	H		**批发和零售业**
		63	批发业
		65	零售业
	I		**住宿和餐饮业**
		66	住宿业
		67	餐饮业
	J		**金融业**
		68	银行业
		69	证券业
		70	保险业
		71	其他金融活动
	K		**房地产业**
		72	房地产业
	L		**租赁和商务服务业**
		73	租赁业
		74	商务服务业
	M		**科学研究、技术服务和地质勘查业**
		75	研究与试验发展
		76	专业技术服务业
		77	科技交流和推广服务业
		78	地质勘查业

三次产业分类类别	《国民经济行业分类》（GB/T 4754-2002）类别名称及代码		
	门 类	大 类	类 别 名 称
	N		**水利、环境和公共设施管理业**
		79	水利管理业
		80	环境管理业
		81	公共设施管理业
	O		**居民服务和其他服务业**
		82	居民服务业
		83	其他服务业
	P		**教育**
		84	教育
	Q		**卫生、社会保障和社会福利业**
		85	卫生
		86	社会保障业
		87	社会福利业
	R		**文化、体育和娱乐业**
		88	新闻出版业
		89	广播、电视、电影和音像业
		90	文化艺术业
		91	体育
		92	娱乐业
	S		**公共管理和社会组织**
		93	中国共产党机关
		94	国家机构
		95	人民政协和民主党派
		96	群众团体、社会团体和宗教组织
		97	基层群众自治组织
	T		**国际组织**
		98	国际组织

附录 3

国民经济行业分类

（第三产业部分）

国民经济行业分类

GB/T 4754—2002

（第三产业部分）

代码				类别名称	说明
门类	大类	中类	小类		
F				**交通运输、仓储和邮政业**	**本类包括 51—59 大类**
	51			**铁路运输业**	指铁路客运、货运及相关的调度、信号、机车、车辆、检修、工务等活动。不包括铁路系统所属的机车、车辆及信号通信设备的制造厂（公司）、建筑工程公司、商店、学校、科研所、医院等。
		511	5110	铁路旅客运输	
		512	5120	铁路货物运输	
		513		铁路运输辅助活动	
			5131	客运火车站	
			5132	货运火车站	
			5139	其他铁路运输辅助活动	指铁路旅客、货物运输及为其服务的客、货运火车站以外的运输网、信号、调度及铁路设施的管理和养护。
	52			**道路运输业**	
		521	5210	公路旅客运输	指城市以外道路的旅客运输活动。
		522	5220	道路货物运输	指所有道路的货物运输活动。
		523		道路运输辅助活动	指与道路运输相关的运输辅助活动。
			5231	客运汽车站	指长途旅客运输汽车站的服务活动。
			5232	公路管理与养护	
			5239	其他道路运输辅助活动	
	53			**城市公共交通业**	指城市旅客运输活动。
		531	5310	公共电汽车客运	
		532	5320	轨道交通	
		533	5330	出租车客运	
		534	5340	城市轮渡	指城市的水上旅客轮渡运营活动。
		539	5390	其他城市公共交通	指其他未列明的城市旅客运输活动。
	54			**水上运输业**	
		541		水上旅客运输	
			5411	远洋旅客运输	
			5412	沿海旅客运输	
			5413	内河旅客运输	指江、河、湖泊、水库的水上旅客运输活动。
		542		水上货物运输	
			5421	远洋货物运输	
			5422	沿海货物运输	
			5423	内河货物运输	指江、河、湖泊、水库的水上货物运输活动。
		543		水上运输辅助活动	
			5431	客运港口	
			5432	货运港口	
			5439	其他水上运输辅助活动	指其他未列明的水上运输辅助活动。

代码 门类	大类	中类	小类	类别名称	说明
	55			**航空运输业**	
		551		航空客货运输	
			5511	航空旅客运输	指以旅客运输为主的航空运输活动。
			5512	航空货物运输	指以货物或邮件为主的航空运输活动。
		552	5520	通用航空服务	指除客货运输以外的其他航空服务活动。
		553		航空运输辅助活动	
			5531	机场	
			5532	空中交通管理	
			5539	其他航空运输辅助活动	指其他未列明的航空运输辅助活动。
	56			**管道运输业**	
		560	5600	管道运输业	指通过管道对气体、液体等的运输活动。
	57			**装卸搬运和其他运输服务业**	
		571	5710	装卸搬运	
		572	5720	运输代理服务	指与运输有关的代理及服务活动。
	58			**仓储业**	指专门从事货物仓储、货物运输中转仓储，以及以仓储为主的物流送配活动。
		581	5810	谷物、棉花等农产品仓储	
		589	5890	其他仓储	
	59			**邮政业**	
		591	5910	国家邮政	指国家邮政系统提供的邮政服务。
		599	5990	其他寄递服务	指国家邮政系统以外的单位所提供的包裹、小件物品的收集、运输、发送服务。
G				**信息传输、计算机服务和软件业**	**本类包括60—62大类。**
	60			**电信和其他信息传输服务业**	
		601		电信	指通过电缆、光缆、无线电波、光波等传输的通信服务。
			6011	固定电信服务	指固定电话等电信服务活动。
			6012	移动电信服务	指移动通信等电信服务活动。
			6019	其他电信服务	指其他未列明的电信服务活动。
		602	6020	互联网信息服务	指网络公司通过互联网为客户提供的信息服务。
		603		广播电视传输服务	
			6031	有线广播电视传输服务	指有线广播电视网和信号的传输服务活动。
			6032	无线广播电视传输服务	指无线广播电视信号的传输服务活动。
		604	6040	卫星传输服务	指人造卫星的电信传输和广播电视传输服务。
	61			**计算机服务业**	
		611	6110	计算机系统服务	指提供计算机系统的设计、集成、安装等方面的服务。
		612	6120	数据处理	指为用户提供数据的录入、加工、存贮等方面的服务，以及使用用户指定的软件加工数据，并将结果返回给用户的活动。
		613	6130	计算机维修	指对计算机硬件及系统环境的维护和修理服务。
		619	6190	其他计算机服务	指计算机咨询和其他未列明的计算机服务。

代码				类别名称	说　　明
门类	大类	中类	小类		
	62			**软件业**	指专门从事计算机软件的设计、程序编制、分析、测试、修改、咨询；为互联网和数据库提供软件设计与技术规范；为软件所支持的系统及环境提供咨询、协调和指导；为硬件嵌入式软件及系统提供咨询、设计、鉴定等活动。
		621		公共软件服务	
			6211	基础软件服务	指为一般计算机用户提供的软件设计、编制、分析、测试等服务。
			6212	应用软件服务	指为专业领域使用计算机的用户提供软件服务，以及提供给最终用户产品中的软件（嵌入式软件）服务。
		629	6290	其他软件服务	指为特定客户提供的软件服务，以及与软件有关的咨询等活动。
H				**批发和零售业**	**本类包括63和65大类。**指商品在流通环节中的批发活动和零售活动。
	63			**批发业**	指批发商向批发、零售单位及其他企业、事业、机关批量销售生活用品和生产资料的活动，以及从事进出口贸易和贸易经纪与代理的活动。批发商可以对所批发的货物拥有所有权，并以本单位、公司的名义进行交易活动；也可以不拥有货物的所有权，而以中介身份做代理销售商。本类还包括各类商品批发市场中固定摊位的批发活动。
		631		农畜产品批发	指未经过加工的农作物及牲畜、畜产品的批发和进出口活动。但不包括蔬菜、水果、肉、禽、蛋及水产品的批发和进出口活动。
			6311	谷物、豆及薯类批发	
			6312	种子、饲料批发	
			6313	棉、麻批发	
			6314	牲畜批发	
			6319	其他农畜产品批发	
		632		食品、饮料及烟草制品批发	指经过加工和制造的食品、饮料及烟草制品的批发和进出口活动，以及蔬菜、水果、肉、禽、蛋及水产品的批发和进出口活动。
			6321	米、面制品及食用油批发	
			6322	糕点、糖果及糖批发	
			6323	果品、蔬菜批发	
			6324	肉、禽、蛋及水产品批发	
			6325	盐及调味品批发	
			6326	饮料及茶叶批发	指可直接饮用或稀释、冲泡后饮用的饮料及茶叶的批发和进出口活动。
			6327	烟草制品批发	指经过加工、生产的烟草制品的批发和进出口活动。
			6329	其他食品批发	
		633		纺织、服装及日用品批发	指纺织面料、纺织品、服装、鞋、帽及日杂品、生活日用品的批发和进出口活动。

代码				类别名称	说明
门类	大类	中类	小类		
			6331	纺织品、针织品及原料批发	
			6332	服装批发	
			6333	鞋帽批发	
			6334	厨房、卫生间用具及日用杂货批发	指灶具、炊具、厨具、餐具及各种容器、器皿等的批发和进出口活动；卫生间的用品用具和生活用清洁、清扫用品用具等的批发和进出口活动。
			6335	化妆品及卫生用品批发	
			6339	其他日用品批发	指上述未列明的其他生活日用品的批发和进出口活动。
		634		文化、体育用品及器材批发	指各类文具用品、体育用品、图书、报刊、音像、电子出版物、首饰、工艺美术品、收藏品及其他文化用品、器材的批发和进出口活动。
			6341	文具用品批发	
			6342	体育用品批发	
			6343	图书批发	
			6344	报刊批发	
			6345	音像制品及电子出版物批发	
			6346	首饰、工艺品及收藏品批发	
			6349	其他文化用品批发	
		635		医药及医疗器材批发	指各种化学药品、生物药品、中草药材、中成药及医疗器材的批发和进出口活动。包括兽用药的批发和进出口活动。
			6351	西药批发	
			6352	中药材及中成药批发	
			6353	医疗用品及器材批发	
		636		矿产品、建材及化工产品批发	指煤及煤制品、石油制品、矿产品及矿物制品、金属材料、建筑材料和化工产品的批发和进出口活动。
			6361	煤炭及制品批发	
			6362	石油及制品批发	
			6363	非金属矿及制品批发	
			6364	金属及金属矿批发	
			6365	建材批发	指建筑用材料和装饰装修材料的批发和进出口活动。
			6366	化肥批发	
			6367	农药批发	
			6368	农用薄膜批发	
			6369	其他化工产品批发	
		637		机械设备、五金交电及电子产品批发	指通用机械、专用设备、交通运输设备、电气机械、五金交电、家用电器、计算机设备、通讯设备、电子产品、仪器仪表及办公用机械的批发和进出口活动。
			6371	农业机械批发	
			6372	汽车、摩托车及零配件批发	
			6373	五金、交电批发	指小五金、工具、水暖部件、照明器材、交电用品及材料的批发和进出口活动。

代码				类别名称	说明
门类	大类	中类	小类		
			6374	家用电器批发	
			6375	计算机、软件及辅助设备批发	
			6376	通讯及广播电视设备批发	指电信设备、广播电视设备的批发和进出口活动。
			6379	其他机械设备及电子产品批发	
		638	6380	贸易经纪与代理	指代办商、商品经纪人、拍卖商的活动；专门为某一生产企业做销售代理的活动；为买卖双方提供贸易机会或代表委托人进行商品交易代理活动。
		639		其他批发	指上述未包括的批发和进出口活动。
			6391	再生物资回收与批发	指将可再生的废旧物资回收，并批发给制造企业作初级原料的活动。
			6399	其他未列明的批发	
	65			**零售业**	指百货商店、超级市场、专门零售商店、品牌专卖店、售货摊等主要面向最终消费者（如居民等）的销售活动。包括以互联网、邮政、电话、售货机等方式的销售活动。还包括在同一地点，后面加工生产，前面销售的店铺（如面包房）。谷物、种子、饲料、牲畜、矿产品、生产用原料、化工原料、农用化工产品、机械设备（乘用车、计算机及通信设备除外）等生产资料的销售不作为零售活动。
		651		综合零售	
			6511	百货零售	指经营的商品品种较齐全，经营规模较大的综合零售活动。
			6512	超级市场零售	指经营食品、日用品等的超级市场的综合零售活动。
			6519	其他综合零售	指日用杂品综合零售活动；为方便城乡居民，在街道、社区、乡镇、农村、工矿区、校区、交通要道口、车站、码头、机场等人口稠密地区，开办的小型综合零售店的活动；以小超市形式开办的便利店活动；农村供销社的零售活动。
		652		食品、饮料及烟草制品专门零售	指专门经营粮油、食品、饮料及烟草制品的零售活动。包括为方便城乡居民，在人口稠密地区开设的食品零售店。
			6521	粮油零售	
			6522	糕点、面包零售	
			6523	果品、蔬菜零售	
			6524	肉、禽、蛋及水产品零售	
			6525	饮料及茶叶零售	指专门经营茶叶及各种饮料的零售活动。
			6526	烟草制品零售	
			6529	其他食品零售	指上述未列明的食品零售活动。
		653		纺织、服装及日用品专门零售	指专门经营纺织面料、纺织品、服装、鞋、帽及各种生活日用品的零售活动。
			6531	纺织品及针织品零售	
			6532	服装零售	
			6533	鞋帽零售	

代码				类别名称	说明
门类	大类	中类	小类		
			6534	钟表、眼镜零售	
			6535	化妆品及卫生用品零售	
			6539	其他日用品零售	
		654		文化、体育用品及器材专门零售	指专门经营文具、体育用品、图书、报刊、音像制品、首饰、工艺美术品、收藏品、照相器材及其他文化用品的零售活动。
			6541	文具用品零售	
			6542	体育用品零售	
			6543	图书零售	
			6544	报刊零售	
			6545	音像制品及电子出版物零售	
			6546	珠宝首饰零售	
			6547	工艺美术品及收藏品零售	指专门经营具有收藏价值和艺术价值的工艺品、艺术品、古玩、字画、邮品等的零售活动。
			6548	照相器材零售	
			6549	其他文化用品零售	
		655		医药及医疗器材专门零售	指专门经营各种化学药品、生物药品、中草药材、中成药、医疗用品及器材的零售活动。
			6551	药品零售	
			6552	医疗用品及器材零售	
		656		汽车、摩托车、燃料及零配件专门零售	指专门经营汽车、摩托车、汽车部件、汽车零配件及燃料的零售活动。
			6561	汽车零售	指9人以下的乘用车的零售活动。
			6562	汽车零配件零售	
			6563	摩托车及零配件零售	
			6564	机动车燃料零售	指专门经营机动车燃料及相关产品（润滑油）的零售活动。
		657		家用电器及电子产品专门零售	指专门经营家用电器和计算机、软件及辅助设备、电子通信设备、电子元器件及办公设备的零售活动。
			6571	家用电器零售	
			6572	计算机、软件及辅助设备零售	
			6573	通信设备零售	
			6579	其他电子产品零售	
		658		五金、家具及室内装修材料专门零售	指五金用品、家具和装修材料零售店的销售活动，以及在家具、家居装修、建材城（中心）及展销会上设摊位的销售活动。
			6581	五金零售	
			6582	家具零售	
			6583	涂料零售	
			6589	其他室内装修材料零售	
		659		无店铺及其他零售	
			6591	流动货摊零售	指无固定场所的流动性销售产品的活动。

代码				类别名称	说明
门类	大类	中类	小类		
			6592	邮购及电子销售	指通过邮政及现代通讯工具（如互联网、电视、电话等）进行销售，并送货上门的零售活动。
			6593	生活用燃料零售	
			6594	花卉零售	
			6595	旧货零售	
			6599	其他未列明的零售	
I				**住宿和餐饮业**	**本类包括66和67大类。**
	66			**住宿业**	指有偿为顾客提供临时住宿的服务活动。
		661	6610	旅游饭店	指按照国家有关规定评定的旅游饭店或具有同等质量、水平的饭店活动。
		662	6620	一般旅馆	指不具备评定旅游饭店和同等水平饭店的一般旅馆的活动。
		669	6690	其他住宿服务	指上述未列明的住宿服务。
	67			**餐饮业**	指在一定场所，对食物进行现场烹饪、调制，并出售给顾客主要供现场消费的服务活动。
		671	6710	正餐服务	指提供各种中西式炒菜和主食，并由服务员送餐上桌的餐饮服务。
		672	6720	快餐服务	
		673	6730	饮料及冷饮服务	指以提供饮料和冷饮为主的服务。
		679	6790	其他餐饮服务	指上述未列明的餐饮服务。
J				**金融业**	**本类包括68—71大类。**
	68			**银行业**	
		681	6810	中央银行	指代表政府管理金融活动，并制定和执行货币政策的特殊金融机构的活动。
		682	6820	商业银行	指国有独资商业银行、股份制银行、城市商业银行、城市信用社、农村信用社等的活动。
		689	6890	其他银行	指政策性银行的活动。
	69			**证券业**	指对股票、债券、期货及其他有价证券的投资交易活动。
		691	6910	证券市场管理	指证券、期货市场的管理和监督活动。
		692	6920	证券经纪与交易	指证券、期货经纪代理人的代理交易活动；证券、基金的管理等活动；证券营业部的管理活动。
		693	6930	证券投资	指在证券市场从事股票、基金、债券、期货及其他有价证券的投资等活动。
		694	6940	证券分析与咨询	
	70			**保险业**	
		701	7010	人寿保险	指主要提供养老等人寿保险和再保险的活动。
		702	7020	非人寿保险	指主要提供除人寿险以外的保险活动和再保险活动。
		703	7030	保险辅助服务	指保险代理、评估、监督、咨询等活动。
	71			**其他金融活动**	指银行、证券、保险以外的金融活动。
		711	7110	金融信托与管理	指代理资金、财产的信托、管理活动，以及基金的托管人活动。

代码				类别名称	说明
门类	大类	中类	小类		
		712	7120	金融租赁	
		713	7130	财务公司	指经人民银行批准，为企业融资服务的金融活动。
		714	7140	邮政储蓄	
		715	7150	典当	指以实物质押的放款活动。
		719	7190	其他未列明的金融活动	指上述未列明的金融活动。
K				房地产业	
	72			**房地产业**	
		721	7210	房地产开发经营	指房地产开发企业进行的基础设施建设、房屋建设，并转让房地产开发项目或者销售、出租商品房的活动。
		722	7220	物业管理	指物业管理企业依照合同约定，对物业进行专业化维修、养护、管理，以及对相关区域内的环境、公共秩序等进行管理，并提供相关服务的活动。
		723	7230	房地产中介服务	指房地产咨询、房地产价格评估、房地产经纪等活动。
		729	7290	其他房地产活动	
L				**租赁和商务服务业**	**本类包括 73 和 74 大类。**
	73			**租赁业**	
		731		机械设备租赁	指不配备操作人员的机械设备的租赁服务。
			7311	汽车租赁	
			7312	农业机械租赁	
			7313	建筑工程机械与设备租赁	
			7314	计算机及通讯设备租赁	
			7319	其他机械与设备租赁	
		732		文化及日用品出租	
			7321	图书及音像制品出租	
			7329	其他文化及日用品出租	
	74			**商务服务业**	
		741		企业管理服务	
			7411	企业管理机构	指不具体从事对外经营业务，只负责企业的重大决策、资产管理，协调管理下属各机构和内部日常工作的企业总部的活动，其对外经营业务由下属的独立核算单位或单独核算单位承担。
			7412	投资与资产管理	指政府主管部门转变职能后，成立的国有资产管理机构和行业管理机构的活动；非金融性投资活动。
			7419	其他企业管理服务	指其他各类企业管理机构、派出机构，以及为企事业、机关提供后勤服务的活动。
		742		法律服务	指律师、公证、仲裁、调解等活动。
			7421	律师及相关的法律服务	指在民事案件、刑事案件和其他案件中，为原被告双方提供法律代理服务，以及为一般的民事行为提供法律咨询与服务。
			7422	公证服务	
			7429	其他法律服务	
		743		咨询与调查	

代码 门类	大类	中类	小类	类别名称	说明
			7431	会计、审计及税务服务	
			7432	市场调查	
			7433	社会经济咨询	
			7439	其他专业咨询	指社会经济咨询以外的其他专业咨询活动。
		744	7440	广告业	指在报纸、期刊、路牌、灯箱、橱窗、互联网、通讯设备及广播电影电视等媒介上为客户策划、制作的有偿宣传活动。
		745	7450	知识产权服务	指对专利、商标、版权、著作权、软件、集成电路布图设计等的代理、转让、登记、鉴定、评估、认证、咨询、检索等活动。
		746	7460	职业中介服务	指为求职者寻找、选择、介绍、安置工作；为用人单位提供劳动力；提供职业技能鉴定及其他职业中介活动。
		747	7470	市场管理	指各种交易市场的管理活动。
		748	7480	旅行社	指为社会各界提供商务、组团和散客旅游的服务。包括向顾客提供咨询、旅游计划和建议、日程安排、导游、食宿和交通等服务。
		749		其他商务服务	
			7491	会议及展览服务	指为商品流通、促销、展示、经贸洽谈、民间交流、企业沟通、国际往来而举办的展览和会议等活动。
			7492	包装服务	指有偿或按协议为客户提供的包装服务。
			7493	保安服务	指为社会提供的专业化、有偿安全防范服务活动。
			7494	办公服务	指为商务、公务及个人提供的各种办公服务。
			7499	其他未列明的商务服务	指上述未列明的商务服务和代理活动。
M				**科学研究、技术服务和地质勘查业**	**本类包括 75—78 大类。**
	75			**研究与试验发展**	指为了增加知识（包括有关自然、工程、人类、文化和社会的知识），以及运用这些知识创造新的应用，所进行的系统的、创造性的活动。该活动仅限于对新发现、新理论的研究，新技术、新产品、新工艺的研制。研究与试验发展包括基础研究、应用研究和试验发展。
		751	7510	自然科学研究与试验发展	
		752	7520	工程和技术研究与试验发展	
		753	7530	农业科学研究与试验发展	
		754	7540	医学研究与试验发展	
		755	7550	社会人文科学研究与试验发展	
	76			**专业技术服务业**	
		761	7610	气象服务	指气象的观测、预报和服务等活动。
		762	7620	地震服务	指地震监测预报、震灾预防和紧急救援等防震减灾活动。
		763	7630	海洋服务	
		764	7640	测绘服务	

代码				类别名称	说明
门类	大类	中类	小类		
		765	7650	技术检测	指通过专业技术手段对动植物、工业产品、商品、专项技术、成果及其他需要鉴定的物品所进行的检测、检验、测试、鉴定等活动。包括认证活动。
		766	7660	环境监测	指对环境各要素，对生产与生活等各类污染源排放的液体、气体、固体、辐射等污染物或污染因子，以及对生态系统指标进行的测试和监测活动。
		767		工程技术与规划管理	
			7671	工程管理服务	指与建筑工程有关的工程筹建、计划、造价、资金、预算、场地、招标、咨询、监理等服务活动。
			7672	工程勘察设计	指建筑施工前的工程地质勘察和工程设计等活动。
			7673	规划管理	指对区域和城市、集镇、村庄的规划，以及其他规划活动。
		769	7690	其他专业技术服务	指上述未列明的专业技术活动。
	77			**科技交流和推广服务业**	
		771	7710	技术推广服务	指将新技术、新产品、新工艺直接推向市场而进行的相关技术活动，以及技术推广和转让活动。
		772	7720	科技中介服务	指为科技活动提供社会化服务与管理，在政府、各类科技活动主体与市场之间提供居间服务的组织，主要开展信息交流、技术咨询、技术孵化、科技评估和科技鉴证等活动。
		779	7790	其他科技服务	指除技术推广、科技中介以外的其他科技服务。
	78			**地质勘查业**	指对矿产资源、工程地质、科学研究进行的地质勘查、测试、监测、评估等活动。
		781		矿产地质勘查	指对固体、液体、气体及混合体的矿产资源的地质勘查活动。
			7811	能源矿产地质勘查	
			7812	固体矿产地质勘查	
			7819	其他矿产地质勘查	
		782	7820	基础地质勘查	指区域、海洋、环境和水文地质勘查活动。
		783	7830	地质勘查技术服务	指除矿产地质勘查、基础地质勘查以外的其他勘查和相关的技术服务。
N				**水利、环境和公共设施管理业**	**本类包括 79—81 大类。**
	79			**水利管理业**	
		791	7910	防洪管理	指对河流、湖泊、行蓄洪区和沿海的防洪设施的管理及防涝管理活动。
		792		水资源管理	指对水资源的开发、利用、配置、节约等活动。
			7921	水库管理	指对水库等水利设施的管理活动。
			7922	调水、引水管理	指对运河、河渠、渠道、水利枢纽、水闸的管理活动。
			7929	其他水资源管理	指节水及其他未列明的水资源管理活动。
		799	7990	其他水利管理	指水土保持、保护及其他水利管理活动。
	80			**环境管理业**	
		801		自然保护	

代码				类别名称	说明
门类	大类	中类	小类		
			8011	自然保护区管理	指对有代表性的自然生态系统、珍稀濒危野生动植物物种和有特殊意义的自然遗迹等予以特殊保护和管理的活动。
			8012	野生动植物保护	指对野生及濒危动植物的饲养、培育、繁殖等保护活动，以及对栖息地的管理活动。
			8019	其他自然保护	指除自然保护区管理、野生动植物保护以外的其他自然保护活动。
		802		环境治理	
			8021	城市市容管理	
			8022	城市环境卫生管理	指城市垃圾的清扫、收集、运输、处理、处置和综合利用活动，以及对公共厕所、化粪池的清扫、收集、运输和管理活动。
			8023	水污染治理	指对江、河、湖泊、水库及地下水、地表水的污染综合治理活动。
			8024	危险废物治理	指对制造、维修、医疗等活动产生的危险废物进行收集、贮存、利用、处理和处置等活动。
			8029	其他环境治理	指除市容管理、城市环境卫生、水污染、危险废物治理以外的其他环境治理活动。
	81			**公共设施管理业**	
		811	8110	市政公共设施管理	指城市污水排放、雨水排放、路灯、道路、桥梁、隧道、广场、涵洞、防空等市政设施的维护、抢险、紧急处理、管理等活动。
		812	8120	城市绿化管理	指城市园林绿化的管理活动。
		813		游览景区管理	指为游人提供休闲、观光、游玩、度假的各类自然景观、人文景观、人造景观和其他景观的保护和管理活动。
			8131	风景名胜区管理	指对具有一定规模的自然景观、人文景物的管理和保护活动，以及对环境优美、具有观赏、文化或科学价值风景名胜区的保护和管理活动。
			8132	公园管理	指主要为人们提供休闲、观赏、游览以及科普、科研的城市公园的管理活动。
			8139	其他游览景区管理	指其他未列明的游览景区的管理活动。
O				**居民服务和其他服务业**	**本类包括82—83大类。**
	82			**居民服务业**	
		821	8210	家庭服务	
		822	8220	托儿所	指社会、街道、个人办的面向不足三岁幼儿的看护服务。看护服务可分为全托、日托、半托，或计时服务。
		823	8230	洗染服务	指专营的洗染店以及在宾馆、饭店内常设的独立（或相对独立）洗染服务。
		824	8240	理发及美容保健服务	指专业理发、美容保健服务，以及在宾馆、饭店或娱乐场所常设的独立（或相对独立）理发、美容保健服务。

代码				类别名称	说明
门类	大类	中类	小类		
		825	8250	洗浴服务	指专业洗浴室以及在宾馆、饭店或娱乐场所常设的独立（或相对独立）洗浴服务。
		826	8260	婚姻服务	指从事婚姻介绍、婚庆典礼等服务。
		827	8270	殡葬服务	指与殡葬有关的各类服务。
		828	8280	摄影扩印服务	
		829	8290	其他居民服务	指上述未包括的居民服务。
	83			**其他服务业**	
		831		修理与维护	
			8311	汽车、摩托车维护与保养	指非汽车制造厂、修理厂的修理和维护活动。这类活动一般在路边规模较小的修理服务部进行。包括为汽车、摩托车提供上油、充气、打蜡、抛光、喷漆、清洗、换零配件、出售零部件等服务。
			8312	办公设备维修	指各种办公设备修理公司、修理门市部和修理网点的修理活动。
			8313	家用电器修理	指家用电器维修门市部，以及生产企业驻各地的维修网点和维修中心的修理活动。
			8319	其他日用品修理	指其他日用品维修门市部、修理摊点的活动，以及生产企业驻各地的维修网点和维修中心的修理活动。
		832		清洁服务	指对建筑物、办公用品、家庭用品的清洗和消毒服务。包括专业公司和个人的清洗服务。
			8321	建筑物清洁服务	指对建筑物内外墙、玻璃幕墙、地面、天花板及烟囱的清洗活动。
			8329	其他清洁服务	指专业清洗人员为企业的机器、办公设备的清洗活动，以及为居民的日用品、器具及设备的清洗活动。包括清扫、消毒等服务。
		839	8390	其他未列明的服务	
P				**教育**	
	84			**教育**	
		841	8410	学前教育	指按照国家幼儿教育规定对学龄前幼儿进行保育和教育的活动。
		842	8420	初等教育	指义务教育法规定的初等教育和成人扫盲教育活动。
		843		中等教育	
			8431	初中教育	指义务教育法规定的对小学毕业生进行初级中等教育的活动。
			8432	高中教育	指非义务教育阶段，通过考试招收初中毕业生进行普通高中教育的活动。
			8433	中等专业教育	
			8434	职业中学教育	指根据教育行政部门的规定，招收小学或初中毕业生实施中等职业技术教育的活动。
			8435	技工学校教育	指各级政府、各主管部门、企业办的技工学校的教育活动。
			8439	其他中等教育	指其他未列明的中等教育活动。

门类	大类	中类	小类	类别名称	说明
		844		高等教育	
			8441	普通高等教育	指经教育行政部门批准，由国家、地方、社会办的获取学历的高等教育活动。指在完成高级中等教育基础上实施的教育。
			8442	成人高等教育	指经教育主管部门批准举办的成人高等教育活动。
		849		其他教育	
			8491	职业技能培训	指经教育主管部门、劳动部门或有关主管部门批准，由政府部门、企业、社会办的职业培训、就业培训及各种知识、技能的培训活动。
			8492	特殊教育	指为残障儿童提供的特殊教育活动。
			8499	其他未列明的教育	指党政教育和上述未列明的教育活动。
Q				**卫生、社会保障和社会福利业**	**本类包括85—87大类。**
	85			**卫生**	
		851		医院	
			8511	综合医院	
			8512	中医医院	
			8513	中西医结合医院	
			8514	民族医院	
			8515	专科医院	
			8516	疗养院	
		852	8520	卫生院及社区医疗活动	指城镇街道、社区医院和乡（镇）医疗卫生机构的活动。
		853	8530	门诊部医疗活动	指门诊部、诊所、医务室、卫生站、护理院等卫生机构的活动。
		854	8540	计划生育技术服务活动	指各地区计划生育技术服务机构的活动。
		855	8550	妇幼保健活动	指非医院的妇女及婴幼儿保健活动。
		856	8560	专科疾病防治活动	指对各种专科疾病进行预防及群众预防的活动。
		857	8570	疾病预防控制及防疫活动	
		859	8590	其他卫生活动	指急救中心及其他未列明的卫生机构的活动。
	86			**社会保障业**	
		860	8600	社会保障业	指依据国家有关规定开展的各种社会保障活动。
	87			**社会福利业**	
		871		提供住宿的社会福利	指提供临时、长期住宿的福利和救济活动。
			8711	干部休养所	
			8712	收养收容服务	指对孤儿、老人、残疾人、弱智儿童、流浪儿童、盲流等人员的收养、收容活动。
		872	8720	不提供住宿的社会福利	指为孤儿、老人、残疾人、弱智儿童、军烈属、五保户及其他弱势群体提供不住宿的看护、帮助活动，以及其他社会福利活动。
R				**文化、体育和娱乐业**	**本类包括88—92大类。**
	88			**新闻出版业**	
		881	8810	新闻业	

代码 门类	大类	中类	小类	类别名称	说明
		882		出版业	
			8821	图书出版	
			8822	报纸出版	
			8823	期刊出版	
			8824	音像制品出版	
			8825	电子出版物出版	
			8829	其他出版	
	89			**广播、电视、电影和音像业**	指对广播、电视、电影、录音、录像内容的制作、编导、主持、播出、放映等活动。不包括广播电视信号的传输和接收活动。
		891	8910	广播	指广播节目的制作和播放等服务。
		892	8920	电视	指电视节目的制作和播放等服务。
		893		电影	指电影的制作、发行和放映活动。
			8931	电影制作与发行	指电影的制片、制作、监制、发行等活动。
			8932	电影放映	指专业电影院以及设在娱乐场所独立（或相对独立）的电影放映场所的活动。
		894	8940	音像制作	指从事录音、摄像、录像等制作活动。其制品可以出版、销售，可以作为广播、电影、电视广告，可以在其他宣传场合播放，或提供给广播电台播放，但不做为电视节目播放。
	90			**文化艺术业**	
		901	9010	文艺创作与表演	指文学、美术创造和表演艺术（如戏曲、歌舞、话剧、音乐、杂技、马戏、木偶等表演艺术）等活动。
		902	9020	艺术表演场馆	指有观众席、舞台、灯光设备，专供文艺团体演出的场所的管理活动。
		903		图书馆与档案馆	
			9031	图书馆	
			9032	档案馆	
		904	9040	文物及文化保护	指对具有历史、文化、艺术、科学价值，并经有关部门鉴定，列入文物保护范围的不可移动文物的保护和管理活动；对我国语言、文字、民间文化艺术、民俗等非物质遗产的文化保护和管理活动。
		905	9050	博物馆	指收藏、研究、展示文物和标本的博物馆的活动，以及展示人类文化、艺术、科技、文明的美术馆、艺术馆、展览馆、科技馆、天文馆等管理活动。
		906	9060	烈士陵园、纪念馆	
		907	9070	群众文化活动	指开展群众文化活动场所的管理活动。
		908	9080	文化艺术经纪代理	
		909	9090	其他文化艺术	
	91			**体育**	
		911	9110	体育组织	指专业从事体育比赛、训练、辅导和管理的组织的活动。

代码 门类	代码 大类	代码 中类	代码 小类	类别名称	说明
		912	9120	体育场馆	指可供观赏比赛的场馆和专供运动员训练用的场地的管理活动。
		919	9190	其他体育	指上述未包括的体育活动。
	92			**娱乐业**	
		921	9210	室内娱乐活动	指室内各种娱乐活动和以娱乐为主的活动。
		922	9220	游乐园	指配有娱乐设施的大型室外娱乐活动及以娱乐为主的活动。
		923	9230	休闲健身娱乐活动	指主要面向社会开放的休闲健身娱乐场所和其他体育娱乐场所的管理活动。
		929	9290	其他娱乐活动	指各种形式的彩票活动，以及公园、海滩和旅游景点内小型设施的娱乐活动。
S				公共管理和社会组织	**本类包括 93—97 大类。**
	93			**中国共产党机关**	
		930	9300	中国共产党机关	
	94			**国家机构**	指宪法规定的国家机构的活动和国家武装力量。
		941	9410	国家权力机构	指宪法规定的全国和地方各级人民代表大会及常委会机关的活动。
		942		国家行政机构	指国务院及所属行政主管部门的活动；县以上地方各级人民政府及所属各工作部门的活动；乡（镇）级地方人民政府的活动；行政管理部门下属的监督、检查机构的活动。
			9421	综合事务管理机构	指中央和地方人民政府的活动，以及依法管理全国或地方综合事务的政府主管部门的活动。
			9422	对外事务管理机构	
			9423	公共安全管理机构	
			9424	社会事务管理机构	
			9425	经济事务管理机构	
			9426	政府事务管理机构	指依法对国务院及其主管部门有关事务的管理，以及对各级人民政府及工作部门有关事务的管理活动。
			9427	行政监督检查机构	指依法对社会经济活动进行监督、监理、稽查、检查、查处等活动。包括独立（或相对独立）于各级行政管理单位的执法检查大队的活动。
		943		人民法院和人民检察院	指宪法规定的人民法院和人民检察院的活动。
			9431	人民法院	
			9432	人民检察院	
		949	9490	其他国家机构	指其他未另列明的国家机构的活动。
	95			**人民政协和民主党派**	
		951	9510	人民政协	
		952	9520	民主党派	
	96			**群众团体、社会团体和宗教组织**	
		961		群众团体	指不在社会团体登记管理机关登记的群众团体的活动。

代码				类别名称	说明
门类	大类	中类	小类		
			9611	工会	
			9612	妇联	
			9613	共青团	
			9619	其他群众团体	
		962		社会团体	指依法在社会团体登记管理机关登记的单位的活动。
			9621	专业性团体	指由同一领域的成员、专家组成的社会团体（如学科、学术、文化、艺术、教育、卫生等）的活动。
			9622	行业性团体	指由一个行业，或某一类企业，或不同企业的雇主（经理、厂长）组成的社会团体的活动。
			9629	其他社会团体	指未列明的其他社会团体的活动。
		963	9630	宗教组织	指经批准的宗教组织的活动和寺庙、清真寺、教堂等的宗教活动。
	97			**基层群众自治组织**	指通过选举产生的社区性组织，该组织为本地区提供一般性管理、调解、治安、优抚、计划生育等服务。
		971	9710	社区自治组织	指城市、镇的居民通过选举产生的群众性自治组织的管理活动。
		972	9720	村民自治组织	指农村村民通过选举产生的群众性自治组织的管理活动。
T				**国际组织**	
	98			**国际组织**	
		980	9800	国际组织	指联合国和其他国际组织驻我国境内的机构的活动。

附录 4

2005年中国百家第三产业大企业集团名单

2005年中国百家第三产业大企业集团名单

序号	企业集团名称	营业收入(万元)	资产总计(万元)	从业人员(人)
1	中国移动通信集团公司	23578982	54128968	301902
2	中国电信集团公司	18991432	54677305	407982
3	中国中化集团公司	17308244	6308081	16094
4	中国粮油食品(集团)有限公司	12070294	7268085	50722
5	中国五矿集团	11750780	5690976	33174
6	中国远洋运输集团	11445639	13720008	44239
7	中国网络通信集团公司	9689494	27768143	267834
8	中国联合通信有限公司	8216971	22608790	147218
9	中国华润总公司	7984141	13687542	143500
10	中国平安保险(集团)股份有限公司	6759315	28810374	42381
11	中国中信集团公司	6500963	80245663	70588
12	百联集团有限公司	6021085	2812817	53060
13	中国海运(集团)总公司	5399485	6423026	40503
14	中国铁路物资总公司	5138286	1890963	8069
15	中国太平洋保险(集团)股份有限公司	5090727	15419584	55799
16	浙江物产集团	4418092	1423759	6234
17	中国对外贸易运输集团	4405261	3332502	32211
18	珠海振戎公司	4359185	239649	1238
19	中国航空集团	4113696	7675413	37426
20	苏宁电器集团	4074092	677353	74650
21	上海埃力生(集团)有限公司	4034811	2289694	6873
22	中国南方航空集团公司	3959763	7678044	42005
23	中国航空油料集团公司	3478151	1457058	7685
24	中国机械工业集团公司	3443491	3267921	46625
25	广州铁路(集团)公司	3236866	9585805	167496
26	中国东方航空集团	3193646	6355533	28949
27	中国医药集团总公司	2583498	1489166	14713
28	广东省广新外贸集团有限公司	2529197	1010071	7878
29	广东物资集团公司	2510339	1104306	4153
30	东方国际集团	2376527	940728	3410
31	厦门建发集团	2376332	1727467	10592
32	东方集团	2275920	4418917	68117

续表1

序号	企业集团名称	营业收入(万元)	资产总计(万元)	从业人员(人)
33	中国储备粮管理总公司	2258531	9551608	19048
34	浙江省兴合集团	2201517	928031	6084
35	招商局集团	1961093	7704027	21302
36	中国长江航运集团	1870428	2224359	48719
37	天津泰达投资控股有限公司	1856602	7547149	12760
38	国投集团	1853673	9358899	47649
39	中国邮电器材集团公司	1827326	891456	14111
40	中国工艺品进出口总公司	1787529	526980	2393
41	中国光大(集团)总公司	1747145	55236711	14335
42	中国远大集团公司	1731525	641739	488
43	中国铁通集团有限公司	1573452	5441369	74508
44	中国中纺集团公司	1558789	707204	9849
45	上海绿地集团	1489480	1897747	10212
46	北京首都旅游集团有限责任公司	1461725	1837119	40061
47	北京物美投资集团有限公司	1418133	608051	14459
48	江苏国泰国际集团有限公司	1406671	481338	10680
49	广东省交通集团	1393164	11753679	38738
50	海航集团有限公司	1389994	4753531	20951
51	厦门国贸集团	1351347	414160	1244
52	江苏交通控股有限公司	1324462	10306301	17000
53	中谷粮油集团	1283396	1327341	4448
54	中国诚通控股公司	1270968	1210740	10840
55	广东省广弘资产经营有限公司	1229109	467626	7654
56	广东省丝绸(集团)公司	1176748	340435	2879
57	重庆商社集团	1125655	654064	13891
58	浙江东方集团控股有限公司	1115714	438253	1153
59	大连大商集团有限公司	1104198	1003536	25752
60	通用技术集团	1073540	1823973	5084
61	安徽省徽商集团	1071483	519036	7236
62	山西煤炭进出口集团公司	1067667	676468	5055
63	江苏舜天国际集团	1063579	564679	1069
64	新疆广汇实业投资(集团)有限责任公司	1050748	1197839	15536
65	天津一商集团	1042581	394987	5473

续表2

序号	企业集团名称	营业收入(万元)	资产总计(万元)	从业人员(人)
66	广东粤港投资控股有限公司	1042043	4226577	8824
67	浙江省交通投资集团有限公司	1037878	6395285	11945
68	上海华冶钢铁集团有限公司	1032893	370787	611
69	上海工业投资(集团)有限公司	1030721	1639484	1996
70	江苏文峰集团	1018960	222946	6988
71	上海地产(集团)有限公司	1007350	3422550	3240
72	浙江中大集团控股有限公司	992866	678859	823
73	三联集团	986490	1063993	6351
74	上海国际港务(集团)股份有限公司	955006	4548742	24522
75	上海世博(集团)有限公司	938842	726701	3717
76	中国工艺美术(集团)公司	934529	338472	2236
77	上海永达控股(集团)有限公司	925749	216048	2368
78	锦江国际(集团)有限公司	922529	1504311	42375
79	天津家世界连锁商业集团	918664	813370	19951
80	首都机场集团公司	916365	5360415	26166
81	上海兰生(集团)有限公司	892963	309788	2868
82	中国节能投资公司	867169	1488129	9619
83	广东省广业资产经营有限公司	863316	847011	14959
84	南京物资实业集团总公司	855434	432780	2666
85	红星家具集团有限公司	852511	478598	10091
86	山东省高速公路集团有限公司	808528	4300783	12306
87	上海市糖业烟酒(集团)有限公司	807459	691471	6512
88	上海航空股份有限公司	804247	932333	6331
89	上海外高桥(集团)有限公司	799721	1485238	720
90	重庆化医控股(集团)公司	799224	1066745	24878
91	中国轻工业品进出口总公司	795548	379179	1992
92	大连万达集团股份有限公司	759366	1368261	802
93	江苏开元国际集团	712832	333631	1585
94	苏州进出口(集团)有限公司	694377	94544	697
95	中国化工供销(集团)总公司	678357	174325	841
96	江苏汇鸿国际集团	673443	91318	675
97	宁波海田集团	672306	281293	504
98	上海电信实业(集团)有限公司	653696	557895	4691
99	江苏省海外企业集团有限公司	648659	410166	790
100	中国保利集团公司	643779	2278670	7099